흥미롭다! 저자 제임스 에드워즈는 어떻게 갈릴리 시골에서 시작된 '예수 운동'이 한 세기도 채 지나지 않아 로마제국의 주요 도시들에서 교회 공동체로 자리 잡게 되었는지를 다양한 주제를 통해 풀어 나간다. 도발적이다! 저자는 예수 사후부터 속사도 교부인 이그나티오스 시대까지 대략 75년 동안 '그리스도'에서 '그리스도교'로 변화되었으며, 상대적으로 홀대받았던 이 시기야말로 교회사에서 가장 결정적이고 창조적인 시간이었다고 주장한다. 성경, 랍비 문헌, 초대교회 문서, 요세푸스와 필론의 글까지 종횡무진 넘나들며 자신의 논지를 설득해 가는 지적 항해에 독자들을 초청한다.

박경수 장로회신학대학교 교회사 교수

기독교의 본질과 역사적 변화를 이해하는 일은 오늘날 책임 있는 그리스도인의 삶과 결코 분리될 수 없다. 이런 문제의식에서, 제임스 에드워즈는 1세기 초반 갈릴리에서 시작된 예수 운동이 이후 75년간 자신의 본질을 유지하면서 다양한 모습으로 변모하는 과정을 신뢰할 만한 역사적 자료, 설득력 있는 논리 그리고 명료한 문체로 서술한다. 이 책은 세속의 시대에 책임 있는 그리스도인으로 살고 싶은 이 땅의 그리스도인들에게 유용한 역사적 정보와 소중한 신앙적 교훈을 제공한다. 또 하나의 필독서가 세상에 나왔다.

배덕만 백향나무교회 담임목사, 기독연구원느헤미야 교회사 전임 연구원

신약의 비중 있는 주석서들을 많이 쓴 휘트워스 대학교의 제임스 에드워즈 교수는 예수님의 죽음부터 안디옥의 이그나티오스의 죽음까지 약 75년 동안의 역사가 덜 알려졌지만 가장 창조적인 변화가 있었던 기간이었음을 제시함으로써 초기 기독교의 보다 완전한 모습을 볼 수 있게 해 준다. 저자는 열네 개 항목의 드라마틱한 변화를 통해 초기 기독교의 발전을 다루지만, 그 거울을 통해 오늘날 기독교가 어떠한 모습을 가져야 할지를 보여 준다. 초기 기독교의 형성과 발전을 다룬 『그리스도에서 그리스도교까지』는 신약학, 초대교회사, 목회학을 아우르는 책으로 학자들과 목회자들에게 큰 유익을 줄 것이다.

이상일 총신대학교 신학대학원 신약학 교수

약 75년의 기간에 예수를 따르던 소수의 추종 세력이 어려운 상황을 딛고서 주요한 종교 운동 세력이 되었다. 제임스 에드워즈는 이런 급진적인 변화를 일으킨 다양한 요인들을 살펴본다. 그는 종종 알기 어렵고 정의하기 어렵다고 여겨지는 이 기간이야말로 기독교 역사상 가장 역동적인 시기였다는 사실을 설득력 있게 보여 준다. 이 책은 예수와 바울이 누구이고 무엇이 기독교 교회를 이루었는지에 관심을 가진 모든 독자에게 깊은 통찰을 줄 것이다.

스탠리 포터(Stanley E. Porter) 캐나다, 온타리오주, 맥매스터 신학대학원

에드워즈는 이제는 익숙한 기독교 신앙의 특징을 탄생시킨 지각 변동을 탐색하는 뛰어난 안내자다. 그는 초기 교회가 탄생하던 무렵 놀라운 변화를 겪었음을 설득력 있게 논증한다. 이 책은 주로 과거의 일을 다루지만, 바로 그 과거에 미래의 결실이 달려 있다. 에드워즈는 그 당시 기독교 신앙 형태에 대한 선입견을 뒤집어엎는 동시에, 새로운 씨앗을 뿌리고 열매를 맺는 복음의 놀라운 능력을 증거한다. 포스트 크리스텐덤, 포스트모던 그리고 포스트 코로나 시대로 규정되는 이 엄청난 변화의 정점에 쓰인 이 책은, 아무리 오랜 세월이 흘러도 항상성을 유지할 복음을 상기시켜 주는 환영할 만한 유익한 작품이다.

에이미 에릭슨(Amy J. Erickson) 호주, 바턴, 세인트마크 내셔널 신학 센터

학자들은 거의 미세먼지가 될 정도로 사도 시대라는 땅을 철저히 연구했다. 2세기 말까지는 그와 같은 철저한 연구가 지배적이었다. 그러나 사도 시대 이후의 시기에 대해서는 상대적으로 그런 학문적 연구가 제대로 이루어지지 않았다. 가령 이그나티오스의 글에서 보았듯이, 이 세상은 뭔가 이상해 보인다. 에드워즈의 책은 아무도 시도하지 않았던 방식으로 이 공백을 메워 준다. 사도 시대 말기부터 140년 무렵까지 기독교 운동에서 빚어진 극적인 변화를 추적한다. 유대인에서 이방인으로, 히브리어에서 헬라어로, 시골에서 도시로, 두루마리에서 코덱스로, 토요일 안식일에서 일요일 주일로 전환이 이루어졌고, 그 외에도 훨씬 많은 것들이 변화했다. 그런데 저자는 이런 많은 극적 변화들이 일어났음에도 기독교 운동을 연속성이 지배했다는 사실 또한 보여 준다. 분명히 똑같은 신앙이다. 훨씬 숙성되어 보이지만, 여

전히 같은 열매였다. 에드워즈는 문헌들을 알고, 정확하게 기술하며, 생생감 있게 이야기를 펼쳐 나간다. 정확성과 올바른 판단력을 포기하지 않으면서도 능숙하게 독자를 흥미진진한 이야기로 끌어들인다.

제럴드 싯처(Gerald L. Sittser) 휘트워스 대학교 명예 교수, 『회복력 있는 신앙』, 『하나님의 뜻』 저자

흡인력이 넘치는 이 책에서 에드워즈는 풍부한 고대 자료를 섭렵해, 소규모의 예수 추종자들이 갈릴리 시골에서 시작한 운동이 어떻게 한 세기도 지나지 않아 로마제국의 거대한 주요 도시들을 관통하고 그곳을 훨씬 넘어서는 지역에까지 뻗어 나가는 광범위한 교회 망을 형성할 수 있었는지 추적한다. 이 책은 치밀한 역사적 연구는 물론이고 신중한 신학적 결론까지 모두 제시한다. 특히 예수를 주님으로 선포하고 높이는 진리를 향한 흔들리지 않는 헌신, 이후 일어나는 그 모든 변화 가운데서도 교회의 핵심 요소로 건재하는 전도와 예배에 대한 기독론의 특징을 뚜렷이 보여 준다. 신약성경과 속사도 교부들에 대한 에드워즈의 글은, 선임자인 J. B. 라이트풋이 이런 작업을 할 때 이상적 요소로 제시한 '최고의 이성과 온전한 믿음'을 보여 준다. 이런 이상을 실현한 이 작품은 기독교 역사를 연구하는 학생들뿐만 아니라 교회 전체에도 귀중한 선물이 될 것이다.

킴린 벤더(Kimlyn J. Bender) 베일러 대학교, 조지 W. 트루잇 신학교

우리 세계의 획기적인 변화들은 기독교 운동이 수 세기 동안 경험해 온 것보다 더 깊은 변화를 이루어 내야 한다고 도전한다. 바로 지금과 같은 시기에 에드워즈는 기독교 운동이 시작되고 처음 75년간 일어난 놀라운 변화를 통해 배움을 얻으라고 독자들을 초대한다. 세심한 학문과 평생 강단과 연단에서 갈고닦은 소통의 능력으로 예수 그리스도라는 인물과 사역에 중심을 둔 운동이 기독교 본질의 메시지를 보존하면서 어떻게 거의 모든 형태를 상황에 맞춰 바꾸었는지 보여 준다.

스탠리 슬레이드(Stanley D. Slade) 미국 침례교 국제사역원

예수의 죽음과 이그나티오스의 죽음 사이, 75년간 벌어진 일들에 관한 질문으로 시작하는 이 연구서는, 진화하는 교회의 자아 정체성을 형성한 매우 창조적 변화들을 설명한다. "변화하는 형태 속에서도 본질은 변하지 않으며 문화에 적응하면서도 포로가 되지는 않는다"라는 원리로 교회의 특징을 묘사한 로마이어와 유사한 관점을 공유하는 가운데, 저자는 이러한 통찰이 매우 분명하게 나타나는 초기 교회의 14가지 측면을 집어내 상세히 설명한다. 꼼꼼하고 엄격한 관점으로 제대로 조사되고 철저히 분석된 연구서를 갈망하는 독자들을 충분히 만족시킬 만한 책이다. 에드워즈의 문체는 지적이고도 우아하다.

지닌 그레이엄(Jeannine M. Graham) 조지 폭스 대학교 명예 교수

그리스도에서
그리스도교까지

IVP(InterVarsity Press)는
캠퍼스와 세상 속의 하나님 나라 운동을 지향하는
IVF(InterVarsity Christian Fellowship)의 출판부로
생각하는 그리스도인을 위한 문서 운동을 실천합니다.

ⓒ 2021 by James R. Edwards
Originally published in English under the title
From Christ to Christianity by Baker Academic,
A division of Baker Publishing Group
P.O. Box 6287, Grand Rapids, MI 49516, U. S. A.
All rights reserved.

Used and translated by the permission of Baker Publishing Group
through rMaeng2, Seoul, Republic of Korea.

This Korean edition ⓒ 2023 by Korea Inter-Varsity Press, Seoul, Republic of Korea

이 한국어판 저작권은 알맹2를 통하여
Baker Publishing Group과 독점 계약한 IVP에 있습니다.
신 저작권법에 의하여 한국 내에서 보호받는 저작물이므로
무단 전재와 무단 복제를 금합니다.

그리스도에서
그리스도교까지

1세기 예수 운동은
어떻게 기독교 교회가
되었는가

제임스 에드워즈 | 박정훈 옮김

IVP

감사의 마음을 담아
스승님들께 이 책을 바친다.

데이비드 딜워스
브루스 메츠거
랠프 마틴
마르틴 헹엘

차례

서문	13
약어	17
지도	24
서론: 하나의 현실에 대한 두 개의 프로필	29
1. 시골에서 도시로	43
2. 예루살렘에서 로마로	69
3. 예루살렘에서 동쪽과 남쪽으로	111
4. 히브리어에서 헬라어로	143
5. 예수 운동에서 이방 선교로	163
6. 예수 운동에서 로마의 박해로	189
7. 토라에서 케리그마로	211
8. 회당에서 교회로	239
9. 유대 정신에서 기독교 정신으로	269
10. 유월절에서 성찬으로	297
11. 사도에서 주교로	319
12. 안식일에서 일요일로	345
13. "그 길"에서 "그리스도인"으로	371
14. 두루마리에서 코덱스로	389
결론: 새 포도주는 새 부대에	407
참고 문헌	417
성경 구절 찾아보기	430
고전 문헌 찾아보기	453
주제어 찾아보기	468

서문

 신약성경을 이해하기 위한 자료들은 많고 다양하다. 주석, 단어 연구, 고대 언어 사전, 신학 사전, 유대교와 헬레니즘의 비교 연구, 초기 기독교 100년의 역사, 사회학, 문화와 고고학 관련 전문 연구서 같은 자료들 덕분에 평신도와 학자가 모두 똑같이 신약성경을 연구하며 참된 오아시스를 발견한다. 나는 신학 전문가이자 학자로서 이 오아시스에서 더 오랜 시간을 보내는 특권을 누렸다.

 이 책은 신약성경을 연구의 중심으로 삼았기 때문에 독자들은 이 책을 통해 앞서 언급했던 자료들이 주는 유익을 누릴 수 있다. 하지만 우리는 예수 운동에서 독자적인 교회로, 그리스도에서 기독교로 발전한 현상을 연구 분야로 삼았다. 따라서 신약성경이라는 오아시스의 테두리를 넘어서 속사도 교부들로 알려진 신약시대에 근접한 시기에 쓰인 문헌들을 포함한다. 속사도 교부들은 신약성경만큼 학자들의 관심을 받지는 못했지만, 그들은 우리의 역사적 연구에서 핵심 역할을 맡고 있다. 나는 우리의 연구와 관련해서 그들이 남긴 문헌들은 없어서는 안 될 것들이라는 점을 입증하고 싶다. 왜냐하면 그리스도께서 시작하신 운동은 신약성경이라는 오아시스에서만

이 아니라 속사도 교부들과 함께 기독교로 온전히 인식되기 때문이다.

***

이야기의 흐름을 최대한 방해하지 않기 위해 세 구절 이상의 성경 인용과 성경 이외의 모든 문헌에 대한 인용은 각주에서 밝힌다. 각주에서는 주장과 관련한 출처를 밝히는 인용문뿐 아니라 제시된 요지에 대한 심화된 설명과 증거도 제공한다. 그러니 각주는 살펴보지 않겠다고 결정한 독자들은 이런 뒷받침되는 증거들만 놓칠 뿐 본문에 나오는 주요 주장들을 놓치는 것이 아니니 안심해도 된다. 용어와 관련해서 현대인들은 유대교의 경전을 종종 "히브리 성경"으로 표현하지만, 나는 전통적인 방법에 따라 "구약성경"으로 표현하려 한다. "구약성경"이라는 명칭은 학술적인 참고 문헌들에서 계속해서 사용되고 있으며, 특히 옛 언약을 새 언약(렘 31:31)과 유기적으로 연결해 주는 유익이 있어 이 책의 목적과도 부합한다. 초기 교회가 헬라어 구약성경(칠십인역)을 충실히 사용했다는 사실은 그 두 가지 언약이 서로 연결 관계를 맺고 있음을 증언한다.

이 책을 집필하는 동안 이 책의 표지에 나온 것보다 더 많은 사람에게 호의를 입었다. 미국 베이커 출판사에 감사드리고 싶고, 특히 이 책을 환영해 준 로버트 호삭 편집장에게 감사를 전한다. 이 책을 편집해 준 편집자 알렉산더 드마르코의 꼼꼼함과 전문적인 기술 때문에 이 책은 초기 원고보다 수많은 점에서 향상되었다. 이 책의 초기 원고들을 읽고 비평해 준 친구들과 동료 및 가족들에게도 감사를 전한다. 특히 게리 왓츠와 제리 싯처는 이 책의 전체 원고를 다 읽고 비평해 주었다. 애덤 네더, 조시 레임 그리고 내 아내 제인도 이 책을 집필하는 데 중요한 역할을 해 주었다. 모두 나의 강점이 더욱 잘 발휘되도록 해 주었고, 약점들을 개선해 주었으며, 오류를 없애도록 도와주었다. 이들 덕분에 이 책이 더 나아졌다.

나의 선생님들을 기억하며 특별한 기쁨으로 이 책을 그들에게 헌정한다. 데이비드 딜워스(David Dilworth), 브루스 메츠거(Bruce M. Metzger), 에두아르트 슈바이처(Eduard Schweizer), 랠프 마틴(Ralph P. Martin)과 마르틴 헹엘(Martin Hengel)이 그들이다. 그들은 내게 구름과 같은 증인으로서 삶의 모범을 보여 주었고, 앞으로도 그럴 것이다.

제임스 에드워즈

약어

일반

AD	*anno Domini* ('그리스도의 해')	Lat.	Latin 라틴어
Aram.	아람어	*log.*	*logion*, 로기온, 말씀
BC	'그리스도 이전의 해'	MT	히브리어 마소라 본문
bk.	book 권	Bible	성경
c.	century 세기	p(p).	page(s)
ca.	circa 약/대략	pl.	plural 복수형
cf.	compare 비교	r.	reigned 재위
ch(s).	chapter(s) 장	rev.	revised 개정
d.	died 사망	SBL	Society of Biblical Literature 성서학회
ed(s).	editor(s) 편집		
e.g.	for example 예를 들면	trans.	translated by, translation 번역
esp.	especially 특히	UBS	United Bible Society 세계성서공회연합회
frag.	fragment 단편		
Gk.	Greek 헬라어	v(v).	verse(s) 절
Hb.	Hebrew 히브리어		

서지 정보

ABD   *The Anchor Bible Dictionary*. Edited by D. N. Freedman et al. 6 vols. New York: Doubleday, 1992

ANF	*The Ante-Nicene Fathers: Translations of the Writings of the Fathers down to A.D. 325*. Edited by Alexander Roberts and James Donaldson. 10 vols. 1885–1887. Repr., Grand Rapids: Eerdmans, 1978
ATANT	Abhandlungen zur Theologie des Alten und Neuen Testaments
AYBRL	Anchor Yale Bible Reference Library
BAR	*Biblical Archaeology Review*
BDAG	*A Greek-English Lexicon of the New Testament and Other Early Christian Literature*. Edited by Frederick W. Danker, Walter Bauer, William F. Arndt, and F. Wilbur Gingrich. 3rd ed. Chicago: University of Chicago Press, 2000.
BHT	Beiträge zur historischen Theologie
BRev	*Bible Review*
BZNW	Beihefte zur Zeitschrift für die neutestamentliche Wissenschaft
CD	Barth, Karl. *Church Dogmatics*. Translated by Geoffrey Bromiley. Edited by T. F. Torrance. Vols. I–IV, in 13 parts. Edinburgh: T&T Clark, 1956–1969.
CRINT	Compendia Rerum Iudaicarum ad Novum Testamentum
EDEJ	*The Eerdmans Dictionary of Early Judaism*. Edited by J. J. Collins and D. C. Harlow. Grand Rapids: Eerdmans, 2010
EDNT	*Exegetical Dictionary of the New Testament*. Edited by Horst Balz and Gerhard Schneider. 3 vols. Grand Rapids: Eerdmans, 1990–1993
EEECAA	*The Eerdmans Encyclopedia of Early Christian Art and Archaeology*. Edited by Paul C. Finney. 3 vols. Grand Rapids: Eerdmans, 2017
Enc. Jud.	*Encyclopedia Judaica*. 16 vols. Jerusalem: Keter, 1972
FRLANT	Forschungen zur Religion und Literatur des Alten und Neuen Testaments
GEDSH	*Gorgias Encyclopedic Dictionary of the Syriac Heritage*. Edited by Sebastian P. Brock, Aaron M. Burns, George Kiraz, and Lucas Van Rompay. Piscataway, NJ: Gorgias, 2011
HALOT	*The Hebrew and Aramaic Lexicon of the Old Testament*. Edited by Ludwig Koehler, Walter Baumgartner, and Johann J. Stamm. 2 vols. Leiden: Brill, 2001
HNT	Handbuch zum Neuen Testament
HNTC	Harper's New Testament Commentaries
IDB	*Interpreter's Dictionary of the Bible*. Edited by George A. Buttrick. 4 vols. New York: Abingdon, 1962
IVPNTC	IVP New Testament Commentary
JBL	*Journal of Biblical Literature*
JBTh	*Jahrbuch für Biblische Theologie*

KEK	Kritisch-exegetischer Kommentar über das Neue Testament (Meyer-Kommentar)
LCL	Loeb Classical Library
LNTS	Library of New Testament Studies
LSJ	*A Greek-English Lexicon.* H. G. Liddell, R. Scott, and H. S. Jones. 9th ed. with rev. suppl. Oxford: Clarendon, 1977
LXX	Septuagint, Greek Old Testament
NHL	*The Nag Hammadi Library in English.* Edited by James M. Robinson. San Francisco: Harper & Row, 1977
NIBCNT	New International Biblical Commentary on the New Testament
NICNT	New International Commentary on the New Testament
NovT	*Novum Testamentum*
NSHERK	*The New Schaff-Herzog Encyclopedia of Religious Knowledge.* Edited by Samuel M. Jackson. 15 vols. Grand Rapids: Baker, 1977
NTAbh	Neutestamentliche Abhandlungen
NTApoc	*New Testament Apocrypha.* Edited by Edgar Hennecke and Wilhelm Schneemelcher. Translated and edited by R. McL. Wilson. 2 vols. Louisville: Westminster John Knox, 1991–1992
NTS	*New Testament Studies*
OTP	*Old Testament Pseudepigrapha.* Edited by James H. Charlesworth. 2 vols. New York: Doubleday, 1983–1985
PG	Patrologia Graeca. Edited by J.-P. Migne. 161 vols. Paris, 1857–1886
PGL	*A Patristic Greek Lexicon.* Edited by G. W. H. Lampe. Oxford: Clarendon, 1961
PNTC	Pillar New Testament Commentary
SBT	Studies in Biblical Theology
SJT	*Scottish Journal of Theology*
Str-B	*Kommentar zum Neuen Testament aus Talmud und Midrasch.* Edited by Hermann L. Strack and Paul Billerbeck. 6 vols. Munich: Beck, 1922–1961
TBC	Torch Bible Commentary
TDOT	*Theological Dictionary of the Old Testament.* Edited by G. Johannes Botterweck, Helmer Ringgren, and Heinz-Josef Fabry. 15 vols. Grand Rapids: Eerdmans, 1974–2006
TWNT	*Theologisches Wörterbuch zum Neuen Testament.* Edited by Gerhard Kittel and Gerhard Friedrich. 9 vols. Stuttgart: Kohlhammer, 1932–1979
TynBul	*Tyndale Bulletin*
WUNT	Wissenschaftliche Untersuchungen zum Neuen Testament

구약성경

Gen.	창세기	Song	아가서
Exod.	출애굽기	Isa.	이사야
Lev.	레위기	Jer.	예레미야
Num.	민수기	Lam.	예레미야애가
Deut.	신명기	Ezek.	에스겔
Josh.	여호수아	Dan.	다니엘
Judg.	사사기	Hosea	호세아
Ruth	룻기	Joel	요엘
1–2 Sam.	사무엘상하	Amos	아모스
1–2 Kings	열왕기상하	Obad.	오바댜
1–2 Chron.	역대상하	Jon.	요나
Ezra	에스라	Mic.	미가
Neh.	느헤미야	Nah.	나훔
Esther	에스더	Hab.	하박국
Job	욥기	Zeph.	스바냐
Ps(s).	시편	Hag.	학개
Prov.	잠언	Zech.	스가랴
Eccles.	전도서	Mal.	말라기

신약성경

Matt.	마태복음	1–2 Thess.	데살로니가전후서
Mark	마가복음	1–2 Tim.	디모데전후서
Luke	누가복음	Titus	디도서
John	요한복음	Philem.	빌레몬서
Acts	사도행전	Heb.	히브리서
Rom.	로마서	James	야고보서
1–2 Cor.	고린도전후서	1–2 Pet.	베드로전후서
Gal.	갈라디아서	1–3 John	요한1–3서
Eph.	에베소서	Jude	유다서
Phil.	빌립보서	Rev.	요한계시록
Col.	골로새서		

구약 외경과 위경

1–4 Macc.	마카베오1–4서	Pss. Sol.	솔로몬의 시편
Let. Aris.	아리스테아스의 편지	Sib. Or.	시빌의 신탁
Odes Sol.	솔로몬의 송가		

신약 외경

Acts Paul Thec.	바울과 테클라행전	Gos. Thom.	도마복음
Acts Pet.	베드로행전	Ps.-Clem.	가클레멘스
Acts Thom.	도마행전	*Hom.*	강론
Gos. Phil.	빌립복음		

사해사본

1QS	Rule of the Community 공동체 규칙서
1QSa	Rule of the Congregation (1QS의 부록) 회중 규칙서
4QFlor	Florilegium 시편
4QTest	Testimonia 증거
11QMelch	Melchizedek 멜기세덱
CD	Damascus Document (from Cairo Genizah) 다마스쿠스 사본(카이로 서고에서)

랍비 문헌

Tractates preceded by *b.* or *m.* 각각 바빌론 탈무드 혹은 미쉬나에서 따옴.

Avot	Avot 선조들의 잠언		Miqv.	Miqva'ot 목욕탕
B. Bat.	Bava Batra 세 번째 문		Parah	Parah 어린 암소
Ber.	Berakhot 축복 기도서		Rosh Hash.	Rosh Hashanah 신년
Betzah	Betzah (= Yom Tob) 축제의 날		Sanh.	Sanhedrin 산헤드린
Eruv.	Eruvin 제휴		Shabb.	Shabbat 안식일
Git.	Gittin 이혼 증서		Sotah	Sotah 부정한 여자
Hag.	Hagigah 절기 제사		Ta'an.	Ta'anit 금식
Hul.	Hullin 비제사 도살		Tehar.	Teharot 정결
Kelim	Kelim 용기		Tem.	Temurah 희생 제물
Ketub.	Ketubbot 결혼 증서		Yad.	Yadayim 손
Meg.	Megillah 두루마리		Yoma	Yoma 대속죄일

속사도 교부들의 문헌

Apol.	Aristides, *Apology* 『변증론』
Barn.	Epistle of Barnabas 바나바서신
1-2 Clem.	1-2 Clement 클레멘스1-2서
Did.	Didache 디다케
Diogn.	Epistle to Diognetus 디오그네투스서신
Herm. Mand.	Shepherd of Hermas, Mandate(s) 헤르마스의 목자, 명령
Herm. Sim.	Shepherd of Hermas, Similitude(s) 헤르마스의 목자, 비유
Herm. Vis.	Shepherd of Hermas, Vision(s) 헤르마스의 목자, 환상
Ign. *Eph.*	Ignatius, *To the Ephesians* 에베소 교회에 보내는 이그나티오스의 편지
Ign. *Magn.*	Ignatius, *To the Magnesians* 마그네시아 교회에 보내는 이그나티오스의 편지
Ign. *Phld.*	Ignatius, *To the Philadelphians* 빌라델비아 교회에 보내는 이그나티오스의 편지
Ign. *Pol.*	Ignatius, *To Polycarp* 폴리카르포스에게 보내는 이그나티오스의 편지
Ign. *Rom.*	Ignatius, *To the Romans* 로마 교회에 보내는 이그나티오스의 편지
Ign. *Smyrn.*	Ignatius, *To the Smyrnaeans* 서머나 교회에 보내는 이그나티오스의 편지
Ign. *Trall.*	Ignatius, *To the Trallians* 트랄레스 교회에 보내는 이그나티오스의 편지
Mart. Pol.	Martyrdom of Polycarp 폴리카르포스의 순교
Pap. *Frag.*	Fragments of Papias 파피아스의 단편
Pol. *Phil.*	Polycarp, *To the Philippians* 빌립보 교회에 보내는 폴리카르포스의 편지

고전, 유대인, 교부들의 문헌

Ag. Ap.	Josephus, *Against Apion* 『아피온 반박문』
Alleg. Interp.	Philo, *Allegorical Interpretation* 1, 2, 3 『알레고리 성경 해석』
Ann.	Tacitus, *Annals* 『로마 편년사』
Ant.	Josephus, *Jewish Antiquities* 『유대 고대사』
1 Apol.	Justin Martyr, *First Apology* 『제1호교론』
Apol.	Tertullian, *Apology* 『호교론』
Aug.	Suetonius, *Divine Augustus* 『황제 열전 아우구스투스』
Cels.	Origen, *Against Celsus* 『켈수스 논박』
Civ.	Augustine, *De civitate Dei* 『신국론』
Claud.	Suetonius, *Divine Claudius* 『황제 열전 클라우디우스』
Descr.	Pausanius, *Description of Greece* 『그리스 안내』
Dial.	Justin Martyr, *Dialogue with Trypho* 『트리폰과의 대화』
Dom.	Suetonius, *Domitian* 『도미티아누스』

Embassy	Philo, *On the Embassy to Gaius*『갈리굴라에게 가는 사절단』
Ep.	Gregory of Nyssa, *Epistles*『서신』
Ep. Tra.	Pliny the Younger, *Epistle to Trajan*『트라야누스에게 보내는 서신』
Haer.	Irenaeus, *Against Heresies*『이단에 반대하여』
Hist.	Rufinus, *Eusebii Historia ecclesiastica a Rufino translata et continuata*『루피누스가 번역하는 에우세비우스의 교회사』
Hist.	Tacitus, *Histories*『역사』
Hist. eccl.	Eusebius, *Ecclesiastical History*『교회사』
Hist. rom.	Dio Cassius, *Roman History*『로마사』
Holy Theoph.	Hippolytus, *Discourse on the Holy Theophany*『성신론에 관한 담론』
Hom. Matt.	John Chrysostom, *Homiliae in Matthaeum*『마태복음 강해』
J.W.	Josephus, *Jewish War*『유대 전쟁사』
Nat.	Tertullian, *To the Heathen*『모든 이단에게』
Nero	Suetonius, *Nero*『네로』
Pan.	Epiphanius, *Panarion*『파나리온』
Pud.	Tertullian, *Modesty*『겸손』
Sel. Ps.	Origen, *Selected Psalms*『시편』
Strom.	Clement of Alexandria, *Stromateis*『스트로마타』
Trad. ap.	Hippolytus, *The Apostolic Tradition*『사도 전승』
Vesp.	Suetonius, *Vespasian*『베스파시아누스』
Vir. ill.	Jerome, *On Illustrious Men*『명인록』
Vita	Josephus, *The Life*『자서전』

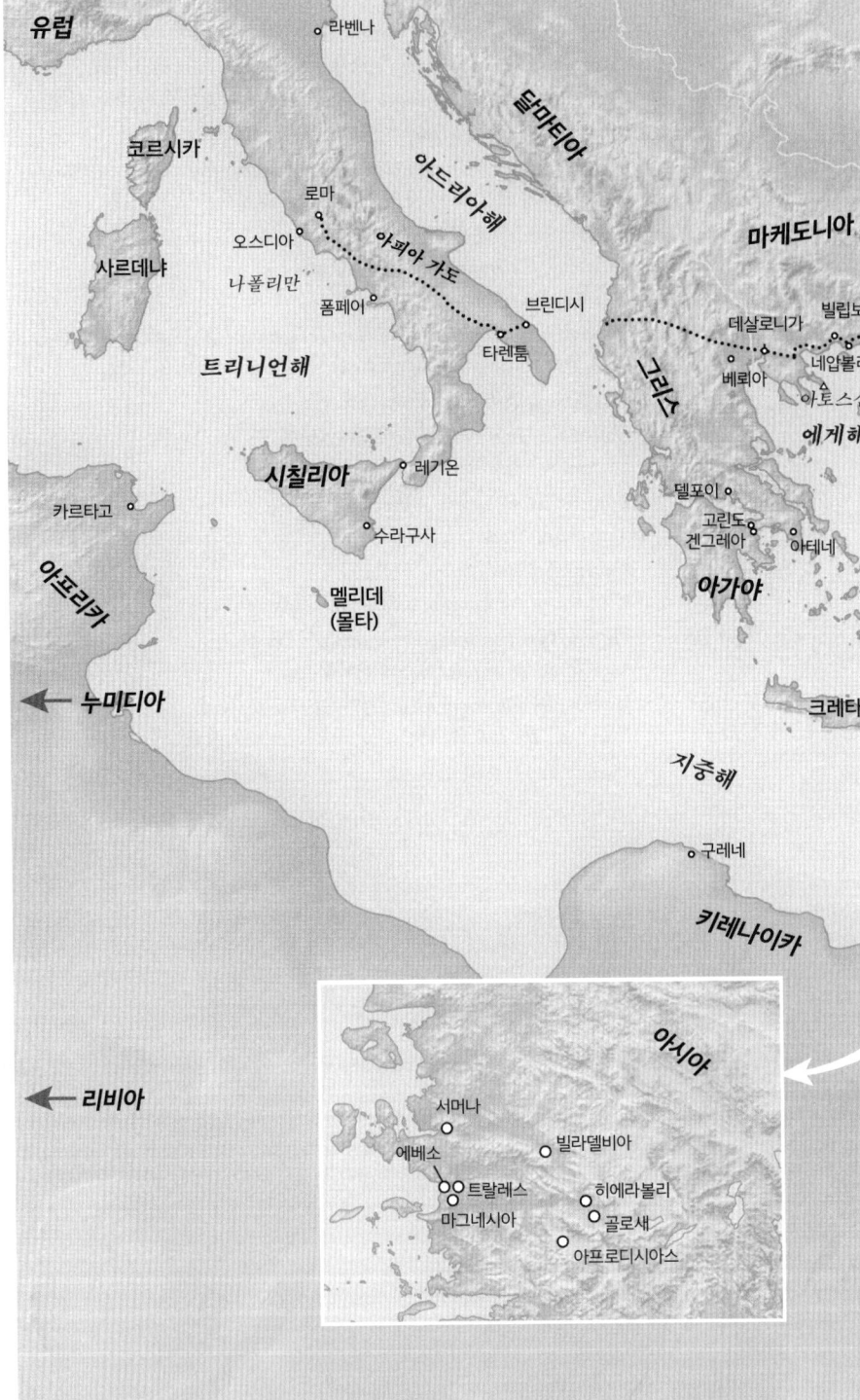

지도 1. 지중해 분지 지도

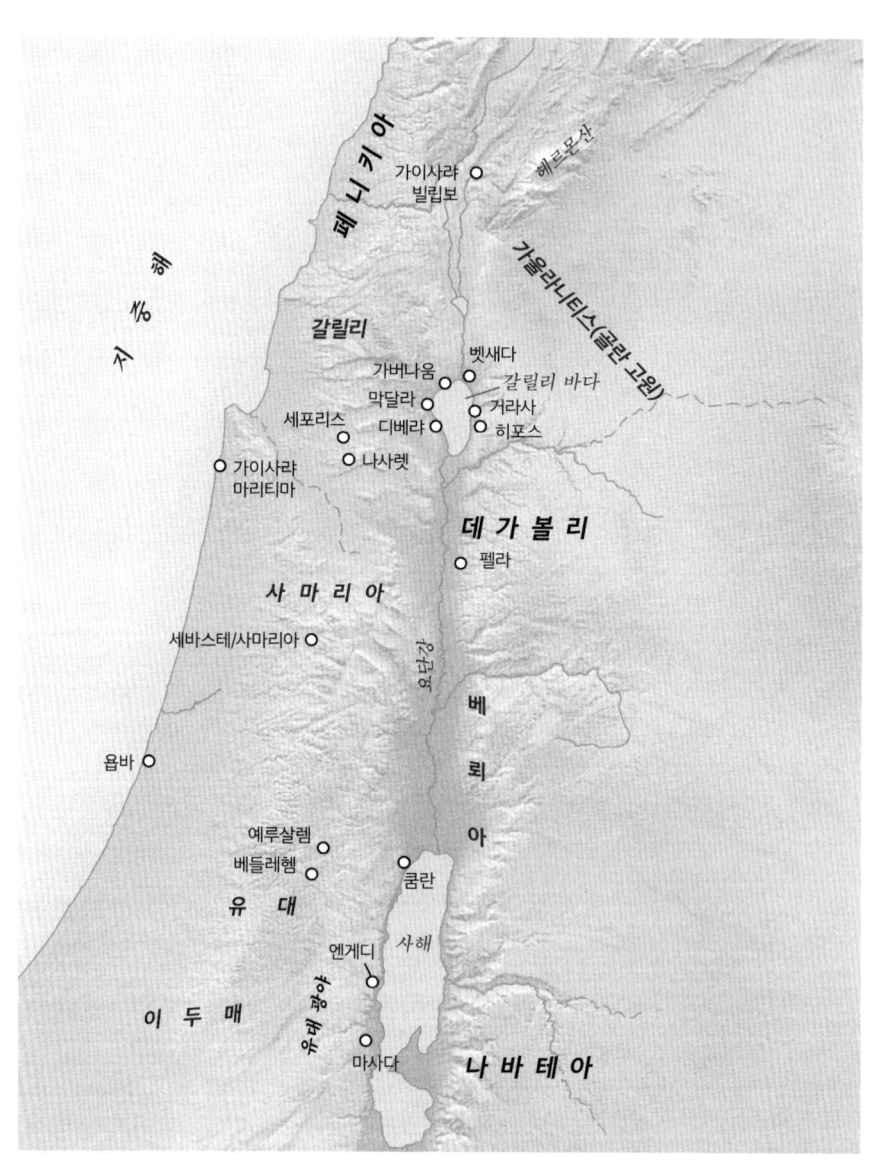

지도 2. 유대 광야 지도

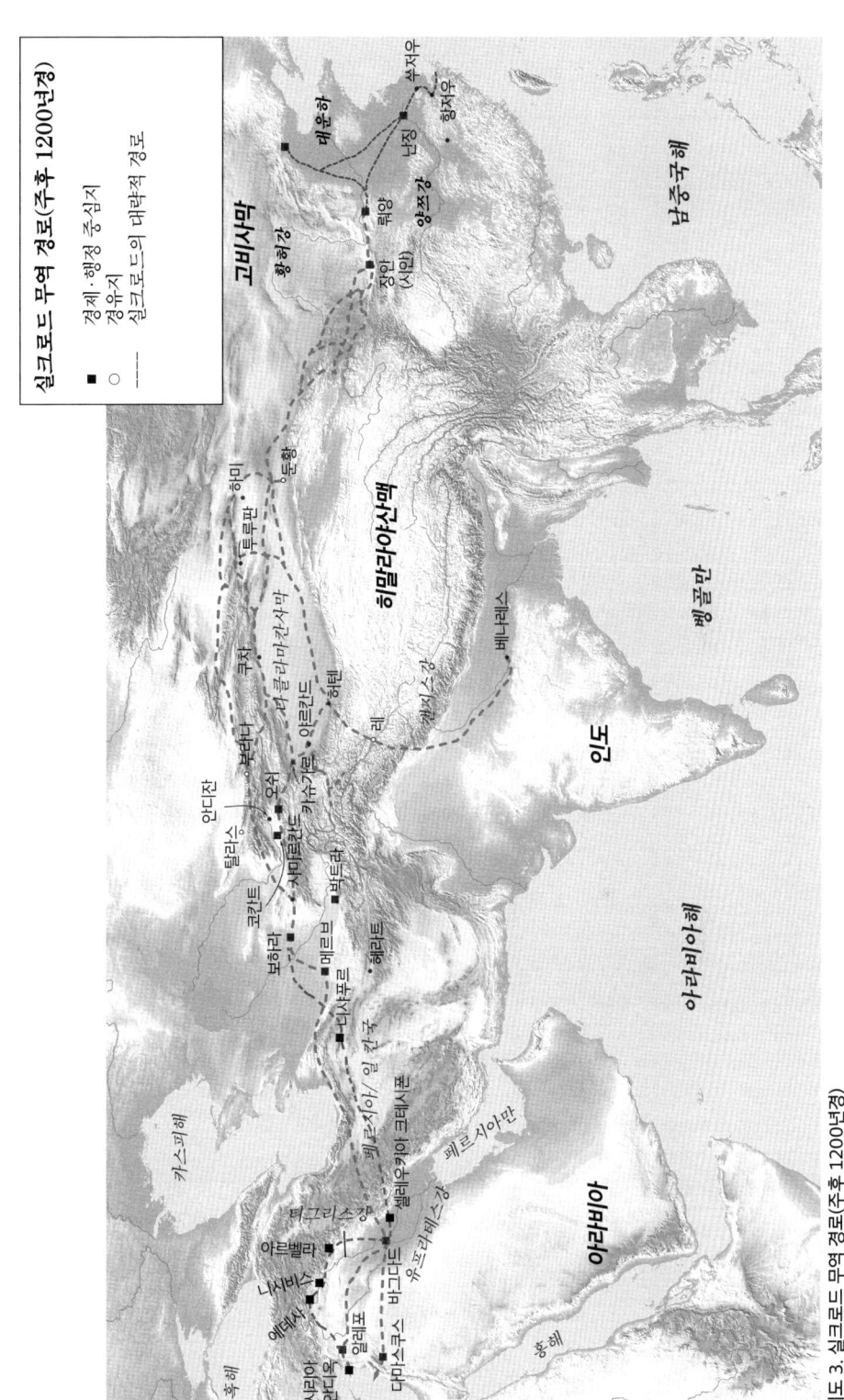

지도 3. 실크로드 무역 경로(주후 1200년경)

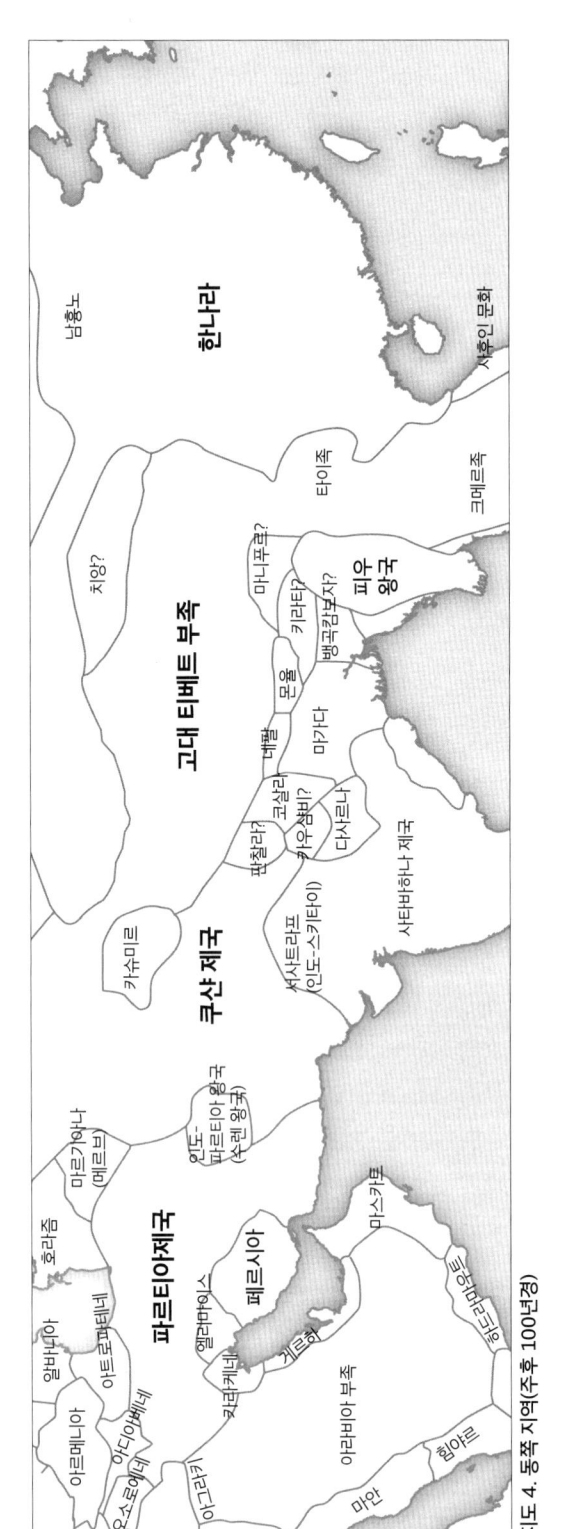

지도 4. 동쪽 지역(주후 100년경)

서론

하나의 현실에 대한 두 개의 프로필

누군가가 사복음서에 나타난 예수님이 행하신 사역의 기본 특성들을 나열해 달라고 부탁한다면, 다음과 같이 답변할 것이다.

- **순회** 사역이다.
- **시골** 운동이다.
- **팔레스타인**에 있는 갈릴리바다의 거의 북서쪽에서 일어났다. 인종적으로는 **유대인**이 펼친 운동이다.
- 핵심층은 열두 명의 남성으로 구성되어 있으며 많은 **다른 남성과 여성** 들이 함께했다.
- 참여자들은 공개적으로는 **아람어**를 쓰고 성경을 읽고 논할 때는 **히브리어**를 쓴다.
- 참여자들은 **안식일**에 **회당**에서 예배를 드린다.
- 지도자와 추종자들이 **유월절**을 기념한다.
- 경전은 회당의 소유이고 **두루마리**에 기록되어 있다.
- **공식적인 이름이 없는** 운동이다.

자 그러면 이제 두 번째 프로필을 요구받았다고 가정해 보자. 이번에는 안디옥의 이그나티오스 때(1세기 말) 교회에 대한 정보다. 물론 우리는 복음서보다 이그나티오스에 대해 훨씬 잘 알지 못한다. 하지만 가장 짧은 복음서인 마가복음을 읽는 것보다 더 짧은 시간 내에 그가 보낸 일곱 편지를 모두 읽을 수 있다. 우리는 이그나티오스의 편지에서 그 당시 교회를 통해 다음과 같은 내용을 추론해 볼 수 있다.

- 주로 **도시적**이다.
- 대부분 팔레스타인 밖의 **로마제국의 영향력이 미치는 세계**에 존재한다.
- 더 이상 회당이 아닌 **교회**를 중심으로 삶이 이루어진다.
- 대부분의 회원들이 **이방인**이다.
- 일차 언어는 **헬라어**다.
- 회원들이 **성찬**을 기념하고 예배를 **일요일**에 드린다.
- **주교들**이 감독한다.
- 경전은 더 이상 유대교의 오경과 성문서 및 선지서에 국한되지 않는다. 이제 구체적으로 **기독교 문서**가 포함되어 있다.
- 경전은 **코덱스** 혹은 책의 형태로 기록된다.
- 회원들은 **그리스도인**으로 불린다.

이것이 두 개의 프로필이다. 첫 번째는 주후 30년경에 예수님이 행하신 사역에 관한 프로필이고, 두 번째는 주후 100년경 이그나티오스가 활약하던 교회의 프로필이다. 우리는 오랫동안 익숙하게 여겨 온 것들의 중요성을 종종 못 보는 경향이 있다. 이 익숙함의 현상이 이 두 가지 프로필에 대한 우리의 판단에 영향을 끼칠 수 있다. 우리는 두 가지 프로필이 모두 당대를 제대로 반영하고 있으며 동등하게 "기독교적"이라고 여긴다. 그렇지 않다면 그 두 가지 프로필 모두 전혀 놀랍게 여겨지지 않을 수도 있다. 여기에 익숙함이 판단을 흐려 "보아도 알지 못하[게]"(사 6:9) 할 가능성이 도사린다. **왜냐하면 두 번째 프로필에 있는 어떤 항목도 첫 번째 프로필에 있는 항목들과 일치하지 않기 때문이다.** 예수님이 죽으신 지 75년이 지나지 않아 그분이 설립한 운동은 그분이 행하신 사역의 형태와 사실상 아무런 일치점도 없어졌다. 시골 운동은 도시환경에 맞게 문화적 변용을 일으켰다. 유대인 운동은 주로 이방인 운동이 되었다. 아람어와 히브리어만 사용하던 운동은 헬라어로 글을 쓰고 설교하며 전도하는 운동으로 전환되었다. 팔레스타인에서 시작되어 자란 운동은 완전히 국제적인 그리스-로마 운동으로 진화해 예루살렘과 로마의 경로를 잇는 상당히 영향력 있는 지역들을 통해 퍼져 나갔다. 회당에서 심긴 운동의 씨앗은 교회로 꽃피웠다. 교회는 더 이상 안식일이 아니라 일요일에 모이고, 유월절이 아니라 성찬을 기념하게 되었다. 교회의 정경은 구약성경의 토라와 선지서 및 성문서에 제한되지 않고 더는 두루마리 형태가 아니라 코덱스(과거, 책을 만들던 제본 방식—편집자)에 기록되어 보급되는 기독교의 글들을 포함하는 것으로 확장된다.

이러한 변화 중 하나, 즉 아람어와 히브리어에서 헬라어로의 전환은 신약성경이 기록되던 시기에 이미 완료되었다. 현존하는 모든 1세기의 기독교의 글들은 아람어나 히브리어가 아니라 헬라어로 기록된다. 예수님과 그분의 추종자들은 아람어로 말하고 히브리어로 예배드렸지만 현존하는 1세기 기독교 문서는 아람어로 기록된 것이 **하나도 없다.** 초기 교회의 공통어(lingua franca)는 (최소한 기록된 문서에는) 일찍부터 헬라어로 바뀌었고, 서양에서는 그 현상이 완전히 정착되었다. 하지만 프로필에 열거된 대부분의 변화는 신약성경이 기록되는 동안에도 진행 중이었다. 예를 들어, 예수 운동을 "길", "성도들", "형제자매들"로 묘사하는 현상은 안디옥에서 처음 얻은 "그리스도인"이라는 이름(행 11:26)으로 전환되는 과정에서 나타났다. 이와 비슷하게 "열두 제자"로 알려진 사도들로부터 장로, 집사 그리고 특히 주교로 직분이 바뀌는 리더십의 전환도 이미 신약성경 시대에 진행 중이었다. 다른 변화들은 신약 시대 중간에 시작되었다. 예를 들어, 예수 추종자들이 예배를 안식일에 드렸는지 일요일(혹은 아마 두 날 모두)에 드렸는지는 불분명하다. 초기 교회에서 일어난 가장 큰 변화 하나는 유대교 회당에서 분리된 일이었다. 어떤 장소에서는 더 일찍 일어나고, 다른 곳에서는 더 늦게 일어났지만 결국 모든 곳에서 이런 분리가 발생했다. 그리고 마지막으로 어떤 변화들은 아직 시작되지도 않았다. 한 예로 신약성경이 정경의 형태를 갖추는 것은 미래에 진행될 일이라, 신약성경이나 속사도 교부는 그 일을 언급하지 않는다.

우리는 앞에서 언급한 각각의 변화에 한 장씩 할애해 예수님 시대에서 이그나티오스 시대로 이루어진 전환의 과정을 따라갈 것이다. 어떤 전환은 풍부한 흔적을 증거로 남기지만, 다른 전환은 흔적이 별로 없으며, 흔적을 거의 남기지 않는 전환도 있다. 하지만 어떤 중대한 사실은 마치 미국 워싱턴주 서부에 드넓게 펼쳐진 퓨젯사운드(Puget Sound)만의 레이니어산(Mount Rainier)처럼 우뚝 솟아오른다. 즉 그것은 일생의 한 주기인 75년 만에 예수 운동이 기독교 교회가 되었다는 점이다. 정확히 어떻게 예수님이 시작한 운동이 이그나티오스가 묘사하는 교회가 되었을까? 이 질문에 답하는 것이 이 책의 초점이다.

프로필 분석하기

예수님의 사역에서 이그나티오스가 활동하던 시대의 초기 교회로 전환된 비약적인 변화가 거의 인식되지 못하고 탐구되지 않은 이유는 무엇일까? 한 가지 이유는 역사적 편견이다. 초기 교회를 다룬 역사서들은 일반적으로 속사도 교부 시대를 평가할 때, 그 시대가 앞선 (사도 바울의) 시대와 뒤따르는 (순교자 유스티누스, 이레나이우스, 알렉산드리아의 클레멘스) 시대보다 철저히 연구할 가치와 보람이 적다고 여긴다. 특히 개신교 학자들은 속사도 교부를 신약과 변증가들이라는 중요한 양극 사이에 존재하는 불명확한 영역처럼 여기는 경향을 보였다. 이러한 경향에는 다양한 이유가 있다. 신약 시대 이후에 교회가 점점 더 제도화되고 계급화되었기 때문에, 이때는 "초기 보편주의"(early Catholicism)의 시기, 즉 "카리스마의 일상화"라는 특징이 나타나는 시기였다. 이런 묘사들은 전통이 경화되고 있음을 암시한다.[1] 또한 기독교가 유대교라는 경계에서 벗어나 2세기 중반 변증가들이 저술한 글에 나타나듯 그리스-로마 기풍에 병합된 이후에야 비로소 성인이 되었고 진정한 역사적 탐구의 정당한 근거가 마련되었다는 편견이 지금까지 널리 퍼져 있다.

신약 시대 이후의 기독교를 이해하는 데 필요한 가장 주된 자료는 속사도 교부를 구성하는 열입곱 개의 편지들이다. 그런데 이 편지들은 신약성경이 보여 주는 문학적 특성과 신학적 내용에 미치지 못한다는 평가를 받는다.[2]

---

[1] 뛰어난 20세기의 초기 교회 역사가인 Adolf Harnack는 예수님의 주된 신학적 기여가 유일신론이고 그분의 주된 윤리적 기여는 산상수훈이라고 간주했다. 그의 평가에 따르면 초기 교회가 실패한 가장 큰 이유는 구약을 버리지 않은 것과 유대교에 충성한 것 그리고 고기독론(high Christology)을 받아들였기 때문이다. 그는 이것이 초기 기독교의 정신을 약화했다고 판단한다. 유대교에 대한 Harnack의 모질고 비뚤어진 평가에 대해서는 *Mission and Expansion*, 1권 5장을 보라. 제도화와 카리스마를 대립 관계로 본 Harnack의 시각에 대해서는 Schröter, "Harnack Revisited"를 보라. 이와 비슷하게 Max Weber도 사도 시대 이후를 "카리스마의 일상화"로 특징지었다. 종교적 지도자로서 자유롭게 흘러넘치는 예수님의 카리스마가 제도화된 통치, 질서, 훈육으로 굳어졌다는 것이다. Weber에 대한 논의는 Feyne, *Jesus Movement and Its Expansion*, p. 8을 보라.

[2] 속사도 시대에 대한 J. B. Lightfoot의 통찰력은 타의 추종을 불허했는데, 그는 이 시대 글들의 문학적·신학적 질에 대해 무비판적으로 평가하지 않았다. 자신의 저서 *Apostolic Fathers*에서, 그는 이 글들이 "문학 측면을 더 다루어 달라는 요구와 교리적 시대를 더 다루어 달라는 요구를 충족시키기에는 형식이 너무 두서없고 교리적으로도 너무 모호하다"(1:1)라고 말한다. 그는 또한 이렇게 평가한다. "속사도 교부들은 위대한 작가들이 아니라 위대한 인물들이다'라는 말은 옳은 평가다. 이들의 문제는 자유롭다. 주제들이 잘 정리되지 않았고 가르침에 체계가 없다. 한편으로 보면, 이들은 복음의 다른 측면들을 명확한 개념을 통해 깊이 있게 제시했던 서너 명의 사도

이 시기를 "속사도"로 부르고 이 시기의 글들을 "속사도 교부"로 칭하는 것 자체가 그 편지들을 신약성경보다 수준이 떨어진다고 생각한다는 의중을 비친다. 이러한 부정적 비교는 글뿐만 아니라 저자들에게까지 확장된다. 이 시기 저자들에 대한 폄하는 그리스정교회나 로마가톨릭교회보다는 주로 개신교에서 시작되었다. 로마가톨릭교회와 그리스정교회 학자들은 전통적으로 이그나티오스를 신약시대 이후에 등장한 인물 중 가장 위대한 인물로 여겼다. 이 두 전통은 모두 이그나티오스의 권위를 공통으로 인정한다. 아돌프 하르나크(Adolf Harnack)는 그리스정교회가 니케아공의회 이전에 활약하던 교부 중 이그나티오스만을 신약과 아타나시우스 사이의 기독교 신앙을 증언해 주는 고대의 증인으로 온전하게 신뢰한다는 점에 주목한다.³ 반대로 개신교 신자들은 바울과 같은 위대한 선교 신학자가 없었다며 이 시대를 종종 비난한다. 이 견해에 따르면 유스티누스, 이레나이우스, 클레멘스와 테르툴리아누스와 같은 2세기 중반의 지도자가 생겨나면서 비로소 기독교가 유대교의 테두리에서 벗어나 그리스철학의 기준에 맞게 신앙을 수호했다.

이 모든 평가가 동등하게 정당하지는 않다. 마지막 평가와 관련해 속사도 시대에는 사도 바울과 같은 인물이 없었던 것은 사실이다. 하지만 이것이 속사도 시대를 비난할 요소는 될 수 없다. 왜냐하면 사도 시대 이후 기독교의 **모든** 시대에 사도 바울과 같은 인물은 없었기 때문이다. 기독교의 어떤 인물도 사도 바울의 공헌과 중요성에 견줄 수 없다. 오리게네스나 아우구스티누스나 심지어는 루터도 마찬가지다. 또한 속사도 시대가 유대교와

들과 뚜렷한 대조를 보인다.···속사도 교부들에는 4세기와 5세기 교부들에게 특징적으로 발견되는 세심한 논리가 없다.···뚜렷한 개념과 강력한 설명도 부족하다." Lightfoot은 "이 교부들의 글에 표하는 존경은 이들의 문학적인 가치에 전혀 어울리지 않는다"(1:7)라고 결론 내린다.

3 Harnack, *Geschichte der altchristlichen Literatur*, vol. 1, part 1, xlii를 보라.

관련이 있다는 폄하는 홀로코스트를 겪은 우리 시대에서 볼 때 의미 있는 비판이기보다는 인종적 편견으로 다가온다. 속사도 시대에 실재했거나 실재했다고 인식되었던 결점들이 무엇이든지 간에, 속사도 교부들이 저술한 글들이 보존되었다는 사실은 당대의 사람들에게 그들의 공로를 증언한다.[4]

이 책의 목적은 앞서 언급했던 평가가 지닌 특정한 장점이나 결점을 논쟁하려는 것이 아니라 이 책을 시작한 논지, 즉 사도와 속사도 시대는 유보 상태, 발달이 지연된 사춘기 혹은 기독교의 퇴화가 아니라는 점에 집중해서 살펴보는 것이다. 이 시대의 지도자와 작품에 있던 결점이 무엇이었든지 간에 이 시기야말로 기독교 전체 역사에서 가장 창조적인 기간이었다.[5] 기

---

[4] 현대인들이 속사도 교부들의 문헌을 어떻게 평가하든지 간에 기억해야 할 중요한 사실은, Harnack가 상기해 주듯이 정경의 지위를 얻지 못한 종교적 문서는(그 지위가 어떻게 결정되든지 간에) 궁극적으로 손실되고 소멸되는 것이 거의 불가피한 운명이다(*Geschichte der altchristliche Literatur*, vol. 1, part 1, xxviii). 탄생 후 몇 세기 동안 기독교는 예수님을 따르지 않는 유대인, 다신론주의자, 영지주의자, 마니교, 아리우스주의자 그리고 각종 분열주의자들과 같은 대적자들에게서 기독교 신자들과 기독교 경전을 지켜 내기 위해 사투를 벌였다. Martin Hengel은 이렇게 지적한다. "이런 점에서 볼 때 우리가 던져야 할 적절한 질문은 초기 기독교 문서 중 왜 이것이나 저것이 소멸되었느냐가 아니라 왜 보존되었느냐"다[*Studien zum Urchristentum*, p. 298(저자 사역)].

초기 기독교 문학 가운데 정확히 몇 퍼센트가 사라졌는지는 말할 수 없다. "90퍼센트 이상 잃어버렸다"라는 Hengel의 추정치는 너무 높은 것 같다(*Studien zum Urchristentum*, p. 298). 예를 들어, 자신이 쓴 교회사의 처음 150년에 관해 Hengel이 인용하는 자료는 거의 현존한다(이는 요세푸스, 필론, 율리우스 아프리카누스, 히폴리투스, 알렉산드리아의 클레멘스 그리고 파피아스의 단편들이 여기에 해당한다). 헤게시푸스와 파피아스의 더 온전한 판본(*Hist. eccl.* 1.4)은 보존되지 못했다. 이와 마찬가지로, *Vir.ill.*에서 히에로니무스는 순교자 유스티누스 전에 있었던 백여 개의 글들을 열거한다. 그 가운데 내가 헤아려 보았을 때 대략 일흔 개는 (최소한 일부라도) 현존하고 서른 개는 소멸했다. 이 점에서 히에로니무스의 문헌은 중요한 자료가 되는데, 왜냐하면 *Vir.ill.*에는 겉보기에 히에로니무스가 아는 기독교의 모든 글이 열거되어 있기 때문이다. 에우세비오스와 히에로니무스의 기록에 따르면 초기 기독교 문서의 40퍼센트가량이 손실되었다. 초기 교회에 대한 Harnack의 높은 평가는 이 점에서 정당하다. 왜냐하면 초기 교회는 가장 어려운 환경 가운데서 잘 무장된 대적들에 맞서 칠십인역과 신약을 구성할 문서들을(골 4:16에서 언급한 라오디게아에 보낸 편지를 분실한 점은 제외)은 물론이고 속사도 교부들의 문헌도 지켜 냈기 때문이다. 특히 훌륭한 점은 정경의 지위를 갖지 못했던 속사도 교부들의 글을 보존한 것이다.

[5] 그래서 Grant는 *Roman Hellenism*, p. 160에서 이렇게 말한다. "[기독교의] 첫 50년이 아마도 가장 중요했다."

독교 운동이 처음 시작되었을 때는 유대교와 거의 구별되지 못했지만 이후 75년 이내에 유대교와 구분되는 특징들을 가지게 되었으며 이 정체성은 놀랍게도 이후 2,000년간 일정하게 유지되었다. 마르틴 헹엘은 기독교를 이렇게 설명한다. "갈릴리 시골에서 시작된 지방 분파였으나 두 세대 이내에 새로운 종교가 되어 로마제국(*Imperium Romanum*)의 먼 지역에까지 퍼졌고 로마에서 가장 큰 도시들을 성공적으로 기독교화했다."[6] 램지 맥멀린(Ramsay MacMullen)은 기독교의 부상을 고대 시대의 마지막 세기들에 일어난 가장 의미심장한 일로 본다.[7] 이 시대는 민주적인 성격으로 인해 더욱더 탁월하다. 사도 바울과 같은 프로메테우스 성향의 창조적 인물이 없었다는 점은 사도 후 시대를 폄하하기보다는 높게 평가할 이유가 된다. 왜냐하면 주후 60년대에 바울이 죽은 후, 그리스도인들은 그들의 조상들이나 후손들이 이루지 못한 일을 성취했기 때문이다. 기독교 역사상 가장 창조적인 이 시기의 위대함은 위에서 아래로 향하는 하향식 운동이 아니라 풀뿌리 선교에 의한 성취로 더욱 확대된다.[8]

변치 않는 일정함

1세기 기독교의 두 번째 특징이자 더 위대한 점은 예수 운동의 내적 핵심

---

6   Hengel, *Theologische, historische und biographische Skizzen*, p. 530(저자 사역).
7   MacMullen, *Christianizing the Roman Empire*, viii를 보라. MacMullen은 "주후 100-400년을 서양 역사를 통틀어서 최고의 기간으로 보는 시각이 타당할 수 있다"라고 말한다. 같은 기간에 대해 MacMullen과 Lane은 *Paganism and Christianity*, vii에서 이렇게 말한다. "뒤엉켜 있던 과거의 오래된 종교적 믿음들에서 기독교가 생겨나서, 무너뜨릴 수 없는 최고의 위치에 결국 도달한 것은 분명 고대 세계의 마지막 세기들에서 일어난 가장 중요한 하나의 현상이다. 기독교가 서양의 삶의 방식에 미친 영향은 로마의 몰락과도 견줄 수 없다."
8   90년대 후반에 기록된 클레멘스1서는 슈퍼스타가 되기보다 신실한 평범함을 이루어 가라고 다음과 같이 권면한다. "작지만 그리스도의 무리에 포함되는 편이 탁월한 명성을 가졌으나 그리스도의 소망에서 제외되는 편보다 낫다"(57.2, Holmes의 번역).

요소들이 교회에서 일어나는 외부의 극적 변화들 가운데서도 일정하게 유지되었다는 것이다. 예수님부터 이그나티오스에 이르기까지 예수 운동은 간략한 **형식**의 변화들을 거쳤음에도 불구하고 예수 운동의 **내용**은 변치 않았다. 즉 예수님의 성품과 사역에 뿌리를 두고 연속성과 신실성을 지속적으로 유지했다. 이 변치 않는 일정함이 변화하는 삶의 형식들 속에서도 기독교의 DNA로 작용했다. 100년 전 에른스트 로마이어(Ernst Lohmeyer)는 이 폭발적인 모순을 이렇게 요약했다.

> 초기 기독교 역사는 기독교의 가장 초창기부터 흔치 않은 이중 드라마를 보여 준다. 다른 어떤 종교도 다른 지역과 지방들을 복음으로 그렇게 빠르게 "채우지" 못했다. 초기 기독교만큼이나 인간의 삶의 여건과 환경에 그토록 깊이 뿌리내린 종교는 없다.…하지만 태어나 성장하는 과정에서 겪는 운명의 폭풍우에 덜 영향을 받은 종교도 없다. 기독교만큼 신성한 요구로 규정된 과정을 매우 확고하게 고수함으로써 각 시대의 논란에 흔들리지 않고 매일 매시간의 어려움을 극복한 종교는 없다.[9]

변치 않는 본질과 변화하는 형식을 가졌으며 문화에 적응하면서도 문화에 사로잡히지는 않았다는 초기 기독교의 이 모순적인 "이중 드라마"를 로마이어는 적절하게 포착한다. 이 책의 각 장을 구성하는 예수 운동의 형식과 관련한 변화는 전략적으로 발생했거나 어떤 계획을 중심으로 이루어지지 않았다. 초기 교회에서 이 변화의 대부분은 다른 시간과 장소에서 다양

---

9 Lohmeyer, *Soziale Fragen im Urchristentum*, p. 129(저자 사역). 1930년 Lohmeyer의 브로츠와프 대학교 학장 취임 연설에서 그는 이 생각을 비슷하게 표현했다. "변치 않는 복음의 형식과 내용은 변화하는 역사의 형식으로 나타난다"(Edwards, *Between the Swastika and the Sickle*, p. 89 에서 인용).

한 방식으로 발생했다. 하지만 무작위적이고 임의적이지 않았으며, 심지어는 진화론의 주장처럼 환경에 적응한 결과도 아니었다. 이와 반대로 그리스도에서 기독교로의 전환은 예수 추종자들이 예수님의 인격과 사역의 근본적인 성격에 맞추어 증거와 예배와 선교의 공동체적 삶을 조직하려고 애쓴 결과였다. 기독론이 이 모든 현상의 진정한 북극성이었다. 이 책에서 추적하는 거의 모든 변화는 예수 추종자들이 자신들의 공동체 교제를 예수님의 성품과 사역의 본질에 맞추려 했던 노력의 결과였다.

이렇게 이해하면 왜 초기 교회가 예수님 자신이 규정하지 않았던 형식과 행동을 채택했는지를 설명할 수 있다. 예를 들어, 일요일 예배가 안식일을 대체한 이유는 예수님이 그렇게 하라고 지시하셔서가 아니고 심지어는 그에 대한 선례를 남겨서도 아니다(예수님은 둘 중 아무것도 하지 않으셨다). 일요일이 예수님이 죽은 자 가운데서 살아나신 날이었기 때문이다. 그뿐만 아니라 예수님의 지시 없이도 교회는—특히 이방인 교회들은—아브라함에게 주신 약속(창 12:3)을 이해했고 이방 데가볼리 지역(막 7:24-8:9)과 성전에서(막 11:17) 예수님이 행하신 사역이 교회 내에 이방인을 포함할 것을 전제한다는 사실을 이해했다. 똑같은 원리로 교회가 왜 실용적인 가치가 있는 교리나 실천 사항일지라도 신학적으로 정당화되지 않으면 거부했는지도 설명할 수 있다. 예를 들어 2세기에 구약을 기독교 정경에서 삭제하려 했던 마르키온의 계략은 교회의 입장에서는 매우 끌리는 주장이었다. 자신의 주님이 유대인에게 거부당하고 자신의 일원들이 유대인들의 반대를 겪어야 했기 때문이다. 그럼에도 교회는 마르키온의 논리적인 제안을 **신학적인** 이유로 거부했다. 왜냐하면 구약을 거부하는 것은 예수님이 이스라엘의 메시아이며 세상의 구원자임을 거부한다는 뜻이었기 때문이다. 예수님의 시각에서 "새 포도주"는 "새 부대"가 필요했다(막 2:22). 이 비유가 변화하는 형식 안에 있는 변치 않고 일정한 본질을 설명해 준다.

항해를 떠나기 전에 살펴보아야 할 다른 것들

이 책을 읽는 데 도움이 될 수 있도록 네 가지만 더 설명하고자 한다. 첫째, 이미 언급했듯이 속사도 교부들은 우리가 진행하는 조사의 종착점이다.[10] 속사도 교부 문서들의 기록 연대는 대략적으로밖에 파악할 수가 없어서 속사도 교부 문서 전체 범위가 끝나는 지점은 정확하지 않고 대략적이다. 어떤 문서들은 1세기의 마지막 10년 사이에 (거의 확실하게 클레멘스1서가) 기록되었거나 마지막 20년 사이에 (아마도 디다케가) 기록되었다고 (고대 문헌 기록 연대 측정 기준에 따라) 상당히 정확한 결론을 내릴 수 있다. 하지만 다수의 문서들은 2세기 전반이라는 범위 이상으로는 더 자세하게 기록 연대를 알 수 없다. 디오그네투스서신 같은 문서들은 기록 연대를 그 정도로도 좁히기 어렵다.[11] 따라서 우리는 연구의 일차적인 범위를 신약과 속사도 교부들로 정했다. 즉 신약의 첫 번째 문서 작성 시기(아마도 주후 40년 후반의 갈라디아서)에서부터 속사도 교부들 시대가 막을 내릴 때까지(대략 150년)의 약 100년의 기간이다.

나는 또한 신약과 속사도 교부들에 더해 동일 기간에 기록된 두 개의 더 짧은 비기독교 문헌들을 다룰 생각이다. 유대 진영에서 요세푸스와 미쉬나

---

10 전통적인 이해에 따르면 속사도 교부들의 문헌은 다음과 같은 문서들을 포함한다. 클레멘스1서, 클레멘스2서, 이그나티오스의 일곱 편지, 빌립보 교회에 보내는 폴리카르포스의 편지, 폴리카르포스의 순교, 디다케, 바나바서신, 헤르마스의 목자, 디오그네투스서신, 파피아스의 단편들. 이 작품들의 고전판은 Theodor Zahn, *Ignatius von Antiochien*과 J. B. Lightfoot, *The Apostolic Fathers* 그리고 Adolf Harnack, *Geschichte der altchristlichen Literatur bis Eusebius*에 등장한다. 헬라어 문헌과 현대 번역은 Kirsopp Lake, *The Apostolic Fathers*와 Michael W. Holmes, *The Apostolic Fathers*를 참조하라. 철학자 아리스티데스의 변증(*ANF* 10:257-279)은 하드리아누스 황제의 시대(117-138년 재위)에 기록되었다고 할 수 있기 때문에 속사도 교부들의 범위 안에 들어오며 그래서 속사도 교부 문헌에 포함시킨다.
11 속사도 교부 문헌들의 명명법과 기록 연대, 내용에 관해서는 Pratscher, *Apostolic Fathers*, p. 1-6을 보라.

를 정기적으로 인용하고 가끔 필론도 인용하려 한다. 그리고 로마 진영에서는 타키투스, 수에토니우스 그리고 소플리니우스를 거의 자유롭게 인용할 생각이다. 이 문서들도 대략적으로만 기록 연대를 알 수 있다. 요세푸스의 글들은 대략 80-100년에 기록되었고, 세 명의 로마 작가들은 대략 110-120년 사이에 글을 썼다. 그리고 주후 첫 200년 동안의 랍비 전통은 약 200년에 편찬된 미쉬나에 담겨 있다.

이 연구를 뒷받침하는 마지막 문헌들은 초기 기독교 발전에 관련된 2차 학술 문헌들이다. 지난 20년 동안 개신교도들은 신약 이후의 세계를 재발견했고 많은 연구서를 생산해 냈다. 내가 가장 도움을 받은 현대의 학자들이 누구인지는 참고 문헌 목록과 각주를 참조하기 바란다. 하지만 나는 이들을 일차 문헌에 대한 논평자로 여길 뿐 이들로 일차 문헌을 대체하지는 않는다.

둘째, 나는 많은 신약 문서와 속사도 교부들과 관련한 저자 문제가 대두된다는 사실을 뚜렷이 인지한다. 예를 들어, 사도 바울이 목회서신, 에베소서, 골로새서, 데살로니가후서를 기록했는지 아닌지가 논란이 되고 있으며, 속사도 교부 문서 중 이그나티오스의 편지와 폴리카르포스의 편지를 제외한 나머지 어떤 문서에 대해서도 추정 저자가 원저자가 맞다는 결론을 명확하게 내릴 수 없다. 디오그네투스서신도 원저자나 기록 시기를 정하기 어렵다. 이 모든 질문과 이와 비슷한 종류의 다른 질문들도 아직 해결되지 않았다. 우리의 연구 범위가 너무 넓고 자료도 너무 많기 때문에 자료 비평을 제대로 할 수가 없고, 이에 대해 결론을 내린다고 해도 우리의 목적에 이바지하는 점은 거의 없다. 따라서 나는 가상적으로 재구성된 텍스트가 아니라 **받아들여지고 보존된** 문헌들로 이 연구를 한정하고 그것들에서 결론을 낼 생각이다. 우리의 연구에 결정적으로 중요한 점은 바로 이 문헌들에 담긴 목소리와 내용이지 다른 어떤 특정한 저자나 특정한 집필 상황이 아니다.

셋째, "그리스도인"이라는 이름이 생겨나서 통용되기 전에는 그리고 "그리스도인들"이 유대 회당에서 분리되어 "교회들"을 형성하기 전에는 초기 기독교 운동을 가리키는 일반적으로 합의된 용어가 없었다. 나는 이 운동을 "예수 운동"으로, 이 신자들을 "예수 추종자"라고 부르려 한다. 이 둘 중 어떤 용어도 초기 신자들이 사용했다는 증거는 없다. 나는 그저 "그리스도인들"이라는 용어가 받아들여지기 전에 있었던 복음의 최초 추종자들을 편견 없이 부르는 기능적 묘사 방식으로 이 용어들을 사용한다. 그들이 유대 회당과 관련이 있었는지 혹은 그들과 분리되어 "교회들"을 이루었는지 여부와 상관없이 말이다.

마지막으로 넷째, 그리스도에서 기독교로의 전환은 세계사에 엄청난 의미가 있다. 하지만 전환 과정은 깔끔하게 진행되지 않았다. 서로 분리되지 않고 엮인 채 대부분의 과정이 동시에 발생했다. 이 책이 여러 장으로 나누어졌다는 이유로 여러 전환이 분리되어 연속적으로 발생했다고 생각해서는 안 된다. 그렇게 발생하지 않았다. 내가 이 책의 장들을 이렇게 나눈 것은 복잡한 천을 이루는 실오라기 하나하나를 제대로 다루려는 실질적인 이유 때문이다. 그래야만 기독교의 발전이라는 옷감 전체의 정교한 짜임새를 더 잘 이해하고 그 가치를 더 잘 깨달을 수 있다.

1
시골에서 도시로

갈릴리 시골 설교자

예수님이 "모든 촌에 두루 다니시며 가르치시더라"(막 6:6). 이렇게 마가복음은 예수님의 순회 사역을 요약한다. 순회 사역을 통한 그분의 명성은 갈릴리를 넘어서 북쪽으로는 시리아, 동쪽으로는 요단강 너머 그리고 남쪽으로는 이두매 지역까지 퍼졌다. 그러나 그분의 사역 자체는 거의 완전히 갈릴리에, 사실상 갈릴리의 작은 지역에 한정되었다. 만약 갈릴리 바다를 시계 정면이라고 생각해 본다면, 예수님이 갈릴리 사역에서 행하셨던 거의 모든 사건은 열 시와 한 시 사이의 지역에서 그리고 거의 모두 갈릴리 해안가 근처에서 발생한다. 단독으로 일어난 사건들은 세 시 지역에서만 일어나는데, 갈릴리 바다 동쪽 지역인 데가볼리다. 예를 들어, 거기서 예수님은 거라사 광인을 치유하시고[1] 4,000명을 먹이신다.[2] 더 놀라운 일은 복음서에 기록된

---

1   마 8:28-34; 막 5:1-20; 눅 8:26-39.
2   마 15:32-39; 막 8:1-9.

어떤 사건도 여섯 시와 아홉 시 사이의 지역에서 발생하지 않았다는 점이다. 갈릴리의 수도이며 예루살렘 밖 팔레스타인에서 가장 큰 도시인 디베랴는 갈릴리 바다에서 정확히 아홉 시 지점에 있는 서쪽 해안가에 자리 잡았는데, 갈릴리 바다의 어느 위치에 있어도 눈에 보인다. 예수님의 사역의 본거지인 가버나움에서 남쪽으로 겨우 16킬로미터 떨어진 곳이다. 하지만 예수님과 그분의 제자들이 그곳에 갔다는 기록은 전무하다.

디베랴를 세운 사람은 헤롯 안디바인데 그는 거의 반세기 동안 분봉왕으로 갈릴리를 통치했다. 자신의 아버지인 헤롯대왕이 죽은 주전 4년부터 로마 황제 칼리굴라가 그를 추방한 주후 39년까지 통치한 것이다. 안디바는 건축의 천재였던 자신의 아버지 헤롯대왕을 좇아 그가 이룬 눈부신 건축 업적에 버금가는 갈릴리의 수도를 건설하기 위해 주후 19년에 갈릴리 바다 서부 해안에서 공사를 시작했다. 온천 근처에 위치한 디베랴는 안디바의 후원자 티베리우스 황제의 이름을 따서 지은 이름이다. 안디바는 자신이 세운 이 도시의 명소를 고대의 무덤 부지에 지었는데, 유대 가르침에 따르면 이것은 이 도시를 불결하게 만드는 행태였다.[3] 이 사실이 처음에는 유대인의 정착을 막는 이유가 되었지만 안디바는 이에 대한 보상으로 무료 주택과 땅을 제공해 줌으로써 부도덕한 사람들을 유인해 정착시켰다. 그는 더 나아가 갈릴리의 다른 지역에 있는 사람들을 이 도시로 이주시키기도 했다.[4] 1세기 중반이 되자 디베랴는 급성장하는 유대의 대도시가 되었고 의식(儀式)적으로 불결한 곳이라는 오명은 기억에서 희미해졌다. 사실 도시가 불결하다는 인식이 아마 실제 정치에서 도움을 주었을지도 모른다. 왜냐하면 제1차 유대 반란 때(66-70년), 갈릴리 전체가 베스파시아누스의 로마 군단에 항복

---

3 민 19:11-16; 왕하 23:13-14.
4 Josephus, *Ant.* 18.36-38.

했는데, 디베랴는 로마에 저항했던 주위의 도시들과 마을들과는 달리 로마의 편에 섰기 때문이다. 다른 도시들이나 마을들과는 달리, 특히 남쪽의 예루살렘과는 달리, 디베랴는 반란에 대한 진압으로 유대 땅이 초토화되었을 때도 아무런 피해를 당하지 않았고 금방 팔레스타인 지역에서 유대교 부활의 중심지가 되었다. 하지만 예수님과 그분의 운동은 이 유대교 르네상스에 아무런 역할도 하지 않았다. 왜냐하면 앞에서 언급했다시피 예수님과 그분의 제자들이 디베랴에 갔다는 기록이 없기 때문이다.

더 놀라운 사실은 예수님이 갈릴리의 또 다른 주요 도시인 세포리스에 방문했다는 기록이 없다는 점이다. 언덕 위에 자리 잡은 세포리스는 '새'를 뜻하는 히브리어 '지포리'(Zippori)에서 파생된 이름의 도시로, 당시 예수님의 고향 마을 나사렛에서 불과 5킬로미터 정도 떨어져 있었다. 주전 63년에 폼페이우스에 의해 팔레스타인이 로마에 합병된 이후 세포리스는 갈릴리의 수도로 승격되었다. 그러나 주전 63년에 세포리스에서 오랜 기간 영향력을 끼쳤던 마카베오 가문의 후손인 하스몬 사람들이 로마의 예속 왕인 헤롯대왕에게 반란을 일으켰고 헤롯은 이에 대한 복수로 세포리스를 파괴해 폐허로 만들었다. 헤롯이 죽은 이후 안디바는 세포리스를 재건해 "모든 갈릴리의 장식물"로 삼았다.[5] 이스라엘에 있는 고고학적 발굴지 중 세포리스의 장엄함에 견줄 수 있는 곳은 거의 없다. 모자이크로 된 이 도시의 바닥들은 광활하고 정교한데 그중 하나에 오늘날 "갈릴리의 모나리자"라는 별명이 붙여졌다. 마태복음에 따르면, 이집트에서 요셉이 마리아와 예수님과 함께 돌아와 유대의 통치자가 아켈라오임을 알았을 때, 그는 "갈릴리 지방으로 떠나"간다(마 2:22-23). 헤롯대왕의 아들 중 하나인 아켈라오는 아버지만큼이나 악명 높은 인물이었다. 요셉은 나사렛에 정착했는데 이유는 나사렛에서 걸

---

5   Josephus, *Ant.* 18.27.

어서 45분 거리에 세포리스가 있었고 그곳은 자신과 같은 장인이 일자리를 잡을 수 있는 도시였기 때문인 듯하다. 아마도 예수님과 그의 형제들도 그곳에서 일할 수 있었을 터였다. 하지만 20여 년간 도시를 건설하더니 헤롯 안디바는 세포리스에 쏟던 에너지와 자원을 디베랴를 갈릴리의 새로운 수도로 만드는 데 집중했다. 안디바는 갈릴리 바다 서쪽 해안이 내륙에 갇혀 있는 세포리스보다 수도 건설에 더 유리하다고 판단했다. 그는 요세푸스와 마찬가지로 갈릴리 바다의 가장자리에 있는 "자연적 특성들과 아름다움과 비옥한 토양"을 높게 평가했던 것 같다.[6] 또한 이 새로운 자치도시가 유대인의 제약에서 자유롭다는 사실도 기여했다고 생각할 수 있다. 왜냐하면 이 두 도시 가운데 디베랴는 배열이나 건축적인 특징들에서 더 로마적인 도시로 급속히 변화했기 때문이다.

세포리스와 디베랴는 모두 예수님이 쉽게 가 볼 수 있는 도시였다. 세포리스는 그분의 고향 나사렛에서 도보로 45분 거리에 있었고, 디베랴는 그분의 사역 근거지인 가버나움에서 몇 시간 거리에 있었기 때문이다. 그러나 복음서에서는 예수님이 이 두 도시 중 어디에도 발을 내디뎠다는 언급이 전혀 없다. 이것은 우연일 리가 없다. 갈릴리 북서부 지역에서 예수님의 사역은 의도적으로 시골 지역에 제한되었다.

복음서에서는 예수님이 방문한 지역들을 "마을들"[헬라어. '코마이'(kōmai)] 이라고도 하고 "도시들"[헬라어. '폴레이스'(poleis)]이라고도 부른다. 마가복음에서 이 두 단어는 대략 같은 횟수로 나오지만, 마태, 누가, 요한은 그 지역들을 "도시들"이라고 더 자주 부른다. 용어와 상관없이 이 지역들은 시골 갈릴

---

6 요세푸스는 갈릴리 바다의 깨끗함과 단물, 그 안에 다양하게 존재하는 풍부한 물고기들에 대해, 그리고 바다 주위의 "무성한" 호두나무, 야자나무, 무화과나무, 올리브나무 들에 대해 열광적으로 말한다(J.W. 3.506-509). 요세푸스는 이렇게 결론짓는다. "자연은 가장 어울리지 않는 종들을 한 장소에 모아 놓은 자신의 역작을 자랑했다.…계절들의 행복한 야단법석이었다"[J.W. 3.516-521(LCL)].

리 동네이자 거주지였다. 복음서에는 예수님이 디베랴나 세포리스에 방문하셨다는 기록이 없지만, 예수님이 남쪽으로 내려가서 유대 절기에 참석하셨다는 사실, 특히 예루살렘에서 유월절에 참석하신 사실에 대한 기록은 있다. 예루살렘은 팔레스타인의 주요 도시였다. 하지만 처음의 세 복음서에는 예수님이 사역하신 기간 중 오직 한 번만 예루살렘에 가셨다는 기록이 나온다는 점을 중요하게 인식할 필요가 있다. 가장 중요한 절기인 유월절에 참여하는 일은 율법을 지키는 신실한 유대인으로서 마땅한 의무였다. 예수님은 다른 절기들에 참여하기 위해서도, 특히 오순절과 초막절을 지키기 위해서 예루살렘에 가셨을 수 있다. 하지만 그분은 사실 예루살렘과는 아무런 긍정적인 관계를 맺지 않으셨다. 오히려 예루살렘은 예수님을 반대하는 장소로 더 자주 묘사된다. 마가복음 11-15장에서는 기록된 십수 개의 사건에서 예루살렘의 지도자들이 여러 형태와 다양한 정도로 예수님을 반대했다고 묘사한다. 그들은 예수님뿐 아니라 그분의 추종자들도 반대했다. 왜냐하면 가야바 앞에서 재판이 이루어질 때, 주위 사람들이 베드로의 말을 듣고 그를 알아보고 또 그의 말을 무시한 것은 바로 그의 갈릴리 말투 때문이었다.[7] 에른스트 로마이어는 갈릴리와 예루살렘을 상반된 관계로 보았다. 즉 갈릴리는 예수님을 축복하고 받아들이는 곳이고 예루살렘은 저주하고 거부하는 곳이라는 주장이다.[8] 이것은 너무 극단적인 주장 같다. 갈릴리에서도 예수 추종자들은 그분을 억제하고 그분의 생각을 바꾸려 했었다(막 3:20-21). 거기서도 예수님은 고라신과 벳새다에 저주를 내리셨다(마 11:21; 눅 10:13). 그리고 반대로 예루살렘의 어느 성전 지도자에게 그분은 "하나님의 나라에서 멀지 않도다"라고 말씀하셨다(막 12:34). 그럼에도 로마이어가 복음

---

7   마 26:73; 막 14:70; 눅 22:59.
8   Lohmeyer, *Galiläa und Jerusalem*.

서 이야기 속에서 갈릴리와 예루살렘이 대치되고 있음을 감지한 것은 옳았다. 왜냐하면 예수님은 도시적인 예루살렘이 아닌 시골 지역인 갈릴리를 선교지로 택하셨기 때문이다.

복음서는 예수님이 의도를 가지고 갈릴리 시골에 적응하셨음을 보여 준다. 그분의 사역은 야외 설교가 기본 배경이었다. 마을 회당, 자연의 심상(들판의 꽃들, 씨앗을 뿌리고 거두는 행위, 폭풍우 구름과 비, 낚시, 목양) 그리고 무엇보다 갈릴리 바다 자체가 그렇다. 예수님과 그분의 추종자들이 행한 사역과 메시지가 갈릴리에 뿌리내렸기 때문에 이것이 도시환경에 성공적으로 이식된 모습을 상상하기는 어렵다. 그렇기에 예수님이 돌아가신 후 그리스도인들이 갈릴리에 있었다는 증거가 기독교 문헌이나 갈릴리의 물질문화에서 별로 발견되지 않는다는 사실은 놀랍다.[9] 이러한 증거의 부족은 갈릴리에 있는 교회가 초기 교회사에서 담당한 역할이 아주 미비했음을 의미한다. 물질문화에 관해 말하자면, 4세기 이전에는 그리스도인의 예배 장소가 갈릴리에 지어지지 않았던 것 같다. 4세기 이전에 지어진 교회 건물, 제단, 세례당의 유적을 찾을 수가 없다. 4세기 이전의 갈릴리 그리스도인이 사용했을지 모르는 다른 물질들도 있었겠지만 지난 2,000년 동안 보존되지는 못했다. 고고학적 발굴지들을 보면 유대 회당과 기독교 교회가 비잔틴 기간 갈릴리 하부 지역에서 공존했었다. 놀랍지 않은 예외는 예수님이 사역하셨던 갈릴리 해안 지역에 모여 있는 교회들이다. 가버나움, 쿠르시, 타브가, 막달라, 필로테리아, 히포스가 그 지역들이다. 이 기간에 갈릴리 위쪽에는 교회와 회당이 명확히 분리되어 있었다. 그리스도인들은 갈릴리 서부에, 주로 나사렛에서 북부 지역에 있었고, 유대인들은 갈릴리 동부에, 특히 디베랴에서 북부 지역에 있었다. 에릭 마이어스(Eric Meyers)는 이러한 대비를 다음과

---

[9] Hengel, *Studien zum Urchristentum*, p. 344; Schröter, "Harnack Revisited," p. 489를 보라.

같이 명확히 표현한다. "유대 지역은 동부 갈릴리였고, 기독교 지역은 서부 갈릴리였다."[10] 로마가 주후 70년에 예루살렘을 파괴했을 때, 유대에 있는 랍비 학자들은 갈릴리를 향해 북쪽으로 도피해 세포리스와 디베랴에 주요 랍비 교육기관들을 세웠다. 이 교육기관들 덕분에 동부 갈릴리 지역에 유대인의 거주가 상당히 늘어났고 그리스도인들은 서부 갈릴리로 밀려났을 가능성이 있다.

1세기와 2세기에 갈릴리에 그리스도인들이 있었다는 실제 유적은 부족하지만 그럼에도 그곳에 남은 그리스도인들이 존재했다는 단서는 있다. 마태복음과 마가복음은 모두 예수님이 자신의 추종자들에게 부활 후 갈릴리에서 자신과 만날 것을 명령하셨다고 기록한다.[11] 우리는 그분의 추종자들이 그 명령을 진지하게 받아들이고 갈릴리로 돌아가서 자신들의 가족과 지인들 가운데서 신자들을 길러 냈다고 가정할 수 있다. 사도행전이 "온 유대와 **갈릴리**와 사마리아 교회"(행 9:31, 강조 추가)라고 말한다는 사실은 이에 대한 주변적 증거다. 주후 60년대 후반에 갈릴리에서 남쪽으로 32킬로미터 떨어져 있고 요단강 동쪽 둑에 위치한 도시인 펠라에 그리스도인들이 대거 유입되었다. 에우세비오스와 에피파니오스에 따르면, 66년에 유대 반란이 시작될 때, 예수 추종자들에게 예루살렘을 버리고 북쪽의 펠라로 도망가라고 명하시는 하나님의 계시가 내려온다.[12] 어떤 학자들은 펠라의 동굴들에 그 어떤 유물이나 비문이나 벽화가 남아 있지 않다는 사실 때문에 이 전승에 의문을 제기한다.[13] 하지만 이 경우 물리적인 증거의 부재가 결정적으로

---

10 Meyers, "Side by Side in Galilee," p. 143. 갈릴리의 기독교 유적과 유대 유적에 대해 더 알려면 Mordechai Aviam, "Galilee," *EEECAA* 1:557-559를 보라. 그리고 무엇보다 Freyne, *Jesus Movement and Its Expansion*, 특히 pp. 242-272를 보라.

11 마 26:32; 28:7, 10, 16; 막 14:28; 16:7.

12 Eusebius, *Hist. eccl.* 3.5.3; Epiphanius, *Pan.* 29.7.7-8.

13 Watson, "Christian Flight to Pella?"를 보라.

중요하지는 않다. 왜냐하면 60년대에는 그리스도인들이 교회를 짓지도 않았고 자신들을 규범적인 건축적 상징과 동일시하지도 않았기 때문이다. 물리적인 증거가 결여되어 있음에도 불구하고 역사적 상황은 초기 그리스도인들이 펠라로 도망갔을 것이라는 에우세비오스와 에피파니오스의 기록을 강하게 지지한다. 예수님의 형제인 야고보는 62년에 예루살렘에서 순교했다. 그는 성전 꼭대기에서 내던져져 돌에 맞아 죽었다.[14] 유대 반란이 일어나기 4년 전에 암살자들(Sicarii)과 열심당원들을 포함한 주도적인 유대 분파들은 예루살렘에서 그리스도인들을 추려 내서 가혹하게 박해했다. 그리스도인들이 이런 상황을 피해 북쪽에 있는 펠라의 동굴들로 피난을 갔을 것이라는 생각은 완전히 합리적이다.[15]

1세기 말에 갈릴리에 그리스도인들이 남아 있었다는 또 하나의 단서도 에우세비오스가 제공한다. 그는 도미티아누스 황제(주후 81-96년 재위)가 예수님의 형제인 유다의 손자들을 심문했다고 기록한다(막 6:3). 예수님의 친척이며 다윗의 자손인 그들이 로마에 대항해 폭동을 일으킬 의도를 품었는지를 알아내려는 의도였다고 한다. 그 손자들은 혈통에 대해서 인정했지만, 황제는 그들의 가난과 "끊임없는 노동의 자국이 남은" 굳은 손을 보았고 무엇보다 세상의 권력에 대해 그들이 완전히 무관심하다는 사실을 확인했다. 그들은 오로지 다가올 세상만을 기다렸다. 이에 황제의 의심은 누그러졌고 그들을 그저 괄시받는 무해한 농부들로 여겼다.[16] 에우세비오스는 이 기록에서 그들의 이름이나 갈릴리를 구체적으로 언급하지 않는다. 하지만 그들의 가족 역사와 시골 특유의 말투는 갈릴리 시골과의 연관성을 암시한다.

---

14 Josephus, *Ant.* 20.200; Eusebius, *Hist. eccl.* 2.23. 에우세비오스는 야고보의 순교에 대한 그의 기록은 2세기 교회사가 헤게시푸스에게서 얻었다고 말한다(*Hist. eccl.* 2.23.18).
15 펠라 전승에 대한 긍정적인 평가는 Robert H. Smith, "Pella," *ABD* 5:219-221; Freyne, *Jesus Movement and Its Expansion*, p. 232; 특히 Bourke, "True or Tale?"을 보라.
16 *Hist. eccl.* 3.19-20.

지금까지의 논의를 요약하면, 예수님이 갈릴리에서 시골 사역을 하셨다는 증거는 아주 확고하다. 1세기에 기록되었고 사도들의 기억에 의존한 사복음서는 모두 디베랴와 세포리스, 심지어는 예루살렘까지도 포함해 도시 지역들에 대해 예수님이 무관심하셨음을 보여 준다. 예수님은 의식적으로 갈릴리 시골을 선호하셨다. 하지만 그분이 돌아가신 후 몇 해 되지 않아 갈릴리에 있는 예수 추종자들에 대한 기록은 현저히 줄어들었고 갈릴리 그리스도인들에 대한 산발적이고 희미한 흔적만 남았다.

기독교의 세계화

예수님의 사도들, 제자들과 가족들은 예수님이 승천하신 이후에 갈릴리에서 그분과 함께했던 시골 생활과는 놀랄 만큼 다른 삶을 선택했다. 예루살렘으로 이주한 것이다. 예루살렘은 예수님을 반대하는 세력들이 활동하던 중심지로서 성전 지도자들과 로마 관리들이 공모해 그분을 십자가에 못 박은 곳이다. 예루살렘의 적대성과 갈릴리로 돌아가라는 예수님의 직접적인 말씀에도 불구하고,[17] 열두 제자는 사도행전의 첫 부분에서 보았듯이 예루살렘에 나타나서 그곳을 자신들의 활동 근거지로 삼는다. 이것은 완전히 기대하지 못했던 사건이며 신약성경은 이에 대한 아무런 설명도 제공하지 않는다. 이것이 이번 장의 요지를 가장 잘 보여 준다.[18] 마르틴 헹엘의 말을 빌

---

17 마 28:7; 막 16:7.
18 Fredriksen, *When Christians Were Jews*, pp. 14-22는 예수님이 십자가상에서 죽음을 맞이하신 후 예수 추종자들이 이렇게 놀랍게 이주한 이유를 그들의 신념 때문이라고 설명한다. 구약에서 예언된 종말적 구원이 예루살렘의 "거룩한 산" 시온에서 펼쳐지리라고 생각한 것이다. 이것은 가능한 설명이기는 하지만 이들이 이렇게 초기 단계에서부터 아주 잘 확립된 종말론을 가졌다는 가정이 필요하다. Freyne, *Jesus Movement and Its Expansion*, pp. 187, 201-205의 설명이 아마도 더 사실에 가까울 것 같다. 그는 예수 추종자들이 이주한 이유가 예루살렘이 예수님이 부활하신 장소였기 때문이라고 설명한다. 거기 시온에서 다윗 혈통의 메시아로서 예수님의 왕적인 지

리자면, "가장 짧은 시간에 갈릴리에서 펼쳐진 예수 운동이 순전히 시골적인 현상으로 시작해서 예루살렘에 위치한 도시 공동체가 된 것은 놀라운 사실이며 이에 견줄 만한 현상은 종교사회학에서 거의 찾아볼 수 없다."[19] 실로 가장 짧은 기간이었다. 열두 제자는 예수님의 십자가 사건이 발생한 후 40일 만인 오순절에 성전에 모였다.

이것이 놀랍긴 하지만 예수 추종자들이 예루살렘에 모인 전례가 있긴 하다. 예루살렘은 이스라엘에서 섭리를 보여 주는 가장 탁월한 도시로 언약궤와 성전의 권세가 다윗 혈통 통치자의 정치적이고 군사적인 권세와 결합해 시온주의라는 성스러운 합금을 형성한 도시다. 이사야에 따르면 성막 위에 거하시는 하나님의 임재를 상징하는 구름과 불(출 40:34-38)은 거룩한 도시에도 임할 것이다(사 4:2-6). 아마도 이런 이유로 예수님의 사도들은 예루살렘을 하나님의 목적과 성취가 이루어지는 장소로 생각했을 것이다. 하지만 이 설명이 들어맞는다고 해도, 이것만으로는 왜 예루살렘 바깥으로 확장된 예수 운동이 그것이 태동한 장소와 비슷한 수많은 동네와 마을들 대신에 도시들과 근본적으로 연결되었는지를 설명하지는 못한다. 이번 장의 결론 부분에서, 나는 복음의 지리적 확장이 사실 도시뿐 아니라 마을도 포함한다고 주장하려 한다. 하지만 초기 교회의 자전적 이야기에서는 사실 복음의 확장이 도시 지역에 집중되는 특징을 나타낸다. 처음에는 물론 예루살렘이었고, 스데반의 순교 이후에는 세바스테/사마리아(행 8:4-25), 그다음에는 다마스쿠스와 해안 도시 가이사랴 마리티마(행 9:1-25; 10:1-11:8)다. 그리고 얼마 지나지 않아 복음의 혁명적인 확산은 시리아 안디옥에까지 이른다(행 11:19-30).

위가 입증되었고 따라서 그곳에서 마땅히 그 메시지를 선포해야 하는 것이다.
19   Hengel, *History of Earliest Christianity*, p. 99.

안디옥

시리아 안디옥은 예루살렘보다 훨씬 더 크고 훨씬 더 이방적인 도시였으며, 그곳 지도자들도 예루살렘과는 상당히 독립적으로 활동했다. 기독교 선교가 로마까지 도달하는 데 필요한 계획의 틀이 잡힌 곳이 안디옥이었다. 마르틴 헹엘의 말을 빌리자면, "안디옥은 기독교가 기반을 잡은 고대 세계의 첫 번째 대도시였다."[20] 2,300년 동안 지속되어 온 역사를 자랑하는 안디옥은 알렉산드로스대왕의 장군 중 하나였던 셀레우코스 때 본격적인 도시가 되었고, 주전 323년 알렉산드로스가 죽음을 맞은 후 셀레우코스에 의해 가장 장엄하고 아름다운 그리스 도시로 건립되었다. 요세푸스의 말에 따르면, "시리아의 수도 안디옥은 의심의 여지없이 로마 세계의 도시 중 세 번째로 규모가 크고 부유한 도시다."[21] 1세기 때 안디옥의 인구는 아마도 25만 명가량이었을 것이고, 땅을 북쪽에서 남쪽으로 리본처럼 감싸는 지역에 매우 밀집되었을 것이다. 이 지역은 넓이가 약 800미터 정도로서, 동쪽으로 487미터 높이의 실피오스산과 서쪽의 오론테스강 사이에 샌드위치처럼 끼여 있다. 오론테스강의 물은 안디옥에서 24킬로미터 떨어진 실루기아 피에리아 항구에서 지중해로 흘러 들어간다. 안디옥은 오늘날의 튀르키예와 이집트 사이를 잇는 북-남 무역로와 로마와 페르시아 사이를 잇는 동-서 무역로가 십자선으로 만나는 지점에 있어서 육상과 해상 운송에 매우 유리한 장소였다.

로마는 안디옥에 후하게 투자했다. 다섯 황제가 로마제국 "동부의 배꼽"[22]

---

20 Hengel, *History of Earliest Christianity*, p. 99.
21 *J.W.* 3.29. 안디옥보다 더 출중한 두 도시는 로마와 알렉산드리아다.
22 종종 "동부의 수도"라고 번역되는 이 표현은 로마 안디옥에서 주조되는 동전에서 발견된다 (Keener, *Acts*, 2:1834).

이라고 불리는 안디옥을 개인적으로 방문했다. 주전 47년에 율리우스 카이사르는 공회당과 원형경기장과 극장을 안디옥에 세웠다. 아우구스투스(주전 27년-주후 14년 재위)는 카이사르가 시작한 프로젝트를 진행하기 위해 두 번이나 안디옥에 돌아왔다. 37년에는 티베리우스가 안디옥에 큰 가로수길을 만들고 오늘날 유명해진 로마의 그 유명한 석상을 세우려는 계획을 세웠다. 바로 로마의 전설에 등장하는 로물루스와 레무스가 늑대 암컷의 젖을 먹는 석상이었다. 115-116년에는 트라야누스 황제가 안디옥의 미관 공사를 개인적으로 감독하다가 대지진으로 목숨을 잃을 뻔했다. 그의 후계자 하드리아누스는 안디옥의 상수도 설비를 대대적으로 개선함으로써 안디옥에 대한 로마의 지속적인 투자를 이어 갔다. 안디옥과 같은 홍보용 대도시는 많은 유명 인사를 끌어들였고 제의 행사들도 유치했다. 알려지기로는 안토니우스와 클레오파트라가 주전 37년이나 36년에 결혼한 장소도 안디옥이었고, 그때 클레오파트라의 또 다른 애인이었던 헤롯대왕도 안디옥에 있었다. 주후 43년에는 황제가 자신만의 올림픽 게임을 안디옥에서 개최했다. 그때쯤 초기 예수 추종자들은 이미 안디옥을 예루살렘과 로마를 잇는 경로의 선교 기지로 세웠고(행 13-14장), 안디옥 사람들은 지각 있게 이들의 명칭을 "그리스도인"으로 바꿨다(행 11:26).

 로마가 안디옥에 투자한 이유는 안디옥이 로마제국의 동쪽 국경으로서 지니는 전략적 중요성 때문이었다. 주전 63년에 로마가 팔레스타인을 침공해 합병한 뒤, 안디옥은 로마의 군사 작전에서 정기 기착지가 되었다. 그리고 이 역할은 5세기 동안이나 지속되었다! 로마는 네 개의 군단을 안디옥에 주둔시켰는데, 이는 총 4만여 명의 부대 병력이다. 로마는 안디옥에서 시작해 1세기에 일어난 유대 반란을 진압했으며, 그 후 예루살렘을 점령하면서 얻은 전리품으로 안디옥 남부 교외 지역인 다프네에 극장을 세웠다. 로마는 2세기에 제국에 대한 파르티아의 위협과 3세기에 사산 페르시아제국의 위협도 안디옥에서 막아 냈다.

그리스도인들이 30년대에 안디옥에 왔을 때, 티베리우스는 북쪽의 알레포 문에서부터 남쪽의 다프네 문까지 약 3킬로미터나 뻗어 있는 대열주(Great Colonnade)를 이미 완공해 놓은 상태였다. 넓이가 대략 36미터에 이르는 큰길의 양쪽에는 주랑이 있었고 그 안에 노점과 가게, 사업체, 개인 가옥 그리고 공적 공간 들이 자리했다. 이 가운데 로마 도시의 모습이 장엄하게 드러났다. 대열주의 척추에서부터 동쪽으로는 실피오스산의 기슭까지 갈비뼈처럼 샛길이 갈라졌고, 서쪽으로는 갈비뼈처럼 오론테스강과 강을 가로지르는 다섯 개의 다리로 뻗어 나갔다. 안디옥에서 발굴된 찬란한 모자이크 무늬들은 활기차고 감각적이다. 요한 크리소스토무스(John Chrysostom)는 도시의 10퍼센트가 부유했고 10퍼센트가 가난했으며, 대다수인 80퍼센트의 인구가 그 사이에 속한다고 진술했다.[23] 만약 크리소스토무스의 이러한 4세기 때의 추정치가 1세기 안디옥의 상황도 반영한다고 가정한다면, 안디옥은 살기 좋은 도시였다. 안디옥은 시민, 자유인과 노예 들이 섞여 있었고 다중 언어를 사용하는 도시였다. 거주자들은 헬라어, 라틴어, 히브리어, 아람어, 시리아어, 콥트어와 페르시아어를 사용했다. 라틴어는 도시의 행정과 군사 시설에서 사용했으나 그 외의 경우에는 헬라어가 지배적이었다. 하지만 안디옥의 동쪽으로 가면, 시리아어가 라틴어와 헬라어보다 우세했다. 안디옥에서 통용되는 세 개의 셈족어, 즉 히브리어, 아람어, 시리아어는 유대인들이, 특히 헬레화한 유대인들이 안디옥 설립 초기부터 안디옥에 거주하면서 중요한 하부 문화를 형성했다는 고고학적 증거와 문헌 기록을 뒷받침해 준다.[24]

---

23 *Hom. Matt.* p. 66.
24 안디옥에 관해서 그리고 안디옥과 기독교의 관계에 대해서는 Kondoleon, *Antioch*, pp. 3-11; Wilson, *Biblical Turkey*, pp. 71-78; Keener, *Acts*, 2:1834-1840를 보라.

초기 로마제국의 행정적 목적은 질서를 유지하고 피지배자들에게서 수익과 세금을 거두는 것이었다. 최소한 처음에는 피지배자들을 로마 시민으로 만드는 일은 로마의 목적에 포함되지 않았다. 사실 로마는 이것을 막았을 가능성도 있다. 왜냐하면 로마가 피지배자들보다는 시민들에게 더 많은 권리와 특권을 제공해야 했기 때문이다.[25] 안디옥의 특징인 다양성이 넘치는 문화와 언어는 정도의 차이가 있지만 로마가 통치하는 다른 주요 도시들에서도 발견되었다. 이러한 다양성 때문에 로마의 문화가 획일화되는 일은 비현실적일 뿐 아니라 사실상 불가능했다. 로마는 로마의 법이 유지되는 한, 도시 중심지와 그 주변 지역에서 거주민들의 고유한 삶의 방식들을 유지하도록 허락하는 현명한 정책을 펼쳤다. 유대 지방에서 로마는 유대인들을 군 복무에서 면제해 주었고, 산헤드린이라는 대리 정치집단을 세워 사람들을 직접적으로 통치하게 했다. 로마는 비이스라엘인들에게 이스라엘 통치를 허락하지 않는 토라의 율법을 유대인들이 진지하게 받아들인다는 사실을 충분히 인지했다(신 17:15). 로마는 정치적으로 실용주의 정책을 펼쳤고, 타협할 수 없는 목적을 이루기 위해 수단과 관련해서는 타협했다. 로마가 이러한 실용주의 정책을 유대에서 펼쳤다는 사실은 놀랍다. 왜냐하면 유대는 로마제국의 동쪽 국경 지역으로, 로마에 점령당하지 않는 지역들과 접하고 있었고, 원로회 관할 지방(로마 총독이나 지방 통치자가 관할하는 안전한 지역)이 아니라 제국 관할 지방(황제가 직접적으로 통치하는 불안전한 지역)이었기 때문이다. 불안정한 지역이었던 유대 지방에 로마에서는 많은 군대를 주둔시켰다. 하지만 최소한 제2차 유대 반란이 일어났을 때(132-135년)까지 로마는 유대의 생활방식을 없애려 하지 않았고 팔레스타인의 패권을 장악하고자 필요 이상의 압력을 가하지도 않았다. 물론 팔레스타인과 로마제국의 다른 지역에

---

25 로마 황제 카라칼라가 처음으로 로마 전역에서 통용되는 보편 시민권 제도를 제정했다.

로마 군대를 주둔시키는 상황에 대해서는 대부분 저항이 없었다. 저항하는 경우에 결과는 참혹했으니까. 하지만 로마의 문화적 존재감은 덜 독재적이었고 훨씬 자유방임적이었다.[26]

안디옥은 예루살렘에서 400킬로미터 정도 떨어진 북쪽에 위치했으나 문화, 인종, 사상 면으로는 완전히 다른 세계였다. 이 두 도시 중 안디옥이 예수 추종자들의 중심지로 부상한 점은 역설적이다. 웨인 믹스(Wayne Meeks)는 이렇게 말한다. "예수님이 십자가에서 죽음을 맞이하신 후 십여 년이 지나지 않아 팔레스타인의 마을 문화는 뒤에 남겨졌고 그리스-로마 도시가 기독교 운동의 지배적인 환경이 되었다.…이 운동은 시골 사람과 도시 거주자라는 로마제국 사회의 가장 근본적인 구분을 가로질렀고, 이것이 초래한 결과는 엄청났다."[27]

안디옥의 동쪽과 서쪽 양쪽에서 엄청난 결과가 나타났다. 물론 2장과 3장에서 보겠지만 서쪽으로 뻗어 간 기독교 선교만이 이에 대한 문학적 기록을 남겼다. 바울의 첫 기독교 선교는 안디옥에서 구브로섬으로 뻗어 나갔다. 그 선교 여행에서 섬 동쪽으로는 살라미의 도시들로, 섬 서쪽으로는 바보로 이동했다. 그다음 바울은 북쪽으로 이동해 현재의 튀르키예 서중부로 가서 버가, 비시디아 안디옥, 이고니온, 루스드라, 더베를 방문했다. 두 번 더 있었던 바울의 선교 여행과 아마도 있었을 것으로 추정되는 사도 베드로의 한 번의 선교 여행, 확실히 있었던 사도 요한의 한 번의 선교 여행 그리고 이그나티오스 주교의 한 번의 선교 여행, 이 모두가 속주 아시아 지역의 도시들을 지나 서쪽으로 기독교 선교를 확장했다. 히에라볼리, 골로새, 라오디게아, 마그네시아, 버가모, 빌라델비아, 사데, 두아디라, 트랄레스, 에베

---

26 로마 정치 이론과 실행에 대해서는 Maas, "People and Identity," p. 16를 보라.
27 Meeks, *First Urban Christians*, p. 11. 『1세기 기독교와 도시 문화』(IVP).

소, 서머나, 알렉산드리아 드로아가 그 도시들이다. 바울은 특히 서쪽 더 깊은 곳까지 선교를 확장했는데, 에게해를 지나 마케도니아의 네압볼리, 빌립보, 데살로니가와 베뢰아로 갔고, 남쪽으로 아가야의 아테네, 겐그레아, 고린도로 내려갔다. 그리고 마지막에 바울은 결박당한 죄수가 되어 로마에 도착했다.

앞에서 언급한 도시들로 향한 다양한 선교 여행에 대해서는 다음 장에서 더 충분히 논의하려 한다. 여기서는 단순히 다음의 사실에만 주목하고자 한다. 첫째, 앞서 언급한 도시 대부분이 구체적인 종류의 그리스-로마 도시, 곧 '폴리스'(*polis*)에 속하는 도시들이다(이에 대해서는 아래에서 논할 것이다). 둘째, 서쪽 지역으로 진행된 기독교 선교는 도시의 이름들로 특징지어지며 동네나 마을의 이름이 언급되지 않는 점이 눈에 띈다. 윌리엄 램지(William Ramsay)는 이에 대해 이렇게 말한다. "[바울은] 항상 큰 규모의 문명화된 중심지를 찾았다. 설교를 위해 그가 방문한 마을들은 보통 각 관할구의 문명과 행정의 중심 지역이었다. 에베소, 아테네, 고린도, 데살로니가, 빌립보가 바로 그런 지역이었다. 바울이 아다다, 미스티아, 바사다같이 문명화되지 못한 몇몇의 비시디아 마을들을 틀림없이 지나갔겠지만 이 지역에 대한 기록은 전혀 없다. 알려진 바에 따르면 바울은 로마식의 생활과 상업이 이루어지던 중심 지역에서만 설교했으며, 루스드라 콜로니아와 클라우디오-더베가 이런 지역으로 손꼽힌다."[28] 이 장의 끝부분에 초기 그리스도인들의 시골 선교에 대한 증거를 제시할 것이지만, 램지의 전반적인 요지는 그럼에도 정당하다. 서쪽으로 확장된 선교지에서 시골 지역의 이름이 없다는 사실은 선교의 진보를 측정하는 지표로서 그리스-로마 폴리스의 중요성을 보여 준다. 복음은 폴리스에 심겼을 뿐 아니라 거기에 뿌리를 내렸다. 100년 후인 2세

---

28 Ramsay, *Church in the Roman Empire*, pp. 56-57.

기 중반에, 기독교 존속에 대한 기록이 앞에서 열거된 이름의 도시들에서 발견된다는 점이 이를 방증해 준다.[29]

기독교 전파 역할을 하는 도시

웨인 믹스의 말에 따르면, "시골 사람과 도시 거주자라는 로마제국 사회의 가장 근본적인 구분을 가로지르는"[30] 시골에서 도시로의 전환은 초기 기독교가 내디딘 중대한 발걸음이었다. 왜냐하면 헬레니즘의 지배적인 가치들을 효과적으로 전달했던 그리스-로마 도시의 특성들이 기독교 전파에도 같은 효과를 만들었기 때문이다.[31] 전형적인 그리스-로마의 폴리스는 수백 명의 자유인으로 구성된 입법회가 통치했다. 그 안에는 운동 경기와 전차 경주를 위한 경기장들이 있었고 희곡 상연과 유혈 경기와 정치적 집회를 위한 극장들도 있었으며, 신체 훈련, 목욕, 개인적인 영향을 발휘하기 위한 체육관과 목욕탕도 있었다. 이 모든 기념비적인 건축물들을 도시의 벽이 에워쌌고 그 안에 수도관이 연결되어 있었다. 수도관만으로도 도시의 성격이 바뀌었다. 수도관 덕분에 물을 외부에서 끌어와 도시에 공급하기 위한 자원과 물리적 노동에 소요되는 엄청난 비용을 절약했기 때문이다. 깨끗한 물이 공급되면서 공중목욕탕이 등장했고 그에 따라 상업과 인적 교류가 가능해졌으며, 생활과 일반적 건강의 수준이 높아졌고, 시민 중 여가를 즐기는 유한계급(leisure class)이 출현했다.

---

29   150년에 위의 도시들에 기독교가 존재했다는 증거는 Koch, *Geschichte des Urchristentums*, pp. 421-422를 보라.
30   Meeks, *First Urban Christians*, p. 11.
31   기독교 전파에 도움을 준 로마제국의 요소들에 대해 많은 논의가 들어 있지만, 그중 Harnack, *Mission and Expansion*, pp. 19-23를 보라. 더 최근의 논의는 Sanneh, *Translating the Message*, pp. 20-27를 보라.

폴리스의 초점은 아고라(agora)였다. 아고라는 기둥들로 에워싸인 도시 중심부의 전시용 장소로, 도시의 성문이 열리면 바로 보였고 도시의 간선도로들도 이곳으로 연결되었다. 또한 건축 기념물들이 이 장소를 주관하고 있었다. 한 폴리스 안에 얼마나 많은 사람이 살았든지 간에, 모든 폴리스는 그리스-로마 문화를 공급하는 역할을 했다. 오늘날의 '할리우드'가 단순히 로스앤젤레스의 교외 지역만을 가리키지 않고 미국 영화를 전 세계에 공급하는 보급책을 의미하듯이, 폴리스도 그저 한 장소를 의미하는 것이 아니라 로마가 지배하는 세상에 로마의 영향을 전파하는 수단을 의미했다. 폴리스는 이전의 어떤 사회적 구조보다 더욱 인류에 대한 보편적인 인식을 심어 주었다. 인간은 더 이상 작은 도시국가의 일원이 아니었다. 도시국가에서는 일원이 아닌 자들은 외부인과 야만인으로 여긴다. 인간은 이제 부족 단위의 분리를 넘어서서 모든 민족을 품는 보편적인 제국에 속한 일원이었다. 기독교가 폴리스에 진출했다는 말은 고대 시대 사회에 지배적인 영향력을 끼치던 근원지로 진출했다는 뜻이다. 사람들을 끌어들여 변화시키는 폴리스의 흡인력은 바울이 쓴 로마서 16장에 분명히 드러난다. 여기서 바울은 서른 명이 넘는 사람들의 이름을 언급하는데, 그들 중 많은 이들은 바울이 이전의 선교지에서 알았지만 수년 후에 로마로 이주한 자들이다.

앞서 언급한 도시 중 몇몇은 초기 기독교 기록에 반복적으로 언급된다. 요한계시록 2-3장에 나오는 로마의 속주 아시아(오늘날의 튀르키예 서부)에 세워진 일곱 교회(에베소, 서머나, 버가모, 두아디라, 사데, 빌라델비아, 라오디게아) 중에서 세 교회는 이그나티오스가 2세기 초에 보낸 편지의 수신자이기도 했다. 바로 에베소, 빌라델비아, 서머나 교회다. 이그나티오스는 마그네시아, 트랄레스와 로마에도 편지를 보냈다. 서머나는 세 번째 기독교 서신인 폴리카르포스의 순교 사화에도 등장한다. 유명한 2세기 주교인 폴리카르포스는 서머나에서 살았고 그곳에서 순교했다. 초기 기독교 서신들에 나오는 더 널리 알려진 도시가 고린도다. 바울은 분명히 네 개의 편지를 고린도에 썼고, 클레멘스1서와 2서도 고린도에 보냈다. 총 **여섯** 개의 편지를 한 도시에 보낸 것이다.³² 하지만 예루살렘과 로마를 잇는 경로에 있는 도시 중 초기 기독교에서 에베소보다 더 중요한 도시는 없었다. 신약에서 에베소는 예루살렘을 제외한 다른 어떤 도시보다 더 자주 언급된다.³³

기독교 전파 역할을 하는 도시 거주자들

다음 장에서 우리는 초기 기독교에서 헬라화한 유대인들의 중요성을 논할 생각이다. 이들은 헬라어를 사용하는 디아스포라 유대인이었다. 헬라화한 유대인들은 폴리스에 거주했을 뿐 아니라 폴리스에서 생성된 이들이기도 했다.³⁴ 이런 유대인들과 함께 기독교가 안디옥에서 태동한 것이다. 하지만 헬라화한 유대인들이 도시에서 복음을 전한 유일한 이들은 아니었다. 세계화된 로마인들은 시골 거주자들과 지방 사람들과는 다른 방식으로 준비된 상태였다. 로마의 도시에 거주하는 이들은 종종 이교도의 농경 숭배에 뿌리를 둔 오래된 시골 전통들에 대해 더는 매력을 느끼지 못했고, 이런 전통의 영향력도 미미했다.³⁵ 수많은 고대 종교의 숭배자들은 농업을 유지하기 위해서 자연의 힘에 호소했다. 아티스는 자연을 새롭게 할 것을 약속했다. 아르테미스는 사냥과 성장하는 삶에서 성공을 약속했다. 바쿠스와 디오니소스

---

32 고전 5:9을 보면 이전에 고린도에 보냈던 편지가 언급된다. 고린도전서 이후 바울은 디도를 통해 또 다른 편지(고후 7:13-14)를 고린도에 보냈고(이 편지의 전부 혹은 일부가 고후 10-13장에 포함되었을 수 있다), 그다음 마지막 네 번째 편지(고린도후서)를 보냈다.
33 초기 기독교에서의 에베소의 역할에 관해서는 Edwards, "Paul's Ephesus Riot"을 보라.
34 Rodney Stark는 "기독교 인구의 비율이 이 시기에 시골 지역보다는 도시에서 실질적으로 높았"을 뿐만 아니라 도시환경에서 기독교 초기의 성장과 힘은 헬라화된 유대인들로부터 시작되었다고도 말한다. *Rise of Christianity*, pp. 10, 57-59.『기독교의 발흥』(좋은씨앗).
35 Nock, *Conversion*, p. 227.

는 포도주와 풍요로움을 상징하는 신이었다. 케레스와 데메테르는 곡물을 상징하는 여신이었다. 페르세포네와 하데스는 각각 여름과 겨울, 수확과 휴경을 상징하는 여신과 남신이었다. 한가로운 목양의 삶을 추구하는 판은 즐거운 플루트 연주를 들려주었다.[36]

신비주의 종교는 땅과 자연과 밀접하게 연결되어 있었다. 이러한 신비주의 종교에서 가장 중요한 것은 엘레우시스(Eleusis)라는 땅과 관련된 비전들이었다. 이 비전들은 자연에 나타나는 소멸과 재생성이라는 사계절의 순환이 인간 생명의 죽음과 재탄생을 예표한 것으로 보았다. 이러한 비전들에서 믿는 신들에 대한 숭배는 보통 멀리 떨어져 있고 수목이 우거진 장소에서 이루어졌는데, 특히 흐르는 물, 동굴 안, 나무들 사이에서 그리고 (희생을 위해 죽임을 당한) 동물들 가운데서 이루어졌다.[37] ('촌뜨기'와 같은 뜻인) '파가누스'(paganus)라는 라틴어에서 파생한 '이교도'(pagan)라는 단어는 도시 사람들이 시골 사람들을 모욕하는 말이었다. 신비주의 종교는 복음이 로마 세계에 전파되고 심겼을 때는 전성기를 누리고 있었지만, 기독교와 비교했을 때 영향력은 미미했다. 여기에는 적어도 두 가지 이유가 있다. 첫째, 가장 분명한 이유로는 신비 종교가 배타적이라는 점이다. 그들이 요구하는 사치스러운 희생 제물들을 바치기 위해서는—때로는 황소를 바치기도 했다—대부분의 고대인이 감당하기 어려운 시간과 비용을 투자해야 했다. 두 번째로, 아마도 이것이 더 중요한 이유가 될 텐데, 특정한 사람들과 특정한 지역에 대한 강조가 신비주의 종교에 대해 사람들이 접근하기 어렵게 만들었고 종종 폴리스 문화에 적합하지 않게 여겨졌다. 시골의 농촌 생활에서 벗어난 도시 거주자들은 상거래, 다양한 사람들, 새로운 사상과 여행에 쉽게 노출되었고,

---

36 시골과 농업의 신, 여신, 신비주의 종교의 이름과 특성에 관해서는 G. W. Butterworth, "Appendix on the Greek Mysteries"를 보라.
37 트로포니오스의 신탁 숭배에 관한 자세한 내용은 Pausanias, *Descr.* 9.39를 보라.

무엇보다도 폴리스가 미치는 동질화라는 결과에 영향을 받았다. 그들의 세계는 더 이상 시골적이고 지방적이지 않았고 도시적이고 세계화되었다. 심지어 신비주의의 비법들이 도시 지역으로 전수되었을 때조차도, 대부분의 도시 거주자들은 그러한 비법에서 더 이상 매력을 느끼지 못했다.[38]

로마의 도시화가 가져온 세속화의 효과가 기독교의 팽창에 도움이 되었다는 추가적 이유가 있다. 기독교에는 신비주의 종교에 으레 등장하는 성스러운 곳이나 로마 도시에 넘치는 신전들과 같이 거룩한 장소가 없었다. 그리고 기독교는 유대교처럼 할례나 안식일 준수와 같은 성스러운 의식을 명하지 않았고, 다신론 숭배에서처럼 피를 바치는 동물 제사나, 황제 숭배에서 보이는 정해진 의식과 헌주도 요구하지도 않았다. 기독교 신앙은 다른 종교들에 비해 추종자가 될 사람들에게 부과하는 조건이 적었지만, 이 조건들이 삶을 변화시키는 효과는 더 컸다.[39] 기독교는 예수 그리스도를 통해 드러난 "하나님의 형상"으로 재구성된 인류라는 개념을 소개했다. 이것은 외적인 규율 준수가 아닌 개종을 통해서 성취되었고, 개종의 개념도 로마의 종교에서는 이해하기 어려운 완전히 새로운 것이었다.[40] 기독교는 사람들에게 옛 종교에 대한 충성을 버리고 새로운 것으로 돌아서라고 촉구했다. 새로운 것이란 변화를 일으키는 신앙, 변화를 일으키는 신자 공동체 그리고 변화된 삶의 윤리였다.[41] 그리스-로마의 폴리스라는 새로운 세상이 복음이라는 대본에 잘 맞는 사회적 무대를 마련하는 데 도움을 준 것이다.

---

38 갈라디아 지역의 키벨레 숭배에 대한 바울의 암시에 관한 내용은 Edwards, "Galatians 5:12"를 보라. 그리고 요한계시록에서 나오는 아폴론 숭배에 대한 요한의 반응에 관한 내용은 Edwards, "Rider on the White Horse"를 보라.
39 Sanneh, *Translating the Message*, pp. 65-76를 보라.
40 Beard, *SPQR*, p. 519: "Christianity was defined entirely by a process of spiritual conversion that was utterly new"를 보라.
41 Nock, *Conversion*, pp. 134-137.

하나의 참된 믿음으로 **개종**한다는 기독교적 개념은 유대교를 제외하고는 고대 종교에서 처음으로 등장했다. 고대인들은 종교적 헌신에서 혼합주의 경향을 보였다. 현대인들이 재정 투자에 접근하는 방식처럼 이들은 하나보다는 다양한 선택지를 갖기를 원했다. 그럼에도 기독교 유일신론의 참신함은 당시 지배적이었던 스토아철학의 몇몇 양상과 유사성을 보이고 그리스-로마의 폴리스 문화에 매력 있게 다가왔다. 물론 유대교도 기독교와 같은 유일신론이었지만 할례, 음식법과 이방인으로부터의 분리를 고집하는 유대교는 폴리스 문화에서 매력이 없었다. 유대교의 도덕적 기준은 비유대인들 사이에서 꽤 많은 추종자를 만들어 냈지만, 할례와 음식법 때문에 온전한 개종자는 거의 없었고, 온전한 개종자들조차도 유대 공동체에서 온전히 받아들여지지 못했다. 기독교로 개종한 자들은 보통 친구의 영향을 받거나 개인적인 관계를 통해 영향을 받았다. 새 신자들을 기독교 교제, 신앙, 삶의 연결 망 속으로 인도한 사람들이 영향을 끼친 것이다. 지역 종교들과는 다른 신앙을 추구하는 사람들을 접할 기회는 고립된 시골환경보다는 도시환경에서 훨씬 더 많았다. 여기서 기독교는 필요에 의해서든 선택에 의해서든 이교도적 숭배에서 탈피한 도시 거주자들에게 훨씬 더 효과적이었다.[42]

결론

이 장에서 우리는 어떻게 복음서가 예수님의 사역을 거의 갈릴리의 시골 지역에서만 배타적으로 포착해 내는지 보았다. 예수님은 갈릴리에 있는 전시용 도시들인 세포리스와 디베랴를 의식적으로 피하셨다. 이 두 도시는 그분

---

42 다음을 보라. Stark, *Rise of Christianity*, pp. 18-21; Fox, *Pagans and Christians*, p. 316; Brown, *Body and Society*, p. 90.

이 사역하시는 범위 이내에 있었다. 그리고 유대 절기 준수를 위해 예루살렘에 가야 했던 것이지 그렇지 않았다면 예수님은 거룩한 도시 예루살렘도 피하셨을지 모른다. 하지만 예수님이 죽음을 맞으신 후 그분의 추종자들은 예수님이 갈릴리에 결부되신 것만큼이나 결정적으로 예루살렘과 결부되었다. 그 후부터 갈릴리는 기독교 이야기에서 쑥 들어갔다. 초기 기독교 운동이 유대 세상의 수도인 예루살렘과 성공적으로 연결된 것이 원형 혹은 첫 열매로 작용해 궁극적으로는 이방 세계의 수도인 로마와도 연결되었다. 복음이 도시 지역으로 집중된 중요한 이유는 유대교 회당이 도시에서 더 많이 발견되었고 그것들이 초기 기독교 선교의 디딤돌 역할을 했기 때문이다. 예를 들어, 사도행전 17:1에서 바울은 암비볼리와 아볼로니아를 지나쳐서 데살로니가로 가는데, 앞의 두 도시에는 회당이 없었기 때문에 그냥 지나칠 수밖에 없었다. 하지만 데살로니가에는 "유대인의 회당이 있었다." 물론 회당이 도시가 지닌 유일하거나 최종적인 매력은 아니었다. 사람들을 멀리 있는 다양한 지역에서 가까이 끌어들여 부족적인 의식을 더 보편적인 의식으로 바꾸어서 독특한 사회적 상황을 만드는 것이 그리스-로마 폴리스의 구심적 매력이었다. 그래서 초기 그리스도인들이 "헬라인이나 유대인이나 할례파나 무할례파나 야만인이나 스구디아인이나 종이나 자유인이 차별이 있을 수 없나니, 오직 그리스도는 만유시요 만유 안에 계시니라"(골 3:11)라고 선포할 수 있었다. 사도행전에 기록된 연대기의 35년 안에 예루살렘과 로마의 경로에 있는 도시들에 기독교 교회들이 세워졌다는 사실은 그리스-로마 폴리스에서 복음이 성공적으로 안착했음을 입증한다.

결론을 내리기 위해 이 장의 시작점으로 돌아가 보자. 만약 초기 기독교 선교가 도시화되었다면, 그리고 얼마 지나지 않아 **이방 도시화**되었다면, 기독교가 시작했을 때 취했던 시골에 대한 강조는 어떻게 되는 것인가? 기독교 선교가 고대 도시 세계와 연결되고 그 안에서 성공적으로 자리 잡았다는 주장은 1980년대 이래로 훌륭하게 폭넓은 지지를 받아 왔다. 이 주제에 대한 상당한 양의 문헌은 사실상 초기 기독교 선교가 **전적으로** 도시적 현상이었다는 인상을 준다.[43] 다음과 같은 램지 맥멀린의 말은 많은 이들의 생각을 대변한다.

> 교회가 도시적 현상으로 시작해서 우리의 연구 기간(100-400년)이 계속 그런 식으로 지속되었다는 주장에 모든 이가 동의한다.…현존하는 자료들은…선교적 추동력이 중심부로부터 나와 인구가 더 적은 지역으로 흘러갔고 반대 방향으로 가지는 않았음을 보여 준다. 따라서 모든 사람은…시골 지역이 도시들보다 기독교화가 훨씬 덜 이루어졌다고 생각하며 이는 확실히 옳다. 또한 로마제국 총인구에서 대다수가 도시 바깥에 살았다는 점도 동의한다.…이 모든 것에서 추론할 수 있는 점은…우리의 분명한 시야 바깥에 놓인 제국의 방대한 지역에…복음이 덜 활발하게 전파되었다고 보아야 한다는 사실이다.[44]

믹스는 더 간단하고 간결하게 이렇게 말한다. "예수님의 십자가 죽음 후 십여 년 내에 팔레스타인의 마을 문화는 뒤에 남겨지고 그리스-로마 도시가 기독교 운동의 지배적인 환경이 되었다."[45] 다른 학자들도 이 "뒤에 남겨졌

---

43 Wayne A. Meeks는 1983년의 저서 *The First Urban Christians: The Social World of the Apostle Paul*을 통해서 초기 기독교의 도시성에 대한 시야를 열었다. 이 책으로 수문이 열렸고 그 뒤로 연구가 폭발적으로 쏟아져 나왔다. 분명 이 장의 내용은 Meeks와 다른 이들의 입장과 본질적으로 일치한다. 하지만 이 장을 마무리하면서 내가 주장하고자 하는 바는 초기 기독교가 **전적으로** 도시적이지 않았고 시골 지역들도 포괄했다는 점이다. 특히 도시 지역을 둘러싸는 시골 지역들 말이다. 초기 기독교에 대한 과도한 도시 중심적 이해에 대한 비평은 Robinson, *First Urban Christians*를 보라. Robinson은 만약 많은 초기 기독교 사회학자들이 주장하듯 그리스도인들이 4세기 로마 세계 인구의 10퍼센트를 차지했다면(약 500-600만 명), 이것은 사실상 로마 세계의 도시 인구 **전체**를 형성하는 수치였다고 주장한다. 이것은 분명히 불가능하다. 이러한 통계는 시골 지역에도 (상당한) 기독교 인구가 있었음을 암시한다.
44 MacMullen, *Christianizing the Roman Empire*, p. 83.
45 Meeks, *First Urban Christians*, p. 11.

다"라는 주장에 동의해 왔다.[46]

문제는 초기 기독교 선교가 주로 도시 선교였는지의 여부가 아니다. 도시 선교가 맞다. 문제는 기독교 선교가 **전적으로** 도시적이었는지의 여부다. 이에 대한 답은 전적으로 도시적이지는 않았다는 것이다. 뒷장들에서 제시할 여러 혼합적인 증거들에 따르면 기독교 선교는 도시적이면서도 또한 시골적이었다. 113년경 트라야누스 황제에게 보낸 편지에서, 비시디아의 통치자 소 플리니우스(Pliny the Younger)는 "이 미신적인 전염병[기독교]이 도시에만 제한되지 않고 마을들과 시골 구역들에도 퍼지고 있다"라고 말한다.[47] 이와 비슷하게 순교자 유스티누스는 150년경 로마에 있는 안토니누스 피우스에게 기독교를 변호하며 일요일 교회 예배에 "도시나 시골에 사는 모든 이가 한 장소로 모인다"라고 묘사한다.[48] 시리아에서의 기독교 선교는 "도시에 국한되지 않았고 처음부터 시골 사람들의 전도에도 주안점을 두었다."[49] 북아프리카 스킬리움의 순교자들 열두 명은 모두 카르타고 도시에서 순교를 당했지만 카르타고의 서쪽에 있는 스킬리 마을에서 칭송을 받았다. 이는 "새 신앙이 도시에서뿐 아니라 시골에서도 뿌리를 내렸음"을 가리킨다.[50] 로마제국에서 거둔 기독교의 승리를 요약하며 에우세비오스는 "모든 도시와 마을에 교회들이 생겨나서 마치 넘치는 탈곡장과 같이 수천 명의 사람들로 가득

---

46 다음 저자들의 말을 보라. Lohmeyer, *Soziale Fragen im Urchristentum*, p. 129: "[기독교는] 자유로운 시골 지역에서 자라났으나, 순전히 도시적인 운동으로 변했다"(저자 사역). Meyers, "Side by Side in Galilee," p. 143. "기독교의 영향은 이 기간[초기 수백 년] 상당히 증가했지만 시골 인구로까지 확장되지는 않았다." Holmes, *Apostolic Fathers*, p. 14. "기독교가 압도적으로 도시적인 현상으로 남았다는 사실 이외에는 이 회중들의 사회적이나 경제적 환경과 세계관에 대한 증거가 없어서 확인이 힘들다." Stark, *Rise of Christianity*, p. 10. "역사학자들이 동의하는 바는…이 당시 시골 지역보다 도시 지역의 기독교 인구 비율이 상당히 더 높았다는 점이다."

47 Pliny, *Ep. Tra*. 10.96.

48 Justin, *1 Apol.* 67 (*ANF* 1:186).

49 Metzger, *Early Versions*, pp. 7-8.

50 Merdinger, "Roman North Africa," pp. 233-234. 순교자들에 대한 설명은 Gwatkin, *Selections from Early Writers*, pp. 78-83를 보라.

찼다"라고 말한다.⁵¹ 이러한 증언들의 출처는 북아프리카, 팔레스타인, 메소포타미아, 비두니아와 로마다. 스페인을 제외한 이 지역들은 1세기 로마제국의 발자국과 같다. 모든 인용문은 그리스도인들이 도시와 시골 지역 모두에 있었음을 입증한다. 우리는 다음과 같이 올바른 결론을 낼 수 있을 것 같다. 초기 기독교 선교는 일차적으로 도시적이었지만 전적으로 그렇지는 않았다. 왜냐하면 도시 지역으로 전파된 기독교는 예외 없이 복음을 그 주변 지역으로도 확산시켰기 때문이다.

---

51 Eusebius, *Hist. eccl.* 2.3.2 (LCL).

2

예루살렘에서 로마로

결승선이 출발선이 되다

"[너희는] 예루살렘과 온 유대와 사마리아와 땅끝까지 이르러 내 증인이 되리라"(행 1:8). 사도행전을 소개하는 이 공식적 표현은 매우 널리 알려져서 이 말을 예수 추종자들이 처음 들었을 때 얼마나 혼란스러웠을지에 대해 우리는 잊어버렸다. 그들은 유대인이었고, 그들의 믿음을 구성하는 구약 이야기의 가르침은 이와 반대였다. 예루살렘이나 예루살렘을 중심으로 삼는 더 큰 종교적이고 지리적인 장소인 시온은 하나님이 정하신 이스라엘 운명의 종착지였다. 아브라함은 유프라테스강의 도시 지역인 우르에서 부름을 받아 가나안으로 이동해 거점을 세운다. 바로 여기서 하나님의 약속과 능력으로, 하나님께 복을 받아 창대한 이름의 큰 민족이 일어날 것이다(창 12:2). 이 약속이 성취되려면 이스라엘은 예기치 못했던 많은 장애물을 극복해야 했다. 아브라함의 자손들은 기근을 피하고자 지정학적으로 강력한 이웃 나라인 이집트로 이주했다. 거기서 그들은 이집트의 종살이를 했고 그들이 자유로워지려면 하나님의 출애굽 표적과 기적들이 필요했다. 하나님의 은혜로 약속의 땅에 다시 거점을 세웠는데 이때쯤 이스라엘의 이름이 주변에 알려진다. 이번에 그들은 더 깊이 뿌리를 내렸고 예루살렘을 수도로 하는 이스라엘 왕조를 세웠을 때 전성기를 이루었다. 영광스러운 성전이 지어졌고, 이스라엘 국가는 레반트(동부 지중해 및 그 섬과 연안 제국—옮긴이)의 중요한 세력으로 잠시 번영을 누렸다. 그러나 왕국은 분열되고 양쪽 모두 쇠퇴해 결국 멸망한다. 북왕국은 주전 8세기 앗시리아에, 그리고 남왕국은 150년 후 바빌로니아에 멸망한다.

주전 6세기 말 이스라엘 사람들의 예루살렘 귀환이 허락될 때 아브라함에 대한 약속 혹은 약속의 흔적이 다시 살아났다. 하지만 이스라엘이라는 개념은 이미 영구적으로 변해 있었다. 성전과 제사장들과 함께 왕국이 무너졌다. 이스라엘은 더 이상 주권국가가 아니었고, 포로기 이후의 유대교를 구성하는 이스라엘의 남은 자들도 이스라엘 국가의 계승자로 인식되지 못했다. 공동체 회관에 지나지 않은 회당이 영광스러운 성전을 대체했다. 서기관이라는 성직자 집단이 많은 권한을 부여받았던 제사장직을 대체했다. 하나님의 뜻은 선지자와 제사장을 통해서가 아니라 기록된 이야기인 토라를 통해 전달되었다. 그리고 100년 동안의 막간(주전 168-63년)을 제외하고 그 이후 2,500여 년 동안 이스라엘은 영토도 수복하지 못했다! 이스라엘에 가해진 가지치기는 아브라함과 맺었던 약속을 엄청나게 변화시켰다. 토라를 제외한 다른 어떤 것보다 더 중요한 이 하나의 핵심 요소만 유지되었다. 이는 바로 유대인들이 땅으로, 이들이 시온으로 귀환했다는 사실을 의미했다. 예루살렘에 돌아온 그들은 남은 자 공동체를 재건했다. 새로운 국가를 만든 것이 아니라 자신들을 하나님의 백성으로서 새롭게 이해하기 시작한 것이다. 그들은 마카베오 혁명을 통해 자신들의 남은 자 공동체가 멸망하지 않도록 지켰다. 주전 1세기 때 팔레스타인이 로마에 점령당했을 때도 모든 유대인 분파들은 로마에 대한 입장을 '이스라엘의 땅'(eretz Israel)을 기준으로 어떤 방향으로든 정했다.

이것이 주후 30년경 예수 추종자들이 처했던 역사이고 종교·정치적 지형이었다. 이 배경을 가지고 사도행전 1:18로 돌아가자. "예루살렘과 온 유대와 사마리아와 땅끝까지 이르러 내 증인이 되리라"(행 1:8). 이스라엘의 역사에서 예루살렘은 결승선이었으며 하나님이 정하신 운명의 성취였다. 하지만 사도행전 1:8에서 예수님은 결승선을 출발선으로 바꾸어 버린다. 예루살렘은 마무리가 아니라 탄생이다. 예수님이 하신 선언 중 이 선언보다 유대인들과 앞으로 생겨날 기독교 운동에 더 크게 영향을 끼친 것은 거의 없다.

"…땅끝까지 이르러…"

사도행전 1:8은 예수님이 어떤 생각으로 "땅끝까지 이르러"라고 말씀하셨는지 정확하게 밝히지 않는다. 하지만 누가는 명확히 로마를 사도행전의 지리적인 종착점이자 목표로 제시한다. 누가의 숙련된 이야기에 기록된 내용을 보면 초기 교회 선교사들의 복음 증거는 예루살렘에서 시작해 유대와 사마리아를 거쳐, 속주 아시아(roman asia)와 마케도니아와 아가야를 지나 마침내 로마를 향해 점증적으로 진행된다. 그 결과 예루살렘과 로마를 잇는 경로가 사도행전 이야기의 중심을 형성한다.

사도행전은 예루살렘에 있었던 최초의 실험적인 형태의 예수 공동체를 묘사한다. 부활 이후 예수님의 제자들은 갈릴리에서 예루살렘으로 이주한다. 거기서 그들은 공적으로는 성전 예배에[1] 참여하고 사적으로는 사도들의 지도로 그들의 가르침을 지키며 교제와 공동 기도에 참여하고 음식과 물건들을 함께 나눈다.[2] 공적 모임들보다는 이 사적인 모임들을 통해 이들의 공

---

1   행 2:1; 3:1; 5:12, 42.

동체적 삶(행 5:13)이 더 독특하게 표현되며, 누가의 역사 기록에서 이 사적인 모임에 관해 말할 때 "교회"[헬라어. '에클레시아'(*ekklēsia*)]라는 단어가 처음으로 사용되었다.[3] 공적으로 복음을 증거할 때 신자들은 "생명의 주"(행 3:15) 되시는 예수님의 독특성을 선포하며 특히 그가 죽은 자 가운데서 부활하심으로써 이 사실을 입증하셨다고 말한다.[4] 그리고 예수님의 공생애 사역(행 10:38)을 따라 이들 또한 그의 이름으로 "권능과 기사"를 베푼다.[5] 예수 추종자들은 복음 증거에 계속 헌신하여 자신들의 설교와 사역이 성전 지도자들을 도발할 것임을 알면서도 성전에서 증거한다(행 5:20).[6] 이들의 숫자는 기하급수적으로 증가한다. 처음에는 120명이었던 신자들에 3,000명이 추가되고 그다음 5,000명이 더 늘어난다.[7] 유대 지역 유대인 개종자 중에서는 "허다한 제사장의 무리"(행 6:7)도 있었지만 디아스포라 출신의 헬라파 유대인들도 있었다(행 6:1-5). 예수 추종자들이 얼마나 오래 이렇게 두 가지 형태로 공적으로는 성전에서, 사적으로는 신자들의 집에서 모이는 삶을 살았는지는 알 수 없다. 하지만 주후 40년 초 헤롯 아그립바 1세의 손에 세베대의 아들 야곱이 죽었을 때쯤(즉 예수님의 부활 후 십여 년 이내)에는 가정 교회의 형태로만 예수 운동이 표현되었다. "헤롯왕이 손을 들어 교회 중에서 몇 사람을 해하려"(행 12:1) 했다고 누가가 기록할 때쯤에는 교회가 분명히 성전에서 분리되었던 것으로 보인다.

공적 모임과 사적 모임이라는 두 가지 구분에 이어서 사도행전 6장에서는 "헬라파 유대인들"이라는 표현을 통해 두 번째로 두 가지 구분이 더 소

---

2 행 2:42-47; 4:32-5:11.
3 행 5:11; 8:1-3.
4 행 4:2, 33; 5:31; 10:40.
5 행 4:30; 5:12; 6:8.
6 행 4:1-22; 5:17-40.
7 수의 증가에 대해서는 행 1:15; 2:41; 4:4; 5:14을 보라.

개된다. 이 집단은 기독교 발전에 지대한 영향을 끼쳤다. 왜냐하면 헬레니즘화한 유대인들(즉 유대나 예루살렘을 삶의 주된 문화적·인종적 배경으로 삼은 유대인이 아니라 헬라어를 말하는 디아스포라 유대인들)이 유대 지역에 거주하던 예수 추종자들의 바통을 이어받아 기독교를 예루살렘과 유대 너머로 확장했고, 얼마 지나지 않아 유대인이라는 인종에 상관없이 기독교의 확장이 일어났기 때문이다.[8] 헬레니즘화한 유대인들은 예루살렘과 로마를 잇는 경로를 따라 기독교 선교를 추진했다. 또한 다른 경로들도 사용해 결국 기독교를 유대교에서 독특하게 구분해 나갔다. 그래서 기독교 운동의 미래는 사도행전에서 처음 5장에 걸쳐 나오는 히브리 그리스도인들이 아닌, 6장과 그 이후에 등장하는 헬라파 유대인 그리스도인들이 주도하게 된다. 물론 히브리 그리스도인들과 헬라파 그리스도인들은 핵심적이고 불변하는 요소들을 공유한다. 세례, 성찬, 예수님의 이름으로 행하는 구제 사역의 중요성뿐 아니라 구원, 기도, 선교에 관해 예수 전통에서 필수적으로 택하는 요소들이 여기에 속한다.

하지만 예루살렘에 자리 잡은 최초의 예수 공동체가 지닌 모든 특성이 헬레니즘화한 그리스도인들에게까지 이어지지는 않는다. 사도행전 7장에서 이스라엘 역사 가운데 하나님의 구원에 대한 목적을 개관한 스데반의 설교는 **헬레니즘적인** 개관으로서, 예루살렘의 가장 중요한 보물인 성전을 배제한다. 그는 "지극히 높으신 이는 손으로 지은 곳에 계시지 아니하시[다]"(행 7:48)라고 선언한다.[9] 스데반의 이 말은 주후 70년 로마에 성전이 파괴되었을 때 역사적 현실이 되었다. 예루살렘 교회가 실험적으로 시도했던 자선 위주의 공산주의도 지속되지 못했다. 헬라파 그리스도인들이나 우리가 아는 다

---

8 John Barclay에 따르면, 바울은 기독교 공동체에 대한 가장 실현 가능한 모델을 디아스포라 유대 공동체들로부터 얻었다. "만약 이 점에서 디아스포라 공동체들이 '인종적 학파들'이었다면, 바울의 교회들은 '철학적' 형태의 디아스포라 회당에 가장 가깝거나 인종적인 연대로 일원이 구성되지 않는 '유대 학파'에 가장 가깝다." *Pauline Churches*, pp. 14-15.
9 아테네의 아레오파고스에서 바울은 스데반의 이 요지를 반복한다(행 17:24).

른 어떤 초기 기독교 공동체들도 이것을 이어 가지 않았다. 헬레니즘화한 그리스도인들은 또한 예루살렘의 초기 히브리 예수 공동체가 시행하지 않은 요소들을 초기 교회에 도입했다. 선교적 요소와 무엇보다도 유대인과 이방인 모두를 하나의 보편적인 교회로 끌어안는 것이 그런 요소 중 하나였다.

사도행전 7장에서 벌어진 스데반의 순교는 초기 교회의 예루살렘 중심성을 강제적으로 탈피하게 만들었다. 스데반이 순교한 원인은 산헤드린 앞에서 그가 설파한 설교의 내용이 급진적이었기 때문이다. 그는 모세로부터 시작된 유대교의 권위가 모세를 계승하고 대체한 선지자 예수로 이동되었다고 길게 변론했다(행 7:37). 앞에서 주목한 바와 같이 정말로 스데반은 성전을 배제한다(행 7:48). 왜냐하면 하나님의 구원 목적은 예수님 안에서 성취되기 때문이다. 스데반은 영광 중에서 하나님의 우편에 서 계시는 이 예수님을 바라보며(행 7:56) 순교자의 기도를 드린다. "주 예수여 내 영혼을 받으시옵소서"(행 7:59). 스데반과 헬레니즘화한 그리스도인들에게 예수님은 모세의 율법을 대체하는 하나님의 계시였다. 메시아 예수님은 이스라엘에게 주신 하나님의 자기 계시의 역사를 성취하신다.

사도행전 8장에서 11장의 중간까지는 스데반의 죽음에 뒤따른 박해를 기록한다. 초기 예수 추종자들은 예루살렘 바깥으로 내몰리면서 유대와 사마리아로 퍼진다. 빌립은 북쪽으로 이동해 사마리아로 가서 "그리스도를 백성에게 전파[한다]"(행 8:5). 이 사람은 사도행전 6:5의 헬레니즘화한 그리스도인들 명단에서 마지막으로 언급된 빌립 집사가 틀림없다(사도행전에서 1:13의 사도들의 명단에서만 단지 한 번 언급되는 사도 빌립과는 다른 인물이다).[10] 그는 스데반이 순교하며 선포한 비전을 실행해 나간다. 사마리아에서 빌립의 사역은 놀라운 성과를 거두고 예루살렘의 두 "기둥"(갈 2:9에서 바울은 이들을 이렇

---

10 빌립 집사는 행 21:8에서 전도자라 불리는 빌립과 동일인으로 보인다.

게 부른다)인 베드로와 요한이 북쪽으로 올라가 그의 사역을 보고 인정한다(행 8:4-25). 빌립은 그다음 가사와 아소도의 해안 저지대로 간다. 거기서 복음을 증거한 결과, 에디오피아의 재정 장관인 내시가 개종하고 세례를 받는다(행 8:26-40). 내시들은 모세의 율법에 따르면 온전한 개종자가 될 수 없지만(신 23:1) 헬레니즘화한 예수 추종자들에게는 그런 제한 조항이 결정적으로 중요한 요소가 아니었다.

바리새인 선동가였던 사울은 사도행전 9장에서 극적으로 소개된다. 그는 "제자들에 대하여 여전히 위협과 살기가 등등"한 자로 나온다(행 9:1). 그는 북쪽으로 다마스쿠스를 향해 가는데 그 지역의 유대 공동체가 크고 영향력이 있었기 때문에, 그의 이런 행보는 분명 우연이 아니었다.[11] 그런 공동체라면 스데반과 빌립이 전파하는 헬레니즘 버전의 복음, 즉 예수님의 갈릴리 제자들이 지도하는 예루살렘 공동체가 전하는 복음보다 토라와 성전에 덜 관련된 복음을 잘 받아들일 것으로 예상할 수 있다. 신자들을 잡아서 체포하려는 사울의 계획은 역사에서 성취되지 못한 큰 사명 중 하나로 남는다. 왜냐하면 하나님의 간섭으로 인해 그는 자신이 파괴하려고 했던 신앙의 최고 옹호자가 되기 때문이다. 다른 교회 지도자들 역시 스데반의 순교 이후에 시작된 복음의 원심적 확장에 참여한다. 이들 중 하나가 예루살렘 교회의 감독이었던 베드로다. 베드로는 서쪽으로 이동해 지중해 연안의 욥바로 가고(행 9:32-43), 거기서 북쪽으로 가이사랴 마리티마로 이동한다. 거기서 그는 "그 도"(the Way)를 전하는 대표 사도로서 로마 백부장 고넬료에게 복음을 증거하고 그 결과 **이방인**의 개종과 세례가 교회에서 행해진다(행 10:1-11:18). 사도행전 8:1-11:18은 스데반의 순교로 시작된 박해가 일으킨 초기 결과를 설명한다. 곧 예루살렘과 유대와 사마리아에서 그리고 북쪽으로

---

11 Josephus, *J.W.* 2.559-561.

는 다마스쿠스까지 복음이 확장된 것이다.

스데반의 죽음 이후 두 번째 확장의 파장이 생겨나 복음이 지중해 연안을 따라 북쪽으로는 베니게와 안디옥까지, 그리고 서쪽으로는 구브로섬까지 진출한다. 다시 한번 헬레니즘화한 그리스도인들이 확장의 추진력으로 작용한다. 전도자들은 처음에 복음을 유대인들에게만 선포하지만(행 11:19) 구브로섬과 아프리카 북쪽 연안의 구레네에서 온 전도자들이 시리아 안디옥에 도착해 "헬라인에게도"(행 11:20) "주 예수의 복음을 전파[한다.]" 구브로와 구레네에는 주전 4세기 말 알렉산드로스대왕을 이은 프톨레마이오스 계승자들 때부터 철저히 헬레니즘화한 유대인 인구가 많았다. 누가는 이들을 "헬라파 유대인"이라고 부르는데, 예루살렘의 예수 추종자 중 헬라어를 구사하는 유대인들에게 사용되었던 단어와 똑같은 용어다(6:1). 하지만 사도행전 11:20에서는 헬라어를 구사하는 **이방인**들을 가리키는 말로 더 폭넓게 이해해야 한다. 만약 이 전도자들이 으레 하듯이 안디옥에 거주하는 헬라어를 구사하는 **유대인**들에게 설교했다면, 누가가 독자들에게 "주의 손이 그들과 함께하시매"(행 11:21)라고 말해 줄 필요가 없었을 것이다. 또한 예루살렘의 교회 지도자들이 예루살렘에서 그 놀라운 사건을 조사하기 위해 대사들을 파견하지도 않았을 것이다(행 11:22).

"구브로와 구레네 몇 사람"(행 11:20)이란 무미건조한 표현은 사실 훨씬 더 중요한 의미를 지닌다. 이들 이전에 다른 사람들도 우연한 기회로 이방인들에게 복음을 전하긴 했다. 가장 주목할 인물은 에디오피아 내시에게 복음을 전했던 빌립(행 8:26-40)과 고넬료에게 복음을 전한 베드로(행 10:1-11:18)다. 하지만 구브로와 구레네에서 온 알려지지 않은 사람들은 계획적으로 복음을 이방인들에게 전함으로써 역사 속에서 넘을 수 없었던 인종적 경계를 무너뜨린다. 이들은 어떤 사람들이었는가? 어디서 복음을 듣고 신앙을 갖게 되었는가? 누가 이들을 안디옥으로 보냈는가? 우리가 확보한 자료들로는 이 초미의 질문들에 답할 수가 없다. 사도행전에서는 이 시점에 도달하기 전까지 바나바만 구브로 사람으로 확인해 준다(행 4:36). 또한 예수님의 십자가를 날랐던 시몬도 구브로 출신이다.[12] "자유민들, 즉 구레네인, 알렉산드리아인, 길리기아와 아시아에서 온 사람들의 회당"도 예루살렘에 존재했다(행 6:9). 하지만 자유민들의 회당들은 스데반을 고소했고 그리스도인들에게 호의적이지 않았던 것 같다. 아돌프 하르나크와 다른 학자들은 사도행전 11:20의 신비로운 전도자들의 정체가 사도행전 13:1에 나오는 니게르라 하는 시므온, 구레네 사람 루기오 그리고 마나엔이라고 주장한다.[13] 하르나크가 부분적으로는 맞을지 모른다. 하지만 11:20은 더 많은 사람을 염두에 두었음이 분명하다. 왜냐하면 13:1의 어떤 지명도 구브로와 동일시되지 않기 때문이다.[14] 따라서 초기 기독교의 무게중심을 예루살렘에서 안디옥으로 옮기고, 결과적으로 기독교의 무게중심을 유대인에서 이방인으로 옮기기 시작한 이 영향력 있는 사람들에 대한 정보가 부족한 상태다. 누가가 이들에 대해 얼마나 더 알았는지 말하기 어렵다. 그는 이들의 역사에 대해서는 관심이 없었다. 아볼로(행 18:24-19:1)와 같이 이들은 누가의 이야기에서 오로지 예루살렘과 로마를 지나는 경로를 따라 복음을 진출시킨 역할을 감당했다는 이유로만 의미가 있다. 누가는 1세기에 복음이 많은 경로를 따라 여러 곳에 진출했다는 사실을 인식하고 있었다. 하지만 사도행전에서 누가는 복음이 로마로 가는 경로들에만 관심을 기울인다.

---

12 마 27:32; 막 15:21; 눅 23:26.
13 Harnack, *Mission and Expansion*, p. 52의 각주 1. Harnack는 이 세 명에게 "교회의 설립자들이며, 결과적으로 이교도들에 대한 첫 선교사들"이라는 영예를 선사한다. 실로 Harnack에 따르면 "**바나바가 이방인 선교의 창시자들 가운데 가장 먼저 언급되어야 한다**"(원저자 강조). Harnack가 주목한 대로, 바나바가 바울과 초기 사도들 사이의 중계자 역할을 한 것은 사실이다. 하지만 만약 바나바가 실로 이방 선교의 개척자였다면, 갈 2:11-14에서 묘사된 갈등 상황에서 바나바가 이방 선교에 반대하며 예루살렘 사도들의 편을 들었다는 점은 이상해 보인다.
14 물론 바나바는 구브로 출신이지만(행 4:36), 그는 바울과 함께 나중에야 안디옥에 왔다.

바울의 선교

지금까지 우리가 훑어본 사도행전 이야기에 명확히 드러나듯이, 헬라파 예수 추종자들은 복음을 전하는 데 디아스포라 헬라파 유대인과의 공통점을 유리하게 활용했다. 사도행전 11장 후반부에 따르면, 바나바와 바울은 안디옥에서 바로 이 디아스포라 헬라파 그리스도인들 가운데 머물렀다. 그리고 사도행전 13장에서 바로 이들은 바나바와 바울을 선교사로 파송한다.[15] 시리아의 안디옥은 예루살렘과 로마를 잇는 경로를 따라 이루어지는 이방인 선교의 주요 거점이 되었지만 이와 동등하게 동양의 먼 지역들까지 복음을 확장시키는 발판도 되었다.[16] 이 점은 우리가 다음 장에서 살펴볼 것이다. 사도행전 13:1에서 누가는 안디옥 교회의 다섯 선지자와 교사들의 이름을 이들의 출신지와 함께 말한다. 이들이 기도와 금식과 안수로 그들 중 두 명, 즉 바울과 바나바를 세워 선교사로 보낸다. 바나바, 구브로 출신 레위인(행 4:36), 다소에서 나고 자랐지만 예루살렘에서 교육받은 바울(행 22:3)에 더해서 안디옥의 선교사 중에는 "니게르라 하는 시므온"도 있는데, 이 '니게르'라는 별칭은 헬라어와 라틴어에서 모두 "검은" 혹은 "어두운 혈색을 가진"이라는 뜻이다. 또한 이들 중에는 위에 언급한 "구레네 사람 루기오"도 있다. 이 두 사람 모두 북아프리카 출신임이 자명하다. 이 선교사 중 마지막으로 언급할 가장 놀라운 사람은 마나엔이다. 누가는 이 사람이 헬라어로 헤롯 안디바의 '신트로포스'(*syntrophos*, 동료나 친한 친구)라고 밝힌다. 예수 운동의 추종자 중에는 역설적으로 헤롯 안디바의 최측근 출신도 있었다. 헤롯 안디바

---

15 "헬라파 그리스도인"에 관해서는 Bruce, *Peter, Stephen, James, and John*, pp. 49-80; Hengel, *History of Earliest Christianity*, pp. 71-80; Hengel, *Studien zum Urchristentumv*, pp. 54-62; Meyers and Chancey, *Alexander to Constantine*, pp. 1-49를 보라.

16 시리아 안디옥에 관해서는 1장의 pp. 53-59를 보라.

의 수도 세포리스는 예수님의 고향 나사렛에서 약 5킬로미터 거리에 있었다. 헤롯 집안의 집사 구사의 아내인 요안나는 예수님과 함께 다니며 그분을 재정적으로 지원했던 서너 명의 여인 중 하나였다(눅 8:3). 마나엔은 요안나가 아는 사람이거나 친척 혹은 아마도 요안나의 아들이었을 것이다. 누가는 마나엔을 통해서 예수님에 대한 안디바의 집착과 그가 예수님을 만나고 싶어 했다는 사실을 인지했을 가능성이 있다.[17] 이 다섯 사람이 안디옥에서 놀랄 만한 공동체를 형성한다. 성전 예식을 책임지는 레위인, 예루살렘 사두개파 대제사장의 바리새인 절친, 두 명의 북아프리카인(최소한 한 명은 유색인종) 그리고 예수님의 처형에 불명예스럽게 연루된 갈릴리 분봉왕의 측근으로 이루어진 공동체다. 안디옥 선교회의 지리적·민족적·인종적·사회적 다양성은 20년 전에 예수님을 따랐던 열두 사도들과는 완전히 대조된다.

사도행전을 네 등분으로 나누었을 때 세 번째 부분에서(행 13-21장) 펼쳐지는 이야기는 예루살렘과 로마를 잇는 경로를 따라 복음이 확장되는 모습을 상당히 정확하게 묘사한다. 세 번의 연이은 선교 여행은 모두 시리아 안디옥에서 시작되고 복음은 점점 더 서쪽으로 나아간다. 40년 후반의 첫 번째 선교 여행에서 바울과 바나바는 구브로섬으로 갔다가 북쪽의 본토 내륙 지역으로 이동해 거기서 전도하며 비시디아 안디옥의 도시들인 이고니움, 루스드라, 더베에 교회를 세운다. 이 도시들은 오늘날 튀르키예의 남중부 지역에 해당한다. 50년대 초에는 바울, 실라, 디모데가 더 야심 찬 선교 여행을 떠난다. 앞에서 언급한 비시디아의 도시들을 다시 방문하고 거기서 에게해 북동쪽 활모양의 내륙 지역에 있는 드로아로 이동한다. 여기서 이들은 로마의 아시아 속주를 떠나 마케도니아 도시들을 전도하기 위해 북쪽으로 항해한다. 빌립보, 데살로니가, 베뢰아가 바로 그 도시들이다. 이어서 이

---

17 눅 9:7-9; 13:31-33; 23:7-15.

들은 남쪽 아가야 지역의 도시들인 아덴과 고린도에서도 머문다. 이 두 번의 선교 여행은 기념비적인 사건이다. 첫 번째 여행은 아마도 1년 정도 걸렸고, 더 길었던 두 번째 여행은 아마도 4년 정도 걸렸을 것이다(대략 49-52년). 이 기간에서 1년 반 정도의 기간을 고린도에서 보냈다(행 18:1-17).

누가의 이야기에서 바울과 실라는 거의 휴식 기간도 없이 세 번째 선교 여행을 떠난다. 다시 한번 이들은 이전 두 차례의 선교 여행에서 전도했던 비시디아의 도시들을 방문하고(행 18:22-23), 서쪽으로 미앤더강의 골짜기를 따라 이동해 에베소로 간다. 에베소는 안디옥과 같은 규모의 도시지만 예루살렘과 로마를 잇는 경로에서 로마 다음으로 중요한 도시다. 에베소에서 바울은 규칙적인 선교 일정을 멈추고 그곳에 2년간 머물며 사역한다(행 19:1-41). 그 후 바울은 고린도 교회에서 발생한 문제들로 인해, 그가 이전 여행에서 세웠던 교회들을 가르치고, 훈련하며, 견고하게 세우기 위해 마케도니아와 아가야로 이동한다. 그는 고린도 교회와의 화해를 기념하고자 그곳에 3개월간 머무는데(행 20:2-3), 아마 그 기간에 위엄이 넘치는 로마서를 기록했을 것이다. 고린도에서부터 바울은 땅과 바다를 통과하는 길고 복잡한 길을 다시 돌아가 최종적으로 예루살렘으로 귀환한다(행 21장).

고대 문헌의 연대기 중에서 사도행전의 4분의 3 구간에 나오는 바울의 선교 기록만큼 이야기가 충돌하고 격랑을 일으키는 경우는 거의 없다. 이에 비하면 로마 황제와 장군들이 나섰던 다양한 게르만 전쟁들을 기록한 타키투스의 묘사들은 따분할 정도다. 알렉산드로스대왕의 긴 히말라야 원정이나, 『아나바시스』(*Anabasis*)에서 알렉산드로스가 아르타크세르크세스 2세와의 전투를 마치고 10,000명의 그리스 용병들과 함께 귀환하는 장면을 묘사하는 크세노폰의 참혹한 이야기도 이만큼 흥미진진하지는 않다. 누가는 자신의 이야기에 나오는 사건들이 발생한 시기를 상당히 정확하게 파악할 수 있도록, 그리고 다른 사건들의 시기도 추론할 수 있도록 세부 사항을 충분하게 제공한다. 예를 들어, 유대 지역의 통치권이 벨릭스에서 베스도로 전환되는(행 24:27) 시점은 5년의 오차 범위 안에서 파악할 수 있다(55-60년).[18] 사도행전 12장에 나오는 헤롯 아그립바 1세의 죽음은 요세푸스도 기록했는데 44년에 일어난 것으로 확인할 수 있다.[19] 바울이 지방 총독 갈리오의 베마(bēma, 고린도에 있는 강단으로 오늘날에도 볼 수 있다) 앞에 선 사건은 몇 달 정도의 오차 범위 이내로 그 시기를 특정할 수 있다.[20]

사도행전에서 4분의 3 구간은 40년 후반부터 50년 후반까지 10년 동안 일어난 일을 기록했다. 바울이 중심인물이지만, 유일한 인물은 아니다. 바울은 공동의 사명에 헌신한 동역자들을 이끄는데, 사도행전에서는 이들의 이름을 밝히고 있다. 바울과 함께 직접적인 책임자로 세 명의 동역자들이 나온다. 첫 번째 선교 여행 때는 바나바가 바울과 함께했고, 두 번째와 세 번째 선교 여행에서는 실라와 디모데가 함께했다. 특히 디모데의 이름은 마지막 두 선교 여행에서는 모든 곳에 나온다. 사실 디모데는 갈라디아서와 에베소서를 제외한 모든 바울서신에서 바울의 동역자로 언급된다. 그의 이름은 히브리서에서도 나타난다. 대부분의 이름은 구체적인 지역들과 연결되어 있다. 에바브로디도는 바울과 빌립보인들 사이의 메신저다. 그는 빌립보인들을 대신해 바울을 섬기느라 죽음에 이를 정도로 자신을 소진했다.[21] 디도와 바울이 "그 형제"라고만 부르는(익명으로 그를 보호하려고?) 제자는 고린도에서 충실히 섬기는 자들로서 바울은 그들이 "복음으로서 모든 교회에서 칭찬을 받는 자"라고 인정한다(고후 8:18-24). 에바브라는 바울이 에베소에 남아 있는 동안 바울의 대리자로 골로새의 전도 사역을 위해 파송되었음이 분명하

---

18 이에 대한 증거를 다룬 충분한 논의는 Keener, *Acts*, 4:3443-3448를 보라.
19 Josephus, *Ant.* 19.343-353.
20 델포이에 있는 아폴론 신전의 옹벽에 정교하게 새겨진 글에 따르면, 갈리오가 고린도의 지방 총독으로 있었던 기간은 51년 7월부터 52년 7월까지다.
21 빌 2:25-30; 4:18.

다.²² 여 집사인 뵈뵈는 바울이 쓴 로마서를 고린도에서 로마로 안전하게 전달하는 임무를 맡았다(롬 16:1-3). 바울이 투옥되었을 때 그의 필요를 채워 준 이들도 있다. 로마의 감옥은 죄수들에게 먹을 것과 입을 것을 제공하지 않았기 때문에 이들은 일상의 기본적인 필요를 가족과 친구들에게 의존해 공급받았다. 바울은 그런 공급자들의 이름을 밝히고 그들을 자신과 "함께 갇힌 자"로서 예우한다. 이들은 안드로니고와 그의 아내(혹은 여동생) 유니아(롬 16:7), 아리스다고(골 4:10) 그리고 또다시 에바브라(몬 23절)다. 자주 언급되는 브리스길라와 아굴라²³ 혹은 아볼로와 같은 사람들은 독립적으로 사역하면서 바울과 자주 접점을 이루어 사역하기도 한다. 바울의 선교와 관련해 사도행전과 바울서신에는 약 80명의 사람이 등장한다.²⁴ 바울은 이들을 자주 언급하는데 이들의 기여를 인정하는 뜻으로 "자매", "형제", "동역자", "함께 종이 된 자", "함께 갇힌 자" 등으로 부른다. 이것은 예루살렘에서 로마에 이르는 경로에 신임할 수 있는 선교 공동체가 존재한다는 증거다.

이방 선교는 초기 기독교 선교에서 거룩한 도시의 중요성을 인정하면서도 예루살렘 중심성을 탈피했다. 안디옥은 예루살렘 다음으로 가장 중요한

---

22 골 1:7; 4:12.
23 행 18:1-3; 롬 16:3; 딤후 4:19.
24 롬 16:1-16에서 언급되는 29명의 사람들(이 가운데 27명의 이름을 밝힌다)과 디모데, 디도, 실라/실루아노에 대한 수많은 언급 외에 다음의 사람들이 등장한다. 아볼로(행 18:24-28), 압비아(몬 1-2절), 아굴라(행 18:2; 딤후 4:19; 롬 16:3), 아킵보(몬 1-2절), 아리스다고(행 20:4; 골 4:10; 몬 24절), 아데마(딛 3:12); 바나바/"형제"(고후 8:18-24), 글라우디아(딤후 4:21), 글레멘드(빌 4:3), 데마(골 4:14; 몬 24절), 에바브라(골 1:7; 4:12; 몬 23절), 에바브로디도(빌 2:25; 4:18), 에라스도(롬 16:23; 딤후 4:20), 으불로(딤후 4:21), 유오디아(빌 4:2), 가이오(행 20:4; 롬 16:23), 야손(롬 16:21), 예수 유스도(골 4:11), 리노(딤후 4:21), 루기오(행 13:1), 누가(골 4:14; 몬 24절), 마나엔(행 13:1), 마가(골 4:10; 몬 24절), 나손(행 21:16), 눔바(골 4:15), 오네시모(몬 10절; 골 4:9), 오네시보로(딤후 4:19), 빌레몬(몬 1-2절), 빌립과 그의 네 딸(행 21:8-14), 뵈뵈(롬 16:1-3), 브리스길라(행 18:2; 딤후 4:19; 롬 16:3), 부데(딤후 4:21), 구아도(롬 16:23), 세군도(행 20:4), 소바더/소시바더(행 20:4), 소스데네(행 18:17; 고전 1:1), 시므온 니게르(행 13:1), 순두게(빌 4:2), 더디오(롬 16:22), 드로비모(행 20:4), 두기고(행 20:4; 딛 3:12), 세나(딛 3:13).

지위를 차지했고 에베소와 알렉산드리아는 더 지역적인 중요성을 가진 제3의 역할을 맡았던 것 같다. 하지만 예루살렘은 1세기 내내 기독교 선교에서 파송지와 도착지로서 중요한 역할을 이어 갔다. 사도행전의 기록에 따르면 이방 선교의 투사인 바울은 다섯 내지 여섯 차례 예루살렘으로 돌아와 지도자들과 특히 야고보를 만났다.[25] 또한 바울이 방문한 예루살렘 교회를 위해 마케도니아에서 모금 운동을[26] 벌였던 사실과 복음 선포의 전통에서 예루살렘 지도자들이 맡은 선봉 역할을 반복해서 언급한 사실(고전 15:1-11)은 초기 기독교 선교에서 예루살렘이 지속적으로 중요한 역할을 맡았음을 보여 주는 증거다. 예루살렘에서 로마를 지나는 경로는 동맥이기도 하고 정맥이기도 했다. 바깥으로 향하는 선교가 건강하게 유지될 수 있었던 이유는 선교의 근원을 향한 반복적인 내적 지향성이 있었기 때문이다.

사도행전에서 로마는 제자들이 복음을 증거해야 하는 하나님의 섭리가 담긴 "세상의 끝"이다. 사도행전의 네 구간 가운데 마지막 구간(행 22-28장)은 독자에게 풀기 어려운 일종의 난제와 같다. 왜냐하면 중단되지 않을 것 같았던 바울의 선교가 바울이 투옥되면서 중단된 듯 보이기 때문이다. 누가는 이 난제를 통해 자칫 바울의 놀라운 선교 추진력에 가려질 수 있었던 요지 하나를 강조한다. 기독교 선교의 저자와 지휘자는 바울도, 베드로도, 다른 어느 누구도 아닌, 바로 성령이라는 사실이다. 바울이 선교에 참여하지 못하게 되면서 항상 사역해 오신 성령의 역할이 더 명확하게 인식되었다. 성령이 교회가 행하는 선교의 원동력이라는 점은, 바울이 로마의 카이사르 앞에서 복음을 증거할 것이라는 확신을 바울에게 세 번이나 주었다는 사실을 통해서 강조된다.[27] 이런 확신은 사도행전 이야기에서 중요한 역할을

---

25 행 9:26; 11:29-30; 12:25; 15:2; 18:22; 21:17; 비교. 갈 1:18-2:10. 하지만 행 12:25의 내용은 11:29-30에서 묘사된 예루살렘 방문을 말하는 것일 수 있다.
26 롬 15:26; 고전 16:1-4; 고후 8-9장.

한다. 바로 이 확신으로 선교의 종착점이 로마라는 사실과 성령의 주도하심이라는 방법을 통해 선교가 완성된다는 사실이 밝혀지기 때문이다. 누가는 성령이 가장 중요하다는 사실을 강조하기 위해 자신의 초기 교회 역사 2부작을 마무리할 때 로마에 있는 바울의 운명을 언급하지 않는다. 역사 속에서 사도행전의 독자들은 이러한 마무리를 결점 혹은 실패로 여기기까지 했다. 하지만 누가에게 예루살렘과 로마를 잇는 경로를 통한 선교의 마무리는 바울의 운명이 아니라 복음이 로마에 도달하는 것에 달려 있었다.

베드로

예루살렘에서 로마에 이르는 경로는 단순히 누가가 사도행전에서 이야기 전개를 위해 구상한 것 이상의 큰 의미가 있다. 그것은 역사적 사실을 반영한 이야기다. 왜냐하면 교회 확장에 대한 다른 모든 1세기 증언들이 똑같은 경로를 증거하기 때문이다. 1세기 말의 저자 클레멘스는 "서쪽의 끝"이 사도 바울의 운명이라고 말한다.[28] 더욱이 사도행전과 클레멘스1서와는 별개로 우리가 알고 있는 사실은 사도 베드로, 요한 그리고 안디옥의 주교 이그나티오스가 택한 핵심 선교 여행 일정도 예루살렘에서 로마를 잇는 경로를 따랐다는 점이다.

먼저 베드로를 살펴보자. 그는 로마 팔레스타인 내에 있는 가이사랴 마리티마에서 백부장 고넬료와 중요한 만남을 가졌을 때(행 10:1-11:18) 이 경로에 처음으로 등장했다. 누가는 예루살렘 공회에서 베드로가 한 중요한 발언으로 사도행전에서 베드로의 역할을 마무리한다. 이 발언에서 그는 이방

27　행 19:21; 23:11; 27:24; 롬 1:10도 보라.
28　1 Clem. 5.7.

신자들을 교회로 온전히 받아들여야 한다고 주장한다(행 15장).[29] 공회가 열린 시점은 40년대 후반이 틀림없다. 사도행전 이야기에서 공회 이후에는 베드로가 나오지 않는데 이는 그의 사역이 멈췄기 때문이 아니다. 사도행전 11:20에서 구브로와 구레네 출신의 알려지지 않은 선교사들의 경우와 마찬가지로, 베드로의 사역은 복음이 로마에 처음으로 진출하는 데 기여하지 않았기 때문이다. 하지만 베드로는 공회 이후에 거의 20년을 더 살았다. 신약성경에 나오는 추가 정보가 사도행전을 보강해 베드로의 사역에 대한 더 온전한 그림을 제시해 준다.

바울의 설명을 통해서도 베드로의 사역과 선교에 대해 더 확장된 그림을 볼 수 있다. 기독교 신앙으로 개종한 지 3년이 지난 후 바울은 다마스쿠스에서 예루살렘으로 가서 2주 정도 체류하며 베드로(혹은 그가 보통 부르듯 게바)를 만났다(갈 1:17-18).[30] 14년 후 그는 다시 한번 예루살렘을 방문하는데 이번에는 "기둥"으로 여겨지는 베드로, 야고보, 요한과 만났고, 여기서 서로 사역을 배분하는 데 동의했다. 즉 베드로는 "할례자의 사도"로, 바울은 "이방인의 사도"로 사역을 나눈 것이다(갈 2:1-10). 이후 바울은 안디옥에서 이러한 사역 배분의 문제로 베드로를 공개적으로 책망한다. 유대인인 베드로 그 자신도 지키지 않는 유대 규율들을 그가 이방인 개종자들에게 요구했기 때문이다(갈 2:11-14). 따라서 갈라디아서 2장은 안디옥에서 베드로의 사도적 권위와 존재감을 입증하는 증거다.

이 정도로 구체적이진 않지만 바울의 편지들도 고린도에서 베드로의 존재감을 입증해 준다. 베드로는 고린도인들에게 부활하신 예수님을 본 열두 사도 중 첫 번째로 알려졌다(고전 15:5). 그리고 그는 열두 사도 중 바울이 자

---

29 공회는 이 책의 9장 pp. 276-279에서 논의된다.
30 바울은 고린도전서와 갈라디아서에서 베드로를 아람어 이름인 게바로 여덟 번 부르고 갈라디아서에서는 헬라어 이름인 베드로를 두 번 말한다. 두 이름 모두 "바위"라는 뜻이다.

신의 편지에서 이름을 언급한 유일한 사도다. 고린도 신자 중 한 분파는 베드로를 지지했고 다른 분파들은 아볼로, 바울, 심지어는 그리스도를 지지하는 분파도 있었다.[31] 예수님의 형제 야고보와 함께 베드로가 선교 여행에 아내를 데리고 다녔다는 사실은 고린도인들의 사고방식에서 바울을 포함한 다른 선교사들이 어느 정도까지 용납할 수 있는지에 대한 기준이 되었다(고전 9:5). 아마도 가장 놀라운 것은 바울이 히브리적이고 이스라엘적 기준에 호소해 이교도 도시 고린도에서 사도의 권위에 대한 본보기를 세웠다는 점이다. "그들이 히브리인이냐? 나도 그러하며, 그들이 이스라엘인이냐? 나도 그러하며, 그들이 아브라함의 후손이냐? 나도 그러하며, 그들이 그리스도의 일꾼이냐? 나는 더욱 그러하도다"(고후 11:22-23). 베드로가 고린도에 있었다는 분명한 증언은 없지만, 그가 고린도인들에게 개인적으로 알려지지 않았다면 베드로라는 인물이 고린도서에서 그렇게 자주 등장하지 않았을 것이다.

베드로가 안디옥에서 확실히 사역했고 아마도 고린도에서도 사역했을 가능성이 있다고 생각하면 그가 베드로전서 1:1에서 "본도, 갈라디아, 갑바도기아, 아시아와 비두니아에 흩어진 나그네"라고 언급한 것을 이해할 수 있다. 에우세비오스와 히에로니무스 모두 똑같은 지역들을 똑같은 순서로 말하며 베드로의 이름을 언급한다.[32] 본도, 갑바도기아, 아시아는 오순절에 관한 누가의 기록에도 언급된다(행 2:9). 이는 베드로와 이 지역의 사람들과의 관계가 오순절 사건 때부터 시작되었을 것이라는 추론에 신빙성을 더한다. 베드로와 이들 사이의 관계는 3세기의 위-히폴리투스(Pseudo-Hippolytus)와 4세기의 에피파니오스도 각자 독립적으로 증언한다.[33] 비두니아의 로마 지

---

31 고전 1:12; 3:22을 보라.
32 Eusebius, *Hist. eccl.* 3.4.2; Jerome, *Vir. ill.* 1.1. 하지만 에우세비오스는 자신의 기록이 벧전 1:1에 의존한다고 스스로 시인한다. 히에로니무스의 기록도 아마 그럴 것이다. 그러므로 이 두 인용은 모두 벧 1:1에 대해 별개의 확증을 제공해 주지는 않는다.
33 Pseudo-Hippolytus, *De Duodecim Apostolis* (PG 10:952); Epiphanius, *Pan.* 27.6.6.

방 통치자인 소플리니우스의 증언도 이 점에서 중요하다. 트라야누스 황제가 등장하는 시기보다 대략 110년 앞서서 글을 남긴 소플리니우스는 그리스도인의 존재에 대해 기록을 남긴다. 그는 자신이 비두니아에서 통치하기 최소한 20년 전부터 그리스도인들이 그곳에 존재했다고 언급한다.[34] 비두니아와 관련된 1세기 그리스도인 중 우리가 아는 유일한 사람은 사도 베드로다(벧전 1:1). 베드로와 이 지역과의 연관성은 왜 사도행전 16:7에서 바울이 이 지역에서 선교 활동을 하지 않았는지를 설명해 준다. 왜냐하면 바울의 원칙은 "남의 터 위에 건축하지 아니"하는 것이기 때문이다(롬 15:20).

물론 이 증거들만으로는 베드로가 흑해 남부의 튀르키예 연안 지역에서 전도했다는 사실을 입증하지는 못한다. 하지만 베드로가 본도, 갈라디아, 갑바도기아, 아시아와 비두니아 지역의 사람들과 관계를 맺고 있었음을 암시하는 듯하다. 그리고 이에 비추어 볼 때, 우리는 베드로가 로마로 가는 여정 가운데 앞에 열거된 지역들의 사람들과 오순절 때(행 2:9) 맺었던 관계를 새롭게 하고자 이 지역에 방문했을 것이며, 로마에 온 후 이 지역 교회들에 대한 후속 사역으로 베드로전서를 썼을 것으로 추측해 볼 수 있다(벧전 1:1; 5:13). 40년 후 이그나티오스는 로마로 가는 길에 속주 아시아의 교회들과 정확히 같은 과정을 밟았다. 베드로의 예가 이그나티오스가 본받을 만한 선례와 자극이 되었던 것 같다.[35]

로마에서 베드로가 죽었다고 믿는 전통은 기독교 전통에서 보편적으로

---

34 Pliny, *Ep. Tra.* 10.96.
35 Bruce, *Peter, Stephen, James, and John*, pp. 42-43에 따르면 베드로가 고린도에 있었던 것은 그가 더 폭넓은 사역을 했음을 나타내는 증거이며, 이 사역의 범위에는 벧전 1:1에 언급된 지역들이 포함된다. Hengel, *Saint Peter*, p. 49는 "서양 공동체들이 사도 [베드로] 자신을 알고 있었거나 전령들을 통해 그에 대해서 들었다"라는 사실을 당연하게 여긴다. 그리고 Bockmuehl, *Simon Peter*, p. 30에 따르면 "후대 기독교 자료들에는 베드로가 본도 지역에서 선교했다는 점이 널리 전제되어 있다."

받아들여진다.³⁶ 4세기의 에우세비오스와 히에로니무스는 모두 베드로가 안디옥의 주교가 되었으며, 거기서 로마로 이동해 시몬 마구스의 공격으로부터 복음을 수호했다고 기록한다. 에우세비오스와 히에로니무스 역시 베드로가 네로의 통치하에서 64년에 순교할 때까지(바울과 함께) 로마에 주교로 있었다고 말한다.³⁷ 베드로가 십자가에 거꾸로 매달려 순교했다는 전통은 아담이 죄에 곤두박질쳤다는 베드로행전의 기록과 상응하는데, 에우세비오스와 히에로니무스도 이 전통의 방향성을 유지한다.³⁸ 요약하면, 고린도와 소아시아에서 활동한 베드로의 사역에 대한 바울서신의 언급, 초기 교회에서 그 누구와도 비교가 안 되는 베드로의 위상, 그가 로마에서 죽었다는 의심의 여지가 없는 전통의 입장은 충분히 믿을 만한 증거로 여겨진다. 비록 사도행전에는 기록되지 않았지만, 이런 것들은 베드로가 예루살렘에서 로마에 이르는 경로를 따라 개인적으로 선교에 동참하거나 대리자를 보내 영향력을 폭넓게 확장했다는 증거로 받아들여진다.

사도 베드로와 관련된 문헌을 논하자면, 베드로전서는 역사적으로 베드로의 저작으로 인정되어 왔고 베드로후서에 대한 베드로 저작도 기독교 전통 초기에 인정되었다. 베드로복음, 베드로행전, 베드로설교, 베드로계시록처럼 베드로의 이름과 연관된 외경 문헌들은 그가 초기 교회에서 누렸던 베드로의 위상을 증거해 준다.³⁹ 초기 기독교에서 베드로에게 주어진 지위

---

36 Jerome, *Vir. ill.* 1.2; Eusebius, *Hist. eccl.* 3.1.2; Acts Pet. 38-39. 로마에서 베드로가 죽었다는 주요 증거에 대해서는 Bruce, *Peter, Stephen, James, and John*, pp. 44-47와 특히 Bockmuehl, *Simon Peter*, pp. 101-104를 보라.
37 Eusebius, *Hist. eccl.* 3.26.2; Jerome, *Vir. ill.* 1.1. 외경 베드로행전의 거의 모든 부분은 로마에서 베드로가 시몬 마구스를 물리치는 이야기다. 에우세비오스는 베드로행전에 대한 최초의 증인이며, 이 문헌의 작성 시기는 2세기 말로 추정된다.
38 Eusebius, *Hist. eccl.* 3.1.2; Jerome, *Vir. ill.* 1.2; Acts Pet. 38-39.
39 Eusebius, *Hist. eccl.* 3.3.1는 베드로전서의 저자가 베드로라는 데 대해 초기 교회는 "아무 의심도 없었다"라고 기록한다. 베드로전서의 베드로 저작에 대한 긍정적인 평가는 Bockmuehl, *Simon Peter*, p. 126(특히 각주 40)를 보라. 하지만 Eusebius, *Hist. eccl.* 3.3.1, Jerome, *Vir. ill.* 1.3

는 마르틴 헹엘에 따르면, "다른 모든 제자와 견줄 수 없을 정도로 높았다." 여기서 제자들이란 원래의 열두 제자를 의미한다.⁴⁰ 헹엘은 또한 예수님이 베드로를 "반석"이라고 말씀하신 이유에 대해 빌립보 가이사랴에서 베드로가 했던 고백(마 16:18) 때문만이 아니고 더 깊은 의미가 있다고 주장한다. 초기 기독교가 시작되고 35년 동안 베드로의 복음 증거 사역과 그의 위상 전부에 근거했다고 말한다.⁴¹ 베드로가 위대한 이유는 1세기 기독교의 다른 두 기둥인 바울과 야고보와 연관된 그의 역할 때문이다. 제임스 던(James D. G. Dunn)의 글을 인용하자면, "베드로는 동료 유대인들과 이방인들 모두를 향해 선교를 지속적으로 펼쳐 나가는 측면에서 바울이나 야고보보다 사실상 더 성공을 거두었다. 그리고 그는 새로운 신앙에서 유대적 속성을 바울이나 야고보보다 더 신실하게 유지한 채로 유대인들을 넘어서 뻗어 나가게 하는 측면에서도 더 성공을 거두었다. 최고의 대제사장(*pontifex maximus*)으로 알려지게 된 베드로야말로 사실상 그 세대에서 다리를 가장 효과적으로 놓은 사람이지 않을까?"⁴²

요한

대략 주후 75년과 125년 사이에 기독교에서 예루살렘과 로마를 잇는 경로

은 교회의 많은 이들이 베드로후서를 유용하게 여긴다는 점을 인식했지만 이것이 베드로의 글인지는 의심했다. 베드로의 이름을 딴 외경 문헌들에 관해 에우세비오스는 "고대의 정통 저자 중 아무도" 베드로복음, 베드로행전, 베드로의 설교 혹은 베드로계시록을 받아들이지 않았다는 점을 강조한다(*Hist. eccl.* 3.3.2–3).

40 Hengel, *Saint Peter*, p. 49.
41 Hengel, *Saint Peter*, p. 100.
42 Dunn, "Beyond the Jewish People," p. 201. 이와 비슷하게 Bruce, *Peter, Stephen, James, and John*, p. 43는 이렇게 말한다. "**베드로는 아마도 사실상 1세기 기독교의 다양성을 하나로 붙들기 위해 다른 어떤 사람보다 애쓴 교각과 같은 인물이었다**"(원저자 강조).

에 있는 다른 어떤 지역보다 에베소는 훨씬 유명한 지역이었다. 로마와 마찬가지로, 에베소는 약 25만 명의 인구를 가진 거대한 대도시였으며, 안디옥과 함께 로마제국에서 세 번째로 큰 도시였다. 그리고 또한 로마와 마찬가지로, 에베소에는 구체적인 시점은 모르지만 초기부터 그리스도인들이 존재했다. 이들은 알려지지도 않았고 이름조차도 모른다. 누가는 사도행전 18:18-22에서 처음으로 독립적인 세 존재나 아마도 느슨하게 연관된 선교 동역자들, 즉 바울, 브리스길라와 아굴라, 아볼로의 집합 지점으로서 에베소를 언급한다.[43] 50년대 중반에 있었던 제3차 선교 여행에서 바울은 에베소에 2년간 머물면서 사역했다. 그 결과 "아시아에 사는 자는 유대인이나 헬라인이나 다 주의 말씀을 듣"게 되었다(행 19:10). 골로새와 라오디게아에 쓴 바울의 편지들은 아마 에베소에서 기록되었을 것이다(골 4:16).

1세기 말에 가까워지며 에베소에서 이루어지던 바울의 사역은 사도 요한과 안디옥의 주교 이그나티오스에게 계승된다. 요한에 관련해 (예수님의 어머니 마리아의 이름과 함께) 요한이라는 이름은 기독교 전통에서 에베소에 든든히 뿌리내린다. 요한의 이름과 연관된 복음서와 서신서들은 에베소에서 기록되었을 것이다. 요한계시록의 수신 대상인 일곱 교회들은 지리적으로 창의 촉 모양으로 속주 아시아에 자리 잡고 있다. 즉 에베소에서 북쪽으로 서머나, 서머나에서 북쪽으로 버가모의 끝부분, 그다음 버가모에서 남동쪽으로 두아디라, 사데, 빌라델비아 그리고 라오디게아로 연결된다(계 2-3장). 아시아에서 요한의 사역이 끝나고 십여 년 이내에 안디옥의 주교 이그나티오스가 이 교회 중 몇몇 교회들에, 그리고 미앤더강 계곡을 따라 위치한 같은 지역의 다른 교회들에 편지를 썼다. 이들은 서머나, 에베소, 마그네시아,

---

43 짐작건대 에우세비오스는 행 18장을 근거로 에베소 교회를 세운 사람을 바울이라고 말한다 (*Hist. eccl.* 3.23.4).

트랄레스, 빌라델비아다. (그는 또한 로마에 있는 그리스도인들에게도 편지를 썼고, 폴리카르포스에게도 개인적인 편지를 보냈다.) 속주 아시아에는 에베소의 요한과 마리아(예수님의 어머니), 히에라볼리의 빌립과 파피아스 그리고 속주 아시아 전 지역에서 영향력을 끼친 이그나티오스 등 존경받는 지도자들이 있었다. 이들의 존재와 활발한 집필 활동으로 인해 속주 아시아는 1세기 말 기독교 리더십과 문학에서 가장 영향력 있는 원천으로 자리매김했다.[44]

에베소에서 머물렀던 요한에 대한 기억은 믿을 만한 역사적 전통에 뿌리를 둔다. 하지만 세부 사항이 부족해 상상에 기초한 외경이 생겨나기도 했다.[45] 2세기 중반의 파피아스와 이레나이우스는 요한이 행한 에베소 사역에 대한 최초이자 가장 믿을 만한 역사적 증언을 제시한다. 특히 4세기의 에우세비오스와 히에로니무스가 이들의 증언을 들려준다. 히에로니무스에 따르면 네로가 죽은 후 14년이 지났을 때 도미티아누스 황제는 요한을 밧모섬으로 유배를 보냈고 요한은 그곳에서 요한계시록을 작성했다. 네로가 68년에 암살당했으니, 히에로니무스의 증언에 따르면 요한이 밧모섬으로 유배 간 시기는 82년이다. 히에로니무스는 또한 96년에 도미티아누스가 죽은 후 네르바 황제(96-98년 재위)의 통치하에서 요한이 다시 에베소로 돌아와 트라야누스 황제(98-117년 재위)의 통치 때까지 그곳에서 살았다고 기록한다.[46] 요한이 에베소로 **돌아왔다**는 기록은 유배 가기 전에 에베소에서 살았음을 암시한다. 2세기 중엽에 히에라볼리의 주교인 파피아스는 요한이 에베소로 돌아온 후에 요한복음을 썼고 그다음 순교했다고 기록한다.[47] 현존하는 역

---

44 Zahn은 이렇게 말한다. "2세기에 (소아시아에 있는) 이 지방 교회는 모든 이들에 따르면 모든 교회 중에 가장 의미 있고, 영적으로 생생하며, 그리고 마지막으로 문학적으로 생산성이 있다." *Skizzen*, p. 40(저자 사역).
45 요한행전을 보라. 이 책은 에베소의 사도 요한이 한 것으로 여겨지는 다양한 가르침과 사건들을 다룬다(*NTApoc* 2:152-212).
46 Jerome, *Vir. ill.* 9.6-7; Irenaeus, *Haer.* 5.30.3; Eusebius, *Hist. eccl.* 3.17-18.

사적 전통은 요한이 1세기의 마지막 25년 동안 속주 아시아 지역, 특히 밧모와 에베소에 있었다는 주장에 동의한다.

요한이 에베소에 머물렀다는 가장 가시적인 표시는 오늘날 튀르키예의 셀추크에 있는 성 요한 성당의 유적이다. 전통에 따르면 이 유적은 사도 요한의 무덤 위에 서 있다. 원래의 성당은 비잔틴의 황제들, 즉 콘스탄티누스(4세기), 테오도시우스 2세(5세기), 유스티니아누스(6세기)에 의해 여러 단계를 거쳐 건축되었다. 콘스탄티누스의 건축가들은 오래되고 유서 깊은 역사적 전통을 지닌 장소들에 예수님과 사도들과 관련된 교회들을 지었다. 콘스탄티누스의 건축자들이 보기에 세 군데의 가장 명망 있는 전도 장소들은 예수님의 베들레헴 탄생지, 예루살렘에 있는 그분의 십자가형 집행 장소와 매장지 그리고 요한의 에베소 무덤이었다. 베들레헴의 예수 탄생 기념 성당, 예루살렘의 성묘 교회 그리고 셀추크의 성 요한 대성당에 대한 현대의 고고학적 조사들은 이 세 장소가 모두 역사적 신빙성이 있음을 확증해 준다.[48]

요한의 이름은 또한 속주 아시아의 추종자 무리와도 관련이 있다. 예를 들어 요한2서와 요한3서는 자신을 "장로"라고 하는 사람이 보낸 편지다.[49] 이 장로는 추측건대 사도 요한과 다른 사람이다(요한복음과 요한1서에서는 저자의 이름이 등장하지 않는다). 2세기 중반에 히에라볼리의 주교 파피아스는 독자들에게 자신이 개인적으로 사도 요한을 안다는 사실을 지치지 않고 말하며 사도 요한과 장로 요한을 구분한다.[50] 신약성경에 나오는 요한에 관한 기

---

47 Pap. *Frag.* 6.1-2.
48 Bruce, *Peter, Stephen, James, and John*, pp. 122-125, 151-152; Wilson, *Biblical Turkey*, pp. 223-225를 보라.
49 요이 1장과 요삼 1장을 보라.
50 파피아스는 사도들에 대한 가장 믿을 만한 전통들을 보전하려고 애썼는데, 이를 위해 다음의 기준을 사용했다. "안드레, 혹은 베드로, 혹은 빌립, 혹은 도마, 혹은 야고보 혹은 요한, 혹은 마

록을 보면, 사도 요한과 장로 요한의 관계는 완전히 명확하지는 않다. 일치된 전승은 요한계시록의 저자가 밧모섬에 유배되었을 무렵의 사도 요한이라고 보는 견해에 높은 신빙성을 부여한다. 사도 요한이 요한1서를 썼다는 주장도 이와 마찬가지로 신빙성이 높다. 내부 증거를 기초로 볼 때, "장로"라는 지칭(앞에서 보았듯이)은 요한2서와 요한3서의 저자가 장로 요한이라는 주장과 마찬가지로 동등한 신빙성을 부여한다. 네 번째 복음서에 관해서는 사도 요한이 저자라는 견해가 일치된 전통의 입장이지만, 내부적 증거를 기초로 보면 사도 요한의 증언이 제삼자의 손을 거쳐 편집되고 전파되었다는 암시가 발견된다.[51] 네 번째 복음서와 요한서신들의 특징을 이루는 독특한 헬라어 문체와 단어를 고려할 때, 요한2서와 요한3서에서 자기 자신을 장로라고 밝히는 요한이 네 번째 복음과 요한1서의 최종 형태를 완성한 제삼자로 보인다.

태, 아니면 주님의 제자 중 다른 어느 누군가 **했던 말** 그리고 아리스티온과 장로 요한이 **하는 말**"(Pap. *Frag.* 3.4; 또한 Eusebius, *Hist. eccl.* 339.4를 보라). 사도 요한이 **했던 말**과 장로 요한이 **하는 말** 사이에 시제가 차이 난다는 사실은, 히에로니무스가 이 글을 썼을 때 사도 요한은 이미 죽었고 장로 요한은 아직 살아 있었다는 점을 암시한다. 이 점에서 히에로니무스는 파피아스를 따라 "사도들 가운데 열거된 요한은 장로 요한과 동일인이 아니다"라고 말하며 장로 요한이 요한2서와 요한3서의 저자라고 결론 내린다[*Vir. ill.* 18.2-3 (Halton 번역)]. 요한 관련 문헌과 초기 교회에서는 사도 요한에 충성하는 제자들의 큰 무리가 있다는 암시가 발견된다. "우리는 그의 증언이 참된 줄 아노라"(요 21:24)라는 요한복음의 마지막 증언은 짐작건대 그러한 제자들의 무리를 가리키는 듯하다. "택하심을 받은 부녀와 그의 자녀들"(요이 1절), "가이오 곧 내가 참으로 사랑하는 자"(요삼 1절), "데메드리오"(요삼 12절)도 마찬가지로 해석된다. 파피아스와 폴리카르포스는 자신들이 이 충성된 제자들의 무리에 속한다고 스스로 인정했으며, 이레나이우스의 *Haer.* 2.22.5; 3.3.4에서 암시한 요한의 "많은" 추종자들도 이 무리에 속했다. 아시아에 있는 요한의 무리에 대해서는 Bruce, *Peter, Stephen, James, and John*, pp. 141-145를 보라. 많은 20세기 학자들이 가정하듯이 요한의 제자들이 실제로 (신학적으로 정리된 정체성과 선교적인 의도를 가진 기관으로서 다른 초기의 기독교 무리와는 구별된) "학파"를 형성했는지, 아니면 사도 요한을 따르고 존경하는 비공식적이지만 충성스러운 핵심 그룹으로 남았는지는 미지수다.

51 요 19:35과 21:24을 보라. 여기서 네 번째 복음서의 저자는 사도 요한을 3인칭으로 지칭한다. 요한을 "그가 사랑하시는 자"(요 13:23; 19:26; 20:2; 21:7; 21:20)로 묘사하는 것 또한 요한이 자기 자신을 표현한 것이라기보다 다른 이가 요한을 묘사하는 표현 같다.

사도 요한의 중요성을 요약하면, 그는 1세기 말과 2세기 초에 예루살렘과 로마를 잇는 경로에서 베드로와 마찬가지로 높은 위상을 누렸다. 소아시아에서는 그의 명성에 견줄 자가 없었다. 요한이 묻힌 장소에 교회를 건축해 그를 기념했다(에베소의 성 요한 대성당).[52] 바울을 제외하고 신약성경에서는 요한의 이름을 단 문헌들이 다른 어떤 사도들의 문헌들보다 많다. 그리고 요한 '학파'를 구성한 것으로 알려진 인물들도 바울의 추종자들 다음으로 그 수가 많다.

이그나티오스

예루살렘과 로마를 잇는 경로에서 중요한 인물로, 우리가 다룰 마지막 1세기 인물은 이그나티오스다. 그는 안디옥의 두 번째 혹은 세 번째 주교였다.[53] 이그나티오스의 배경, 출생과 교육에 대해서는 아무것도 알려진 바가 없다. 그의 편지들에는 그가 비그리스도인 가정에서 자라서 이후에 믿음을 가졌다는 암시가 나오는데, 이것은 그저 암시일 뿐이다.[54] 70년경에 이그나티오스는 안디옥 주교의 지위에 올랐는데 대략 110년에 로마에서 순교할 때까지 자랑스럽게 이 지위를 감당했다.[55] 그가 정죄받게 된 상황은 그의 초기

---

52 사도 중에서 후대에 매장지에 교회를 건축해 기리는 다른 사도는 빌립(히에라볼리)과 베드로와 바울(로마)밖에 없다. 이 세 장소 모두 역사적으로 명망 있는 곳이다.
53 Eusebius, *Hist. eccl.* 3.36.2는 그를 두 번째 주교로 보고 Jerome, *Vir. ill.* 16.1은 그를 세 번째 주교로 본다. 이에 대한 질문 전반에 대해서는 Lightfoot, *Apostolic Fathers*, p. 1:29의 각주 1을 보라.
54 Ign. *Rom.* 9.2에서 이그나티오스는 "[신실한 자들] 중 하나로 여겨지기 부끄럽다"라고 고백하는데, 그 이유로 고전 15:8-9에서 바울이 한 말을 되풀이한다. "왜냐하면 나는 그럴 자격이 없기 때문이다. 나는 그들 중 가장 작은 자이며 만삭되지 못하여 난 자다." 자신을 신실한 자들 중 "가장 작은" 자로 표현한 다른 문헌들에 대해서는 Ign. *Eph.* 21.2; Ign. *Trall.* 13.1; Ign. *Smyrn.* 11.1을 보라.
55 이그나티오스의 삶에 관한 기본적인 내용은 Eusebius, *Hist. eccl.* 3.36를 보라. Jerome, *Vir. ill.* 16. 히에로니무스도 에우세비오스의 내용을 거의 따른다. 히에로니무스는 이그나티오스의 순교가 트라야누스 황제의 열한 번째 해(109년)에 일어났다고 말한다(*Vir. ill.* 16.10). 이그나티오

삶만큼이나 신비에 싸여 있다. 사실 그가 로마에 갔다거나 로마에서 순교했다는 확실한 정보가 없다. 물론 이 둘 중 하나도 의심할 만한 이유가 없는 것이 사실이다. 로마로 이송되어 재판장에 선 사도 바울과는 다르게 이그나티오스는 이미 사형선고를 받은 채 로마로 이송되었다.[56] 그가 바울과 또 다른 점은, 바울은 로마 시민으로서 참수형을 받을 수 있었으나 원형경기장의 맹수들에게 던져진 반면, 이그나티오스는 시민이 아니었기에 "불, 칼, 맹수들" 혹은 다른 어떤 방법으로도 죽임 당할 수 있었다.[57]

수수께끼 같은 인물이었던 이그나티오스는 로마 군인들의 인도로 안디옥에서 로마로 이송되면서 비로소 무명의 그림자에서 모습을 드러냈다. 밤하늘을 쪼개는 번개와 같이 이그나티오스는 속주 아시아에서 로마로 가는 동안의 몇 주 동안만 잠시 빛을 비추고 다시 어둠 속에 묻힌다. 이그나티오스는 "열 표범들"(그와 동행한 로마 군인들)에게 결박당했는데, 이그나티오스의 말에 따르면, 그들은 "잘 대해 주면 더 악해졌다."[58] 로마로 가는 도중부터 이그나티오스는 로마 원형경기장에 들어갈 준비를 갖추고 "짐승들과 싸우고 있다"라고 자신을 묘사한다. 죽음을 향한 순례가 아시아를 통해 서쪽으로 진행되면서 선택된 경로는 빌라델비아와 서머나를 지나는 북쪽 길로서 트랄레스, 마그네시아와 에베소에 있는 남쪽의 교회들을 우회하는 길이다. 이그나티오스는 전령들을 통해 이 교회들에 편지를 보낸다. 이 교회들에 서머나에서 만날 수 있는 대표단을 보내 달라고 부탁했음이 분명하다. 그는 또한 로마에 편지를 써서 로마 신자들에게 그가 도착할 날이 임박했음을 알린다.[59] 서머나에서 경비대가 이그나티오스를 드로아로 안내하고 그

스의 생애를 다룬 자료들에 관한 충분한 평가는 Lightfoot, *Apostolic Fathers*, 1:20-40를 보라.
56   Ign. *Eph.* 12.1; Ign. *Trall.* 3.3; Ign. *Rom.* 4.1.
57   Ign. *Smyrn.* 4.2; Ign. *Rom.* 5.
58   Ign. *Rom.* 5.1.
59   Eusebius, *Hist. eccl.* 3.36.5-9.

곳에서 그는 빌라델비아와 서머나에 갔을 때 방문했던 두 교회에 각각 편지를 쓰고 또 서머나의 주교인 폴리카르포스에게 보내는 마지막 편지도 쓴다.[60] 그 후 이그나티오스는 드로아에서 네압볼리와 빌립보로 급히 이송되어(반세기 전 사도 바울이 이동했던 것과 똑같은 경로로) 그곳에서 따뜻한 환대를 받는다. 빌립보 이후부터는 이그나티오스의 모든 흔적이 사라진다.

이그나티오스가 아시아에서 사역한 기간은 짧았지만, 바울과 요한처럼, 그곳에서 그는 충성스러운 제자 공동체를 통해 사역했다. 이그나티오스의 경우, 이 공동체에는 집사들과 친구들뿐만 아니라 에베소, 마그네시아, 트랄레스 그리고 서머나의 주교들도 포함되었다. 그의 편지에는 이름이 밝혀진 스물세 사람이 등장하고 이들 중 세 명이 여성이다(한 명은 집안을 대표하는 가장이다). 대부분의 이름 앞에는 "형제", "자매", "섬김의 모범", "하나님께 합당한", "함께 종이 된 자", "경건한 조언자" 같은 찬사가 붙는다. 편지에는 1세기 말의 아시아 교회들에 대한 정보가 가득하다. 이 책 내내 우리는 이그나티오스의 편지들에서 교회의 연합, 주교의 권위, 거짓 교사들과 그들의 잘못된 가르침에 대항하고 복음의 올바른 이해를 위해 싸워야 하는 당위성, 예수 그리스도를 본받아야 할 필요성, 그리스도의 육체적 성육신의 의미, 특히 순교에서 신실한 증거의 중요성을 다루는 주제들에 관한 정보를 수확할 것이다. 이그나티오스의 편지들에서 특별히 주목할 만한 점은 올바른 교리와 올바른 실천 사이의 균형이다. 역사의 무대에 그렇게 짧게 등장했던 사람 중 이그나티오스만큼 세상에 크게 영향을 미친 사람은 거의 없다. 그러므로 다음과 같은 하르나크의 헌사는 더욱더 가치 있다. "비잔틴 교회는 참으로 니케아 교부 전에 활동했던 인물 중 오직 한 저자만을 무조건적으로

---

60 Eusebius, *Hist. eccl.* 3.36.10. 에우세비오스와 히에로니무스(*Vir. ill.* 16.2) 모두 이그나티오스가 교회들에 보낸 편지들을 똑같은 순서로 열거한다. 에베소, 마그네시아, 트랄레스, 로마, 빌라델비아, 서머나, 폴리카르포스의 순이다.

신뢰했고, 그의 작품들을 전달했으며, 신약과 아타나시오스 사이에 있는 고전적 증인으로 여겼는데, 그가 바로 이그나티오스 교부다."⁶¹

"우리는 이와 같이 로마로 가니라"

사도 바울의 길고 참혹한 선교는 사도행전 28:14에서 절정에 달한다. "우리는 이와 같이 로마로 가니라." 서양 독자들에게 로마는 당연한 목표 같다. 서양 문화를 형성하는 데 로마의 영향이 지대했기 때문이다. 하지만 로마가 1세기 기독교 선교의 종착역으로 당연한 장소가 아니었을 것이라는 데는 많은 이유가 있었다. 유대교는 많은 점에서 초기 기독교에 대한 선례를 남겼는데, 유대인들이 팔레스타인에서 쫓겨났을 때, 그들은 남쪽 이집트로 갔거나 동쪽 바빌로니아로 갔지 로마로 가지는 않았다. 주전 1세기 폼페이를 통해 팔레스타인이 로마제국에 합병되자 유대인들은 로마로 전향하기 시작했다. 주로 지중해 지역에서 로마의 패권에 관련된 불만을 해결하거나 재정적 심부름을 하기 위해서였다. 이러한 우회가 팔레스타인이 이집트 및 바빌로니아와 오래 이어 온 문화적 동맹 관계를 바꾸지는 못했다. 이집트와 바빌로니아는 알렉산드로스대왕의 제국이 안티고노스(마케도니아, 아티카), 셀레우코스(시리아, 팔레스타인, 메소포타미아) 그리고 프톨레마이오스왕조(구브로, 이집트, 구레네)로 해체되는 과정을 견뎌 냈다. 역사적으로 팔레스타인 지역의 유대인들은 (중요도의 순서대로) 셀레우코스, 프톨레마이오스와 안티고노스 왕조들의 영향을 받았다. 로마는 거의 이 가운데 끼지 못했다.

예수님의 사역도 마찬가지로 로마에 대해 무관심했다. 다양한 유대 분파 중 오로지 한 분파, 즉 사두개인들만이 공식적으로 로마인들과 동맹을 맺

61　Harnack, *Geschichte der altchristlichen Literatur*, vol. 1, part 1, xlii(저자 사역).

었다. 예수님은 사두개인들에 대해 무관심하셨던 것 같다. 복음서에서 예수님이 사두개인들과 단독으로 이야기를 나눈 것은 두 번만 등장한다. 이 두 경우에도 예수님이 이야기를 먼저 시작하지는 않으셨다. 한 번은 예수님이 재판받으실 때고 또 한 번은 부활에 대한 질문에 답하실 때였다.[62] 예수님은 로마의 허수아비인 갈릴리 분봉왕 헤롯 안디바를 "여우"(눅 13:32)라고 칭하며 직설적으로 폄하하셨고, 카이사르를 오직 조건적으로만 존중하셨다(막 12:13-17). 예수님의 십자가 처형 사건에서 본디오 빌라도는 로마를 완전히 경멸적으로 보이도록 하는 역할을 맡았다. 30년 후인 64년도에 네로 황제(54-68년 재위)는 조직적이고 잔혹하게 로마의 그리스도인들을 살해했다. 1세기 말에 도미티아누스 황제(81-96년 재위)는 황제 숭상을 강화해 그리스도인들에 대한 위협도 증가시켰다. 그리스도인들이 로마제국의 수도에 냉담한 것은 그들의 탓이 아니다.

그러므로 1세기 중반에 교회가 선교적으로 그리고 문학적으로 로마로 향하는 길을 잘 다졌다는 점은 놀라운 일이다. 기록된 자료로 파악하건대, 이 길과 비교될 수 있는 것은 제국 안에나 제국 바깥 어디에도 없다. 기독교를 박해한 디오클레티아누스 황제(284-305년 재위)가 퇴위하고 기독교를 믿는 콘스탄티누스 황제(306-337년 재위)가 즉위했을 때 "기독교의 승리"를 기념한 것은 당연했다. 하지만 콘스탄티누스가 즉위하기 오래전에 수많은 기독교의 증인들이 이 승리를 기대했는데, 로마제국을 극복해 오는 승리가 아니라 로마제국 때문에 오는 승리를 기대했다. 많은 초기 기독교 작가들이 보았던 기독교와 로마 사이의 섭리적 연관성을 이 장을 마치기 전에 여기서

---

[62] 부활에 관한 질문을 보려면 마 22:23-33; 막 12:18-27; 눅 20:27-40을 보라. 산헤드린 공회 앞에서 재판받는 예수님은 마 26:57-68; 막 14:53-65; 눅 22:54, 63-71; 요 18:13-14, 19-24을 보라. 이뿐 아니라 마 16:1-2은 바리새인과 사두개인이 함께 예수님을 잠시 만나는 사건을 기록한다.

살펴보자.

로마 세계는 바로 전에 있었던 헬라 세계의 상속자였고 많은 면에서 헬라 세계의 실행자였다. 기독교의 시작에 도움을 주었던 로마제국의 많은 요소는 헬라인들이 개척한 것이다. 물론 이 요소들은 헬라 세계에서보다 로마 사회에서 종종 더 온전하게 통합되었다.[63] 이런 요소들 가운데 주요했던 것은 헬라어가 널리 보급되어 1세기 로마제국을 통합하는 공통의 언어가 되었다는 사실이다. 이 덕분에 기독교 선교사들은 로마제국 안에서 헬라어로 소통할 수 있었다. 로마제국 바깥에서, 특히 동쪽으로 여행하는 선교사들은 이러한 유익을 누릴 수 없었다. 거의 헬라어만큼 중요한 요소는 우리가 지난 장에서 논의했던 폴리스의 건축과 문화였다. 폴리스를 통해 헬레니즘의 가치관이 제국 전역에 장려되었다. 일반적으로 로마제국은 헬라어와 폴리스만큼이나 헬레니즘 종교의 사상과 행동 양식도 흡수했다. 로마는 그 시대에 이례적으로 그리스, 이집트, 페르시아의 종교들과 신전들을 수용했는데, 로마인들이 믿기에 로마의 번영에 직결되어 있다고 여겨지는 로마의 전통적인 의식들을 위태롭게 하지 않는 경우에만 받아들였다. 원칙적으로 이러한 포용 정책 때문에 기독교에도 문이 열린 것이다.[64] 지난 장에서 보았듯이, 제국의 지리적 범위와 폴리스의 강한 영향력은 인간이 된다는 것에 대해 새로운 의미를 만들어 냈다. 인간의 개념이 부족의 일원에서 더 크고 통

---

63 Freyne은 이렇게 말한다. "로마가 동방으로 영향력을 확장하면서 헬라 문화를 장려하기를 전혀 멈추지 않았다는 점을 강조하는 편이 중요하다. 오히려 헬레니즘화의 절차가 더욱 강화되었다. '포로가 된 그리스는 자신을 사로잡은 자의 무기를 정복했다'라는 로마 시인의 말은 어떻게 로마인들이 모든 영역에서 헬레니즘 문화에 매료되었는지를 묘사해 준다." *Jesus Movement and Its Expansion*, p. 53.
64 Nock의 다음 주장은 주목할 만하다. 그는 평균적인 로마제국의 시민은 "이 세상과 내세에 도사리는 여러 위험으로부터 추가로 보호받기 위하여 새로운 종교를 받아들였으며, 이렇게 새로운 것을 수용한다는 말은, 드문 경우를 제외하고는, 익숙한 것들에 대한 거부나 과거에 대한 부인을 의미하지 않았다." *Conversion*, p. 267.

합된 영역의 일원으로 성숙해진 것도 로마인들이 헬라인으로부터, 특히 알렉산드로스대왕으로부터 물려받은 유산이었다.[65] 인간에 대한 이러한 새로운 사고는 로마제국의 영구적이고 특징적인 요소로 자리 잡았다. 이는 고대 세계에 대한 로마의 안정적이고 포괄적이며 오래 지속된 통치, 그리고 무엇보다도 로마 시민들에게 로마법이 보편적으로 적용되었기 때문에 가능했다.[66]

주후 66년에서 70년까지 있었던 유대 전쟁을 제외하고, 팍스 로마나(*Pax Romana*)를 통해 예수님이 탄생하기 100년 전부터 그분이 죽음을 맞으신 후 200년 동안 지배적이었던 전례에 없는 평화와 안전이 유지되었다. 팍스(평화)는 제국 전역에 사회적 안정성을, 그리고 제국 안에는 구조적 안정성을 부여했다. 율리우스 카이사르 이전에 있었던 로마공화정의 발전은 사실상 로마적 삶의 모든 면에 대변혁을 일으켰으나, 주전 1세기에 카이사르가 출범시켜 5세기 로마제국이 멸망할 때까지 지속되었던 제국의 통치는 로마의 정치와 사회를 안정시켰을 뿐만 아니라 사실상 정착시켰다. 초기 기독교는 긴 시간 동안 로마적인 삶에 의존한 탓에 가끔의 경우를 제외하고는 기독교와 로마의 절대 권력 사이에 공존을 도모하는 행동 양식을 발전시

---

65 Boastswain과 Nicolson은 이렇게 설명한다. "알렉산드로스는 세상을 바꿨다. 마케도니아의 이 군주는 동방 왕국들과의 접촉을 통해 영향을 받아 새로운 생각들을 소개했다. 그는 도시만이 통치에 적절하고 유일한 모델이라는 헬라적 생각에 대안을 제시했고, 각 개인이 인류에 대한 더 보편적인 인식을 갖게 해 주었다. 즉 인간은 그저 작은 도시국가의 시민일 뿐이며 나머지 인류는 외부인이라는 생각에서 인간은 모든 인류를 포괄하는 보편적인 제국의 일부라는 인식으로 나아간 것이다." *Traveller's History of Greece*, p. 93.

66 Harnack는 *Mission and Expansion*, pp. 19-23에서 기독교 확장에 유리하게 작용했던 조건들을 논의한 후 다음과 같은 찬가로 결론을 맺는다. "좁은 세상이 넓은 세상이 되었다. 분열된 세상이 하나가 되었다. 야만적인 세상이 헬라적이고 로마적이 되었다. 이는 **하나**의 제국, **하나**의 공통언어, **하나**의 문명, 유일신을 향한 **공통의** 발전 그리고 구원자에 대한 **공통의 열망**을 뜻한다" (p. 22). 이 묘사는 지나치게 이상화되었고 4세기 콘스탄티누스의 통합으로 성취된 로마제국의 요소들만을 전제한다. 그럼에도 이러한 묘사는 기독교 확산에 도움을 준 제국의 새로운 원동력을 제대로 명명해 준다.

켰다.[67]

이미 신약에서부터 우리는 로마제국의 몇몇 측면들을 미묘하게 긍정하는 표현들을 발견한다. 서기오 바울(행 13:4-12)과 갈리오(행 18:12-17) 같은 로마의 식민지 총독이나 지방 통치자는 복음 전파에 긍정적인 역할을 한다. 더 놀랍게도 누가행전은 호민관과 백부장들을 반복해서 호의적으로 묘사한다.[68] 성전 세금 이야기(막 12:13-17), 정부와 정부의 악 억제력에 대한 바울의 성찰(롬 13:1-7; 그리고 아마도 살후 2:3-12)은 로마의 안정성이 주는 유익들을 입증하고 있으며, 예수 추종자들도 그 유익들이 하나님의 궁극적 권위와 상충하지 않는 한 감사할 수 있었다.[69]

로마제국이 현대 국가들처럼 한 나라에 의해서가 아니라 한 도시에 의해 통치되었다는 사실을 기억하면 도움이 된다. 하드리아누스 황제(117-138년 재위) 아래에서 제국은 최대 크기의 영토에 도달했는데 그것은 대략 미국 본토의 절반에 해당하는 크기다.[70] 현대 국가는 자국의 국경 안으로 합병한 영토들을 동질화하는 데 반해, 도시로서의 로마는 멀리 떨어져 있는 영토들을 동질화하지 않았고 또 그렇게 하려고 애쓰지도 않았다. 로마는 정복이

---

67 팍스 로마나에 미친 로마 원수(元首) 정치의 중요성은 Beard, *SPQR*, pp. 335-336의 평가에 주목하라. "주전 1세기 말까지 200년 이상 로마에는 그다지 큰 변화가 없었다. 어떤 면에서 독재정치는 역사의 종말을 가리켰다. 물론 그때에도 온갖 종류의 사건들, 전투, 암살, 정치적 저항, 새로운 생각과 발명 들이 존재했다. 또한 거론할 만한 흥미로운 이야기들과 논쟁적인 주제도 있었다. 그러나 로마 세계의 거의 모든 면에 혁명을 일으켰던 공화정의 발전과 제국의 성장에 관한 이야기와 달리, 주전 1세기 말과 주후 2세기 말 사이에 로마의 정치, 제국이나 사회구조 면에서는 근본적인 변화가 없었다." 덜 생생하지만, 비슷한 관점으로는 Harnack의 *Mission and Expansion*, p. 20를 보라.
68 Edwards, "Publical Theology"를 보라.
69 Goguel, *Birth of Christianity*, pp. 445-446를 보라.
70 Grant, *Roman Hellenism*, p. 84는 Edward Gibbon의 *Decline and Fall of the Roman Empire*를 따라 로마제국 영토의 크기가 최고점에 달했을 때를 400만 제곱킬로미터로 잡는데, 대략 미국 본토의 절반가량 크기다. 그리고 그는 독일 역사가 Karl Julius Beloch를 따라 제국의 인구를 5,400만 명으로 잡는다. 『로마제국 쇠망사』(민음사).

나 합병을 통해 확보한 지역들이 로마에 세금을 내고, 징병을 받아들이며, 로마의 다양한 관습을 준수하고, 평화를 유지하는 한 그들이 자신들의 원래 문화와 언어를 유지하는 것을 허용했다. 이런 점에서 로마가 자신의 영토들에 대해 가지는 패권의 성격은 전체주의적이기보다 식민지적이었다. 예를 들면 1947년이 되기 전까지 영국이 인도에 행사했던 통치와 비슷하다고 볼 수 있다.

그럼에도 로마의 통치는 공통의 시스템과 공유하는 문화를 만들어 냈고 이를 통해 초기 기독교 선교사들은 부러울 만한 유익을 누렸다. 이들이 제국 안으로 들어갈 때마다 경험하는 교통 시스템, 법률 행정과 권한들 그리고 보편적으로 적용되는 문화적 관용은 그들이 본고장에서 누렸던 환경과 비슷했다. 당시 기독교 증인들의 경우, 판이한 문화와 언어를 가진 사람들에게 복음을 전하는 현대의 선교사들이 겪는 이질감을 느끼게 할 만한 지역이 제국 안에서 그 어디에도 없었다. 로마제국 전역에서 느껴지는 문화적인 친숙감과 동일성이 선교사들을 더욱 자유롭고 담대하게 만든 것이다.

교통 시스템은 선교를 촉진하는 이런 환경에서 특별히 중요했다. 주요 도로들은 마치 자전거 바퀴의 중심에서 뻗어 나가는 바큇살같이, 로마에서부터 시작해서 남쪽으로 북아프리카, 서쪽으로 스페인, 북쪽으로 갈리아(오늘날의 프랑스), 게르마니아, 브리타니아 그리고 동쪽으로 팔레스타인과 메소포타미아로 뻗어 나갔다. 이 장에서 우리가 관심을 가진 동쪽으로 향하는 바큇살은 긴 장대와 같이 로마에서 시작해 아피아 가도에 있는 브린디시로, 그다음 아드리아해를 건너 달마티아 해안으로 뻗어 나가고, 거기서 에그나티아 가도가 동쪽으로 비잔티움과 세바스테 가도까지 이어진다. 세바스테 가도는 아우구스투스 카이사르가 예수님의 탄생 즈음에 건축을 시작해 육로로 확장해 비잔티움에서 현대의 튀르키예 내륙으로 뻗어 나갔다. 먼 지역을 여행하는 사람들에게는 지도보다 이정표가 도움이 되었으며, 텐트가 없는 여행자나 지인이나 소속 기관의 일원이 제공하는 사적 숙박 장소가 없는 여행자들은 여관에서 머물렀다(매춘부, 도둑, 빈대가 항상 없지는 않았다). 율리우스 카이사르가 1세기 후반에 지중해에서 해적들을 소탕했는데 이로써 로마 세계의 주요한 여행 수단 하나가 열렸다. 고린도후서 11:24-26에서 바울이 열거하는 위험 요소들이 이를 입증한다. 왜냐하면 그가 (대로의) 강도와 난파는 언급하되 해적은 말하지 않기 때문이다.

신약은 1세기에 여행이 광범위하게 이루어졌음을 증거한다.[71] 사도 바울의 모든 여행 일정을 다 더하면 대략 16,000킬로미터의 거리가 되는데,[72] 이것은 광범위하지만 우리가 생각하는 만큼 이례적인 것은 아니었다. 오리게네스가 했던 많은 여행의 총거리는 사도 바울의 여행 거리에 버금갔을 게 거의 분명하다. 하르나크는 처음 2세기 동안 살았던 거의 서른 명의 기독교 지도자의 이름을 밝히며 이들의 여행 기록 중에는 로마로 가는 개인적인 여행도 있었음을 말한다.[73] 히에라볼리(현대의 중서부 튀르키예)에 있는 무덤의 묘비명에는 직물을 거래하는 한 상인이 이탈리아에 일흔일곱 번이나 여행을 다녀와야 했음을 자랑하는 내용이 나온다.[74] 많은 수의 학생들이 장거리로 유학을 떠나기 위해 알렉산드리아, 아테네, 로마, 안디옥으로 여행했다.[75] 기독교 지도자들은 기독교 메시지를 공급하고 기독교 문화를 굳건하게 확립하는 수단으로 개인 배달부들을 통해 편지를 교환하는 방법을 널리 사

---

71 예수님은 갈릴리 전역을 폭넓게 순회하셨고 유대 절기를 지키기 위해 예루살렘으로 여행하셨다. 사도행전은 많은 그리스도인이 로마제국 전역에 걸쳐 광범위한 여행을 했음을 기록한다. 약 4:13이나 계 18장과 같은 본문들은 초기 그리스도인들이 그 이상의 여행을 했음을 입증한다.
72 Hock, *Social Context*, p. 27.
73 Harnack, *Mission and Expansion*, pp. 369-372.
74 "상인 [제우크시스]는 이탈리아로 가는 여러 번의 여행에서 말레아곶(펠로폰네소스반도의 끝)을 일흔일곱 번 돌았다." *Inscriptiones Graecae ad Res Romanas Pertinentes*, 4,841. 이 말은 Wilson, *Biblical Turkey*, p. 239에서 인용했다.
75 Zahn, *Skizzen*, pp. 8-12.

용했다.[76]

초기 그리스도인들은 로마의 통치에 대해 모호한 반응을 보였지만, 제국은 사실 예수님과 그분의 추종자들에 대한 이야기 속에서 맨 처음부터 중요한 역할을 했다. 예수님이 탄생하시기 30년 전에 로마는 헤롯대왕을 예속왕으로 임명해서 팔레스타인을 연합하고 동쪽의 위협들로부터 보호했다.[77] 그때부터 로마는 팔레스타인의 운명에서 점점 더 중요한 역할을 차지했다. 헤롯과 그의 아들 안디바, 그리고 특히 그의 후계자 아그립바 1세(41-44년 재위)와 2세(53-66년 재위)는 각자의 통치 기간에 기꺼이 로마가 원하는 바들을 수용했다. 이 네 명의 통치자는 모두 예수 운동의 초창기 시기와 겹친다. 처음 세 명은 부정적으로, 그러나 네 번째 사람인 아그립바 2세는 사도 바울을 다룰 때 좀 더 긍정적으로 묘사된다.[78] 많은 유대 지식인은 로마의 선택과 운명에 대한 인식을 유대교의 방식과 양립하는 닮은꼴로 여겼다.[79] 예를 들어, 로마에서 자라나고 교육받은 요세푸스(대략 37-100년)는 자신을 유대교만큼 혹은 유대교보다 더 로마에 속했다고 생각했다. 신약의 드라마가 펼쳐지는 주된 무대는 유대적이었지만 이차적이고 더 큰 무대는 로마적이었다.[80] 이 더 큰 무대는 불가피하게 유대인들에게 영향을 미쳤고 그리스도인

---

[76] Meeks, *First Urban Christians*, pp. 16-23는 1세기 로마제국에서 하던 여행에 대한 간결하고 유익한 논평을 제공한다.

[77] Josephus, *Ant.* 14.119-122, 158-162, 324-326, 370-389; *J.W.* 1.282-289.

[78] 헤롯대왕은 마 2; 눅 1:5, 안디바는 마 14:1-6; 막 6:14-22; 눅 3:19; 9:7-9; 13:31; 23:7-15; 행 4:27을 보라. 아그립바 1세는 행 12장을 보라. 아그립바 2세는 행 25:13-26:32을 보라.

[79] Berthelot, "Paradoxical Similarities," pp. 95-109는 이렇게 주장한다. "로마는 유대인들을 아주 특정한 방식으로 위협했으며 이 세상에서 이스라엘의 위치를 빼앗는 것으로 인식될 수 있었다." 유대 저자들은 종종 로마인들을 에서와 에돔과 동일시했다. 그들의 생각에 야곱과 에서 사이의 도발적인 경쟁이 일어난 이유는 유대와 로마 사이와 마찬가지로 각 나라가 자신이 하나님의 선택을 받아 운명을 보장받았다고 믿었기 때문이다.

[80] 헤롯왕조는 유대교와 로마와 모두 불가분하게 얽혀 있었다. 로마는 주전 4년에 아켈라오가 자신의 아버지 헤롯대왕의 왕위를 계승하려는 시도를 저지했고(Josephus, *J.W.* 2.1-116; 마 2:22) 그 대신 헤롯 안디바를 임명했다(Josephus, *Ant.* 17.224-227; *J.W.* 2.20-22; 눅 3:1). 아그립바

들에게도 그만큼 불가피하게 영향을 미쳤다.

기독교를 로마로 끌어들이는 데는 종교도 중요한 역할을 했다. 유대교 회당은 예루살렘에서 제국의 심장부로 이동하는 유대인 기독교 선교사들에게 거처를 제공하는 사실상 디딤돌이었다.[81] 다른 방향으로 여행하는 유대인 기독교 선교사들을 위한 이와 비슷한 회당 망들이 거의 확실히 존재했고, 유대교 회당에서는 이들에게 거처를 제공했다. 물론, 다음 장에 보겠지만, 예루살렘과 로마를 잇는 경로의 밖으로 진출한 선교사들에 대해서는 우리가 가진 정보가 훨씬 더 적다. 다신론적 종교들도 기독교를 제국의 수도로 끌어들이는 데 중요한 역할을 했는데, 그것은 새로운 신들에 대한 이들의 개방성 때문이었다. 그리스 판테온에는 로마의 판테온에 있는 신들에 상당하는 신들과 여신들이 있었다. 로마는 로마의 판테온을 그에 맞추어 개명했다. 로마는 또한 티베르강을 따라 존재하는, 모신 마그나 마테르(혹은 키벨레), 미트라교, 오르페우스교, 이시스와 세라피스교와 같은 토착 신들과 관련이 없는 신들을 예배하는 이단도 환영했다.[82] 제국의 전역에 여러 형태의 종교적 현실들에 로마가 얼마나 개방적인지 고려할 때, 기독교가 로마에 매력을 느낀 것은 당연하며, 그것도 일찍 그렇게 느낀 것은 놀라운 일이

1세는 41년 클라우디우스의 황제 취임에 영향을 미쳤고, 그 결과 같은 해에 발생했던 클라우디우스의 전임자 칼리굴라의 암살 사건 후 일어날 수 있었던 내전을 막았다(Josephus, *J.W.* 2.204-213; 행 12:1). 아그립바 2세는 클라우디우스의 통치 때 일어난 사건에서 사마리아인들에 맞서는 유대인들을 옹호했다(Josephus, *J.W.* 2.245-246; 행 25-26장). 1세기 내내 유대인들은 카이사르의 환심을 사려고 로마에 대사들을 보냈다. 로마에 보내졌던 많은 유대 대사들과 유대의 공익 면에서 그들의 중요성에 관해서는 Goldsworthy, *Pax Romana*, pp. 139-144를 보라. 헤롯대왕이 지은 엄청난 성전은 로마인들을 예루살렘으로 끌어당겼으나(행 2:10), 로마의 힘이 유대인들을 로마의 수도로 더욱 강하게 끌어당겼다(행 28:17-28).

81 특히 바울의 두 번째 선교 여행에서 회당과 안식일 모임이 빌립보(행 16:13), 데살로니가(행 17:1), 베뢰아(행 17:10), 아덴(행 17:17), 고린도(행 18:4)에서 복음을 선포하는 첫 맥락을 제공했다. 반면 회당이 없는 것으로 추정되는 암비볼리와 아볼로니아(행 17:1)와 같은 도시들은 건너뛰었다.

82 Nock, *Conversion*, pp. 66-76를 보라.

아니다. 기독교의 로마 이주는 오순절 때 이미 시작되었는지 모른다(행 2:10). 어찌 되었든 57년도에 바울이 로마 교회에 쓴 편지는 40년대 말에 그리스도인들이 그곳에 있었음을 명확히 전제한다. 바울이 로마서를 쓴 십여 년 이내에 로마제국의 수도에 그리스도인들이 널리 퍼져 있었다는 사실을 타키투스가 증언한다. 그는 기독교가 "해로운 미신"이며 그리스도인들이 "그들의 악덕으로 인해 혐오받는 인간 계층"이라는 소름 끼친 묘사를 했다.[83] 메리 비어드(Mary Beard)는 초기 기독교와 로마제국 사이의 독특한 관계를 이렇게 표현한다.

> 기독교의 성공은 로마제국에 뿌리를 두었다. 즉 로마제국의 영토 범위 안에서, 로마제국이 추진한 이동성 그리고 로마제국의 소도시들과 문화적 혼합에 뿌리를 둔다. 플리니우스의 비두니아에서 페르페투아의 카르타고에 이르기까지 기독교는 유대의 소규모 근원지에서부터 퍼져 나갔다. 이에 대한 대체적인 이유는 지중해를 가로지르는 소통의 경로들이 열렸기 때문이고, 이 경로들을 통해 사람, 상품, 사상들이 이동했기 때문이다. 아이러니한 사실은 로마가 박멸하려고 했던 유일한 종교가 로마에 의해 성공하고 전적으로 로마 세계 내에서 자라났다는 것이다.[84]

로마적 의미의 '도래'(adventus)는 '도시 로마'(urbs Roma)에 도착한 개선장군들의 화려한 행사를 가리키는 말인데 제국의 시대를 나타내는 강력한 이미지였다. 에우세비오스 같은 그리스도인들이 4세기 로마 황제 콘스탄티누스

---

[83] Tacitus, *Ann.* 15.44.
[84] Beard, *SPQR*, p. 520. 우리는 Beard의 판단을 수정해서 **서쪽에서** 기독교의 성공이 로마제국에 뿌리를 두고 있다고 명확히 표현해야 한다. 앞으로 살펴보겠지만, 기독교가 동쪽으로 놀랄 만큼 확장한 동력은 대체로, 혹은 전적으로 제국과는 무관했다.

의 대관식을 보며 그것을 궁극적인 도래, 즉 제국에서 복음의 승리로 이해하는 것이 전혀 무리가 아니었다.[85] 에우세비오스는 하나님의 섭리로 복음의 "찬란한 등불"이 먼저 로마제국에서 빛나도록 정해졌다고 믿었다.[86] 그는 이렇게 선포한다. "하늘의 섭리가 복음의 말씀이 방해받지 않고 시작되도록 그리고 모든 방향으로 땅을 가로지르도록" 명하셨으며, "따라서 하늘의 능력과 도움으로 구원의 말씀이 태양의 빛줄기같이 온 세상을 빛으로 가득 채우기 시작했다."[87] 에우세비오스 혼자만 이렇게 믿은 것은 아니었다. 왜냐하면 325년에 첫 번째 대공회가 니케아에서 개최되었을 때, 초대자의 명단이 로마제국 내부의 주교들로 제한되었기 때문이다.[88] 이 초대자의 명단이 하나님의 선견지명이었을까? 왜냐하면 약 40년 후인 363년에 로마군이 페르시아군에 패배했는데, 그 결과 로마군과 그들의 보호 아래에 살던 그리스도인들이 모두 서쪽으로 이동해 제국의 우리 안으로 들어왔기 때문이다.

　4세기 때 거둔 기독교의 승리가 너무 놀라워서 에우세비오스의 환호를 "사건 후 예측"(vaticinium ex eventu), 즉 현재 상황을 과거 시대에 투사해 해석하고 싶은 유혹을 받는다. 하지만 이 해석은 아무리 그럴듯해 보여도 잘못되었다. (어떤 이는 이것을 고집스럽다고 말할지도 모르지만) 복음과 로마제국을 특정한 방식으로 일체화하는 것은 콘스탄티누스보다 오래전으로 거슬러 올라간다. 그리고 이것이 미래의 기독교인 황제의 취임에 달려 있었던 것도 아니다. 오히려 복음 자체의 "찬란한 등불"에 내재되어 있던 것이 표출되었다. 에우세비오스보다 한 세기 전에 살았던 오리게네스는, 비록 그 자신은 254년에 로마인들에 의해 순교의 죽음을 맞았지만, 로마제국을 '복음의 준

85　Luke, *Ushering in a New Republic*을 보라.
86　Eusebius, *Hist. Eccl.* 4.7.1.
87　Eusebius, *Hist. Eccl.* 2.2.6; 2.3.1 (LCL). 또한 2.14.3; 4.26.7도 보라.
88　Frankopan, *Silk Roads*, p. 51.

비자'(*praeparatio evangelium*)로서 환호했다. 이는 하나님이 정하신 "의와 충만한 평화"가 팍스 로마나로 꽃피워 복음을 위한 길을 예비했다는 의미였다. 오리게네스는 "하나님이 로마 황제가 모든 세상을 통치하게 함으로써 자신의 가르침을 위해 국가들을 예비하셨다"라고 말한다.[89] 오리게네스 바로 전 세기는 소플리니우스와 바르 코크바(Bar Kokhba, 132-135년까지 로마제국에 반란을 일으켜 유대인의 나라를 세웠던 유대인 장군―편집자)의 통치하에 순교로 점철되었는데, 특히 폴리카르포스, 블란디나, 페르페투아의 순교가 유명하다. 이때 이레나이우스는 제국에서 믿음의 승리를 기대하기도 했다. 150년경에 쓴 글에서 그는 "교회가 온 세상 곳곳으로, 심지어는 땅끝까지 흩어졌다고" 증언했는데, 땅끝은 게르마니아, 스페인, 갈리아(오늘날의 프랑스)까지 그리고 동쪽으로는 이집트와 리비아를 말한다. 많은 나라와 언어들, 그리고 멀리 떨어져 있는 지역들도 믿음을 받아들였는데, 그들이 받아들인 믿음은 "온 세상에서 하나이며 동일한 것"이었다.[90] 이레나이우스와 동시대에 살았던 알렉산드리아의 클레멘스는 마르쿠스 아우렐리우스 황제(161-180년 재위)에게 쓴 글에서 교회의 선교적 성공을 로마와 명시적으로 연결한다. "우리의 철학은 처음에 야만인들 사이에서 자랐으나 당신의 나라 가운데 당신의 선조 아우구스투스의 위대한 통치 아래에서 온전하게 꽃을 피웠고, 이것이 당신의 제국에 길조가 되었습니다. 왜냐하면 그때부터 로마인들의 힘이 커지고 찬란해졌기 때문입니다. 당신은 지금 그의 행복한 계승자입니다. 만약 당신이 제국과 함께 자랐고 아우구스투스와 함께 생겨났던 이 철학을 수호하신다면 앞으로도 당신의 아들과 함께 아우구스투스의 행복한 계승자가 될 것입니다."[91]

---

89 Origen, *Cels.* 2.30(*ANF* 4:443-444).
90 Irenaeus, *Haer.* 1.10.1-2. 또한 Hengel, *Studien zum Urchristentum*, p. 332를 보라.
91 Eusebius, *Hist. eccl.* 4.26.7 (LCL). 같은 시기에 기록된 비슷한 평화적 편지는 Justin, *1 Apol.* 12

또한 2세기 중반에 로마의 세례 의식인 (오늘날 사도신경으로 알려진) 「로마신경」(*Symbolum Romanum*)이 만들어졌는데 이것은 후에 서양의 모든 교회의 표준적인 세례식 신앙고백이 된다.[92] 이보다 더 일찍 1세기 말에 클레멘스는 세상에 조화와 평화를 주신 것에 하나님께 감사하며 "순종을…우리의 지상 통치자들과 총독들에게 드리기로" 맹세한다. 왜냐하면 하나님이 그분의 장엄하고 형언할 수 없는 능력으로 "그들에게 통치 주권을 주셔서" 그들이 "흠 없이 정부를 운영하게" 하셨기 때문이다.[93] 로마제국을 하나님이 택하셨다는 이 확신은 제국이 어떤 특정한 덕목들을 갖추었기 때문이 아니었다. 전혀 그런 이유가 아니었다. 유스티누스와 클레멘스가 자신들의 글을 2세기 로마 황제들에게 보냈을 때, 그리스도인들은 제국에서 순교를 당하고 있었다. 1세기 말 무렵에 기록된 요한계시록은 로마를 큰 음녀 바빌로니아, 곧 "땅의 음녀들과 가증한 것들의 어미"(계 17:5)로 경멸적으로 묘사한다. 이 소단원의 앞부분에 했던 말을 반복하자면, 로마는 기독교 선교의 분명한 종착점이 아니었다. 앞에서 한 증언들에 따르면, 초기 기독교에서 로마의 중요성은 인간의 선택이 아니라 하나님의 택정으로 결정되었다. 사도행전에서 이 택정을 말하는데, 그것은 바로 사도 바울이 로마의 카이사르 앞에서 증거해야 할 것이라는 확신을 하나님이 바울에게 세 차례 주실 때를 가리킨다.[94] 그리고 누가는 로마의 택정이 결실을 맺었음을 인정하며 사도행전을 마무리한다. "우리는 이와 같이 로마로 가니라"(행 28:14).

이 장을 마치며 로마제국에서의 놀라운 기독교 연대기를 상기하고자 한

를 보라.
92 Rabenau, *Latinitas christiana*, p. 17.
93 1 Clem 60.4-61.3.
94 행 19:21; 23:11; 27:24. 요세푸스에게서도 비슷한 의미를 감지할 수 있다. 첫 유대 반란 때 그는 하나님이 유대인들을 포함해 모든 국가를 제국으로 이끌고 계신다고 주장했다(*J. W.* 5.362-374).

다. 예수님의 사역은 의식적으로 시골 갈릴리라는 지방적 테두리 내에 한정되었다. 예수님은 갈릴리의 주요 도시들인 세포리스와 디베랴를 피하셨고, 예루살렘을 향한 그분의 여행도 선교 전략보다는 전례의 리듬에 의해 결정되었다. 예수님의 사역에 참여한 자 가운데 이름이 밝혀진 자만 스물다섯 명에 달했고, 그분의 모든 순회 여행은 예루살렘과 시돈 사이의 약 225킬로미터 거리에서 이루어졌다. 예수님이 죽으신 후 겨우 30년 이내에 그분이 설립한 운동과 선교가 폭발해 그분이 하신 사역의 범위를 벗어나 로마제국의 수도까지 뻗어 간다. 기독교 선교는 범세계주의 성격을 강하게 띠었고, 더 이상 갈릴리의 마을들(가버나움, 벳새다, 나사렛)에서가 아니라 로마의 영향력 있는 중심 도시들(안디옥, 에베소, 로마)에서 번창했다. 예루살렘과 로마를 잇는 경로를 따라 사역했던 100명 이상의 이름이 기록으로 전해진다. 이들은 사도 바울, 베드로, 요한과 함께 사역했고, 브리스길라, 아굴라, 리디아, 아볼로와 같은 선교사들과 또 이그나티오스 주교와 함께 사역했다. 사도 바울이 선교 여행을 간 거리만으로도 최소 16,000킬로미터에 달한다. 예수님이 갈릴리에 심으셨던 사역의 씨앗이 로마제국에서 활짝 꽃을 피운 것이다.

3

예루살렘에서 동쪽과 남쪽으로

예루살렘에서 로마를 지나는 경로는 초기 기독교에서 유일한 선교 경로는 아니었다.[1] "땅끝까지 이르러" 증인이 되라는 예수님의 명령(행 1:8)과 이와 유사하게 클레멘스1서에서 바울의 선교가 "서양의 끝까지"(5.7) 확장된다는 묘사는 모두 로마를 포함할 뿐 아니라 대체한다. '오이쿠메네'(*oikoumenē*)라는 헬라어는 사람들이 거주하는 세상 전체 혹은 '세상 전반'[2]을 의미하는 말로 알려진 세상을 가리켰으며, 알려진 세상은 로마제국의 범위를 넘어섰다. 지난 장에서 우리는 누가가 안디옥에 있는 이방인들에게 복음을 선포한 "구브로와 구레네 몇 사람"(행 11:20)을 언급한 점에 주목했다. 안디옥은 로마제국 내에 위치했지만, 로마의 동쪽 전선을 방어하기 위한 중심지 역할을 했다. 그 결과, 헬라어를 구사하는 로마제국의 동쪽으로 기독교가 확장하는 데 안디옥은 초기의 발판이 되었다. 사도행전 11:20에 나오는 무명의 사

---

1 오늘날에도 서양의 역사학자들은 너무나 쉽게 기독교를 주로 혹은 전적으로 서양에 속한 종교로 여긴다. 예를 들어 Beard, *SPQR*, p. 520은 이렇게 말한다. "로마인들이 뿌리 뽑으려 했던 유일한 종교가 로마제국 때문에 번창했고 전적으로 로마 세계 안에서 자라났다."
2 사 24:11(칠십인역); 눅 4:5; 계 12:9.

람들은 그들이 어디에서 언제 그리스도인이 되었든지 간에, 사람들이 오이쿠메네 내에서 기독교 신앙을 가지기도 하고 그 신앙을 확장하기도 한다는 점을 상기시켜 준다. 오이쿠메네에 관한 자료는 신약에 거의 없거나 기록이 전혀 남아 있지 않다. 이 추가적인 지역들에서 그리스도인들의 선교 활동을 누가가 인식하지 못한 것은 아니었다. 그는 오순절 때 신자들을 준비시키는 과정에서 교회의 동쪽과 남쪽 선교를 구성하는 몇몇 지역을 언급한다.[3] 그러나 앞에서 주목했듯 누가는 예루살렘에서 로마를 지나는 경로를 따라 이루어진 복음의 진출에 초점을 둔 사도행전의 서사에 기여하지 않은 선교를 위한 모든 노력을 책에서 제외해 버린다. 이 장에서 우리는 여기에 기록되지 않은 바로 이런 추가적 선교들에 주의를 기울인다. 이 이야기들은 고통스러운 수수께끼를 제시하는데 왜냐하면 예루살렘과 로마의 경로를 따라 기독교가 진출했다는 기록은 풍부하게 남아 있지만, 그와 다른 모든 방향으로 나아간 기록은 빈약하고 파편적으로만 남아 있기 때문이다.

사실 모든 점에서 복음이 예루살렘의 동쪽과 남쪽으로 확장된 사실을 보여 주는 자료들은, 복음이 예루살렘과 로마의 경로를 통해 확장된 사실을 보여 주는 자료들에 비해 현저히 부족하다. 기록에 남아 있는 사람들과 관련해, 신약성경과 속사도 교부들은 100명이 넘는 사람들의 **이름**을 언급하는데, 그들은 모두 1세기 때의 인물들로 추정된다. 또한 예루살렘과 로마의 경로를 따라 진행된 바울, 베드로, 요한 그리고 이그나티오스의 선교 활동과 연관이 있다. 이 이름들뿐 아니라 우리는 브리스길라와 아굴라, 리디아, 아볼로와 빌립과 같은 자비량 선교사들도 알고 있다. 하지만 예루살렘의 동쪽과 남쪽에서 이루어진 선교는 이와 조금도 비슷하지 않다. 동쪽 방

---

3 이 지역 중에는 동쪽 지역으로 바대(파르티아), 메대, 엘람, 메소포타미아(행 2:9)와 남쪽 지역으로 "애굽과 및 구레네에 가까운 리비야"(행 2:10)가 있었다.

향에서 이루어진 복음의 확장에 관한 기록에는 몇 명 안 되는 이름이 나온다. 곧 아다이/다대오, 아개, 도마, 판테누스와 마리만 등장한다. 남쪽에서 이루어진 복음의 확장에 관한 기록에는 열 명 남짓한 이름들(스킬리움 순교자들의 이름)만 등장한다. 앞서 언급한 이름 중 몇몇은 심지어 가명일 수도 있으며, 그들 중 누구도 1세기 사람이라고 말하기 힘들다.

1세기 자료도 부족할 뿐 아니라 두 번째의 더 큰 난제가 있다. 예루살렘의 동쪽과 남쪽에서 이루어진 선교 상황에 대해 우리가 확보한 자료들의 양이 부족한 데다, 그나마도 후대의 기록이며, 종종 저자마저 미심쩍다는 점이다. 현존하는 소량의 문헌 자료 중에는 2세기 말 이전의 자료가 없다. 이 자료 중 가장 유명한 것이 180년 북아프리카에서 순교한 스킬리움 순교자들에 관한 이야기다. 오로지 두 개의 자료만이 1세기 기독교 확산에 대한 기록임을 표방하는데(그것은 아브가르-예수서신과 도마행전이다), 이 자료는 모두 역사적인 사실이라기보다는 꾸며 낸 것에 가깝다. 물론 예루살렘 동쪽과 남쪽으로 기독교가 확산한 것에 대한 기록 자료가 분실되었을 가능성도 있다. 무엇보다도 엄청난 양의 고대 자료가, 아마도 거의 대부분의 자료가 소실되었기 때문이다. 하지만 아무리 그렇다고 해도 현재까지 작품이 보존된 초기 기독교 저자 중 이레나이우스, 에우세비오스 혹은 히에로니무스와 같은 역사가들을 포함해 그 누구도 예루살렘 동쪽과 남쪽 선교에 대한 자료들을 언급하지 않는다. 이런 만장일치의 침묵은 그런 자료들이 실제로 존재하기는 했는지를 의심케 한다.[4]

---

4   Moffett, *Christianity in Asia*, p. 1:80는 시리아 그리스도인들이 복음을 들고 페르시아로 그리고 페르시아 너머의 아시아 유목민들과 힌두 쿠시로 간 것에 대한 가장 이른 시기의 믿을 만한 기록이 예수님 사후 200년이 지나 나왔다고 주장한다. 이와 비슷하게 Koch, *Geschichte des Urchristentums*, pp. 421-426는 150년도에 그리스도인들이 팔레스타인과 시리아 전역, 현대의 튀르키예와 그리스에 속한 서너 지역 그리고 남부 이탈리아에서는 북쪽으로 로마에 이르는 지역에 존재했다는 믿을 만한 역사적 증거가 있다고 주장한다. Koch의 조사는 따라서 예루살렘

이 장에서 펼쳐지는 우리의 조사는 이를테면 몇 장의 옛날 지도와 조잡한 내비게이션을 가지고 떠나는 여행과 같다. 따라서 이 장의 특성과 장르가 영향받는다. 우리는 가끔 비치는 햇빛처럼 소박하고 종종 잠정적인 결론들을 내리겠지만, 우리가 알지 못하는 것들이 짙은 먹구름과 같이 매번 이 결론들에 그늘을 드리울 것이다. 어떤 이들은 그러한 내용을 종종 맺음말이나 부록에서 언급한다. 그렇게 하는 것이 어떤 경우에는 지혜로울 수 있지만, 나는 지금의 경우에는 지혜롭다고 생각하지 않는다. 두 가지 이유 때문이다.

첫 번째이자 가장 중요한 이유가 있다. 로마로 선교가 확장된 내용 이외에 다른 곳으로 선교가 확장된 내용을 맺음말에서 다룬다면, 예루살렘 동쪽과 남쪽에서 이루어진 복음화가 서쪽에서 이루어진 복음화보다 덜 중요하다는 암시를 줄 수 있다. 그것은 실수가 될 수 있는데, 특히 오늘날에는 더욱 그렇다. 동쪽과 남쪽에는 서쪽만큼이나 일찍 그리고 완전히 복음이 전파된 것으로 보인다. 앞에서 살펴보았듯이, 이런 방향에서 이루어진 확장은 문서로 기록이 많이 남아 있지 않지만, 그렇다고 덜 중요하다는 의미는 아니다. 사실 그 지역이 더 중요하다고 주장할 수도 있다. 동쪽의 선교는 예루살렘과 로마로 이어지는 경로에서 이루어진 선교보다 훨씬 더 광범위하게 일어났다. 또한 동쪽과 남쪽으로 선교를 확장하기 위해 극복해야 하는 장애물들은 예루살렘과 로마의 경로에서 마주하는 장애물들보다 크지는 않더라도 그에 못지않은 어려움을 극복해야 했다. 그리고 오늘날 전 세계적으

과 로마의 경로를 따라 진행된 1세기 기독교 선교에 대한 우리의 연구 내용을 확증해 준다. 이집트와 북아프리카에 대해서 Koch는 180년도까지는 기독교에 대한 확실한 증거가 없다고 주장한다. 180년도는 기독교에 대한 증거가 스페인과 갈리아(프랑스)에서 나타나기 시작한 시점과 대략 같다. Koch의 조사는 메소포타미아, 아르메니아, 조지아, 페르시아, 인도와 중국의 기독교에 대한 믿을 만한 2세기의 어떤 역사적 증거도 제시하지 못한 채 마무리된다. 이 지역들은 사실 그의 책에서 언급조차 되지 않는다.

로 (종종 서쪽 지역의 무기력과는 대조적으로) 동쪽과 남쪽의 많은 지역에서 기독교가 활력이 넘친다는 점을 고려할 때, 할 수 있는 한 기독교가 초기에 이 지역들로 뻗어 나가 결실을 본 내용을 인정하고 문서로 남기는 것이 중요하다. 이 지역들은 기독교와는 다르면서도 종종 기독교에 적대적이기까지 한 신앙과 이데올로기들의 지배 아래에 있었다.

이 장을 가장 초기의 기독교 이야기 안에 포함한 두 번째 이유가 있다. 우리가 여기서 씨름해야 하는 부족한 역사적 자료들과 후대라는 시기의 문제는 기독교 역사에서 표준이지 예외적 현상이 아니기 때문이다. 서양 그리스도인들은 너무 쉽게 사도행전의 존재를 당연한 것으로 여긴다. 하지만 실제로 사도행전과 같이 주제가 일관되고 온전한 서사는 기독교 역사에서 드물고 더없이 귀중하다. 이러한 문서가 특히 사도의 저작이 아닌데도 생존한 것은 고대 기독교 문헌 역사에서 이례적인 일이다. 우스갯소리지만, 만약 맺음말이 연구와 참고 자료와 관련해 이례적인 내용만을 다루는 공간이라면, 맺음말에서 다루어야 할 것은 이 장의 내용이 아니라 사도행전에 의존하는 이 책을 구성하는 모든 장일 것이다.

동쪽과 서쪽의 기독교가 지니는 특별한 특징들

먼저 동쪽과 남쪽으로 진행된 기독교의 확장은 예루살렘과 로마의 경로를 통한 확장과 어떻게 다를까? 그 차이를 구별해 주는 몇 개의 특징에 주목해 보자. 첫 번째로 가장 독특한 점은 로마제국을 메소포타미아로 연결하고 거기서 더 먼 동쪽으로는 페르시아와 인도로 그리고 궁극적으로는 중국이 있는 극동까지 뻗어 나가는 실크로드의 덕을 본다는 점이다.[5] 시리아 안디

---

5 Frankopan, *Silk Roads*, 3장, "The Road to a Cjrostoam East"를 보라. '실크로드'는 Baron

옥에서부터 주요 실크로드는 동쪽으로 알레포, 북동쪽으로 에데사 그리고 동쪽으로 니시비스로 뻗어 나가는데, 여기서부터 티그리스강의 흐름을 따라 아르벨라, 바그다드 그리고 셀레우키아 크테시폰을 지나간다. 셀레우키아 크테시폰에서부터 이 실크로드는 동쪽으로 진행되어 페르시아를 거쳐 니샤푸르, 보하라, 사마르칸트, 카슈가르까지 이어지고, 거기서 동쪽으로는 북쪽이나 남쪽 길을 통해 타클라마칸사막을 돌아간다. 사막의 동쪽 끝부분에 있는 중국의 서부 둔황에서 그 길들이 다시 만난다. 여기서 이 길들은 동쪽으로 위먼까지 이어지고 중국 내륙으로 진입한다. 마치 포도나무의 마디같이, 여기에 언급한 거의 모든 도시가 기독교 공동체와 선교의 중심지가 된다. 초기 기독교 선교는 따라서 일차적인 주요 무역 경로들을 따라 동쪽으로 진행되었고, 초기 기독교 선교사들 자체는 종종 상인이기도 했다. 사실 동쪽으로 간 이름이 알려진 선교사를 언급하는 가장 이른 시기의 기록은 도마행전이다. 여기에 나오는 사도 도마는 인도로 향하는 아반이라는 상인에게 노예로 팔린다.[6]

동쪽과 남쪽으로 진행된 기독교 확산의 명확한 두 번째 특징은 유대 공동체와 회당에 대한 의존성이었다. 이 의존성은 예루살렘과 로마의 경로를 따라 일어난 기독교 확산의 특징이기도 했지만, 동방 기독교 선교에서 훨씬 더 두드러지게 나타난 특징이었다. 동방 교회들은 서양 교회들이 로마 문화와 맺은 것만큼 토착문화와 강력하게 이차적인 동맹을 맺지 않았기 때문이다. 이미 창세기 10:21-32은 현대의 시리아, 이라크, 이란과 연관된 영토를 셈 지파(즉 셈족 사람들)의 땅과 동일시한다. 에스더기는 인도에서부터 에티오

Ferdinand von Richthofen이 자신의 1877년 지도책에서 처음 사용한 용어로, 중국과 지중해 사이의 고대 육상 도로망을 가리키는 현대적 명칭이다. 중심지 역할을 하는 주요 도시들 근처에서 도로들은 힘찬 동맥이었지만 광활한 내륙 지역에서는 모세혈관 길에 지나지 않았다. Valerie Hansen, *The Silk Road: A New History* (Oxford: University Press, 2012), pp. 6-8를 보라.

6   Acts Thom. 1-2.

피아까지(에 8:9) 동방 전역에 유대인들이 퍼져 있었던 사실을 보고한다. 바빌로니아 포로기 이후 주전 6세기에 거대한 유대인 공동체가 메소포타미아에 남았는데 여기서 거의 1,000년 이후인 주후 5세기에 『바빌론 탈무드』가 편찬되었다. 유대 학자들은 주전 3세기 알렉산드리아(즉 북아프리카)에서 히브리어 구약성경을 헬라어 칠십인역으로 번역했다. 바빌로니아와 알렉산드리아에는 로마제국의 다른 어떤 지역보다 아마도 훨씬 더 많은 유대인들이 살았고 더 큰 번영을 누렸던 것 같다. 여러 유대인 공동체는 배양소 역할을 했고 이들을 발판으로 기독교 선교가 확산되었다. 팔레스타인의 동쪽과 남쪽으로 진출한 기독교 선교에 대한 많은 설명을 보면 이전에 존재했던 유대인 공동체들이 언급된다. 이들 중 어떤 공동체들은 사도행전과 속사도 교부들을 다룬 문헌에 나오는 유대인들보다 예수 추종자들에 대해 더 호의적이었다.

로마제국 동쪽에서 자라난 기독교에 대한 세 번째 특징은 반대와 박해를 통해 형성되었다는 점이다. 물론 서양의 기독교도 4세기에 콘스탄티누스가 기독교를 합법화하고 제국의 국교로 채택하기 전까지는 마찬가지로 어려움을 겪었다. 하지만 최소한 서양에서는 이때부터 기독교의 위상이 바뀌었고 제국에 영향을 끼치기 시작했다. 하지만 이렇게 기독교의 위상이 바뀌는 일이 로마제국의 동쪽 지역에서는 일어나지 않았다. 그곳에서 기독교는 여전히 소수가 주도하는 운동이었고 그래서 그 지역을 지배하는 세력들에게, 때로는 적대적인 세력들에게 종속되었다. 오직 한 장소에서만 기독교가 국교의 지위를 얻었는데(대략 300년), 그곳은 로마가 여전히 역동적인 역할을 지속하던 아르메니아였다. 아르메니아를 제외하면, 서양에서는 교회의 행운의 별이 뜨는 반면, 동양에서는 지고 있었다. 4세기 내내 페르시아의 사산 왕조가 교회를 핍박했다. 그리고 7세기 무렵에 가파르게 부상한 이슬람은 중동에서의 기독교 선교를 효과적으로 중단시켰다. 그 이후부터 기독교 공동체들은 약화되고, 고립되고, 제거되기도 했다. 이슬람 지역에서 생존하며 정체성을 유지한 소수의 기독교 공동체 가운데는 이베리아 공동체와 오늘날의 흑해와 카스피해 사이에 조지아 공동체가 있다. 남쪽에는 아르메니아 교회가 있고, 더 남쪽으로 가면 메소포타미아의 앗시리아 아람 교회(현대의 이라크)가 있다.

    동방 기독교의 네 번째 특징은 이단이 자주 발생했다는 점이다(최소한 451년도의 칼케돈 신경은 이와 관련이 있다).[7] 칼케돈의 규정을 인정하고 콘스탄티노플과 교제를 계속 교제를 이어 나가며 동쪽의 여러 지점으로 퍼져 나간 멜키트 교회[시리아어 '말카야'(*malkaya*), '황제의'에서 파생된 말]를 제외하면, 제국의 동쪽에 있는 교회들은 의례적으로 칼케돈의 규정을 거부했다. 이집트에서는 지배적인 기독교의 신앙고백이 단일천성론(Miaphysite)이었다.[8] 그리고 메소포타미아와 그 동쪽에 있는 기독교 공동체는 대체로 네스토리우스파(Nestorian)였는데 이들은 '동방교회'로 불리기를 선호했다.[9] 동방교회의 의식 언어는 시리아어였고, 네스토리우스의 추종자들이 메소포타미아, 아라비아와 페르시아에서 우세했다. 네스토리우스 교회들은 거의 확실히 동쪽으로 더 깊숙이 확장되었다. 13세기 말 마르코 폴로가 중국의 칸발리크(현대의 베이징)를 포함해 실크로드를 따라 이동하는 내내 네스토리우스파 교회를 그렇게 생각한 것을 보면 알 수 있다. 7세기와 8세기에 이슬람 침략자들이 정복을 통해 가장 자주 맞닥뜨린 기독교가 네스토리우스파였다. 그리고 네스토리우스는 그리스도의 인성을 강조했는데, 이것이 하나님의 아들 됨이라는 예수님의 신성을 이슬람이 거부하는 데 아마도 영향을 미친 것

---

7   칼케돈 신경은 성육신하신 예수 안에 신성과 인성이 혼합과 분리 없이 연합되었다고 규정한다.
8   단일천성론은 성육신하신 그리스도가 오로지 하나의 본성[헬라어. '피시스'(*physis*)], 즉 신성과 인성이 결합된 하나의 본성을 가졌다고 믿었다.
9   네스토리우스파는 성육신하신 그리스도 안에 인간의 본성과 신성이 두 개의 분리된 본성으로 존재한다고 믿었다.

같다.

다섯 번째이자 마지막으로, 칼케돈공의회가 열리기 오래전부터 로마제국 동쪽의 기독교는 서쪽 제국의 기독교적 특징을 규정하는 모든 요소들에서 갈라지기 시작했다. 헬라어를 구사하는 그리스도인들(이들은 후에 정교가 된다)과 라틴어를 구사하는 그리스도인들(이들은 후에 가톨릭이 된다)에게서 바로 서쪽 제국의 모든 기독교적 특징이 생겨났다. 2세기 후반 동방 기독교의 성격은 타티아노스(Tatian)에 의해 형성되고 타티아노스의 영향을 받았다. 타티아노스는 처음에는 정통 신학을 가진 순교자 유스티누스를 통해 기독교를 배웠지만, 그리스-로마 문명이 기독교와 완전히 양립할 수 없는 것으로 치부함으로써 유스티누스와 결별했다. 타티아노스는 세상에 있는 악의 힘과 편만함을 강조했고, 이에 대한 대응으로 인간의 성생활을 금지하고 악마론을 강조하는 엄격한 형태의 금욕주의를 널리 퍼뜨렸다. 타티아노스는 아담의 타락으로 그가 지옥에 떨어졌다고 믿었고, 마르키온도 옹호한 일종의 영지주의를 받아들였다. 그 영지주의에 따르면, 세상을 창조하고 유대교를 만든 것은 예수 그리스도의 아버지가 아닌 더 낮고 열등한 신이었다.

이런 요소들이 결합한 결과로, 로마제국 동쪽으로 확산한 기독교는 로마제국 내에서 자라난 기독교와 차별화된 성격을 띠게 되었다. 복음의 동방 확장은 실크로드의 경제 무역망을 따라 다양한 문화들을 거쳐서 진행된 반면, 서방 확장은 더 동질적인 로마 문화가 자리한 경로를 따라 진행되었다. 서양에서는 로마 문화가 형태를 잡아 주고 응집력을 제공하는 역할을 했다면, 동양에서는 다양한 문화들이 기독교의 성격과 양상을 더 다양하게 만들었다. 비잔틴제국의 비호 아래에서 서양의 교회가 힘과 특권을 누렸던 것과는 대조적으로, 동양의 교회들은 권리를 박탈당한 소수 그룹으로 남았고, 이슬람에 정복당한 이후에는 제한된 소수 그룹으로 존재하게 되었다. 칼케돈 신경을 거부함에 따라 동방교회와 서방교회 사이에는 신학적·정치적·문화적으로 더 깊은 분리가 생겨났다. 특히 복음과 세상에 대한 타티아노스의 급진적 병치는 동양의 교회들이 편협한 길을 갈 수밖에 없도록 몰아넣었다. 그 반면 제국에 속한 교회들은 복음과 문화를 통합하는 길을 개척했다.

동방으로 진출하는 기독교

우리는 시리아 안디옥이 예루살렘과 로마를 지나는 경로에 매우 중요한 역할을 했다는 사실을 주의 깊게 살펴보았다.[10] 이 도시는 초기 기독교가 동방으로 전파될 때도 마찬가지로 중요한 역할을 맡았다. 누가는 안디옥에서 바울과 바나바가 "수다한 다른 사람들과 함께 주의 말씀을 가르치며 전파하니라"(행 15:35)라고 말한다. "수다한 다른 사람들" 중에는 동쪽으로 메소포타미아, 페르시아, 인도, 결국 중국까지 이주한 셈족어를 구사하는 그리스도인들(아람어, 시리아어 그리고 아마도 히브리어를 구사하는 사람들)이 포함되어 있었을 것이다.

메소포타미아에서 지배적으로 사용된 시리아어는 예수님과 초기 팔레스타인 교회가 썼던 아람어의 방언이었다.[11] 안디옥에서는 시리아 기독교가 헬라어를 구사하는 기독교와 결합해 발전했다. 하지만 안디옥의 동쪽에서는 시리아 기독교가 전반적으로 헬라화하지 않은 형태의 기독교로 발전했다. 시리아의 유대인 기독교 개종자 가운데는 여전히 히브리어에 관한 지식을 가진 사람들이 구약성경을 시리아어로 번역했는데, 헬라어 번역 성경인

---

10 1장, pp. 53-59를 보라.
11 4세기의 아프라핫(345년 사망)과 시리아인 에프렘(373년 사망)을 다루는 시리아 문학은 초기 예수 운동의 토착 셈족어 기독교에서 현존하는 유일한 언어 형식을 나타낸다. 하지만 많은 교부들이 증언한 히브리복음 또한 초기 복음서의 전통을 히브리어로 보존했다. 이 복음서는 1세기 중반에 메소포타미아에서 기록되고 퍼진 것 같다. Edwards, *Hebrew Gospel*을 보라.

칠십인역이 아니라 히브리어 성경에서 직접 번역했다.[12] 시리아 기독교에는 헬라어를 구사하는 문화권의 기독교에서 보기 힘든 요소들이 결합되었다. 바로 성경주의(biblicism), 부정주의(apophaticism), 극단적 금욕주의(Encratism), 신비주의, 영지주의 그리고 독특한 유대적 특성(반유대주의가 가끔 이 혼합물의 일부였던 것도 사실이다)이다.[13] 이 요소들 가운데 몇몇은 서로 긴장 관계에 있어서 통합된 전체를 형성하지 못했다. "시리아 기독교는 유대-기독교적 특징과 영지주의자들에게 친숙한 영지주의적 혹은 신비주의적 특징들을 모두 함께 받아들인 형태의 기독교에 아마도 가장 가까울 것이다"라고 제임스 던은 말한다.[14] 이 요소들 몇 가지는 바울과 테클라행전이라는 외경의 특징이 된다. 이 책은 테클라 숭배를 낳았으며 "기독교 동방에서 가장 유명한 책 가운데 하나가 된다."[15] 스페인 순례자 에헤리아는 384/385년까지도 예루살렘에서 시리아의 전통이 지속력과 영향력을 가졌음을 증언한다. 이때 거룩한 도시에서 헬라어 다음으로 주로 사용되는 예배 언어는 시리아어였다.[16] 시리아어는 동방 기독교에서 가장 중요한 언어였으며, 멜키트 교회와 같은 동방정교회 공동체들(즉 칼케돈을 인정한 사람들)뿐 아니라 동방의 다양한 네스토리우스파 교회들, 단일천성론 공동체들, 마론파 교회들, 페르시아 교회들의 신학적 성격에 영향을 주었다.

우리는 기독교가 지중해 주위의 여러 거점 도시들로 퍼져 나갔을 때와

---

12 Horn, Lieu, and Phenix, "Beyond the Eastern Frontier," p. 93를 보라. "히브리어 성경에 대한 독립적인 시리아 번역이 존재한다는 점은…시리아 기독교가 주후 1세기 팔레스타인과 시리아 유대인들이 사용했던 히브리어 텍스트를 사용해 개정했음을 암시하는 듯하다. 이것은 또한 유대교와 가장 초기의 시리아 그리스도인들이 밀접하게 연결되었음을 의미할 수 있다."
13 시리아 기독교의 특성에 대해서는 Burkitt, *Early Eastern Christianity*, pp. 40-43; Brock, *Introduction to Syriac Studies*, pp. 1-10를 보라.
14 Dunn, "Beyond the Jewish People," p. 200.
15 이 인용문은 Harvey, "Antioch and Christianity," p. 43에서 인용했다. 바울과 테클라행전에 대해서는 *NTApoc* 2:239-265를 보라.
16 Gingras, *Egeria*, 47장.

마찬가지로 로마제국의 동쪽에서도 먼저 유대 공동체들을 거쳐서 퍼져 나갔음을 암시해 왔다. 주전 7세기부터 유대인들은 안디옥 동쪽의 오스로에네 지역에 위치한 팔미라와 그 주변에 정착했고 또한 메소포타미아에서 더 동쪽으로 치우친 아디아베네 지역에도 정착했다.[17] 요세푸스는 아디아베네 왕족이 클라우디우스 로마 황제(41-54년 재위)가 통치하던 시기에 유대 상인들의 전도로 유대교로 개종했다고 기록한다.[18] 파르티아의 왕 아르타바누스가 재위하던 시기에 아디아베네의 황태후 헬레나와 그의 아들 이자테스가 25년간 통치했는데, 동쪽으로 메소포타미아와 파르티아 두 곳에 모두 유대인 정착이 가능해졌다.[19] 헬레나와 이자테스는 66년도에 유대 반란이 일어나기 바로 전에 죽었고 예루살렘 외곽의 키드론 계곡에 있는 헬레나 여왕에게 헌정된 장엄한 무덤에 묻혔다.[20] 메소포타미아의 기독교 선교는 아마도 아디아베네 왕조에서 생겨난 유대 공동체로부터 시작되었을 것으로 추정한다. 다수의 초기 시리아 주교들이 유대인 이름을 가졌기 때문이다. 6세기의 작품 『아르벨라 연대기』(*Chronicle of Arbela*)는 메소포타미아에 기독교가 소개된 시기를 트라야누스 황제(98-117년 재위)의 통치하에 아다이가 선교 활동을 펼치던 무렵으로 추정한다.[21]

유프라테스강의 동쪽에 세워진 교회들은 과거 실루기아에 위치했다. 주전 323년에 알렉산드로스대왕이 죽었을 때 그를 따르던 장군 셀레우코스에게 할당되었던 지역이 후에 그의 이름으로 불려서 실루기아가 되었다. 주

---

[17] 주전 7세기 팔미라의 유대 공동체들에 대해서는 van der Toorn, "Egyptian Papyrus Sheds New Light," p. 66를 보라.
[18] *J. W.* 20.17-53.
[19] *J. W.* 20.54-91.
[20] *J. W.* 20.95. 이 무덤군에 대해서는, Pausanias, *Descr.* 8.16.5를, 추가적으로는 Murphy O'Conor, *Holy Land*, pp. 138-140를 보라.
[21] 시리아 전통에 따르면, 아다이는 예수님이 눅 10:1에서 파송했던 일흔 명의 제자 가운데 한 명이었다. 아르벨라 지역의 기독교 소개에 대해서는 Metzger, *Early Versions*, p. 7를 보라.

전 130년도에 파르티아인들은 헬라인들을 실루기아 바깥 지역과 유프라테스의 서쪽으로 몰아냈다. 그 결과 실루기아에서 파르티아인들과 페르시아인들 사이에 패권 다툼이 일어났고 그 다툼은 로마가 이 지역을 정복한 시점인 3세기 초까지 계속되었다. 이 땅이 로마에 합병되었을 무렵까지 메소포타미아는 거의 100년 가까이 예수 추종자들의 고향이었다. 그래서 이 지역 기독교의 성격은 로마적이라기보다 유대적이었다. 에데사(현대의 남동 튀르키예에 있는 우르파), 니시비스, 아르벨라, (티그리스강을 따라 더 깊숙한 동쪽에 위치한) 크테시폰의 도시들에 자리를 잡은 교회들은 주위의 시골 지역으로 향하는 선교의 중심지가 되었다.[22] 앞에서 주목했듯이, 이 교회들은 헬라어를 채택하지 않았고, 시리아어와 셈족어의 영향을 모두 유지했다. 그 결과, 유대적이고 팔레스타인적인 그들의 뿌리에 고착하게 되었다.[23]

에데사는 초기 동방 기독교에 특별히 중요한 장소였다. 두 지역의 주요한 무역 경로, 즉 아르메니아에서 이집트로 이어지는 북-남 경로와, 중국까지 뻗어 나가는 동-서 실크로드의 전략적 접점에 놓여 있었다. 에데사에서 겨우 40킬로미터 떨어진 곳에 고대 도시 하란이 있다. 이곳은 바로 아브라함의 아버지 데라가 죽은 곳이며, 이삭의 아내 리브가가 나고 자란 곳이다. 에데사는 1세기에 시작된 팔레스타인 동쪽 지역의 기독교 전파에 관련된 두 가지 기독교 전통 중 하나와 연관이 있다. 에우세비오스는 『교회사』(*Ecclesiastical History*)에서 "에데사 기록 보관소에서 가져온" 편지를 인용한다. 이것은 9-46년 사이에 에데사에서 동부 시리아를 통치했던 아브가르 우카마("흑인")가 예수님께 쓴 편지로 추정된다. 이 편지에 따르면 예수님의 치유 기적 사건에 관한 보고가 에데사에 도달했다. 예수님이 하나님이거나 하나

---

22 Metzger, *Early Versions*, p. 7.
23 Burkitt, *Early Eastern Christianity*, pp. 4-9.

님의 아들임에 틀림없다는 결론을 내린 아브가르는 예수님께 오셔서 (명시되지 않은) 그의 병을 고쳐 주시기를 간청한다. 아브가르는 또한 유대인들이 예수님을 제대로 대우하지 않는 현실을 통탄하며 에데사의 도시로 이주하시기를 청한다. 에우세비오스에 따르면 부활한 그리스도는 아브가르에게 답장을 쓰셨고 아나니아스라는 이름의 배달원을 통해 편지를 전달한다. 편지에서 예수님은 보지 않고 믿은 그 군주에게 복을 내리면서, 승천하기 전에 해야 할 일이 있어 아브가르에게 가지 못한다고 말씀하신다. 하지만 예수님은 나중에 제자를 보내 아브가르를 고쳐 주기로 약속하신다. 에우세비오스는 누가복음 10:1에서 파송된 일흔두 명의 제자들 가운데 하나로 알려진 다대오에 의해 메소포타미아 지역에 더 광범위하게 복음화가 진행되었다는 전도의 맥락에서 아브가르의 서신을 설정한다. 에우세비오스에 따르면 다대오는 사도 도마에 의해 에데사로 파송되고 거기에서 수많은 기적을 베푸는데, 그중 하나가 아브가르왕을 치유한 사건이다. 아브가르는 예수님을 하나님의 아들로 믿는 신앙을 고백하고 자신의 왕국 시민들을 불러 모아 다대오가 선포하는 복음을 듣게 한다. 에우세비오스는 이 사건들이 340번째 해에 에데사에서 발생한 것으로 추정하는데, 이는 주후 30년에 해당한다.[24]

아브가르와 예수님의 서신이 에데사의 기록 보관소에 존재한다는 것은 스페인 순례자 에헤리아도 별도로 확증해 준다. 에헤리아는 에우세비오스가 죽은 지 거의 50년 후인 384-385년에 에데사를 방문했다. 에데사시에서는 아브가르와 예수님의 서신을 포함한 수많은 기독교 유적지, 유물, 문헌 기록들을 관리하고 있었다 에헤리아는 이 모든 것들을 보는 데 사흘이나 걸렸다.[25] 아이러니하게도, 에헤리아는 이미 스페인에서부터 유명한 이 서신

---

[24] Eusebius, *Hist. eccl.* 1.13. 아브가르와 예수님의 서신에 대한 소개와 영문 번역은 H. J. W. Drijvers, "The Abgar Legend," *NTApoc* 1:492-499를 보라.
[25] Gingras, *Egeria*, 9장을 보라. 초기 기독교 세계 곳곳에서 펴낸 아브가르 서신에 대해서는

을 잘 알고 있었다. 이 말은 4세기에는 아브가르와 예수님의 서신들이 로마 제국의 서부 가장자리까지 퍼졌다는 의미다. 아브가르와 예수님 사이에 오간 서신의 존재는 따라서 확실하다. 그러나 물론 이 서신이 진짜라는 보증이 되지는 못한다. 아브가르와 예수님이 주고받은 것으로 추정되는 이 편지의 특징은 다른 초기 기독교 외경들에서 나타나는 특징적 요소들이기도 하다. 이 가운데에는 기사와 기적들에 대한 매혹, 유대인 비방, 왕족 일원들의 개종, 독자들을 보호하는 편지의 마술적 능력이 포함된다. 이 모든 요소가 두 개의 간략한 편지 안에 가득했다. 예수님이 보낸 편지에 관해 요한계시록 2-3장에서는 **높아지신** 그리스도를 일곱 교회에 편지를 보낸 분으로 표현한다. 하지만 아브가르에게 보낸 것으로 추정되는 편지를 제외하면, 지상의 예수님이 쓴 편지는 전혀 없다. 아브가르에게 보낸 편지가 진위가 불확실한 외경이라는 점을 의심하는 사람은 거의 없고, 또 그렇게 보는 시각이 타당하다.[26] 에우세비오스 자신도 이 서신의 진위 여부보다 이 서신의 **존재**만을 입증함으로써 이에 대한 회의감을 은연중에 드러냈다.[27]

아브가르 서신은 「아다이의 교리」(Doctrine of Addai)라는 더 큰 작품과 관련이 있다. 이 글은 다대오(혹은 아다이로도 불렸다)의 평화로운 죽음과 아브가르왕이 영광스럽게 치러 준 그의 장례를 다룬다. '아게이'라는 이름의 제

Moffett, *Christianity in Asia* 1:80의 각주 9를 보라. 예수님의 편지는 기독교 세계의 온갖 주요 언어들로 번역되었으며 교회의 아치형 입구와 도시 성문에(5세기의 빌립보 성문을 포함해) 새겨졌고 색슨 시대에 기록된 것으로 보이는 교회 기도서에도 보존되었다. 영국박물관에 보존된 중세 시대의 어느 편지는 예수님이 보낸 이 편지에 주기도문과 사도신경의 바로 뒤를 잇는 영광스러운 지위를 부여한다.

26 이미 6세기에 이른바 '젤라시우스 칙령'(*Decretum Gelasianum*)에서 아브가르와 예수 사이에 오간 두 편지 모두 (기독교 문헌으로 추정되는 예순 개의 다른 문서들과 함께) "외경적"이라는 판단이 내려졌다. *NTApoc* 1:38-40를 보라.

27 Eusebius, *Hist. eccl.* 1.13.5. 에우세비오스가 아브가르 전설과 같이 명백히 의심스러운 자료에 의존하는 또 다른 경우는 *Ecclesiastical History*에서 찾아볼 수 없다. 그가 아브가르 전설을 자료로 의존한다는 점은 우리가 앞서 내렸던 결론(pp. 48-50), 즉 그가 서양 교회사를 위해 사용한 자료들에 비견할 만한 것이 동방 교회사에 관해서는 없었다는 주장을 지지해 준다.

자가 아다이의 뒤를 이었는데, 그는 왕족에게 의복을 파는 자로서 에데사에서 아브가르의 뒤를 이은 (기독교에서 돌아선) 왕손들에 의해 순교당한다.[28] 「아다이의 교리」는 4세기 말에 기록된 것으로 추정되지만 에우세비오스에 의해 보존된 더 오래된 문헌과 마찬가지로 동쪽으로 전파된 기독교에 대한 진실한 역사적 사실을 약간 담았을 가능성도 있다. 예를 들어, 우리는 기독교 선교사들이 안디옥까지 진출해서 40년경에 유대인들에게 설교했다는 사실을(행 11:19) 다른 자료들을 통해 알고 있다. 안디옥은 예루살렘에서 에데사까지의 거리에서 중간 지점을 넘어선 곳에 위치했다. 바빌론의 영향권에 있던 에데사는 유대 외부 지역에서 아마도 가장 큰 유대인 공동체가 존재하는 도시였다. 또한 그럴듯해 보이는 가능성은 초기 선교사들이(이들 중 하나가 사도 도마가 파송한 아다이/다대오였을 것이다) 안디옥에서 에데사까지 연결된 주요 무역로를 따라 동쪽으로 진출했다는 것이다.

이러한 역사적 사실에 대한 확증은 100년경 에데사나 그 주변에서 기록된 솔로몬의 송가로 알려진 초기 찬송 모음집에서 찾을 수 있다. 아마도 원래는 시리아어로 기록되었을 것으로 여겨지는 이 찬송 모음집은 마흔두 편의 시들로 구성되어 있으며, 이 찬송 시들은 유대적 요소와 기독교적 요소를 모두 결합한다.[29] "예수"라는 이름은 이 시에 나오지 않지만, 작품 내내 등장하는 "메시아/그리스도"는 예수님을 가리킨다. 또한 동정녀 탄생(19.6-7), 예수님의 세례(24.1), 성육신(7.6), 부활(8.5) 그리고 그리스도의 신성(29.6)에 대한 언급들도 나온다. 약속된 메시아가 오신 것은 신약에서와 마찬가지로, 사랑, 빛, 흐르는 물 그리고 하나님의 말씀(15.10; 33.11) 등으로 묘사되고, 메시아를 통해 신자들은 영생과 사랑을 얻는다. 이 찬송 시에서 그리스도에

---

28 Tixeront, *L'église d'Édesse*, 특히 pp. 120-135를 보라.
29 James H. Charlesworth, "Odes of Solomon," *OTP* 2:725-771를 보라.

대한 언급들은 이사야 40-66장에서 나오는 주의 종을 연상시킨다.[30] 메시아의 운명은 구약의 이미지와 예언에 걸맞게, 특히 종의 사명을 성취한 것으로 묘사된다. 그리고 "고기독론"(high Christology)을 내용에 포함한 이 찬송 시는 삼위일체에 대한 두 번의 암시가 특이하게 중성적인 성격으로 나타나고,[31] 그리스도를 선재적인 하나님의 아들로 묘사하는 빌립보서 2:5-11을 연상시킨다.[32] 이 유대 기독교 문서의 기원이 에데사라는 점은 초기 기독교 선교사들이 1세기 말이나 2세기 초에 메소포타미아에 도착했을 때 그들이 전한 복음이 유대교와 양극화를 이루기보다 유대교와 좀 더 결합했음을 암시한다.[33] 하지만 이 선교사들 가운데 하나가 아다이/다대오라는 점은 확인

---

30 Odes Sol. 17.6-16; 25.5; 28.9-20; 31.6-13.
31 "아들은 잔이니,
성부는 젖을 짜셨고,
성령은 그에게 젖을 먹이신 어머니시라.
성부의 가슴이 가득 찼으니,
목적 없이 젖이 낭비되는 것이 바람직하지 않음이라.
성령은 어머니의 가슴을 열어서,
아버지의 두 가슴에서 나온 젖을 섞었고,
성령은 이 혼합물을 그들이 모르게 이 세대에게 주었도다." (Odes Sol. 19.1-5)
　이 경우에서와 같이 초기 동방에서 성령은 보통 여성적으로 묘사되었다. 아버지와 성령 모두 자신들의 가슴에서 나온 젖을 세상에 제공한다. 다른 삼위일체에 대한 암시는 Odes Sol. 23.22를 보라.
32 "생명을 주시고 (우리를) 거부하시지 않으시는 구원자
자신을 낮추신 사람
그러나 그가 자신의 의로움으로 부활하셨도다.
아버지의 온전하심을 입고서
전능자의 아들이 나타나셨도다.
그리고 말씀으로 빛을 비추셨으니
그 빛은 시간이 있기 전부터 그분 안에 있었도다.
진리 안에서 메시아는 한 분이시니
세상의 기초가 놓이기 전부터 알려진 바 되었으며,
그가 진리되신 자기 이름으로 사람들에게 영원히 생명을 주기 위함이라." (Odes Sol. 41.11-16)
Odes Sol. 32.2도 보라.
33 동방으로 기독교가 확장하기 시작하는 부분에 관해서는 Metzger, *Early Versions*, pp. 3-10; Moffett, *Christianity in Asia*, 1:45-90; Horn, Lieu, and Phenix, "Beyond the Eastern Frontier,"

할 수 없다. 그의 이름이 솔로몬의 송가에 나오지 않기 때문이다.

메소포타미아 북쪽의 초기 기독교

흑해와 카스피해 사이의 코카서스산맥 남쪽에는 콜키스와 이베리아라는 조지아의 왕국들이 있다. 그들은 자신들의 기독교 전통이 예수님의 원래 열두 사도 중 성 안드레와 열심당원이었던 성 시몬에게서 유래했다고 주장한다. 하지만 외경이든 다른 자료든 간에 이 전통을 입증해 주지 못한다. 조지아와 아르메니아에 기독교가 존재했다는 가장 초기의 확실한 증거는 3세기 무렵에야 나타난다. 기독교는 이 두 지역에서 3세기에서 7세기까지 꽃을 피웠는데 7세기에 로마제국과 페르시아의 사산왕조는 치명적인 쇠퇴를 직면하는 중이었다. 에우세비오스는 아르메니아에 기독교가 확립되었다는 증거로 300년경 계몽자 성 그레고리우스(St. Gregory the Illuminator, 대략 257년-대략 331년)의 노력으로 개종한 트르닷(티리다테스) 3세(대략 287년-330년 재위)의 이야기를 제시한다.[34]

우리는 기독교가 흑해 동쪽 연안 지역인 콜키스에 소개된 경위에 대해 아무것도 모른다. 하지만 동쪽 더 깊숙한 곳의 이베리아에서는 기독교가 니노라는 여성 그리스도인 노예를 통해 소개되었다. 콘스탄티누스 황제가 통치하던 시기에 포로가 된 니노는 조지아로 보내졌고 그곳에서 대략 330년도에 조지아 사람들과 이베리아 왕 미리안 3세를 전도했다.[35] 동쪽으로는 이

---

pp. 63-93를 보라.

34 Eusebius, *Hist. eccl.* 6.46.3. 아르메니아에서의 기독교 설립에 관해서는 Metzger, *Early Versions*, pp. 153-157를 보라.

35 니노에 대한 가장 오래된 증언은 4세기 루피누스의 기록에서 찾을 수 있다(*Hist.* 1.10). 니노를 통한 이베리아 지역의 기독교 전파와 이에 대한 문헌은 Metzger, *Early Versions*, pp. 182-184; Haas, "Caucasus," pp. 122-128를 보라.

베리아 왕국과 서쪽으로는 콜키스 왕국을 포함하는 조지아 지역은 처음에는 451년의 칼케돈 신경을 거부했지만 이후에 받아들였다. 5세기 말쯤에는 조지아 출신의 유명한 기독교 금욕주의자들이 예루살렘 근처 마르 사바의 수도원들과 시나이반도의 성 카타리나 수도원에 방문했다. 또한 그리스에서 가장 오래된 수도원이자 아토스산에 있는 이비론 수도원(즉 이베리아 사람들의 수도원)을 설립하는 데 도움을 주었다.[36] 기독교가 언제, 어떻게 처음으로 심겼는지는 확실하지 않지만, 기독교는 메소포타미아 북부 지역에 깊이 뿌리내렸다. 그 결과 아르메니아와 조지아는 둘 다 7세기와 8세기에 이슬람의 침략을 당했음에도 계속해서 기독교가 압도적으로 우세한 지역으로 남았다.[37]

페르시아

기독교는 교리 교육과 선교의 전선인 에데사와 니시비스를 통해서 페르시아(현대의 이란)에 도달한 것으로 보인다.[38] 조로아스터교(주전 6세기)와 동방교회(네스토리우스주의, 주후 5세기)의 근원지인 페르시아는 거의 모든 교부들에게 동방박사(마 2:1-12)의 고향으로 인정받았다. 교부들은 페르시아에 어떻게 기독교가 소개되었는지에 대해 아무 말도 해 주지 않는다. 동방의 다른 지역에서와 마찬가지로 그곳에 오래 정착한 유대 공동체들을 통해서 기독교를 소개받았을 가능성이 가장 커 보인다.[39] 페르시아에는 보존된 초기 기

---

36 조지아(특히 이베리아)에서 기독교에 대한 특별한 대우와 그것이 아토스산에 미친 영향은 Speake, *Athonite Commonwealth*, pp. 54-63; Trumler, *Athos*, pp. 68-77를 보라.
37 Haas, "Caucasus," pp. 111-141.
38 Frankopan은 에데사에 있는 학교에 대해 이렇게 말한다. "기독교가 전파된 동방의 초점이 되어서 문헌들, 성도들의 전기, 조언들을 쏟아 냈는데 시리아어와 에데사에서 사용되는 아람어 방언으로뿐만 아니라 페르시아어와 소그드어와 같은 다양한 다른 언어들로도 만들어 냈다." *Silk Roads*, p. 53.
39 Moffet은 이렇게 말한다. "로마제국 바깥의 아시아에 있는 기독교 집단에 대한 현존하는 가장

독교 문헌이 거의 없었지만 가장 초기의 문헌 중 하나가 3세기 후반 페르시아의 통치자 바흐람 2세가 총애했던 후궁 칸디다의 순교 이야기를 기록한다. 조로아스터교에서 개종하는 신자들이 생기기 시작했고, 자체적으로 선교 활동을 하면서 6세기 무렵에는 굳건한 교회가 페르시아에 세워졌다.[40]

인도

팔레스타인 동쪽 기독교의 기원과 확장에 대해서는 정보가 부족하다는 점이 일반적이지만, 그 예외에 해당하는 지역이 바로 인도다. 인도는 중앙아시아의 어느 지역보다 더 오랫동안 기독교의 기억을 간직한 나라다. 인도에서 기독교가 어떻게 시작되었는지에 대해서는 외경에서 공들여 설명하고 있다. 아브가르 전통에 따르면 인도의 기독교는 에데사에서 시작되었다. 사실, 시리아어를 구사하는 선교사들이 에데사에서 인도로 간 것이다. 기독교의 인도 상륙에 대한 전통은 도마행전이 그 기원이다. (메소포타미아의 두 문단짜리 아브가르와 예수 서신과는 대조적으로) 이 글은 75쪽에 이르는 책 분량의 문헌이다. 도마행전은 유다 도마의 저작으로 여겨지는데, 바로 사도 도마를 말한다. 그는 이렇게 시작한다. "[예수의 승천 이후] 우리 사도들은 모두 예루살렘에 있었다.…그리고 우리는 각자 자기 몫으로 주어진 지역과 주께서 보내신 나라로 갈 수 있도록 세상의 지역들을 나누었다."[41] 이 서론은 사도들이 단순히 로마 선교가 아니라 세계 선교를 의식했다는 사실을 입증한다. 문제의 이 유다 도마는 당연히 누가복음 6:16과 사도행전 1:13의 사도 명단에

초기의 기록에는 거의 항상 강한 유대-기독교적 색깔이 묻어난다." *Christianity in Asia*, p. 1:10.
40 Horn, Lieu, and Phenix, "Beyond the Eastern Frontier," pp. 94-109. 페르시아에서의 기독교의 영향력 있는 역할에 대해서는 Frankpan, *Silk Roads*, 3장을 다시 보라.
41 *NTApoc* 2:399에서 Acts Thom. 1.

나오는 인물이다. 여기서 "야고보의 아들[혹은 형제] 유다"는 이에 상응하는 마태복음 10:3과 마가복음 3:18의 사도 명단에서 (도마와 관련 있는) "다대오" 대신 언급되었다. 도마행전에 따르면, 인도 복음화는 유다 도마의 몫으로 정해졌는데, 그는 그곳으로 가라는 구주의 명령을 두 번이나 거부했다. 그 이후로 예수님은 유다 도마를 종으로 삼아 아반이라는 상인에게 팔았고, 그는 도마를 배에 태워 인도로 보냈다.[42] 거기서 도마는 처음에 피리 부는 어린 유대 소녀를 개종시켰고[43], 그 이후 군다포루스라는 인도의 왕도 개종시켰다.[44] 도마는 그 이후 인도 전역을 다니며 설교하고 매혹적인 기적들을 베풀었으며, 잔혹한 왕들의 부인들을 개종시키기도 했고, 연인의 다툼으로 살해당한 고결한 여인을 부활시켰으며, 심지어는 야생 당나귀들을 개종시키기도 했다. 그러자 이 당나귀들이 불신자들과 회의론자들에게 복음을 선포했다.[45] 도마는 미스데우스왕 치하에서 순교로 생을 마감했다.[46]

아마도 3세기에 기록된 것으로 여겨지는 도마행전은 사람들이 좋아할 만한 이야기들과, 지루한 여담들, 말도 안 되는 이야기들과 가끔씩 그럴듯한 역사적 사건들을 길게 짜깁기해서 만들어 낸 영웅전이다. 역사적으로 사실일 법한 내용 중 하나는 1세기에, (유다) 도마가 인도에 갔고 거기서 왕을 개종시키고 순교했다는 것이다. 4세기 증인들은 이 내용을 골격으로 삼은 전통을 되풀이하고 받아들였다. 그 전통을 긍정한 이들로는 시리아인 에프렘, 나지안주스의 그레고리우스, 루피누스, 히에로니무스 그리고 놀라의 파울리누스가 있다. 다른 요소들도 이 뼈대 있는 전통을 기린다. 1세기에 레반트에서 인도로 여행하는 일은 생각보다 더 흔했다. 기독교 선교사가 바닷길이나

---

42 Acts Thom. 1-4.
43 Acts Thom. 5-8.
44 Acts Thom. 17-29.
45 Acts Thom. 30-158.
46 Acts Thom. 159-170.

실크로드를 따른 육로로 페르시아에 진출하는 것은 놀랄 만한 일이 아니었다.[47] 더욱이 군다포루스왕은 1세기 중반 인도를 지배했던 역사적 군주였다.

『사도 교회 규범』(Didascalia apostolorum)은 250년경에 (아마도 에데사에서) 시리아어로 기록되었는데, 이 자료는 도마에 의해 인도에 복음이 전파되었음을 확증해 준다. 『사도 교회 규범』은 복음이 다양한 증인들에 의해 여러 종착지로 퍼져 나간 연대기를 담았다. 야고보는 예루살렘으로, 마가는 이집트로, 베드로는 시리아와 로마로 그리고 도마는 인도로 간 내용이 실려 있다. 도마의 경우에 대해, 신약에서는 기록을 남기지 않았지만, 『사도 교회 규범』은 이렇게 주장한다. "인도와 인도의 모든 나라들, 그리고 가장 먼 바다까지 국경을 접하고 있는 지역들이 유다 도마에게서 사도의 제사장적 도움을 받았고 그는 그곳에 세운 교회에서 안내자이자 지도자였다."[48] 이 자료들이 도마행전 서사 구조의 진실성을 증명해 주지는 않지만, 진실일 가능성을 더 높여 주기는 한다. 남부 인도의 교회는 앞에서 설명한 내용을 골격으로 한 서사를 열렬히 받아들였고 사도 도마에 의해 자신들의 교회가 1세기에 설립되었음을 이야기와 노래로 기념한다.[49]

동쪽 더 멀리

기독교가 1세기에 인도에서 더 동쪽으로 진출했는지의 여부는 우리가 말할 수 없다. 우리가 아는 것은 고대 후기에 주로 네스토리우스 문헌들이 문서

---

47 Lieu and Parry, "Deep into Asia," pp. 173-177. 13세기에 마르코 폴로는 바그다드와 인도 사이의 바닷길이 "17일 동안 항해해야 할" 거리라고 계산했다. Komroff, *Travels of Marco Polo*, 1권, 6장을 보라.
48 Moffett, *Christianity in Asia*, 1:33에서 인용했다.
49 도마행전에 대한 많은 정보를 주는 충분한 논의, 그리고 도마행전과 인도 교회 설립 사이의 연관성은 Moffett, *Christianity in Asia*, 1:24-44를 보라.

로 기록되었던 중앙아시아 동튀르키스탄에서, 기독교 공동체가 실크로드를 따라 생겨났다는 점이다. 동튀르키스탄의 소그드어(Sogdian language)는 중앙아시아에서 공용어로 사용되었는데 이것은 헬라어가 고대 지중해에서 했던 역할과 규모만 좀 더 작을 뿐 역할은 비슷하다. 가장 오래된 소그드 문헌은 7세기에 작성된 것으로 추정된다. 그러나 이 안에 신약의 복음서와 서신서들, 헤르마스의 목자서, 예배 및 교회와 관련된 내용들을 포함한 방대한 문헌들이 있었던 점을 고려해 보면 기독교가 동튀르키스탄에 소개된 때는 7세기보다 상당히 이른 시점으로 추측된다.[50] 실크로드는 소그디아나에서부터 동쪽으로 중국까지 이어지는데, 기록으로 남아 있는 가장 초기의 그리스도인 알루오벤(시리아어로 '선생'을 의미한다)이라는 알맞은 이름을 가진 시리아어 선생이었다. 시리아 교회는 알루오벤이 635년에 중국에 이르렀을 때 기독교의 중국 진출을 공식적으로 환호했다.[51]

남쪽으로 이집트까지 진출한 기독교

교회의 동방 확장이라는 주제 위에 드리운 똑같은 불확실성의 구름에 가려 이집트와 북아프리카 기독교의 초기 역사도 불투명하다.[52] 기독교 시대가 시작되고 처음 2세기 동안 우리는 복음이 어떻게 알렉산드리아로 확장되었는지, 그리고 알렉산드리아에서 나일강 상류 남쪽으로는 어떻게 확장되었는지, 혹은 북아프리카를 가로지르는 서쪽으로는 어떻게 확장되었는지에 대해 확실하게 아는 바가 거의 없다. 하지만 문헌이 부족한 이곳의 현실

---

50 Metzger, *Early Versions*, pp. 279-281를 보라.
51 Lieu and Parry, "Deep into Asia," pp. 159-171.
52 이에 대해 더 후대 시기의 희박하고 종종 출처가 불분명한 자료들은 Choat et al., "World of the Nile"을 보라.

은 기독교가 동쪽으로 확장된 경우보다 더 당혹스럽다. 왜냐하면 이집트는 팔레스타인과 지리적·역사적·문화적으로 친밀한 관계를 맺어 왔기 때문이다. 아돌프 하르나크는 이런 현실에 괴로워하며 이렇게 말한다. "알렉산드리아와 이집트의 기독교에 대해 우리는 거의 아무것도 모른다고 할 정도다. 이런 완전한 무지는 초기 교회사에 대한 지식을 쌓아 가는 데 가장 괴로운 결점이다."[53]

옥타비아누스는 주전 31년 악티움해전에서 마르쿠스 안토니우스와 클레오파트라를 무찌른 다음 해에 이집트를 로마제국에 합병했다. 따라서 이집트에 기독교가 소개되기 전에 거의 1세기 동안 이집트는 로마제국의 일부였다. 이집트와 팔레스타인의 종교적 유대 관계는 물론 이보다 훨씬 더 오래되었다. 역사적으로 말하면, 이집트는 이스라엘인이 피난처로 삼을 때 예측할 수 있는 장소였다. 기근을 피하려 했던 아브라함(창 12:10)과 야곱의 아들들(창 42장)에서부터, 헤롯의 분노를 피하기 위한 예수님 가족들의 탈출(마 2:13-23)에 이르기까지 이 사실을 보여 준다. 고고학자들은 최근 나일강 상류로 1,000킬로미터 정도 떨어져 있는 (오늘날 아스완댐이 위치한) 엘레판티네 섬에서 주전 5세기에 존재했던 것으로 추정되는 유대 식민지들에 대한 증거를 발견했다.[54] 아리스테아스의 편지에는 주전 3세기에 10만 명의 유대인들이 이집트에 다시 정착했으며, 이들 중 3분의 1은 땅 전역에 흩어졌다고 기록되어 있다.[55] 이 편지는 또한 유대인이 재정착한 이후 헬라어를 구사하는 소수의 이집트 유대인들을 위해 히브리어 구약성경을 헬라어 칠십인역으로 번역한 사건을 기록한다. 가장 작품을 많이 낸 기독교 이전 시대의 유

---

53 Harnack, *Mission und Ausbreitung*, 2:706-707(저자 사역). Harnack의 절망은 Hengel, *Studien zum Urchristentum*, p. 332의 말에서도 메아리친다. "알렉산드리아와 이집트에서 이루어진 기독교 선교에 대한 1세기 기록이 하나도 없다는 점은 완전한 수수께끼다"(저자 사역).
54 Van der Toorn, "Egyptian Papyrus Sheds New Light," pp. 34-35.
55 Let. Aris. 13.

대인 저자이며 예수님과 동시대 인물인 필론(대략 주전 20년-대략 주후 50년)은 알렉산드리아 출신이었다. 신약에서 누가는 이집트인들, 리비아인들, 구레네인들이 오순절 때 예루살렘에 있었다고 기록한다(행 2:10). 브리스길라와 아굴라에게 개인 교습을 받은 초기 기독교 선교사 아볼로도 알렉산드리아 출신이었다(행 18:24-28). 에티오피아 여왕의 재정 장관이 빌립에 의해 개종한 사건(행 8:24-40)은 기독교를 이집트와 이웃한 남쪽 나라와 연결해 준다. 히브리서에서 이집트에 대한 잦은 언급[56]을 수준 높은 헬라어, 유대교보다 기독교가 탁월하다는 철저한 논증과 결합해 생각해 보면, 히브리서가 겨냥한 독자는 알렉산드리아의 유대 지식인들일 가능성이 크다. 바나바서신 또한 알렉산드리아와 연관성이 있을지도 모른다. 이 서신에는 알레고리가 가득하기 때문이다(알레고리는 알렉산드리아 문학의 특징이었다). 알렉산드리아의 클레멘스는 사실상 바나바서에 대한 가장 최초의 증인이다.[57] 그리고 팔레스타인 연안 가이사랴 마리티마의 항구는 알렉산드리아에서 로마로 가는 항로의 첫 번째 정류장이었다. 바로 이 항구에서 바울이 알렉산드리아에서 로마로 가는 곡물선에 죄수로 승선했다(행 27:1-2).

이 모든 요소가 이집트, 특히 알렉산드리아를 이스라엘과 동일한 지리적·역사적·종교적·제국적인 맥락으로 연결해 준다. 이 밀접한 관련성을 고려할 때, 이집트의 기독교 기원에 관한 문헌이 부족하다는 사실은 더욱더 당혹스럽다. 학자들은 이 결핍을 다양한 방식으로 설명하려고 노력했다. 1930년대에 월터 바우어(Walter Bauer)는 초기에 알렉산드리아 기독교는 압도적으로 영지주의적이었고, 그래서 이후의 정교회 신학자들이 이단을 제거하기 위해 알렉산드리아 기독교의 초기 역사도 삭제했다고 주장했다.[58] 다소

---

56 히 3:16; 8:9; 11:22-29.
57 Homes, *Apostolic Fathers*, pp. 372-373.
58 Bauer, *Rechtgläubigkeit und Ketzerei*, pp. 49-64. 영역본은 Bauer, *Orthodoxy and Heresy*를 보라.

음모론적인 이 이론은 대체로 거의 근거가 없다. 물리적 유물은 이 주장을 뒷받침하지 않는다. 이집트 현장에서 발굴된 다양한 파피루스와 코덱스 파편들은 넓게 보아도, 2세기의 유물이라고 추정할 수 있기 때문이다. 비록 이들의 내용이 종종 이단적이긴 하지만, 바우어가 논증한 바와 같이 두드러지게 영지주의적 성격을 나타내지는 않는다.[59] 더 실제적인 설명을 뒷받침하는 역사적인 증거가 있다. 주후 115년 트라야누스 황제 치하에서 이집트에서 발생했던 유대 반란에 대한 보복으로 117년 알렉산드리아에 대규모 파괴가 감행된 것이다.[60] 이 보복은 사실상 이집트에 있는 유대 공동체를 전멸시켰다. 만약 그리스도인들이 더 큰 유대 공동체 내에서 소수 집단을 형성했다면 유대 공동체가 파괴되면서 그들 또한 함께 멸망했을 것이다.[61]

처음으로 북아프리카 복음화에 관해 구체적인 언급이 이루어진 시기는 4세기까지 거슬러 올라간다. 에우세비오스[62]와 히에로니무스[63] 모두 전도자 마가가 베드로의 요청으로 로마에서 복음서를 기록한 후 알렉산드리아에 가져갔으며, 그곳에서 금욕주의 성격의 큰 기독교 공동체들을 형성한 것으로 기록한다. 이 전통은 4세기보다 오래되었다. 에우세비오스[64]와 히에로니무스[65] 모두 이 전통의 기원을 2세기 알렉산드리아의 클레멘스와, 그보다 좀 더 이른 2세기에 살았던 파피아스로 보기 때문이다. 클레멘스는 유대 밖에 세워진 기독교의 초창기 근거지를 안디옥의 오론테스로 여긴다. 이곳에서부터 신앙이 금방 남쪽으로 퍼져서 나일 삼각주에 도달하고 거기서 아볼

Bauer의 논증에 대한 비판은 Hartog, *Orthodoxy and Heresy*, 특히 pp. 6-33, 60-88를 보라.
59   Choat et al., "World of the Nile," p. 190.
60   Eusebius, *Hist. eccl.* 4.2.
61   Choat et al., "World of the Nile," p. 207; Birger A. Pearson, "Alexandria," *ABD* 1:153.
62   *Hist. eccl.* 2.16.1-2.
63   *Vir. ill.* 8.3.
64   *Hist. eccl.* 2.15.2.
65   *Vir. ill.* 8.1.

로와 전도자 성 마가가 사역했던 알렉산드리아가 기독교 교육의 초기 중심지가 된다.[66] 우리가 보았듯이 기독교는 이미 40년대에 안디옥에서 기반을 잡았기에 "금방" 알렉산드리아로 퍼져 나갔다는 말은 아마도 1세기 중반에는 기독교가 이집트에 도달했다는 뜻이 된다. 2세기에 이집트에 기독교가 있었다는 고고학적 증거나 비문 같은 것도 없었다. 사실 4세기 이전의 증거는 그 무엇도 없다. 그럼에도 불구하고 알렉산드리아에 번창한 클레멘스(대략 150년-대략 220년)와 오리게네스(185-254년)의 교리문답 학교, 나그 함마디와 옥시링쿠스의 모래 속에서 복원된 기독교와 유사 기독교 문서들 그리고 2세기 말쯤에 이미 자리 잡힌 데메드리오의 교구, 이 모든 것은 2세기 이집트에서 기독교가 활기를 띠었다는 사실을 입증한다. 이런 현상은 하룻밤 만에 생겨나지 않는다. 이 모든 것이 위에서 주목했던 클레멘스의 주장에 설득력을 더해 준다. 즉 기독교가 안디옥에 전파된 후 얼마 지나지 않은 1세기에 이집트에 도달했다는 주장에 힘을 실어 준다.

북아프리카

로마는 주전 146년부터 주후 439년까지 거의 6세기 동안 북아프리카를 다스렸다. 이 기간에 팍스 로마나로 인해 지중해의 남쪽 가장자리 지역은 놀랄 만한 번영을 누렸다. 주전 31년 악티움해전에서 옥타비아누스가 마르쿠스 안토니우스와 클레오파트라에 승리를 거둔 후, 그는 카이사르 아우구스투스라는 황제적 지위 전권을 사용해 새로운 세상의 질서를 구축했다. 거대

---

66 A Cleveland Coxe, "Introductory Note to Clement of Alexandria," *ANF* 2:165의 화려한 묘사를 보라. "알렉산드리아는 기독교 세계의 두뇌가 된다. 그 심장은 아직 안디옥에서 뛰고 있었지만, 서양은 더 심오한 깨달음을 얻기 위해 떠오르는 해를 향해 그 손과 팔을 뻗은 채 여전히 복음을 받아들일 뿐이었다. 동양에서부터 성경과 정통성을 인정받았고, 같은 원천으로부터 정경, 전례, 기독교의 신조를 도출했다."

한 공공사업 프로젝트를 시작했고 핵심적 도시들을 개발했다. 북아프리카의 옛 수도였던 카르타고는 아우구스투스의 사치스러운 선물을 마음껏 누렸다. 예수님이 탄생하시기 전부터 카르타고는 헬레니즘을 선도하는 중요한 도시였다. 이 안에 극장, (음악 공연을 위한) 음악당, 목욕탕, 로마식 포럼, 원형경기장 그리고 남쪽에 있는 산의 상류로부터 해안 지방의 수도로 물을 흘러내리게 하는 120킬로미터 길이의 수로가 설치되었다. 반세기 후 네로 황제(54-68년 재위)는 아우구스투스의 선물을 누리는 수혜 지역을 카르타고라는 특정 도시에서 북아프리카 전체로 확대했고 이 지역을 제국의 곡창지대로 지정했다.[67]

북아프리카에 그리스도인이 있었다는 가장 초기의 물질적 증거는 2세기 후반의 것으로 추정된다. 하지만 지중해 지역에 있었던 평화, 경제적 번영, 자리를 잡은 무역로들을 고려할 때, 기독교는 북아프리카에서 훨씬 더 이른 시기에 자리를 잡았을 것이다. 사실 아프리카 북쪽 해안(현대의 리비아)의 구레네 출신의 전도자들에 대한 누가의 언급은(행 11:20) 이미 1세기에 북아프리카에 그리스도인들이 있었음을 암시한다. 영웅적인 기독교 순교 이야기인 스킬리움 순교록은 북아프리카 교회에 관한 가장 오래된 문서이며 기독교가 전파된 북아프리카에서 가장 오래된 라틴어 문서다. 이 순교자들의 마을인 스킬리는 카르타고 서쪽의 누미디아에 위치했을 가능성이 가장 크다. 180년 7월 17일, 북아프리카의 로마 총독인 비겔리우스 사투르니누스는 열두 명의 그리스도인들(일곱 명의 남성과 다섯 명의 여성)을 카르타고에 있는 자신의 법정에 세웠다. 기독교를 해로운 미신으로 여긴 총독은 그들에게 기독교를 버리고 "건전한 정신을 회복해서" "우리 주 황제의 탁월함"에 맹세하

67　북아프리카와 그곳에서 기독교의 기원에 대해서는 Merdinger, "Roman North Africa," pp. 223-260를 보라.

고 로마의 관습들과 성스러운 의식들을 더 이상 소홀히 하지 말라고 명했다. 피의자들의 대변인인 스페라투스는 자신과 이들이 아무 범죄도 저지르지 않았고 못된 짓이나 못된 말도 하지 않았으며 부과된 모든 세금을 납부했다고 공언했다. 그는 가혹한 처우를 당할 때조차 "[우리는] 우리의 황제에게 주의를 기울인다"라고 사실상 주장했다. 이 말에 감명을 받지 못한 총독은 그들에게 "어리석은 짓"을 그만두라고 명령했고, 이에 대해 한 사람이 대답했다. "우리는 하나님 외에는 아무도 두려워하지 않습니다." 한 여성이 이렇게 선포했다. "우리는 카이사르를 카이사르로 존경하지만 하나님을 두려워합니다." 다른 여성은 이렇게 말했다. "내가 되고 싶은 모습은 바로 지금의 나입니다." 또 다른 여성이 외쳤다. "나는 그리스도인입니다." 열두 명 모두가 비슷하게 고백했다. "스페라투스가 품에 안고 있는 것이 무엇인가?" 총독이 물었다. "책들과 바울의 서신들입니다. 그는 그저 한 인간입니다"라는 대답이 돌아왔다. 총독은 신자들이 결정을 재고하도록 30일의 기회를 주었다. 그러나 그들은 그 제안을 거절했다. 재고할 것이 전혀 없었다. 사투르니누스는 그들 모두를 같은 날에 칼로 베었다. "하나님께 감사드립니다." 그들은 선포했다. "오늘 우리는 하늘에서 순교자로 만날 것입니다." 이야기는 이렇게 마무리된다. "그리하여 그들 모두에게 순교의 왕관이 씌워졌다."[68]

이 극적인 이야기는 초기 북아프리카 기독교에 대한 몇 가지 통찰을 제공한다. 기독교는 카르타고에서 순교자의 고향인 스킬리라는 시골 지역으로 퍼졌을 것으로 추정된다. 이는 180년이 되기 30-40년 전에 카르타고에 기독교가 존재했음을 가정한다. 피의자들 가운데 다섯 명은 여성이었는데, 이

---

68 서론과 영어 번역은, Andrew Rutherfurd, "The Passion of the Scillitan Martyrs," *ANF* 10:281-285를 보라. 라틴어 원본과 영어 번역본은 Gwatkin, Selections from Early Writers, pp. 79-83에서 찾을 수 있다. 스킬리움 순교자들에 대한 심화된 논의는, Merdinger, "Roman North Africa," pp. 233-234; Bauer, *Anfänge der Christenheit*, pp. 161-162; Quasten, *Patrology*, 1:178-179를 보라.

야기 속에서 그들의 증언은 남성들의 증언들과 동등하게 받아들여진다. 이는 그들 사이에 어느 정도의 성 평등이 있었음을 암시한다. 순교자들의 이름 중에 아홉 개의 라틴어 이름과 세 개의 베르베르어 이름이 있었다는 사실 또한 기독교 신앙이 로마인과 토착민 모두에게 받아들여졌음을 암시한다.[69] 스페라투스가 가지고 있던 "책들과 바울의 서신들"도 주목할 만하다. 이들은 기독교 글 중에 바울서신을 원형적 정경의 지위를 가진 문서로 구별하고 또한 스킬리움 순교자들을 규범적인 기독교와 동일하게 여기는 듯하다.[70] 이뿐 아니라, 스페라투스가 소유한 문서들을 두루마리(volumen)가 아닌 책(libri)으로 불렀는데, 이것은 코덱스 혹은 책의 형태임을 암시한다. 이 주제는 14장에서 다룰 생각이다. 스페라투스가 자신이 가진 기독교 문서들을 버리기를 거부한 이유는 성경을 제국의 권력자들에게 넘겨줌으로써 믿음을 부인하는 짓을 하지 않겠다는 결심의 표현이었을 것이다. 그 문서들을 넘겨주지 않았기 때문에 그는 순교를 당할 수밖에 없었다. 그리스도인이 따를 수 있는 정치적인 주장과 그럴 수 없는 정치적인 주장을 스페라투스가 명확하게 구별한다는 점은 기독교 신앙 앞에서 로마의 지배 세력들이 할 수 있는 합법적 주장과 불법적인 주장들에 대해 스킬리움 순교자들이 제대로 배웠다는 사실을 보여 준다.

요약

이 장을 마지막으로 예루살렘에서 열방으로 뻗어 나간 복음의 최초 확장

---

[69] 라틴어 이름을 가진 아홉 명의 순교자들은 리더인 스페라투스(남), 도나타(여), 베스티아(여), 세쿤다(여), 펠릭스(남), 아길리누스(남), 라이탄티우스(여), 야누아리아(여), 게네로사(여)다. 베르베르어 이름을 가진 세 명의 순교자들은 나르트잘루스(남), 키타누스(남), 베투리우스(남)다.
[70] 정경으로서 바울서신의 원형적 지위는 벧후 3:15-16에도 암시된다.

에 대한 2부에 걸친 조사가 마무리된다. 서너 가지 면에서 예루살렘에서 시작되어 동부와 남부로 진행된 복음의 확장은 우리가 지난 장에서 살펴보았던 예루살렘에서 로마로의 확장과 비슷하다. 가장 중요한 점은, 복음은 분명히 안디옥에서부터 동쪽과 남쪽으로 이동했는데, 이 이동은 로마로의 서쪽 확장과 동시에 발생했으며, 이 서쪽의 확장에 관해 더 많은 기록이 남아 있다는 사실이다. 모든 방향으로 진행된 복음의 확장은 팍스 로마나를 통해 제공된 정치적·사회적 안정의 덕을 보았다. 초기 기독교 전도자들은 모두 최소한 처음에는 가장 최초로 복음을 받아들인 수혜자로서 유대인과의 연계를 활용했고, 또한 회당과의 연계를 기독교 선교의 출발점으로 삼았다. 그리고 모든 기독교 선교는, 종착점이 어디든 간에 도시 문화와 강한 동질감을 형성했다.

하지만 이 공통점들을 제외하면 예루살렘과 로마의 경로 바깥에 있는 기독교의 모습은 서너 가지 독특한 특징들을 나타낸다. 예루살렘과 로마의 경로에서 활약한, 이름이 알려진 1세기 그리스도인들이 100명 이상인 것과 대조적으로, 그 외 다른 모든 방향들에 나오는 기독교 선교와 관련된 인물로 거론되는 이름들은 약 20명 이하로, 이들 중 절반은 스킬리움 순교자들이다. 하지만 이 20명가량의 이름도 전부 역사적으로 확인할 수는 없으며, 확인된 스킬리움 순교자의 이름도 2세기 말로 거슬러 올라간다. 서쪽으로 진행된 기독교 확산과 관련된 정보는 흘러넘치는 반면, 다른 모든 방향으로 진행된 기독교 확산에 관한 자료는 훨씬 더 적고, 시기도 후대이며, 출처도 불분명할 때가 많다. 결과적으로 틈새와 미완성으로 가득 찬 얼룩덜룩한 기록만 남았다.

동방에서 이루어진 복음의 확장에는 다른 어떤 연결 망보다 실크로드가 더 확실한 영향을 끼쳤다. 그리고 실크로드는 복음의 확장을 상인 계층과 무역과 연계시켰다. 사실 이번 장에 나온 서너 개의 이름들은 상인의 이름이다. 동쪽으로 진행된 복음의 확장 단계에서는 또한 헬라어가 아닌 시리아어를 공용어로 채택했고, 그 이후부터는 동방의 다양한 문화, 종교, 인종, 지리와 관련된 수많은 언어도 받아들여야 했다. 이와 대조적으로 서양의 교회는 동방보다 더 균질한 그리스-로마 문화를 복음과 통합해 낼 수 있었다. 그리고 북아프리카의 교회도 여기에 해당한다. 복음이 동쪽으로 확장되면서 교회는 더 먼 거리와 더 큰 다양성에 직면했다. 그래서 처음에는 다원주의적 환경에서 생존하면서 신앙을 전파해야 했다. 이런 상황은 오늘날에도 여전히 마찬가지다.

4
히브리어에서 헬라어로

1세기 기독교 언어에 관한 가장 놀라운 아이러니는 예수님과 그분의 갈릴리 제자들이 히브리어와 아람어로 쓰인 셈족어 경전으로만 양육받았음에도 1세기 예수 운동에 관한 문서 중 히브리어나 아람어로 기록된 것이 하나도 없다는 사실이다. 모든 1세기 기독교 문서들은 헬라어로, 오직 헬라어로만 기록되었다. 셈족어를 매개로 한 신앙에서 헬라어를 매개로 한 신앙으로 전 세계적인 전환이 일어나는 상황이 이 장의 주제다.

1세기 유대교에서 히브리어와 아람어의 지위

히브리어와 아람어는 밀접한 형제 언어로 똑같은 알파벳을 공유한다. 세 번째 형제에 해당하는 시리아어는 변형된 필기체로 기록되는 아람어 방언이다. 이 세 언어 모두 오른쪽에서 왼쪽으로 쓰인다. 시리아어는 신약성경이 번역된 첫 번째 언어지만, 2세기에 만들어진 시리아 번역본은 우리가 현재 다루는 범위를 넘어선다.[1] 히브리어와 아람어가 동족 언어에 속하기는 하지만 아람어는 유독 유대교에서만 특징적으로 사용되는 언어는 아니었다.

1,000년 동안 아람어는 고대 근동 전역에서 많은 방언으로 사용되었다. 반면 히브리어는 특히 거의 유대인들에게만 독특하게 사용된 언어였다.² 열왕기하에는 앗시리아가 예루살렘을 점령했을(대략 주전 701년) 당시의 히브리어와 아람어의 상태를 조명하는 언급들이 나온다. 히브리어는 그때 당시 예루살렘에서 통용되던 언어였다. 예루살렘의 지도자들은 예루살렘을 포위한 산헤립의 장군에게 사람들이 알아듣지 못하도록 히브리어가 아닌 아람어로 말하기를 간청했다. 하지만 그것은 소용없는 계략이었다. 그 장군은 비웃으며 이렇게 말했다. "내 주께서 네 주와 네게만 이 말을 하라고 나를 보내신 것이냐? 성 위에 앉은 사람들도 너희와 함께 자기의 대변을 먹게 하고 자기의 소변을 마시게 하신 것이 아니냐?"(18:27) 하지만 기독교 시대가 되자 팔레스타인의 상황은 뒤집혔고 히브리어보다 아람어가 더 널리 사용되었다. 헬라어 신약성경에 가끔 아람어 단어와 구절이 나온다는 사실은 아람어가 예수님 시대에 통용어였음을 입증한다.³ 2004년에 개봉한 영화, "패션 오브 크라이스트"(The Passion of Christ)는 (최소한 언어에 관해) 역사적 정확성을 위해 (로마 관료들이 구사한 라틴어를 제외하고) 모든 대화를 아람어로 표현했다.

---

1 Burkitt, *Early Eastern Christianity*, pp. 1-43에 따르면, 시리아 번역본을 만든 메소포타미아 교회들은 "로마제국의 바깥 영역에 뿌리를" 둔 초기 기독교의 한 가지를 형성한다(p. vii). 시리아어와 아람어의 관계에 대해서는 J. F. Healey, "Script, Syriac," *GEDSH* pp. 363-364를 보라.
2 주전 3세기 인도의 불교 신자 아소카 황제가 칙령을 산스크리트어로뿐만 아니라 아람어와 헬라어로도 공포하기로 결정한 사실은 고대 근동에서 아람어가 광범위하게 사용되었음을 의미한다.
3 신약성경에 나오는 아람어에는 다음의 경우들이 있다. "소녀야 일어나라"(막 5:41)라는 뜻의 달리다굼(*talitha koum*); "열리라"(막 7:34)라는 뜻의 에바다(*ephphatha*); "아바"(막 14:36)라는 뜻의 아바(*Abba*); "골고다"(막 15:22)를 뜻하는 골고다(*Golgotha*); "나의 하나님, 나의 하나님, 어찌하여 나를 버리셨나이까"(막 15:34; 마 27:46)를 뜻하는 엘리 엘리 라마 사박다니(*Elōi elōi lema sabachthani*); "베드로"(요 1:42; 그리고 고린도전서와 갈라디아서에서 베드로의 아람어 이름을 여덟 번 언급한다)를 뜻하는 게바(*Kēphas*); "우리 주여 오시옵소서"(고전 16:22)를 뜻하는 마라나타(*Marana tha*).

그러나 아람어는 1세기 팔레스타인에서 사용된 유일한 언어는 아니었다. 3세기 전 알렉산드로스대왕이 광범위한 영토를 정복한 이래로 헬라어는 근동 지역의 다른 토착어들을 점차 넘어섰고 1세기에 들어서는 로마제국 전역의 표준어가 되었다. 토착 헬라어와 이보다 더 커다란 헬라 문화는 유대인들에게 큰 영향을 주었는데, 디아스포라 유대인과 팔레스타인에 거주하는 유대인이 모두 영향을 받았다. 실제로, 기독교에 영향을 끼친 '유대교'의 상당 부분은 어느 정도는 헬라 문화의 영향을 받았다. 예를 들어, 우리는 알렉산드리아의 영향력 있는 큰 규모의 인구를 구성한 유대인들이 어떻게 히브리어 성경을 헬라어로 번역한 칠십인역을 만들어 냈는지에 주목했다. 그것은 주전 3세기쯤에 이들의 헬라어 구사력이 히브리어 구사력을 넘어섰기 때문이다.[4] 헬라어는 다른 유대 문헌들에도 뿌리를 내렸다. 구약의 외경[5]과 위경[6]에 나오는 많은 문서는 헬라어로만 현존한다. 아이러니하게도 마카베오1서와 2서는 셀레우코스 헬레니즘의 맹공격으로부터 유대 팔레스타인을 성공적으로 지켜 낸 이야기지만, 더 이상 히브리어로 존재하지 않고 헬라어로만 남아 있다.[7] 1세기 때 두 명의 주요한 유대인 작가인 필론과 요세

---

4 유대 전통에 따르면 약 일흔 명의 번역자들이 알렉산드리아 도서관에 소장하기 위해 히브리어 성경의 헬라어 번역본을 만들었다. 이 작업은 주전 3세기에 시작되어 주전 2세기에 마무리되었다. 이 번역본의 라틴어 이름, "셉투아긴트"('칠십인역'이라는 뜻의 Septuagint는 LXX라고 축약되어 표기된다)는 일흔 명의 번역자들을 나타내는 말이다. 칠십인역에는 히브리어 구약성경에는 없는 몇 개의 책들이 포함되어 있다(다음 각주에 나오는 '외경'을 보라). 칠십인역은 헬라어를 구사하는 유대인들과 초기 그리스도인들이 일차적으로 사용한 성경 버전이 되었다. 칠십인역의 제작 과정에 대한 전통적인 설명은 '아리스테아스의 편지'를 보라(*OTP* 2:7-34).
5 '외경'('숨겨진'이라는 뜻)이라는 단어는 칠십인역이라는 헬라어 구약성경에 포함된 책들 중, 히브리어 구약성경 서른아홉 권에는 없는 것들을 가리킨다. 외경은 전통적으로 에스드라1서와 2서, 토비트, 유디트, 에스더에 추가된 장들, 솔로몬의 지혜서, 집회서(벤시락의 지혜), 바룩, 예레미야의 편지, 수산나, 벨과 용, 므낫세의 기도 그리고 마카베오1서와 2서를 포함한다.
6 "거짓으로 명명되었다"라는 뜻의 '위경'이라는 단어는 책의 권위를 높이기 위해 원저자가 아닌 다른 저자의 저작으로 표시된 글들을 가리킨다. 위경에 포함된 다양한 유대 문헌들은 주전 바로 몇 세기 동안과 주후에 기록된 문헌들로 구약이나 외경에 포함되지 않는다.
7 마카베오1서는 원래 히브리어로 지어졌을 수 있지만 헬라어로 가장 널리 퍼지고 읽혔다.

푸스 모두 헬라어로 글을 썼다. 갈릴리에 많은 이방인이 밀집해 정착하면서 헬라어가 갈릴리에 상당히 침투했다. 그래서 "이방인들의 갈릴리"라는 표현이 생겼다.[8] 예루살렘은 다중 언어가 사용되는 도시였다. 빌라도가 예수님의 십자가 위에 "히브리와 로마와 헬라 말"로 쓰인 패를 붙였다는 기록이 이에 대한 증거다(요 19:19-20). 패에 새겨진 "히브리 말"은 아람어를 뜻할 텐데, 히브리어, 아람어, 헬라어 모두 오늘날 우리가 "길거리 언어"라고 부르는 언어였다.[9] 반면, 라틴어는 아마도 가이사랴와 예루살렘의 로마인 거주 지역에 한정되었을 것이며, 팔레스타인에서 널리 사용되지는 않았을 것이다.

아람어는 1세기 팔레스타인의 가정과 시장에서 사용하는 언어였다. 하지만 사람들이 가끔 가정하듯 유대인들의 유일한 소통 수단은 아니었다. 히브리어는 여전히 유대 종교 문화의 언어, 특히 **문자로 기록된** 종교 문화 언어의 지위를 유지하고 있었다.[10] 현재는 아주 적은 수의 1세기 아람어 문헌만 남아 있고, 심지어 아람어보다 헬라어로 기록된 유대 종교 문헌들이 더 많다.[11] 현존하는 가장 흔한 아람어 문헌은 '탈굼'(targums)으로 알려진 히브리어 성경의 아람어 번역본들이다. 히브리어 성경을 번역하거나 더 쉽게 의역한 이 문헌들은 히브리어 원문만큼 권위 있는 경전으로 여겨지지 않는다.

---

8 사 9:1; 마카베오1서 5:15; 마 4:15.
9 요 19:20의 "헤브라이스티"(*Hebraisti*)라는 단어는 아마도 아람어보다는 히브리어를 가리킬 것이다. 칠십인역에 나오는 히브리어(헬라어. *Hebraisti*)와 아람어(헬라어. *Syristi*)의 차이에 대해서는 왕하 18:26; 사 36:11; 단 2:4; 스 4:7을 보라. 또한 요세푸스의 *Ant*. 10.8도 보라.
10 Edward Cook, "Aramaic," *EDEJ* pp. 360-362는 "유대인들 사이에 소통할 때는" 대부분 아람어가 '기본' 언어로 사용되며, 히브리어는 시, 법률 문서, 신학, 성경 주석의 언어로 사용된다고 말한다.
11 랍비들은 일반적으로 아람어를 종교 문헌에 사용하기에는 "비격식적"이라고 생각했다. 예를 들어, *m. Meg.* 1:8과 *m. Git.* 9:6, 8 모두 히브리어 결혼 증서와 이혼 증서를 헬라어로 번역한 것은 인정하지만 아람어로 번역한 것은 인정하지 않는다(Rabin, "Hebrew and Aramaic," 2:1033-1037). Treu, "Die Bedeutung des Griechischen," p. 133는 유대 현인들이 아람 번역보다 헬라어 번역을 선호했다는 점에 주목한다. 아람어 번역은 일반적으로 더 열등하고 저속한 것으로 여겨졌다.

영감을 받아들여 유대 성경으로 여겨지려면 "앗시리아 문자(=히브리어)로 가죽 위에 잉크로 기록되어야" 한다.[12] 성스러운 경전은 "거룩한 언어"(히브리어)로 읽혀야 한다는 미쉬나의 지침에 따라, 성전과 회당에서 드리는 찬양과 예배는 히브리어를 사용하도록 결정되었다.[13] 성구 두루마리를 넣는 작은 상자인 테필린과 같은 종교적 물건에도 히브리어 텍스트를 사용해야 했다. 또한 히브리어 비문들은 주후 시대에 접어든 후에도 오랫동안 유대 납골당과 회당에 등장한다.[14] 주전 5세기의 바빌로니아 유수 시기부터 주후 6세기의 『바빌론 탈무드』가 제작될 때까지 1,000년이 완전히 지난 후 기록된 사실상 현존하는 모든 유대 경전들은 히브리어로 쓰였다. 구약성경도 여기에 해당하고(아람어로 쓰인 소수의 부분을 제외하고),[15] 대부분의 사해사본들, 2세기 때 쓰인 다수의 바르 코크바 서신들, 2세기 때 기록된 미쉬나 전부와 이와 평행을 이루는 더 긴 토세프타(Tosefta, 팔레스타인 지배 계급 현인들의 편찬물—편집자) 그리고 4세기에 쓰인 다수의 『팔레스타인(예루살렘) 탈무드』와 5세기에 기록된 다수의 『바빌론 탈무드』도 마찬가지다.[16] 유대교의 근간을 이루는 이 문헌들 모두가 히브리어로 기록되었다.

주전 2세기에 수적으로나 전술적으로 우세한 셀레우코스 군대에 대항해 마카베오 가문이 거둔 승리는 로마의 지배를 받는 팔레스타인에서 히브리어가 더 활발하게 사용되도록 여건을 조성했다.[17] 두 개의 짤막한 글이 히브

---

12 *m*. Yad. 4:5를 보라.
13 *m*. Sotah. 7:2를 보라.
14 납골당에 관해서는 Meyers and Chancey, *Alexander to Constantine*, p 50를 보라. 히브리어 비문들은 5세기부터 세포리스, 키르벳 와디 하맘, 후코크, 베스 알파, 하마스 티베리아스, 야피아와 에인게디에 있는 이스라엘의 회당 바닥 모자이크에서 발견되었다.
15 구약성경에서 아람어로 기록된 부분은 스 4:8-6:18; 7:11-26; 렘 10:11; 단 2:4b-7:28로, 총 269구절이다.
16 아람어 방언으로 이루어진 『바빌론 탈무드』의 히브리어에 대해서는 Eliezer Berkovits, "Talmud, Babylonian," *Enc. Jud*. 15:763를 보라.
17 1세기 팔레스타인에서 히브리어는 더 널리 보급되었다. 이에 대해선 Milik, *Ten Years of Discovery*,

리어가 재활성화되었다는 증거가 될 수 있다. 대략 60년쯤에 바울이 성전에서 붙잡혔을 때, 그는 폭동을 일으킨 무리에게 말하게 해 달라고 로마 집정관에게 간청했고, 허락을 받자 "히브리 말로" 말했다.[18] 바울은 이 위기 상황에서 자신이 유대인임을 납득시킬 필요가 있었고 그렇게 하기 위해 히브리어로 말한 것이다. 요세푸스도 제1차 유대인 반란 때 이와 비슷하게 행동했다. 한 번은 반대편의 유대인 군중에게 그들의 조상이 쓰던 언어로["테 파트리오 글로세"(*tē patriō glossē*)][19]로 말했고, 또 다른 한 번은 히브리어[("헤브라이존"(*Hebraizōn*)]로 말했다.[20]

히브리어는 따라서 1세기 팔레스타인에서 사어(死語)가 아니었다. 히브리어는 성스러운 유대 문헌과 종교 문화에 사용되는 일차 언어로서의 지위를 계속 누렸다. 이것이 가능했던 이유는 특히 유대의 문헌들과 문화가 성전과 회당을 통해 기억되고 유지되었기 때문이다. 우리는 1세기 팔레스타인에 사용되던 세 개의 주요 언어들에 대해 이렇게 요약할 수 있다. 아람어는 일상 언어로 가장 널리 보급된 언어였고, 히브리어는 다수의 유대 백성이 거의 확실히 이해했을 언어였다. 특히 종교적인 맥락에서는 아마도 히브리어를 사용했을 것이다. 그리고 헬라어는 이 언어 중 가장 덜 보급된 언어였음에도 불구하고 꽤 많은 소수 무리에게 소통을 가능하게 해 준 언어였다.[21]

---

p. 130를 보라.
18 행 21:40; 22:2.
19 *J.W.* 5.361.
20 *J.W.* 6.97. 이 표현들이 아람어가 아니라 **히브리어**를 가리킨다는 주장에 대한 더 상세한 논의와 변증은 Edwards, *Hebrew Gospel*, pp. 166-178를 보라.
21 1세기 팔레스타인 언어에 대한 통계적 분석은 Michael Wise, *Language and Literacy*, pp. 288-345를 보라. 그는 사람들이 실제로 구사하는 언어로는 아람어가 지배적이었으며, 헬라어는 인구의 30퍼센트 정도만 사용할 수 있었다는 점을 인정한다. 히브리어에 관한 그의 결론은 다음과 같다. "우리의 자료에 따르면 유대 지방의 인구 중 65-80퍼센트는 히브리어를 구사했다.…[히브리어는] 기본적으로 유대 지방에서는 항상 그랬듯이 널리 사용되었다"(p. 296).

초기 기독교에서 헬라어의 탁월성

예수 운동은 히브리어와 아람어에 의존한 1세기 유대 종교 문화와 운명을 같이할 것 같았다. 현존하는 기독교 문헌 중에 히브리어나 아람어로 된 기록이 남아 있지 않다는 사실은 그러므로 전혀 놀랍지 않다. 여기서 중요한 것은 '**현존하다**'라는 말이다. 왜냐하면 초기 교회가 최소한 하나의 히브리어 기독교 문서를 만들어 냈다는 사실을 우리가 알기 때문이다. 스무 개가량의 고대 자료들에는 히브리어로 기록된 초기 복음서의 존재에 대한 언급이 약 일흔다섯 번 정도 나오는데, 2세기부터 9세기 문헌에 이르기까지 그 언급의 범위가 넓다. 오늘날 우리에게 알려진 현존하는 히브리어 복음서 사본은 없다. 하지만 내가 다른 곳에서 논증했듯이, 이 책의 일부가 마가복음이나 마태복음과 유사한 내용을 다루지 않는 누가복음 일부에 보존되어 있다는 주장은 믿을 만하다.[22] 지난 장에서 우리는 메소포타미아의 초기 셈족어 기독교가 히브리어 복음서의 삶의 자리(sitz im leben)였다는 논리적 추론에 주목했다. 히브리어 복음서의 존재는 우리의 현재 논의와도 관련이 있다. 왜냐하면 이 복음서의 존재에 대한 모든 언급이 **헬라어**로 되어 있기 때문이다. 고대 저자들은 이 문헌이 히브리어로 기록되었다는 점에 대해 만장일치로 동의하지만, 이 문헌에서 따온 현존하는 모든 인용문이 헬라어 번역본에만 나온다는 사실은 1세기 중반쯤에 혹은 그 후 얼마 지나지 않아, 기독교의 언어가 히브리어와 아람어에서 헬라어로 대체되었음을 나타낸다. 따라서 히브리어 복음서의 존재 자체는 **현존하는** 모든 1세기 기독교 문헌이, 원래 히브리어로 지어진 경우라도, 오늘날 헬라어로만 존재한다는 우리의 앞선 결론에 부합한다.

---

22 Edwards, *Hebrew Gospel*을 보라.

이와 같이 역사적으로 확실한 현상들은 우연히 발생하는 경우가 거의 없다. 히브리어가 기독교 교회의 지배적인 언어 수단이 되지 못한 데는 서너 요인이 있는데, 어떤 요인은 분명하지만 다른 요인은 덜 분명하다. 가장 중요한 하나의 요인은 종교적이라기보다는 인종적이고 언어적인 요인이다. 로마제국의 동쪽 지역들에서 사용된 공용어는 헬라어였다. 그 지역들에 있는 이방인들에게 복음을 선포하기 위해서는 헬라어를 사용해야 했고, 오로지 헬라어만 필요했다. 우리가 살펴봤던 것처럼, 사도행전 8장에서 소개된 헬라화한 유대 그리스도인 선교를 위한 첫 움직임은 갈릴리의 마을과 동네들이 아닌 로마의 도시들에서 시작되었다. 아무리 늦게 잡아도 40년대에 이미 헬라 그리스도인들은 국제적인 도시인 안디옥에 진출했고(행 11:19-26), 40년대 말에는 예루살렘 공회가 로마적이고 도시적인 성격을 띠는 이방 선교를 공식적으로 인정했다. 복음의 진출은 두 방향으로 이루어졌다. 예루살렘에서 로마에 이르는 경로를 따라 로마 도시에서 또 다른 로마 도시로 진행된 서쪽 진출과, 예루살렘에서 알렉산드리아로 내려가 아프리카 북쪽 연안 지역을 따라 서쪽으로 진행된 남쪽 진출 모두 헬라어로 진행되었다. 예루살렘 공회에서 공인한 바와 같이 헌신된 이방 선교는 본질적으로 도시에서 주로 이루어졌다. 그리고 이방 도시 선교는 최소한 로마제국에서는 헬라어로만 행해져야 했다. 하지만 도시의 이방 문화에서 복음은 오직 헬라어로만 퍼져 나간 것이 아니었다. 지난 장에서 주목했듯이, 동쪽 지역에서 복음의 진출은 아마도 주로, 오로지 시리아어로만 이루어졌다. 하지만 이를 입증하는 1세기 시리아어 문헌은 없다는 것이 사실이다.[23] 기독교의 동쪽 확

---

23 시리아어 사용에 대한 가장 최초의 문헌적 증거는 1세기 비그리스도인의 무덤 비문에서 발견된다. 구약과 신약성경을 시리아어로 번역한 정확한 시기는 확인이 불가능하다. 알려진 것 중 시리아어로 기록된 가장 최초의 기독교 문헌은 히브리어 구약성경의 시리아어 번역본과 타티아노스의 공관복음서(the Diatessaron)이며, 둘 다 2세기 중반 이후에 지어졌다. 신약성경은 아마도 약 400년대에 시리아어로 처음 번역되었을 것이다. 시리아어 성경 번역본들에 관한 질문

장에 대한 1세기 증거로 추정되는 아브가르와 예수의 편지와 도마행전조차도 헬라어로 기록되었다. 앞에서 제시한 요점 중 특히 두 가지를 강조할 필요가 있다. 첫째, 비록 초기 이방 선교는 헬라어와 시리아어로 이루어졌지만, 남아 있는 유일한 1세기 증거는 헬라어로 기록되었다(따라서 헬라 선교가 어쩔 수 없이 이 장의 논의를 결정한다). 둘째 요지는 첫째 못지않게 중요한데, 헬라어와 시리아어 선교 사역 모두 히브리어를 버리고 이방인들의 현지 언어를 채택했다는 점이다.

기독교의 헬라어 채택에는 사회학적인 요인들도 동기로 작용했다. 로마가 그리스로부터 물려받아 지중해 전역으로 퍼뜨린 문화에는 그리스의 정신과 정서가 여전히 많이 담겨 있었다. 로마 시대 최고의 교육기관에서 받는 교육은(예를 들어, 알렉산드리아나 안디옥이나 아테네에서) 기본적으로 헬라어 언어와 문학의 온전한 습득을 요구했다. 헬라적 태도와 의복이 시골풍 삶의 방식보다 우세해졌고, 토착 신들은 헬라 신과 여신들과 동일시되었으며, 고유 이름들은 헬라 이름들과 섞이거나 헬라식 이름으로 대체되었다.[24] 헬라화의 영향이 도시환경에만 한정된 것은 아니었다. 예배 의식에서 행해지는 매춘이나 다양한 금기 사항들과 같은 지역 고유의 관습들은 종종 헬라적으로 치장되어서 유지되었다. 1세기 신비주의 종교의 "모태"가 되는 부지는 목가적인 환경에 자리 잡은 경우들이 많았는데, 이런 종교의 언어는 거의 대부분 헬라어였다(그렇기 때문에 이론적으로는 로마제국 어디에 살든 이 종교의 일원이 될 수 있었다). 키벨레와 아티스를 숭배하는 종교와 그 외 다른 종교들도 활동 영역을 넓혀, 헬라어를 주 언어로 사용하는 로마까지 끌어안았다.[25] 사도

은 Metzger, *Early Versions*, pp. 8-10; 36-39; and R. B. ter Haar Romeny and C. E. Morrison, "Peshitta," *GEDSH* pp. 326-331를 보라.

24 Ramsay, *Church in the Roman Empire*, pp. 41-42를 보라.
25 Nock, *Conversion*, pp. 36-41를 보라.

바울은 그 유명한 로마서를 헬라어로 썼으며, 바울 이후에도 로마에선 오랫동안 헬라어가 사용되었다. 또한 로마의 카타콤에 새겨진 글들의 온전한 4분의 3이 헬라어로 기록되었다는 점이 이를 암시한다.[26]

우리가 보았듯이, 강하게 밀려온 헬레니즘의 물결은 유대인의 인구를 다른 인종의 인구 못지않게 증가시켰다. 역사 사회학자들은 500만에서 600만에 이르는 유대인들이 디아스포라로 살았으며 아마도 100만 명의 유대인들이 팔레스타인에 살았을 것으로 추정한다.[27] 500만이나 600만의 인구는 대략적으로 제국 전체 인구의 10퍼센트가량을 차지한다.[28] 유대인들은 따라서 아주 중요한 소수집단이었으며, 종종 이들이 제국에서 영향력 있는 역할을 한다는 사실 때문에 이들의 중요성은 더욱 커졌다. 로마가 유대인들을 군입대와 황제 숭배에서 면제해 주고, 황제를 포함해 로마 관리와 유대인 여성과의 사이에서 흔히 이루어지던 결혼으로부터도 면제해 주었다는 사실은 그들의 폭넓은 영향력을 말해 준다. 또한 디아스포라 유대인들은 앞에서 언급한 알렉산드리아 유대인들처럼 로마제국에 문화적으로 동화되어서 그들의 일차 언어가 히브리어와 아람어에서 헬라어로 대체되었다.

종교는 일반적으로 문화적 변화의 바람에 저항한다. 그러나 1세기가 될 때까지 유대교는 오랫동안 그리스-로마 문화의 바람을 타고 나아갔다. 헬라 문학의 스타일과 방식은 알렉산드로스대왕이 레반트 지방을 정복한 이후로 3세기 동안 히브리어와 아람어 문학 형식에 뚜렷한 영향을 미쳤다. 새로운 문학 스타일뿐 아니라 새로운 문학 작품들이 생겨나도록 영감을 불어넣은

---

26 Stark, *Rise of Christianity*, p. 58는 카타콤에 히브리어와 아람어로 새겨진 글들이 거의 없다는 사실에 주목한다. 이들은 새겨진 모든 글들의 고작 2퍼센트에 지나지 않는다. 반면 라틴어 글은 20퍼센트를 차지한다.
27 다시 한번 Stark, *Rise of Christianity*, p. 57을 보라.
28 Harnack, *Mission and Expansion*, pp. 8-9는 로마제국에 있는 유대인의 인구를 가장 낮게 추정하는 자료 가운데 하나인데, 제국 인구의 약 7퍼센트 정도로 잡는다.

것이다.²⁹ 유대교에서 헬라 문학이 영향을 끼친 가장 중요한 사건은 칠십인역의 제작이었다. 이 사건의 중요성은 아무리 강조해도 지나치지 않다. 엘리아스 비커맨(Elias Bickerman)은 칠십인역 번역을 "지금까지 있었던 가장 중요한 번역"이었다고 선언한다. 그는 "이 책이 세상에 성경을 열어 주고, 성경에 세상을 열어 주었다. 이 번역본이 없었다면 런던과 로마는 여전히 이교도였을 것이며 성경은 이집트의 사자의 서(Book of the Dead)보다 덜 알려졌을 것이다."³⁰ 칠십인역은 1세기 히브리어 구약성경 대신 1세기 그리스도인들이 읽는 **유일한** 성경이 되었다. 그러나 유대 문학 전통에 대한 헬라어의 영향이 칠십인역에만 미친 것이 아니다. 앞에서 주목했다시피, 1세기의 주요한 두 명의 유대인 작가인 필론과 요세푸스는 엄청난 분량의 작품들을[로엡 시리즈(Loeb series)에 포함된 필론의 저작이 열한 권이고 요세푸스의 작품은 아홉 권이다] 헬라어로만 지었다.

2장에서 우리는 기독교의 생존과 확산에 유리하게 작용한 요소들에 주목했다. 우리는 이 단원을 마치면서 거의 주목받지 못하지만 언급할 가치가 있는 또 하나의 요소를 살펴보고자 한다. 시, 철학, 역사, 수학, 천문학, 물리학을 포함한 모든 종류의 헬라 문헌들은 기독교가 도래하기 이전과 이후의 시대에서 번성했다. 스무 명의 주요 헬라 저자들이 주전 3세기에 활동했고,³¹ 열 명이 주전 2세기³² 그리고 일곱 명이 1세기에 활동했다.³³ 그다음

---

29 Doering, *Ancient Jewish Letters*, p. 15를 보라.
30 Bickerman, *Jews in the Greek Age*, p. 101.
31 이들의 이름은 다음과 같다. 필리타스, 리코프론, 아라투스, 테오크리토스, 필로스의 티몬, 칼리마코스, 로도스의 아폴로니오스, 헤로다스, 에우포리온, 크라테스, 아르케실라오스, 케노도토스, 에라토스테네스, 필로코로스, 베로수스, 마네토, 에우클리드, 아리스타르코스, 아르키메데스.
32 이들의 이름은 다음과 같다. 무스코스, 니칸데르, 비잔티움의 아리스토파네스, 아리스타르코스, 디오니시오스, 트락스, 폴리비오스, 아폴로도로스, 카르네아데스, 파나이티오스, 히파르코스.
33 이들의 이름은 다음과 같다. 비온, 시돈의 안티파테르, 멜레아게르, 디오도로스 시쿨루스, 스트라보, 할리카르나소스의 디오니시오스, 포시도니오스.

열아홉 명의 저자들이 주후 2세기에 활발하게 활동했으며,[34] 3세기에는 열두 명이 뒤를 이어 활동했다.[35] 반면 주후 1세기에 활동한 주요 헬라 저자들은 필론, 요세푸스, 플루타르코스 그리고 디오 크리소스토모스 오직 네 명뿐이다.[36] 라틴 저자들은 앞에서 언급한 기간에 많이 활동했는데, 서른 명 이상의 저자들이 주후 1세기에 활동했다. 게다가 필론과 요세푸스의 저작들이 유대 역사와 문화에 국한되었다는 사실 때문에 1세기에 헬라 저자의 결핍이 더욱 심각한 문제로 부각되었다. 결국 그리스-로마 전통에서 헬라어 주창자들은 겨우 두 명만 남는데, 역사가 플루타르코스와 자기충족의 철학자 디오 크리소스토모스다. 이렇게 부족한 헬라어 저작물 때문에 1세기 헬라 **기독교** 저자들에게 부러워할 만한 독서 시장이 창출된다. 신약의 서신서들과 복음서들, 사도행전과 요한계시록 그리고 속사도 교부들의 추가 문서들이 모두 헬라어로 기록되었다. 이 문헌들은 헬라 문화권에서 주목받는 저작들이 별로 없던 시기에 밝게 빛났다. 우리가 살펴보았던 다른 요소들(팍스 로마나, 해적 없는 해상 교통로, 교통량이 많은 로마의 도로들, 정치적 안정성, 헬라 방언)과 함께 고려할 때, 1세기 헬라 문학의 전성기는 복음서들과 서신서들 그리고 설교들을 전파할 수 있는 유리한 기회를 교회에 제공했다.[37] 이 일은 오로지 헬라어로만 이룰 수 있었다.

---

[34] 이들의 이름은 다음과 같다. 에픽테토스, 마르쿠스 아우렐리우스, 바르비우스, 아리안, 아피안, 아일리아누스, 프톨레마이오스, 파우사니아스, 아폴로니우스 디스콜루스, 헤로디안, 율리우스 폴룩스, 아프로디시아스의 알렉산데르, 헤로데스 아티쿠스, 루키아누스, 갈렌, 섹스투스 엠피리쿠스, 알키프론, 아테나이우스, 알렉산드리아의 클레멘스.

[35] 이들의 이름은 다음과 같다. 오피아누스, 디오 카시우스, 헤로디안, 오리게네스, 플로티누스, 카시우스 롱기누스, 포르피리우스, 에베소의 크세노폰, 헬리오도로스, 롱구스, 필로스트라토스 3세, 디오게네스 라에르티우스.

[36] 디오 크리소스토모스는 디오 코케이아누스로도 알려졌다. 다른 두 헬라 저자들은 디오스쿠리데스(식물학자)와 롱기누스(비평가)인데 이들의 활동 시기가 너무 불투명해서 1세기에 저작 활동을 했다고 자신 있게 말하기는 어렵다. 고대 헬라 저자들과 라틴 저자들의 목록은 Harvey, *Companion to Classical Literature*, pp. 455-462를 보라.

[37] 초기 몇 세기 동안 기독교 확산에 기여한 요인들에 대한 논의는 2장을 보라.

헬라어와 성경 영감 개념의 시작

네슬 알란드 헬라어 신약성경의 스물여덟 번째판의 끝에 나와 있는 참고 문헌 목록을 보면 신약성경에서 다양한 유대 성경의 전통들에 대한 인용이나 언급이 2,800개가량 나온다. 이 목록에서 그리스-로마 자료들에 대한 언급은 열두 개만 나올 뿐이다. 특히 칠십인역을 통해 전달된 유대 전통은 기독교 성경 전통에서 압도적인 자료와 권위로 작용했다. 구약성경은 기독교 전통의 선구자로 간주되었다. 실제로 초기 그리스도인들은 구약성경과 구약의 헬라어 번역인 칠십인역의 특징이 드러나는 "하나님이 숨을 불어넣었다" 혹은 "하나님이 영감을 불어넣었다"(딤후 3:16)라는 의미의 새로운 단어 '테오프네우스토스'(*theopneustos*)를 만들어 냈다.[38] 테오프네우스토스는 창세기 2:7의 심상에서 나온 말인데, 이 구절에서 하나님은 첫 인간을 땅의 흙으로부터 빚으시고 자신의 숨을 통해 영감을 불어넣어서 "생령"이 되게 하신다. 초기 교회는 칠십인역을 창세기 2:7에 대한 문학적 유비로 여겼다. 즉 하나님의 숨이 생기를 불어넣어 기록된 말이 살아 있는 말이 된 것이다. 속사도 교부들은 디모데후서 3:16에서 말하는 하나님의 영감이 구약성경에 대해서도 계속 유효하다고 여겼다. 클레멘스1서는 독자들에게 "거룩한 성경은 참되며 성령을 통해 주어진다"라고 말한다.[39] 클레멘스는 그런 성경을 가리켜 '테오프네우스토스'라고 하지 않고 "거룩한 성경"을 의미하는 '히에라스 그라파스'(*hieras graphas*)라고 칭한다. 하지만 두 단어 모두 칠십인역에 대해 높은 경의를 표현하는 말이다. 교회는 자기 자신이 이스라엘의 역사와 약속들의 상속자라고 명시적으로 표현한다.

38　예를 들어 Eusebius, *Hist. eccl.* 5.8.10는 "칠십인의 성경[칠십인역]"을 가리켜 "영감을 받았다"(헬라어. *theopneustos*)라고 명시적으로 말했다.
39　1 Clem. 45.2.

칠십인역은 주류 기독교를 유대교에서 그리고 주변의 이단적 기독교 운동들에서 갈라지게 하는 쐐기가 되었다. 그리스도인들이 광범위하게 칠십인역을 받아들이자 유대인들은 칠십인역을 거부했고 2세기에는 칠십인역을 대체하는 **세 개의** 새 헬라어 번역을 만들어 냈다.[40] 이단적 기독교 운동들 또한 칠십인역을 거부했는데 이들은 사실상 구약성경 자체를 거부했다. 2세기 중반에 로마의 주교 마르키온은 구약의 하나님을 열등하고 복수에 불타는 하나님으로 희화해 이 하나님은 예수 그리스도의 하나님과 아버지가 아니라고 주장했다. 다수의 교회는 마르키온을 따르지 않았다. 만약 마르키온을 따랐다면 기독교는 자신을 이스라엘의 이야기에서 잘라 냈을 것이며 기독교 신앙을 비역사적인 관념으로 축소했을 것이다. 마르키온의 급진적인 도전이 2세기 교회에 자극을 주었음이 거의 확실해 보인다. 그 자극의 결과로 교회가 구약과 신약 모두를 포함하도록 경전을 규정한 것이다.[41]

---

40 유대인들이 자신들의 관점에 더 부합한다고 여긴 새 번역들은 아퀼라(랍비 아키바의 제자), 테오도티온 그리고 심마쿠스의 번역들이다. Rahlfs, "History of the Septuagint Text," xxxiv에 따르면, 아퀼라의 번역은 너무 어색해서 "헬라어 전체에 가장 끔찍한 횡포를 저질렀다." Hengel은 Heinz Schreckenberg, *Die christliche Adversus-Judaeos-Texte und ihr literarisches und historisches Umfeld* (Peter Lang: Frankfurt/Berlin, 1982), p. 399를 인용해 이렇게 말한다. "기독교가 칠십인역을 받아들여 반유대의 변증적 무기로 사용함으로써 칠십인역은 유대인으로부터 멀어졌다.…유대교는…신학적으로나 종교적으로 자신만의 히브리어 언어 영역으로 [철수했고] 기독교가 헬라어 성경의 전통과 지적재산을 모두 소유하게 되었다(Hengel, "Septuagint as a Collection," p. 68).

41 안타깝게도 2세기와 그 이후의 몇 세기 동안 마르키온주의를 거부했는데도 불구하고 교회 안에 유대교에 대한 악의가 근절되지는 않았다. 교회는 마르키온주의에 대한 2세기의 저항 정신을 시대마다 되찾아야 한다. Adolf Harnack가 어느 학자의 말을 인용한 다음의 인용문은 문제가 많다. 왜냐하면 교회의 위대한 학자 가운데 한 사람이 품은 유대인에 대한 치우친 선입견을 나타내 주기 때문이다. "2세기에 구약성경을 거부했던 것은 실수였고, 주류 교회는 이 실수를 잘 막았다. 16세기에도 구약성경을 여전히 유지한 것은 종교개혁이 구약에서 아직 벗어날 수 있는 위치에 서지 못했음을 보여 주는 역사적 사실이었다. 하지만 19세기 이후에도 개신교 내에서 계속해서 구약의 정경적 권위를 보존하는 것은 종교와 교회가 마비된 결과다"(Pelikan, *Melody of Theology*, p. 113에서 인용). 독일 제3제국의 기독교 운동과 서양의 많은 이른바 대안-보수적 정치 운동들은 오늘날에도 교회에 마르키온주의의 도전이 지속되고 있음을 상기시켜 준다.

신성하게 여겨지는 저작들의 목록이라는 뜻의 '정경'[헬라어로 '카논' (kanōn), '규칙' 혹은 '기준']이라는 개념은 많은 그리스-로마 종교들뿐 아니라 유대교에도 익숙했다.[42] 교회가 테오프네우스토스, 즉 '영감'의 개념을 가져와서 예수 그리스도를 구약 예언에 대한 하나님의 성취로 기념하는 글들에 적용할 것이라는 점은 충분히 예상된 바였다. 파피아스는 요한계시록에 대해 테오프네우스토스 개념을 사용했는데, 아마도 신약성경에 포함될 문서 중에서 가장 첫 번째 사례인 것 같다.[43] 교회에서 영감의 개념과 테오프네우스토스라는 단어는 폭넓게 매우 자주 사용되었다.[44] 하지만 1세기 교회는 영감에 대한 공식적인 교리를 만들지는 않았다. 예수님의 죽음 이후 최소한 1세기가 지난 후에도 교회는 성경이 영감되었다는 **사실**을 주장만 했지 **어떻게** 영감되었는지를 설명하려 하지는 않았다. 대부분의 교리 역사가들은 성경에 대해 2세기 중반 순교자 유스티누스로부터 실제 교리가 시작되었다는 점에 동의한다.[45]

하지만 공식적인 영감에 관한 교리가 없었다고 해서 1세기 그리스도인들

---

42 Josephus, *Ag. Ap.* 1.42-43는 성경에 대한 유대인들의 경외심을 이렇게 증언한다. "우리는 우리가 성경에 대해 경외심을 가지고 있음을 실제적으로 증명했다. 그렇게 오랜 시간이 지났는데도 아무도 한 음절조차 더하거나 빼거나 바꾸려는 시도를 감히 하지 않았기 때문이다. 그리고 태어날 때부터 모든 유대인 안에는 구약성경을 하나님의 명령으로 여기고, 지키며, 필요하면 그것을 위해 기쁘게 죽을 수 있는 본능이 있다. 모든 형태의 고문과 죽음을 견디면서까지 율법과 그 외 구약 문서들에 반하는 한 마디 말도 하지 않는 유대 죄수들의 이야기는 지금까지 반복적으로 회자된다"(LCL). 고대 시대 내내 있었던 영감의 개념에 대해 Grant, *Roman Hellenism*, pp. 130-131는 이렇게 말한다. "신약성경이 영감으로 이루어졌다는 기독교의 개념은 히브리어 성경(또한 다양한 분파들에 속한 추가적인 문헌들. 예를 들어, 쿰란 공동체, 요세푸스가 묘사한 에센파, 혹은 필론이 묘사한 테라퓨테 공동체의 문헌들)에 대한 유대인들의 경외심이 이어졌거나 옮겨진 결과이기도 했지만, 종교적이거나 철학적인 정경들에 대해 당시 이교도들이 가졌던 경외심의 영향도 어느 정도 작용했다."
43 Pap. *Frag*. 10.
44 *PGL* p. 630에 보면 이 단어를 언급한 교부들의 목록이 세로 행에 가득 차 있다.
45 von Campenhausen, *Entstehung der christlichen Bibel*, p. 106과 Hengel, "Septuagint as a Collection," p. 50도 마찬가지로 동의한다.

이, 예를 들어, 복음서와 바울서신을 기독교 신앙에 대한 독특하고 권위 있는 증언으로 여기지 않은 것은 아니다. 이미 최초의 신약성경에서 우리는 그리스도를 통한 하나님의 계시가 요약된 형태의 선포된 복음(kerygma)에 신적인 권위를 부여했다는 암시를 찾을 수 있다. "믿음으로 말미암는 의는 이같이 말하되"(롬 10:6)라는 바울의 진술은 **하나님이** 믿음으로 말미암는 의로 말씀하신다는 사실을 암시한다. "하나님이 이방을 믿음으로 말미암아 의로 정하실 것을 성경이 미리 알고"(갈 3:8), "성경이 모든 것을 죄 아래에 가두었으니"(갈 3:22)라는 구절은 그 점이 더 분명한 경우다. 여기서 바울은 "성경"을 하나님을 가리키는 우회적 표현으로 사용한다. 사실 바울은 갈라디아서 3:22의 문장을 로마서 11:32에서 거의 말 그대로 반복할 때, "성경" 대신 "하나님"이라고 쓴다. 신약성경에서 하나님과 성경을 상호 교환적으로 사용하는 가장 명쾌한 예는 로마서 9:17이다. "성경이 바로에게 이르시되, '내가 이 일을 위하여 너를 세웠으니 곧 너로 말미암아 내 능력을 보이고 내 이름이 온 땅에 전파되게 하려 함이라' 하셨으니." 이 구절은 칠십인역 출애굽기 9:16에서 인용한 것이다. 출애굽기 본문에서는 "성경"이 아닌 "하나님"이 모세를 통해 바로에게 말씀하신다. 이런 구절들에서 사도는 하나님과 성경을 상호 교환적으로 사용해 성경에 신적 기원과 권위를 부여한다.

초기 교회는 예수 그리스도를 하나님이 이스라엘과 맺은 첫 번째 언약의 약속, 모형, 예언, 목적의 성취로 보았다. 초기 기독교는 이 확신을 많이 다양한 방식으로 증언한다. 누가는 바울을 인용하며 옛 언약이 할 수 없었던 것을 예수 그리스도의 복음이 극복할 수 있다고 말한다. "그러므로 형제들아 너희가 알 것은 이 사람을 힘입어 죄 사함을 너희에게 전하는 이것이며, 또 모세의 율법으로 너희가 의롭다 하심을 얻지 못하던 모든 일에도 이 사람을 힘입어 믿는 자마다 의롭다 하심을 얻는 이것이라"(행 13:38-39). 네 번째 복음서는 예수님이 성전의 목적을 성취하셨음을, 사실상 성전을 대체하셨음을 증언한다(요 2:19-22). 사도 바울은 똑같은 원리를 성전이 아닌 율법과 관련해서 말한다. 복음은 율법에서 벗어난 구원(롬 8:2), 즉 율법을 성취하는 구원(롬 8:4)을 선포한다. 옛 언약과 새 언약의 관계를 모형론적으로 규정하는 바울은 모세의 율법을 "죽게 하는 직분"으로, 복음을 "영의 직분"과 "의의 직분"이요 하나님의 영광의 직분으로 묘사한다(고후 3:7-9). 무엇보다도 예수 그리스도는 예레미야 31:31-34에서 예견된 새 언약을 성취하셨다. 사실 바울에게 옛 언약은 옛 언약만 알고 있는 자들의 마음을 혼미하게 하는 수건이었다. 이 수건은 그리스도 안에서 새 언약을 맺을 때만 벗어 버릴 수 있다. 물론 바울은 모형과 이미지들을 사용하지 않고 다음과 같이 단순한 최종적 선언을 할 수도 있다. "하나님의 약속은 얼마든지 그리스도 안에서 예가 되니, 그런즉 그로 말미암아 우리가 아멘 하여 하나님께 영광을 돌리게 되느니라"(고후 1:20).

속사도 교부들도 그리스도가 구약을 성취하셨다는 믿음을 선포한다. 클레멘스1서 16장은 이사야 53장의 각 절을 예수 그리스도의 성취로 해석한다. 이그나티오스는 구약의 선지자들이 유대교뿐만 아니라 아직 나타나지 않았던 그리스도가 비춘 빛에 의해 인도받은 것으로 이해한다. "가장 경건한 선지자들은 그리스도 예수를 따라 살았다. 그렇기 때문에 그들은 박해를 당했고 그분의 은혜로 영감을 받았다. 이것은 하나님이 한 분이시며 그 하나님이 자기 아들이며 말씀이신 예수 그리스도를 통해 자신을 계시하셨다는 사실을 불순종하는 자들에게 온전히 깨닫게 하려 하심이었다."[46]

이그나티오스의 교구에 속한 사람들 중 몇몇은 구약을 통한 하나님의 계시—그들은 구약을 하나님의 "기록 보관소"로 불렀다—가 새로운 기독교 글들보다 우월하다고 주장했다. 사실 그들은 새로운 사도들의 글 중에서 "기록

---

46   Ign. *Magn*. 8.2.

보관소"의 기록으로 입증되지 않은 어떤 내용도 믿기를 거부했다. 이그나티오스는 이런 의견들을 되돌리고 바로잡아 궁극적인 "기록 보관소"는 구약이 아니라 복음이라고 주장했다. 그는 이렇게 선포한다. "나에게는, 기록 보관소가 예수 그리스도다. 그분의 십자가, 죽음, 부활과 그분을 통해 주어지는 믿음이 바로 불변의 기록 보관소다."[47] 이그나티오스는 따라서 영감과 권위의 중심을 칠십인역에서 그것을 성취하신 그리스도의 선포된 복음으로 치환하는 구조적 변화를 일으켰다. 속사도 교부 가운데 가장 서정적인 디오그네투스는 그리스도 사건을 우주적인 규모로 확장한다. "하나님이 인간을 사랑하셔서, 인간을 위해 세상을 만드셨고, 땅의 모든 것들을 그에게 복종시켰고, 이성을 주셨고, 지성을 주셨고, 그에게만 하늘의 비전을 허락하셨고, 자신의 형상으로 만드셨고, 그에게 유일한 독생자를 주셨고, 그에게 하늘나라를 약속하셨으며, 이 나라를 하나님을 사랑하는 자들에게 주실 것이다."[48]

유대인들에게는 토라가 하나님의 계시를 담고 있는 세례반(세례용 물을 담은 큰 돌 주발—옮긴이)이며 따라서 이후의 유대 전통을 담는 세례반이기도 하다. 토라의 근본적 역할이 너무 커서 토라라는 용어는 자주 유대 성경 전체를 가리키는 말로 쓰인다. 신약에서 칠십인역을 인용하는 목록 전체를 보면 흥미롭게도 기독교 저자들은 하나님이 영감을 불어넣으신 성경의 중심을 토라, 즉 전통적으로 모세의 저작물로 여겨지는 다섯 책들로 보지 않았다. 구약의 다른 어떤 책들보다 더 자주 신약에서 인용되는 책은 시편이며, 선지서는 모세오경보다 더 많이 인용된다. 교회에서 구약을 규정하는 핵심은 더 이상 율법이 아니라 예언이었으며, 특히 예수 그리스도에 의해 성취된 예언이었다.[49] 우리는 예언이 하나님의 영감으로 이루어졌다는 이그나티오

---

47 Ign. *Phld.* 8.2. Lightfoot, *Apostolic Fathers*, 2:269-273의 논의를 보라.
48 Diogn. 10.2.
49 Hengel, *Septuagint as Christian Scripture*, pp. 110-111를 보라.

스의 증언을 앞에서 보았다. 바울이 "아브라함이나 그 후손에게 세상의 상속자가 되리라고 하신 언약은 율법으로 말미암은 것이 아니요 오직 믿음의 의로 말미암은 것이니라"(롬 4:13)라고 선언할 때, 그는 구약에서 하나님의 계시가 지닌 구원의 중요성을 율법에서 하나님의 약속들로, 그리고 예수 그리스도 안에서 그 약속의 성취로 옮긴 것이다.

결론

이 장을 마무리하면서 1세기 예수 운동의 새싹을 유대적 가지에서 잘라 내어 헬라의 가지로 접붙이게 한 근본적인 요소들을 되짚어 보고자 한다. 지배적인 요소는 이방 선교였으며 이를 수행하기 위해서는 동쪽에서 시리아어, 서쪽에서는 헬라어를 필수적으로 사용해야 했다. 1세기 로마제국의 공용어이자 헬라주의 문화 자체의 일차 매개 언어인 헬라어는 주전 3세기와 2세기 때 히브리어 구약성경을 번역한 수용 언어가 되었으며, 주후 1세기와 2세기 대부분의 시기에는 기독교 선교, 예배, 문학에서 사용하는 **유일한** 언어가 되었다. 이것은 1세기에 이례적일 정도로 헬라 문학 작품이 결핍 현상을 겪는 가운데 헬라 기독교 문학이 뻗어 나갈 시의적절한 문을 열어 주었다.

헬라어는 되돌릴 수 없는 방식으로 기독교의 모양을 형성하고 정의했다. "하나님이 불어넣으셨다"라는 뜻의 테오프네우스토스가 영감에 대한 새 개념과 단어로 제시되었다. 칠십인역은 초기 교회 형성에 독특한 영향을 미쳤으며, 교회가 칠십인역을 받아들이자 회당은 이에 자극받아 칠십인역을 거부하게 되었다. 또한 칠십인역은 교회가 급진적인 마르키온주의자들처럼 구약성경을 거부하지 않고 정경의 일부로 유지할 수 있도록 해 주었던 것 같다.[50]

---

50   칠십인역의 어떤 표현들은 그리스도인들이 보기에 구약의 예언적 가치를 향상시켰다. 예를 들

마지막으로, 이방 선교가 초기 기독교에서 큰 비중을 차지했기 때문에 헬라어를 사용해야 했고, 구약에 대한 새로운 해석학이 필수적으로 요구되었다. 구약성경의 핵심은 더 이상 유대교에서처럼 율법이 아니었고 예언이었으며, 하나님의 약속들과 목적들은 바로 이스라엘뿐 아니라 **세상**의 구원자이기도 하신 예수 그리스도를 통해 성취되었다. 복음을 들고 온 세상으로 나아가라는 교회의 사명은 헬라어를 받아들여야만 완수할 수 있었다.

어, 멜기세덱이 아브라함에게 "떡과 포도주"(창 14:18)를 바쳤다는 표현은 성찬식의 전조처럼 보인다. 사 7:14의 젊은 여인을 "처녀"라고 부르며 그의 자손을 "임마누엘"이라 부를 것이라는 표현도 마찬가지다. Hengel, *Septuagint as Christian Scripture*, p. 41를 보라. 그는 칠십인역 덕분에 초기 교회가 2세기의 마르키온과는 다르게 구약성경을 버리지 않고 유지했다고 말한다.

5

예수 운동에서 이방 선교로

자신의 부모를 다르게 이해한 형제자매들

예수님은 유대인이었다. 그분의 족보는 아브라함으로 거슬러 올라갈 수 있으며(마 1:1-6), 심지어는 아담까지도 갈 수 있다(눅 3:23-38). 태어난 지 여덟째 날에 할례를 받았으며(눅 2:21), 갈릴리에 있는 회당과(눅 4:16) 예루살렘에서 열리는 절기에 정기적으로 참석했다(눅 2:41-42; 요 5:1).[1] 동료 유대인들은 예수님을 공인된 랍비(요 3:2)로 보았고, 그분은 쉐마를 낭독했으며(막 12:28-

---

[1] 예수님의 사역은 20년대 말로 추정된다. 이 기간이 신약성경에 나오는 두 개의 확정된 날짜들과 부합한다. 그중 하나는 헤롯 성전이 건설된 후 46년째 되는 해가 예수님이 초기 사역을 하시던 시기의 배경이라는 사실이다(요 2:20). 요세푸스에 따르면(*Ant.* 15.380), 헤롯은 통치한 지 열여덟 번째 해에 성전을 짓기 시작했다. 헤롯은 주전 38년부터 통치를 시작했기 때문에 성전은 주전 20/19년에 건설을 시작했다는 뜻이다(Schurer, *History of the Jewish People*, 1:292의 각주 12의 논의를 보라). 따라서 예수님은 이로부터 46년 후인 주후 27/28년에 사역을 시작하시는 셈이 된다. 두 번째로 확정된 날짜는 티베리우스 황제가 통치한 지 열다섯 번째 해와 관련이 있다(눅 3:1). 티베리우스는 아우구스투스 황제가 죽은 주후 14년에 바로 황제가 되었고, 이로부터 15년 후(한 해의 어느 지점에 위치하든 보통 한 해가 지난 걸로 계산한다)에 예수님의 사역이 시작되었으니 다시 한번 이 시점은 주후 28년이 된다. 눅 3:1에 나온 시간대 추정에 대해서는, Edwards, *Gospel according to Luke*, p. 103를 보라.

30), 대체적으로 토라를 준수했다(마 5:17-18). 그분이 유대 팔레스타인의 바깥 지역으로 나간 적은 거의 없었다.[2]

예수님의 사도들도 똑같이 유대인이었다(마 10:1-4). 그들은 예수님과 함께 이런 행동들에 참여했으며 예루살렘성전을 그들의 사역의 중심지로 삼아 예수님이 돌아가신 이후 하나님 나라가 성취되기를 기다렸다(행 1:6). 그들은 또한 전례의 정결을 세심하게 지키고자 부정한 음식들을 삼갔고(행 10:14), 사마리아 여인(요 4:27)이나 수로보니게 여인(막 7:24-30)과 같은 부정한 사람들도 피했다.

이러한 점에서 예수님과 그분의 추종자들은 유대 팔레스타인의 다른 랍비들이나 그들의 추종자들과 비슷했다. 하지만 이것으로 모든 것이 설명되지는 않는다. 예수님은 유대인들에게 집중했지만 그분의 주변 시야에는 이방인들이 있었다. 예수님이 자신의 사명을 "이스라엘 집의 잃어버린 양"(마 10:5-6)을 향한 것으로 받아들이는 바로 그 장에서 그분은 자기 제자들이 이방인들에게 증거가 될 것이라고 선언하신다(마 10:17-18). 예수님은 구원이 유대인에게서 나온다고 가르치셨지만(요 4:22), 그분의 사역은 유대인을 넘어서 더 넓게 확장되었다. 예수님은 이따금 갈릴리 바다 동쪽의 이방 지역으로 과감하게 나가셨는데 단순히 그런 지역들을 피해 갈 수가 없어서 그랬던 것이 아니었다. 한 번은 예수님과 제자들이 갈릴리 바다를 건너 데가볼리에 가

---

[2] 예수님의 유대인 정체성을 부정하는 경우는 드물 뿐 아니라 성공하지 못했다. 예수님이 유대인임을 부정하려는 가장 필사적인 시도는 제3제국 시대에 독일 교회에서 유대적 영향력을 연구하고 제거하기 위한 나치연구소에 의해 감행되었다. 이 연구소의 발터 구른트만(Walter Grundmann) 교수는 예수님이 유대인이 아니라고 주장했다. 왜냐하면 예수님의 아버지가 요셉이 아니라 예수님의 어머니 마리아의 애인인 판데르(혹은 판데라)라는 이름의 로마 군인이었기 때문이다. 이러한 악의적인 루머는 주후 3세기부터 유포되었고(Str-B 1:39; Origen, *Cels.* 1.32, 69) 이후에 *Toledot Yeshu*라는 예수님에 대한 중세 거짓 역사서에서 퍼뜨렸다(Schlichting, *Leben Jesu*, 특히 pp. 53-83를 보라). 이런 천박한 허구를 나치 독일에 퍼뜨린 구른트만의 역할에 대해서는, Hertel and Martin-Luther-Gymnasium, *Gratwanderungen—Das "Entjudungsinstitut" in Eisenach*를 보라.

서 더러운 귀신 들린 자에게서 귀신을 내쫓은 후 "주께서 네게 어떻게 큰일을 행하사 너를 불쌍히 여기신 것을" 알리라고 귀신 들렸던 사람을 보냈다(막 5:19). 이후 예수님은 더 오랜 여행을 떠나 두로라는 이방 지역에 가서 수로보니게 헬라 여인의 딸을 고치셨다. 그런 뒤 두로에서 북쪽으로 더 올라가 시돈이라는 이방 지역으로 갔고 그 후에 데가볼리로 다시 돌아와 말을 하지 못하는 귀먹은 자를 고치고 들판에서 5,000명의 유대인들을 먹이셨던 사건과 비슷하게 4,000명의 이방인들을 먹이셨다. 누가복음 4:25-27에 나오는 수로보니게 여인과 수리아의 나병 환자는 전통적으로 이스라엘 사역에 해당하지 않는 범위에 속한 사람들로 이해되었지만, 예수님으로 대표되는 '미시오 데이'(missio Dei, 하나님의 선교)의 범위 안에 속한다고 선포된다. 예수님은 사람들이 동서남북에서부터 와서 하나님 나라 잔치에 참여한다고 말씀하셨는데, 여기서 그분이 가리키신 대상은 **이방인들**이다(눅 13:29). 이런 노력과 가르침은 유대 랍비들의 전형적인 모습이 아니었다. 실로 랍비들이 이렇게 이방 지역으로 선교를 떠났던 선례는 존재하지 않는다.

유대 랍비가 행한 이러한 변칙적인 사역을 어떻게 설명할 수 있을까? 예수님이 행하신 이방 사역은 변칙적이기는 하지만 근거가 없는 것은 아니었다. 복음서에서는 예수님이 이방 사역을 하신 동기로 작용한 요소가 그분의 전체 사역의 동기로 작용한 요소와 동일하다는 단서를 제공한다. 그 동기는 바로 유대 성경에 선언된 하나님의 계획을 성취하는 것이다. 마가복음에서는 예수님이 데가볼리의 말 더듬는 자를 고치신 이야기가 나오는데, 이 사람의 증상을 "모길라론"(mogilalon)이라고 묘사한다(막 7:32). 성경에서 이 단어가 나오는 다른 본문은 이사야 35:5-6이 유일하다. "맹인의 눈이 밝을 것이며 못 듣는 사람의 귀가 열릴 것이며…말 못 하는 자[mogilalōn]의 혀는 노래하리니"에 나온다. 이를 통해 하나님의 영광이 **열방**(즉 이방인들)에게 나타날 것이다. 이사야 35장의 이 예언이 적용되는 대상은 레바논인데, 마가

복음 7-8장에서 예수님이 다니신 지역이다. 마가복음은 두로, 시돈, 데가볼리에서 행한 예수님의 사역을 레바논이 "여호와의 영광 곧 우리 하나님의 아름다움을 보리로다"(사 35:2)라고 말씀하신 약속의 성취로 이해하는 것이다.

예수님의 사역에 대한 관점은 이스라엘의 소명에 대해 구약의 몇몇 줄기에서 보는 관점과 일치한다. 즉 그분의 사역 역시 하나님의 충만하심을 모아서 담는 댐이 아니라 하나님의 구원을 모든 열방에 전하는 수로와 같다고 이해한다. 이사야서는 "모든 혈육"이 이스라엘의 하나님을 예배할 것이라는 예언(사 66:17-23)으로 절정에 도달한다. 역대하는 하나님이 성전에서 이방인들의 기도를 들어주시기를 간구하는 솔로몬의 기도를 기록한다(6:32-33). 이사야서에서 나오는 신비로운 주의 종은 하나님이 그를 "이방의 빛으로 삼아 [하나님의] 구원을 베풀어서 땅끝까지 이르게" 함으로써 사명을 성취한다.[3] 세 권의 공관복음 모두 주의 종을 예수님 사역의 원형으로 인용한다.[4] 종은 이스라엘에 대한 하나님의 목적에서 **예외**가 아니라 **절정**이다. 이방 선교는 니느웨에 가서 설교하라고 요나의 하나님이 주신 사명에도 전제되어 있다. 예수님은 자신의 사역과 관련해서 요나의 사명을 인용하신다.[5] 다른 무엇보다도 이방 선교의 토대가 되는 선언은 아브라함에 대한 하나

---

3   사 49:6. 또한 42:6; 51:4; 60:3도 보라.
4   마태는 예수님이 군중 가운데 행하신 야외 사역을 종의 사역으로 해석한다(마 12:18-20//사 42:1-4). 막 3:27에서는 자유를 얻는 종(사 49:24-26)이 예수님의 강력한 해방 비유의 모델이 된다. 사실상 두 번째 복음서 전체에서 내내 예수에 대한 가장 중요한 칭호인 하나님의 아들은 이사야서에서 나오는 겸손한 주의 종으로 해석되는 듯하다. Edwards, "Servant of the Lord," pp. 49-63를 보라. 세 번째 복음서에 따르면, 의로운 시므온은 성전에서 "이방을 비추는 빛"(눅 2:32)인 메시아를 기다렸다. 그리고 누가는 예수님이 전개하실 사역의 특징을 이사야가 예언한 주의 종의 사역으로 이해한다. 즉 가난한 자, 포로 된 자, 눌린 자에게 복음을 선포하는 사역을 말한다(눅 4:18-19; 사 61:1).
5   마 12:41//눅 11:32. 예수님과 이방 선교에 대한 추가 논의는 Evans, *From Jesus to the Church*, pp. 49-57를 보라. 『예수와 교회』(기독교문서선교회).

님의 약속에 있다. "땅의 모든 족속이 너로 말미암아 복을 얻을 것이라"(창 12:3).[6] 예루살렘 성전에서 했던 설교에서 사도 베드로는 예수님의 부활이 "땅 위의 모든 족속이 [아브라함의] 씨로 말미암아 복을 받으리라"라는 하나님의 언약을 성취한다고 선포한다(행 3:25-26). 그리스도 안에서는 "유대인이나 헬라인이나 종이나 자유인이나 남자나 여자나" 모두 하나라는 사도 바울의 선언도 마찬가지로 "아브라함의 씨"에 해당한다(갈 3:28-29). 에우세비오스는 창세기 12:3을 인용하며 예수님의 사역에 대해 하나님이 제공하신 선례라고 말한다. 그는 기독교는 하나님에 대한 구약성경의 증거에서 이탈하는 것이 아니라 구약을 성취한 것이라고 주장한다. 왜냐하면 "하나님이 아브라함에게 가르쳤던 종교의 방식은 오로지 세상에 퍼져 있는 그리스도인들 가운데에서만 실천되기 때문이다."[7] 창세기 12장에서 아브라함에게 하신 하나님의 약속이 동맥과 같이 구약의 선지자들을 관통해 초기 기독교 안으로 흘러 들어가는 것이다.

열두 제자에게 "땅끝까지 이르러" 내 증인이 되라는 예수님의 명령은 아브라함의 약속을 초기 교회에 전달한 셈이었다. 하지만 예수님은 열두 제자에게 그 명령이 어떻게 성취될지에 관해서는 말씀하시지 않았다. 그러려면 후에 펼쳐질 일들을 말씀하셔야 했기 때문이다. 성취를 향한 가장 중요한 첫걸음을 내딛은 이들은 사도행전 6장의 헬라파 유대인들이었다.[8] 예루살렘의 헬라파 공동체에서 임명된 일곱 집사들은 모두 헬라 이름을 가지고 있었다(행 6:5). 초기 예루살렘 지도자들은 헬라어를 쓰는 공동체에서 생겨난 문제들은 동일한 공동체의 일원들이 가장 잘 해결할 것이라는 신중한 결정

---

6   유대교에서의 이방 선교의 개념과 가능성에 대해서는, Dunn, "From the Crucifixion," pp. 34-36를 보라. Dunn은 바울의 이방 선교에 대한 구약의 선례를 인정하지만, 아브라함에 대한 하나님의 약속이 유대교에서는 "훨씬 더 등한시되었다"라는 점도 인정한다.
7   Eusebius, *Hist. eccl.* 1.4.12-15 (LCL).
8   헬라파 유대인들에 대해서는 2장, pp. 72-74를 보라.

을 내렸다. 헬라파 유대인들은 이미 헬라 문화의 요소들을 자신들의 회당에 결합했다. 따라서 그 공동체의 일원들은, 특히 스데반과 빌립의 경우, 사마리아(행 8:4-25), 베니게와 구브로에 있는 "흩어진" 유대인들 가운데, 그리고 결국은 안디옥의 이방인들에게까지도(행 11:19-21) 복음을 전파할 준비가 되어 있었다. 교회의 이방 선교는 예수님 사역의 배경이 된 동일한 구약의 선례들을 따랐다. 3장에서 우리는 복음이 초기에 메소포타미아로 퍼진 과정을 추적했는데, 이에 대한 선례는 니느웨 백성에게 보인 하나님의 연민이었다(욘 3-4장). 복음이 동쪽으로 거대하게 확장된 과정은 아하수에로 왕국에서 에스더가 보여 준 증거와 맥을 같이한다. 이 왕국은 메디아와 페르시아뿐 아니라 인도와 동쪽의 더 먼 지역, 그리고 누비아와 남쪽 더 먼 지역을 모두 포괄한다(에 1:1).

이방 선교는 초기 기독교에 이질적이거나 반대되는 혁신이 아니라 구약성경에 부합하는 진보로, 예수님이 보이셨고 그분의 제자들이 성취한 사역으로 이해하는 편이 적절하다. 이방인들을 위한 사도인 바울은(갈 2:9) 이방인이 아닌 열성적인 유대인이었으며 자신의 부르심을 이스라엘의 소명에 대한 (부인이 아닌) 확증으로 여겼다. "모든 하나님의 약속은 그리스도 안에서 성취된다"라고 그는 선언한다.[9] 숀 프레인(Sean Freyne)에 따르면, 사도행전에서 누가는 "이방인들을 향한 선교가 예루살렘에서 헬라어를 구사하는 예수 추종자들의 사역으로부터 시작되었음을 보여 주려 한다."[10] 유대인과 이방인 모두에게 복음을 선포했을 때 이방인에게 할례, 안식일, 음식법 등과 같은, 유대인이 살아가는 행동 방식을 받아들여야 진정한 그리스도인으로 여겨질 수 있다는 메시지를 담지 않았다. 많은 사람이 가정하듯이 바울이

---

9 고후 1:20; 또한 롬 15:8.
10 Freyne, *Jesus Movement and Its Expansion*, pp. 205-206.

이방인 선교를 만들어 낸 것이 아니었고 헬라어를 구사하는 **유대** 신자들을 통해 헬라어를 구사하는 **이방인**들에게로 복음이 확장되었다. 바로 이 때문에 기독교 신앙이 세상의 신앙이 될 수 있었다.[11]

헬라파 유대인들이나 사도 바울과 베드로 같은 초기 그리스도인들이 이방인들을 조건 없이 받아들인 것은 다른 어떤 유대인들도 하지 않은 일이었다. 하지만 그렇게 하면서 그들은 자기 자신들이 유대인이라는 생각을 버리지는 않았다. 어떻게 그럴 수 있었는가? 이에 대한 주된 답은 그리스도인 유대인과 비그리스도인 유대인 모두 똑같이 성경을 근본으로 여겼지만, 성경을 다르게 이해했다는 데 있다. 이 사안을 올바로 이해하려면 기독교를 유대교의 자식으로 이해하는 일반적 오해를 바로잡아야 한다. 이 질문에 대한 문서들과 역사를 보면서 나는 부모-자식의 비유를 형제의 비유로 대체해야 할 필요를 느꼈다. 기독교는 유대교의 자식이라기보다는 형제다. 예수님의 추종자들과 유대인들은 똑같은 집안의 형제자매이지만 공통의 혈통에 대해 서로 다르게 이해한 형제와 같은 관계였다.[12] 두 형제들 모두 똑같은 부모의 전통을 말하며 구약성경과 이스라엘의 이야기를 통해 그 전통이 자신들에게 전수되었다고 주장하지만, 그들은 이 하나의 전통에서 근본적으로 서로 다르게 발전한 자녀 전통들의 선례들을 찾았다.

---

11 이 마지막 요지에 대한 더 충분한 논의는 Hengel, *Paulus und Jakobus*, pp. 1-58를 보거나 영어 번역본으로는 Hengel, *Between Jesus and Paul*, pp. 1-29를 보라.

12 형제 비유는 내가 처음 생각해 낸 것이 아니다. 이 비유의 초기 지지자 중 하나는 Alan F. Segal로서 그의 1986년도 책 *Rebecca's Children*에서 이 비유가 나온다. 이후에 이 비유를 사용한 이들에는 Michael Holmes(*Apostolic Fathers*, p. 9)와 Joan Taylor가 있는데, Taylor는 유대교와 기독교의 결별을 "집안싸움"으로 표현했다("Parting in Palestine," pp. 99).

결속력

우리는 그리스도인들과 유대인들 사이의 분리와 때로는 이들 사이의 적대 관계에 익숙해진 나머지 이들이 서로 분리되어 출발하지 않았으며 분리되려 하지도 않았다는 사실을 잊어버리는 경향이 있다. 예수님을 믿은 유대인들과 예수님을 믿지 않은 유대인들을 결속시킨 요인들과 세력들은 사실상 많았고 강력했다. 인종적·언어적·문화적·종교적 유대감이 여기에 해당한다. 예수님은 자의적으로 회당, 안식일, 토라, 성전이라는 제도 안에서 활동하셨다. 그리고 결코 자신의 추종자들에게 자신과 다르게 활동하라고 지시하지 않으셨다. 그들에게 교회를 만들라고 말씀하지 않으셨다. 예수님이 승천하신 이후 예루살렘에 있는 예수 추종자들은 즉각적으로 예수님이 하셨던 것처럼 (적어도 한동안은) 같은 구조에 속해서 활동했다. 가장 초기의 예수 추종자들은 자기 자신들을 유대인이 아닌 다른 어떤 정체성으로도 규정하지 않았을 것이다. 왜냐하면 유대인으로 태어났든지 자랐든지, "성전에 충성하고 성전 예배와 관련된 관습, 전례, 관행들을 받아들이는 것이 '유다이오스'(*Ioudaios*)라고 명명할 수 있는 일차적 기준이었기 때문이다."[13] 이러한 기본적인 결속력이 약화된 이후에도 예수님을 따른 유대인들과 그렇지 않은 유대인들 사이에 공통으로 지키는 전통은 지속되었다. 유대교 내의 다양한 분파들을 하나로 묶는 유대감을 과소평가해서는 안 된다. 1세기 유대인들은 바리새인이든, 사두개인이든, 에세네파든, 열심당원이든, 단순한 '암 하아레츠'(*am ha-aretz*, 땅의 거주민)든, 예수 추종자든, 그들 사이에 존재하는 차이점에도 불구하고 모두 자기 자신을 유대인으로 인식했다. 예를 들어, 사실 예수 추종자들은 다른 어떤 유대 분파보다 바리새인들과 더 밀접한 신학적

---

13 Freyne, *Jesus Movement and Its Expansion*, p. 16.

유사성을 보였는데, 바리새인들은 제1차 유대 반란 이후 유대교의 정체성을 규정하는 데 결정적인 역할을 했다.

초기의 예수 추종자들이 유대인의 테두리 안에 있도록 가장 크게 기여한 사람은 아마도 예수님의 친형제 야고보였을 것이다. 바울은 이 야고보를 예루살렘 교회의 "기둥"이라고 부른다(갈 2:9). 성막 이후에 등장한 성전처럼, 성막은 무게를 지탱하는 기둥이 떠받들어야 한다(출 40:18). 비록 바울이 야고보의 의견에 항상 동의하지는 않는다 할지라도, 야고보를 "기둥"이라고 칭한 것은, 그의 중요성을 바울이 어떻게 평가하는지 보여 준다. 헬라파 유대인들이나 심지어는 베드로(초기 유대 기독교에서 오직 야고보만 베드로보다 강한 영향력을 발휘한다)와도 다르게, 야고보가 예루살렘을 떠났다는 표시가 없다. 다른 이들이 유대교를 넘어서 뻗어 나가는 동안 그는 거룩한 도시에 계속 남아 새로운 신앙을 유대교 내에서 확장해 나가려고 애썼다. 고대 세계는 거의 예외 없이 독재자가 통치하는 세계였다. 정치든, 군사든, 사회든, 종교든 삶의 모든 다양한 영역에서 사람들은 강력한 자가 지도자가 되기를 원했다. 야고보는 예루살렘 공회에서 유대 그리스도인들에게 바로 그러한 지도자로 부상했다. 모든 초기 그리스도인들 가운데 야고보의 자격 요건은 독특하다. 그는 예수님의 친형제였다. 예수님이 부활하신 후 그에게 나타나셨으며(고전 15:7), 타협 없는 경건 생활, 옷과 음식에서 추구하는 엄격한 생활 방식으로 인해 모든 예수 추종자들 가운데 오로지 야고보에게만 "[유대] 성전에 들어가는" 특권이 주어졌다.[14] 야고보는 확실히 **비그리스도인** 유대 분파들에게도 존경받았으며 "그들 모두가 그에게 순종했다."[15] 다른 어떤 유대 지도자들도, 심지어는 베드로조차도, 야고보만큼 초기 교회를 유대교

---

14 Eusebius, *Hist. eccl.* 2.23.6.

15 Eusebius, *Hist. eccl.* 2.23.8-11.

의 맥락 안에서 이끌 지도력을 갖추지 못했다.[16] 야고보는 사후에 다양한 유대-기독교 분파들에게 높은 평가를 받았다. 이 분파 중에는 에비온파, 나사렛파, 수리아 그리스도인들과 몇몇 영지주의 집단들 그리고 특히 히브리복음과 연관된 공동체가 있었다. 야고보의 관심은 교회를 확장해서 이방인들을 포함해야 하는지의 여부가 아니었다. 예루살렘 공회에서 그가 내린 결정은 아모스 9:11-12(칠십인역)에 근거하는데, 분명히 이방인의 포함을 지지하는 결정이었다(행 15:13-29). 그가 아모스 9:11-12을 인용한 점이 중요하다. 왜냐하면 초기의 예수 추종자들이 구약의 선례에 근거해 그들의 선교를 정당화했음을 다시 한번 보여 주기 때문이다. 야고보의 관심은 이방인을 포함하는 선교를 수행하기 위해 교회가 유대교의 품에서 벗어날 필요가 있는지, 아니면 더 심한 경우, 유대교에 반대해야 하는지를 가리는 데 있었다. 야고보는 교회가 이스라엘의 구조 안에 남아 있으면서도 이스라엘에 대한 하나님의 약속들을 성취할 수 있다고 확신하며 살았다. 그리고 그는 바로 이 확신을 위해 죽었다. 에우세비오스에 따르면 그는 모든 사람 앞에서 "예수 그리스도가 하나님의 아들이다"라고 고백했기 때문에 예루살렘성전에서 순교했다.[17] 피터 슈툴마허(Peter Stuhlmacher)는 초기 기독교에 대한 야고보의 영향력을 이렇게 요약한다. "평생 야고보는 유대인 그리스도인과 이방인 그리스도인들을 연합하려고 노력했으며, 이런 점에서 그는 모든 그리스도인의 부모 공동체인 최초 예루살렘 공동체의 수장 역할을 감당했다."[18]

---

16 Von Campenhausen은 *Aus der Frühzeit*, pp. 135-136에서 Harnack의 평가와 Eduard Meyer의 평가 모두에 강력하게 반대한다. Harnack는 야고보의 유대교-기독교 합성이 "칼리프 체제"를 닮았다고 평하고 Meyer는 야고보의 교회에 대한 비전이 이슬람과 몰몬교와 유사하다고 평가한다. 이에 대해 Von Campenhausen은 이렇게 말한다. "사실 우리는 그러한 이데올로기적 고정관념들을 초기 기독교나 그 이후의 유대-기독교에 적용할 아무 권한이 없다"(저자 사역).

17 *Hist. eccl.* 2.23.2. 에우세비오스는 사도 야고보의 순교에 대해 자신보다 앞선 요세푸스(*Ant.* 20.200-203), 클레멘스, 헤게시푸스의 증언을 인용한다.

18 Stuhlmacher, "Christ in the Pauline School," p. 162. 야고보에 대한 중요한 논의는 다음의 작품

사도행전은 (헬라어를 구사하는) 헬라파 예수 추종자들이 사울의 박해 이후에 예루살렘에서 쫓겨 나왔을 때도(8:1), 전통적 유대인들이 히브리 예수 추종자들을 계속 예루살렘에 있을 수 있도록 용인했다는 점을 암시한다. "그리하여 온 유대와 갈릴리와 사마리아 교회가 평안하였"기 때문이다 (9:31). 30년대 초에 사울이 기독교로 개종했다고 가정하면, 이 본문은 팔레스타인의 예수 추종자들이 예수님의 십자가 처형 이후 몇 해 동안 유대 회당 안에 있었으며 그들과 함께 공존했음을 암시한다.[19] 유대교는 우리가 주목했던 다양한 유대 분파들뿐 아니라, 예수 추종자들보다도 덜 유대적 성격을 가진 "하나님을 경외하는 자들"이라는 또 다른 부류의 추종자들도 수용했다는 점에서 이것은 놀랍지 않다. 사도행전은 이런 부류의 사람들을 "하나님을 경외하는 자들,"[20] "개종자들"[21] 그리고 "하나님을 예배하는 자들"[22]이라고 지칭한다. 이 모든 호칭은 유대교의 유일신론, 도덕성 그리고 아마도 인종적 화합력에 이끌리긴 했지만 모세의 율법이 요구하는 음식법과 할례는 따르지 않기로 결정한 이방인들을 가리킨다.[23] 이런 불완전한 요소들 때문에 하나님을 경외하는 자들은 유대교에서 '준회원'의 지위(사실상 2등급 지위)로 격하되었다. 여러 고대 문헌에서 이들의 지위가 항상 인종적으로 유대인들 다음이었다는 점이 이를 입증한다.

비록 하위의 지위이긴 했지만, 종종 많은 수의 하나님을 경외하는 자들

들에서도 찾을 수 있다. von Campenhausen, *Aus der Frühzeit*, pp. 25-33; Evans, *From Jesus to the Church*, pp. 59-77; Dunn, *Neither Jew nor Greek*, pp. 509-597; Dunn, "Beyond the Jewish People,"『형성기 기독교의 통일성과 다양성』(새물결플러스).

19   Harnack, *Mission and Expansion*, pp. 45-46의 논의를 보라.
20   행 10:2, 22, 35; 13:16, 26.
21   행 2:10; 13:43.
22   행 13:43, 50; 16:14; 17:4, 12(아마도), 17; 18:7.
23   Danker, BDAG p. 918는 "하나님을 경외하는 자들"을 이렇게 정의한다. 그들은 "다신론을 믿는 지역 출신의 사람들로 이스라엘의 유일신론을 받아들이고 회당에도 참석했으나 모세의 율법을 모두 지키기로 헌신하지는 않은 자들로서 특히 남성들은 할례의 요구에 따르지 않았다."

이 고대 회당에 참석했다.[24] 하나님을 경외하는 자들에 대한 가장 초기의 고고학적 증거가 아프로디시아스(현대의 튀르키예 서부) 회당의 2.7미터에 달하는 대리석 문설주에서 발견되었다. 기둥의 두 면에 회당을 건설하는 데 기부한 120명의 이름이 헬라어로 새겨져 있다. 이 이름들 가운데 69명이 유대인이고, 3명이 개종자이고(즉 가족과 절연하고 할례를 받아들여 자신을 "아브라함의 자녀"라고 부르는 이방인들), 54명이 하나님을 경외하는 자들이다. 기둥에 새겨진 이름의 거의 절반이 하나님을 경외하는 자와 개종자들이라는 사실은 이방인들이 유대 회당의 매력에 이끌렸다는 사실을 입증한다. 아프로디시아스에서는 유대 회당이 특별히 강력한 매력을 발휘했을 가능성이 있다. 이곳은 그리스-로마 종교와 신화들이 과할 정도로 장려되는 지역이었기 때문이다. 아프로디시아스에는 황제 숭배와 관련된 비문들과 더불어 여러 신과 여신이 넘쳐 났다. 특히 아프로디테의 대리석상이 넘쳐 났는데, 도시의 이름 자체가 아프로디테의 이름을 따서 지어졌다. 풍요, 간음과 재미의 여신인 아프로디테는 이런 도시에서 높은 인기를 누렸다. 아프로디시아스에서 표출되는 정욕과 피에 대한 굶주림에 치욕을 느끼던 이방인들에게 유대교의 유일신론과 도덕성은 특별히 매력적이었을 터다. 하지만 기둥에 새겨진 이름들의 배치는 의미심장하다. "테오세베이스"(theosebeis)라고 지칭되는 하나님을 경외하는 자들과 개종자들의 이름이 기둥의 아래쪽에 유대인들의 이름 **밑**에 새겨져 있기 때문이다. 그 사실이 이들의 이차적인 지위를 가시적으로 상기시켜 준다.[25] 테오세베이스들은 유대인 태생, 할례 그리고 아마도 토라 준수의 다른 여러 요소들(음식법 준수와 같은) 같은 특징이 부족했기

---

24 Josephus, *Ant*. 14.110는 유대인들과 하나님을 경외하는 자들 모두 로마 세계 전역에 퍼져 있었다고 말해 준다. 하나님 경외자들에 대한 연구는 Wander, *Gottesfürchtige und Sympathisanten*; Edwards, "Nomen Sacrum in the Sardis Synagogue," p. 816; Chilton, "Godfearers"를 보라.
25 아프로디시아스에 관해서는 Charlotte Rouche, "Aphrodisias," *EEECAA* 1:85-86; Reynolds and Tannenbaum, *Jews and Godfearers at Aphrodisias*; Chilton, "Godfearers"를 보라.

때문에 회당에서 그림자와 같은 회원들로 대우받았다.

하나님을 경외하는 자들이 아주 흔했다는 사실과 회당에서 그들이 2등급의 처우를 받았다는 사실은 그들이 왜 그토록 기독교에 매력을 느꼈는지를 이해하는 데 중요하다. 기독교는 하나님을 경외하는 자들이 매력적으로 느끼는 유일신주의와 도덕적 기준들을 제공했고, 그러면서도 이방인들을 2등급 지위로 격하하거나 할례나 음식법을 지키도록 요구하지 않았다.[26] 로마의 백부장 고넬료의 개종(행 10:1-11:18)은 하나님을 경외하는 자의 지위 덕분에 기독교 신앙을 잘 받아들이게 된 대표적인 경우다(행 15:6-11).

바울의 선교에서 특히 놀라운 점은 유대인이든 헬라인이든 민족성이 더이상 유대교나 로마제국에서처럼 가장 중요한 문제로 여겨지지 않고, 그리스도 안에서 궁극적이고 변치 않는 연합에 종속된다는 점이었다.[27] 바울은 다음과 같은 유명한 주장을 한다. "너희는 유대인이나 헬라인이나 종이나 자유인이나 남자나 여자나 **다 그리스도 예수 안에서 하나이니라**"(갈 3:28). 그리스도 안에서 누리는 새 질서를 표현하기 위해 바울은 새 단어를 찾아내야 했다. 나라(*ethnos*), 인종(*genos*), 백성(*laos*)과 같은 표준적인 범주들은 고대 세계에서 사회적이고 정치적인 사고의 중심이었지만 바울이 찾은 다음과 같은 새 용어들에 의해 상대화되고 대체되었다. "형제와 자매들," "모임들," "거룩한 자들," "신자들," "영적인 자들," 이에 상응하는 가족 비유들(엡 3:14-19), 몸(고전 12:12-27; 롬 12:4-5), 공간적 비유들(엡 2:11-18) 그리고 시민권(빌 3:20) 같은 새 용어들이 통용되었다.[28]

당시 대다수를 이룬 사회와 종교 분야에서 이러한 용어의 변경이 일어났다. 예를 들어, 기독교 공동체 안에 속한 유대인들이 우상숭배를 삼갔을 때

---

26 Stark, *Rise of Christianity*, p. 59를 보라.
27 이에 관련된 많은 본문 중에서 고전 1:22-24; 9:20-21; 10:32; 갈 2:11-21; 3:28을 보라.
28 Barclay, *Pauline Churches*, pp. 13-14를 보라.

는, 비그리스도인 유대인들이 이들을 박해하지 않고 그들이 토라를 준수했음을 인정해 주었다. 하지만 이방인들이 그리스도인이 되어 우상숭배를 하지 않으면, 비그리스도인 이방인들은 이들을 "무신론자들"(즉 그리스-로마 신들을 부정하는 자들)로 간주했다. 이런 경우 바울은 이 두 집단 모두에게 새로운 실체를 강조하는 조언을 해 주었다. 왜냐하면 (토라에서 요구하는 우상숭배 금지 기준을 통과한) 유대인 그리스도인들도 우상숭배에 대한 궁극적인 시험의 기준이 예수 그리스도의 주 되심을 인정하는 것과 관련이 있다는 사실을 알아야 했기 때문이다. 그래서 바울은 이렇게 천명한다. "우리에게는 한 하나님 곧 아버지가 계시니 만물이 그에게서 났고 우리도 그를 위하여 있고, 또한 한 주 예수 그리스도께서 계시니 만물이 그로 말미암고 우리도 그로 말미암아 있느니라"(고전 8:6). 바울은 성도덕, 안식일 준수, 할례, 결혼, 음식에 관한 규율처럼 교회를 분열시키는 다른 이슈들도 비슷하게 다룬다. 이와 같은 사안들에 대한 바울의 신학적 방향성은 기독론적 실용주의(christological pragmatism)라고 불릴 수 있을 듯하다. 즉 행위를 평가할 때 그것이 그리스도와 부합하는지, 그리고 그 행동의 결과가 그리스도의 공동체에 어떤 영향을 끼치는지에 따라 판단하는 것이다. 존 바클레이(John Barclay)에 따르면, "초기 기독교 운동은…그 기본 성격상 어떤 구체적인 문화적 방식을 나타내는 모습으로 스스로를 규정하지 않았다." 대신 이 운동은 사상, 예배 방식, 행동을 기독론적인 기준으로 평가했다(골 3:17).[29] 디오그네투스서신에 나오는 "그리스도인들은 세상 속에 살지만 세상에 속하지는 않는다"[30]라는 말은 기독교의 역설을 암시한다. (주변 문화들을 합병하고 흡수했던) 로마제국과 다르게, 그리고 (자신을 주변 문화들로부터 분리시켰던) 유대

29　Barclay, *Pauline Churches*, pp. 15-25를 보라(p. 19에서 인용됨).
30　Diogn. 6.3.

교와도 다르게, 그리스도인들은 유대인이든 이방인이든, 예수 그리스도의 형상을 이루기 위해 애썼다(갈 4:19).

유대교의 반발

제1차 유대 반란[31] 이후에 랍비 지도자들은 북쪽으로 이주해 갈릴리에 유대교 재건을 위한 연구 교육기관들을 세웠다. 랍비들은 순응하지 않거나 이단적인 집단들에 꼬리표를 붙이고 배척할 수 있는 새로운 수사법을 활용하는 프로그램을 세웠다. 한 집단은 "미님"(*minim*, 이단들)이라고 불렸다. 미님은 사해사본에 나오는 유사한 부류의 사람들처럼 "사악한 자", "중상모략하는 자", "적"으로 묘사된다. 하지만 미님들의 정체가 "그리스도인"이라고 구체적으로 규정된 적은 결코 없었다. 그리고 어느 정도나 그리스도인들을 겨냥해 이런 모욕적인 표현을 사용했는지는 불분명하다.[32]

---

31 제1차 유대 반란에 관해서는 6장, pp. 193-197를 보라.
32 비르캇 하미님(*Birkat ha-Minim*, 이단들에 대한 축복)은 아미다(Amidah)의 열여덟 개의 축복문(서서 낭독하는 유대 기도)의 열두 번째 축복이다. 이 축복들은 유대교 제2성전에서 유대인 예배를 마칠 때 으레 낭독되었다. 열두 번째 축복인 비르캇 하미님은 "중상모략하는 자들" "사악함" "당신의 적들" 그리고 "오만한 나라"에 대해 하나님의 진노가 내리기를 기원하는 내용이다. 종종 이러한 비방적 표현들이 그리스도인들을 가리키는 것이라고 가정하는데, 이 행악자들이 예수 추종자들이나 그리스도인이라는 구체적인 규정은 어디에도 없다. 초기 그리스도인들에 대한 유대인들의 태도를 이해하는 데 비르캇 하미님이 어떤 구체적인 의미를 지니는지에 대해서는 논란이 있다. 왜냐하면 이 열여덟 개의 축복문은 탈무드(5세기)에 통합된 것으로서 우리가 이 책에서 다루는 시기보다 훨씬 더 후기를 반영하기 때문이다. 우리의 목적에 더 적합한 것은 미쉬나(2세기 후반)에 나오는 미님을 가리키는 아홉 개의 간략한 구절들이다(Ber. 9:5; Rosh Hash. 2:1; Meg. 4:8; 4:9; Sotah 9:15; Sanh. 4:5; Hul. 2:9; Parah 3:3; Yad. 4:8). 토세프타는 보충적인 내용을 담고 있는 미쉬나와 대략적으로 같은 시기의 문헌인데, 토세프타의 오직 한 구절만 미님을 언급한다(Ber. 3:25). 미쉬나와 토세프타의 본문들도 그리스도인들을 언급하지는 않는다. 이 두 책에서는 오로지 두 집단만 금지된 집단으로 규정되었다고 말할 수 있는데, 바로 사두개인들 그리고 적(곧 로마)과 협력한 자들이다. 미쉬나에 나오는 그리스도인들에 대한 구체적인 비방적 표현에 대해 Shaye Cohen은 이렇게 설명한다. "[그리스도인들은] 미쉬나에 등장하지 않는다. 미쉬나에서 말하는 미님은 그리스도인이 아니다.…미쉬나의 편집자들은 미

하지만 그리스도인들에 대한 분명한 비난은 '아포시나고고스'(aposynagōgos, 회당에서 쫓겨난)라는 단어에 나타난다. 이 단어는 오직 요한복음에서만 예수 추종자들에 대한 표현으로 나온다.[33] 이것이 모든 헬라 문헌에서 아포시나고고스가 쓰인 유일한 경우다. 1세기 후반에 요한복음에서 예수가 메시아(요 9:22; 12:42)라는 신앙고백과 관련해 구체적으로 이 단어를 사용했다는 사실은, 이 단어가 그리스도인을 언급할 가능성이 크다는 점을 보여준다.[34]

2세기 중반에 순교자 유스티누스는 회당에서 유대인들이 그리스도인들을 정기적으로 저주하며 예수님을 하나님의 아들이자 이스라엘의 왕이라고 조롱하고 비방한다고 기록한다.[35] 1세기에도 그러한 저주와 비방이 있었는지 확실히 말할 수 없지만, 1세기 후반에 쓰인 기독교 문헌들이 저주를 받았다는 점은 알고 있다. 복음서들을 포함한 기독교 문서들은 쉽사리 알아볼 수 있었는데, 히브리어가 아닌 헬라어로 쓰였고 두루마리가 아닌 코덱스에 기록되었기 때문이다. 랍비들은 이 문헌들을 '길료님'(gilyōnim)이라고 부르며 불태우는 표적으로 삼았다.[36] 유대교의 관점에서 히브리어로 쓰인 복음서는 특별히 위험하게 여겨졌다. 믿을 만한 언어인 히브리어를 사용해 유대인들이 불법적으로 여길 내용을 유통했기 때문이다. 주후 1,000년 동안은 널리 알려지고 인용되었지만 더 이상 현존하지 않는다는 점을 보면,

---

님에 대해 관심이 거의 없고, 이단에 대해서나 그리스도인들에 대해서는 관심이 전혀 없다"("In Between," pp. 207-236).

33 아포시나고고스는 요 9:22; 12:42; 16:2에 나온다. 게다가 요한복음은 예수 추종자들과 유대 회당과의 관계를 모호하게 묘사한다. 어떤 경우에는 회당에 대한 그들의 충성 때문에 예수님에 대한 믿음이 약해지기도 했다(8:31-59). 또 다른 경우에 그들은 회당과 갈등 관계에 놓이기도 했다(7:25-31; 10:31-42; 11:19, 45; 12:9-11, 37-43).
34 Wolfgang Schrage, "aposynagōos," TWNT 7:845-850.
35 Dial. 16.4; 35.8; 46.4; 96.2; 97.4; 137.2.
36 단수형 길론(gilyōn, 히브리어로 '양피지')은 암시적으로 '판'이나 '사본'을 뜻할 수도 있었다. HALOT 1:193를 보라.

히브리어 복음서가 아마도 이 길료님 금지법령에 희생되었을 가능성이 높다.[37] 명시적으로 1세기 후반에 기록된 『바빌론 탈무드』의 한 본문은 "복음서"(마태복음?)를 "죄의 책"으로 정죄한다.[38]

예수님도 때때로 유대 랍비들의 반기독교 논쟁의 표적이 되었다는 사실이 놀랍지 않다. 예수님에 대해서는 흔히 두 가지 비난이 가해졌는데, 그분이 마술을 부렸다는 것과 이스라엘을 현혹해 잘못된 길로 이끌었다는 것이다. 예수님이 다섯 명의 제자들을 불렀고,[39] 우상숭배자였으며,[40] 발람에 현혹돼 그릇된 길로 갔다는 추가적 비난도 받았다.[41] 정확히 언제 이런 비난들이 생겨났는지는 불분명하다. 이 내용들이 담겨 있는 미쉬나, 토세프타, 탈무드 같은 문헌들 자체가 여러 세기에 걸쳐서 자료를 모아 편집되었기 때문이다.[42] 앞에서 언급한 증언들 중 어느 하나도 1세기에 실제로 유포되었는지의 여부는 알 수 없다.

유대인 역사가 셰이 코언(Shaye Cohen)은 "대략 주후 100년부터 150년까지의 기독교 문헌들은 한결같이 유대인과 유대교에 적대적이다"라고 말한

---

[37] b. Shabb. 116a-b를 보라.
[38] Edwards, *Hebrew Gospel*, pp. 228-233.
[39] b. Sanh. 43a를 보라.
[40] b. Sanh. 103a; Ber. 18a를 보라.
[41] b. Sanh. 90a를 보라. 예수님을 언급하는 유대 문헌들과 증언들에 대한 온전한 목록은 Dalman, *Jesus Christ in the Talmud*를 보라. Philip Alexander도 "Parting of the Ways"에서 이와 관련된 유대 자료들을 조사한다.
[42] 히브리어로 "둘째 [율법]"을 뜻하는 미쉬나는 주후 200년경에 족장 랍비 유다(Rabbi Judah the Prince)에 의해 완성되었다. 유대 랍비들의 기록된 가르침을 모은 문헌으로, 예순세 개의 논문으로 구성되었으며 크게 여섯 부분으로 나누어진다. 유대인의 삶에서 미쉬나는 히브리어 성경 바로 다음으로 중요하다. 히브리어로 "보충 내용"을 뜻하는 토세프타는 미쉬나의 구조와 평행을 이루며 더 긴 보충 내용을 담는다. 히브리어로, "배움" "가르침"을 뜻하는 탈무드는 유대 랍비 전통을 집대성한 문헌으로서 미쉬나와 그에 대한 보충 내용인 토세프타와 미쉬나에 대한 아람어 주석인 게마라로 구성된다. 『팔레스타인(혹은 예루살렘) 탈무드』는 4세기에 디베랴에서 완성되었고, 이보다 더 길고 더 권위적인 『바빌론 탈무드』는 5세기에 바빌론에서 완성되었다. 게마라를 제외하고 이 문헌들 모두 히브리어로 기록되었다.

다.⁴³ 하지만 그는 또한 같은 기간에 기록된 유대 문헌은 기독교에 대해 훨씬 덜 적대적이었으며, 사실 대체로 기독교를 고려 대상으로 여기지도 않았고 그 존재를 무시했다고 기록한다. 기독교에 대한 이러한 무관심이 잘 드러난 문헌이 기독교가 회당에서 독립적으로 발전하고 있던 200년경에 제작된 미쉬나다.⁴⁴ 코언은 2세기 초기쯤에는 회당과 교회가 완전히 구별되고 분리된 기관으로 나누어졌다고 결론을 내린다. "유대인과 그리스도인이 섞여 있는 공동체는 없었다."⁴⁵ 다른 유대 자료들도 이 평가와 맥을 같이하는 듯하다. 1세기 말에 『유대 전쟁』과 『유대 고대사』 모두를 집필한 유대 역사학자 요세푸스는 예수님, 세례 요한, 야고보(예루살렘 교회의 지도자)에 대해 문단 하나씩만 할애해 설명하고 "기독교"에 대해서는 더 이상 말하지 않는다.⁴⁶ 기독교가 로마제국에서 '릴리기오 리키타'(religio licita, 합법적 종교)가 된 이후에 편집이 완성된 5세기의 『바빌론 탈무드』에는 기독교에 대한 약간의 언급과 예수님에 대한 여섯 번의 간략하고 폄하적인 발언들만 담겨 있다.⁴⁷

로마 작가들의 기독교에 관한 지식은 유대 작가들보다 더 부족했다. 기

---

43 Cohen, "In Between," p. 212를 보라.
44 미쉬나에 대해서는 앞의 각주 32번의 끝에 나오는 Shaye Cohen의 인용문을 보라.
45 Cohen, "In Between," pp. 232-233를 보라. "여기서 조사된 증거는 한때 학자들 사이에서 지배적이었지만 이제는 기이하게도 잊힌 한 관점을 뒷받침한다. 이 관점에 따르면 주후 2세기 초쯤에 유대인들(즉 그리스도를 믿지 않는 인종적 유대인)과 그리스도인들(즉 그리스도를 믿는 인종적 이방인들)이 서로 분리된 공동체들을 형성해 각자 자신만의 정체성, 의식, 기관, 권위적 인물들과 문헌들을 형성했다.…이 현상에 대한 가장 간단한 설명은 주후 100년경 이후에 기독교 공동체들은 유대 공동체들과 구별되었는데, 로마 팔레스타인 지역의 히브리어로 글을 쓰는 현자들뿐 아니라 헬라어로 글을 쓰는 디아스포라 유대 공동체들과도 구별되었다는 것이다."
46 요세푸스는 다음에 자료들에서 예수님에 대해(*Ant.* 18.63-64), 세례 요한에 대해(*Ant.* 18.116-119) 그리고 야고보에 대해(*Ant.* 20.200) 설명한다.
47 이 주장에 따르면, 예수님은 사생아로 태어났고, 그의 어머니는 애인의 유혹에 넘어갔다(*b.* Sanh. 107). 그는 이집트에서 마술을 배웠고(*b.* Shabb. 12) 자신을 하나님이라 칭했다(*b.* Ta'an. 65b). 산헤드린은 그를 사기꾼, 배교의 선생이라는 혐의로 재판했다(*b.* Sanh. 103a; Ber. 18). 유월절 전날에 사형을 당했으며(*b.* Sanh. 43a), 그에게는 다섯 명의 제자들이 있었다(*b.* Sanh. 43a). Dalman's *Jesus Christ in the Talmud*를 보고, 특히 Heinrich Laible의 소개글을 보라.

독교를 언급한 가장 최초의 로마 작가들 세 명은 기독교를 '수페르스티티오'(*superstitio*)로 칭했다. 이상하고, 이질적이며 심각하게 여길 가치가 없다는 뜻이었다. 타키투스와 수에토니우스는 이 새로운 신앙과 관련해 64년에 있었던 네로의 잔인한 그리스도인 박해를 언급한다. 두 작가 모두 네로의 만행을 정죄하지만, 그들에게 기독교 자체는 여전히 "해로운 미신"이었다.[48] 비두니아의 총독 소플리니우스도 이와 비슷하게 기독교를 "타락하고 정도를 넘어선 미신"으로 평가한다.[49] 특히 타키투스는 유대교에 대해 상당히 알긴 했지만,[50] 그를 비롯해 수에토니우스나 플리니우스도 모두 기독교에 대해서는 상대적으로 잘 알지 못했다. 사실, 그들은 기독교를 수페르스티치오로 치부하는 데 만족했다. 기독교가 1세기에 존재하는 동안, 그리고 아마도 더 오랫동안, 유대와 로마 문헌들은 일반적으로 기독교에 대해 무관심했다.[51]

오래도록 기독교에 미치는 유대교의 영향

예수 추종자들이 회당에서 분리된 후에도 기독교 신앙의 유대적 뿌리는 팔레스타인에서 멀리 떨어진 기독교 공동체에서 계속해서 긍정적으로 인식되었다. 바울은 이방 고린도인들에게 자신의 사도직의 진실성을 증명할 때 사도성의 "히브리적"이고 "이스라엘적"인 성격에 근거해 논증한다(고후 11:22). 빌립보의 신자들에게 그는 유대인으로서 자신의 유산과 지위가 "육체를 신뢰"하는 근거라고 주장한다(빌 3:4-6). 이와 비슷하게, 바울은 반복해서 베

---

48 Tacitus, *Ann*. 15:44; Suetonius, *Nero* 16.
49 Pliny, *Ep. Tra*. 10.96
50 Tacitus, *Hist*. 5.1-13.
51 기독교에 대한 1세기 로마 작가들의 무지와 무관심에 대해서는 Wilken, *Christians as the Romans Saw Them*, pp. 48-50를 보라. 『그리고 로마는 그들을 보았다』(비아).

드로를 교회의 본보기로 언급하는데 그때마다 베드로의 히브리어 이름, "게바"를 사용한다.[52] 바울 이후의 문헌들도 계속해서 기독교와 유대교 사이의 동맹을 입증한다. 3장에서 우리는 100년경에 지어진 솔로몬의 송가(the Odes of Solomon)가 전통적인 유대교 교리들과 조화를 이루는 "고상한" 기독교 신학을 다룬다는 사실을 확인했다.[53] 이후에 기록된 두 번째 문헌, 가클레멘스(the Pseudo-Clementines) 문헌은 200년경에 지어졌는데, 유대교와 기독교가 서로를 독특하게 수용하는 관점 보여 준다. "그래서 히브리인들은 예수님을 몰랐기 때문에 정죄받지 않는다.…그들이 모세의 가르침에 따라 행하고, 알지 못했던 그를 해치지 않는 경우에만 그렇다. 그리고 다시 말하지만, 모세를 몰랐던 이방인의 자손들도 심판받지 않는다.…이들이 예수님의 말씀에 따라 행하고, 알지 못했던 그를 해치지 않는 경우에만 그렇다."[54]

예루살렘성전도 예수님이 사역하시던 시기보다 초기 교회 때에 더 긍정적인 역할을 한 것 같다. 우리가 이 장 앞부분에서 주목했듯이, 초기 교회는 처음에 성전과 동일시되었고 야고보도 성전에서 교회의 지도자 역할을 수행했다. 누가는 성전을 배경으로 이야기가 펼쳐지는 사도행전의 처음 일곱 장과 마지막 일곱 장에서 '교회'라는 단어를 언급하지 않는데, 이것은 성전에 대해 누가가 보이는 존중의 표현이다. 교회와 회당이 사실상 갈라진 후에도 기독교의 어떤 부분들에 대해서는 성전이 여전히 긍정적인 유비로 작용했다. 바울은 신자들을 살아 있는 성전이라고 말한다. "너희 몸은 너희가 하나님께로부터 받은 바 너희 가운데 계신 성령의 전인 줄을 알지 못하느냐?"(고전 6:19) 더 포괄적이고 놀라운 것은 성전과 성전 전례들을 명시적으로 나타내는 언어가 로마서와 베드로전서에서 모두 교회의 **이방** 선교의

---

52 고전 1:12; 3:22; 9:5; 15:5을 보라.
53 3장, pp. 126-128를 보라.
54 *NTApoc* 2:525에서 Ps.-Clem. *Hom.* 8.7.1-2.

거룩성을 묘사하고 하나님이 이방 선교를 받아들이신다는 점을 표현하는 데 쓰인다는 사실이다.[55] 두 본문 모두 성전 이미지를 사용해 이방인의 구원이 이스라엘의 구원 약속에 대한 합당한 성취임을 나타낸다.

속사도 교부들 또한 자신들의 편지에서 성전을 비유로 사용한다. 클레멘스1서는 독자들에게 성전의 제사장과 같이 열성적으로 도덕적인 삶을 살라고 훈계한다.[56] 속사도 교부들은 예수 추종자들에게 "하나님의 성전인 너희 몸을 지키라"[57]라고 말하는데 "우리의 마음이…하나님께 바쳐진 거룩한 성전"[58]이기 때문이다. "그러므로 하나님의 온전한 성전이 되어야 한다."[59] 성전은 신자 개인뿐 아니라 교회도 상징할 수 있다. 이그나티오스는 에베소인들에게 "우리가 하나님의 성전이 되고 하나님이 우리 안에 계시도록" 하라고 권면한다.[60] 성전은 교회에 대한 비유다. "왜냐하면 너희는 성전의 돌들이며…예수 그리스도가 십자가를 기중기로 삼고 성령을 밧줄로 사용해 너희를 높이 들어 올린다."[61] 이그나티오스는 "너희 모두 하나님의 한 성전, 한 제단이신 한 분 예수 그리스도께 함께 달려가라"[62]라고 말하며 권면을 마무리한다. 예수 그리스도는 성전 이미지를 궁극적으로 성취하신 분이다. 성전에서 인간이 하나님과 만났던 것같이, 예수 그리스도 안에서 하나님이 인간을 만나시기 때문이다.[63] 속사도 교부들 가운데 가장 유대교에 적대적인 바나바서신조차도 교회에 대한 성전의 영적 중요성에 호소한다.[64]

---

55 롬 15:15-16; 벧전 2:4-6.
56 1 Clem 40-41.
57 Ign. *Phld.* 7.2; 2 Clem. 9.3.
58 Barn. 6.15.
59 Barn. 4.11.
60 Ign. *Eph.* 15.3.
61 Ign. *Eph.* 9.1.
62 Ign. *Magn.* 7.2.
63 초기 기독교의 성전 용어에 대한 자세한 설명은 Wardle, "Pillars, Foundations, and Stones"를 보라.
64 Barn. 16.

교회가 회당과 분리된 후에도 에우세비오스는 교회에 대한 유대교의 영향에 대해 계속해서 감탄한다. 에우세비오스의 증언에 따르면, 예루살렘의 첫 열다섯 명의 주교들은 "모두 태생적 히브리인"이었다. 왜냐하면 "그 당시의 교회는 전부 사도 시대부터 [하드리아누스가] 성전을 포위할 때까지 계속 그리스도인으로 남아 있었던 히브리인들로 구성되었기 때문이다."[65] 에우세비오스에 따르면 132-135년에 있었던 제2차 유대 반란을 통해 그전까지는 최소한 이론적으로는 전혀 손상되지 않았던 유대교와 기독교의 유대 관계가 최종적으로 단절되었다.[66] 회당과 교회가 결별한 지 오랜 시간이 지난 후 2세기 말에 기독교 선지자 몬타누스(Montanus, ?-170년)는 브루기아에 있는 두 마을의 이름을 "예루살렘"으로 지었는데, 자신이 초기 교회의 특징이라고 믿었던 성령을 통한 직접적인 은사가 회복되기를 바랐기 때문이다.[67] 이것은 교회와 회당이 결별한 후에도 초대교회가 유대적 상징들을 유지하려는 결정을 내렸음을 입증해 준다.

유대인과 그리스도인들 사이의 '갈림길'

홀로코스트가 지난 후 그리스도인들은 비록 기독교 신학이 홀로코스트를 일으키지는 않았지만, 유대인들을 부정적이고 때로는 혐오적으로 인식해 온 오랜 역사가 홀로코스트를 받아들이도록 방조했다는 사실을 뼈저리게 느꼈

---

65 Eusebius, *Hist. eccl.* 4.5.1-2 (LCL). 에우세비오스가 말하는 사건은 제2차 유대 반란(132-135) 때 발생한 하드리아누스의 성전 파괴 사건이다. 이 사건은 기독교가 유대인 중심의 운동에서 이방인 중심의 운동으로 전환하는 데 중요한 전환점이 된다. 하드리아누스가 예루살렘을 파괴한 뒤에 "교회 또한 이방인들로 구성되었다"[*Hist. eccl.* 4.6.4 (LCL)]. 제2차 유대 반란에 대해서는 6장 pp. 205-208를 보라.
66 제2차 유대 반란 이전까지 존재했던 팔레스타인 유대교의 활기와 기독교 사이의 공존에 대한 평가는 Taylor, "Parting in Palestine"을 보라.
67 Eusebius, *Hist. eccl.* 5.18.1-2.

다.⁶⁸ 홀로코스트는 유대인들과 그리스도인들 모두에게 (특히 후자에게) 그들의 관계를 다시 생각하고 다시 고려하고 다시 구성하게 하는 도덕적 최후통첩이었다. 이에 대한 응답으로 그리스도인들과 유대인들은 둘 사이의 관계를 '갈림길'에 이르게 한 역사로 다시 돌아가기 시작했다. 학자들은 유대인들과 그리스도인들 사이의 완전한 단절을 실제로 발생시킨 어떤 한 사건이나 어떤 한 시점이 존재하지 않는다는 사실에 주목해 왔다.⁶⁹ 이 대변동이 발생한 구체적인 시점이 없다는 점 때문에 어떤 학자들은 예수님을 따른 유대인들과 그렇지 않았던 유대인들 사이의 갈등은 처음부터 끝까지 한 집단 내에 존재한 갈등이 아니었다고 주장했다. 이 때문에 어떤 학자들은

---

68 기독교 학계에서 유대교를 경멸적으로 언급한 경우는 Adolf Harnack에 국한되지 않지만, 그의 책 *Mission and Expansion*이 영향을 미쳐 그의 반유대적인 견해들이 특별히 더 해로워졌다. 이 책의 첫 줄에서 Harnacks는 기독교 공동체들에게 유대 회당은 '폰테스 페르시쿠티오눔'(*fontes persecutionum*), 박해의 세례반이라고 말한다(p. 1). 그 이후부터 유대인들에 대한 그의 비난은 수그러들지 않는다. 그의 묘사에 따르면, 사도 바울은 "이스라엘의 날이…이제 다 끝났고" 또한 "이방 기독교 교회와 합치지 않은 유대 기독교 교회들은…자신들이 존재할 권리를…상실했다"(p. 56)라고 가르친다. Harnack는 사도행전에 나오는 유대인들을 예외 없이 그리스도인들의 악의적인 적으로 그린다(p. 57). 오직 그리스도인들이 히브리 세상을 떠나 "헬라 정신의 더 큰 자유"를 받아들였을 때 기독교가 온전히 성장해 유대교라는 "껍질"을 벗었다(p. 64). Harnack는 최종 평가에서 인종적 비난을 위해 이성적 학문을 저버린다. "유대 사람들은…항상 잘못했고, 이것은 **그들이 결코 하나님의 선택된 백성이 아니었음을** 보여 준다. 선택된 백성은 언제나 그리스도인들이었다"(p. 66). 그는 구약성경이 그리스도인의 책이며, 유대인들과 아무 상관이 없다고 주장했다. "모든 그리스도인은 따라서 유대인들이 구약성경을 갖게 해서는 안 된다. 그리스도인들이 '이 책[구약성경]이 우리에게 그리고 유대인들에게 속한다'라고 말하는 것은 죄다. 아니다. **'구약은 지금도 그렇고 앞으로도 계속 그렇듯이 처음부터 다른 누구도 아닌, 오직 그리스도인들에게만 속했다.'** 반면 유대인들은 지구상 모든 민족 가운데 최악이며, 가장 불경하고 하나님께 버림받은 자들로서 악마에게 소유된 백성이고, 사탄의 회당이고, 위선자들의 친목 단체다"(p. 66). Harnack는 결론에서 이렇게 선언한다. 그들의 "고집과 그리스도에 대한 적대감 때문에," 그리스도인들은 그들을 개종시켜야 할 책임에서 "면제된다"(p. 67). 강조한 문장은 Harnack가 한 것이다. 이러한 반유대적인 질책이 나치 독일 때 생겨난 악성 '독일 그리스도인' 운동을 부추겼다는 사실은 놀랍지 않다.

69 많은 학자들은 회당과 교회의 분리 시기를 4세기로 본다(예, Alexander, "Parting of the Ways," p. 2). 반면 Annette Yoshiko Reed의 주장에 따르면, "'기독교'와 '유대교'가 자신들만의 다양한 형태와 종교적 표현을 가지도록 영향을 준 역사적 순간을 정확히 밝히는 것은 불가능할지 모른다. 4세기 전이나 후였을 것이다"("Parting of the Ways," *EDEJ* p. 1031).

기독교가 유대교의 유기적 표현이 아니었던 적이 결코 없으며, 따라서 항상 유대교의 틀 안에 남아 있었다는 결론을 내린다.

에릭 마이어스는 갈릴리의 초기 교회를 이해하는 데 이 관점을 도입하는 듯하다. 그는 고고학을 기초로 갈릴리 하부 지역에서는 비잔틴 시대까지 그리스도인들과 유대인들이 뚜렷한 경계선 없이 가까이 "서로 평화롭게 살았음이 분명했다"라고 주장한다.[70] 프레인은 초기 기독교에 있었던 패권 다툼도 비슷하게 한 단체 내의 갈등으로 간주하며, 여러 다툼에서 각 파벌은 동등한 정당성을 가졌다고 말한다. "정통을 수호하는 자들의 주장을…깊이 의심스러워하는"[71] 프레인은 단일 기독교의 거대 서사를 거부한다. 그는 복음에 대한 잘못된 이해들에 대항해 특정한 이해를 지지하려 했던 초기 교회의 시도를 반대한다. 사실, 그는 "신앙의 규칙" 혹은 사도적 전승 혹은 정통성 대 이단의 틀을 정해서 공표하려 했던 2세기 교회의 시도를 신학적이고 교회론적인 괴롭힘으로 간주한다. 집안 내 다툼으로 보는 관점을 지지하는 가장 큰 옹호자는 다니엘 보야린(Daniel Boyarin)이라는 유대 학자다. 그는 예를 들어 에녹 전통을 바라보는 것과 똑같은 방식으로 기독교를 바라본다. 그는 유대교와 기독교 모두 "이스라엘의 영역" 안에 남아 있다고 주장한다. "'기독교'가 단순히 고대 유대교의 불가피한 일부라는 사실을 충분히 받아들이면, 이렇게 [기독교가 유대교와 결별했다]는 방식으로 문제를 제기하는 것은 의미가 없어진다."[72] 보야린에 따르면, 유대인들과 그리스도인들은 결코 결별하지 않았다. 이 최종 결론까지 보야린의 주장에 동의하는 학자들은 별로 없다. 하지만 유대인들이나 그리스도인들이나 아무도 자신들이 '유대인'이나 '그리스도인'이 된 구체적인 시간과 장소를 가리킬 수 없다

---

70 Meyers, "Side by Side in Galilee," pp. 145-150.
71 Freyne, *Jesus Movement and Its Expansion*, pp. 348-350.
72 Boyarin, "Parables of Enoch," pp. 63-64.

는 사실을 알고 있는 많은 이들은 유대인과 이방인의 결별 문제에 대한 답을 열어 놓는다.

이런 선택지들은 대부분의 학자에게 부족하게 느껴질 것이고, 마지막 선택지는 그런 느낌이 심하게 들 것이다. 마이어스가 주장하는 갈릴리 하부 지역에서 그리스도인과 유대인이 평화롭게 공존했다는 사실은 그들의 공통된 정체성에 대한 입증이 되지 못한다. 프레인의 해석은 그 자신의 신학적 다원주의를 드러내지만, 유대인과 그리스도인이 서로에 대한 궁극적인 관계를 어떻게 이해했는지에 대한 질문과는 별로 관련성이 없어 보인다. 무엇보다도 보야린의 공언은 가상의 연합 진영을 구축하고자 유대교와 기독교의 정체성을 흐리게 만들고, 그렇게 함으로써 두 진영 각자의 본질을 존중하지 못하게 한다. 페터 셰퍼(Peter Schäfer)는 근원적인 문제를 그에 걸맞게 다루지 못했다고 보야린을 나무란다. "우리는 이제 유대교와 기독교의 '갈림길'이라는 옛 모델을 버리고 훨씬 더 차별화되고 정교한 모델이 필요하다는 사실을 잘 안다. 이 둘이 서로 구별되고 또한 서로에게 흡수되는 긴 과정을 고려해서 만든 모델이 필요하다. 하지만 '기독교'를 단순히(!) 고대 유대교에서 어쩔 수 없이 갈라져 나온 조각이자 한 부분이라고 주장하는 것은 문제를 또 다른 문제로 덮는 것이다."[73] 셰퍼는 유대인들과 그리스도인들의 역사를 제대로 설명하려면 이들 각 집단의 고유한 정체성을 부인하는 방식으로는 충분치 않다는 사실을 제대로 상기시켜 준다.

결론

이 장의 주된 목적은 초기 기독교와 유대교의 타고난 친화성을 보여 주는

---

[73] Schäfer, *Jewish Jesus*, p. 84.

것이었다. 유대인 예수 추종자들과 예수님을 따르지 않는 유대인들 모두 자신들이 이스라엘에 대한 하나님의 약속을 적법하게 상속받았다고 이해했다. 하나님이 이스라엘을 구원하시려는 계획에서 차지하는 이방인의 역할을 두고 유대인 예수 추종자들과 예수님을 따르지 않은 유대인들이 갈라졌을 때, 그들은 자신들을 덜 유대적으로 여기지 않았고 이스라엘 이야기에 대한 하나님의 각본에 덜 충실하다고 생각하지도 않았다. 그들은 사실 정반대로 생각했다. 자신들이 이스라엘에게 주신 하나님의 사명을 성취할 자라고 여긴 것이다. 이들이 가진 차이의 핵심은 구원 역사의 궁극적 목적에서 이스라엘을 구심적으로 보느냐 원심적으로 보느냐에 있다. 즉 초기 교회는 구원의 목적이 이스라엘 그 자체가 아니라 오히려 이스라엘을 통한 이방 세계의 구원이라고 확신했다. 초기 그리스도인들은 이스라엘이 열방에 빛이 되도록 선택받았다고 믿은 것이다. 이 두 확신 사이의 긴장은 유대인 예수 추종자들과 예수님을 따르지 않은 유대인들 사이에 존재하던 타고난 친화성을 약화했고 궁극적으로 무너뜨렸다. 비록 이 둘이 갈라지게 된 특정 사건이나 계기는 없지만, 그리스도인들과 유대인들이 거의 2,000년 동안이나 상호 독립적으로 자신들을 이해하고 규정해 왔다는 점은 여전한 사실이다.

다음의 장들에서 우리는 예수님을 추종한 유대인들과 그렇지 않은 유대인들을 갈라지게 한 내적·외적인 요인들을 다룰 것이다. 내적인 요소 가운데 주된 것은 기독론 스캔들이다. 이것은 유대인들에게는 용납될 수 없는 모욕으로 여겨졌고, 그리스도인들에게는 하나님의 섭리에 의한 이스라엘의 성취로 여겨졌다. 하지만 이들이 갈림길에 이르는 데 기여한 기독론의 본질적 역할을 살펴보기 전에, 우리는 먼저 예수 추종자들과 예수님을 따르지 않은 유대인들을 갈라지게 한 가장 중요한 외적 요인을 다룰 필요가 있다. 바로 로마제국이다.

6
예수 운동에서 로마의 박해로

지난 장에서 우리는 유대 예수 추종자들과 예수님을 따르지 않는 유대인들이 마치 리브가의 태에서 이스라엘 부모의 이름과 정체성을 확보하기 위해 싸우는 야곱과 에서 같은 형제 관계라고 말했다. 궁극적으로 이 다툼은 분열로 끝났다. 여기서 나는 예수 추종자들과 예수님을 따르지 않는 유대인들이 결국 갈라서게 된 사건을 설명해 주는 새로운 이미지를 소개하고자 한다. 바로 물방울이 길쭉해지면서 계속 늘어나다가 결국 두 방울로 분리되는 이미지다. 이와 비슷한 일이 유대교와 기독교 사이에 일어난 것이다. 이 둘 사이의 결속력에도 불구하고, 또 예수님을 믿는 자들이 믿지 않는 자들에게서 분리된 정확한 시기와 그것을 촉발한 사건을 특정하지 못하는데도 불구하고, 회당 내에서 계속 진행된 차별화는 결국 두 개별 단체의 생성으로 결말이 났다.

초기의 예수 추종자들이 자기 신앙의 유대적 뿌리를 되돌아봤을 때 그 내용은 그들에게 익숙했다. 이들은 유대인으로서 자신의 소명이 예수 그리스도의 복음으로 온전해졌다고 여겼으며 복음으로 인해 유대교에서 분리된다고 이해하지는 않았다. 하지만 이방 선교에 직면했을 때, 그들은 이전에는 없었던 새로운 무언가에 맞닥뜨렸음을 깨달았다. 사실, 통상적인 유대 관점에서 보면 이방 선교는 이질적이었다. 초기 예수 추종자들에게 그들의 믿음에 대한 유대적 뿌리는 말하자면 "대본에 있었지만", 이방 세계를 받아들이는 것은 그렇지 않았다. 그럼에도 불구하고, 이방 선교는 금방 엄청나게 성장했다. 이방인인 로마의 백부장 고넬료에게 세례를 준 베드로는 교회에 다가온 이방 선교의 멈출 수 없는 탄력을 증언한다. "하나님이 우리가 주 예수 그리스도를 믿을 때에 주신 것과 같은 선물을 그들에게[이방인들에게]도 주셨으니 내가 누구이기에 하나님을 능히 막겠느냐"(행 11:17).

이 장에서 우리는 초기 교회에 작용한 힘들과 초기 교회 안에서 역사한 기운들을 살펴보려 한다. 특히 로마제국에서 발휘된 이런 힘을 주로 살펴볼 것이다. 바로 이 힘들 덕분에 겨우 75년 이내에 유대교와 기독교는 서로 독립적으로 정체성을 확립했기 때문이다.

로마 내에서의 긴장

유대인 예수 추종자들과 이방인 예수 추종자들 사이에 발생했던, 확인할 수 있는 가장 최초의 불화는 로마 황제 클라우디우스(41-45년 재위)가 칙령을 공포하면서 발생했다. 로마 역사가 수에토니우스의 말을 빌리면 클라우디우스는 "크레스투스(Chrestus)의 선동으로 지속적인 소동을 일으킨 유대인들을 내쫓았다."[1] 누가는 고린도에서 바울과 협력한 아굴라와 브리스길라를 "글라우디오가 모든 유대인을 명하여 로마에서 떠나라 한 고로…이달리야로부터 새로 온"(행 18:2) 자들로 묘사하는데, 바로 이 추방 사건을 암시한다. 일찍이 클라우디우스는 41년에 헬라인과 유대인 폭도들을 알렉산드리아에

---

1 *Claud.* 25.4.

서 추방한 적이 있었고, 49년에도 이와 비슷한 신속한 대응으로 "소동"을 일으킨 유대인들을 추방했다. 2세기 초의 작가인 수에토니우스는 "소동"과 "크레스투스"라는 이름을 연관시킨다. "크레스투스"는 64년에 네로의 박해 사건 때 타키투스가 예수 그리스도를 가리켜 사용했던 "크리스투스"(Christus)라는 더 흔한 단어가 변형된 철자다.[2] 클라우디우스가 로마에서 유대인들을 추방한 것은 로마 회당에 복음이 소개되면서 발생한 소동 때문으로 보인다. 유대인들이 로마 회당에서 부재한 5년 동안, 이방인 출신의 하나님을 경외하는 자들과 예수 추종자들은 유대인들과 의견을 달리했던 회당의 운영 계획과 관행들을 채택했다. 예를 들어 이방인들에게 의무 사항이 아닌 할례, 음식법, 토라의 제사법 그리고 아마도 안식일까지도 이런 개정에 포함되었다. 54년에 클라우디우스가 죽고 그의 칙령이 소멸되었을 때, 유대인 그리스도인들이 로마의 회당에 다시 정착하고자 돌아왔지만, 그들이 없는 동안 회당은 훨씬 더 이방적인 성격으로 바뀐 상태였다. 바울이 로마서를 기록한 시기가 아마도 57년도였을 텐데 로마에서 유대인 그리스도인들과 이방인 그리스도인들이 서로에게 적응한 지 3년 정도 지났을 무렵이었다. 적응이 매끄럽지는 않았다. "이방인의 모든 교회"(롬 16:4, 26)를 겪어 본 경험을 기초로 바울은 로마의 유대인 예수 추종자들과 이방인 예수 추종자들 사이의 긴장을 완화하고자 했다(14:1-12). 이 두 집단 사이의 불화를 해결하는 데 로마서가 얼마나 효과적이었든지 간에 이들의 연합은 오래 지속되지 못했다.

클라우디우스가 칙령을 공포한 후 15년이 지나 수에토니우스가 주목했던 갈라짐은 예수 추종자들과 예수님을 따르지 않은 유대인들 사이의 분명

---

2   "크레스투스"라는 변형된 철자가 사용된 또 다른 경우는 테르툴리아누스의 *Apol.* 3을 보라. 네로의 박해에 대한 타키투스의 묘사는 *Ann.* 15.44를 보라.

한 분리로 발전했다. 이 두 공동체가 두 개의 분리된 물방울처럼 되었다. 타키투스는 64년 네로가 로마의 절반 이상을 불태운 대화재를 "악덕으로 미움을 받는 부류의 사람들로 군중이 '그리스도인'이라 부르는 자들"의 소행으로 돌렸다고 기록한다.[3] 타키투스가 "그리스도인"이라는 단어를 사용했다는 사실이 특히 중요하다. 왜냐하면 네로의 시대에는 로마에 있는 예수 추종자들이 더 이상 클라우디우스가 통치하던 무렵과 같이 유대교의 한 분파로 여겨지지 않았고, 유대인들에게서 분리된 "부류"의 사람들로 인식되었음을 암시하기 때문이다.[4] 유대인들은 화재에 책임이 있는 것으로 언급되지 않았고 화재로 인해 박해를 받지도 않았다. 오히려 반대로 유대인들은 많은 로마인들에게 좋은 평가를 받았고 화재에 대한 책임에서도 제외되었다.[5] 하지만 타키투스에 따르면 그리스도인들은 로마에서 "미움을 받았고"(*invisos*), 그들만이 비난받고 끔찍한 고문과 죽임을 당했다. 대중은 "[그리스도인들이] 희생당하는 이유가 로마의 번영을 위해서가 아니라 한 사람의 만행 때문"임을 믿었기 때문에, 그리스도인들을 향한 미움은 그나마 약간의 동정심으로 완화되었다.[6] 따라서 로마에서 복음의 운명은 분명했다. 클라우디우스가 통치하는 동안 예수 그리스도는 회당에서 불화의 원인이었지만, 15년 후 네로가 통치할 시기에는 그리스도인들과 유대인들이 분열하는 원인이 되었다. 예수님의 사후 30년 만에 로마인들은 유대인들과 그리스도인들을 두

---

[3] *Ann.* 15.44.

[4] "From the Crucifixion," p. 42에서 Dunn은 네로의 앞잡이들이 "장터에서 도는 소문"을 통해 희생양으로 삼을 그리스도인들을 찾았으며, 사실 "그들이 '유대인들'과 구별되는 '그리스도인들로 여겨졌다는 암시는 없다"라고 언급한다. 이것은 내가 보기에 타키투스의 *Ann.* 15.44를 잘못 해석한 것이다. "Jews and Christians at Rome"에서 Williams는 더 논리적인 다음의 해석을 제공한다. 그는 예수님의 사후 20년 안에 로마에서 그리스도인 유대인들은 메시아로서 예수님의 정체성을 두고 비그리스도인 유대인들에게서 갈라지고 그들과 구별되었다고 언급한다.

[5] 사실 네로의 아내는 유대인이었다.

[6] Tacitus, *Ann.* 15.44(LCL).

개의 구분된 집단으로 여기게 되었다.[7]

제1차 유대 반란

유대 반란은 66-70년과 132-135년에 두 차례 발생했는데, 이 사건들은 주후 처음 두 세기 동안 팍스 로마나 시기에 발생한 유일한 큰 소동이었다. 네로의 화재는 로마의 그리스도인들을 유대인들에게서 분리시켰지만, 두 번의 유대 반란, 특별히 두 번째 반란은 제국 내에서 더 광범위하게 그리스도인들을 유대인들에게서 확실히 분리시켰다.

66년에 과격한 유대 당파들은 로마의 팔레스타인 점령에 대항해 반란을 일으켜서 가이사랴 마리티마의 로마 주둔군을 학살했다. 로마는 이에 대한 보복으로 가이사랴에 있는 20,000명의 유대인들을 도살했다. 그것도 한 시간 만에! 팔레스타인과 시리아에 있는 로마군들이 연합했음에도 불구하고, 그해 말에는 반란군들이 로마군들을 무찔렀고, 갈릴리, 유대와 예루살렘의 군사령관들의 지휘하에 팔레스타인 지역에 유대 통치를 확립했다. 로마는 강력한 무력으로 응징했다. 67년과 68년 내내 로마의 장군 베스파시아누스는 여섯 개 군단의 병력과 노련한 제10군단 프레텐시스(Fretensis)를 이끌고 갈릴리를 통과해 조직적으로 남쪽으로 진격했다.[8] 69년 초에 예루살렘만 남겨놓은 상황에서 베스파시아누스는 바로 이전 해에 죽은 네로를 이어 황제로 즉위하기 위해 로마로 소환되었다. 예루살렘의 최종 포위는 베스파시아

---

7   Williams, "Jews and Christians at Rome," p. 152를 보라. "그렇다면 유대인들에게서 그리스도인들이 분리된 현상은 제국의 수도에서 극도로 이른 시기에 시작되었음이 틀림없다. 왜냐하면 나사렛 예수가 죽은 지 한 세대 안에 보통 사람들과 당국의 관리들 모두 이 두 집단을 구별하는 데 아무 어려움을 겪지 않았기 때문이다. 로마인들은 이 두 집단을 가리켜 두 개의 밀접하게 연관된 '미신들'을 추종하는 사람들이라고 폄하했다."
8   로마 군단은 5,000명에서 6,000명의 군인들로 구성되었다.

누스의 아들 티투스의 몫으로 남겨졌다. 티투스는 70년도 늦여름에 예루살렘을 완전히 파괴했고, 성전을 무너뜨렸으며, 성전 수호자들을 학살했고, 유대인 포로들을 노예로 삼아 로마로 강제 이송했다. 3년 후 티투스의 부관인 플라비우스 실바(Flavius Silva)는 마사다 요새에 남아 있던 유대 반란군들을 포위해 파멸시킴으로써 제1차 유대 반란을 마무리했다.[9]

유대 전쟁은 유대 반란군들에 대해 로마가 승리했다는 사실 이상의 의미가 있었다. 이 전쟁으로 유대교 자체가 거의 소멸될 뻔했다. 주요 유대교 분파 중 사두개인, 에세네파, 헤롯당원과 열심당원, 이렇게 네 개의 분파들이 전멸했다. 사두개인들이 파멸하면서 산헤드린도 동시에 소멸했다. 이것은 1세기 유대교의 핵심 권력이 제거되었음을 의미했다.[10] 오로지 두 유대 분파들만 주후 70년의 신들의 황혼(Götterdämmerung, 옛 신들과 세계의 멸망)에서 살아남았다. 하나는 모두가 반란에 참여하지 않고 살아남은 바리새인들로, 이들은 랍비의 신앙과 관행에 따라 유대교를 회복시켰고 어떤 면에서는 재창조했다. 살아남은 또 다른 분파 역시 반란에 참여하지 않았는데 바로 예수 추종자들이다. 유대 전쟁이 끝난 후의 예루살렘은 제2차 세계대전이 끝난 후의 베를린과 비슷했다. 유대 전쟁의 직접적인 여파가 미치는 가운데 작성된 공관복음서들에 유대 전쟁에 대한 명시적인 언급이 없다는 사실은 그만큼 초기 교회가 주후 70년쯤에는 유대교와 분리된 상태였음을 시사한다.

---

9   유대인 작가 요세푸스는 처음에 갈릴리 유대군의 지휘자로서 베스파시아누스에 대항해서 싸웠다. 이후에 그는 항복했고 예루살렘의 파괴라는 대재앙을 일으킨 로마인들을 옹호했다. 요세푸스의 *History of the Jewish War Against the Romans*는 이 장엄한 서사시 전체를 일곱 권의 책으로 설명하는데, 많은 부분이 그의 개인적인 입장에서 기술되었다. 『유대 전쟁사』.

10 Alexander, "Parting of the Ways," p. 3. Freyne은 첫 번째 반란이 가져온 재앙적인 결과를 이렇게 요약한다. "예루살렘성전이 파괴되고 산헤드린과 제사장 제도가 붕괴된 후 티투스는 전리품들을 들고 로마로 승리의 귀환을 했다. 그가 가져온 이 전리품 중에는 성전에서 가져온 보석들이 있었고 많은 포로들은 노예시장에서 팔렸다. 이것은 유대 지방에서 저항이 일어나지 않도록 사기를 꺾기 위한 조치였다." 또한 "[로마의] 군단 하나를 예루살렘의 중심에 영구적으로 배치했다." *Jesus Movement and Its Expansion*, p. 326.

기독교와 바리새파는 유대 반란 후 각자의 길로 갈라지기 시작했다. 기독교는 빠르게 이방인 노선을 따라 스스로를 재규정했고, 랍비 유대교는 자신을 유대교의 유일한 후계자로 재구성하는 데 몰두했다. 기독교를 이방인 세계로 확장하는 방향으로 나아가게 한 요소들은 제1차 유대 반란의 결과로 더욱 강화되었다. 승리한 로마의 제10군단이 유대 지방에 점령군으로 남았는데 이들이 예루살렘의 중심부에 엄청난 이방인 분견대를 데려왔기 때문이다.

성전 파괴의 여파로 생존한 유대인들에게 부과된 인두세는 바리새인의 제자들과 예수님의 제자들에게 생긴 분화를 더욱 심화시켰다. 70년도에 베스파시아누스 황제는 성전이 파괴되기 이전에 성전 지원을 위해 유대인들이 냈던 반 세겔의 세금(출 30:11-16) 대신 "유대인 세"[피스쿠스 유다이쿠스(*fiscus Judaicus*)]를 징수했다. 반 세겔의 세금은 이틀의 임금에 상당한 액수로, 마태복음 17:24-27에서 언급된 세금이다. 하지만 피스쿠스 유다이쿠스는 반 세겔의 세금과 달리 두 가지 측면에서 더 부담스러운 세금이었다. 첫째, 이 세금은 유대인 남자에게만 부과되었던 반 세겔의 세금과 달리 남녀노소를 막론하고 팔레스타인의 안팎에 있는 **모든** 유대인에게 부과되었다. 둘째, 이 피스쿠스 유다이쿠스는 **이방** 신전, 즉 로마에 있는 유피테르 신전의 재정을 지원하는 데 사용되었다. 요세푸스의 말을 빌리면, "[베스파시아누스는] 두 드라크마의 인두세를 모든 유대인에게 부과했다. 유대인들은 어디에 살든지 매년 과거에 예루살렘성전에 냈던 것처럼 유피테르 신전에 이 세금을 납부해야 했다."[11] 이 피스쿠스 유다이쿠스는 1세기 말 네르바 황제의 통치 때까지 30년 동안 부과되었다.[12] 이 세금이 유대인들에게 부과된 사

---

11 *J.W.* 7.216-218 (LCL).
12 Suetonius, *Dom.* 12.1-2. 피스쿠스 유다이쿠스에 대해 더 알려면, Moussaieff, "New Cleopatra"; Williams, "Jews and Christians at Rome," pp. 159-166를 보라.

건만으로 교회는 가장 민감한 인종적 경계를 중심으로 갈라졌다. 유대인 그리스도인들은 이방인 그리스도인들과 교제를 나누지 말고 회당과 일체감을 가져야 한다는 압박을 받았다. 동시에 이방인 그리스도인들은 세금이라는 재정 부담과 이방 신전에 대한 재정 지원을 피하기 위해 자연스럽게 유대 그리스도인들과 분리되는 방법을 선택했다. 따라서 제1차 유대 반란이 유대인 예수 추종자들과 이방인 예수 추종자들의 연합에 미친 전체적인 결과는 처참했다. 반란이 시작되자 예수 추종자들은 예루살렘에서 나와 요단강 동쪽의 펠라 동굴로 피신했다. 반란의 여파로 생긴 피스쿠스 유다이쿠스로 인해 유대인 예수 추종자들은 재정적인 처벌을 받았으나 동시에 이방인 예수 추종자들은 이들과 분리됨으로써 재정적인 이익을 누렸다.

초기 교회의 많은 사람은 예루살렘의 몰락을 유대교에 대한 하나님의 심판으로 여겼다. 바나바서신은 예루살렘이 "무너진 것은 [유대인들이] 전쟁을 했기 때문"이라고 주장한다. 이로써 바나바서신이 예루살렘 멸망 후에 기록되었음을 알 수 있다. 그러나 이 바나바서신은 "이제 [유대인들은] 성전 재건을 바라고 있다"라고 말함으로써 이 서신의 기록 시점이 더 정확하게는 1세기의 끝에 가까움을 알려 준다. 바나바에 따르면 이들의 바람은 헛된 것이었다. 왜냐하면 유대인들이 "그들을 자신의 집으로 삼으신 하나님께 소망을 두지 않고 건물에 소망을 두는 잘못된 길로 갔기 때문이다." 바나바에 따르면, 신자들에게 건물이 아닌 하나님의 참되고 영속적인 성전이 되도록 성전은 파괴되었다. "우리가 우리의 죄를 용서받고 그분의 이름에 소망을 둘 때, 우리 자신이 새로워져…하나님의 참된 거처가 되고 우리 안에 하나님이 거하신다."[13] 바나바에게 하나님의 언약은 더 이상 유대인들과 그리스도인들이 공유하는 것이 아니라 그리스도인들에게만 속하는 것이다. 그들

---

13 앞의 인용문의 출처는 Barn. 16이다.

의 성전, 그들의 할례, 그리고 그들의 제사는 우리의 회개하는 마음으로 대체되었다.[14] 윌리엄 호버리(William Horbury)가 주목하듯, 바나바에게, "그리스도인들은 완전하고 배타적인 유대 유산의 상속자다."[15]

따라서 피스쿠스 유다이쿠스와 유대 랍비들의 반기독교적 독설, 이 두 가지가 서로 힘으로 작용해 예수 추종자들 안에서의 양극화와 예수 추종자들과 회당 사이의 양극화를 초래했다. 이 두 가지에 추가된 세 번째 힘이 있는데, 이것은 피스쿠스 유다이쿠스와 마찬가지로 로마제국이 제정했다. 그러나 피스쿠스와는 달리, 유대인들이 아닌 이방인들에게 부정적으로 작용했다. 이 세 번째 힘은 바로 황제 숭배였다.

카이사르에 대한 신적인 숭배

통치자 숭배에 대한 지중해 세계의 간략한 역사를 보면 로마의 황제 숭배를 이해할 수 있는 배경지식을 얻는다. 원칙적으로 초기 헬라인들과 로마인들은 페르시아나 이집트 같은 곳에서 이루어지는 통치자의 신격화에 반대했다. 신격화된 왕이라는 개념은 알렉산드로스대왕(주전 323년 사망)을 통해 헬라인들에게 처음으로 소개되었다. 알렉산드로스대왕은 이집트의 아몬 신을 숭배하는 제사장에게 "아몬/제우스의 아들"이라고 지칭되었다. 그 이후부터 알렉산드로스는 특히 동쪽에서 자신을 신적인 통치자로 내세웠다. 서방보다 동방에서 통치자의 신격화가 더 일반적으로 받아들여지고 더 널리 시행되었기 때문이다. 자기 자신과 자신의 통치를 신격화한 첫 번째 로마 황제는 아우구스투스(주전 31년-주후 14년 재위)였다. 알렉산드로스처럼 아

---

14 *Barn.* 16; 9.6; 2.4-10을 보라.
15 Horbury, "Jewish-Christian Relations," p. 335. 또한 바나바에 대해서는 Chester, "Parting of the Ways," pp. 273-278; Freyne, *Jesus Movement and Its Expansion*, pp. 331-334를 보라.

우구스투스는 자신이 뱀에 의해 기적적으로 잉태되었다고 생각했다.[16] 예수님이 태어나기 몇 년 전에 아우구스투스는 자신을 신으로 칭송하며 자신의 "생일이 세상을 위한 좋은 소식의 시작을 알린다"라고 말했다.[17] 그 이후부터 아우구스투스는 자신을 신으로, 신의 아들이자 구원자로 묘사했고, 자신의 통치를 평화와 번영의 이상적인 시대로 묘사했다.[18] 하지만 1세기 로마인들은 신격화된 황제 숭배에 반대했다. 115년경에 쓴 글에서 타키투스는 아우구스투스 숭배를 허망한 것이라고 무시했고 아우구스투스를 필히 "죽을 수밖에 없는 신"이라며 조롱했다.[19] 아우구스투스 이후에 황제 숭배는 1세기 후반부에 이르기까지 로마제국의 서쪽 절반에서는 대체로 중단되었다. 티베리우스, 클라우디우스, 베스파시아누스, 티투스 모두 신적인 지위를 들먹이지 않았다.[20] 1세기 로마 황제들의 연대기를 기록한 두 명의 저자, 타키

---

16 수에토니우스는 이렇게 말한다. "그러한 징조는 알렉산드로스대왕을 제외하고는 어느 누구에게도 나타나지 않았다"[*Aug.* 94 (LCL)]. 또한 아우구스투스는 알렉산드로스대왕의 몸을 관에서 파내 그의 머리 위에 왕관을 씌웠다(*Aug.* 18.1).

17 이 인용문은 에베소 남쪽인 프리에네에서 발견된 비문에서 가져왔는데, 주전 9년에 기록된 것으로 추정된다. Deissmann, *Light from the Ancient East*, pp. 366-367를 보라. 타키투스(*Ann.* 4.37)에 따르면 로마의 황제 숭배는 아우구스투스가 주전 29년 버가모에서 자신을 위한 신전을 지었을 때 시작되었다. 하지만 버가모는 통치자 숭배가 덜 대중적이었던 서쪽이 아니라 동쪽에 있었다. Suetonius, *Aug.* 52를 보라.

18 Kleinknecht, *Pantheion*, p. 40에 인용된 할리카르나소스(현대의 보드룸)에 있는 아우구스투스의 비문을 보라. 또한 비시디아의 안디옥과 앙카라에서 발견된 *Res Gestae divi Augusti*에는 아우구스투스의 업적이 길게 과시적으로 묘사되어 있다. Barrett, *New Testament Background*, pp. 1-5에서 인용했다.

19 Tacitus, *Ann.* 1.10, 59를 보라.

20 타키투스에 따르면, 티베리우스(14-37년 재위)의 통치는 "괴롭게 지속되는 폭정"이었으나(*Ann.* 5.3) 숭배의 대상이 되는 것은 반복적으로 거부했다(*Ann.* 1.72; 2.87). 클라우디우스(41-54년 재위)는 자신에 대한 신성 부여를 최소한으로 줄였고, 사망 시에 의례적으로 부여되는 신격화의 숭배만을 허용했다(*Ann.* 12.69). 69년에 짧게 통치했던 세 명의 통치자, 갈바, 오토, 비텔리우스에 관해서는 황제 숭배가 언급되지 않는다. 플라비우스 왕조의 황제들은 율리우스-클라우디우스 왕조의 황제들이 쇠퇴한 이후 위태로워진 제국을 안정적으로 운영했다. 베스파시아누스(69-79년 재위)는 제국을, 그중 특히 법정을 강화하려고 개혁을 단행했으나(Suetonius, *Vesp.* 8 and 10), "이 나라의 아버지"라는 지위는 거부했다(*Vesp.* 12). 그의 아들이자 계승자인 티투스(79-81년 재위)는 짧은 통치 기간이었지만, 로마의 기준에서 볼 때 후하고 덕스러웠으며 신적인 숭배에

투스와 수에토니우스는 이 황제들이 가졌던 미신적인 믿음에 주목한다. 예를 들어 전조, 징조, 조짐, 주사위 굴리기 등에 대한 강박적 믿음을 그들은 자주 거론했지만, 신적인 숭배에 대한 언급은 드물고 별 내용이 없다. 칼리굴라(37-41년 재위)와 네로(54-68년 재위) 모두 자신들의 신성을 뽐냈지만, 이들의 주장은 아우구스투스의 경우처럼 자신들의 상상 속에서만 설득력 있었지 그들이 지배하는 백성들은 그렇게 생각하지 않았다. 네로는 64년에 그리스도인들을 맹수에게 잡아먹히게 하고, 십자가로 처형하고, 산 채로 화형했지만, 고대 자료 어디에도 그리스도인들이 네로를 신으로 숭배하지 않았기 때문에 네로가 그들을 박해했다는 기록은 없다. 오히려 네로의 잔혹한 만행은 자신에게 쏟아지던 로마의 대화재에 대한 비난을 회피하기 위한 국면 전환용이었다.[21] 1세기의 80년대까지 신적인 숭배는 로마 황제들에게 드물게 부여되거나 오로지 그들의 사후에만 부여되었다.[22] 사도 바울은 대체로 로마의 통치자들에게 호의적인 입장을 취했다. 그는 카이사르가 "하나님의 사역자가 되어 네게 선을 베푸는 자"(롬 13:4)라고 말하며 로마제국에 대

집착하지도 않았다.

21 Tacitus, *Ann.* 15.44. 이런 분석은 Bruace Winter의 분석과 대비된다(Bruce Winter, *Divine Honours for the Caesars*, pp. 296-306). 그는 제국의 동부 지역에서 이따금 발견되는 신격화된 통치자에 대한 증거를 기반으로 제국의 서부에도 황제 숭배가 팽배했다고 주장한다. 하지만 도미티아누스 황제가 통치하기 전까지는 제국의 서부에서 로마 통치자들에 대한 신격화가 별로 받아들여지지 않았다. 네로가 64년에 그리스도인들을 잔혹하게 박해한 이유가 그들이 네로를 신으로 숭배하지 않았기 때문이라는 Winter의 가정을 타키투스가 들었다면 아마도 놀랐을 것이다(*Ann.* 15.44). 타키투스는 네로가 그리스도인들을 박해한 이유를 로마 대화재의 책임을 전가할 희생양으로 삼은 것으로만 설명할 뿐 황제 숭배에 대해선 아무런 언급도 하지 않는다. Koch는 *Geschichte des Urchristentums*, p. 456에서 일주일 미만의 기간에 그리스도인들을 향해 번개같이 진행된 네로의 대학살이 황제 숭배를 하지 않았기 때문이라는 증거를 전혀 찾지 못한다. 네로의 그리스도인 박해 이유에 대한 Koch의 설명은 타키투스의 기록과 맥을 같이한다. 유대인들과는 다르게 그리스도인들은 보호받지 못했고, 로마에 범죄와 사회문제를 일으킨 자들로 인식되었다. 그것은 이미 많은 로마인이 그리스도인의 믿음을 "미신"으로 조롱하고 있었을 뿐만 아니라, 로마인의 무지와 오해가 편견으로 확대되었기 때문이다.

22 네로에 대해 타키투스는 다음과 같이 마무리 진술을 한다. "죽어서 더 이상 그들 가운데 살아 움직이지 않을 때까지 신적인 숭배는 네로 황제에게 부여되지 않았다"[*Ann.* 15.74 (LCL)].

해 악을 억제하는 힘(살후 2:3-12)으로 인정했다. 만약 이 당시 로마에 그리스도인들을 적대하는 황제 숭배가 있었다면 바울의 이런 태도를 이해하기란 거의 불가능하다.[23] 바울 이외에도 신약성경에는 로마 군대에 대해, 특히 백부장에 대해 비슷한 호의적인 태도가 나온다. 이 또한 이 당시에 적대적인 황제 숭배가 없었음을 보여 준다.[24]

하지만 이런 상황은 1세기 후반에 도미티아누스(81-96년 재위)가 통치를 시작하면서 바뀐다. 그는 로마 총독들에게 자신을 "주"(dominus)와 "신"(deus)으로 여기면서 순종하라고 목숨을 위협하며 황제 숭배를 강요했다.[25] 이때부터 정치적인 행동은 곧 성스러운 행동과 마찬가지가 되었다. 제국의 군인들과 공무원들은 황제의 수호신을 걸고 맹세해야 했으며, 그의 출생일과 즉위일을 기념하고, 그의 형상에 향을 피우고 제사를 드려야 했다. 하지만 이런 의무들은 보통 일반 시민들에게는 요구되지 않았다. 도미티아누스의 후계자들, 특히 트라야누스(98-117년 재위), 하드리아누스(117-138년 재위) 그리고 마르쿠스 아우렐리우스(161-180년 재위)는 자신에게 신적인 칭호를 아주 열렬히 그리고 자주 사용했고, 결국 이 호칭은 그들의 이름과 분리할 수 없을 정도가 되었다. 예를 들어, 구원자[헬라어. '소테르'(sōtēr)], 후원자[헬라어. '에우에르게테스'(euergetēs)], 신성한 자[라틴어. '디부스'(divus)], 신의 아들[헬라어. '휘오스 테우'(huios theou)], 주인[헬라어. '아우토크라토르'(autokratōr)], 위대한 자/존경

---

23 바울이 로마서를 썼을 때 네로(54-68년 재위)가 황제였다는 점을 기억해야 한다. 네로가 황제로 통치한 첫 10년 동안 바울은 로마서를 썼는데, 이 기간은 제국이 내세운 정책들이 만족스럽고 때때로 추켜세울 정도였다는 특징이 있다. 하지만 네로의 마지막 5년의 통치 기간에 그의 악명은 극에 달했다.
24 Edwards, "Public Theology," esp. pp. 236-245를 보라.
25 Suetonius, *Dom.* 13. 80년대에 도미티아누스 황제 숭배를 위한 신전이 에베소에 세워진 것은 그 당시 황제 숭배 기조가 강화되었음을 입증한다. 이 신전 때문에 에베소의 지위가 격상되어 '네오코로스'(*neōkoros*, 성전 수호자)라는 구별된 지위를 누렸다. 에베소는 로마 역사에서 성전 수호자라는 구별된 지위를 네 번이나 얻었는데 이는 버가모를 포함해 제국의 다른 어떤 도시도 이루지 못한 성취다. 버가모는 이 지위를 세 번 누렸다.

받을 자[헬라어. '세바스토스'(sebastos); 라틴어. '아우구스투스'(augustus)]가 바로 이런 호칭들이다. 이런 호칭들은 1세기 후반 이전에는 공적인 비문에 거의 등장하지 않았지만, 그 이후부터는 조각상, 기념비, 아치형 구조물, 기둥, 비석, 동전 등에서 자주 발견되었고, 제국 전역에서 황제가 행렬할 때나 공휴일에 흔히 사용되었다. 이 후대 황제들은 황제의 월계관, 화관, 홀 아래에 정치적 [라틴어. '프린켑스'(princeps)], 군사적[라틴어. '임페라토르'(imperator)] 그리고 종교적 [라틴어. '폰티펙스'(pontifex)] 권위를 통합함으로써 황제의 권위를 거대하게 확장했다.

황제 숭배에 대한 묘사가 현대인에게는 보통 모욕적이고 어리석어 보인다. 현대인에게 신은 "완전한 타인"이기 때문이다. 하지만 그리스와 로마의 다신론적인 세계에서 인간과 신의 격차는 그리 크지 않았다. 물론 어떤 고대인들은 황제 숭배를 불쾌해했다. 타키투스는 심지어는 "왕자들도…신과 동등하다"면서 황제 숭배를 비웃는다.[26] 티베리우스의 어머니에게 임종 시 신적 숭배를 부여하고자 하고, 네 달 된 네로의 아기가 죽었을 때도 똑같이 신적 숭배를 부여하고자 하는 대목에서 타키투스는 경멸을 표했다.[27] 네로는 포파이아와 결혼하기 위해 자신의 첫 아내인 옥타비아를 멸시하고 추방했으며, 더 나아가 피에 굶주린 포파이아를 만족시키기 위해 옥타비아를 목 졸라 죽인 뒤 목을 잘라 포파이아에게 바치기까지 한다. 그 후 엉터리 속죄 제사를 신전에서 드린다! 이에 대해 타키투스는 다음과 같이 신랄한 비난을 가한다. "황제가 추방이나 살인을 명할 때마다, 그만큼 자주 하늘에 감사드렸다."[28]

로마제국에서 황제 숭배가 면제된 유일한 인종 집단은 유대인들이었다.

---

26 *Ann.* 3.36.
27 *Ann.* 5.2; 15.23.
28 *Ann.* 14.64 (LCL).

다신론을 거부하는 유대인들에 대해 인식하고 있던 로마는 이들을 황제 숭배에서 면제해 주었다. 로마는 통치하는 황제를 대신해 예루살렘성전에서 매일 드리는 제사를 유대인들의 황제 숭배 의무를 충족하는 대리 제사로 인정해 주었다. 이런 방식으로 유대인 그리스도인들을 포함한 모든 유대인이 황제 숭배를 면제받은 것이다. 하지만 이방인 그리스도인들은 그렇지 못했다. 로마제국의 다른 비유대인 시민들과 거주자들처럼, 이들은 황제 숭배의 잠재적 의무에 온전히 책임을 다해야 했다. 여기서 **잠재적**이란 말이 중요하다. 오직 로마제국의 공식 대표자들, 즉 군인, 행정 관료 그리고 제사장들만이 공개적으로 황제 숭배에 참여해야 할 의무가 있었고 다른 거주자들은 그런 의무로부터 면제되었기 때문이다. 하지만 일반 로마인들에게도 제국에 대한 충성심이 의심되는 경우, 로마 관료들은 황제에게 기도하고 향을 피우라고 요구할 수 있었다. 플리니우스가 2세기 초에 비두니아의 그리스도인들에게 황제 숭배를 요구했고, 2세기 중반에 로마의 관료들도 폴리카르포스에게 마찬가지 요구를 했다. 이 위험한 정책은 불균등하고 무작위적으로 적용되었다. 휴면기가 있다가도 중간중간 육체적 고통과 재산상의 손실을 야기하는 산발적인 박해들이 발생했다.[29] 황제 숭배로 인해 이방인들은 죽음에 이를 수 있는 잠재적 위험에 노출되었다.

로마인들의 손으로 이루어지는 기독교 순교는 2세기 중반까지 산발적으로 발생했다.[30] 이 때문에 몇몇 학자들은 황제 숭배가 2세기 중반까지는 그

---

29 Maier는 *New Testament Christianity in the Roman World*에서 제국 전체에 한 번의 황제 숭배가 시행된 것이 아니라 좀 더 지엽적인 성격을 띤 여러 형태의 황제 숭배가 존재했다고 주장한다. 이런 주장을 펼친 이유 중 하나는 황제 숭배가 불규칙적으로 시행되었기 때문이다.

30 예수님(막 15장)과 요한의 형제 야고보(행 12:2)는 로마인에게 죽임을 당했다. 스데반의 순교(행 7장)와 예수님의 형제 야고보(Eusebius, *Hist. eccl.* 2.23)는 유대인의 박해로 순교했다. 신약 이외의 기록을 찾아보면 그리스도인들은 주후 64년에 네로 치하의 로마에서 순교했다(Tacitus, *Ann.* 15.44). 기독교 전승에 따르면 베드로와 바울은 로마에서 죽었고(1 Clem. 5; Eusebius, *Hist. eccl.* 2.25.8), 다윗 가문의 사람들은 베스파시아누스의 손에 죽었으며(Eusebius, *Hist. eccl.*

리스도인들에게 실제적인 위협이 되지 못했다고 주장한다.³¹ 앞선 논의에서 분명히 나타난 것처럼, 황제 숭배가 만연한 정도에 대해 학자들은 의견이 일치되지 않는다. 어떤 이들은 황제 숭배가 1세기부터 치명적인 위협이었다고 주장하지만, 나 자신을 포함해서, 다른 학자들은 도미티아누스가 통치하기 전까지 이방인 그리스도인들은 황제 숭배에 대해 실질적으로 염려하지 않았으며 그 이후가 되어서야 이런 현상이 주기적인 위험으로 작용했다고 본다.³² 하지만 유대인 그리스도인들과 이방인 그리스도인들의 관계에 황제

3.12, 17), 이그나티오스는 로마에서 순교했다(Ign., *Rom*. 5). 소플리니우스에 의해서 다른 순교가 발생했을 가능성도 암시된다(*Ep. Tra.* 10.96).

31　Koch, *Geschichte des Urchristentums*, pp. 475-483는 하드리아누스 황제 이후에 황제 숭배가 강화되었다고 주장한다. 그러나 순교의 횟수는 종종 사람들이 가정하는 것보다 더 적었다고 주장한다. 이와 비슷하게 Freyne도 *Jesus Movement and Its Expansion*, pp. 318-334에서 비록 제국의 힘과 정책이 트라야누스의 통치 기간에 더 징벌적으로 변하긴 했지만, 종교에 대한 제국의 일반적인 관용이 2세기 내내 확장되었다고 주장한다.

32　로마의 황제 숭배는 흔히 잘못 이해된다. Lohmeyer는 자신의 초기 저작 *Christuskult und Kaiserkult*, p. 17에서 "황제 숭배가 로마제국 전체에 퍼졌으며"(저자 사역) 2세기에 악명을 떨쳤던 황제 숭배의 특징들이 1세기에서도 똑같이 발견된다고 잘못 가정한다. Winter도 *Divine Honours for the Caesarss*에서 이와 비슷하게 가정한다. 비록 황제 숭배가 서쪽보다 동쪽에서 더 널리 장려되었지만, 그리스도인들을 심판하거나 사형에 처하기 위해 황제 숭배를 거론했다는 증거는 최소한 도미티아누스 황제 이전 시기에는 동쪽이나 서쪽 어디에서도 발견되지 않는다. Wright는 *Paul and the Faithfulness of God*, pp. 311-347에서 황제 숭배가 동쪽에서뿐만 아니라 서쪽에서도 능동적이고 적대적으로 작용했다고 주장하는데, 이 주장은 동쪽의 자료에 상당 부분 근거를 두고 있다. 반대로 Harnack는 *Mission and Expansion*, p. 297에서 "그리스도인들이 모든 모양과 형태의 황제 숭배를 거부했고…망설임 없이 황제 숭배를 우상숭배의 한 단계로 인식했다"라고 주장하는데 이것은 너무 이상적이다. 황제 숭배는 많은 머리를 가진 히드라로서, 어떤 머리들은 그리스도인의 신실한 신앙을 타협할 것을 요구하지 않았으며, 따라서 거부당할 필요도 없었다. 예를 들어, 고전 8장과 10장에서 바울은 그리스도인들이 그들의 신앙을 부인하지 않으면서도 우상(황제들을 포함한)에게 바쳐진 고기를 먹을 수 있다고 주장한다. *Birth of Christianity*, pp. 445-446에서 Goguel은 "바울은 하나님께 속한 것과 충돌되지 않는 한 [로마의] 모든 요구들에 순응할 준비가 되어 있었다"라고 결론을 내린다. 이 결론은 바울서신의 증거와도 상당히 일치하며, 바울의 동시대 사람들과 계승자들의 지지도 받는다. 필론은 황제를 "주인"(*Embassy* 271, 276, 291), "주"(*Embassy* 286, 356), 심지어는 "구원자"(*Embassy* 22)라고까지 부르며 칭송을 쏟아 낸다. 논쟁적인 테르툴리아누스조차 황제를 "주"라고 칭하며 이런 칭호가 하나님이 진정한 "주"라는 사실을 위협하지 않는다고 여긴다(*Apol*. 34.1). 마지막으로 기억해야 할 점은 특히 누가가 자주 로마 황제를, 그리고 백부장과 호민관을 긍정적으로 묘사한다는 사실이다. 이들은 누가행전에서 언제나 그리스도인들을 반대하지 않고 옹호한다(Edwards, "Public

숭배가 미친 결과는 의심의 여지가 없다. 황제 숭배는 이방인 그리스도인들은 누릴 수 없는 안전한 피난처를 유대인 그리스도인들에게 제공해 주었고, 이방인 그리스도인들은 황제에게 신적인 숭배를 표해야 하는 끔찍한 상황에 노출되었다. 우리가 보았듯이 "유대인 세"(피스쿠스 유다이쿠스)는 이방인들은 봐주고 유대인들에게만 부과됨으로써 유대인 그리스도인들과 이방 그리스도인들 사이에 쐐기를 박았다. 황제 숭배는 유대인들을 봐주고 이방인들에게만 강요됨으로써 쐐기를 더 깊게 박았다. 그 결과, 1세기 말의 그리스도인들은 제국 전역에서 네로 황제 때와 비슷하게 유대교와 구별된 종교 분파로 여겨졌다. 기억해야 할 사실은 2세기 초에 트라야누스 황제에 대해 제기했던 플리니우스의 질문들은 오로지 "그리스도인들"에게만 이루어졌다. 유대인들에 대한 언급은 없었다. 이런 점에서 마틴 굿맨(Martin Goodman)의 평가는 자료에 제대로 근거한 것이다. "유대인들과 그리스도인들 사이의 분명한 구분이 주후 96년 이후의 문헌에서부터 정기적으로 나타나기 시작한다는 사실은 우연의 결과로 보이지 않는다."[33] 로마제국은 다시 한번 유대교와 기독교의 분리된 정체성 형성에 영향을 끼쳤다.[34]

Theology,'" 특히 pp. 239-240를 보라). 초기 기독교와 로마제국 사이의 관계와 황제 숭배에 대한 세밀하고 통찰력 있는 논의는 Barclay의 *Pauline Churches*의 "Response to N. T. Wright" pp. 373-387를 보라.

[33] Goodman, "Diaspora Reactions," pp. 33-34.
[34] 특히 황제 숭배를 염두에 두면 기독교를 버리고 유대교로 돌아가지 말라는 히브리서의 호소를 더욱 잘 이해할 수 있다. 만약 히브리서의 그리스도인이 1세기 말 도미티아누스나 트라야누스의 통치 아래에서 황제 숭배 때문에 그들의 소유와 생명을 빼앗기는 상황이었다면, 이 위험을 피하기 위해 유대교라는 안전한 피난처로 돌아오라(심지어는 개종하라)는 권면이 얼마나 호소력 있게 들렸을지 상상할 수 있다.

제2차 유대 반란

유대인들과 그리스도인들의 분리에 관하여 파국으로 치닫게 한 요인을 꼽는다면 그것은 132-135년에 벌어진 제2차 유대 반란이었다. 이 반란 이후 유대인들과 그리스도인들은 나누어졌을 뿐 아니라 종종 적대적으로까지 보였다. 안토니누스 피우스 황제(138-161년 재위)를 대상으로 기록된 기독교 변증에서, 순교자 유스티누스는 유대인들이 "우리를 적과 대적으로 여기고, 당신들이 그러는 것처럼 힘이 생길 때마다 우리를 죽이고 처벌한다. 그리스도인들이 예수가 그리스도임을 부인하지 않거나 신성모독을 말한 경우에, 최근에 발발한 유대 반란[제2차 유대 반란]의 지도자 바르 코크바가 오로지 그리스도인들만 잔혹한 심판에 넘기라고 명령했기 때문이다."[35] 그 이후 에우세비오스는 바르 코크바가 "그를 도와 로마군에 대항하기를 거부하는 그리스도인들에게 모든 종류의 박해를 가하여 죽였다"라고 설명한다.[36] 그 이후에 히에로니무스는 바르 코크바를 "유대 분파의 지도자이며 여러 처벌 방법으로 그리스도인들을 도살했다"라고 묘사한다.[37]

제2차 유대 반란에 대해서는 제1차 유대 반란에 대해 기록한 요세푸스처럼 사건을 실제로 목격한 역사가가 존재하지 않는다. 하지만 반란에 관련된 많은 숨겨진 편지들이 존재하는데 이들 중 몇몇은 바르 코크바가 직접 썼다. 이 편지들은 사해의 서쪽에 위치한 쿰란 남쪽의 나할 헤베르(Nahal Hever)의 동굴들에서 발견되었다.[38] 이 반란을 촉발한 특별한 사건이 있었는지는 알려진 바가 없다. 이 반란은 발발하면서 유대 반역자들이 새로운 달

---

35 Justin, *1 Apol.* 31.5-6 (*ANF* 1:173).
36 Eusebius, *Hist. eccl.* 4.8.4 (LCL).
37 Jerome, *Vir. ill.* 21.3 (Halton trans.).
38 Lewis, Yadin, and Greenfield, *Greek Papyri*를 보라.

력과 새로운 법적 문서들을 도입했기 때문에 유사-종말적인 변화를 일으킬 사건으로 인식되었다. 유명한 랍비 아키바(Akiba)는 반란의 지도자였던 시몬이라는 사람을 "바르 코크바"(별의 아들)로 추앙했다. "별의 아들"은 민수기 24:17의 메시아적 존재, "야곱에서 나오는 한 별"을 가리키는 표현이었다. 성전 위의 별 이미지를 담은 동전이 유다 지방에서 주조되어 바르 코크바가 메시아임을 선전했다. 갈릴리라는 내륙 지역에서부터 예루살렘이라는 중심점을 향해 구심적으로 좁혀 들어갔던 첫 번째 반란과는 다르게, 두 번째 반란의 전투는 원심적이었다. 마치 용암이 화산에서 흘러나오듯, 전투는 예루살렘에서부터 원심적으로 확장되어 험준한 유대 광야의 동굴과 메마른 계곡들로 번졌다. 두 번째 반란이 초래한 파괴의 규모는 60년 전에 발생했던 첫 번째 반란이 남긴 결과보다 심각했다. 디오 카시우스(Dio Cassius)에 따르면 거의 60만 명의 유대 남자들이 죽었다.[39] 바르 코크바와 유대 반란군들의 연이은 패배 이후 예루살렘은 이교도의 성지가 되었다. 하드리아누스는 예루살렘 도시를 아엘리아 카피톨리나(Aelia Capitolina)[40]로 개명했고, 유대 성전은 제우스/유피테르와 아프로디테/비너스 신전으로 대체되었으며, 유대인들은 도시에 들어갈 경우 죽임을 당했다. 에우세비오스의 말을 빌리자면, "[하드리아누스는] 법령과 조례로 전체 유대 국가가 그 이후부터는 절대로 예루살렘 근처의 구역에조차 들어가지 못하도록 명령을 내렸다. 멀리서도 자기 조상의 고향을 보지 못하게 한 것이다."[41] 하지만 이방의 그리스도인들을 포함해서, 이방인들은 예루살렘에서 사는 것이 허용되었다. 다시 한번 로마가 유대인들과 그리스도인들을 갈라놓은 것이다.

---

39 Dio Cassius, *Hist. rom.* 69.14.3.
40 하드리아누스(아엘리우스 하드리아누스)의 이름과 제우스(유피테르 카피톨리누스)의 이름을 따서 만들었다.
41 Eusebius, *Hist. eccl.* 4.6.1-4 (LCL). 바르 코크바 반란에 대한 논의는 Schurer, *History of the Jewish People*, 1:543-557와 Meyers and Chancey, *Alexander to Constantine*, pp. 165-173를 보라.

그리스도인들은 바르 코크바와 같은 메시아를 자처하는 사람(마 24:4-5)에 대해 어떤 형태로든 충성을 바칠 수 없었다. 바르 코크바는 이에 대해 순교를 포함한 가혹한 복수를 시행했다. 황제에 대한 유스티누스의 보고는 회당과 교회 사이에 있던 동족 살해적인 갈등을 증언한다. 바르 코크바는 그리스도인이 되기 전에 바울이 대규모로 예수 추종자들을 박해하며 "강제로 모독하는 말을 하게 하고 그들에 대하여 심히 격분"(행 26:11)하기를 반복했다. 그리스도인들은 예루살렘과 로마를 잇는 경로에서 수많은 방식으로 박해를 당했다.[42] 바르 코크바의 그리스도인 공격이 이러한 박해의 절정을 이루었지만 그것이 끝은 아니었다. 20년 후 서머나(현대의 서부 튀르키예)에서 유대인들은 "폴리카르포스를 산 채로 화형에 처해야 한다고 한목소리로 외쳤다." 실제로 이들은 장작더미를 준비해 폴리카르포스의 순교에 일조했다. 그리고 화형이 끝난 뒤에도 폴리카르포스의 시신을 그리스도인들에게 돌려주지 말라고 로마 관료들에게 호소했다.[43] 마르틴 헹엘은 초기 기독교에 대한 적대감을 이렇게 요약한다. "1세기 말에 회당은 유대인 그리스도인들을 쫓아냈다. 기독교 공동체에서 스스로 유대교와의 단절을 시작하지는 않았으나, 바울의 선교의 경우에서 드러나듯이…차근차근 강제적으로 쫓겨났다. 회당은 메시아에 관한 소동으로 평화가 깨지는 상황을 더 이상 견디지 못했다."[44]

---

42 괴롭힘(행 8:1-4), 중상모략(행 13:45; 16:20-21; 17:1-15; 18:6, 12-17; 19:9), 음모(행 14:5-6; 20:3, 19), 물리적 공격과 매 맞음(행 16:22-23; 21:35-36; 23:10), 재판(23:1-10; 26), 체포(행 9:1-2; 21:37; 28:16), 투옥(12:5; 16:24; 24:27), 축출과 추방(행 17:13-14; 23:20-35; 27:1), 폭동(행 19:23-40; 21:30-36), 돌로 침(행 7:58-59; 14:19), 순교(행 7장; 12:1-5), 혹은 이런 상황의 조합(고후 11:23-33).

43 Mart. Pol. 12.2; 13.1; 17.2; 18.1.

44 Hengel, *Studien zum Urchristentum*, p. 330(저자 사역). 앞서 제시된 증거는 Stark의 평가와 반대다. 그는 2세기 중반의 "교회는 유대적 뿌리를 가지고 유대 세계와 강한 결속을 유지하던 사람들에 의해 여전히 장악되었다"라고 평가한다. *Rise of Christianity*, pp. 63-65.

바르 코크바 시대를 제외하면, 유대인들의 공공연한 그리스도인 박해가 보통 생각하듯이 그렇게 흔하지는 않았던 것 같다. 그리고 일방통행 도로와 같이 항상 폭력이 유대인에게서 그리스도인을 향해서만 행사된 것도 아니었다. 제2차 유대 반란 후 얼마 지나지 않아 마르키온은 유대인들을 열등하고 악의적인 신의 산물이라고 비방했다.[45] 특히 4세기에 콘스탄티누스 황제의 즉위로 새로운 신앙의 입지가 제국 내에서 다져지자 그리스도인들이 유대인들을 박해하고 억압하는 일도 드물지 않았다.

결론

교회와 회당의 분리는 **종교적인** 갈등이라고 보는 편이 자연스러운 생각이다. 이것이 확실히 종교적인 갈등이라는 점은 맞다. 사실 일차적으로는 종교적인 갈등이다. 하지만 종교적인 면에만 국한된 현상은 아니었다. 이 장에서 우리는 그리스도인들과 유대인들의 결별에 로마가 도구로서 어떤 역할을 감당했는지를 살펴보았다. 황제가 49년에 로마에서 유대인들을 추방했던 사건과 15년 후 64년에 네로가 로마의 화재에 대한 책임을 물어 그리스도인들을 핍박했던 사건은 곧 제국 전역에 확산될 사건들의 선례가 되었다. 66-70년의 제1차 유대 반란과 132-135년의 제2차 유대 반란이 함께 일으킨 재앙 그리고 그사이에 존재하던 유대인 세 피스쿠스 유다이쿠스와 황제 숭배의 압박들, 이 모든 요소가 유대인들과 그리스도인들이 궁극적으로 갈라지는 데 기여했다. 이 말은 만약 이런 영향들이 없었다면 이 두 집단이 분리되지 않았을 것이라는 뜻이 아니다. 앞으로 보겠지만 기독론 하나만으

---

45 마르키온에 대해서는 4장 p. 156를 보라. Grant는 처음으로 마르키온의 반유대주의가 바르 코크바의 그리스도인 박해 때문에 생긴 것이라고 주장했다(*Gnosticism and Early Christianity*, pp. 121-128).

로도 충분히 두 집단의 분리는 불가피하게 일어났을 것이다. 이 점 하나는 거의 확신할 수 있다. 로마가 도구로 역할을 감당하지 않았다면 분리가 적대적인 단절로 마무리되기보다는 좀 더 점차적으로 진행되었을 것이다.

7

토라에서 케리그마로

외부적인 사건들과 힘들이 유대인들과 그리스도인들을 분리시킨 유일한 요인은 아니었다. 이 두 집단 사이에 내적인 균열이 없었다면, 지난 장에서 살펴본 사건들이 바리새파 랍비들에게 영향을 미쳤던 것과 마찬가지로, 예수 추종자들에게도 영향을 미쳤을 것이다. 바리새파 랍비들은 첫 번째와 두 번째 반란 후에 예루살렘에서 쫓겨났지만 유대교에서 쫓겨나지는 않았다. 하지만 외부적인 사건들과 힘들은 마치 물이 스며들어 유대인들과 그리스도인들 사이에 이미 존재하던 균열에 파고드는 뿌리와 같이 한때 통합체였던 집단을 갈라지게 하고 쪼개 버렸다. 어떤 균열들은 약했기에 만약 압력이 가해지지 않았다면 그리스도인들은 표면적 수준으로만 유대인들에게서 갈라져 나왔을 것이다(예를 들어, 바리새인들이 사두개인들에게서 갈라졌던 정도 만큼). 바위를 두 개로 쪼갤 만큼 더 깊은 균열도 있었다. 우리가 살펴보았던 이방인을 포함할 것인지의 문제가 그런 균열 가운데 하나였다. 하지만 가장 깊은 균열은 "퀴리오스 예수스"(Kyrios Iēsous, 예수가 주님이시다)라는 그리스도인들의 주장이었다. 이 주장 때문에 기독교는 유대교와 근본적으로 다른 종교로 돌이킬 수 없이 규정되었다.[1]

케리그마

사도행전의 거의 5분의 1이 연설로 구성되어 있다. 연설자는 주로 전반부에는 베드로, 후반부에는 바울이지만, 스데반, 야고보와 아볼로도 있다. 마지막 10장은 법정 증언들로 이루어진다. 이 다양한 연설들을 비교하면, 세 개의 요지를 담은 핵심이 거의 모든 경우에 공통적으로 나타난다. 첫째와 셋째 요지는 한 문장으로 요약할 수 있지만 둘째 요지는 몇몇의 하위 요지들을 수반한다.

1. 구약에 있는 하나님의 약속들이 이제 성취되었다.
2. 나사렛 예수님이 오래 기다려 왔던 메시아, 다윗의 혈통으로 오신 메시아다.
   1) 그는 하나님의 능력으로 선과 권능을 행하셨다.
   2) 그는 하나님의 목적에 따라 십자가에 못 박히셨다.
   3) 그는 하나님에 의해 죽은 자 가운데서 살아나시고 그의 우편까지 높아지셨다.
   4) 그는 이제 하늘에서 주님으로서 통치하신다.
   5) 그는 하나님의 목적을 위해 다시 오셔서 모든 것을 심판하고 회복시키실 것이다.
3. 모든 듣는 자들은 회개하고 세례를 받으라.

---

1 "주 예수님"이라는 명칭이나 "예수님이 주님이시다"라는 주장은(둘 다 헬라어 표현 *Kyrios Iēsous*의 번역이다) 신약성경을 구성하는 모든 문서 단계에서 130번 이상 나온다. 사복음서, 사도행전, 바울서신, 일반서신 그리고 요한계시록 등이 바로 그 문서들이다. Grant는 *Roman Hellenism*, pp. 155-158에서 예수님이 죽은 자 가운데서 부활하셨기 때문에 그를 주님이시라고 믿는 것은 초기 기독교의 일차적이고 근본적인 확신이었다고 정당하게 주장한다. "기독교는 예수님의 죽음이나 산상수훈이 아니라 그분의 **부활**과 함께 시작했다. 그리스도인의 숭배 대상인 부활하고 영화롭게 되신 주를 '주님'이라고 묘사한 것이다"(p. 156).

초기 선교사, 설교자, 선생들 모두 이 구원사의 개요를 틀로 메시지를 선포했다. 이것은 경직된 법칙이 아니라 구체적인 상황과 청중에 따라 살을 붙일 수 있는 골격이었다. 어떤 맥락에서는 한 구절로 충분했고(예, 행 17:3), 다른 경우에는 이야기를 온전히 펼쳤다.[2] 신약성경은 복음의 요약을 케리그마[헬라어. "선포"(kerygma)]라고 표현하는데, 초기 그리스도인들은 케리그마를 복음 제시의 핵심으로 여겼다. 바울은 케리그마를 복음의 "영원한 신비에 대한 계시"(롬 16:25)와 "믿는 자들을 구원하는 선포"(고전 1:21)로 묘사한다. 골로새서의 저자는 케리그마의 보편적이고 우주적인 의미에 방점을 두어 복음이 "천하 만민에게 선포되었다"(골 1:23)라고 말한다. 케리그마의 내용은 오로지 그리고 온전히 예수 그리스도에 의해, 특히 그분의 십자가(고전 2:2-4)와 부활(고전 15:14)로 완성된다. 케리그마가 교회의 임무와 선교를 구성한 것이다.[3]

2세기 초에 이그나티오스는 케리그마를 "주님과 사도들의 교리"라고 표현한다. 즉 거룩한 삼위일체의 이름으로 이루어지는 믿음과 사랑에 대한 선포로서 권위 있고, 생명을 주는 선포이며 복음의 "처음과 끝"이다.[4] 앞에서 인용된 골로새서 1:23과 비슷하게 헤르마스의 목자(Shepherd of Hermas)도 "땅끝까지 선포된 하나님의 아들이" 그를 믿는 모든 이의 피난처라고 말한다.[5] 2세기 때부터 그 후 몇백 년 동안 케리그마는 복음의 내용과 교회의 임무뿐 아니라 이들과 이단과의 차이점도 규정했다. 따라서 케리그마는 **정통적인**(orthodox) 선포로서 하나님을 영화롭게 하는 올바른 길이었다. 에우세비오스에게 케리그마는 "구원자의 선포에 대한 건강한 규범"을 보호하는 "타락하지 않은 처녀"와 같았다.[6] "규범"을 뜻하는 헬라어 카논(kanōn)은 복음에

---

2 예, 행 2:14-41; 13:16-41.
3 특별히 딤후 4:5, 7, 17; 딛 3장을 보라. 케리그마 전체에 대해서는, Gerhard Friedrich, "kerygma," *TWNT* 3:714-717; Otto Merk, "kerygma," *EDNT* 2:288-292를 보라.
4 Ign. *Magn.* 13.1.
5 Herm. Sim. 8.3.2.

관한 공인된 증언을 전체로 집대성한 가운데 복음이 확립되었음을 입증한다. 에우세비오스는 이것을 "사도들의 선포에 대한 오류 없는 전통"이라고 언급한다.[7]

초기 교회는 교회가 케리그마를 보관하고 나타내고 전달하는 역할을 맡았다고 이해했다. 그리스-로마 세상에서 번창했던 많은 철학 사조와 학파들과는 다르게 케리그마는 **삶으로 살아 낼** 수 있는 진리였고, 케리그마가 개인으로나 집단에서 삶 가운데 표현될 때 그것이 진리임을 더 크게 증언했다. 이그나티오스는 "그 열매로 나무를 아느니라"(마 12:33)라는 예수님의 말씀을 연상시키며 독자들에게 이렇게 말한다. "그리스도께 속했다고 고백하는 자들은 그들의 행동으로 인정받을 것이다."[8] 1세기에는 믿음과 행위가 양분되지 않았다. "알고 행하는"(요 13:17) 복음을 긴밀하게 고수했다. 요한의 문헌에서 제시하는 보편적이고 단일한 증언은 "너희가 나를 사랑하면 나의 계명을 지키리라"이다.[9] 이와 비슷하게 바울서신도 "새 생명 가운데서 행하[여]"(롬 6:4) "육신을 따르지 않고 그 영을 따라 행하[라]"(롬 8:4)라고 그리스도인들을 권면한다. 클레멘스2서는 생각과 말과 행동의 일치를 이렇게 표현한다. "우리가 어떻게 [하나님]을 고백하는가? 우리가 말하는 바를 행하고 그분의 계명을 불순종하지 않으며, 입술로만이 아니라 우리의 모든 마음과 모든 생각을 다해 그분을 영화롭게 할 때 그 고백이 이루어진다."[10] 세상을 단죄하고 구원할 능력이 있는 유일한 복음은 **삶으로 살아 낸** 복음이다. 반

---

6   *Hist. eccl.* 3.32.7.
7   *Hist. eccl.* 4.8.2.
8   Ign. *Eph.* 14.2. 이그나티오스는 그리스도인의 사회참여를 이단들과 구별되는 특징으로 여긴다. "그들[이단들]은 사랑하려고 애쓰지 않으며 과부, 고아, 억압받는 자, 붙들린 자나 풀려 난 자, 주리고 목마른 자들에 대해 아무런 관심이 없다"(Ign. *Smyrn.* 6.2).
9   요 14:15; 또한 요일 2:3도 보라.
10 2 Clem. 3.4.

대로 클레멘스2서가 훈계하듯, 복음을 삶으로 살아 내지 못하면 선포된 복음을 듣는 이들의 구원이 위태로워진다. "왜냐하면 이교도들이 우리의 입에서 하나님의 말씀을 들으면 그 아름다움과 위대함에 놀라지만 우리의 행위가 우리의 말에 걸맞지 않음을 발견할 때 이들의 반응은 경이로움에서 신성모독으로 바뀌며 하나님의 말씀을 미신과 망상으로 여기기 때문이다."[11] 후대의 교회에서 특징적으로 나타나는 신학과 윤리 그리고 신앙과 행위 사이의 양극화는 신약과 속사도 교부들 시대에는 그다지 뚜렷이 나타나지 않는다. 은혜와 율법조차도 후대보다 훨씬 더 상호 보완적인 관계로 이해된다. 1세기의 복음은 그저 생각이 아니었다. 개인의 삶과 보편적인 우주를 변화시킨 하나님의 계시에 대한 통전적인 헌신이었다.

케리그마에 대해서 뚜렷이 설명하고 선포해야 했으며, 또 배우고 가르쳐야 했다. 교회는 예배 공동체일 뿐 아니라 훈련 공동체도 되어야 했다는 뜻이다. 예배와 교육 모두 그리스도의 형상에 따라 신자와 공동체를 변화시키는 데 필수요소였다. 아돌프 하르나크는 케리그마의 개인적이고 집단적인 중요성을 잘 요약한다.

새 신자들은 먼저 이런 종류의 단체에 익숙해지거나 그에 어울리는 훈련을 받아야 했다. 이들이 기존에 소속되었던 공동체에서 지내 온 삶이 교회 공동체 생활을 위한 준비였다고 할 수도 있지만, 교회 공동체에서는 다른 어떤 단체의 예배나 거룩한 의식에서 요구되는 모든 사항과 전혀 다른 것들을 주장했다. 교회는 **구성원들의 공통 덕육**을 목표로 하고, 따라서 공동체가 많은 지체를 지닌 하나의 몸을 닮아야 한다는 점, 그리고 모든 일원이 몸 전체에 종속되어야 하고 각 지체가 서로와 함께 고난을 받고 기뻐해야 한다는 점, 또한 예수 그리

---

11   2 Clem. 13.3.

스도가 개인을 따로 부르시지 않고 개인이 자기의 위치를 감당하는 하나의 집단으로 세웠다는 점, 이 모든 것들을 배워서 깨달아야 했다.[12]

예수 그리스도의 탁월성

사도 바울은 "그리스도를 배운다"(엡 4:20)라고 말한다. 구체적으로 무엇을 배워야 하는가? 기독교에서 비교 불가의 탁월한 한 가지, 케리그마의 유일한 내용이자 모든 기독교 설교의 주된 주제가 되는 내용이 있다. 구원은 예수 그리스도 한 분만으로 충분하다는 사실이다. 이것이 설교의 명시적인 주제가 아닐 때조차 설교에서 다루어지는 다른 모든 요지의 기준점이 된다. 유대인이든 이방인이든 복음을 받아들이거나 거부할 때, 그 대상은 결국 예수 그리스도의 인성과 사역이 되는 셈이다. 복음을 받아들이는 사람에게 예수님은 "생명의 주"(행 3:15)가 되시고, 그렇지 않은 사람에게는 "버린 돌"(행 4:11)이 되셨다. 예수님의 독특성은 자신이 하나님을 **대변할** 뿐 아니라 하나님**으로서** 말하고 행동한다는 그분의 주장에서 비롯된다. 예수님의 추종자들과 대적들 모두 이러한 그분의 주장을 인식하고 있었다.[13]

하나님이신 예수님

초기 교회의 신념 중 많은 내용은 유대교에서 물려받았다. 유대교와 다른 기독교 교리들조차도 유대교의 핵심적 요소들을 달리 **해석**한 경우가 많았다. 모세의 율법은 오로지 한 분 하나님만 인정했고, 한 분 하나님과 나란히 할 어떤 경쟁자도 용납하지 않았다. "이스라엘아 들으라 우리 하나님 여

---

12   Harnack, *Mission and Expansion*, p. 433.
13   요 5:18; 10:30-31. Dunn의 "From the Crucification," p. 49를 보라.

호와는 오직 유일한 여호와이시니"(신 6:4). 이스라엘은 이 명령을 열성적으로 사수했다. 구약에서 야웨(YHWH)라는 이름은 이스라엘의 하나님 이외에는 아무에게도 적용되지 않는다. 후대 유대교에서 야웨가 아닌 다른 존재를 "하나님"이라고 부르는 것은 사형에 해당하는 중죄였다.[14] 바로 이것이 초기 기독교가 저지른 범죄였다. 물론 예나 지금이나 교회가 예수님의 신성을 인정한다는 것은 예수님이 둘째 하나님이라는 의미가 아니었다. 예수님은 유일하신 하나님이며 존재론적으로 하나이시고 동등하시다는 뜻이었다. 이미 신약과 속사도 교부들 시대에 예수님은 "하나님"으로 여겨진다. 어떤 경우에는 직접 그렇게 표현하지만,[15] 더 많은 경우 그 점을 암시한다. 예수님은 "하나님과 동등"하거나 "아버지와 하나 된 분"으로 규정된다.[16] 초기 신자들은 "예수님을 하나님으로 생각하라"라고 배운다.[17] 이스라엘에 있는 가장 최초의 교회 유적으로 알려진 것은 텔메기도(Tel Megiddo) 아래에 위치한 3세기의 건물인데, 그 건물의 바닥에 "예수 그리스도 하나님께"라는 아름다운 모자이크가 있다.[18] 신약성경은 창조와 같은 하나님만 가진 속성들이 예수 그리스도에게도 있다고 분명하게 표현한다.[19] 세례 의식에 예수님의 이름이 나오는 것은 그분이 아버지 하나님과 성령 하나님 모두와 동등하게 여겨

---

14 YHWH(하나님의 이름을 가리키는 네 글자)의 생성과 이해에 대해서는 14장, p. 401를 보라.
15 요 1:1, 18; 롬 9:5; 요일 5:20; 고전 10:1-4; 골 2:9; 빌 2:5-6; Ign. *Eph.* 18.2; Ign. *Rom.* 3.3; Ign. *Smyrn.* 1.1.
16 요 5:18; 10:30; Ign. *Magn.* 7.2.
17 2 Clem. 1.1.
18 Tzaferis, "'To God Jesus Christ'"를 보라. 비문에 있는 세 단어 모두(하나님, 예수, 그리스도) 성스러운 이름['노미나 사크라'(*nomina sacra*)]이다. 이 단어는 축약형으로 표기되는데 수평으로 그어진 선 아래에 이름의 첫째 글자와 마지막 글자를 적은 형태를 취한다. 초기 기독교에서 대략 스무 개의 일반 이름들과 신학적 용어들이 이 축약형으로 표기되었다. 이런 축약형이 쓰였다는 점은 그 용어들과 관련된 경외심이 고대부터 있었음을 입증한다. 이것은, 예수님이 3세기 훨씬 이전부터 하나님으로 여겨졌음을 암시한다. 성스러운 이름에 대한 추가 논의는 14장, pp. 401-402를 보라.
19 요 1:3; 골 1:16; 히 1:2.

진다는 의미다.[20] 몇몇 신비주의 종교들의 가르침과는 다르게 예수님의 신성은 외부인들에게는 숨겨지고 오로지 교회의 일원들에게만 제한적인 특권으로 주어지는 지식이 아니었다. 마태복음은 대제사장과 장로들이 십자가에 달린 예수님에 대해 "그의 말이 나는 하나님의 아들이라"(27:43)라고 말한 점을 지적하며 십자가에서 내려오라고 말했다고 기록한다. 비유대인들도 예수님이 자신의 신성을 주장했음을 인식했다. 2세기 초에 소플리니우스는 비두니아에 있는 그리스도인들이 매주 모여서 "하나님께 하듯이 그리스도에게 찬송을 불렀다"라고 트라야누스 황제에게 보고했다.[21] 예수 그리스도의 탁월성은 신학적인 쇼가 아니라 기독교 신앙의 핵심 교리였다. "때가 차매"(갈 4:4) 이스라엘 민족에게 나타났고 이스라엘을 통해 세상에 나타난 하나님의 계시였다. 바울은 갈라디아서에서 이렇게 말한다. "형제들아 내가 너희에게 알게 하노니, 내가 전한 복음은 사람의 뜻을 따라 된 것이 아니니라. 이는 내가 사람에게서 받은 것도 아니요, 배운 것도 아니요, 오직 예수 그리스도의 계시로 말미암은 것이라."[22]

주님이신 예수님

신약에는 예수님을 "하나님"으로 표현하는 본문보다 "주님"이라고 표현하는 본문이 100배는 많다.[23] 현대 독자들에게 "주님"이란 호칭은 "하나님"보다 못한 존재라는 의미로 들릴 수 있지만, 고대 유대인들에게는 그렇지 않았다.

---

20 마 28:19; 행 2:38, 41; 8:12, 16; 10:48; 19:5; 롬 6:3; 고전 12:13; 갈 3:27; Did. 7.1; Herm. Vis. 7.3.
21 "그들은 정해진 날 동이 트기 전에 모여 그리스도를 하나님처럼 노래하는 데 익숙했다." *Ep. Tra.* 10.96.
22 갈 1:11-12, 15-16을 보라.
23 신약에는 예수님을 주라고 부르는 본문이 700군데 이상이다. 그리고 속사도 교부들의 문헌에서는 온전히 500군데에서 예수님을 주로 표현한다. 신약에 나오는 횟수는 Joseph Fitzmyer, "kyrios", *EDNT* 2:329에서 인용했다. 속사도 교부들의 문헌에 나오는 횟수는 내 계산을 따랐다.

칠십인역에서 '퀴리오스'(*kyrios*, 주님)는 높으신 하나님의 이름 '야웨'(YHWH)에 대한 표준 번역이었다.[24] 유대교에서 야웨라는 이름은 너무 고귀해서 발음할 수 없을 정도로 거룩하게 여겨졌다(여전히 그렇다).[25] 예수님을 주님으로 명시한 수많은 언급 가운데 아마도 가장 중요한 표현 하나는 빌립보서 2:5-11의 그리스도 찬송일 것이다. 여기서 사도 바울의 3단계 기독론, 즉 하나님으로 선재하시는 그리스도("[예수님은] 근본 하나님의 본체로 존재했다"), 성육신("[예수님은] 자신을 비워…사람이 되셨다") 그리고 승천("하나님이 [예수님을] 높이셔서…하늘에 있는 자들과 땅에 있는 자들과 땅 아래에 있는 자들로 모든 무릎을 예수의 이름에 꿇게" 하셨다)이 퀴리오스(주님)라는 한 단어로 표현된다. "모든 입으로 예수 그리스도를 주라 시인하여 하나님 아버지께 영광을 돌리게 하셨느니라." 11절의 헬라어 구문에서 "예수스 크리스토스"['예수 그리스도'(*Iēsous Christos*)] 앞에 "퀴리오스"['주님'(*kyrios*)]를 배치한 이유는 강조를 위해서다. 빌립보서는 기록 시기를 알 수 있는 편지로, 늦어도 50년대 중반에 기록되었다. 이것은 달리 말해, 예수님이 십자가에서 돌아가신 후 20년 이내에 주님

---

[24] "주님"[헬라어. '퀴리오스'(*kyrios*)]은 그리스-로마에서 영웅들과 통치자들을 가리키는 호칭으로 흔히 사용되었다. 하지만 이것은 "하나님"과 존재로서 동등하다는 말이 아니라 구별된 자로서 영예를 표현하는 말이었다. 예수님이 주님으로서 하신 주장들은 그리스-로마에서 말하는 어떤 "주님"에도 해당하지 않는 표현이다(예, 빌 2:5-11; 골 1:15-20; 히 1:1-3).

[25] Joseph Fitzmyer는 "*kyrios*", *EDNT* 2:330에서 다음 사실을 상기시켜 준다. 히브리 단어 "야웨"(YHWH)를 헬라 단어 "퀴리오스"로 번역했다는 증거는 4세기와 5세기의 엄청난 헬라어 필사본인 반면, 오리게네스나 히에로니무스가 알고 있던 성경, 즉 기독교가 발생하기 이전의 히브리 성경 헬라어 번역본에는, "YHWH"가 보통 히브리어 철자 혹은 고대 히브리어 철자로 헬라어 본문에 삽입되었다. 그럼에도 기독교 발생 이전의 유대 문헌에서 아람어 "마레"(*mareh*, 주님)가 널리 사용되었다는 사실은 주전 마지막 2세기 동안 팔레스타인 유대인들 사이에서 하나님을 "(그) 주님"으로 부르는 관습이 시작되었다는 사실을 가리킨다. Fitzmyer는 또한 다음에도 주목한다. 예수님 당시에 헬라어를 구사하는 유대인들이 YHWH를 "주님"으로 불렀는지는 절대적으로 확신할 수는 없지만, 4세기와 5세기의 헬라어 필사본에서 "YHWH"를 "퀴리오스"로 번역한 것이 유대인의 생각과 관습에 온전히 부합했음을 확신할 수는 있다. 왜냐하면 가장 중요한 하나님의 이름을 잘못 번역한 헬라어 번역본을 주후 시대에 헬라어를 구사하는 유대인들이 허용했을 리가 없기 때문이다.

으로 불렸다는 뜻이다. 사실 이 칭호는 더 일찍 사용되었음이 거의 확실하다. 이 그리스도 찬송에서 단어, 운율, 세련된 대칭 양식이 능수능란하게 사용된다는 사실은 바울이 이 찬송을 인용하기 전에 일정 기간 형성 과정을 거쳤다는 사실을 증명하기 때문이다. 그리스도 찬송은 아무리 늦어도 40년대에는 널리 펴졌을 터인데 이보다 더 일찍 알려졌을 가능성도 있다.[26] 예수님이 "주님"으로 널리 알려졌다는 사실은 따라서 상당히 일찍부터 예수 추종자들이 수준 높은 기독론을 믿었다는 증거다. 고린도전서의 마지막에 아람어 호격을 사용해 마라나타(*maranatha*), "주여, 오시옵소서"(16:22)라고 한 바울의 표현은 이미 아람어를 구사하는 초기 기독교에서 예수님이 "주님"으로 불렸음을 의미한다. 예수님이 주님이라는 초기의 아람어 고백은 디다케에 인용된 아름다운 축사에 보존되어 전해진다.

> 은혜여 오시옵소서, 이 세상이 지나가게 하소서.
> 다윗의 하나님께 호산나.
> 거룩한 자 누구든 오라;
> 거룩하지 않은 자 누구든 회개하라.
> 마라나타! 아멘 (10.6, 홈즈의 번역)

그리스도이신 예수님

거의 "주님"만큼 잘 알려진 예수님의 또 다른 호칭은 크리스토스['그리스도' (*Christos*)]로서 히브리어 단어 "메시아"의 헬라어 번역이다. "그리스도"는 요한3서를 제외한 신약의 모든 책에 나오는데, 총 530회 나온다. 속사도 교부

---

26 그리스도 찬송이 바울이 사역하기 전에 지어졌고 원래 성찬용 본문으로 사용되었다는 Ernst Lohmeyer의 결론은 중요하며 계속 영향을 미친다. *Die Briefe*, pp. 90-99를 보라.

들의 문헌에도 150회 나온다. "주님"처럼 "그리스도/메시아"도 구약과 제2성전에 대해 유대교가 품는 기대 속에서 단어가 쓰이는 용법에 따라 그 의미가 완전히 결정된다. 헬라어 단어 "그리스도"와 히브리어 단어 "메시아" 모두 "기름을 붓다"라는 단어에서 파생되었다. 히브리 전통에서 왕, 제사장, 선지자의 세 계층에 속한 사람들은 하나님께 자신의 직책을 임명받았다는 정당성을 보여 주는 방법으로 기름부음을 받았다.[27] 하지만 이 용법의 어느 것도 메시아와 구체적으로 연결되지는 않는다. 군주제도가 막을 내리면서 특히 예루살렘이 주전 586년에 느부갓네살에게 함락되면서, 새롭고 더 위대한 다윗 같은 왕이란 개념이 하나님이 임명하신 구원자의 모델로 이스라엘에서 부상했다. "여호와의 말씀이니라, '보라 때가 이르리니, 내가 다윗에게 한 의로운 가지를 일으킬 것이라. 그가 왕이 되어 지혜롭게 다스리며 세상에서 정의와 공의를 행할 것이며'"(렘 23:5).[28] 하지만 구약은 메시아에 대한 공식적인 교리를 발전시키지 않는다. 포로기 이후의 유대교에서도 메시아 개념은 유동적이었다. 구약에서는 오로지 한 번만 "메시아"가 온전한 호칭으로 사용된다(단 9:26). 쿰란에서도 온전한 호칭으로 사용되는데(1QSa 2.12) 이때는 **두 명의** 메시아를 가리킨다.[29] 기독교가 발생하기 이전의 문헌 중에 일반적인 메시아사상이 가장 구체적인 형태로 표현된 것은 종말론적 왕의 개념이다. 하지만 이 권능의 메시아도 영원한 존재가 아니라 **죽을 수밖에**

---

27 이 전통은 많은 왕들(예, 삼상 9:27-10:1; 왕상 1:32-40), 더 적은 수의 대제사장들(레위기 전체; 대상 29:22; 집회서 45:15) 그리고 그보다 더 적은 수의 선지자들(왕상 19:16; 사 61:1)의 기름부음 받음과 관련 있다.

28 다음의 본문들이 구약의 메시아 본문에 속한다. 사 9:1-6; 11:1-10; 렘 30:8-11; 33:14-18; 겔 17:22-24; 34:23-31; 37:15-28; 미 5:1-5; 슥 9:9-13.

29 이것은 민 24:15-17과 신 33:8에 따랐다. 4QTest 5-10과 4QFlor 1.13a를 보라. 쿰란에서 메시아의 표상에 대한 기대가 반영된 표현 중 하나는 군사적 해방을 이룰 다윗의 아들이었다. 메시아의 표상에 대한 또 다른 표현은 대제사장 아론의 아들이었다(1QS 9.11). 하지만 메시아적 대제사장에 대한 기대는 쿰란에서만 한정되었던 것 같고 이후의 유대교에 거의 영향을 끼치지 않은 듯하다. García Martínez, "Messianische Erwartungen"을 보라.

없는 세상의 통치자다.³⁰ 앞에서 보았듯이, 랍비 아키바는 제2차 유대 반란의 지도자 바르 코크바를 메시아로 믿었지만, 바르 코크바는 반란에서 죽었다.³¹ 메시아는 이스라엘을 대적들로부터 구원해 평화와 평안을 누릴 수 있도록 하는 임무를 수행하기 위해 하나님께 선택받은 왕이다.³² 그는 이방인들에게서 예루살렘을 수복할 것이고 흩어진 신실한 자들을 모으고 정의와 영광으로 통치할 것이다.³³ 하지만 예수님은 메시아를 검과 왕홀, 군사적 힘과 정치적 지배로 연관시키지 않았다(이 연관성은 로마 지배하에 놓인 팔레스타인 유대인들에게 중심 사상이 되었다). 그래서 예수님은 메시아라는 호칭을 사용하기를 꺼렸고 이 호칭을 사용하려는 자들을 자주 침묵하게 하셨다.³⁴ 물론 예수님과 초기 그리스도인들이 모두 하나님이 거룩하게 기름부으신 메시아라는 개념 자체를 거부한 것은 아니었다. 하지만 복음서에서는(바울과는 다르게) 메시아라는 호칭이 절제되어 사용되었는데, 이것은 이 호칭의 온전한 신학적 의미를 정치적이고 군사적인 승리주의로부터 보존하기 위한 조치였다.³⁵

오늘날 사람들은 "그리스도"라는 칭호가 예수님의 신성을 가리킨다고 흔히 (잘못) 이해한다. 초기 교회에서는 예수님의 신성을 "그리스도"보다는 "주님"과 "하나님의 아들"이라는 호칭으로 표현했다. "그리스도"는 신적 본질이라기보다는 신적 사명을 가리키기 때문이다. 이 칭호는 예수님이 하나님께

---

30   Tryphō라는 유대인은 메시아가 "*anthrōpos ex anthrōpōn genomenos*"(인간에게서 태어난 인간)일 것이라고 선언한다. Justin, *Dial.* 67.2 (48.1; 49.1을 참조하라).
31   바르 코크바와 제2차 유대 반란에 관해서는 6장 pp. 205-208를 보라.
32   Sib. Or. 3.286-294.
33   Pss. Sol. 17.23-30.
34   Irenaeus, *Haer.* 3.18.4을 보라. "[예수님이] 베드로를 꾸짖은 이유는 그가 예수님을 사람들이 일반적으로 생각하는 메시아로 여겼기 때문이다."
35   메시아를 향한 기대에 대한 논의는 다음을 보라. Str-B 4/2:799-1015; Moore, *Judaism in the First Centuries*, 2:323-376; Schurer, *History of the Jewish People*, 2:488-554; Hofius, "Ist Jesus der Messias?"; Ferdinand Hahn, "Christos," *EDNT* 3:478-486.

기름부음 받은 자라는 뜻인데 구약에서 예표된 자로서 이스라엘의 운명을 성취하는 인물을 말한다. 메시아는 이스라엘에서 독특한 지위를 가졌다. 고대 근동의 다른 어디서도 이와 비견할 지위가 없고 이스라엘 내의 다른 어떤 지위와도 혼합되거나 동등하게 여겨지지 않았다. 예를 들어, 야웨의 종과 인자(Son of Man) 같은 구약의 다른 구원자들에게는 메시아를 향한 기대가 부여되거나 적용되지 않았다. 이스라엘 안에서 "메시아"라는 단어는 주로 다윗 혈통의 왕을 가리키는 호칭으로 사용되었다.[36] 이 땅의 모든 민족 가운데 이스라엘은 하나님이 택하신 백성이었고 이 백성 가운데서 메시아는 하나님이 택하신 인물이었다. 메시아는 특정한 하나님의 백성을 위한 특정한 하나님의 구원자였다. 예수님은 이 전통을 끌어와서 혼란을 느끼며 엠마오로 가던 두 제자에게 자신의 메시아 지위를 해석해 주셨다. "이에 모세와 모든 선지자의 글로 시작하여 모든 성경에 쓴 바 자기에 관한 것을 자세히 설명하시니라"(눅 24:27). 예수 추종자들은 일찍이 그들의 주인이 하나님께 임명받아 권능을 가진 이스라엘의 구원자라는 사실을 온전히 인식하고 있었다.

하나님의 아들이신 예수님

초기 교회에서는 "그리스도"가(그리고 "주님"도 어느 정도는) 예수님에 대한 실제적 두 번째 이름이 되었다. 그 반면, "하나님의 아들"은 문헌에 나오는 빈도가 더 적었지만 신학적으로 더 정확하게 사용되었다. 신약에서 "하나님의 아들"은 약 여든 번 정도 나오며 속사도 교부들의 문헌에도 대략 같은 횟수로 나온다. "주님"(헬라어. '퀴리오스')처럼 "하나님의 아들"[헬라어. '휘오스 테우'(huios theou); 라틴어. '필리우스 데이'(filius Dei)]도 통치자와 영웅을 가리키는 의

---

36 다윗의 전통과 달리 "메시아"는 포로기 이후 유대교에서 대제사장을 가리키는 경칭이 되었다. 이 호칭은 사 45:1에서 페르시아의 고레스에게 사용되는데 이는 상당히 이례적인 경우다. 이 단어에 대한 온전한 조사는 K. Seybold, "masiah," *TDOT* 9:43-54를 보라.

미로 그리스-로마 비문들에 자주 나온다. 하지만 "주님"이 그리스-로마식 용법에서 나타내는 의미처럼, "하나님의 아들"도 존재론적 의미보다 존경을 표하는 의미가 더 크며, 예수님께 사용되었을 때보다 덜 숭고하고 덜 우주적인 속성을 띤 채로 다른 대상에게도 사용되었다. 예수님께 적용된 하나님의 아들 됨은 그리스-로마 세계가 아닌 구약성경에 뿌리를 둔다. 만약 "메시아"가 신적 본질보다 신적 사명을 전달한다면, "하나님의 아들"은 그 두 가지를 모두 동등한 정도로 나타낸다. 이삭이 아브라함의 "사랑하는 아들"(창 22:2, 12)이었던 것처럼, 이스라엘도 하나님이 사랑하는 아들이었다. 모세는 바로에 맞서 하나님을 대신해 다음과 같이 선포했을 때 이스라엘을 이렇게 표현했다. "이스라엘은 내 아들, 내 장자라"(출 4:22-23). "하나님의 아들"이라는 용어는 이후에 왕을 위한 표현에만 제한되어 사용되었으며, 왕은 대관식 때 하나님 앞에 이스라엘의 통치자와 대표자가 되었다(시 2:7). 나중에 하나님의 아들 됨에 해당하는 모든 이미지와 용어가 예수님께 부여되는데, 세례를 받은 예수님께 하나님이 이렇게 선포하신다. "너는 내 사랑하는 아들이라 내가 너를 기뻐하노라"(막 1:11). 초기 그리스도인들은 예수님의 세례에서, 그 이후 그분의 생애, 죽음과 부활에서 하나님의 아들 됨이 완성되는 것을 보았다. 예수님은 한 인물로 축소된 이스라엘로서 아브라함 때부터 그 이후로 이어지는 이스라엘의 원래 소명을 성취했고, 제멋대로이고 불순종하는 이스라엘을 하나님의 아들이라는 본분으로 회복시키셨다.

신약에서, 특별히 바울서신에서 하나님의 아들 기독론은 모든 구속 이야기를 포괄한다. 선재했던 아들이 아버지께 보냄받아 자기희생적인 십자가 죽음으로 하나님의 구원 목적과 계획을 이루신다. 아버지에 대한 사랑으로 아버지와 연합된 아들은 메시아로서 보좌에 좌정하고 모든 이에 대한 최후의 심판을 주관하신다. 빌립보서 2:5-11은 하나님의 아들 기독론을 풀이해 주는 아주 중요한 설명이다. 그리고 갈라디아서 2:20은 신자의 삶에서 경험하는 하나님의 아들 기독론에 대한 아주 중요한 설명이다. "이제는 내가 사는 것이 아니요 오직 내 안에 그리스도께서 사시는 것이라. 이제 내가 육체 가운데 사는 것은 나를 사랑하사 나를 위하여 자기 자신을 버리신 하나님의 아들을 믿는 믿음 안에서 사는 것이라." 구속을 이루기 위해 자기를 내주는 이 사랑은 어쩌다 한 번 일어나는 변칙적 사건이 아니라 "때가 차매"(갈 4:4)라는 신적 통찰을 포함해 하나님이 오랜 세월 지휘해 온 구원의 절정이다. 하나님은 자신의 종말론적 계획을 성취하기 위해 아들을 보내 인류를 죄로부터 구속하셨다. "하나님이 만유의 주로서 만유 안에 계시려 하심"(고전 15:28)이 바로 그 종말론적 계획이었다.[37]

신약성경 저자들이 하나님의 아들 기독론을 다루었듯이, 속사도 교부들도 뚜렷이 하나님의 아들 기독론을 강조한다. 하나님의 아들은 천지창조 때 계셨고 활동하셨다.[38] 그리고 역사 속에서 행하신 예수님의 자기희생은 인간의 죄를 속죄하는 데 필요한 모든 것을 "집약한다." "그러므로 하나님의 아들은 이 목적을 위해 육신으로 오셨다. 바로 자신의 선지자들을 박해해 죽인 자들의 죄에 대한 온전한 보상을 제공하시는 것이다."[39] 하나님의 아들로서 예수님은 탁월한 구원자며,[40] 하나님의 온전한 계시이자, 육신으로는 다윗의 아들이지만 영으로는 하나님의 아들이고,[42] 주님이며 동시에 메시아다.[43] 하나님의 아들로서 예수님은 진리와 의로 세상을 심판하실 것이다.[44]

---

37 롬 5:10; 8:3, 32; 갈 4:4-6을 보라. 하나님의 아들 기독론에 대해서는 Edwards, "Son of God"을 보라.
38 Barn. 6,12; Herm. Sim. 9.12(반복적으로 강조된다).
39 Barn. 5.11.
40 Barn. 5.9; 7.2, 9; Diogn. 10.2; 11.5; Herm. Sim. 8.11.1; 9.12.5.
41 Ign. *Magn.* 8.2.
42 Ign. *Smyrn.* 1.1.
43 Barn. 12.8, 10, 11; Herm. Sim. 5.5-6(다양한 형태로 열 번 반복적으로 강조된다).
44 Did. 16.4; Barn. 15.5; Herm. Vis. 2.2.8.

그리고 우주적 권세(예를 들어 골 1:15-20에서 볼 수 있듯이)로 영원토록 다스리실 것이다.[45]

예수님의 영원한 아들 됨은 특히 바울서신에 분명하게 나타나며 교부들의 글에서 두드러진 역할을 한다. 교부들은 "하나님의 아들"이란 표현을 예수님의 성육신하신 아들 됨보다 영원한 아들 됨을 나타내는 뜻으로 더 자주 사용한다.[46] 초기 교회는 "인자"(Son of Man)라는 호칭을 전부 버렸다. 복음서에서 예수님은 "인자"로 자신을 지칭하기를 선호하셨지만 결국 예수님의 인간적 본성만을 뜻하는 말로 여겨졌다.[47] 교부들이 하나님의 아들에 대한 고귀한 본성을 강조한 결과, 하나님의 아들과 신자들의 연합에 대한 중요성과, 제자도를 그리스도와의 연합으로 이해하는 인식이 고조되었다. 교부들은 신약의 저자들보다 신자들을 더 자주 "하나님의 아들"이라고 언급한다.[48] 이그나티오스는 신자들에게 이렇게 말한다. "예수 그리스도를 통해 한목소리로 연합하여 아버지께 찬송을 부르라. 그러면 아버지가…그들이 아들의 지체들임을 아시리라."[49] 이와 같이 신자들은 아버지와 아들과 성령의 이름으로 세례를 받는다.[50] 신자들이 세례를 받은 바로 이 이름이 그들이 예배를 드리는 유일한 이름이다. 폴리카르포스의 순교는 순교자들이 존경받을 만하다고 선언하지만 오로지 하나님의 아들만이 경배를 받을 분이라고 선포한다.[51] 교부들은 하나님의 아들에 관한 서사가 완전하다는 사실

---

45 Herm. Sim. 8.3.1; 9.12.2; 9.13-14(몇몇 차례 언급된다).
46 Ign. *Eph.* 20.2; Barn. 12.10; Diogn. 7.4.
47 "인자"는 복음서가 아닌 신약 본문에서 세 번 등장하는데, 모두 높아지신 그리스도를 가리킨다(행 7:56; 계 1:13; 14:14). 속사도 교부들의 문헌에서는 두 번 등장하는데, 예수님의 신성보다 인성을 가리킨다(Ign. *Eph.* 20; Barn 12.9).
48 *PGL* p. 1426에 인용된 자료들을 보라.
49 Ign. *Eph.* 4.2; 더 깊이는, Ign. *Rom.* 1.1(두 번); Herm. Sim. 2.6; 2.11.
50 마 28:19; Did 7.1, 3.
51 Mart. Pol. 17.3.

을 인정한다. 이 이야기는 빌립보서 2:5-11에서처럼 아들의 선재하심부터 만물의 최후 심판자로서 그분의 역할까지 모든 것을 포괄한다. 헤르마스의 목자는 시대의 마지막 때를 다음과 같이 예견한다. "하늘 아래 모든 민족이 하나님의 아들에 대해 듣고 그의 이름을 믿을 때, 그들은 확증을 받아 하나의 생각, 하나의 정신, 하나의 믿음 그리고 하나의 사랑을 품을 것이다."[52] 예수님의 하나님의 아들 됨은 선지자든 종이든, 사도든 선생이든, 모든 하나님의 설교자들이 선포하는 내용이다.[53] 하나님의 아들의 이름으로 하는 설교는 이것이 "교회의 선포라는 확증"이자 요약이다.[54]

구원자이신 예수님

앞에서 언급된 주요 호칭들은 1세기 예수님에 대한 수많은 다른 호칭들로 보완된다. 좀 더 중요한 호칭 중 하나는 "구주"[헬라어. '소테르'(*sōtēr*)]인데 신약에서 스무 번 등장하고(이 중 반이 목회서신에 나온다) 속사도 교부들의 문헌에서도 아홉 번 등장한다. "구원"이라는 명사는 신약과 속사도 교부들의 문헌[55]에 모두 자주 등장하지만, "구주"는 꽤 드물게 나타난다. 초기 교회에서 "구주"라는 칭호를 드물게 사용한 이유는 로마의 황제 숭배에서 이 단어가 광범위하고 무분별하게 사용되는 데 대한 반작용일 수 있다.[56] 신약과 속사

---

52 Herm. Sim. 9.17.4.
53 Herm. Sim. 9.15.4.
54 Herm. Sim. 9.16.5.
55 예를 들어, Barn. 5에 나오는 구원 역사에 대한 긴 회고를 보라.
56 신약성경은 황제 숭배에 연관된 호칭들을 일반적으로 피한다. "구주"[헬라어. 소테르(*sōtēr*)] 뿐 아니라 다음의 헬라어 호칭들도 로마의 황제 숭배에서 성행했지만 신약에서는 드물게 나온다. 에우에르게테스['후원자'(*euergetēs*), 눅 22:25에서만 사용], 아우토크라토르['절대 군주'(*autokratōr*), 신약에 없음], 휘오스 투 테우['하나님의 아들'(*huios tou theou*), 신약의 정해진 맥락에서 오직 예수님에게만], 메가스/메기스토스['위대한', '탁월한'(*megas/megistos*), 신약에서는 드묾], 크라티스토스['가장 탁월한'(*kratistos*), 오직 눅 1:3; 행 23:26; 24:3; 26:25에서만] 그리고 세바스토스['존경받는', '존엄한'(*sebastos*), 오직 행 27:1에서만]. 요세푸스 또한 정치적이고 국수적인 맥락에서 자주 '구주'와 '후원자'를 결합한다(*J.W.* 1.530; 3.459; 4.146; 7.71; *Ant.* 11.278;

도 교부들의 인사와 축복에서 "구주"를 하나님 아버지와 함께 연결해서 사용한 이유는 황제 숭배와 연관되지 않도록 하기 위해서였다.[57] 하지만 "구주"가 신약의 결정적인 본문들에 나타날 때는 예수님을 가리킨다. 천사가 목자들에게 예수님의 탄생(눅 2:11)에 대해 선언할 때, 아구스도 가이사(2:1에 나오는) 숭배와 그의 주장들을 상쇄하기 위해 "구주" 호칭을 사용한다. 예수님은 로마제국의 구원자보다 더 크신 분이다. 그는 코스모스(*kosmos*), 즉 세상의 구원자로서(요 4:42), 하나님이 "그를 오른손으로 높이사 임금과 구주로 삼으셨다."[58] 구원자로서 예수님은 힘없는 자들을 구원하는 능력을 받으셨다.[59]

창조자이신 예수님

신약성경은 아들이 아버지와 협력해 세상을 만들었다는 놀라운 주장을 한다.[60] 신약과 교부들은 "하나님의 형상"[라틴어. '이마고 데이'(*imago Dei*)]이 일차적으로 가리키는 바가 인류 전체가 아니라 예수님이라고 생각한다.[61] 예수님이 바로 이마고 데이이기 때문에, 혹은 바울의 개념을 사용하면, **둘째 아담**이시기 때문에 오직 그분만이 타락한 인류를 구속하실 수 있다. 둘째 아담으로서 "그는 죄를 용서하심으로써 우리를 새롭게 하셨고, 다른 종류의 사람들로 만드셨다.…이것은 마치 우리를 전부 다시 지으신 것과 같다."[62] 바울의 말을 빌리면, 아들이 구속하신 결과, 말 그대로 "새로운 피조물"이

12.261; *Vita* 244; 259).

57 2 Clem. 20.5; Ign. *Eph*. 1.1; Ign. *Magn*. 1.1; Pol. *Phil*. 1.1; Mart. Pol. 19.2를 보라.
58 행 5:31. 또한 2 Clem. 20.5도 보라.
59 "힘없는 자들도 구원하실 수 있는 구주의 능력을 계시해 주셨으니 이제 [하나님은]…우리가 그의 선하심을 믿고 그를 간호자, 아버지, 선생, 조언자, 치료자, 정신, 빛, 영예, 영광, 힘, 생명으로 여기도록 정하셨다"(Diogn. 9.6, Holmes의 번역).
60 요 1:1, 10; 골 1:16; 히 1:2-3.
61 고후 4:4; 골 1:15; Barn 6.12-13을 보라.
62 Barn 6.11; 또한 롬 5:12-21을 보라.

생겨났다.⁶³

하나님의 계시자이신 예수님

예수님은 또한 유일무이한 하나님의 계시자이고 하나님의 구원을 이루는 대표자시다. 예수님을 아는 것은 곧 하나님을 아는 것이다. 이그나티오스는 에베소인들에게 "하나님의 지식, 곧 예수 그리스도를 받아들임으로써 지혜로워져라"라고 권면한다.⁶⁴ 클레멘스2서는 "신약을 제외하고 현존하는 가장 오래된 온전한 기독교 설교"⁶⁵인데, 저자는 이 "편지"를 편지의 절정을 이루는 다음의 말로 시작한다. "형제자매들이여, 우리는 하나님을 생각하듯이 예수 그리스도를 생각해야 합니다."⁶⁶ 요한복음과 교부들은 모두 예수님을 모노게네스(*monogenēs*), 곧 "독생자"로 칭한다.⁶⁷ 디오그네투스서신에서는 독생자만이 인류를 하나님의 형상으로 창조된 모습으로 회복할 수 있다고 말한다.⁶⁸ 예수님을 "하나님의 말씀"으로 언급한 것은 거의 모노게네스만큼이나 장엄한 표현이다. 이 표현 또한 네 번째 복음서의 서문에 등장한다. "하나님의 말씀"인 예수님은 하나님과 함께 계셨고 사실 하나님이셨다. 예수님이 하나님을 계시하고 세상을 구하기 위해 인간의 육신으로 성육신하신 것이다.⁶⁹ 디오그네투스서신은 예수님이 "말씀"이심을 강조한다. "이분은 처음부터 계셨고, 새롭지만 오래전부터 존재하신 분으로 나타나셨고, 성도들의 마음속에 태어나시기 때문에 항상 젊다."⁷⁰ "하나님의 말씀"이라는 칭호는

---

63 갈 6:15; 고후 5:17.
64 Ign. *Eph.* 17.2.
65 Holmes, *Apostolic Fathers*, p. 132.
66 2 Clem. 1.1.
67 요 1:14, 18; 3:18; Mart. Pol. 20.2.
68 Diogn. 10.2. 또한 요 3:16; 히 11:17; 요일 4:9을 보라.
69 요 1:1, 14, 16-18.
70 Diogn. 11.3-5(Holmes의 번역).

예수님이 하나님과 **함께** 계시고 또한 하나님**이시다**는 성육신의 본질적인 역설을 담은 표현이다. 오스카 쿨만(Oscar Cullmann)의 말을 빌리면, "예수님이 **선포하신** 하나님의 말씀은 동시에 그가 **살아 내신** 말씀이다. 예수님 자신이 하나님의 말씀이시다."[71] 육신으로 존재하는 하나님이신 예수님은 하나님 자신이며 동시에 하나님의 계시자다.

예수님이 하나님의 계시자임을 나타내는 이미지를 두 개 더 언급해야 한다. 이그나티오스는 예수님이 "하나님의 기록 보관소", 즉 하나님에 대해 알 수 있는 모든 것의 총합이라고 말한다. "예수 그리스도에 관한 불변의 기록 보관소는 그분의 십자가와 죽음과 부활이며, 그를 통해 생겨나는 믿음이다."[72] 이그나티오스는 또한 예수님을 위대한 의사라고 칭하며 앞에서 언급한 하나님의 말씀의 역설을 다시 소개한다. 이그나티오스에 따르면 위대한 의사는 두 본성을 가진 하나의 존재다. "오로지 한 분의 의사만 존재한다. 그는 육신과 영이며, 태어나셨으나 태어나지 않으셨고, 인간 안에 계신 하나님이며, 죽음 속에 있는 참 생명이고, 마리아와 하나님으로부터 나셨고, 지금 고난받지만 고난을 넘어선 분, 곧 예수 그리스도 우리 주님이시다."[73]

종말론적 심판자이신 예수님

마지막으로 초기 그리스도인들은 또한 예수님을 종말론적인 세상의 심판자로 여겼다. 이에 대해서도 교회는 별다른 설명 없이 하나님과 예수님이 모두 하나의 역할을 하시는 것으로 이해했다. 바울은 하나님이 심판자이시며 동등하게 예수님도 심판자라고 말한다.[74] 어떤 신약의 본문에서는(예를 들어,

---

71   Cullmann, *Christology*, p. 267.
72   Ign. *Phld*. 8.2.
73   Ign. *Eph*. 7.2.
74   심판자 하나님: 살전 3:13; 롬 3:5; 14:10. 심판자 예수님: 고전 4:5; 고후 5:10; 딤후 4:1, 8.

행 7:56), 하나님과 예수님이 동시에 판결을 내리신다. 예수님은 몇몇 비유에서 최후의 심판자로 등장하신다.[75] 빌립보서 2:5-11의 그리스도 찬송은 다시 한번 예수 그리스도가 하나님의 계획을 온전히 실행하실 분이라고 강조한다. 하나님이 아들에게 피조 세계에 대한 온전한 통치권과 최후 심판권까지 주셨기 때문이다. 의아하게도 속사도 교부들의 문헌에서는 산 자와 죽은 자의 심판자로서 예수님의 지위가 별로 부각되지 않는다.[76] 이것은 학자들이 종종 생각하는 것보다 첫 그리스도인 세대가 그리스도의 이른 재림에 그다지 덜 몰두했음을 암시할 수 있다.

성육신 스캔들

앞에서 다룬 호칭, 이미지, 비유 그리고 암시들은 케리그마의 중심 명제에 포함되어 있다. 구속자로 세상에 보냄을 받은 하나님의 기름부음을 받은 예수님이 십자가에서 죽으시고, 죽은 자 가운데서 살아나셨다는 명제다.[77] 케리그마의 중심 요지는 예수님 안에서 **하나님이 인간이 되셨다**는 것이다. 인류가 스스로를 위해 될 수 없었고 할 수 없었던 것을 인류를 위해 예수님이 대신 되시고 하셨다는 뜻이다. 인간의 상태를 입으실 수 있는 하나님의 능력, 즉 하나님 자아(Godself)가 인간의 고난과 죽음이라는 비참한 수준을 떠안으셨다는 점이 바로 성육신의 스캔들이다. 인간이 된다는 것은 비그리스도인이 하나님을 이해할 때 떠올리는 요소가 **아니라는** 점을 기억할 필요

---

[75] 마 25:1-33.
[76] 2 Clem. 1.1; Pol. *Phil.* 2.1; Barn 7.2을 보라
[77] 앞에서 살펴본 호칭들, 특히 "하나님", "하나님의 아들" 그리고 "주님"은 명백한 오류를 드러낸다는 것이 Bart Ehrman의 유명하지만 잘못된 주장이다. "예수님이 신성을 가졌다는 생각은 후대 그리스도인들이 만들어 냈으며 우리가 가지고 있는 복음서 중에는 오로지 요한복음에서만 발견된다(*Jesus, Interrupted*, p. 249). 『예수 왜곡의 역사』(청림출판).

가 있다. 기독교가 아닌 다른 어떤 종교도 신이 인간이 된다는 것을 신앙고백의 핵심으로 여기지 않았다.[78] 교회의 가장 초기 때부터 "하나님의 낮아지심"은 기독교 비판자들을 혼란스럽고 불쾌하게 했다. 켈수스는 조롱하며 이렇게 묻는다. 하나님은 예수 그리스도의 소위 성육신을 통해 인간의 약함이라는 수치스러운 굴욕을 겪지 않고 **신적인 권능**으로 인류가 더 나은 삶을 성취하게 할 수는 없었을까?[79] 사도 바울은 성육신의 스캔들을 인식하고 있었고 아마도 이에 대해 부끄러워하는 마음까지 들었을지 모른다(롬 1:16). 하나님이 약한 인간의 모습을 입고 오신 결과는 예수님의 끔찍한 십자가 죽음으로 나타났다. 사도행전에 나오는 연설들도 이와 마찬가지로, 십자가를 거의 언급하지 않는다. 그 대신 하나님이 자신의 종인 예수님에게 호의를 베풀어 그를 죽은 자 가운데서 살리셨음을 강조한다. 이그나티오스는 예수님이 "낮은 인간으로 오셔서 죽기까지 순종하셨다"(빌 2:8)라고 한 바울의 선포에 대해서 그 핵심을 다음과 같이 강력하고 시적인 중복을 통해 표현해 낸다.

그러므로 누구든 예수 그리스도와 상관없는 이야기를 당신에게 한다면 귀 기울이지 말라. 예수 그리스도는 다윗의 집안에 속했고, 마리아의 아들이었으며, 정말로 인간으로 태어나 먹고 마셨다. 정말로 본디오 빌라도에게 고난을 받았고, 하늘과 땅과 땅 아래에 있는 자들이 보는 가운데 정말로 십자가에 못 박혀 죽으셨다. 더욱이 그는 자기 아버지가 그를 일으키셨을 때 정말로 죽은 자 가운데서 살아나셨다. 이와 똑같이 그의 아버지는 그를 믿는 우리도, 그를 떠나서는 참된 생명이 없는 우리도, 그리스도 예수 안에서 마찬가지로 일으키실 것이다.[80]

---

78 Edwards, *Jesus the Only Savior?*, pp. 113-115를 보라.
79 Origen, *Cels*. 4.2-3.
80 Ign. *Trall*. 9.

하나님의 아들이 보내심을 받아 자기 자신 안에 인간의 약함과 죄와 죽음을 떠안았다는 교리는 위에 언급한 켈수스와 더불어 2세기와 그 이후 세기들에 등장한 엘리트 기독교 비방자들을 상당히 불쾌하게 만들었다. 켈수스는 귀족층의 사람들이 기독교를 받아들이면 로마 사회의 기반이 되는 사회 질서와 종교 질서가 흔들려 돌이킬 수 없을 정도로 위태로워지지 않을까 두려워했다.[81] 그리스도를 사랑하는 자들이든 싫어하는 자들이든 모두에게 분명한 사실은 성육신의 스캔들을 선포할 때 그리스도인들은 가장 큰 위험에 노출된다는 점이었다. 만약 복음의 스캔들이 단순히 어리석은 주장에 지나지 않다면 왜 초기 그리스도인들은 그토록 강력하게 비난받고 박해당했는가? 바울은 갈라디아인들에게 만약 자신이 "십자가의 걸림돌"(갈 5:11)을 선포하지 않는다면 왜 유대주의자들에게 박해를 받고 있겠냐고 수사적으로 묻는다. 이그나티오스는 이렇게 말한다. 만약 그리스도가 참으로 인간의 상태로 내려와 굴욕과 죽음을 겪지 않으셨으면, "나는 참으로 사슬에 묶여 있는 것이 아니다. 그리고 내가 왜 스스로를 죽음과 불과 칼과 짐승들에게 내주겠는가?"[82] 유대인들이 2세기 중반에 순교자 유스티누스와 다른 그리스도인들을 저주하지 않았는가? 십자가에 못 박힌 이, 즉 십자가형을 통해 하나님의 공정한 심판의 저주를 받았다는 사실이 입증된 자를 숭배한다는 이유로 저주하지 않았는가?[83] 기독론의 이러한 독특성은 특히 유대인들의 유일신주의와 헬라 판테온의 품위를 훼손했다. 그리스도인들이 그토록 지치지 않고 선전한 이 문제적 교리 때문에 스데반[84]과 야고보[85] 그리고

---

81 Freyne, *Jesus Movement and Its Expansion*, pp. 324-325.
82 Ign. *Smyrn*. 4.2; Ign. *Trall*. 10.
83 Justin, *Dial*. 96.
84 행 7:52. 또한 9:1-2도 보라.
85 Eusebius, *Hist. eccl.* 2.23.2, 10, 13-14.

제1차 유대 반란 이후의 다윗의 자손들[86]이 순교했다. 또한 그리스도를 믿는 유대 신자들은 바르 코크바[87]의 손에 죽었고 폴리카르포스[88]도 순교했다. 유스티누스는 그렇게 낮아진 자가 하나님이고 숭배받으실 분이라는 이 교리 하나만으로 기독교 전부가 유대인에게 거부당했다고 천명했다.[89]

예수님에 대한 호칭, 이미지, 주장들은 이스라엘 역사에서 다른 어떤 인물에게도 적합하지 않다. 아담이나 모세, 사무엘이나 다윗, 엘리야나 다른 어떤 선지자에게도 부합하지 않는다. 예수님은 하나님의 신적 본성 자체를 공유하기 때문에, 계시와 구속을 이루는 하나님의 유일무이한 대리자시다. 예수 그리스도에 대한 그리스도인의 주장들에 상응하는 내용은 유대교에도 다신론에도 없다. 그리스도인들에게 미래에 올 메시아에 대해 유대인들이 품었던 소망은 예수님의 십자가와 부활을 통해 이미 성취되었다. 기독교의 성육신 교리는 인간의 신격화와 신성화라는 그리스-로마의 목표를 뒤집었다. 예수님께 해당되는 "주님"과 "하나님의 아들"이라는 호칭들은 유대의 메시아적 기대를 훨씬 더 넘어선다. 따라서 예수님께 사용된 호칭들과(예, 행 2:36) 예수님의 인성과 사명(빌 2:5-11)에 대한 묘사는 유대 유일신주의와 헬라의 다신주의 양쪽에서부터 기독교를 완전히 분리시켰다.[90] 십자가에 못 박힌 메시아라는 그리스도인들의 주장은 유대인들에게는 수치스럽고 치

---

[86] Eusebius, *Hist. eccl.* 3.12; 3.17.
[87] Justin, *1 Apol.* 31.5-6.
[88] Mart. Pol. 17.2.
[89] Justin, *Dial.* 16.4; 96.2.
[90] "유대인들과 그리스도인들 사이의 균열은 이미 예루살렘에서부터 감지되었다. 그리고 그 뿌리는 πιστεύοντες['피스테우온테스'(*pisteuontes*), '신자들']의 신앙고백에 있었다. 하나님이 나사렛 예수, 즉 로마인들이 산헤드린을 대신해 십자가에 못 박은 그 예수를 Κύριος καὶ Χριστός['퀴리오스 카이 크리스토스'(*Kyrios kai Christos*), '주님과 그리스도'](행 2:36)로 만드셨고 골고다에서 그를 하나님의 백성을 위한 단번의 속죄 제물로 드렸다는(롬 3:25-26) 통찰과 확신은 이 신앙고백을 따르는 자들과 이것이 잘못되었고 심지어는 신성모독적이라고 생각하는 자들을 갈라지게 만들었다." Stuhlmacher, "Christ in the Pauline School," p. 170.

명적인 모순이었다. 그들이 기대했던 메시아는 말뜻 그대로 이스라엘을 회복해 오랜 번영을 누리도록 다스리는 승리의 왕이었기 때문이다.[91] 다신론주의자들에게도 그리스도인들이 주장하는 **성육신**은 마찬가지로 치명적이었다. 여기서 성육신은 신들이 가끔 일시적으로 인간의 형태를 취하는 것이 아니라 신이 인간의 고난과 죽음에 완전히 연합하는 것을 뜻한다. 이들에게 나사렛 예수 안에서 하나님이 참된 인간이 되셨다는 신약의 독특한 주장은 그리스도인들의 증언을 터무니없어 보이게 했던 것 같다. 켈수스는 "신이 그토록 낮아졌다는 것은 무슨 의미가 있는가?"라며 조롱한다. 만약 신이 전능한 천상의 지식과 권능으로 인류를 선하게 만들지 못한다면, 어떻게 약하고 불완전한 인간이 됨으로써 인류를 선하게 만들 수 있느냐고 켈수스는 묻는다.[92] 마르틴 헹엘은 기독교를 유대와 그리스-로마적 맥락과 구별하는 "기독론의 토대가 되는 핵심"을 올바르게 분별한다. 헹엘의 견해를 요약하면 이렇다. 하나님의 아들의 성육신으로 나타나는 전적인 은혜가 초기 교회의 선포에서 가장 중요하고 가장 큰 영향을 미친 요인이며, 이방 선교와 그리스도 교회를 형성한 원동력이다.[93]

2세기로 접어드는 시점은 초기 교회에서 중요한 경계선이었다. 안디옥의

---

[91] Evans, *From Jesus to the Church*, pp. 145-149; 특히 p. 148에서 Evans의 결론을 보라. "우리는 십자가에 못 박힌 나사렛 예수가 사실 이스라엘의 메시아였다는 그리스도인들의 주장에 대한 일차적인 반대 이유가 그가 죽었다는 사실, 그것도 수치스러운 죽음을 당했다는 사실에 있다고 결론 낼 수 있다. 유대인의 관점에서 이 반대 이유는 치명적이었다."

[92] Origen, *Cels.* 4.3 (*ANF* 4:498). Freyne, *Jesus Movement and Its Expansion*, pp. 324-325. Freyne은 기독론이야말로 기독교를 그리스-로마 세계에서 예외 없이 혐오당할 만하게 만든 단 하나의 이유라고 주장한다. 성육신 교리뿐 아니라(*Cels.* 4.3) 하나님의 단일성을 훼손하는 예수님의 신성 주장(*Cels.* 7.3)과 동정녀 탄생도 이 기독론에 해당한다. 켈수스는 이것을 판데라/판세라(*Cels.* 1.32)라는 이름의 로마 군인과 마리아가 저지른 불륜을 감추기 위해 그리스도인들이 만들어 낸 이야기라고 여긴다. 또한 예수님의 부활에 관한 주장도 마찬가지다. 켈수스는 부활을 "반 정도는 정신이 나간 여인"의 환각이었다고 설명한다. 왜냐하면 "정말로 죽은 사람은 아무도 진짜 육신으로 살아나지 않기" 때문이라고 주장한다(*Cels.* 2.55).

[93] Hengel, *Studien zum Urchristentum*, pp. 317-325.

이그나티오스는 이 경계선의 양쪽에 걸쳐 있었다. 한 발을 1세기에 둔 이그나티오스는 추가 설명 없이 "오직 예수 그리스도"라는 말만으로도 기독교를 규정하기에 충분하다고 여겼던 마지막 교인이었다.[94] 또 다른 발을 2세기에 둔 이그나티오스는 비록 가현설(docetism)의 문제[95]를 처음으로 다루지는 않았지만, 가현설이 오직 예수 그리스도에 대한 무제한의 신앙고백에 위협이 된다는 점을 깨닫고, 기독교의 신앙고백을 더 규정하고 변호해야 할 필요를 느낀 첫 번째 사람이었다. 그는 강조를 위해 다음과 같이 반복적으로 말한다. 그리스도는 "참으로 태어나셨고," "참으로 먹고 마셨으며," "참으로 죽으셨다."[96] 그리고 그분의 부활한 몸은 참으로 인간의 몸이었고 실체가 없는 귀신이 아니었다.[97] 그리고 무엇보다도 그리스도의 십자가는 신실한 기독론에 걸림돌이 되지 않았다.[98] 이그나티오스는 따라서 2세기와 그 이후의 세기에 다른 교리들과 이단들의 사이에 탄탄한 신학적 논쟁의 장을 마련해 준 첫 번째 교부였다.[99]

이그나티오스와 1세기에 그의 전임자들이 취한 기독론의 배경에는 예수님에 대한 핵심 주장들이 하나님의 속성에 대한 주장들과 똑같다는 확신이 있었다. 1세기 그리스도인들은 예수님의 인성과 사역을 우주적이고 초자연적인 범주로 이해했다. 하나님의 약속과 예언들은 예수 그리스도 안에서 성취된다(고후 1:20).[100] 신자들을 그리스도에게 이끌 때 토라에 대한 하나님

---

94 Ign. *Eph.* 14.2; Ign. *Magn.* 4.1; 10.3; Ign. *Rom.* 3.3; Ign. *Trall.* 6.1.
95 가현설[헬라어. '도케오'(*dokeō*), "…처럼 보이다 혹은 …인 것 같다"에서 파생]은 예수님의 인성과 고난을 실제라기보다는 가시적인 것이라고 여겼던 초기 기독교의 경향을 가리킨다. 가현설은 예수님이 인간 **같았지만** 진정한 인간은 아니었다고 가르침으로써 성육신을 부정했다. 가현설의 경향은 요일 4:1-3과 요이 7에 그리고 아마도 골 2:8-9에도 암시되어 있다.
96 Ign. *Trall.* 9; Ign. *Smyrn.* 1, 2, 3; Ign. *Magn.* 11.
97 Ign. *Smyrn.* 3.
98 Ign. *Eph.* 18; Ign. *Magn.* 9, 11; Ign. *Trall.* 2, 8; Ign. *Phld.* 3; Ign. *Smyrn.* 1, 5, 6. 이그나티오스와 가현설에 대해 더 알려면 Lightfoot, *Apostolic Fathers*, 1:375-376를 보라.
99 von Campenhausen, *Urchristliches und Altkirchliches*, pp. 270-271를 보라.

의 목적이 성취된다(갈 3:24). 그리고 이웃을 사랑하고(갈 5:14) 짐을 서로 지라(갈 6:2)는 그리스도의 가르침에서 토라의 모든 계명이 요약되고 또 성취된다. 예수님은 "처음이요 마지막"(계 1:17)이시고 항상 그런 존재이셨다. 1세기 그리스도인들에게 구약의 유대 유일신론은 "나와 아버지는 하나이니라"(요 10:30)라는 예수님의 주장을 떠나서는 올바로 이해될 수 없다. 예수님의 우주적 중요성은 에베소서 1:10에서 이렇게 선포된다. 모든 것들이 그리스도 안에서 통일된다. 그리고 그리스도 사건의 우주적 범위는 고린도전서 15:28에서 확인된다. "만물을 그에게 복종하게 하실 때에는 아들 자신도 그때에 만물을 자기에게 복종하게 하신 이에게 복종하게 되리니, 이는 하나님이 만유의 주로서 만유 안에 계시려 하심이라."

100　고후 3:14-18; 히 8:7-13을 보라.

8
회당에서 교회로

앞 장에서 우리는 예수님이 돌아가신 뒤부터 이그나티오스의 시대까지 발생한 외적인 변화 가운데 일정하게 유지되었던 예수 운동의 내적 중심을 다루었다. 그 불변의 중심이 예수 운동과 그 추종자들을 개인적으로나 또 공동체적으로나 그 성격에 맞게 빚어내고 형태를 잡았다.[1] 이 형성 작용의 중심에 있는 실체는 예수 추종자들의 견고한 확신이었다. 그들은 자신과의 교제로 그들을 부르신 주인이 그들의 죄를 위해 십자가에서 죽으셨고 그들의 칭의를 위해 죽은 자 가운데서 살아나셨다고 확신했다(롬 4:25).[2] 비록 예수

---

[1] Karl Barth가 초기 교회의 발전을 염두에 두고 *Church Dogmatics*를 쓴 것은 아니지만, 성경에서 입증했듯이 계시가 초기 교회를 형성하는 작용을 했다는 그의 이해는 이 장에서 우리가 다루려는 내용을 잘 묘사한다. Barth는 성경에 증명하듯이 예수 그리스도를 교회의 생명력이며 살아 계신 주님으로 이해한다. 하나님의 계시와 연결해서 "성경은 교회의 손안에 있지만 교회의 권능 안에 있지는 않다. 번역되고 해석되고 적용되는 대로 성경은 말한다. 하지만 이 모든 인간의 노력들 가운데에서, 그리고 심지어는 이 모든 노력들에도 불구하고, 말하는 것은 성경 그 자체다"(*CD* I/2, pp. 682-683). 『교회 교의학』(대한기독교서회).

[2] 사도 바울이 교리의 창시자고 기독교의 설립자라는 주장은 20세기 자유주의 신약학자들 가운데 유행했던 관점인데 이와는 대조적으로 나는 바울이 예수님에 대한 '전통'과 '기억'에 대한 신실한 해석자(고전 11:23-26)였으며 기독교의 설립자도 아니고 베드로와 야고보 같은 기독교 전통의 다른 옹호자들에 대한 핵심 경쟁자도 아니었다는 견해를 고수한다. 이 입장은 Stuhlmacher가 "Christ in the Pauline School"에서 능숙하게 설명하고 논증한다.

님의 희생적 죽음과 부활이 그 무엇과도 비교할 수 없는 사건이긴 하지만 예수님의 중요성은 단지 그 사건에 국한되지는 않는다. 신자들은 아주 진정한 의미에서 자기 자신이 예수님과 함께 그리고 그를 통해 죽었고 또 살아났다고 이해한다. 그리고 더 나아가 이 땅에서의 교제에 직접 참여하셨던 주님이 천상의 통치에서도 성령을 통해 교회 가운데에 동등하게 참여하시고 효력을 발휘하신다고 믿는다. 지난 장에서 우리가 보았듯이, 예수님이 죽음을 맞고 부활하신 후 얼마 지나지 않아 그분의 추종자들은 구원의 핵심 요소들을 뼈대 형태로 공식화했는데 그것이 바로 케리그마다. 하지만 그들이 자신의 신앙을 말로 구체적으로 표현하기도 전에 그들은 예수님이 시작하신 하나님 나라의 첫 열매인 증언 공동체에 합류했다. 그들이 속한 "부름 받은 공동체"[헬라어. '에클레시아'(*ekklēsia*)]가 바로 이 장의 주제다.

에클레시아의 독특성

아서 다비 녹(Arthur Darby Nock)의 통찰력 있는 관찰에 따르면 기독교의 성공은 뭐니 뭐니 해도 복음을 구현하고 선전한 "기관의 성공"이다. 녹은 복음을 통해서가 아니라 모든 다른 숭배와 종교들과는 다른 복음만의 두 가지 표현방식을 통해서 고대 세계가 기독교를 처음으로 인식했다고 말한다. 기독교의 첫 번째 표현 방식은 구조화된 교회 공동체인 에클레시아였다. 두 번째는 기독교 신앙을 증거한 순교자들이었다. 그리스도인들은 필요하다면 그들의 신념을 위해 죽었고 그들의 믿음을 세상 앞에서 구현하는 공동체를 형성했다. 세상은 복음을 통해 기독교의 목소리를 듣기 전에 교회와 순교를 통해 기독교의 얼굴을 보았다.[3]

---

3   Nock, *Conversion*, pp. 192-193, 210-211, 241.

조직의 형태로 구체화된 철학은 쉽사리 그 독특성을 잊어버린다. 당연히 유대교도 회당에서 구체화되었는데, 교회가 기독교에 중요했던 것만큼 회당도 유대교에 중요했다. 하지만 유대교와 기독교를 제외하면, 다른 어떤 철학이나(스토아철학이나 냉소주의나 피타고라스주의도) 다른 어떤 숭배의 형태들도 (이시스, 미트라, 혹은 키벨레 숭배 그리고 로마 황제 숭배도) 기독교 교회처럼 식별이 가능한 공동체를 형성하지 않았다. 여기서 공동체는 축소된 형태의 작은 공동체 단위로 조직되지만 더 큰 공동체로 연계된 구조로서 매주 모여 그들의 설립을 기념하고 자신들을 전파하는 일을 한다. 기독교 '철학'은 1세기에 세계 전역에 고동쳤던 많은 철학 중 하나였다. 이러한 철학과 운동 대부분이 동시대 사람들의 눈에는 분명 기독교보다 더욱 성공할 것처럼 보였다. 하지만 기독교 철학은 한 가지 독특한 특징이 있었는데, 바로 그 하나로 다른 모든 철학보다 기독교가 우위를 차지했다. 그것은 바로 기독교의 공동체, 즉 교회였다. 교회가 기독교를 생존하게 했고 궁극적으로는 고대 문화 자체를 변화시켰다.

사도행전은 예수님이 부활하신 후 50일이 지난 오순절 때부터 이미 예수 추종자들로 이루어진 독특한 공동체가 예루살렘에 존재했다고 보고한다. 이들은 "사도들의 가르침"(케리그마)을 준수하고 교제, 공동 식사 그리고 기도를 실천했다(행 2:42-47). 이 특징들 가운데 마지막 세 가지는 예수님을 믿지 않은 유대인들도 다소 다른 형태로라도 공유했을 것이다. 열거된 요소 중 가장 독특한 것은 첫 번째 요소로, 즉 예수님이 메시아시고 퀴리오스(주님)시기도 하다는 사도들의 신앙고백이다. 예수님의 구원의 독특성은 여전히 기독교 선포에서 가장 선두에 위치했다. 이것은 사도행전 4장에서 다시 볼 수 있는데, 예수 공동체의 일원들이 "예수 안에 죽은 자의 부활이 있다고 백성을 가르치고 전[한다]"(2절)라는 이유로 붙들리고 "큰 권능으로 주 예수의 부활을 증언"(33절)하는 사도들의 보호자로 나서는 모습에서 드러난다. 이러한 증언의 결과로 사도 베드로와 요한은 대제사장인 사두개인 가문에 재판을 받아 질책을 받은 후 "놓이매 그 동료에게 간"다(23절).

누가 "그 동료"인가? 이 겸손한 표현은 확실히 사도행전 2:42에 묘사된 공동체를 가리킨다. 예루살렘성전에 참여하면서도 성전과는 분리된 신앙의 교제를 나누는 공동체. 그 공동체는 배아기 형태의 교회였다. 사도행전에서 예수 추종자들은 그 이후부터 더 이상 성전이 아닌 예루살렘과 온 유대와 갈릴리와 사마리아(9:31), 안디옥(13:1), 브루기아와 갈라디아(14:21-27)에 있는 교회들과 자신을 동일시했다. 40년대 후반에 열린 예루살렘 공회에 참여한 모든 집단은 "에클레시아이"(*ekklēsiai*), 교회들이라고 불린다(15:22).

야고보서에는 유대인과 이방인 예수 추종자들 모두를 포함하는 예배 환경에 적합한 요소들이 등장한다. 야고보서는 회당(2:2)과 교회(5:14)에서 예배드리는 두 그룹의 신자들을 모두 가리키는 유일한 신약의 서신서다. 야고보는 편지의 첫 문장에서 "흩어져 있는 열두 지파에게"라고 말하며 예수 추종자들이 이스라엘 구원 역사의 완성이라고 표현한다(1:1). 전통적으로 주장되어 왔듯이 만약 이 서신서가 야고보(주님의 형제로서 예루살렘성전의 지도자들과 관계를 유지했다)의 저작이라면, 그가 "경건"을 말한다는 점과 절제된 기독론을 보인다는 점은 유대교와 밀접하게 연관된 기독교 예배 공동체라는 맥락과 잘 맞는다.[4]

예루살렘 교회의 크기와 다양성은 디아스포라의 헬라 회당들에서 온 신자들로 인해 금방 증가했다. 이들의 일부는 아마도 하나님을 경외하는 자들이었을 것이고 대부분 헬라어를 구사했다.[5] 이러한 혼합 공동체들이 유대교에서 기독교로 가는 넓은 길을 초기에 낸 것이다. 누가는 그러한 사람들을

---

[4] '경건'에 대해서는 약 1:26-27을 보라. "예수 그리스도"는 1:1과 2:1에서만 나온다. 야고보서와 사도행전 초반부에 대한 비슷한 재구성은 Evans, *From Jesus to the Church*, pp. 173-175를 보라.

[5] 하나님을 경외하는 자들에 관해서는 5장 pp. 173-175를 보라.

증거하며 사도행전 6-7장의 디아스포라 유대인들에 대한 초기 기독교 선교에 이들이 미친 영향력을 입증한다. 새로 개종한 바울은 다마스쿠스의 헬라파 회당에서 처음 복음을 선포했다(행 9:20). 그리고 그 이후부터 회당은 예루살렘과 로마를 잇는 통로에서 그의 설교와 선교 사역에서 시작점이 되었다.[6] 여기서 이해해야 할 중요 요지는 헬라파 회당이 디아스포라 유대 세계에서, 심지어는 그리스-로마 문화 전체에서 유대인들을 접촉할 수 있는 시작점이었다는 사실이다. 하지만 기독교 선교사들은 회당을 만들지 않았다. 그들은 **교회**를 세웠다.[7] 사도행전에서 시작된 예루살렘의 사도 공동체는 교회로만 불렸지 결코 회당이 아니었다. 사도행전을 읽는 이방인 그리스도인들은 잘 느끼지 못하겠지만 이것은 주목할 만한 사실이다. 예루살렘에 있는 최초의 예수 추종자들은 모두 예수님과 함께 갈릴리 회당에 정기적으로 참석했던 유대인들이었기 때문이다. 하지만 이들은 예루살렘에서 회당과 명시적인 연관성이 없었다.[8] 신약과 속사도 교부들은 바울이나 다른 기독교 선교사들이 세운 공동체를 결코 회당이라고 칭하지 않는다. 바울이나 다른 어떤 교회 지도자가 기록한 어떤 기독교 서신도 회당을 대상으로 기록되지 않았다. 특히 디아스포라 지역에서는 기독교 선교사들이 회당에서 복음을 전했지만 그들이 세운 것은 교회였다. 에베소에서 바울이 한 일이 표준이다. 그는 에베소의 회당에서 설교했지만(행 19:8), 밀레도에서 만나고자 에베소 **교회**의 장로들을 소집했다(행 20:17). 예수 추종자들은 "그리스도인"(행 11:26)

---

6   행 13:5, 14, 43; 14:1; 17:1, 10, 17; 18:4, 7, 19; 19:8. 예루살렘과 로마를 잇는 경로를 따라 이루어진 기독교 선교에서 헬라파 회당에 관한 추가 정보는 2장의 pp. 72-74를 보라.
7   '에클레시아'라는 단어가 등장하지 않는 신약의 서신서들은 디모데후서, 디도서, 베드로전후서, 유다서다.
8   헬라어를 구사하는 유대인 예수 추종자들과 히브리어를 구사하는 유대인 예수 추종자들 사이에 일어난 행 6장의 갈등도 회당과 관련 있지는 않았다. 예루살렘에 있는 디아스포라 회당이 사실 스데반에 대한 반대를 이끌어 낸 것이다(9절).

으로 불리기도 전에 "교회"(행 5:11)라는 단어와 동일시되었다.[9] 교회는 신자의 정체성의 핵심이다. 신자들이 교회를 하나님이 제정하신 공동체로, 그리스도의 몸으로 받아들이기 때문이다.[10]

"교회"를 뜻하는 헬라어 에클레시아는 헬라어 신약성경에 115회 등장한다. 이 중 절반은 복수형으로서 개교회들을 가리키며, 나머지 절반은 단수로서 집합적인 연합체인 **하나**의 교회를 가리킨다. 개교회는 이 집합적인 연합체의 축소판이다. 하지만 복수 교회와 단수 교회는 근본적으로 다르지 않다. 개교회들은 보편적 그리스도의 몸 안에 있는 유일한 복음인 하나의 근원으로 빛을 발하는 개별적인 빛이기 때문이다.[11] 사도행전 15장에서 누가는 여러 다른 장소와 교회에서부터 예루살렘 공회에 참석하는 여러 사람의 이름을 언급하며 이들이 "온 교회"에 속한다고 말한다(15:22). 고전 헬라어에서 에클레시아의 근본 의미는 '집회'(assembly)로서 구체적으로 헬라 폴리스(*polis*)에서 모이는 정치적 집회들을 가리킨다. 누가는 에베소 폭동을 묘사하며 에클레시아를 사실상 이러한 정치적인 의미로 사용한다.[12] 하지만 신약성경에 나오는 에클레시아를 규정하는 개념적 틀을 결정한 것은 헬라의 폴리스보다 유대 회당이다. 시편 기자는 "옛적부터 얻으시고 속량하사 주의 기업의 지파로 삼으신 주의 회중을 기억"해 주시기를 기도한다(시 74:2).

---

9 디다케에 있는 어느 기도에서는 하나님이 목자와 같이 교회를 감독해 달라고 청한다. "주님, 당신의 교회를 기억하셔서 모든 악으로부터 구해 주시고, 당신의 사랑으로 온전케 하시며, 당신이 준비하신 나라 안에 들어오도록 거룩하게 만드신 교회를 사방에서 모으소서. 권세와 영광이 영원히 주께 있습니다"(Did. 10.5).

10 신약성경에 나오는 '에클레시아'의 용법에 대해서는 Karl L. Schmidt, "*ekklēsia*," *TWNT* 3:502-539; Jurgen Roloff, "*ekklēsia*," *EDNT* 1:410-415를 보라. 때때로 에클레시아라는 단어를 사용하지 않고 교회를 지칭하기도 하는데, 신자들을 그리스도의 집(히 3:6) 혹은 "그리스도와 함께 참여한 자"(히 3:14)로 부른다.

11 이것은 요한계시록에 예시되어 있다. 여기서 '에클레시아'라는 단어가 스무 번 등장하는데 거의 항상 복수형('에클레시아이', 교회들)으로 쓰이며 단 하나의 교회에 속한 공동체들이라는 의미다.

12 행 19:32, 39. 마태복음에서는 '에클레시아'가 가끔만 등장하며(16:18; 18:17) 예수 모임을 가리킨다.

여기서 "회중"의 히브리어 단어는 '에다'(*edah*)이고 칠십인역에서는 헬라어로 '시나고게'(*synagōgē*)다. 사도 바울은 에베소 교회의 장로들에게 한 고별 설교(행 20:28)에서 이 구절을 암시하는데 에클레시아 대신 에다/시나고게를 사용한다. 그렇게 함으로써 그는 그리스도인의 에클레시아를 구약 이스라엘의 신앙 공동체들과 연결한다. 에클레시아는 그리스도인들의 집회를 가리키는 용어로 공통적으로 받아들여졌으며, 구성원들이 유대인 그리스도인들이든, 이방인 그리스도인들이든, 두 집단 모두이든 상관없이 적용되었다. 이것은 여러 용어 가운데 하나가 아니라, 통용되는 유일한 용어였으며 지역 회중이든 더 큰 기관이든 상관없이 사용되었다. 교회를 구성하는 요소는 물론 사람이었다. 하지만 교회의 설립자는 주님이셨고 교회의 사명은 하나님의 명령이었다. 에클레시아는 초기 교회의 "기둥들"을 지칭하는 뜻으로는 결코 쓰이지 않았다. 예를 들어, 바울(혹은 베드로나 요한이나 야고보)의 교회란 말은 전혀 들을 수가 없다. 에클레시아는 항상 그리고 오로지 "하나님의 교회," 혹은 가끔 "그리스도의 교회"의 형태로 교회의 주님과만 연결해서 쓰인다.

오래된, 새로운, 온전한

2세기 중반 로마의 상징이었던 기독교 신앙을 최초로 공식적으로 정의한 내용을 보면, 교회를 "거룩"하고 "보편적"이라고 칭한다. 325년의 니케아신조는 교회를 정의하는 표현 2개를 더 첨가해 교회가 "하나"이고 "사도적"이라 말한다. "하나의 거룩하고 보편적이고 사도적인 교회"라는 정통 신앙고백은 교회의 단일성, 거룩성, 보편성, 사도성을 강조한다. 다음에 소개하는 '오래된, 새로운, 온전한'이라는 개념적 범주를 통해 나는 교회에 대한 정통 신앙고백의 토대가 이미 신약성경과 속사도 교부들에 있음을 보이고자 한다.[13]

오래된

"오래된"이란 말을 보통 구식이라는 의미로 경멸적으로 사용하는 현대인들과는 다르게 고대인들은 늘 "오래된"이란 말을 세월의 시험을 견뎌 낸 값진 것을 뜻하는 긍정적인 말로 이해했다. 초기 그리스도인들은 교회가 오래되었다는 것을 긍정적으로 생각했다. 교회 자체가 오래되지 않았다 하더라도 교회가 맡고 있는 하나님의 계시는 오래되고 권위 있는 것이었다.[14] 교회는 하나님이 이스라엘을 다루신 역사 속에서 이전에 있었던 모든 것들의 상속자였으며, 이스라엘 역사 속의 무작위적인 악보들과 고립된 선율들을 한데 모아 교향곡으로 마무리했다. 우리는 이것을 누가가 "교회"라는 단어를 사용하는 방식에서 확인할 수 있다. 예를 들어, 누가는 "그리스도인"이라는 단어의 용법과 대조적으로 교회를 역사적인 발전 과정의 결과물로 소개한다. 우리는 유대 회당에서 예수 추종자 그룹이 기독교 교회가 **되는** 지점을 찾을 수 없다. 교회의 전례력(liturgical calendar)은 보통 오순절을 교회의 시작 혹은 "생일"로 기념한다. 하지만 오순절은 신약에서 겨우 세 번만 언급되며 (속사도 교부들의 문헌에서는 전혀 언급되지 않는다) 이 중 교회의 시작을 칭하는 경우는 없다.[15] 사도행전에서 교회에 성령이 강림하신 사건은 교회가 형성되었다는 뜻이 아니라 교회가 하나님의 권능의 역사를 다양한 언어로 증거하고 이방인 선교를 감당할 수 있도록 준비시켰다는 의미였다(행 1:8). 신약성

---

13 내가 분류한 이 세 범주는 어떤 특정 자료에서 가져온 것은 아니지만 초기 교회를 **원시적**(오래된)이고 **새로운 백성**으로 요약한 Harnack의 생각과 가장 가깝다. Harnack, *Mission and Expansion*, pp. 251-265.

14 Lake, "Introduction," 1:xv는 기독교의 가르침과 그리스도인이라는 인종에 대한 에우세비오스의 이해를 *Hist. eccl.* 1.4.1-15에서 다음과 같이 요약한다. "기독교의 가르침은 새롭지도 이상하지도 않았다. 새로운 것은 그리스도인이라는 인종, 즉 교회였다. 그들의 집단적 존재, 그들의 일상적 경건 그리고 그들의 증가하는 영향력은 사실 새로웠지만, 그들의 가르침은 그렇지 않았다."

15 행 2:1-13; 20:16; 고전 16:8.

경을 통틀어서 교회, 즉 에클레시아는 케리그마를 믿음으로 듣고 반응하는 개인들이 있는 어느 장소, 어느 때나 존재한다.[16] 이런 이해는 예수님 그분 자신에게서 비롯되었다. 그분은 열두 사도를 부르셔서 이스라엘의 열두 지파를 재구성하셨다. 예수님 이전의 선지자들은 이스라엘의 형성기 때 있었던 토라나 모세의 선례들에 호소했는데, 이러한 것들이 없이는 이스라엘이 이스라엘로 존재하지 못했을 것이기 때문이다. 포로기 이후에는 스룹바벨, 에스라, 느헤미야가 똑같은 근거에 호소하기 위해 이스라엘의 사명이 회복되기를 구했다. 예수님은 이스라엘 안에 있는 이 구원의 긴장에 사도적 공동체를 연결하신 것이다. 사도행전의 앞부분에서(5:11) 누가는 이 공동체를 "교회"라고 부르며 이스라엘의 역사 속에서 하나님의 은혜로 지탱되어 온 긴장을 다시 가져온다.

바울에게서도 비슷한 현상을 볼 수 있다. 아브라함이 믿음으로 의롭다 하심을 받았다는 로마서 4장의 논증은 이스라엘 역사 내내 지속된 복음의 영원한 핵심을 증거한다. 로마서 9-11장도 비슷한 요지를 발전시키는데, 여기서 바울은 두 이스라엘의 이야기로 이스라엘의 역사를 언급한다. 그는 "이스라엘 안의 이스라엘," 즉 **이스라엘의 남은 자**가 불순종의 자녀들인 **이스라엘 민족**이라는 이종적 겉껍질 안에 들어 있는 약속의 자녀들이며 구원 역사에서 지속되는 알맹이라고 말한다(9:6-13). 이어서 바울은 유대인들과 이방인들 모두 구원을 위해 접붙여져야 하는 감람나무라고 말한다. 이 감람나무의 "뿌리"가 이스라엘 역사 속의 구속받은 공동체라고 전제하는 것이다(11:13-24). 신약의 두 지점에서 이 구원의 긴장이 예레미야서에 약속된 새 언약(31:31-34)을 통해 완성된다. 첫째는 예수님이 세례받으신 사건인데, 이때 성령이 예수님 위에 내려오고 하나님이 "너는 내 아들이라"라고 선

---

16 행 8:3; 골 4:15.

포하신다.[17] 이것은 이스라엘을 하나님의 장자가 되게 하시려는 하나님의 뜻(출 4:22-23)을 승인하고 성취한 사건이다. 세례받으실 때 예수님은 한 명으로 축약된 이스라엘이었다. 예수님 안에서 이스라엘의 운명이 성취된 것이다. 두 번째 지점은 오순절이다. 이때 하나님은 성령을 예수님의 공동체인 교회에 주셔서 이방인을 향한 예수님의 선교를 수행할 권능을 부여하신다(행 2:1-4).

교회는 유대교와 구약의 유산을 몇 가지 분명한 측면에서 이어 나갔다. 가장 중요한 것 중 하나는 성전이 아닌 회당을 신자 공동체의 전형으로 삼았다는 것이다. 예루살렘의 유대 성전이든 그리스-로마 전역에 퍼진 이교도 신전이든, 성전은 신비주의적 숭배가 일어나는 곳이자 거룩한 장소라는 인식이 단단히 자리 잡았다.[18] 그러한 숭배의 효과를 누리려면 그것이 위치한 장소에 가야만 했다. 이와 대조적으로 교회와 회당은 신자들이 어디에 있든 그들과 함께하는 이동식 공동체였다. 이런 점에서 신자들이 교회와 회당에 간 것이 아니라, 교회와 회당이 그리스도인과 유대 신자들과 함께 갔으며, 각자의 공동체에서 신앙을 증거했다. 신약성경과 속사도 교부들은 교회를 이렇게 이동할 수 있는 것으로 보아 "잠시 머무는" 하나님의 백성으로 이해한다. 교회가 순례의 삶을 통해 신자들을 인도해 주는 것이다.[19] 이와 대조적으로, 헤르마스의 목자는 계속해서 교회를 "망대"(tower)로 비유한다. 이는 교회가 요새와 같음을 잘 표현하는 말이지만 이동성은 나타내지 못한다.

유대 회당은 또한 기독교 예배의 견본이 되었는데 이는 성경 봉독, 기도, 노래, 구두 해석 그리고 공동 식사를 포함한다. 교회는 회당의 방침을 따라

---

17 마 3:17; 막 1:11; 눅 3:22.
18 신비주의 숭배에 대해서 더 알려면, 1장 pp. 62-63를 보라.
19 약 1:1; 벧전 1:1; 1 Clem. 1.1; 2 Clem. 5.1.

동물 제사를 드리지 않았는데, 동물 제사는 예루살렘성전과 사실상 모든 다신론적 숭배 의식에서 시행되었다. 새로운 신앙의 용어들도 유대 전통에서 따왔다. 의, 은혜, 율법의 행위, (새) 언약, 하나님의 종, 하나님의 아들 됨, (성)령 그리고 많은 다른 용어들이 이에 포함된다.[20] 이 용어들은 그리스도인들이 유대교에서 물려받은 신학적 골격을 구축하는 데 기여했다. 새 신앙의 근육 조직이 옛 뼈들을 새로운 방식으로 움직인 것이기 때문에 뼈 자체는 **두 성경 모두**에 담긴 구원 이야기에 속한다.

교회는 용어와 더불어 신학적 세계관도 유대교에서 물려받았다. 페르시아의 조로아스터교와 아마도 이집트의 예외적인 군주들을 제외하면, 유대교와 기독교(그리고 이후에 이슬람)의 근간인 유일신론 개념은 이스라엘 외부의 고대 세계에서는 이례적인 사상이었다. 또한 고대 근동의 창조 신화들에서는 선재하는(그리고 보통 서로 싸우는) 물질적 형태로부터 우주가 조직된다. 그 반면, 이스라엘의 하나님과 그리스도인들의 하나님은 무로부터(*ex nihilo*) 창조하신 분으로 그려진다. 또 다른 독특한 특징은 하나님의 역사 속 자기 계시다. 자연의 순환과 천체의 회전을 반영하고 이들을 통해서 접근할 수 있는 고대 근동의 신들과는 대조적으로 유대-기독교 전통의 하나님은 목적하신 마무리를 향해 **역사**를 이끄신다. 절대적 도덕성이라는 개념 또한 유대교와 기독교 모두에 내재되어 있다. 참된 종교는 관습과 전례 준수를 넘어서서 모든 영역에 적용되는 최상의 도덕률에 삶을 종속시키는 것이다. 여기서 삶이란 공적이고 사적인 삶과, 개인적이고 집단적인 삶을 모두 포괄한다. 컴퍼스의 동서남북 표시와 같이 앞에서 언급한 신학적 확신들은 유대인의 삶에서와 마찬가지로 그리스도인의 삶의 방향을 잡아 주었다.

---

20 핵심 기독교 용어들에 대한 간단하지만 세심한 기록은 Evans, *From Jesus to the Church*, pp. 22-23를 보라.

마지막으로 교회의 유산은 영원과 교차한다. 이것은 이미 신약에서 전제되어 있다. 네 번째 복음서 서문은 "말씀"이 시간이 창조되기 전에 하나님과 함께 계셨다가 시간 속에서 "말씀이 육신이 되[셨다]"라고 말한다(요 1:1-14). 바울은 예수 그리스도가 하나님과 동등된 본체로 영원히 계시는 분이며(빌 2:6) 보이지 않는 하나님의 보이는 형상으로 그에게서 만물이 창조되었고(골 1:15-16), 때가 차매 타락한 인간들을 구하시려 인간이 되셨다고 말한다(갈 4:4-6). 히브리서는 그리스도가 "하나님의 영광의 광채시요 그 본체의 형상"이시며 "능력의 말씀으로 만물을 붙드[신다]"라고 말한다(히 1:3). 다른 무엇보다도, 이 표현들은 교회에 대한 진술이라기보다 기독론적인 선포다. 하지만 이 선포는 교회를 포함한다. 왜냐하면 교회가 "그리스도의 몸"이고 하나님이 교회를 "곧 창세 전에 그리스도 안에서…택하사…사랑 안에서 그 앞에 거룩하고 흠이 없게 하시려고" 뜻하셨기 때문이다(엡 1:4).[21] 만약 그리스도가 창세 전에 신자들을 임명하셨고 신자들이 곧 교회라면, 교회는 그리스도의 영원한 본성에 참여하는 셈이다. 클레멘스2서는 이러한 영원한 공존을 인정한다. "그러므로 형제자매들이여, 우리가 하나님 우리 아버지의 뜻을 행할 때, 우리는 먼저 교회와 하나 됩니다. 교회는 영적이고 실로 태양과 달이 창조되기 전에 만들어졌습니다."[22] 다른 속사도 교부들의 증언도 일치한다. 헤르마스의 목자는 알레고리를 사용해 헤르마스에게 책(성경)을 건네주는 나이 든 여인을 교회로 비유한다. "그가 누구인가?"라고 헤르마스는 묻는다. "그는 교회다"라고 수행하는 천사가 답한다. "그가 나이 든 이유는 만물이 창조되기 전에 지어졌기 때문이다. 그래서 그가 나이 들었고,

---

21 예수 그리스도 안에서의 영원한 선택에 대한 Karl Barth의 인상적인 논의에서 엡 1:4보다 더 핵심적인 구절은 없다(CD II/2. ∬32-35).
22 Clem. 14.1에서는 이렇게 말한다. "이제 교회는 영적인 것으로서 그리스도의 육신 가운데 나타났다(2 Clem. 14.3).

그를 위해 세상이 만들어졌다."²³ 이 책 내내 등장하는 교회의 이미지는 "물 위에 빛나는 돌들로 세워진 거대한 망대"다.²⁴ 앞서 주목했듯이 망대는 절대 움직이지 않고 공략이 불가능한 교회의 견고함을 의미한다. 에우세비오스는 『교회사』의 앞부분에 있는 교회에 대한 논설에서 예수 그리스도가 이스라엘의 역사 내내 로고스로 활동했으며 그때 믿었던 사람들이 비록 그리스도를 이름으로 알지는 못했지만 그리스도 안에서 구원받은 것이라고 주장한다.²⁵ 교회는 고대의 유산을 보존하고 온전케 한다. 이 유산은 옛적부터 항상 계신 이(단 7:8; 계 1:14)에 대한 증거다. 에우세비오스는 이렇게 선언한다. "온 세상에서 오로지 그리스도인들만 아브라함의 종교 방식을 실천한다."²⁶

새로운

교회는 이스라엘에 대한 하나님의 약속을 영적으로 상속한 대상이었다. 하지만 교회는 또한 무엇보다도, 이스라엘이 이루지 못한 하나님의 약속들을 성취한 예수 그리스도의 공동체였다. 이 후자의 점에서 교회는 이스라엘로부터 받은 유산과 다르며 그것을 성취한다. 아서 다비 녹의 말을 빌리면, "2세기의 교회는 자신을 하나님의 새로운 백성, 즉 영적인 이스라엘로 생각했다. 영적인 이스라엘은 육신에 의한 이스라엘이 마음의 둔감함으로 잃어버렸던

---

23 Herm. Vis. 2.4.1.
24 Herm. Vis. 3.2.4.
25 Eusebius, *Hist. eccl.* 1.4.1-15.
26 Eusebius, *Hist. eccl.* 1.4.14. Harnack, *Mission and Expansion*, pp. 253-256, Harnack도 같은 요지를 말한다. "그리스도인들은 인간 역사의 근원이 되며 기독교의 원시적 소유를 구성하는 신적 계시와 예배의 근본적 원리들을 삶으로 구체화한다. 물론 여태까지 그 원시적 소유가 어떠했는지는 발견하지 못했다"(p. 256).

약속을 누리게 된 자들이다. 이들은 자기 자신들과 외부인들에게 모두 독특한…사람들로 보였다."[27]

예언, 책망, 방언 그리고 사도의 서신들과 복음서들을 읽는 것을 포함해 새로운 요소들이 교회 예배에 등장한다. 토요일에서 일요일로 시간이 바뀐 새로운 예배가 시작된다(다음의 12장에서 논의할 주제다). 우리가 보았듯이 새로운 예배자들도 등장한다. 기독교 교회에 이방인들이 온전히 포함되기 때문이다. 이 마지막 현상의 영향은 막대해서 사실상 새로운 예배 공동체가 시행된다는 것을 의미했다. 회당에서는 이방인 출신의 하나님을 경외하는 자들과 개종자들이 유대인들과 동등한 지위를 누리지 못했기 때문이다.[28]

하지만 기독교 회중에서 나타나는 변화는 이방인의 등장이 전부는 아니었다. 유대교 회당보다 여성들의 수가 더 많았고 더 다양한 기능을 담당했다. 여성의 역할은 예수님이 사역하실 때부터 두드러지기 시작했다. 누가복음 8:1-3에는 막달라 마리아, 요안나, 수산나라는 여성들과 예수님의 사역을 재정적으로 지원하는 "다른 여러 여자"들이 등장한다. 누가복음 8:1-2에 나오는 카이…카이(kai…kai, …둘 다)의 헬라어 문법구조는 이 여성들을 열두 제자들과 동등한 관계로 나타낸다. 이것은 예수님의 사역에서부터 여성이 중요한 역할을 차지하기 시작했음을 알려 주는 놀라운 증거다. 여성의 역할에 대해 유대 랍비들은 이런 식으로 이해한 경우가 보이지 않는다. 예수님의 비유[29]에서 여성들은 주인공으로 등장하며 예수님이 가르치실 때 "주의 발치에 앉[는다]"(눅 10:39).[30] 이것은 유대교에서 인정받은 제자들이 취하는 자세다. 막달라 마리아는 사복음서 모두에서 부활하신 주님을 처음으

---

27 Nock, *Conversion*, p. 241.
28 하나님을 경외하는 자들과 개종자들에 대해서는 5장 pp. 173-175를 보라.
29 눅 13:20-21; 15:8-10; 18:1-8.
30 예수님의 사역에서 여성이 맡은 많은 다양한 역할들에 대해서는, Duff, *Jesus Followers*, pp. 147-150를 보라.

로 전하는 자로 나온다.³¹

여성들은 사도행전과 서신서들에서도 마찬가지로 두드러진 역할을 맡는다. 여성들과 아이들은 기독교 교회에서 진실한 일원으로 언급된다. 바울이 뵈뵈에 대해 말하듯 "모든 성도들에 합당"한 자들이다(롬 16:1-2).³² 여성들은 복음을 위해 박해를 견딘다.³³ 그들은 바울의 선교에서 "동역자"로 섬긴다(빌 4:2-3). 그리고 바울은 로마서의 마지막 부분에 열 명의 여성들의 이름을 일일이 언급하며 그들이 "동역자", "택함을 받은 자", "인정받은 자", "사랑하는 친구"라고 말한다(롬 16:1-6). 이것은 여성들이 로마 교회에서 책임 있는 역할을 맡고 있다는 증거다. 실로 바울은 안드로니고와 유니아(여성 이름이다!) 둘 모두를 "**사도들**에게 존중히 여겨지[는]" 자들이라며 칭찬한다(롬 16:7). 디모데전서 3:8-13은 집사들에 대해 논의할 때 여성들을 포함하고 이들에게 남성들과 사실상 같은 자격 요건을 적용한다. 이것은 여성들 또한 집사로 섬길 수 있음을 암시한다. 세기가 바뀔 때쯤에는 "집사"를 가리키는 헬라어 단어가 남성[디아코노스(*diakonos*)]과 여성[디아코니사(*diakonissa*)]의 형태로 모두 등장하는데, 이것은 남성과 여성 집사를 가리킨다.³⁴ 여성들은 초기 기독

---

31 막달라 마리아는 다음의 구절들에 나온다: 마 28:1("다른 마리아"와 함께); 막 16:1, 9("야고보의 어머니[혹은 아내] 마리아와 또 살로메"와 함께); 눅 24:10("요안나와 야고보의 모친[혹은 아내] 마리아" 그리고 "그들과 함께한 다른 여자들"과 함께); 요 20:1-18. 마리아의 이름이 각 목록에서 가장 먼저 나오며, 그가 부활하신 그리스도를 가장 먼저 선포한다.

32 행 5:14; 8:12; 9:2; 16:14; 18:2; 21:5; Did. 4.9-10; 1 Clem. 1.3; 2 Clem. 19.1; 20.2; Ign. *Smyrn*. 13.1; Pol. *Phil*. 4.2. 바울은 사 43:6의 인용문에 "딸들"이라는 말을 첨가함으로써 그리스도인들의 모임에 여성이 있음을 표시한다. "너희에게 아버지가 되고 너희는 내게 아들들**과 딸들**이 되리라"(고후 6:18).

33 행 8:3; 22:4. 트라야누스 황제에게 보낸 편지에서 플리니우스(*Ep. Tra*. 10.96)는 "여 집사들"인 두 명의 젊은 그리스도인 여성들을 고문했다고 보고한다.

34 플리니우스의 편지(*Ep. Tra*. 96)에 나오는 "두 집사들"[라틴어. '미니스트라이'(*ministrae*)]이란 표현은 '집사'라는 단어가 여성형으로 쓰인 알려진 최초의 경우다. 헬라어 형태인 '디아코니사'(*diakonissa*)는 2세기부터 나타나는데 여성 사역을 하고 여성들의 세례식에 도움을 주는 여성들의 직분을 나타내는 의미로 쓰인다. PGL p. 352를 보라.

교에서 다른 지도자 역할도 맡았다. 남편인 아굴라보다 보통 먼저 언급되는 브리스길라[35]는 기독교 지도자들을 개인 교습한다(행 18:24-28). 그리고 기독교 모임은 여성들의 집에서 이루어진다.[36] 요한2서의 저자인 "장로"는 여성[헬라어 호칭 '퀴리아'(kyria)는 "주님"의 여성형이다]에게 이 편지를 썼으며, 이 편지를 공적으로 읽을 때 퀴리아는 여성 지도자의 본보기로 인정받았을 것이다(요이 1절).[37]

이와 마찬가지로 누가도 사도행전에서 세 여성의 특별한 역할을 인정한다. 요한 마가의 어머니 마리아는 예루살렘에 있는 자신의 집을 교회의 모임 장소로 제공했다(행 12:1-16). 리디아는 빌립보에 교회를 세우는 데 기여했다(행 16:16-40). (방금 언급된) 브리스길라는 아시아 지역의 선교사들을 가르쳤다(행 18장). 뵈뵈는 로마서의 마지막에 나오는 긴 추천 목록의 맨 처음에 등장하며 개인적으로 로마서를 고린도에서 로마로 전달해 주었다(롬 16:1-12).[38] 뵈뵈와 더불어 이 여성들은 1세기 기독교의 저명한 지도자로 활

---

[35] 행 18:18, 26; 롬 16:3; 딤후 4:19.

[36] 행 12:12; 16:14; 요이 1-5절.

[37] *Ephesian Women*에서 Karaman은 에베소서에 나오는 증거를 기반으로 그리스-로마 세계의 문화적 규범이 그리스도인의 사회적 관습을 형성하는 데, 특히 결혼을 한 뒤 남편과 아내 사이에 생기는 불평등에 결정적인 역할을 했다고 주장한다(특히 4장을 보라). 그리스-로마 세계의 문화적 규범들이 동질적이었는지의 여부와 그 규범들이 Karaman이 암시하는 것만큼 그리스도인의 사회 관습에 영향을 주었는지는 논란의 여지가 있다. 예를 들어 로마에서는 여성의 역할에 대해 의견이 갈리고 논란이 있었다. 타키투스는 게르마니아에 자주 원정을 갈 때마다 로마 군대를 따라나서는 아내들과 첩들을 주제로 벌어진 시끄러운 논쟁을 기록한다. 이에 대해 찬성하거나 반대하는 강한 의견들이 있었지만 아무 결정도 내려지지 못했다(*Ann*. 3.33-34). 타키투스는 또한 게르마니쿠스의 첫째 딸 아그리피나가 가졌던 전례 없는 종류의 리더십에 주목한다. "여성이 로마 깃발들 앞에서 당당히 앉아 있다는 사실은 확실히 혁신이었으며 고대 관습에서는 선례가 없었다"[*Ann*. 12.37 (LCL)]. 따라서 어떤 여성들의 역할은 로마에서 그리고 추정컨대 제국의 다른 곳에서도 논란의 대상이었다. 사도 역할을 한 유니아, 로마서의 전달자 역할을 한 뵈뵈, 아볼로의 개인 교습자였던 브리스길라 등의 몇몇 예에서 보듯이, 신약에서 여성에게 부여된 역할들은 알려진 그리스-로마 세계의 기준에 비추어 볼 때 논란이 되지는 않은 듯하다.

[38] 그레스게(Crescens)의 자매도 폴리카르포스의 편지를 빌립보인들에게 전달하는 비슷한 역할을 한다(Pol. *Phil*. 14).

약했다.

우리는 초기 기독교의 동쪽과 남쪽 선교에서 활약한 여성들의 이름에 주목했다. 그리고 이베리아 지역의 개종에 니노가 맡았던 중요한 역할, 페르시아 지역에서 칸디다의 순교 그리고 순교한 스킬리움 여성들도 주목했다. 이 일곱 여성들의 이름은 같은 선교에 등장하는 남성들의 이름과 수가 같다. 오히려 역사적으로는 여성들의 이름을 훨씬 더 쉽게 입증할 수 있다.[39] 초기 교회에서 그리고 1세기에 예루살렘에서 로마에 이르는 경로의 선교지에서 여성들의 역할이 두드러졌다는 사실은 발생한 문제와 논란에서도 드러난다. 어떤 경우들에는 이들이 남자 지도자들과 연합해 기독교 선교를 거부한다(행 13:50). 다른 경우에는 이들 사이의 불일치가 교회를 혼란에 빠뜨린다(빌 4:2). 그리고 고린도서(고전 11:1-16)와 목회서신(딤전 5:3-16)에서는 이들의 은사와 이들의 필요 때문에 교회가 특별히 신경을 써야 했음을 알 수 있다. 2세기 초기의 기독교 외경 전통에서는 테클라, 막시밀라, 이피다마, 유클레이아라는 여성 영웅들이 등장한다.[40] 여성들의 수와 그들이 교회에서 맡은 다양한 역할들은 고대 세계에서 유대교 회당과 일반적인 그리스-로마 사회와 비교해 볼 때 예외적인 수준이었다.[41]

교회에서 여성의 두드러진 역할은 과부들, 고아들, 가난한 자들의 세 하위 집단이 늘어난 현상과 간접적으로 연관이 있다. 고대 세계의 비유대인

---

39 니노에 대해서는 3장 pp. 128-129를 보라. 칸디다는 3장 p. 130, 스킬리움 여성들은 3장 pp. 138-140를 보라.
40 테클라에 대해서는 바울과 테클라행전, *NTApoc* 2:239-270를 보라. 막시밀라와 이피다마는 안드레행전, *NTApoc* 2:136-151를 보라. 유클레이아는 안드레행전, *NTApoc* 2:139-140를 보라.
41 Meeks, *First Urban Christians*, pp. 70-71를 보라. "바울의 교회에서 여성들은 훨씬 큰 역할을 맡았고, 현대 유대교에서 남성이 맡은 역할과 거의 동등한 역할을 맡았다." 하지만 이 주장은 바울의 교회에만 국한되지 않고 더 많은 교회에서도 마찬가지였다. 초기 기독교에서 여성의 역할에 대한 추가 논의는 Stark, *Rise of Christianity*, pp. 95-128; Stegemann and Stegemann, *Jesus Movement*, pp. 361-407를 보라.

사회에서 널리 행해진 여아 살해로 그리스-로마 사회에서는 남성들의 수가 우세했다. 기독교 교회가 낙태와 영아 유기를 거부하거나 여아들을 노예로 팔지 않았기 때문에 기독교 공동체 안에서는 여성의 비율이 전반적인 그리스-로마 사회보다 높았다. 고대 세계 전역에서 여자아이들은 사춘기 후에 일찍 결혼하는 경향이 있었는데 어떤 경우는 열세 살 정도밖에 안 된 나이에 결혼했고 종종 나이가 훨씬 많은 남성과 결혼했기에 남편이 먼저 죽는 경우가 많았다. 이런 요소들이 결합해 기독교 공동체에 과부들의 수가 불균형적으로 많았다.

이와 비슷하게 초기 교회는 그리스-로마 세계에서 흔히 있었던 현상과는 달리 고아를 노예로 팔지 않았기 때문에 기독교 공동체에는 고아들이 더 많아지는 결과가 나타났다. 노예제도 자체에 관해서, 1세기 기독교는 극단적일 정도로 사회적으로 낮아지는 상황을 실천하는 것을 제자도의 모범으로 자주 옹호했다. 예수님은 자신의 구원 사명을 종의 일로 이해했다. 그래서 자기 목숨을 많은 사람의 대속물로 주는 것으로 표현했다(막 10:45). 종은 복음서에서 긍정적으로 묘사된다.[42] 바울은 자신이 쓴 네 개의 서신에서 사도직을 표현하는 주된 비유로 "종"[헬라어. '둘로스'(*doulos*)]을 사용한다.[43] 그리고 그가 하는 윤리적 책망에는 종을 인도적으로 대우해 주라는 권면과 함께 노예제도 자체의 기반을 근본적으로 약화하는 원리들이 포함되어 있다.[44] 빌레몬에게 보낸 편지에서 바울은 종을 "형제"라고 부른다. 그리고 형제 오네시모는 아마 에베소의 주교가 된 것 같다.[45] 초기 교회가 인간의 존

---

42 마 8:5-13; 눅 16:1-8; 22:26.
43 롬 1:1; 갈 1:10; 빌 1:1; 딛 1:1.
44 행 16:16-18; 롬 1:1; 갈 3:28; 골 3:11; 4:1.
45 빌레몬서의 자매 편지인 골로새서(4:9)에 오네시모라는 이름이 언급되는데, 이그나티오스는 보충 설명 없이 오네시모를 에베소의 주교라고 칭한다(Ign. *Eph*. 1.3; 6.2). 이것은 빌레몬서를 통해 오네시모가 교회에 알려졌음을 암시하는 듯하다. 이에 대한 추가 논의는 Peter Lampe,

엄성에 근거해 보여 준 헌신 때문에 더 많은 사람이 생존을 위해 교회의 구제에 의존했다. 교회가 자비를 베푸는 일차적 목적은 실용적인 것이 아니었다. 예를 들어, 개종자를 만들기 위해 자비를 베푼 것이 아니었다. 아돌프 하르나크는 이렇게 기록한다. "우리가 아는 한, 그리스도인들은 자신들이 제공한 구제 사역을 통해 추종자들을 얻기 원했거나 실제로 얻었던 적이 없다."[46] 초기 기독교 문헌에 지속적으로 등장하는 과부와 고아를 잊지 말고, 가난한 자들을 기억하고, 노예를 인도적으로 대하라는 권면들은 초기 교회에 이 사람들이 도덕적으로 중요했음을 보여 준다.[47]

사실상 지금까지 이 책의 모든 장에서 초기 기독교의 획기적인 이방 선교가 언급되었다. 이 혁명적 특징은 초기 교회가 선교에 대해서 유대교나 로마 종교가 가졌던 인식보다 훨씬 더 독특한 인식을 가졌기에 생겨났다. 유대교에도 선교가 없지는 않았으나 중요하지는 않았다. 예수님은 개종자를 얻기 위해 "바다와 육지를 두루" 다니는 서기관과 바리새인들을 언급한다(마 23:15). 이것이 신약에 나오는 이스라엘에만 한정된 듯한 유대 선교에 대한 유일한 언급이라는 사실은 선교에 대한 중요성이 일반적으로 부재했음을 알려 준다.[48] 선교는 기독교에서 높은 우선순위를 차지했다. 그것은 선교가 **하나님의 아들이 보냄받았다**는 복음의 핵심에 있는 신학적 실체를 반

"Onesimus," *ABD* 5:21-22를 보라.

[46] Harnack, *Mission and Expansion*, p. 386.

[47] 막 12:40-42; 눅 2:37; 7:12; 18:1-8; 행 6:1-7; 딤전 5:1-16; 1 Clem. 8.4; Barn. 20.2; Ign. Smyrn. 6.2; 13.1; Ign. Pol. 4.1; Pol. Phil. 4.3; 6.1; Herm. Vis. 2.4.3; Herm. Mand. 1.10; Herm. Sim. 1.8; 3.7; 26.2; 27.2. Fox, *Pagans and Christians*, pp. 308-311. Fox는 아우구스투스 치하에서 로마의 과부들이 2년 안에 재혼하지 않으면 처벌받았다는 사실에 주목한다. 초기 교회는 강제적인 2차 결혼을 말렸고 과부의 신분을 교회의 원조를 받을 만한 영예로운 지위로 높였다. 고아를 버리지 못하게 하는 교회의 정책도 고아와 도움이 필요한 자들을 영예로운 지위로 높여 교회의 도움을 받게 해 주는 데 일조했다.

[48] Paget은 팔레스타인 외부의 유대인들에게는 일반적으로 선교적 의식이 없었던 것 같다고 주장한다. "Jewish Missionary Efforts."

영했기 때문이다. 특히 네 번째 복음서는 구원의 드라마에서 아들을 보내신 사실을 반복적으로 강조한다. 하나님은 보내시는 하나님이며 따라서 '미시오 데이'가 교회의 본질과 성격을 규정한다. 예수님은 제자들이 그분에 대해 적절히 이해하기 전에 그들을 선교로 보내셨다. 사실, 그들이 예수님을 올바로 이해하는 데 선교가 핵심적 역할을 했다고 주장할 수도 있다. 신약에서 선교는 줄곧 교회가 **행하는** 어떤 것이 아니라 그것이 **정말** 교회이고 교회의 본질이다.[49]

서론에서 우리는 사도 바울과 같은 선교의 투사가 교회사에서 다시 등장하지 않은 점에 주목했다. 그래서 어떤 학자들은 신약 이후의 교회는 더 작은 은둔 공동체들의 집합이 될 것이라고 생각했다.[50] 그러한 판단은 재고되어야 한다. 바울과 같은 선교사가 나타나지 않았다는 사실은 그다지 중요하지 않다. 왜냐하면 비록 바울은 대단한 사람이지만, 교회의 선교적 본질은 바울 덕분에 생긴 것도 아니고 바울에 한정된 것도 아니기 때문이다. 우리가 알고 있는 1세기 교회의 모든 지도자가 선교에 관여했다. 이들 중에는 물론 바울이 있었고 구브로와 구레네와 안디옥에서 선교한 이름이 알려지지 않은 초기의 선교사들도 있었다. 이들에 이어서 바나바, 디모데, 디도, 소스데네, 베드로, 아볼로, 브리스길라와 아굴라도 다른 지역에서 선교를 했다. 바울이 데살로니가인들(살전 1:9-10)과 고린도인들(고전 12:2)이 우상

---

49 교회의 선교적 본질과 사명에 대해서는 Guder의 *Be My Witnesses*와 *Incarnation and Incarnation and the Church's Witness*를 보라.

50 예를 들어 MacMullen, *Christianizing the Roman Empire*, p. 111는 이렇게 말한다. "신약시대 이후와 콘스탄티누스 시대 이전에는 기독교를 공개적으로 선전한 증거가 아주 적다. 켈수스는 몇몇 공개적인 축귀와 치유의 사건들을 언급하지만, 대중 설교에 따르는 위험 또한 독자들에게 상기시킨다. 다른 자료들에 근거해 가능성을 따져 보면 개인 집이 개종이 일어나는 주된 장소였다. 거기에서도 아주 역동적이거나 공식적인 선교가 있었다는 증거를 찾기는 어렵다. 선교사들은 아예 언급이 되지 않는다." Harnack는 *Mission and Expansion*, p. 86에서 교리문답이 우세해지면서 200년도쯤에는 "선교 설교"가 교회에서 아주 사라졌다고 말한다.

숭배에서 돌이킨 사건을 언급했을 때에도 오로지 자신의 사역만 가리킨 것이 아니다. 더 폭넓은 선교 네트워크가 있다는 암시이기도 하다. 갈라디아서의 "교란하게 하는 자들"도 선교사들이었으며(갈 1:6-9), 고린도의 "분열주의자들"도 마찬가지다(고전 1:10-17). 1세기 말에 기록된 디다케도 세 장을 할애해 주님의 이름으로 이동하며 교회를 강화하고 확장하는 순회 선교 사도들과 예언자들을 언급한다.[51] 1세기가 끝날 때 사도 요한과 관련된 공동체는 새로운 기독교 공동체들을 세웠고 로마에 점령된 아시아 지역에 원래 있었던 공동체들을 강화했다. 이그나티오스 주교도 몇 년 후에 같은 일을 했다. 기독교를 남쪽의 북아프리카로 그리고 동쪽의 메소포타미아, 페르시아, 인도 그리고 결국 중국으로 전파한 선교사들의 이름을 우리는 모른다. 하지만 그렇다고 해서 이러한 확장이 선교로 이루어졌다는 사실이 변하는 것은 아니다. 교회는 케리그마가 낳은 아이다. 케리그마는 자연의 힘이 아니라 선포되어야 하는 이야기이자 역사다. 그리고 이를 위해서는 신자들을 보내 복음을 만나게 하고, 선포하며, 가르치고, 교리문답을 하며, 본을 보여야 한다(롬 10:14-17). "초기 교회의 선교는 예수님이 메시아로 보냄을 받았다는 사실에 근거한다"라고 마르틴 헹엘은 말한다." "예수님은 순회 설교 사역과 더불어 제자들을 부르고 보내셨다. 또한 비유대인들을 포함해 모든 잃어버린 자들과 멸시받는 자들을 받으셨다. 예수님의 이 사역이 최종적인 출발점이 되어 이후에 교회의 선교가 이루어졌다."[52]

기독교 공동체를 조심스럽고 눈에 띄지 않는 공동체로 묘사한 것에 대해서 나는 문제 제기를 해 왔다. 이런 식의 묘사는 주류 교회들보다 이단 분파들에 더 잘 맞는다. 영지주의와 마르키온주의 그리스도인들은 자신들

---

51 Did. 11-13.
52 Hengel, *Studien zum Urchristentum*, pp. 134-135.

이 이해한 복음을 그리스도인들이 이미 전도한 "평화로운" 지역들에서 전파했다. 그들은 로마, 알렉산드리아, 에베소와 안디옥과 같은 대도시의 엘리트 집단 가운데서 가장 강력한 존재감과 영향력을 드러냈다. 그들의 가르침은 당시 우세했던 사상의 흐름, 특히 플라톤주의, 신플라톤주의와 극단적 금욕주의의 변종들에 복음을 끼워 맞추는 경향을 보였다.[53] 우리가 아는 한 기독교 이단을 주창하는 이들 중에 순교를 당한 사람은 없다. 반면에 신약과 속사도 교부들의 교회는 이단과는 다르게 로마 세계의 최전선에 있었다. 그들은 박해와 순교를 받을 수 있었을 뿐 아니라 실제로 받기도 했다.

온전한

초기 기독교 문헌에 나오는 교회의 마지막 특징은 '텔레이오스'(teleios)라는 헬라어 단어에 담겨 있는데, 건전하거나 성숙하거나 완전한 것을 의미한다. 텔레이오스는 내재된 목적에 따라 빚어지고 인도된다는 뜻을 포함하며, 이 단어에서 영어 단어 "목적론"(teleology)이 파생되었다. 초기 교회의 이 세 번째이자 마지막 특징을 묘사할 때 나는 텔레이오스의 뜻을 요약하는 말로 "온전함"(wholeness)이란 단어를 사용하고자 한다. 사도 바울은 하나님의 뜻을 가리켜 이스라엘에게 부분적으로 불완전하게 계시되었다가 이제 예수 그리스도의 복음에서 온전히 최종적으로 계시된 신비라고 말한다.[54] 여기에

---

[53] 플라톤주의와 신플라톤주의는 고대 세계에서 폭넓은 영향을 끼쳤다. 이 사상들은 생각과 이상에 불변하고 영원한 최고의 지위를 부여했으며 물질세계는 부패하고 일시적인 것으로 이해했다. 플라톤주의적이고 신플라톤주의적으로 이해된 기독교는 통상적으로 성육신 교리를 평가절하하거나 부인했다. 반면에 극단적 형태의 금욕주의를 강조한 자들(Encratites)은 포도주와 고기 그리고 가끔 결혼까지 금했다. 이러한 이단적 분파들에 대한 대응은 일찍이 요한1서와 속사도 교부들의 문헌에도 등장하며 2세기 후반의 변증가들의 자료에서는 더 흔히 발견된다.

[54] 예, 고전 2장; 13:10; 엡 3장.

서 그가 의미한 바가 바로 하나님의 계획의 온전성이다. 교회가 그 온전한 하나님의 계획의 첫 열매이자 증거자다. 초기 그리스도인들은 구원 역사의 끝과 목적이 복음으로 성취되었으며 자신들이 바로 그 복음의 보호자라고 믿었다(고전 10:11).

초기 교회가 가진 세 가지 확신들이 온전함에 대해 그들이 이해한 방식을 표현한다. 두 가지는 몸과 가족이라는 구체적인 이미지로 표현될 수 있으며, 세 번째는 "보편성"(catholicity)이라는 개념이다. 첫 번째는 신자들이 그리스도와 연합되어 "그리스도의 신부",[55] "그리스도의 집"(히 3:6), "그리스도와 함께 참여한 자"(히 3:14), 혹은 가장 흔하게 "그리스도의 몸"[56]이 된다는 확신이다. 이 이미지들은 단순 직유법이 아니다. 교회는 단순히 신부나 집이나 몸과 **비슷한** 개념이 아니다. 진정한 의미에서 교회는 **정말로** 신부, 집, 동반자 그리고 그리스도의 몸이다. "몸"에 대한 헬라어 단어는 물리성과 물질성을 의미하는 '사륵스'[sarx(육신)]가 아니라 비물질적인 영에 의해 생기를 얻는 물질적인 형태의 몸을 뜻하는 소마[sōma(몸)]다. "그리스도의 몸"은 초기 기독교에서 줄곧 확장되던 교회를 나타내는 핵심적인 비유다. 사도 바울은 로마서와 고린도전서에서 이 이미지를 사용해 다양한 부분들이 함께 작용해 하나를 이루는 전체를 표현했다.[57] 교회는 획일적 공동체가 아니라 서로 다른 사람들과 문화들 그리고 많은 은사와 여러 형태의 부르심과 섬김으로 이루어진다. 이 차이점들은 마치 여러 다른 악기들이 함께 불협화음이 아니라 교향곡을 만들어 내는 것처럼 파편화가 아닌 통일성을 낳았다. 바울은 "몸은 하나인데 많은 지체가 있고, 몸의 지체가 많으나 한 몸임"이라고 말한다(고전 12:12). 그리고 이 지체들의 생명력(entelechy)—이 영어 단어 역시 텔

---

55 고후 11:2; 엡 5:29-32; 계 19:7; 21:2, 9을 보라.
56 롬 7:4; 고전 10:16; 11:3; 12:27; 엡 4:12; 골 2:17.
57 롬 12:4-8; 고전 12장.

레이오스의 파생어로서 "어떤 것이 존재하는 목적"을 의미한다―도 개별성이 아니라 이들이 속한 더 큰 몸과의 합일성에 있다.

그리스도의 몸이라는 용어는 복음서에는 나오지 않는다. 하지만 요한복음 17장에서 대제사장적 기도를 드릴 때 예수님은 신자와 그리스도와의 연합을 아들과 아버지의 연합과 관련 있는 것으로 말씀하신다. 이와 비슷하게 클레멘스도 그리스도인들에게 사회적 차이점을 상호성의 관점으로 생각하라고 독려한다. "강자들은 약자들을 방치하면 안 되고, 약자들은 강자들을 존중해야 한다. 부자에게 가난한 자들을 돕게 하라. 가난한 자들은 그들의 필요를 채워 주는 자들에 대해 하나님께 감사하라."[58] 이그나티오스도 몸의 비유를 사용하는데, 그는 교회를 복음의 보물들에 대한 보호자이며 보증으로 여겼기 때문이다. 이 보물들은 "주님과 사도들의 계명들", 믿음의 미덕들 그리고 하나님의 삼위일체성을 포함한다. 그러한 교회는 세상과의 물리적 교감뿐 아니라 하나님과의 영적 교감도 누린다.[59] 2세기에서 좀 더 시간이 지나서 클레멘스2서는 교회를 그리스도의 "몸"과 "신부"로 칭한다. "살아 있는 교회는 그리스도의 몸"이며 예수님 자신과 같이 본질적으로 "영적"이다. 왜냐하면 영원 전부터 존재했다가 우리의 구원을 위해 마지막 때에 드러났기 때문이다.[60]

교회의 온전함에 대한 두 번째 이미지는 가족이다. 가족은 소속감과 정체성을 주는 요소이며, 특히 바울의 편지는 이 특징들을 풍부하게 표현한다. 신자들은 "거룩한 자들"[61]이며 "택정되고"[62] "부름받고"[63] "사랑받고"[64] "아

---

58 1 Clem. 38.2
59 Ign. *Magn.* 13.
60 2 Clem. 14.2.
61 롬 1:7; 1 고전 1:2; 고후 1:1; 엡 1:1; 빌 1:1; 골 1:2.
62 롬 8:33; 엡 1:4; 골 3:12; 살전 1:4.
63 고전 1:9; 7:15, 17-24; 갈 1:6, 15; 5:8; 살전 2:12.

신 바 된"⁶⁵ 자들이다. 가족에 대한 비유는 특히 기독교 공동체의 결속력을 나타낸다. 신자들은 기독교 공동체에서 종종 형제와 자매들로 불리며, 다른 어떤 초기 저자들보다 바울이 더 많이 그렇게 부른다. 이들은 또한 자녀들로 불리는데 하나님의 자녀들이며 또한 바울의 자녀들로도 불린다.⁶⁶ 하나님은 전형적으로 신자들의 아버지라 불린다. 강렬한 감정으로 바울은 이 비유를 자신에게 적용해 고린도 교인들에게 이렇게 말한다. "그리스도 안에서 일만 스승이 있으되 아버지는 많지 아니하니 그리스도 예수 안에서 내가 복음으로써 너희를 낳았음이라"(고전 4:15). 바울은 빌레몬에게 도망친 종 오네시모를 받으라고 호소하며, 오네시모를 "[감옥에] 갇힌 중에서 낳은 아들"로 칭한다(몬 10절). 데살로니가인들에게 바울은 자신이 "유순한 자가 되어 유모가 자기 자녀를 기름과 같이 하였[다]"라고 묘사한다(살전 2:7). 그는 자신과 떨어져 있는 회중을 "고아가 된 것"같이 말한다(살전 2:17). 가족이라는 강력하고 친밀한 결속은 '필라델피아'(*philadelphia*)의 모델이 되어, 가족적인 사랑이 더 큰 사회적 세계로 뻗어 나간다.⁶⁷

세 번째로 그리고 마지막으로, 교회의 보편적인 범위가 "보편성"으로 표현된다. 교회는 여러 민족, 인종, 국적, 성별과 계층으로 구성된다. 교회의 전체성을 나타내는 헬라어 단어는 '카톨리코스'(*katholikos*)로서 "일반적", 혹은 "보편적"이라는 의미다. 2세기 교부 폴리카르포스는 특히 "세상 전체에 퍼진 보편 교회"가 하나로 연합되어 있음을 즐거이 인정했다.⁶⁸ 요한계시록은 카톨리코스라는 단어를 사용하지는 않지만, 기독교 회중이 "각 족속과 방언

---

64 롬 1:7; 골 3:12; 살전 1:4; 살후 2:13.
65 고전 8:3; 갈 4:9.
66 고전 4:14, 17; 고후 6:13; 12:14; 갈 4:19; 빌 2:22; 몬 10절.
67 롬 12:10; 살전 4:9; 히 13:1; 벧전 1:22; 벧후 1:7. 바울이 가족에 대한 용어를 사용한 것에 관해서는 Meeks의 *First Urban Christians*, pp. 85-94를 보라.
68 Mart. Pol 인사, 8.1; 16.2; 19.2.

과 백성"으로 구성되고 "그 수가 만만이요 천천"이나 되어 어린양이신 하나님의 그리스도께 새 노래를 부르는 공동체라고 반복적으로 강조한다.[69] 이그나티오스는 교회의 이러한 총괄적인 본질을 "보편적"이라고 명명한 첫 번째 사람이다. "예수 그리스도가 계신 어느 곳에든 보편적 교회가 있다"라고 그는 선언한다.[70] 보편성은 조화와 모든 일에 대한 동의를 의미하지는 않았다. 신약성경에는 균열이 발생한 경우들이 기록되어 있다. 예를 들어, 바울과 바나바(행 15:36-41)와 바울과 베드로(갈 2:11-14) 그리고 더 넓은 교회의 범위에서 볼 때 예루살렘 공회(행 15:1-35)가 그런 경우다. 그런 균열들은 그 자체로는 교회의 본질적인 연합을 위태롭게 하지 않는다. 의견의 불일치와 불운이 건강한 결혼을 위태롭게 하지 않는 것과 마찬가지다. 교회의 보편성은 교회의 교리나 신념이 되기 이전에 신자들의 **경험**이었다는 점에 하르나크는 주목한다.[71] 개별 기독교 공동체들의 독특성은 신약의 서신서, 요한계시록 그리고 속사도 교부의 문헌에서도 입증되는데, 이들 모두 규칙적으로 교회를 복수로 표현한다. 그럼에도 어떤 한 교회의 개별성은 더 큰 전체의 **단일한** 교회에 대한 소속감과 정체성으로 대체된다. 케린투스, 케르도, 발렌티누스, 바실리데스, 마르키온과 같은 2세기의 이단 주창자들은 바로 이 보편성을 부인하고 특정 교회 공동체를 하나의 **보편적** 공동체보다 격상했다. 이와 대조적으로 신약성경과 속사도 교부들은 분리된 교회들과 다른 참된 교회의 특징

---

69 계 5:8-13; 7:9-17; 10:11; 11:9; 13:7; 14:6; 15:3-4.
70 Ign. *Smyrn*. 8.2.
71 Harnack, *Mission and Expansion*, pp. 483-484를 보라. "[보편적] 합체는 기록된 헌법을 가지고 있지 않았다. 공통된 법령은 한 글자도 없었다. 그럼에도 이것은 사실이었다. 교회의 공통분모는 사도신경, 사도적 정경 그리고 사도로부터 계승된 주교직…으로 구성되었다. 외부적으로 이러한 단일성은 교회 간의 교제와 여행자들과 방랑자들에 대한 형제애의 환대로 표현되었다.…교회 간의 교제 덕분에 그리스도인은 모든 곳에 집이 있었고 또 집에 있는 것처럼 느낄 수 있었다. 어디를 가든 보호받았고 관리받았다. 교회가 신자들 가운데 이를테면 새로운 프랜차이즈를 소개하는 것이다."

이 **보편성**이라고 강력히 주장한다. "성도들은 우리 주 예수 그리스도의 이름을 부르는 모든 사람과 함께 모든 곳에 있다"(고전 1:2).[72] 5세기에 레랭의 빈첸시오(Vicent of Lérins)는 교회의 보편성, 고대성 그리고 동의된 단일성을 놀랍도록 단순하게 요약한다. 바로 "우비쿼 셈페르 아브 옴니부스"[Ubique, semper, ab omnibus(모든 곳에서, 항상 그리고 모두가)] 믿어 온 것이다.[73]

세 번째 인종

하르나크는 이번 장의 주제인 교회에 대한 통찰력 있는 묘사를 제시한다.

> 모든 [교회] 공동체는 바로 있는 그대로 단위를 이루는데, 그 자체로 온전한 단위다. 하지만 공동체는 또한 집합적인 하나님의 교회에서 재생산되었기 때문에 그렇게 인식해야 하고 또 그렇게 나타나야 한다. 정치적이거나 국가적인 어떤 기반은 없지만, 사생활 전체를 품는 그러한 종교적이고 사회적인 기관은 그리스와 로마 세계의 방식을 따르는 삶의 토양에서는 들어본 적이 없는 새로운 집단이었다. 그리스와 로마의 방식이 적용되는 세상에서 종교적이고 사회적인 기관들은 보통 상당히 미숙한 형태로만 존재했고 삶 전체에 대한 종교적인 통제도 부족했다.…이런 종류의 종교가 생겨났을 때 개인에게 얼마나 안정감을 주었겠는가! 이런 종교의 목적을 이해했을 때 얼마나 매력적으로 느꼈겠는가? 가장 효과적인 선교사는 다른 어떤 전도자도 아닌 바로 이 점이었음이 입증되었다. 사실, 개별 기독교 공동체들의 존재와 지속적인 활동이 다른 무엇보다 기독교 종교의 확장에 더 큰 기여를 했음을 당연하게 여겨도 될 것 같다.[74]

---

72 교회를 "전 세계적인 사람들"로 보는 견해는 Meeks, *First Urban Christians*, pp. 107-110를 보라.
73 Pelikan, *Christian Tradition*, 1:332-339를 보라.

하르나크는 교회가 "사생활 전체를 품는…그리스와 로마 세계의 방식을 따르는 삶의 토양에서는 들어본 적이 없는 새로운 집단"이라고 묘사한다. 실로 이것은 유대인의 삶과 비교해도 마찬가지로 새로운 존재였다. 지난 두 장에서 우리는 기독교를 예수 그리스도의 특수성과 교회의 특이성으로 묘사했다. 교회의 기독론적 특수성과 공동체적 특이성의 결과로 개인적이고 집단적인 삶에 대해서 1세기 세상의 두 가지 주요 대안들, 즉 유대교와 그리스-로마 문화와는 달리 이해하게 되었다.

물론 새로운 신앙은 유대교와 로마라는 두 바람을 맞아 흔들렸지만, 나침반에서 이 둘과는 다른 지점으로 항해를 떠났다. 1세기 말에 가까워지면 이 새로운 신앙의 특징을 설명하는 데 "인종" 혹은 "민족"을 뜻하는 '게노스'(*genos*)라는 새로운 헬라어 단어가 사용되었다. 디오그네투스서신은 예수 추종자들을 "이 새로운 인종"이라고 묘사한다.[75] 폴리카르포스는 그들을 "그리스도인 인종"이라고 묘사한다.[76] 그리고 그 후부터 테르툴리아누스는 그리스도인들을 "세 번째 인종"으로 차별화한다.[77] 프렌드(W. H. C. Frend)는 "기독교는 자신이 유대교와 이교도 양쪽과는 모두 다른 '세 번째 인종'이라고 주장하는 데 성공했다"라고 기록한다.[78] 세 번째 인종으로서 기독교는 다신론

---

74 Harnack, *Mission and Expansion*, pp. 432, 434.
75 Diogn. 1.1.
76 Mart. Pol. 3.2. 비슷하게 Mart. Pol. 12.2에서 폴리카르포스의 박해자들은 그가 "그리스도인들의 아버지"라고 조롱한다.
77 *Nat.* 1.8. 아리스티데스는 그리스도인들을 야만인, 헬라인, 유대인과 차별화해, "그들 가운데 신적인 무언가를 가지고 있는 새로운 사람들"로 묘사한다(*Apol.* 15; *ANF* 10:278). 알렉산드리아의 클레멘스는 그리스도인들을 헬라인 및 유대인과 구분해 "새로운 방식으로, 세 번째 형태로" 하나님을 예배한다고 묘사한다(*Strom.* 6.5.39). 에우세비오스도 비슷하게 그리스도인들을 가리켜 "새로운 인종이라고 고백하는" 자들이라고 말한다(*Hist. eccl.* 1.4.1). 세 번째 인종에 대한 가장 흉내 낼 수 없는 묘사들은 (비록 세 번째 인종이라는 정확한 용어를 사용하지는 않지만) Diogn. 5와 아리스티데스의 *Apol.* 16에 등장한다(pp. 254-255의 결론을 보라).
78 Frend, *Rise of Christianity*, p. 257. Barclay, *Pauline Churches*, pp. 24-25에서 2세기쯤에 "그리스도인들"은 독특한 범주로 여겨진 것에 반해, 이들보다 앞서서 특히 유대인들은 "유대적"이고 "기

적인 그리스-로마 세계의 종교 목록에 추가될 수 있는 또 하나의 종교가 아니었다. 기독교는 이 목록 전체를 대체할 수 있는 일종의 안정감을 가져왔다. 세 번째 인종으로서 기독교는 확장된 유대교의 또 다른 분파가 아니었다. 자신을 이스라엘에 대한 하나님의 약속이 성취되는 것으로 보는 새로운 공동체였다. 유대교와 다르게, 기독교라는 세 번째 인종은 민족적으로 고립되지 않았다. 그러나 고대 세계에서 우세했던 종교적인 흐름으로부터는 의식적으로 독립했다. 그리고 그리스-로마의 종교들과는 다르게, 기독교는 신학적으로 다원주의적이거나 무한하게 흡수적이지 않았다. 기독교의 사회적 독특성은 가족, 지역 공동체, 폴리스, 제국을 포함해 삶의 모든 수준으로 확장되었고 또한 이스라엘 역사와도 그 관계가 확장되었다. 물론 그 독특성 때문에 기독교는 쉽게 의심과 적대의 대상이 되었다. 위험에 노출된 공동체였기에 기독교는 통치자들과 지도자들의 손에서 보호해 주시도록 기도했다.[79] 예수 그리스도의 특수성과 세 번째 인종으로서 교회의 특이성이 그리스도의 몸이라는 초기 그리스도인들의 신학적 정체성을 삶으로 구현해 낼 가능한 방법을 제공했다.[80]

독교적"인 모임들에 참여할 때도 "유대인들"이라는 호칭 말고 다르게 불리지 않았다는 점을 주목한다.
79 1 Clem. 59.3-61.3.
80 세 번째 인종에 대해 더 알려면 Harnack, *Mission and Expansion*, pp. 240-278; Fox, *Pagans and Christians*, pp. 325-337; Koch, *Geschichte des Urchristentums*, pp. 450-452; 그리고 가장 최근의 Sittser, *Resilient Faith*, pp. 1-4, 101-102, 173-178를 보라.『회복력 있는 신앙』(성서유니온).

9

유대 정신에서 기독교 정신으로

5장에서 8장까지 우리는 유대인 중심이었던 예수 운동을 이방인 중심의 예수 운동으로 변화시킨 요소들을 차례로 짚어 보았다. 많고 다양한 요소들이 있었다. 예수 추종자들을 회당에서 나오게 하는 데 기여한 역사적 사건들이 있었고, 예수님이 메시아이고 하나님의 아들이라는 근원적 확신도 기여했다. 교회에서 타협 없이 이방인들을 포함한 초기 기독교의 선교 의식도 중요한 요소였다. 교회의 신학과 교회론은 비록 분명 유대교에서 비롯되긴 했지만 교회를 유대교로부터 다양한 방식으로 갈라져 나오게 했다는 점도 중요하게 작용했다. 이제 나는 케리그마를 고수하면서 교회에 소속된 예수 추종자들 자체에 초점을 두려 한다. 복음 전도자들과 기독교 작가들 그리고 신앙의 스승들은 예수 추종자들에게 무엇을 기대했는가? 이들은 예수 추종자들이 주위의 유대인들이나 로마인들과는 다르게 무엇이 되기를 원했는가? 히브리서 6:1은 유대인들과 그리스도인들에게 공통된 초보적인 교리들을 버리고 "완전한 데"[헬라어. '텔레이오테스'(*teleiotēs*)]로 나아가라고 신자들을 권면하는데, 이것은 어떤 종류의 완전함인가? 케리그마가 신자들에게 살게 하는 삶, 그리고 교회가 신자들을 양육하는 환경이 되는 삶은 어떤 모습과 성격을 가졌는가?

공적으로 확인 가능한 몇몇의 관습들은 기독교가 생겨난 유대 세계의 특징이기도 했다. 이 관습들을 고수할 때 순종적 유대인이 되는 셈이었다. 이 관습들을 살펴보면 이후 그리스도인의 삶의 특징을 이루는 관습과 목적을 생각해 볼 준비가 된 것이다. 유대교의 네 가지 주요 특징들을 중요성이 가장 낮은 것부터 가장 높은 것으로 들자면, 금식, 정결법, 할례 그리고 안식일 준수였다. 여기서 처음 세 가지를 다루고 안식일은 12장에서 다룰 것이다.

금식

유대교의 경건은 일반적으로 기도, 구제, 금식으로 표현된다. 그리스도인들은 유대인들과 기도와 구제를 공유했지만, 금식에 대해서는 더 소극적이었다. 유대교는 속죄일['욤 키푸르'(Yom Kippur)][1]에만 금식을 명했으나, 유대인들은 때때로 비극과 위기의 때 그리고 다른 개인적인 이유가 있을 때에도 금식했다. 1세기의 바리새인들은 보통 월요일과 목요일에 금식했다.[2] 복음서는 예수님이 가끔씩(예, 마 4:2) 금식했으며 정기적으로 하지는 않았다고 기록한다. 이것이 바리새인들을 언짢게 했다. 예수님이 이들에게 금식에 대해 경고할 때 암묵적으로 메시아적 근거를 제시한 것도 문제였다. "신랑과 함께 있을 동안에는 [그의 아들들은] 금식할 수 없느니라"(막 2:18-20). 예수 추종자들도 금식에 대해 예수님과 같은 관점을 공유했다. 금식에 대한 언급은 사도행전 14장 이후에 고린도후서의 두 군데를 제외하고 사라진다.

---

1 레 16:29-30; *m*. Yoma 8:1-2.
2 Did. 8; *b*. Ta'an. 12a.

속사도 교부들의 문헌 가운데 세 개의 본문들만 금식을 언급한다. 디다케는 그리스도인들을 핍박하는 자들을 위해 금식하기를 권하며[3] 또한 세례식 하루나 이틀 전에 금식하기를 추천한다.[4] 하지만 그리스도인들을 유대인들로부터 구별하는 것 이외에 금식에 더 큰 의미를 부여하지는 않는다.[5] 헤르마스의 목자는 금식을 "가치 없다"라고 말하며 더욱 완전히 무시한다. 금식의 주요 가치는 비유로서의 역할이다. 헤르마스에 따르면 참된 "금식"은 악을 행하지 않고 순결한 마음을 지키고 하나님을 기쁘시게 하는 도덕적으로 의로운 행위를 의미한다. 여기에는 억압된 자들을 위한 정의와 굶주리고 헐벗고 궁핍한 자들에 대한 자비의 행위가 포함된다.[6] 바나바서는 악에 대항한 싸움에서 금식이 무가치하다고 여기며, 모세의 금식조차도 이스라엘이 광야에서 배교를 저지르는 상황을 막지 못했음을 두 차례에 걸쳐 주목한다.[7] 바나바에 따르면 참된 "금식"은 "영혼의 낮아짐"[8]이다. 구약의 금식이 요구하고 또 이룬 것은 예수 그리스도가 십자가상에서 당하신 고난으로 성취되었기 때문이다.[9] 사실 그리스도가 십자가에서 하신 자기희생은 자기 백성의 죄를 위한 단번의 효과적인 제사였다. 물론 금식의 역할은 고대 후기와 그 이후의 영적 전통, 특히 정통 교회와 가톨릭주의에서 다시 살아난다. 하지만 사도 이후의 시대가 막을 내릴 때쯤에는 금식이 이미 기독교에서 경시되었다. 기독교가 유대교와 관련성을 끊으며 그렇게 되었다.[10]

---

3   Did. 1.3.
4   Did. 7.4.
5   Did. 8.1: "위선자들과 같은 시간에 금식하지 말라. 그들은 월요일과 목요일에 금식하니 너희는 수요일과 금요일에 금식해야 한다"(Homes의 번역).
6   Herm. Sim. 5.1. 헤르마스에 따르면 금식이 지닌 또 다른 유일한 가치는 하나님의 계시를 이해하는 데 도움을 준다는 것이다(Herm. Vis. 2.2.1; 3.1.2; 3.10.6).
7   Barn. 4.7; 14.2.
8   Barn. 3.1.
9   Barn. 7.3-5.
10 구약과 유대 전통의 금식에 대해서는, Str-B 4/1:77-114를 보라. 유대와 이방 관습에 비교해서

정결

정결 규율은, 특히 정결한 것을 구분하는 일은 유대교에서 큰 역할을 차지했다. 제사 제물은 모든 고대 종교에 있는 요소였고, 제사 제물과 제사드리는 자 모두에게 의식의 정결이 요구되었다. 유대 정결법은 비교할 수 없을 정도로 복잡해서 폴라 프레드릭슨(Paula Fredriksen)의 말에 따르면, "거룩한 것과 속된 것, 즉 타호르[히. '정결한'(tahor)]와 타메[히. '불결한'(tameh)] 사이를 구별하는 우거진 숲과 같은 규율들"이 존재한다.[11] 200쪽에 달하는 유대 미쉬나의 마지막 여섯 번째 부분은 오로지 정결법만을 다루는데 정결한 그릇, 음식 제사, 동물 제사, 곡물 제사 그리고 헌주에 관한 규율들을 포함한다. 이 법을 지키는 유대인들에게 "정결"과 "불결"은 위생적 정결이 아닌 **의식적** 정결을 가리켰다. 그래서 의식을 위해 죽임당한 동물의 피가 튄 예배자는 정결하게 여겨졌던 반면(출 24:8), 목욕을 마친 사람이 장막 안에서 시체를 보면 불결해졌다(민 19:14). 어떤 동물들을 먹고 만지면 불결해졌다.[12] 생식기 부분에서 나온 체액도 그 사람을 불결하게 만들었다. 남성의 경우 정액이 나올 때, 여성의 경우 생리, 출산, 유산 그리고 낙태를 할 때 불결해졌다.[13] 다양한 피부병, 특히 나병에 걸릴 경우 불결해졌다. 시체와 무덤에 가까이 가는 것도 마찬가지였다.[14] 의식적 정결을 위해서는 기도하기 전에 손을 씻어야 했고, 매주 회당 예배에 참석하기 전에 몸 전체가 잠기는 목욕탕인 미크바옷(miqva'ot)에서 몸을 씻어야 했다.[15] 식기구로 만든 재료도 청결함

본 초기 교회의 금식에 대해서는 Fox, *Pagans and Christians*, pp. 395-396를 보라.
11 Fredriksen, "Purity Laws?," p. 22.
12 레 7:19-27.
13 레 12:1-8; 15:1-30. *m. Tehar*는 의식적 정결과 불결에 대해 포괄적으로 다룬다.
14 레 13-14; 21:1-3.
15 *m. Miqv*는 필요한 것들에 대한 포괄적인 논의를 제시하는데, 특히 몸을 잠그는 용도로는 고여

과 불결함에 영향을 주었다. 자연적인 돌을 깎아 만든 그릇은 정결하게 여겨졌지만, 작은 구멍이 많은 도자기로 만든 그릇은 불결한 것들을 옮겨 불결해졌다. 마가복음의 이방인 독자들을 위해 마가복음 7:3-4에서는 의식적 정결의 범위와 복잡성을 알려 주는 설명을 삽입한다.

의식적 불결은 불결한 물체나 행동뿐 아니라 불결한 사람들도 포함했다. 정결법을 제대로 지키려면 토라에 대한 지식이 필요했다. 반대로 토라에 무지한 자들은 불결했다.[16] 음식법을 지키지 않고 우상을 숭배하는 이방인들은 당연히 불결했다. 하지만 유대인들도 불결할 수 있었다. 유대 인구에서 큰 비중을 차지한, '암 하아레츠'(am ha-aretz, 땅의 사람들)는 의식적으로 불결하게 여겨졌다.[17] 정결 규율은 **성전** 정결에 한정되지 않았고 유대인의 삶 전체에 적용되었다. 에세네파나 디아스포라 유대인들과 같이 성전과는 거리가 먼 사람들도 적용 대상에 포함되었다. 의식적 정결은 거의 거룩에 가까웠다.[18]

예수님은 많은 정결 규정을 따르셨다. 그분은 바리새인과 식사할 때 의식적 정결을 어겼다는 비난을 받지 않으셨다(눅 14:1). 유월절(막 11장), 초막절(요 7:10)과 명시되지 않은 절기(요 5:1)에 참여하기 위해 정기적으로 예루살렘에 가셨다. 유월절에 성전에 들어가려면 특별한 정결 과정을 거쳐야 했는데, 이를 위해선 미크바옷에 몸을 담가야 했다. 복음서에는 이런 규율들을 어겼다는 이유로 예수님이나 그분의 제자들이 비난을 받은 적이 없다.

하지만 예수님은 사람들에 대한 정결 규정은 지키지 않으셨다. 그분은

있는 물이 아닌 살아 있는(흐르는) 물이 필요함을 설명한다.
16 *m. Avot* 2:6: "무지한 사람은 성자가 될 수 없다"(랍비 힐렐).
17 "암 하아레츠(*am ha-aretz*, 땅의 사람들)는 율법을 모르고 정결과 불결에 관한 규율을 지키지 않으며, 수확에서 십일조를 양심적으로 떼어 놓지 않았던 유대인들에게 주어진 이름이다." Danby, *Mishnah*, p. 794.
18 Moore, *Judaism in the First Centuries*, 2:76; Sanders, *Judaism*, pp. 213-240; Poirier, "Purity beyond the Temple"을 보라.

불결한 죄인들과 세리들과 식사하셨다(눅 15:1-2). 의식적으로 더럽혀진 몸을 만지기도 하셨다. (부인과적으로) 피가 멈추지 않는 여인(막 5:25-34), 나병 환자(막 1:41) 그리고 시체(눅 7:14)를 만진 것이다. 초대교회는 예수님이 음식법을 폐지했다고 이해했다(막 7:19). 특히 의미심장한 점은 예수님이 부르신 열두 제자가 모두 암 하아레츠, 즉 의식적 정결의 기준에 미치지 못하는 유대인 계층이었다는 사실이다. 물론 어떤 암 하아레츠는 의식적 정결의 많은 요구 사항을 지켰다. 예를 들어, 베드로는 음식법을 준수했다(행 10:14). 그럼에도 초기 교회는 의식적 정결을 대대적으로 무시했다. 사실 예수 추종자들이 의식적 정결을 지키려 했던 두 번의 시도는 복음에 **어긋난** 것으로 판단하기도 했다.[19]

정결의 주제와 용어들은 신약[20]과 속사도 교부들의 문헌[21]에서 급격하게 감소했다. 우상에 바쳐진 고기에 관한 음식 규정만 다시 한번 초기 기독교에서 대두된다.[22] 디다케는 신자가 우상에 바쳐진 고기를 먹는 것을 엄격하게 금하는데 "그것이 죽은 신들에게 예배드리는 것과 연관이 있기 때문이다."[23] 반면 바울은 유대인이든 이방인이든 그런 음식을 먹는 것이 동료 신

---

19 행 10:14-15; 갈 2:11-14.
20 "의식적 불결"을 가리키는 단어[히브리어. '타메'(tame); 헬라어. '아카타르토스'(akathartos)]는 구약에서 300회 나오지만, 신약에서는 거의 나오지 않는데, 나올 때도 의식적 정결보다는 "불결한 영"을 가리킨다. "불결함"[헬라어. '아카타르시아'(akatharsia)]은 바울서신에서 도덕적 불결함을 가리키는 의미로 9회 나온다. "씻기지 않은"[헬라어. '아니프토스'(aniptos)]은 마 15:20과 막 7:2에만 나온다. "속된"[헬라어. '코이노스'(koinos)]은 막 7:2, 5; 행 2:44; 4:32; 10:14, 28; 11:8; 롬 14:14; "오염된"[헬라어. '미아이노'(miainō)]은 4회만 나오며, 요 18:28을 제외하고는 오로지 제사적 불결보다는 도덕적 불결을 가리킨다.
21 "속된"[헬라어. '코이노스'(koinos)]과 "씻겨지지 않은"[헬라어. '아니프토스'(aniptos)]은 교부들이 사용하지 않는다. "불결한"[헬라어. '아카타르토스'(akathartos)]과 "불결함"[헬라어. '아카타르시아'(akatharsia)]는 각각 2회씩 나오고 도덕적 불결(Barn. 19.4; Herm. Vis. 1.7)과 구강 성교(Barn. 10.8)를 가리킨다. 그리고 "오염된"[헬라어. '미아이노'(miainō)]은 2회만 나오는데(Herm. Mand. 5.1.3과 5.1.6) 경건한 영을 오염시키는 분노를 가리킨다.
22 고전 8-10장; Did. 6.3을 보라.
23 Did. 6.3.

자들에게 미칠 영향을 두고 결정을 내린다. 이것은 그가 불결함 자체보다 **윤리**를 근거로 판단을 내리고 있음을 보여 준다. 기독교적 사랑의 원리가 음식 문제에 대한 최종 결정을 좌우한다.

신약의 다른 어떤 이야기보다 더 사도행전 15장은 유대의 정결 규정에 대한 초기 교회의 무관심, 그리고 그 무관심이 유대인에게서 그리스도인들을 분리하는 데 끼친 영향을 잘 보여 준다. 사도 베드로가 사도행전 9:43에서 시몬이라 하는 무두장이의 집에서 머무를 때 이미 사건의 기초가 마련된다. 불결한 동물의 가죽을 벗기고 가공하는 사람들은 유대교에서 불결하게 여겨진다. 미쉬나는 제혁소를 도시 외곽에 머무르도록 제한하고 랍비는 무두장이와 결혼한 여성에게 만약 악취를 견딜 수 없으면 이혼해도 된다고 허용해 준다.[24] 베드로는 바로 그런 집에 머무르고 있는 것이다. 그곳에 있는 동안 그는 불결한 동물인 파충류와 조류에 대한 환상을 세 번이나 반복해서 보고 "잡아 먹으라"라는 하나님의 명령을 듣는다. 베드로는 이에 거부하며 "속되고 깨끗하지 아니한 것을 내가 결코 먹지 아니하였나이다"라고 맹세한다(행 10:9-16). 이 환상 직후 베드로는 "주께서 당신에게 명하신 모든 것을"(10:33) 와서 알려 달라는 로마 백부장 고넬료의 부름을 받는다. 마지막으로 사도행전의 중간에 위치한 15장에 이르면 이방인들이 교회에 온전히 받아들여진다. 사도행전에서는 의식적 불결의 개념을 폐지하는 것으로 이야기가 전개된다. 불결한 일(무두질), 불결한 장소(제혁소), 불결한 음식(베드로의 환상 속의 동물들), 혹은 불결한 사람들(이방인 백부장) 모두가 포함된다. 베드로가 요약한 진술은 초기 기독교 전체를 대변한다. "하나님께서 내게 지시하사 아무도 속되다 하거나 깨끗하지 않다 하지 말라"(10:28). "만유의 주 되신"(10:36) 예수 그리스도의 복음은 이방 선교의 문을 열고 모든 형태의 의식적

---

24 *m. B. Bat.* 2:9; *m. Ketub.* 7:10을 보라.

정결 개념의 문을 닫는다.

할례와 율법

금식이나 정결보다 유대인 됨을 규정하는 데 더 결정적인 요소는 토라 준수의 표지로서의 할례였다. 우리가 보았듯이 70년도에 일어난 유대 성전의 파괴 사건은 유대교와 기독교의 불화에 가장 큰 영향을 미친 촉매 역할을 했다. 하지만 기독교의 할례 거부가 관계 파기의 두 번째 원인이었다. 창세기에 따르면 할례는 하나님이 아브라함과 그의 자손에게 "내 언약이 너희 살에 있어 영원한 언약"이 된다는 약속의 표지로 제정하셨다(창 17:13).[25] 유대인의 정체성에 할례가 너무 중요했기에 "무할례자"는 비유대인들을 지칭하는 불명예스러운 용어가 되었다. 할례와 안식일은 유대교의 오른팔과 왼팔이다. 사실 할례가 더 강한 팔이었을 수 있다. 태어난 지 여덟째 날에 남아를 할례하는 것은 안식일 법보다 더 우선순위에 있기 때문이다.[26] 할례와 우상숭배 금지는 이스라엘인들에게 타협할 수 없는 문제들이었다. 유대인들에게 이 두 요구는 위반할 수 있는 것이 아니라 희생되고 순교당하더라도 지켜야 하는 문제였다. 마카베오 시대에 셀레우코스 압제자들의 요구를 수용하기 위해 어떤 유대인들이 했던 것처럼(마카베오1서 1:15) 할례를 받지 않은 유대인들은 자신의 종교를 버린 이교도 취급을 받았다.[27]

유대인은 기독교로 개종했을 때 이 모든 것들을 감수해야 했다. 예수 운

---

25 "할례는 유대인과 유대교의 정체성에서 중심이며, 아브라함과 족장들에게 주어진 언약 약속을 상속하는 모든 남성에게 필수 불가결한 것이었다(창 17:9-14)"라고 Dunn은 말한다. "From the Crucifixion," p. 37.
26 *m.* Shabb. 18:3-19:3; 요 7:22-23을 보라.
27 할례에 대해서는 Str-B 4/1:23-40; Moore, *Judaism in the First Centuries*, 1:333-335; 2:16-39; Sanders, *Judaism*, pp. 213-240를 보라.

동이 초기 75년 동안 보인 놀라운 일들 중에 이보다 더 놀라운 것은 거의 없는데, 바로 초기 교회가 할례를 신속하고 완전하게 떨쳐 버렸다는 것이다. 제임스 던의 말을 빌리면, "[기독교] 분파의 이 첫 비유대인 일원들에게 할례를 요구하지 않았다는 점은 정말 놀라운 특징이다. 사도행전이 이 변화를 설명 없이 한 문장으로만(행 11:20) 다루고 넘어가는 점도 놀랍다."[28] 40년 대 말에 열렸던 예루살렘 공회는 막 자라나던 교회에서 차지하는 할례의 역할을 다시 한번 결정한 분수령이었다. 구원받으려면 할례를 받고 모세의 율법을 지켜야 한다는 어떤 바리새파 신자들의 주장을 평가하기 위해 예수 추종자들이 공회로 모였다(행 15:1, 5). 베드로는 수사학적으로 묻는다. 공회가 "어찌하여 하나님을 시험하여 우리 조상과 우리도 능히 메지 못하던 멍에를 제자들의 목에 두려느냐?"(15:10) 베드로가 말하는 "멍에"는 랍비들이 구원의 필수 요소라고 선포했던 "율법의 멍에"(이에 대한 표시가 바로 할례이다)다.[29] 베드로, 바울, 바나바와 다른 이들의 증언을 들은 후 (할례파의 주장에 확실히 동조적이었던 예루살렘 교회의 지도자였던) 야고보는 공회의 이름으로 편지를 발부한다. 이 편지에서 열거하는 디아스포라 그리스도인들이 지켜야 할 사항들에는 할례가 **언급되지 않는다**. 이렇게 공회가 교회로 하여금 이방인 개종자들에게 "율법의 멍에"를 짊어지지 않도록 풀어 준 것은 교회의 근본적 본질을 결정한 연쇄 작용을 일으켰다. 이방인과 유대인의 구분이 구원과 교회의 소속에 상관없다고 공포함으로써 공회는 이방인들이 교회에 들어올 때 하나님을 경외하는 자나 개종자라는 낮은 지위를 가지지 않고 온전하고 무조건적으로 교회의 일원이 되게 했다. 교회는 유대인들에게 했던 것처럼 자유롭게 이방 선교에 나섰고 유대인 개종자와 마찬가지로 이방인

---

28 Dunn, "Beyond the Jewish People," p. 191.
29 "율법의 멍에"에 대해서는 *m. Avot* 3:5를 보라. 이 표현의 용법에 대해서는 Moore, *Judaism in the First Centuries*, 1:465-466를 보라.

개종자도 온전히 받아들였다. 이방인을 교회에 받아들이면서 공회의 결정이 일으킨 연쇄 작용이 더 진행되었다. (서쪽의) 교회가 헬라어로 복음을 선포하고 전파했으며 칠십인역을 그들의 성경으로 주장했기 때문이다.

상대적으로 확실한 사실 하나는 예루살렘 공회의 결정에 소수의 유대인 그리스도인들이 반발해 예루살렘에 모여 있던 예수 추종자들과 교제를 단절했다는 것이다. 하지만 교회의 더 많은 신자들은 교회의 하나 됨과 교회 일원들의 타협할 수 없는 동등성을 변호하기 위해 기꺼이 싸우기를 원했다. 특히 바울은 유대인과 이방인으로 이루어진 교회의 통일성을 자신의 서신에서 끈질기게 예외 없이 선전했다. "할례받는 것도 아무것도 아니요 할례받지 아니하는 것도 아무것도 아니로되 오직 하나님의 계명을 지킬 따름이니라"라고 바울은 선언한다(고전 7:19).[30] 물론 회당은 유대인 회원들에게 단호하게 할례를 요구했다. 디베랴와 세포리스의 1세기 말 랍비들은 할례의 법을 완화하는 것에 대해 절대적으로 반대했으며 사실상 회당에서 제명할 만한 사유로 여겼다.[31] 따라서 할례의 문제는 그리스도인들과 유대인들을 돌이킬 수 없이 서로에게서 갈라서게 했다. 셰이 코언은 이렇게 말한다. "유대인과 비유대인을 똑같이 편견 없이 그리고 (남자의 경우) 할례 없이도 받아들이는 비기독교 유대인 공동체가 있었다는 증거는 고대 시대에 전무하다."[32] 이 문장에서 코언은 유대교 회당과 기독교 교회 사이에 존재한 근본

---

30 예루살렘 공회가 열린 이후 제2차 선교 여행 초기에 바울은 유대인 어머니와 이방인 아버지를 둔 디모데에게 할례를 행한다(행 16:3). 이것은 우상에게 바쳐졌던 고기에 대한 그의 가르침(고전 8:1-12; 10:23-33)과 같은 원리로 이해해야 한다. 할례와 음식 문제에 대한 결정은 선포된 복음을 받아들인 사람들에게 이것이 실제적으로 어떤 영향을 미치는가를 중심으로 내려졌지 할례나 음식에 대한 어떤 고유한 효력을 근거로 내려지지 않았다.
31 *Birkat ha-Minim*의 팔레스타인 교정본에는 이렇게 언급되어 있다. "그리스도인들['노세림' (*noserim*)]과 이단들['미님'(*minim*)]은 즉각 망하기를." 이것은 Alexander, "Parting of the Ways," p. 7에 인용되었다.
32 Cohen, "In Between," p. 209.

적인 차이를 제대로 파악한다. 즉 회당에서 용납될 수 없던 요소가 교회에서는 필수였는데, 바로 무할례자 이방인 신자들을 완전히 받아들이는 것이다.

할례에 대한 초기 교회의 입장은 아무런 도전도 받지 않은 채 사도 이후의 시대에도 지속되었다. 한 구절을 제외하고 할례는 신약성경이 마무리되고 2세기 중반에 변론자들의 글이 나오기까지 교회의 모든 문헌에서 사라진다. 예외는 바나바서신에서 나오는데, 거기서 남아 있는 할례에 대한 유일한 기능은 비유적이다. 독자는 "할례받은 마음"(순종하는 믿음)과 "할례받은 귀"(믿음의 말씀을 받아들이는 경청)를 가지라고 권면을 받는다. 이 서신은 육체적 할례를 거부할 뿐 아니라 이것을 악한 천사의 속임수로 여겼다. "[유대인들이] 신뢰했던 할례는 폐지되었다. [주님이] 할례는 육신에 속한 문제가 아니라고 선포하셨기 때문이다. 하지만 악한 천사에게 미혹된 [유대인들은] 불순종했다."[33] 클레멘스1서는 예루살렘 공회를 따라 구원의 "멍에"를 율법이 아닌 은혜라고 기꺼이 말한다. "사랑하는 친구들이여, 우리에게 주어진 본을 보라. 주께서 자신을 낮추신 것같이 은혜의 멍에를 메고 주께 온 우리도 이와 같이 해야 하지 않겠는가?"[34]

기독교의 길

만약 금식, 의식적 정결, 할례 그리고 안식일이 초기 교회에서 규범이 아니었다면, 무엇이 규범이었을까? 케리그마에서 선포되고 교회에서 구현된 구속된 자들의 삶은 어떤 형태와 성격을 띠었을까? 여기서 우리의 초점은 복

---

[33] Barn. 9.4.
[34] 1 Clem. 16.17.

음이 평범한 신자들에게 끼친 영향, 즉 "정상적인" 그리스도인의 삶이다. 신약과 속사도 교부들의 문헌에는 그리스도 안에서 새로운 삶을 구성하는 다섯 가지 요소들이 나타난다. 이 다섯 가지 요소는 교리도 아니고 최종적이지도 않다. 동등한 중요성을 가진 다른 요소도 언급될 수 있기 때문이다. 하지만 이들은 초기 기독교에 대한 "있는 그대로"의 윤곽을 잡아 주며 초기 교회의 가치관과 우선순위에 대한 중요한 통찰을 제시해 준다. 첫 번째는 기독교 신앙을 삶으로 구현해 내는 데 기본이 되는 미덕과 악덕 목록을 만드는 초기 기독교의 경향성이다. 두 번째는 기독교의 길을 고대의 다른 길들과 차별화하는 "두 가지 길"에 대한 관점이다. 세 번째는 "두 마음을 품는 것"에 대한 경고를 통해 그리스도인들에게 나뉘지 않는 충성을 하도록 가르친다. 네 번째는 "모방"인데 그리스도인이 변화되는 수단으로 언급된다. 그리고 마지막으로 다섯 번째 요소는 종반전으로서 완성된 신자, 곧 구속된 삶의 "온전한 경기자"를 뜻한다.

미덕과 악덕들

신약의 서신서들과 속사도 교부들의 문헌은 보통 구체적인 교회들의 구체적인 필요에 부응하기 위해 기록되었다. 도덕적 권면은 많은 서신서에서 미덕과 악덕의 목록이라는 형태로 나타난다. 이 목록들은 특히 목회서신을 포함한 바울의 문헌에서 나타나는 특징이다. 베드로서신들과 요한계시록 그리고 (바나바서신, 폴리카르포스서신, 헤르마스의 목자를 포함해) 몇몇 교부들의 문헌에도 등장한다. 죄의 목록에는 약 250개의 악덕들이 나오고,[35] 70개 이

---

[35] 막 7:21-22; 롬 1:29-32; 고전 5:10; 6:9-10; 고후 12:20; 갈 5:19-21; 엡 4:31; 5:3-5; 골 3:5; 딤전 1:9-10; 6:4; 딤후 3:2-4; 딛 3:3; 벧전 4:3; 계 9:21; 21:8; 22:15; Barn. 19; 20:1-2; Pol. *Phil.* 2.2; Herm. Man. 8.1-6.

상의 미덕들이 미덕 목록에 나온다.[36] 더 중요한 여러 개의 미덕과 악덕들은 다양한 목록에서 반복해 나타난다.

악덕 목록에서는 성적 부도덕이 다른 어떤 악덕보다 자주 나오며 주로 목록의 맨 처음에 나온다. 다른 일반적인 악덕에는 비방, 우상숭배, 술 취함, 살인, 주술, 방탕함과 도둑질이 포함된다. 악덕 목록과 미덕 목록은 모두 **행위**보다 **특성**을 강조한다. 죄 목록에서 특성과 행위의 비율은 10대 1이다. 초기 그리스도인들이 가장 크게 염려했던 악덕은 불순함, 탐심, 악의, 적대, 악, 욕심, 시기, 분쟁, 무례, 오만, 무정, 비방, 질투, 다투기 좋아함, 자만, 저속함, 불경, 적의, 편애와 같은 특성들이다. 이 특성 가운데 어느 것이든 수많은 다양한 행위와 행동으로 표출될 수 있다.

이와 마찬가지로 미덕들도 거의 모두가 단순히 좋은 행위라기보다는 성품의 특성을 띤다. 유명한 갈라디아서 5장의 미덕 목록(사랑, 희락, 화평, 오래 참음, 자비, 양선, 충성, 온유, 절제)에서 구체적인 행위는 하나도 없다. 하나하나가 수많은 좋은 행위들로 나타날 수 있는 성품의 특성을 가리킨다. 물론 덕스러운 **행위**도 (주로 속사도 교부들의 문헌에서) 몇몇 언급된다. 이들 중에는 순결, 하나님의 사랑으로 자녀를 가르치는 것, 아이들을 낙태하거나 유기하지 않는 것, 고통받는 자들을 억압하지 않는 것, 가난한 자들을 억누르고 부자를 옹호하지 않는 것이 포함된다.[37] 하지만 여기서도 좋은 행위보다 덕스러운 특성이 훨씬 많다. 순전함, 성실함, 온화함, 너그러움, 순결함, 진실함, 의로움, 자비, 한결같음, 경건함, 지식, 건전한 행동을 가리킨다. 단순히 좋은 행위들을 인정하고 악한 행위들을 금지하는 대신 초기 교회는 그 행동들의 성품적 근원을 미덕과 악덕으로 다루었다. 따라서 악덕과 미덕 목록은 "선

36　고후 6:6; 갈 5:22-23; 엡 4:32; 빌 1:11; 딤전 4:12; 딤후 2:22; 벧후 1:5; Pol. *Phil.* 2.3; Herm. Vis. 3.8; Herm. Mand. 8.9을 보라.
37　Pol. *Phil.* 2.3; Barn. 19.2; 20.1-2을 보라.

한 사람은 마음에 쌓은 선에서 선을 내고, 악한 자는 그 쌓은 악에서 악을 내[며]"(눅 6:45), "모든 악한 것이 다 속에서 나와서 사람을 더럽게 하느니라"(막 7:21-23)라고 말씀하신 예수님의 가르침을 진지하게 반영했다.

아이러니하게도 이 목록 가운데 어느 것도 십계명이나 구약의 율법을 하나님이 기뻐하시는 삶을 결정적으로 묘사했다고 여기지 않는다. 안식일 준수(십계명 중 가장 길고 또 가장 중요하다고 할 수 있는 네 번째 계명)는 오로지 한 목록에만 나온다(롬 1:30). 금식, 의식적 정결 그리고 할례도 모두 빠져 있다. 목록을 근거로 판단하건대, 기독교적으로 이해된 미덕과 악덕은 일반적으로 토라와 스토아철학의 이해를 그대로 따르지 않는다. 대신 미덕 목록은 하나님의 참된 성품을 구현한 예수님의 형상을 따라 변화되는 성품을 강조한다. 복음의 능력으로 예수 추종자들이 예수님의 형상을 닮게 되는 것이다.

미덕과 악덕 목록들은 오늘날 우리가 "사회윤리"라고 부르는 것을 강조하기보다 일차적으로 개인적 책임에 초점을 둔다. 물론 초기 그리스도인들은 그런 일들을 인식하지 못했거나 염려하지 않았던 것이 아니다. 많은 이들이 노예였다. 많은 사람이 집과 사랑하는 사람들에게서 멀리 떨어져 지내는 난민들이었다. 그리고 많은 이들이 갖가지 형태의 불의와 폭력을 겪었다. 고대시대, 특히 로마제국의 독재 정부로 인해 초기 그리스도인들은 서구 민주주의를 누리는 현대 그리스도인들보다 노예제도, 전쟁, 경기, 경기장의 잔혹함, 유혈 스포츠, 체형과 사형과 같은 구조적인 악을 고칠 방법이 훨씬 적었다. 1세기 그리스도인들은 개인적이고 교회의 권위가 미치는 영역 내에서 사회적 문제들을 돌봤는데, 특히 과부, 고아, 빈곤자, 노예에 관한 문제들이었다.[38] 하지만 미덕과 악덕 목록들의 일차적인 목적은 **개인의 삶의 변화**였으

---

[38] 과부, 고아와 빈곤자에 관해서는 8장 pp. 255-257를 보라. 노예에 대하여 바울은 도망친 노예 오네시모를 "이후로는 종과 같이 대하지 아니하고 종 이상으로, 곧 사랑 받는 형제로" 받아들이라고 빌레몬에게 호소한다(몬 16절). 이것은 노예제도를 고칠 수 있는 능력을 보여 주지는 않지

며, 더 나아가 교회 내 **신자 공동체의 변화**까지 포함했다. 그리하여 세상이 그리스도인들의 선행을 보고 하늘의 아버지께 영광을 돌리는 것이 그 목적이었다. 변화된 개인들이 이루는 공동체 안에서 개인 성품에 강력한 변화가 복제될 때 다른 무엇과도 비교할 수 없는 고대 세상의 궁극적 변화를 일으키는 역할을 한다.

두 가지 길

초기 그리스도인들은 두 가지 길 중에서 기독교의 길을 가는 것이 가장 중요한 선택이라고 자주 이야기했다. 야고보서는 독자들에게 땅으로부터 난 세상의 지혜와 위로부터 난 하늘의 지혜를 제시한다(3:13-18). 디다케는 궁극적 선택을 제시하며 글을 시작한다. "두 가지 길이 있다. 생명의 길과 사망의 길이다. 이 두 길 사이에는 큰 차이가 존재한다." 그리고 바로 생명의 길을 요약한다. "첫째, 너를 지으신 하나님을 사랑하라. 둘째, 너의 이웃을 네 몸과 같이 사랑하라."[39] "길"은 걸음에 대한 비유고 걸음은 본질적으로 참여적인 행동이다. 디다케에서 신자들이 길을 따라가는 방법은 십계명을 지키고, 모든 형태의 악에서 멀어지며, 겸손을 실천하고, 위선을 피하며 하나님을 영화롭게 하는 것이다.[40] "그 길"은 동등하거나 덜 중요한 다른 길들 중 하나가 아니다. 그것은 "주님의 멍에 전부"를 구성하는, 하나뿐인 완전한 길이다.[41]

이 두 가지 길은 히브리 토양에 뿌리는 둔다. 할라카[halakah, '걷다'라는 뜻

만 노예에 대한 바울의 태도를 명확히 드러내 준다.
39 Did. 1.1-2.
40 Did. 1-4.
41 Did. 6.2.

의 히브리어 '할라크'(*halak*)에서 파생된]라고 알려진 유대 가르침의 범주는 개인, 사회, 정치 관계에 관한 규율들을 포괄한다. 특히 시편과 잠언은 하나님의 명령을 지혜의 길과 어리석음의 길 그리고 생명의 길과 사망의 길 사이의 대비로 묘사한다. 이와 비슷하게 열두 족장의 유언(Testament of the Twelve Patriarchs)도 진리의 길과 오류의 길을 따라 다양한 주제를 발전시킨다.[42] 이 유언은 선과 악으로 나뉜 세상을 그리며 신실한 자들에게 하나님의 천사가 인도하는 길과 죄의 천사 벨리알의 길 사이에서 결정하기를 요구한다. 예수님 자신도 자신의 사명을 두 길, 곧 생명으로 가는 좁은 길과 사망으로 가는 넓은 길(마 7:13-14)로 이해하고 하나님과 맘몬이라는 두 주인을 섬기는 것이 불가능하다고 말한다(눅 16:13).

또한 속사도 교부들의 문헌에서도 두 가지 길이 등장한다. 우리는 디다케에 나오는 두 가지 길을 앞에서 보았다. 이와 비슷하게 이그나티오스도 생명과 사망의 두 가지 길을 언급한다.[43] 헤르마스의 목자는 그리스도인의 삶을 의의 올바른 길과 불의의 비뚤어진 길 사이의 선택으로 묘사한다.[44] 바나바서신에서 절정을 이루는 권면은 하나님의 빛과 미덕의 길과 사탄적 어두움과 악의 길 사이의 선택에서 등장한다.[45] 클레멘스2서가 말하는 길은 개인과 세상의 영원한 운명을 포괄한다. 우리는 두 주인(하나님과 사탄)과 두 삶(미덕과 악덕의 삶) 그리고 두 세상(천국과 지옥) 사이에서 선택해야 한다.[46]

---

42 열두 족장의 유언은 주후 3세기에 기록된 것으로 추정되는 위경 유대 문헌으로 독자들에게 도덕적 권면과 영적 위로를 준다.
43 Ign. *Magn*. 5.
44 Herm. Mand. 6.1-2.
45 Barn. 18-20.
46 2 Clem. 6.

두 마음을 품는 것

시인 로버트 프로스트(Robert Frost)가 잘 알았듯이, 두 길을 제시받은 자의 문제는 두 길 모두를 걸어갈 수 없다는 것이다. 둘 중 하나를 선택해야 한다. 확고하고 나뉘지 않은 믿음을 선택하는 것이 중요하다는 사실은 속사도 교부들의 문헌에서, 특히 헤르마스의 목자에서 반복되는 두드러진 강조점이다. 견고해지라는 권면은 종종 믿음에서 흔들리고, 머뭇거리거나 나뉘지 말라는 경고로 나타난다. 이 경고와 연관된 헬라어 단어는 "두 마음을 품은"이라는 뜻의 딥시코스(dipsychos)다. 야고보서에서 그런 자들은 바다의 물결같이 바람에 밀려 요동해 "모든 일에 정함이 없는"(1:8) 자며 마음이 성결하지 않은, 두 마음을 품은 자다(4:8).

야고보의 경고는 속사도 교부들의 문헌에서 실질적으로 주문과 같이 강조된다. 뒤를 돌아보아 소금 기둥이 된 롯의 변덕스러운 아내는 클레멘스1서에서 두 마음을 품는 것의 잘못을 상징한다.[47] 헤르마스의 목자는 그런 변덕을 "악마의 딸"이라고 부른다.[48] 두 마음을 품은 사람은 필연적으로 "두 혀를 가진" 자가 된다.[49] 두 마음을 품는 것이 궁극적으로 위험한 이유는 단순히 정신적인 교착상태에 빠져서가 아니라 실제로 죄를 짓기 때문이다. 두 마음을 품는 것의 죄는 무수하다. 슬픔,[50] 불화,[51] 중상,[52] 신비한 것에 대한 매료(특히 점쟁이들),[53] 거짓 예언과 잘못된 영에 대한 취약함[54]이 여기에 포함

---

47 1 Clem. 11.2.
48 Herm. Mand. 9.9.
49 Did. 2.3; Barn. 19.7.
50 Herm. Mand. 10.1.1
51 Herm. Sim. 8.8.5; 8.9.4; 8.10.2.
52 Herm. Sim. 8.7.2.
53 Herm. Mand. 11.2; 11.4.
54 Herm. Mand. 11.1; 11.13.

된다. 두 마음을 품은 자들에게 복음은 궁극적으로 이질적이고 불쾌한 것이며,[55] 이들은 사악함, 위선, 신성모독[56]과 "죽은 행실"[57]에 노출된다. 믿음이 흔들리면 불경, 낙태, 영아 살해 그리고 탐심이 자라난다.[58] 두 마음을 품은 자는 소망을 계속해서 붙들지 못한다.[59] 그들은 하나님의 약속을 믿지 않는다.[60] 그런 자들은 불충한 자다.[61]

두 마음을 품는 것은 참되고 온 마음으로 믿는 믿음의 정반대다. 이에 대해 야고보서 4:8은 독자들의 주의를 집중시킨다.[62] 구원받는 믿음의 본질은 성실함, 확신 그리고 확고함이다. 이 근본적 기둥들은 두 마음을 허물고 극복한다.[63] 하나님은 인류가 알고 믿도록 자기 뜻을 계시하셨다.[64] 하지만 두 마음을 품은 자는 하나님을 신뢰하지 않으며, 하나님을 신뢰하지 않는 것은 하나님으로부터 분리되는 것이고 죄 용서를 받지 못하는 것이다.[65] 하나님의 뜻은 두 마음을 품는 것이 아니라 나뉘지 않는 믿음을 가지는 것이다.[66]

두 마음을 품는 것(딥시코스)의 반대는 '아디아크리토스'(*adiakritos*)인데, "일정한", "확고한", 혹은 "흔들리지 않는"이라는 뜻이다. 딥시코스처럼 아디아크리토스도 신약에서는 야고보서에만 등장한다. "비위선적인"이라는 말과 결합해 이 단어는 흔들리지 않는 하나님의 지혜를 가리킨다(3:17). 이그나티오

---

55 Herm. Sim. 1.3.
56 Herm. Sim. 9.18.3.
57 Herm. Sim. 9.21.2.
58 Did. 4.4; Barn. 19.5.
59 2 Clem. 11.5.
60 1 Clem. 11.2.
61 2 Clem. 19.2.
62 Herm. Vis. 3.3.4; 3.10.9; 4.1.4; 4.1.7; 4.2.4; 4.2.6.
63 1 Clem. 23.2-3; Herm. Vis. 2.2.7.
64 Herm. Vis. 3.4.3; 3.11.2; Herm. Mand. 12.4.2; Herm. Sim. 6.1.2.
65 약 1:8; Herm. Vis. 2.2.4; 3.2.2; 3.7.1; Herm. Mand. 5.2.1; Herm. Sim. 8.8.3; 8.9.4; 8.10.2; 8.11.3.
66 Herm. Mand. 9.

스는 딥시코스를 해결하는 미덕으로 아디아크리토스가 되라고 반복해서 호소한다. 세상의 길은 두 마음을 품지만, 하나님의 길은 결연함과 확고함이다. 확고한 믿음은 덕스러운데 왜냐하면 두 마음을 품는 것은 인류의 죄성을 반영하지만 확고함은 하나님의 본성을 나타내기 때문이다. 이그나티오스는 예수 그리스도를 "우리의 흔들리지 않는 생명"으로 묘사한다.[67] 이와 비슷하게 그는 마그네시아인이 "흔들리지 않는 영인 예수 그리스도"를 가졌다고 칭찬한다.[68] 이 하나님의 속성이 그리스도인의 행동으로 구현될 때 확고함의 미덕이 된다. 하나님의 은혜로 채워진 신자들은 "흔들리지 않게"[69] 되고 "흔들리지 않는 인내"도 갖게 된다.[70] 그들은 "주의 고난 속에서 흔들림 없이" 즐거워한다.[71] 사도 바울은 예수 그리스도의 부활에 대한 권위 있는 본문을 마무리하며 신자들에게 확고함의 미덕을 가지라고 호소한다. "그러므로 내 사랑하는 형제들아 견실하며 흔들리지 말고 항상 주의 일에 더욱 힘쓰는 자들이 돼라. 이는 너희 수고가 주 안에서 헛되지 않은 줄 앎이라"(고전 15:58).

모방

초기 교회는 "좋은 소식"인 복음에 합당한 규범과 용어를 채택했다. 물론 초기 교회의 가르침에는 (앞에서 언급한 죄 목록 같은) 금지 사항들이 있었지만, 부정적 요소들이 기독교의 본질은 아니었다. 악을 제거한다고 미덕의 상태가 되지는 않는다. 사실 더 큰 악이 되돌아올 수 있다(마 12:43-45). 복

---

67 Ign. *Eph*. 3.2.
68 Ign. *Magn*. 15.
69 Ign. *Rom*. (인사)
70 Ign. *Trall*. 1.1.
71 Ign. *Phld*. (인사)

음의 좋은 소식은 생명이 자연적인 상태, 특히 타락한 본성의 상태보다 크다는 소식이다. 복음의 약속은 그리스도를 모방함으로써 자라나는 새롭고 충만한 삶이다.

사도 바울은 한 번 이상의 상황에서 죄의 옛 자아를 "벗고" 그리스도의 인격으로 새롭게 "입으라"라고 말한다.[72] "그리스도를 입으라"라는 이 평범한 이미지는 다른 이에게 있는 훌륭한 것을 자신에게 재생한다는 모방의 개념을 잘 예시해 준다. 모방은 신자들이 선(요삼 11절), 기독교 신앙(히 13:7), 혹은 하나님(엡 5:1)을 받아들이는 수단으로 자주 제시된다. 신자들은 그리스도의 특성들이 나타날 때마다 모방하라고 권면받는다. 예를 들어, 그리스도의 특성들이 "약속들을 기업으로 받는"(히 6:12) 다른 신자들에게 나타날 때, 혹은 동료 교회에 나타날 때(살전 2:14) 모방하라는 것이다. 바울은 또한 인간의 삶에 대해 하나님이 약속하신 바를 드러내는 바울 자신의 삶을 본받으라고 그의 개종자들을 독려한다.[73]

강함과 건강의 모범을 따름으로써 성숙을 이룬다는 원리는 사도 이후의 시대에 중요한 표지를 유지했다. 이그나티오스는 앞에서 바울이 에베소인들에게 명했던 것처럼, 에베소와 트랄레스의 회중에게 "하나님을 모방하라"라고 명한다.[74] 디오그네투스서신은 자선의 행동을 하나님에 대한 모방으로 묘사한다. "누구든지 이웃의 짐을 지거나, 자신의 처지보다 못한 사람을 돕기 원하거나, 빈곤에 처한 자를 도와주는 자는 그런 도움을 받는 사람들에게 하나님이 되는 셈이다. 실로 이런 자는 하나님을 닮은 자다."[75]

신자들은 그리스도가 아버지를 모방하는 것처럼 그리스도를 모방해야

---

[72] 롬 12:2; 고후 4:16; 갈 3:27; 엡 4:24; 골 3:9-10.
[73] 고전 4:16; 11:1; 빌 3:17; 살전 1:6; 2:14; 살후 3:7, 9을 보라.
[74] Ign. *Eph.* 1.1; Ign. *Trall.* 1.1.
[75] Diogn. 10.5-6.

한다.[76] 그리스도를 모방한 가장 훌륭한 예는 자신의 삶으로 자신의 신앙을 증거하는 것, 즉 순교다.[77] 하지만 참된 순교는 삶의 마지막에 행하는 한 번의 행위가 아니고 "인내로 견디는"[78] 가운데 "주님의 선하심"[79]과 주님 자신이 보이신 본[80]을 따라 삶으로써 복음을 매일 증거하는 것이다. 그렇게 할 때 신자들은 "하나님을 전달하는 자"와 "그리스도를 전달하는 자"가 된다.[81] 하나님이나 그리스도를 모방한다는 것은 그들의 특성을 모방하는 것인데, 예를 들어 그리스도의 고난,[82] 혹은 그리스도의 말씀[83]인 복음 그 자체를 모방하는 것이다. 클레멘스1서에 따르면, "믿음의 영웅들", 즉 엘리야, 엘리사, 에스겔, 아브라함, 욥, 모세 그리고 누구보다 다윗은 순종의 모범을 따르라고 신자들에게 권면한다.[84] 이런 인물들은 단순히 과거의 영웅들이 아니라 현재의 **살아 있는** 모범이다. 폴리카르포스의 순교는 모방해야 할 최상의 모범으로 제시된다.[85] 이그나티오스도 서머나 교회에 살아 있는 그들의 주교 부르후스(Burhus)를 "하나님을 섬기는 모범"으로 모방하라고 권면한다.[86] 삶과 죽음을 통해 이 인물들은 신자들이 하나님을 보게 해 주는 상징(icon)이 되었다. 신자들이 이들을 모방했을 때, 혹은 "입었을 때," 그들 또한 하나님의 상징이 되었다.

---

76 Ign. *Phld.* 7.2; Ign. *Eph.* 10.3.
77 Mart. Pol. 17.3.
78 Pol. *Phil.* 8.2.
79 Diogn. 10.4.
80 Pol. *Phil.* 10.1.
81 Ign. *Eph.* 9.2.
82 Ign. *Rom.* 6.3.
83 Mart. Pol. 22.1.
84 1 Clem. 17-19.
85 Mart. Pol. 1.2; 19.1.
86 Ign. *Smyrn.* 12.1.

온전한 경기자

사도 바울은 신자들에게 "온전한 사람을 이루어 그리스도의 장성한 분량이 충만한 데까지 이르[라]"라고 권면한다(엡 4:13). 여기서 "온전한"으로 번역된 헬라어 단어 텔레이오스는 "충분히 성숙한", "가장 높은 기준에 도달한", "온전한"의 의미다. 이보다 더 높은 기준은 없다는 것이다. 초기 교회는 기독교의 길이 쉽고 편한 것, 요구 사항이 낮거나 없는 것이 아니라 엄격하고 요구가 많은 경주라고 말한다. 히브리서의 저자는 독자들에게 믿음의 "힘든 싸움"을 견디라고 명한다(10:32). "힘든 싸움"을 뜻하는 헬라어 '아틀레시스'(athlēsis)는 거친 운동 경기를 암시한다. 신자들은 "여러 가지 시험"(약 1:2)이 닥칠 것을 각오해야 하지만, 이에 대해 슬퍼해서는 안 된다. 대신 그들은 준비가 되어 있어야 한다. 큰 원정에 성공하기 위해서는 엄격한 준비가 필수인 것과 같은 원리다. 신자들은 몸을 훈련하며(딤전 4:7-8), "믿음의 큰 싸움"에 경기자같이 임하고(딤전 6:12), 믿음의 "선한 싸움"을 군사와 같이 싸우며, 또한 "좁은 문으로 들어가기를 힘쓰"면서(눅 13:24) 원정에서 겪는 도전들을 즐겁게 맞이해야 한다.[87] 경기는 강렬하고 치명적이어서 바울이 고린도전서 15:32에서 말하듯이 "맹수와 더불어 싸우"는 것같이 될 수 있다. 바울이 "맹수"를 문자적 의미로 썼는지 비유적으로 말했는지는 확실치 않다.[88] 이그

---

[87] 딤전 1:18; 고후 10:4.
[88] 이 어구는 보통 비유적으로 이해되지만 문자적 의미도 불가능하지는 않다. 검투사들의 싸움은 이미 주전 1세기부터 에베소에서 행해졌으며 고전 15:32에서 말하는 사망은 비유라기보다는 육체적인 죽음이다. 고전 16:8-9에서 바울은 에베소에서 무수한 위험과 많은 반대를 겪은 이야기를 하고 고후 1:8-9에서는 아시아에서 당한 위험이 커서 구조될 희망이 없었다고 증거한다. 의도한 뜻이 무엇이건 간에 바울은 "맹수와 더불어 싸운다"라는 표현을 완전히 심각하게 사용한다. 바울행전에 나타난 기독교 외경 전통은(7장), 이와 대조적으로, 고전 15:32의 심각성을 약하게 표현한다. 여기서 바울은 에베소 경기장의 사자에게 던져지는데 이 사자는 바울이 이전에 세례를 준 사자다! 그래서 이 사자는 바울을 해하지 않고 그냥 놔둔다.

나티오스는 "맹수"를 문자 그대로 사용해 로마 콜로세움에서 닥칠 자신의 임박한 죽음을 가리키고 또한 비유로 사용해 그가 로마로 가는 길에 "땅과 바다에서 밤과 낮에" 겪었던 고생을 묘사한다.[89] 그리스도인들이 직면해야 했던 어려움은 자기 훈련과 절제(벧후 1:6)를 요구했으나 그런 희생은 의와 영광의 면류관,[90] 즉 영원한 생명의 면류관 그 자체(계 2:10)를 상(빌 3:14)으로 받는, 감수할 만한 것이었다. 이 상은 "선한 싸움을 싸우고 [자신의] 달려갈 길을 마치고 믿음을 지[킨]"(딤후 4:7) 사람들을 위해 준비되었다.

스타디움, 마차 경주장, 경마장, 극장은 로마 세계에서 없는 곳이 없었다. 이런 것들에서 비롯된 초기 기독교의 제자도 비유는 강력하고 효과적이었다. 육체적 경기와 전투는 팔레스타인 유대 세계에까지 침투했다. 헤롯대왕은 원형경기장과 마차 경주장을 고대 세계에서 아마도 로마의 영향력에 가장 저항적이었던 도시인 예루살렘의 중심부에 지었다.[91] 하지만 경기자 비유를 사용한 데는 단순히 문화적 연관성을 확보하기 위한 시도보다 중요한 이유가 있었다. 경기를 위해 투자하는 노력을 이해하고 실행하는 기술은 신학과 윤리학을 묘사하는 기교와 비슷했기 때문에 이 비유들은 복음 자체에 적합했다. 바울은 이렇게 말한다. "운동장에서 달음질하는 자들이 다 달릴지라도 오직 상을 받는 사람은 한 사람인 줄을 너희가 알지 못하느냐? 너희도 상을 받도록 이처럼 달음질하라. 이기기를 다투는 자마다 모든 일에 절제하나니 그들은 썩을 승리자의 관을 얻고자 하되 우리는 썩지 아니할 것을 얻고자 하노라. 그러므로 나는 달음질하기를 향방 없는 것같이 아니하고 싸우기를 허공을 치는 것같이 아니하며 내가 내 몸을 쳐 복종하게 함은 내가 남에게 전파한 후에 자신이 도리어 버림을 당할까 두려워함이로다"

---

89 Ign. *Rom.* 5.1.
90 딤전 2:5; 4:8; 벧전 5:4; 계 3:11을 보라.
91 요세푸스, *Ant.* 15.268; *J.W.* 2.44. Richardson, *Herod*, pp. 186-188를 보라.

(고전 9:24-27).

신약 시대가 지나고 이후에 그리스도인의 삶을 표현한 가장 온전한 경기 관련 비유는 클레멘스2서 7장에 등장한다. 여기서 로마 경기장의 묘사는 그리스도인다운 신실함을 구현하라는 권면에 사용된다. "승리자의 관을 쓰기 위해 경주하라. 모두가 관을 쓰지는 못한다. 오로지 열심히 훈련하고 잘 경주한 자들만 쓸 수 있다." 저자는 모든 교회 지도자와 마찬가지로 그리스도인들이 도덕적 온전함에 도달하지 못함을 인식하고 있다. "만약 우리가 모두 관을 쓰지 못한다면, 최소한 가까이에는 도달하자." 저자의 공동체에 있는 어떤 이들은 믿음이 "부패하여" 공동체에서 이탈했다. 그는 이들을 경기에서 부정행위를 저지른 선수들과 비교한다. 그런 경기자들은 자격을 박탈당해 매 맞고 경기장 밖으로 쫓겨난다. 저자는 신랄하게 묻는다. "천국의 경주에서 부정행위를 저지른 자들은 어떻게 되겠는가?" 그리고 그는 이사야 66:24을 인용해 복음을 왜곡함으로써 자신들의 행동을 인정받으려는 자들에게 경고한다. 완전히 성공하지 못한다 해도 계속 시도하라는 클레멘스2서의 훈계는 복음의 요구에 부응하려고 애쓰는 이들에 대한 목회적 민감성뿐 아니라 복음의 요구에 대한 심각한 인식도 나타낸다.

젊은 주교 폴리카르포스에게 주는 이그나티오스의 권면은 크로스컨트리 팀에 대한 격려 연설같이 들린다. "너의 경주에서 계속 나아가라. 온전한 경기자로 모든 이들의 나약함을 짊어지고 나아가라." 물론 그는 다음의 말을 더한다. "이것은 힘든 일이지만 큰 이득을 얻는다."[92] 주교인 폴리카르포스는 "하나님의 경기자"이고[93] 멍은 그가 위대한 경기자라는 표지다.[94] 이 경기자의 최종적 멍은 죽음, 즉 순교다. '순교'(martyrdom)라는 단어는 '증거하다'를

---

92 Ign. *Pol.* 1.2-3. 여기서 Lightfoot, Apostolic Fathers, 4:335-336를 보라.
93 Ign. *Pol.* 2.3.
94 Ign. *Pol.* 3.1.

뜻하는 헬라어 마르튀레오(*martyreō*)에서 파생되었다. 죽음은 복음을 증거하는 유일한 방법이 아니며 심지어는 가장 중요한 방법이어야 할 필요도 없다. 왜냐하면 신자들은 수천 일 동안 수천 가지 방법으로 복음을 증거하기 때문이다. 하지만 죽음은 최종 증거이며 따라서 가장 독특하다.

1세기 말에 쓰인 클레멘스1서에서 이미 베드로와 바울은 "죽기까지 박해를 당하고 싸웠고" 경기 우승자를 뜻하는 '아틀레타스'(*athlētas*)로 불린다.[95] 경기자 이미지를 순교자에게 사용하는 경우는 폴리카르포스의 순교에서 절정에 이른다.[96] 폴리카르포스는 공개적으로 구경거리가 되었다.[97] 볼 만한 경기에서 그렇듯이, 관중의 큰 환호는 다른 모든 소리를 삼킨다.[98] 하늘의 코치와 같이 하나님의 소리가 들려와 경기장에 들어서는 폴리카르포스를 권면한다. "강하라, 폴리카르포스, 그리고 담대하라."[99] 순교를 통해 폴리카르포스는 기념할 만한 가치가 있는 "온전한 경기자"가 된다. 그의 신실함 때문에, 그리고 "미래에 그와 같이 될 자들을 훈련하고 준비시키기 위해" 그를 기념하는 것이다. 그가 거둔 승리의 순교는 영원한 그의 "생일"로 칭송받는다.[100]

4세기가 되었을 때도 그리스도인들의 싸움과 분투는 계속해서 경기자의 이미지로 표현되었다. 악마들과 보이지 않는 대적들과의 싸움에서 트로피를 따낸 용기 있는 자들은 "경건한 경기자들"이었다.[101] 폴리카르포스처럼 이 시대의 순교자들도 승리한 경기자들로 기념된다. 가장 위대한 자 가운데

---

95 1 Clem. 5.1-7.
96 Mart. Pol. 6.2; 8.3; 9.1-2; 12.1.
97 Mart. Pol. 6.2.
98 Mart. Pol. 8.3.
99 Mart. Pol. 9.1.
100 Mart. Pol. 18.3 (Holmes의 번역). 이와 비슷하게 페르페투아는 순교 때에 경기를 위해 기름부음을 받은 것으로 그려진다(*Passion of the Holy Martyrs Perpetua and Felicitas* 3.2; *ANF* 3:702).
101 Eusebius, *Hist. eccl.* 5.1.

한 사람의 이야기가 에우세비오스의 『교회사』에서 가장 길고 가장 충격적으로 등장하는데, 블란디나라고 불리는 그리스도인 종의 이야기다. 그는 "고귀한 경기자"로서 말로 표현할 수 없는 고문을 당하는 내내 "위대한, 무적의 경기자 그리스도를 입었고", 그리하여 "불멸의 왕관"을 얻었다.[102]

질그릇에 담긴 보배

사도 바울은 복음과 교회의 관계를 질그릇에 담긴 보배로 그린다(고후 4:7). 초기 교회를 흠이 없다고 여기거나 오늘날의 교회와 비교해서 특히 덕스러웠다고 생각하지 않는 이유는 바울이 질그릇 비유를 사용했다는 사실 때문이다. 이것은 바울이 교회에 대해 망상을 가지지 않았음을 의미한다. 매 시대 교회는 질그릇이었다. 잘 맞지 않는 옷과 같이 선과 어리석음이 공존해 주님께 영광과 수치가 되었다. 예수님은 잘 깨닫지 못하고 흠이 있는 열두 사람을 불러 선교로 보내셨다(막 8:14-21). 바울은 타협해 잘못된 길로 인도된 고린도인들에 대해 이렇게 말한다. "형제들아 너희를 부르심을 보라. 육체를 따라 지혜로운 자가 많지 아니하며 능한 자가 많지 아니하며 문벌 좋은 자가 많지 아니하도다. 그러나 하나님께서 세상의 미련한 것들을 택하사 지혜 있는 자들을 부끄럽게 하려 하시고 세상의 약한 것들을 택하사 강한 것들을 부끄럽게 하려 하시며 하나님께서 세상의 천한 것들과 멸시받는 것들과 없는 것들을 택하사 있는 것들을 폐하려 하시나니"(고전 1:26-28).

바로 그러한 자들, 종종 본받을 것이 별로 없는 그런 자들에게 그리스도인의 길로 가라는 가르침이 주어진 것이다. 이 똑같은 자들이, 그리고 그들의 제자들이, 우리가 이 책에서 살펴본 주요 국경들을 넘었고 예수 운동에

---

102 Eusebius, *Hist. eccl.* 5.1.19, 42 (LCL).

서 기독교 교회로 나아갔다. 우리는 이 독특하고 놀라운 발전의 다양한 면들을 살펴보았고 유대인에게는 거리끼는 것이요 로마인들에게는 어리석은 것이었던 복음의 독특성이 기독교 교회를 탄생시켰음을 보았다. 이 독특성은 유대인들과 로마인들이 교회에 익숙해진 후에도 줄어들지 않았다. 기독교를 더욱 알수록, 사실 더 이상하게 보였다. 그리고 기독교는 외부인에게보다 내부자인 그리스도인 자신에게 더욱더 이상하게 여겨졌다. 왜냐하면 그들은 하나님이 넘어지기 쉬운 불완전한 자들을 통해 불완전함에 어울리지 않는 일을 이루셨음을 직접 경험을 통해 깨달았기 때문이다. 이것은 오늘날의 그리스도인들도 마찬가지다. 사실 하나님은 이들의 불완전함을 통해 새로운 사람들, 즉 "세 번째 인종"을 만드셨다. 2세기 디오그네투스서신에 나오는 다음의 설명은 교회라는 질그릇에 담긴 보배 같은 그리스도라는 하나님의 신비를 흉내 낼 수 없는 방식으로 잘 표현한다.

그리스도인들은 나라, 언어, 혹은 관습 때문에 나머지 인류와 구별되는 것이 아니다. 왜냐하면 그들은 어느 곳에서도 자신들만의 도시에서 살지 않으며, 어떤 특이한 방언으로 말하지도 않고, 기이한 삶의 방식을 따르지도 않기 때문이다. 그리스도인들의 이 가르침은 독창적인 사람들의 생각과 성찰로 발견되지 않으며, 이들은 어떤 사람들처럼 인간의 교리를 선전하지도 않는다. 이들은 각자의 운명에 따라 헬라 문명의 도시와 야만인의 도시에서 살아가며 옷과 음식과 삶의 여러 측면에서 지역 관습을 따른다. 하지만 이와 동시에 시민으로 살아가는 이들의 삶은 놀랍고 특이하다고 인정할 수밖에 없는 성격을 나타낸다. 이들은 자신들의 나라에 살지만, 오직 비거주민으로서만 산다. 시민으로서 모든 일에 참여하지만, 외국인으로서 모든 것을 인내한다. 모든 외국이 그들의 조국이고 모든 조국이 외국이다. 이들은 다른 모든 사람처럼 결혼하고 아이도 낳지만, 자신의 자녀들을 유기하지 않는다. 음식은 공유하지만, 아내는 공유하지 않는다. 육신 가운데 살지만, 육신을 따라 살지는 않는다. 이 땅에 살지만, 시민권은 하늘에 있다. 그리스도인들은 세워진 법을 지키지만 실로 그들의 사생활은 법을 초월한다. 모든 사람을 사랑하지만 모든 사람에게 박해받는다. 알려지지 않았지만, 정죄를 당한다. 죽임을 당하지만, 생명을 얻는다. 가난하지만 많은 사람을 부유하게 만든다. 모든 것이 필요하지만 모든 것이 넘친다. 치욕을 당하지만 치욕 가운데 영화롭게 된다. 비방을 당하지만, 변호를 받는다. 저주를 당하지만, 축복한다. 모욕을 당하지만 존중한다. 선을 행해도 악인으로 처벌받는다. 처벌받아도 마치 생명을 얻은 것같이 기뻐한다. 유대인들에게는 외부인이라고 공격당하고, 헬라인들에게는 박해당하지만, 그들을 혐오하는 사람들은 적대감의 이유를 설명하지 못한다. 한마디로 영혼이 몸에 있는 것같이, 그리스도인들이 세상에 있는 것이다(디오그네투스 5.1-6.1, 홈즈의 번역).

10
유월절에서 성찬으로

유월절의 성취로서 주의 만찬

유대교와 기독교의 원뿌리는 하나님이 인간의 역사에 뚫고 들어오신 사건으로 뻗어 나간다. 유대인들에게 하나님이 세상에 침입하신 사건은 출애굽 사건이었고, 그것이 그들의 정체성을 구성했다. 기독교에서는 그런 사건이 예수님의 십자가 죽음이었다. 이 역사적인 두 사건 모두 예배 의식을 통해 기린다. 출애굽은 유월절로 예수님의 십자가 죽음은 성찬식으로 기념한다.

하지만 여기서 잠깐 짚고 넘어갈 것이 있다. 그리스도인들은 성찬을 일반적으로 "성례"로 여긴다. 그 말은 신자들이 예수 그리스도의 신비에 참여하는 방법이라는 뜻이다. 여러 세기 동안 떡과 포도주가 어떻게 하나님의 임재와 연관되고 이를 전달하는지에 대한 논란이 있었다. 그래서 우리는 떡과 포도주 그리고 이와 연관된 의식을 성경이나 설교 같은 다른 방식들과는 다른 형태의 계시로 생각했다. 하지만 신약성경에서 종종 "성례"로 번역되는 헬라어 단어 미스테리온(*mystērion*)은 어디에서도 성례에 대한 우리의 정의를 충족시키지 않는다.[1] 고대 후기, 즉 5세기쯤이 되기 전에는 "말씀"과 "성례"

가 교회 전통을 분류할 수 있게 해 주는 기준이 되지 못했다. 초기 교회에서 말씀과 성례는 서로 분리된 형태의 계시가 아니었으며, 오히려 더 큰 구원의 경륜 안에 있는 여러 요소 중 두 부분이었다.[2]

예수 추종자들은 그분이 행하신 많은 일을 준수했는데, 여기에는 세례(마 28:19), 공동 식사(고전 11:25), 발을 씻는 행위(요 13:14), 손을 얹는 안수(마 9:18), 기름부음(아픈 자들을 포함해서, 막 6:13), 죄 고백(마 3:6; 약 5:16), 축귀(막 6:13)가 포함된다. 우리는 이들 중에 정확히 얼마나 많은 부분이 초기 기독교 예배와 의식으로 자리 잡았는지, 그리고 이런 행위를 얼마나 오래 지속했는지 알지 못한다. 우리가 아는 것은 단지 세례와 공동 식사가 기독교 운동이 시작될 때부터 교회의 실천 사항으로 확립되었다는 사실뿐이다. 선발된 소수만 배타적으로 행하는 의식[미트라교의 황소를 제물로 바치는 의식이나 영지주의에서 "온전한" 자들이 플레로마(Plērōma)의 상위 계층으로 승천하는 것과 같은]이 아니라 "작은 자로부터 큰 자까지" 모두 행하는 의식이었다(히 8:11). 사도 요한의 전승은 "말씀"과 "성례"의 위치를 성육신하신 그리스도의 몸 안에 놓는다. 말씀은 그의 입에서 나오고 물과 피는 그의 찔린 옆구리에서 흘러나온다.[3] 성육신하신 한 분 주님이 말씀과 성례이시고, 따라서 말씀과 성례는 하나의 계시를 위한 수단이다. 고린도전서 12:13에서 바울은 세례와 주

---

1 엡 1:9; 3:9; 골 1:27 그리고 딤전 3:16에서 미스테리온은 라틴어 불가타 번역 "사크라멘툼"(sacramentum)으로 번역된다. D. S. Schaff, *NSHERK* 10:141-144를 보라. "이 용어는 테르툴리아누스의 시대에 기독교 의식에 적용되었으나 그보다 더 오래전으로 거슬러 올라가게 할 만한 뚜렷한 증거가 없다"(p. 141).

2 Pelikan, *Melody of Theology*, pp. 213-216; 그리고 특히 Nock, *Early Gentile Christianity*, p. 126를 보라: "우리 모두 성례라는 범주를 어떤 구체적인 종류에 속한 것으로 여기며 자랐다. 그리고 우리 모두 성례의 의미와 수에 대해 여러 세기 동안 논쟁이 있었다는 사실을 알고 있다. 주후 1세기에는 그런 범주가 없었고 심지어 5세기에도 우리가 성례라고 부르는 것은 기독교 계시의 다른 면들과 선명하게 분리되지 않았다. 그렇다면 1세기와 마찬가지로, 세례와 성찬은 구원의 경륜 혹은 시대 전체에 속해 있는 일부로 봐야 한다."

3 요 19:34; 요일 5:6.

의 만찬, 씻는 행위와 마시는 행위를 하나의 이미지로 결합한다. "우리가 유대인이나 헬라인이나 종이나 자유인이나, 다 한 성령으로 세례를 받아 한 몸이 되었고, 또 다 한 성령을 마시게 하셨느니라." 같은 편지의 앞부분에서 바울은 비슷하게 이들을 결합한다. "형제들아 나는 너희가 알지 못하기를 원하지 아니하노니 우리 조상들이 다 구름 아래에 있고 바다 가운데로 지나며, 모세에게 속하여 다 구름과 바다에서 세례를 받고, 다 같은 신령한 음식을 먹으며, 다 같은 신령한 음료를 마셨으니, 이는 그들을 따르는 신령한 반석으로부터 마셨으매 그 반석은 곧 그리스도시라"(고전 10:1-4). 칼 바르트는 성례에 대한 신약의 증언을 다음과 같이 잘 요약한다. 예수 그리스도는 성육신하신 하나님으로서, 하나님의 "첫째 성례"이시고, 모든 다른 성례들은 이를 증거한다.[4]

바울에게 급히 먹은 유월절 식사와 출애굽 때 홍해가 갈라진 사건은 그리스도 사건을 예시하는 **본보기**였다. 행위로 재현된 방식과 말로 설명된 방식 모두 죄와 불순종을 저지르지 말라는 훈계를 위한 것이고 믿음의 인내를 권면하기 위한 것이었다(고전 10:6-13).[5] 바울이 **본보기**를 언급한 것은, 논증이 필요한 경우, 세례와 주의 만찬에 연결되는 **원형**이 그리스-로마 세계가 아닌 이스라엘에 있다는 강력한 논증이 된다. 주의 만찬이 그리스-로마 방식의 식사에서 유래되었다는 논증은 설득력이 떨어진다.[6] 주의 만찬이 신

---

4 Barth, *CD* II/1, pp. 53-54.
5 Nock, *Early Gentile Christianity*, pp. 126-128.
6 Duff, *Jesus Followers*, pp. 204-212. Duff는 "숭배 의식에 관련된 식사와 1세기 예수 추종자들의 모임에서 행하는 의식적인 식사는 강한 평행 관계를 이룬다"라고 주장한다. 이것은 지지하기 힘든 주장이다. 예를 들어 행 2:42에서 묘사되는 초기 기독교 식사가 어떤 점에서는 그리스-로마의 식사['데이프나'(*deipna*)]에 부합할지 모르지만, 이 유사성은 "평행적"이지도 않고 "강력하지도" 않으며, 후자는 주의 만찬의 전형이 되지 못한다. 주의 만찬이 '데이프논'[*deipnon*](눅 22:20; 요 13:2, 4; 21:20; 고전 11:20-21)이라고 불린다는 점은 큰 의미가 없다. 왜냐하면 사실상 **모든 식사가** 그렇게 불렸기 때문이다. 유월절 식사의 잔이 그리스-로마의 헌주를 본뜬 것이라는 Duff의 제안은 포도주를 부음으로써 신들에게 '건배'를 하는 행위가 이스라엘에서 정죄된다는

비주의 종교에 뿌리를 두었다는 주장도 마찬가지다.⁷ 주의 만찬의 전형이 이
교도에서 왔다는 주장이 무너지는 이유는 주의 만찬과 유사하다고 추정
되는 이교도 개념이 없기 때문이고, 또한 주의 만찬과 유대교의 유월절 사
이에 더 분명한 유사성이 존재하기 때문이다.⁸ 최후의 만찬에 대한 예수님

사실(렘 7:18; 19:13; 그리고 아마도 암 6:6)에 비추어 볼 때 매우 신빙성이 떨어진다. 그리스-로마의 잔치는 자주 신전에서 혹은 숭배되는 신에게 헌납된 성스러운 공간에서 거행되었다. 바울은 고린도의 그리스도인들에게 그러한 잔치에 참여하지 말라고 경고한다. 왜냐하면 신전에서 식사하는 것이 더 약한 신자들의 양심을 타협하게 만들 수 있기 때문이다(고전 8:10-11). 사실, 이러한 잔치에서 식사하면 신자들이 주의 잔을 악마의 잔과 혼동할 수 있다(고전 10:21). 그리스-로마의 잔치들은 정기적으로 손님들의 자리를 그들의 사회적 지위에 따라 배치했는데, 이것은 예수님이 반대했던 관습이다(막 2:15-17; 눅 14:7-10; 16:21). Duff는 고전 11:21과 엡 5:18-20에 따르면 주의 만찬 후에 술을 마시는 잔치가 뒤따른다고 주장하는데 이것은 믿기 힘들다. 연회(symposia)는 대략적으로 '남성만의 파티'에 관련 있는데 여기서 여성들은('피리 부는 여인들'과 매춘부들) 남성의 쾌락을 위해 참석한다. 플라톤의 『향연』(*Symposium*)과 주의 만찬에 대한 기록 사이에 겹치는 내용은 적고 사소하다. 그리스-로마의 식사와 주의 만찬 사이에 있는 유사성과 차이점에 대한 객관적이고 많은 정보를 주는 설명은 Smith, "Dinner with Jesus and Paul"을 보라.

7 Nock, *Early Gentile Christianity*, pp. 109-145를 보라. "그리고 기독교 성례라고 부르는 것이 이교도 신비주의에서 비롯되었다거나 그것에 기초한 비유적 개념에서 비롯되었다는 어떤 생각도 언어학적 증거에 부딪히면 모두 무너져 버린다.…이교도 예배에 공통으로 적용되는 다른 용어들이, 덜 난해한 종류의 용어들조차 초기 기독교 문헌에서 발견되지 않는다는 사실도 또 하나의 반증이 된다"(pp. 132-133). Metzger는 *Historical and Literary Studies*, p. 12에서 신비주의 종교의 표어 중 신약에서 등장하지 않는 열일곱 개를 열거한다. 신비주의가 주의 만찬의 전형이 아니라는 증거를 더 알려면 Edwards, *Jesus the Only Savior?*, pp. 132-139를 보라.

8 주의 만찬이 유월절을 기념한 식사라는 증거로 세 개의 공관복음 모두 주의 만찬을 목요일 저녁으로 묘사한다는 점, 교외가 아닌 예루살렘에서 식사했다는 점, 시점이 오후가 아닌 저녁이라는 점 그리고 식사 후에 찬송을 불렀다는 점 등이 제시된다(14:26). 시간과 장소와 마무리 찬송은 주의 만찬이 유월절을 기념하는 것이라는 결론을 지지한다. 이 결론에 반대하는 자들은 최후의 만찬에 여성이 없었다는 점(유대 관습에서는 여성들이 유월절에 함께했다), 손님이 잔으로 축복하지 않았다는 점 그리고 예수님이 하신 말씀이 유월절 의식과 맞지 않았다는 점을 지적한다. 여성이 없었다는 반대는 침묵으로부터의 논증(argument from silence)이기 때문에 결정적이지 않다. 비록 자주 언급되지는 않지만 예수님의 사역 내내 여성들이 함께했기 때문이다(막 15:41). 의식이 유연하게 치러졌다는 점을 전제하면 그다음 두 반대도 결정적이지는 않다. 주의 만찬이 유월절 기념 식사라는 해석에 반대되는 가장 중요한 증거는 요 18:28에서 가야바와 유대교 공회가 부정해져 유월절 식사를 참여하지 못할까 봐 로마 총독궁에 들어가지 않았다는 사실이다. 요한에 따르면, 예수님이 십자가에 못 박혔을 때 그들은 유월절 양을 아직 먹지 않았으며, 이것은 십자가 처형이 유월절 예비일인 목요일에 일어났음을 암시한다. 그렇다면 최후의 만찬은 유월절 전날 밤에 있었던 것이다. Jeremias는 *Eucharistic Words of Jesus*, pp. 15-88에

의 "제정 선언"은 이 만찬이 나오는 모든 신약성경의 묘사에서 중심이 된다.[9] '인스티투토'(*instituto*)라는 라틴어에서 온 '제정'(institution)은 "가르치다", "소개하다" 그리고 "세우다"라는 뜻을 갖는다. 예수님의 말씀에 대한 주석은 사건을 해석하고 관찰한 것을 규정한다. 이것은 성례와 말씀이 분리될 수 없으며 함께 결합해 나타나는 계시적 의미로 이해해야 한다는 사실을 다시 한 번 증거한다. 떡에 대한 예수님의 언급은 광야에서 이스라엘에게 한 모세의 말과 밀접한 평행을 이룬다. "이는 여호와께서 너희에게 주워 먹게 하신 양식이라"(출 16:15). 잔에 대한 예수님의 언급도 마찬가지로 시내산에서 율법을 줄 때 모세의 말을 연상시킨다. "이는 여호와께서 이 모든 말씀에 대하여 너희와 세우신 언약의 피니라"(출 24:8).[10] 주의 만찬은 만찬 참여자들을 과거, 현재, 미래라는 시간의 연속체에 결속시킨다. 이것은 만찬 참여자들을 대신해 돌아가신 예수님의 과거 죽음을 기억하는 것이고, 제자들을 위해 흘리신 예수님의 피로 세워진 새 언약이 현재에 확증되었음을 기념하는 것이며, "그가 올 때까지" 미래의 메시아 잔치를 기대하는 것이다. 주의 만찬은 이스라엘의 약속과 소망을 성취한 것이다.[11]

예수님이 선언하신 주의 만찬 제정에 대해 세 가지 첨언이 필요하다. 첫 번째는 예수님의 피에 대한 언급이 시내산 언약 갱신의 피를 반복하고 강조한다는 점이다. 모세가 주의 말씀을 전하고 이에 대해 이스라엘 백성의 동의를 받은 후, 그는 산기슭에 제단을 짓고 그 위에 황소를 바친다. 황소의

서 이 점들을 충분히 고려한다. 요 18:28에도 불구하고 Jeremias는 네 번째 복음에서 최후의 만찬을 가리키는 몇몇 본문을 찾아내는데, 이들은 공관복음의 연대기와 일치한다(예, 13:21-30). 이 본문 중에는 유월절 맥락을 전제하는 요한복음 6장의 해석의 말씀도 포함된다(6:4).

9 마 26:26-29; 막 14:22-25; 눅 22:15-20; 고전 11:23-26.
10 이 평행 요소들에 대해서는 Nock, *Early Gentile Christianity*, p. 125를 보라.
11 Schweizer는 이렇게 선언한다. "확실히 유대교의 배경은 초기 기독교의 주의 만찬 형식에 영향을 주었다." *Lord's Supper*, pp. 1-3.

피의 절반은 제단에 뿌리고 나머지는 사람들에게 뿌려서 그들을 하나님과의 언약에 결속시킨다(출 24:3-8). 시내산에서 유대인들에게 피를 뿌린 사건은 최후의 만찬에서 더욱 강화된다. 여기서 예수님은 제자들에게 그분의 피를 **마시라**고 명하신다.[12] 히브리인은 피가 피조물의 생명력을 나타낸다고 생각한다. 예수님이 "내 피"라고 말씀하신 것은 따라서 그분의 생명을 지칭한다. 여기에서 다시 한번 성례는 말씀과 성례로 표현된 말씀으로 해석된다. 왜냐하면 최후의 만찬에서 피를 마신다는 것은 하나님이 자신의 율법을 "이스라엘 속에 두며, 그들의 마음에 기록"한다는 예레미야의 새 언약 예언을 재현한 것이기 때문이다.[13] 언약의 피는 더 이상 이스라엘**에게** 있지 않고 이스라엘 **안**에 있어서 양분을 주고 생명을 준다.

두 번째 첨언은 예수님의 제정 말씀에 나오는 "…이다"라는 동사에 관한 것이다. "이것은 나의 몸**이다**…이것은 나의 피**다**." 동사 중 가장 흔한 이 동사가 성만찬의 논의에서 엄청난 역할을 했다. 1세기 유대인의 예배 언어는 히브리어였다. 히브리어로 "이것은 나의 몸이다"라는 선언은 "이다"라는 동사를 포함하거나 빠뜨릴 수 있었다.[14] 실제 히브리 어구는 아마도 "이것, 나의 몸"이었을 것이고, "이다"는 암시되어 있다. 인도-유럽 언어들에서 "이다"는 예수님과 떡을 너무 정확한 동등 관계로 나타낸다. 하지만 "이다"를 빠뜨

---

12 기독교에 대한 로마 비평가 포르피리우스는 주의 만찬에 대해 다음과 같이 혐오감을 표현한다. "사람이 자기 동족이나 친족의 살을 먹고 피를 마셔서 영생을 얻는다는 생각은 그 어떤 불합리와 짐승 같은 난폭함보다 훨씬 더 야만스럽고 터무니없지 않은가?" 인용문 전체를 보려면, Harnack, *Mission and Expansion*, pp. 1, 229를 보라. 어떤 유대인도 제자들에게 "피를 마시라"라고 명하지 않을 것이라 주장하는 비판자들에게 Nock은 이렇게 말한다. "예수님이 이런 말씀을 하셨다는 것보다 다른 어떤 이가 이 말을 지어냈다고 상상하는 게 훨씬 더 어렵다"(*Early Gentile Christianity*, p. 125).
13 렘 31:33; 히 8:8-12.
14 1세기 유대인의 종교 생활에서 아람어보다 히브리어가 사용되었다는 점에 대해서는 Edwards, *Hebrew Gospel*, pp. 166-174를 보라. Delitzsch(1931)의 히브리어 신약성경과 UBS(1976)에서 "이다"는 예수님의 만찬 제정 선언에서 빠져 있다.

리면 둘 사이의 관계가 비유적이거나 상징적인 유사 관계로 약화된다. 히브리어의 경우, 동사를 동반하거나 그렇지 않거나, 명확하지만 반드시 같지는 않은 관계를 의미한다. 예수님의 말씀이 떡과 포도주의 화학 성분을 그분의 살과 피를 이루는 성분으로 바꾸었다는 이론은 본문의 의미를 과하게 해석한 것이다. 사실 마가복음에서 예수님은 제자들이 잔을 마신 **이후에** "이것은 나의 피다"라고 선언하신다(14:23-24).[15] 더군다나 "**이것**은 나의 몸이다… **이것**은 나의 피다"(14:22, 24)에 나오는 지시대명사 **이것**은 중성형[헬라어. '투토'(touto)]이다. 만약 이것이 떡과 포도주를 지칭한다면, **떡**과 **포도주**(헬라어에서 둘 다 남성형)와 일치하는 남성형[헬라어. '후토스'(houtos)]이어야 할 터이다. 중성형 지시대명사는 떡과 포도주보다 예수님의 몸[헬라어. '소마'(sōma), 중성]을 가리킨다.[16] 마지막으로 "많은 사람을 위하여 흘리는"이란 표현은 다락방에서 포도주로 상징되고 골고다에서 예수님이 죽으실 때 비로소 현실이 된다.[17] 이 모두를 다 합치면, "떡은 나의 몸을 **의미한다** 혹은 **나타낸다**"가 성찬 제정 선언의 의미를 가장 잘 전달한다고 볼 수 있다.

세 번째의 마지막 첨언은 유월절이 주의 만찬의 원형임을 뒷받침하는 내용이다. 창세기 14:18의 묘사에서 멜기세덱은 아브라함이 북방 왕들에게 승리한 후 그에게 "떡과 포도주"를 바친다. 멜기세덱에 대해 제2성진 유대교에서는 두드러진 관심을 보인다. 필론,[18] 요세푸스,[19] 쿰란[20]에 그 표현이 나타나고, 나그 함마디(Nag Hammandi) 영지주의 사본에 나오는 초기 기독교에 대

---

15 Schweizer, *Mark*, pp. 303-304를 보라.
16 Schlatter, *Matthäus*, p. 742.
17 Boughton, "Shed for You/Many"를 보라
18 Philo, *Alleg. Interp.* 3.82는 알레고리적으로 해석해 멜기세덱이 제공한 포도주를 "이성"으로 이해한다.
19 Josephus, *J.W.* 6.438과 *Ant.* 1.180은 멜기세덱을 하나님의 대제사장으로 첫 번째로 직무를 행하고 예루살렘을 "살렘"이라고 명명한 "의의 왕"으로 묘사한다.
20 11QMelch.

한 영지주의적 해석[21]과 히브리서[22]에서 훌륭히 변호되는 기독교 전통에서도 나타난다. 이에 비추어 볼 때, 참 대제사장이시고 하나님의 아들인 예수님이 최후의 만찬에서 떡과 포도주를 주신 것을 "의의 왕" 멜기세덱이 아브라함에게 떡과 포도주를 바친 것과 연결해서 해석해도 놀라울 점이 없다. 하지만 신약에 나오는 주의 만찬 본문에는 멜기세덱에 대한 언급이 없고 속사도 교부들의 문헌에도 그에 대한 언급이 없다. 유월절과 주의 만찬 사이의 유비 관계가 명확하고 확고히 세워졌기 때문에 멜기세덱과 같은 다른 그럴듯한 유비 관계들은 빛을 잃었다.[23]

유월절은 따라서 신약에 나오는 주의 만찬의 원형이다. 물론 주의 만찬이 유월절보다 더 큰 중요성을 지닌다. 사도 바울은 하나의 잔과 하나의 떡을 하나의 교회인 그리스도의 몸을 가리키는 상징으로 사용한다. "떡이 하나요 많은 우리가 한 몸이니 이는 우리가 다 한 떡에 참여함이라"(고전 10:17). 여기서 잔과 떡의 이미지는 이교도와 기독교 제사를 혼합한 고린도인들을 훈계하는 윤리적인 목적으로 사용된다. 사실, 바울은 고린도인들의 지나친 "성례적인" 태도가 주의 만찬을 손상했음을 꾸짖는다.[24]

---

21 나그 함마디 사본에 나오는 멜기세덱의 역할에 대해서는 Birger A. Pearson, "Melchizedek," *ABD* 4:688를 보라. 구약, 제2성전 유대교, 쿰란에서 멜기세덱의 역할에 대해서는 Michael Astour와 George Brooke의 글을 보라(*ABD* 4:684-688).
22 히브리서 7장은 예수님이 "멜기세덱의 반차를 따르는" 대제사장이며 하나님의 아들임을 논증하는 데 온전히 집중한다.
23 "Supersession or Subsession?"에서 Boulton은 "종속주의적"(subsessionist) 해석을 제시해 성만찬을 유월절을 대체하는 것이 아닌 반복하는 것으로 이해한다. "최후의 만찬을 유월절 식사와 연결함으로써" 복음서 저자들은 "만찬을 모형론적으로 새로운 출애굽의 시작으로, 혹은 아마도 더 정확하게는, '또 하나의 출애굽'이 아닌 '새' 출애굽의 시작으로 제시하려 한다"(p. 25). 주의 만찬과 출애굽기 유월절과의 모형론을 유지한 Boulton의 관점은 옳다. 하지만 만약 주의 만찬이 그저 출애굽기 유월절의 반복에 지나지 않는다면, 렘 31장이 새 언약에 부여하는 독특함과 예수님의 만찬 제정 선언이 최후의 만찬에 부여하는 독특성을 잃어버리게 된다. 그리고 (무엇보다도) 히 8-10장은 새 언약을 단순히 첫 언약 이후의 "또 하나"의 언약으로 그리지 않고, 첫 언약을 성취하고 미래 언약의 필요성을 제거하는 단번의 언약으로 묘사한다.
24 Schweizer, *Lord's Supper*, p. 5를 보라. "고린도인들은 너무 성례적으로 생각해서, 마술적인 효력

또 다른 방식으로 네 번째 복음은 주의 만찬을 비유로 사용해 예수 그리스도의 성육신을 "하늘에서 내려온 살아 있는 떡"으로 표현한다(요 6:51).[25] "예수께서 이르시되, '내가 진실로 진실로 너희에게 이르노니 인자의 살을 먹지 아니하고 인자의 피를 마시지 아니하면 너희 속에 생명이 없느니라. 내 살을 먹고 내 피를 마시는 자는 영생을 가졌고, 마지막 날에 내가 그를 다시 살리리니, 내 살은 참된 양식이요 내 피는 참된 음료로다. 내 살을 먹고 내 피를 마시는 자는 내 안에 거하고 나도 그의 안에 거하나니'"(6:53-56). 예수님의 몸과 피에 관한 이미지는 요한복음의 앞부분에 언급된 위로부터 태어나야 하는 필요성(3:3-5)과 이후의 본문에 나오는 베드로가 씻겨야 한다는 예수님의 말씀(13:6-8)을 보충한다. 모두 "믿음의 불쾌함"을 강조한다. 에두아르트 슈바이처(Eduard Schweizer)는 이렇게 설명한다. "요한에 따르면, 주의 만찬은 온전한 성육신과 똑같이 불쾌한 내용을 증거한다."[26]

초기 기독교 전통에서 주의 만찬

주의 만찬에 대한 가장 이른 기록은 예수님이 죽음을 맞으신 이후 20년도 지나지 않아 생긴 것으로 이미 물려받은 "전통"으로 표현된다. 바울은 주님께 전통을 물려받았고, 고린도인들에게 전달했으며, 고린도인들은 그 전통을 믿음으로 받았다.

을 내는 '오푸스 오페라툼'(*opus operatum*)의 개념에 근접할 정도였다(고전 10:1-22; 15:29). 바울은 그들이 성례주의로 주의 만찬을 사실상 훼손시켰다"라고 성토한다.
25 히 2:14에서 살과 피의 이미지는 예수님이 죄, 사망, 악에서 인간을 구하기 위해 입으신 인간의 본성을 가리킨다. 히브리서 저자는 살과 피를 가리킬 때 주의 만찬을 언급하지는 않지만, 본문은 주의 만찬 전례와 잘 맞는다.
26 Schweizer, *Lord's Supper*, p. 8.

> 내가 너희에게 전한 것은 주께 받은 것이니, 곧 주 예수께서 잡히시던 밤에 떡을 가지사 축사하시고 떼어 이르시되, '이것은 너희를 위하는 내 몸이니 이것을 행하여 나를 기념하라' 하시고, 식후에 또한 그와 같이 잔을 가지시고 이르시되, '이 잔은 내 피로 세운 새 언약이니 이것을 행하여 마실 때마다 나를 기념하라' 하셨으니, 너희가 이 떡을 먹으며 이 잔을 마실 때마다 주의 죽으심을 그가 오실 때까지 전하는 것이니라. (고전 11:23-26)

바울은 이 전통을 다시 인용하며 예수님이 제자들을 위해 자신을 내주신 역사적인 사건을 가리킨다. 이것은 십자가에서 실현되었고 만찬에서 상징화되었다. 그래서 "기념"하라고 두 번 명하신 것이다. 기념은 과거의 사건을 반복하는 것 이상의 의미가 있다. 예수님이 선포하신 "새 언약"은 시간을 초월한다. 이것은 모세가 예시했고(출 24:3-8), 예레미야가 기대했으며(렘 31:31-34), 예수님의 피로 성취되어 다가올 하나님 나라에 대한 약속과 보증이 되었다. 바울은 주의 만찬에 대한 전통을 고린도전서에서 도덕적인 교정의 맥락에 위치시킨다. 따라서 만찬을 기념하며 가난한 자들과 부자를 차별하면 만찬에 참여할 "자격을 박탈"당한다.[27]

공관복음서에서 주의 만찬에 대한 가장 이른 시기의 기록은 고린도전서가 기록된 이후 10년이나 그 이상의 세월이 지난 후에 쓰였는데 고린도전서 11장과 매우 일치한다. "그들이 먹을 때에 예수께서 떡을 가지사 축복하시고 떼어 제자들에게 주시며 이르시되, '받으라 이것은 내 몸이니라' 하시고, 또 잔을 가지사 감사 기도 하시고 그들에게 주시니, 다 이를 마시매 이르시되, '이것은 많은 사람을 위하여 흘리는 나의 피 곧 언약의 피니라. 진실로 너희에게 이르노니 내가 포도나무에서 난 것을 하나님 나라에서 새 것

---

27 고전 11:17-22, 27-33.

으로 마시는 날까지 다시 마시지 아니하리라'하시니라"(막 14:22-25).

누가복음은 이 이야기의 핵심을 보존하지만, 잔에 대해서 거의 같은 길이의 서두를 추가한다. 모든 신약의 증거들 가운데 오로지 누가만 서두에 나오는 예수님의 말씀을 통해 주의 만찬에 대한 히브리적 배경을 강조한다. "너희와 함께 이 유월절 먹기를 원하고 원하였노라"(22:15). "원하고 원하였다"라는 표현은 히브리어 독립 부정사를 헬라어로 그대로 직역한 말이다.[28] 누가만 홀로 주의 만찬을 "기념"하라는 표현을 유지한다(22:19). 하지만 우리가 살펴보았듯이, 세 공관복음서 모두 주의 만찬을 유월절 식사로 이해하며, 감사, (떡을) 나눔, (잔을) 부음 그리고 나누어 줌의 행위들을 연결해 이야기를 펼친다. 예수님의 대리적 자기희생도 세 공관복음서에 모두 나오며, "하나님의 나라에서 새롭게 마실 것"이라는 종말론적 기대도 마찬가지다. 마지막으로 공관복음은 바울처럼 도덕적 책임의 맥락에 이야기를 위치시킨다. 산헤드린과 공모해 예수님을 배신한 유다의 이야기가 앞에 나오고, 제자들이 확고한 충성 고백을 한 이후에 체포되는 예수님을 수치스럽게 버리는 치욕적인 이야기가 뒤따른다.[29]

주의 만찬에 대한 세 개의 추가적 이야기가 속사도 교부들의 문헌에 등장한다. 어느 것도 신약의 설명만큼 충분하지는 않다. 디다케에서 만찬은 "성만찬"이라는 공식적인 호칭을 얻으며 이 이후부터는 이 호칭이 속사도 교부들의 문헌에서 지배적으로 사용된다. 성만찬은 도덕적 교정이 아닌 교회 질서의 맥락에 위치하는데, 세례, 금식, 기도, 성만찬, 가르침에 대한 지시 사항들이 여기에 포함된다. 디다케는 잔과 떡을 뗄 때 읊을 기도문을 규

---

28 Edwards, *Hebrew Gospel*, p. 136.
29 앞에서 주목했듯이, 네 번째 복음서는 최후의 만찬 이야기를 빼고 "유대인들"과의 논쟁을 첨가하는데 이 논쟁에서 예수님은 떡과 피(포도주)의 요소를 암시적으로 사용해 성육신을 가리킨다(요 6:51-58).

정해 준다.³⁰ 디다케는 또한 성만찬에 참여하는 사전 조건으로 세례식을 규정하고 목회적 기도로 성찬식을 마무리한다.³¹ 디다케는 그렇게 성만찬 전례와 성만찬 제정 선언보다는 성만찬 기도를 보존한다. 추정컨대, 디다케가 기록될 때쯤에는 확고하게 세워졌던 것 같다. 주목할 만한 점은 기도에서 유월절이 언급되지 않는데, 이것은 성만찬과 유월절 사이의 관계에 대한 강조가 약해졌음을 암시한다. 디다케에서는 (모세가 아니라) 다윗이 성만찬 기념을 이스라엘과 연결한다. 성만찬에서 떡보다 잔을 먼저 등장시키는 것은 잔과 떡과 목회적 기도에 관련된 기도의 길이 때문인 듯하다. 기도의 길이 순서대로 등장하기 때문이다. 사실, 모든 요소들을 요약할 때, 디다케는 떡의 전통을 먼저 언급하고 그다음 잔의 전통을 말한다.³²

디다케처럼 이그나티오스는 성만찬의 전례 형태나 유월절을 모두 언급하지 않는다. 서신서에서 내내 그는 소아시아 교회들에게 그들의 공동체 모

---

30 잔에 대한 기도문은 다음과 같다. "우리 아버지, 당신의 종 예수님을 통해 우리에게 알게 해 주신 당신의 종 다윗의 거룩한 포도나무로 인해 감사드립니다. 당신께 영광이 영원무궁하소서"(Did. 9.2, Holmes의 번역). 떡을 떼는 기도문은 다음과 같다. "우리 아버지, 당신의 종 예수님을 통해 우리에게 생명과 지식을 알게 해 주셔서 감사합니다. 당신께 영광이 영원무궁하소서. 이 떼어진 떡이 산에 흩어졌다가 다시 모여 하나가 된 것처럼, 당신의 교회가 땅끝에서 다시 모여서 하나님 나라로 들어가게 하소서. 영광과 권능이 예수 그리스도를 통해 당신께 영원히 있사옵니다"(Did. 9.3-4, Holmes의 번역).
31 세례식에 대한 언급은 Did. 9.5를 보라. 마무리하는 목회적 기도는 다음과 같다. "거룩한 아버지, 당신의 거룩한 이름이 우리의 마음에 거하게 하시고, 당신의 종 예수 그리스도를 통해 지식과 믿음과 영생을 알게 해 주셔서 감사드립니다. 영원히 영광을 받으소서. 전능하신 주님, 주님은 당신의 이름을 위해 모든 것을 창조하셨고 인간에게 먹고 마시게 함으로써 이들이 주께 감사하게 하셨습니다. 그러나 우리에게 주님의 종을 통해 신령한 음식과 음료와 영생을 은혜로 주셨습니다. 무엇보다도 우리는 당신의 권능으로 인해 감사를 드립니다. 주께서 영원무궁토록 영광을 받으소서. 주님, 당신의 교회를 기억하셔서 모든 악에서 구하시고 당신의 사랑으로 온전하게 해 주소서. 미리 예비하신 당신의 나라에 들어오도록 사방에서 당신의 교회를 모으소서. 능력과 영광이 당신께 영원하소서. 은혜여 오소서. 그리고 이 세상이 지나가게 하소서. 다윗의 하나님께 호산나. 거룩한 자는 누구나 오라. 그렇지 않은 자는 누구나 회개하라. 마라나타! 아멘"(Did. 10.2-6, Holmes의 번역).
32 Did. 9.5. "세례받은 자 외에는 아무도 성만찬을 먹고 마시지 못하게 하라." 신약성경의 권위를 존중하는 디다케가 신약에서 물려받은 전례 전통의 순서를 바꿨을 가능성은 적다.

임 가운데 믿음과 평화의 조화를 이루라고 호소한다.[33] 이그나티오스서신에서 성만찬은 교회의 연합을 나타내는 일차적 상징이자 신자들 가운데 연합을 실현하는 일차적인 수단이다. 그는 빌라델비아인들에게 호소한다. "서둘러 하나의 성만찬에 참여하라. 왜냐하면 우리 주 예수 그리스도의 하나의 살이 있고 그의 피로 교회를 연합시키는 하나의 잔이 있으며, 하나의 주교가 있듯이 하나의 제단이 있기 때문이다."[34] 그리스도의 몸과 피의 하나 됨은 그리스도의 몸인 교회가 하나 되는 근원이다. 이그나티오스서신에서 성만찬이 교회의 맥락에서 이루어진다는 점은 성만찬의 의미와 정당성에 핵심적이다. 성만찬 그 자체가 제사이기 때문에 교회는 "제사의 장소"로 불린다.[35] 따라서 제단은 성만찬을 기념하는 핵심적인 요소다. 이그나티오스는 말한다. "잘못 생각하지 말아라. 제단에 있지 않으면 하나님의 떡이 없는 것이다."[36] 주교의 집무도 마찬가지로 핵심적이다. "주교나 주교가 임명한 자가 주관하는 성만찬만이 유효하다."[37] 이러한 요소들과 순서들은 신자들이 신실하고 효과적으로 성만찬을 받는 데 중요하다. 그리스도의 살은 신자들의 영적 생활에 양분을 제공하는 "하나님의 떡"이고 그리스도의 피는 신자들에게 그리고 신자들을 통해 나타나는 하나님의 "부패하지 않는 사랑"이다.[38] 성만찬에 신실하게 참여하는 행위는 구원에 참여하는 것이며, 사실상 구원을 중재하는 행위다. 하나 되신 하나님과 예수 그리스도 안에서 이루어지는 구원은 이 땅에 있는 기독교 공동체의 하나 됨에 반영된다. 그리고 이 하나 됨은 하나님의 한 종인 주교를 통해 시행되는 하나의 성만찬으로 구현된

33　Ign. *Eph.* 13.1-2.
34　Ign. *Phld.* 4.
35　Ign. *Eph.* 5.2; Ign. *Trall.* 7.2; Ign. *Phld.* 4.
36　Ign. *Eph.* 5.2
37　Ign. *Smyrn.* 8.1.
38　Ign. *Rom.* 7.3.

다. 교회의 하나 됨과 그리스도께서 이루신 구원의 효능은 이그나티오스가 "불멸의 약"으로 언급한 성만찬에 대한 비길 데 없는 호칭에서 하나로 연결된다. "너희 모두…한 믿음과 한 예수 그리스도 안에서 모여…떡을 떼는데, 이것은 불멸의 약이며 사망을 이기고 예수 그리스도 안에서 영원히 살게 해 주는 해독제다."[39] 그러므로 이그나티오스에게 성만찬은 구원적이며 교회적이다. 교회 안에서 하나로 결속되었다는 사실과 예수 그리스도의 죽음이 이룬 구원의 효능을 기념하는 것이자 이단에 대한 해독제다. 성만찬을 통해 우리는 그리스도의 신적 생명과 또한 교회의 생명에 참여한다. 예수 그리스도는 바로 성만찬의 주인이고 교회는 손님이다.[40]

우리가 이 부분에서 살펴볼 주의 만찬에 대한 마지막 증거는 2세기 중반의 순교자 유스티누스다. 유스티누스는 『트리폰과의 대화』(*Dialogue with Trypho*)에서 성만찬을 예수님의 고난과 죽음의 속죄적 의미와 연결해서 세 번 언급한다.[41] 이 세 본문들 모두 성만찬을 죄인들을 구원하기 위한 그리스도의 고난을 기념하는 것으로 여긴다. 성만찬에 대한 좀 더 실질적인 증거는 『제1호교론』(*First Apology*)의 결론에 나온다. 여기서 유스티누스는 안토니누스 피우스에게 기독교를 변호하며 성만찬의 순서를 설명한다.[42] 디다케와 이그나티오스처럼 유스티누스는 교리문답과 도덕적 검증과 더불어 세례를 성만찬 참여의 우선적 조건으로 언급한다. 성만찬 전례에 대해 유스티누스는 기도, 거룩한 입맞춤, 떡 배분, 그다음에 잔(물을 섞은 포도주)을 언급한다. 유스티누스가 사용하는 성찬 제정 선언은 다른 어떤 신약의 본문보다 누가

39　Ign. *Eph.* 20.2 또한 Quasten, *Patrology*, p. 1:66을 보라.
40　이그나티오스가 말하는 성만찬에 대해서는 Wehr, *Arznei der Unsterblichkeit*, pp. 63-181를 보라.
41　*Dial.* 41.1 (*ANF* 1:215): "모든 죄악에서 영혼이 정결해진 자들을 대신해 [예수님이] 겪으신 고난을 기억하며." 또한 *Dial.* 70.3-4; 111.3을 보라.
42　*1 Apol.* 65-66. 안토니누스 피우스는 로마의 황제였다(138-161년 재위).

복음 22:19에 더 가깝다. 이것은 유스티누스의 성찬 제정이 더 이상 구전에 의해 결정되지 않고 최소한 부분적으로는 기록된 복음에 의해 결정되었음을 암시한다. 유스티누스는 신약에 나온 대로 떡—잔의 순서를 따른다. 떡에 대한 성찬 제정 선언은 이것이다. "이것을 하여 나를 기억하라. 이것은 내 몸이라." 그다음 잔에 대한 선언이다. "이것은 나의 피라."[43] 식사 후에 삼위일체 하나님의 이름으로 기도를 드리고 회중이 "아멘" 하며 마무리된다. "히브리어로 아멘이라는 대답은 게노이토(*genoito*, 그렇게 되리라)에 해당한다"라는 유스티누스의 메모는 "아멘"이 그 당시에 새로 만들어진 용어임을 암시한다.[44] 식사의 중요성에 대해서 유스티누스는 이렇게 결론을 내린다. "우리의 구원자 예수 그리스도가 하나님의 말씀으로 육신이 되어 우리의 구원을 위해 살과 피를 취하셨다. 따라서 우리도 비슷한 가르침을 받는다. 예수 그리스도께서 기도의 말씀으로 축사한 음식은 (변형되어 우리의 피와 살에 양분을 공급하는데) 육신이 되신 예수님의 살과 피다."[45] 떡과 포도주가 "변형되어" 우리의 육신과 피에 "양분을 공급한다"라는 말은 이그나티오스의 서신에도 있었던 똑같은 개념을 떠오르게 한다. 그 음식이 "육신이 되신 예수님의 살과 피다"라는 유스티누스의 마지막 말 또한 성만찬을 "불멸의 약"으로 여기는 이그나티오스의 개념을 떠올리게 한다. 이것은 앞으로 화체설의 교리로 발전할 개념의 초기 표현으로 이해할 수 있다.[46]

---

43 *1 Apol.* 66.3
44 *1 Apol.* 65 (*ANF* 1:185). 헬라어 원 본문이 음역되었다.
45 *1 Apol.* 66.2 (*ANF* 1:185).
46 성만찬에 대한 유스티누스의 언급은 McGowan, "Liturgical Text?," pp. 80-83를 보라. McGowan은 고전 11:23-25, 유스티누스의 *1 Apol.* 65-66, 그리고 히폴리투스의 *Trad. ap.* 4, 9는 "성찬 제정 선언에 대해 4세기 이전에 있었던 가장 중요한 세 가지 전례적 해석이라고 주장한다. 그리고 모두가 성찬 식사에 적용된 해석적 성찰 혹은 교리문답[이라고] 논증할 수 있다" (p. 85). 디다케와 이그나티오스서신에서 우리가 인용한 본문들은 중요한 초기 성만찬 본문 목록에 속한다.

신약, 디다케, 이그나티오스 그리고 유스티누스가 증언하는 성만찬의 내용(이것이 기독교 정교회의 전통이 되었다)을 요약해 보자. 바울과 복음서들은 명시적으로 주의 만찬을 유대인의 유월절과 연결한다. 또한 예배 공동체의 맥락에서 그리고 그 공동체에 대한 도덕적인 책임을 지는 가운데 주의 만찬을 기억하고 기념한다. 디다케를 시작으로 성만찬은 유월절에서 분리되며, 그때부터 이 전통은 성만찬과 관련해 유월절을 언급하지 않는다. 이와 비슷하게 디다케와 그 이후의 전통에서 성만찬은 더 이상 신약에서와 같이 도덕적 책임의 맥락에서 시행되지 않는다. 그보다는 오히려 교회 질서의 형식적 요소로 나타난다. 성만찬은 교회의 주요 표지로, 공적 예배와 복음 증거를 규정하는 요소로, 그리고 복음이 신자들의 실제 삶에 전달되고 실현되게 하는 수단으로 부상한다.

이단 전통에서의 성만찬

성만찬은 신약성경과 속사도 교부들 문헌의 주류 전통에만 있는 독특한 전례가 아니었다. 당시 부상하던 기독교와 경쟁하며 더 인정받고자 하고 탁월함을 보이려고 했던 다른 전통들이 있었는데 이들에게도 성만찬이 있었다. 우리가 아는 바로는 영지주의가 그런 전통이었다. 2세기 말이나 3세기 초의 빌립복음은 가명 저자의 글 모음 혹은 선집으로서 127개의 본문 단위가 성례에 대한 교리문답을 두서없이 장황하게 전개한다. 이 문헌은 두 번 요한복음 6장을 언급하는데 성만찬과 연결해 언급했을 가능성이 가장 높다. 첫 번째 언급은 아담이 낙원의 동물들에게 먹이를 주지만 자신이 먹을 "밀"은 없는 상황에서 등장한다. "온전한 사람인 그리스도가 왔을 때, 그는 하늘에서 떡을 가져와 인간이 인간의 양식을 먹게 했다."[47] "하늘에서 온 떡"은 출애굽기 16:4과 16:15 그리고 시편 78:24(예수님이 이 구절을 요 6:31에서 인용하셨다)을 가리키는 듯 보인다. 두 번째 언급은 요한복음 6:53의 느슨한 인용을 포함한다. "내 살을 먹지 않고 내 피를 마시지 않는 자는 생명이 그 안에 없다."[48] 요한복음 6:53은 복수 대명사를 사용하는 데 반해 빌립복음은 여기서 단수 대명사를 사용한다. 이것은 신자들의 공동체가 아니라 홀로 있는 신자를 가리킨다. 신자가 "경멸스러운 몸"이 아니라 "벌거벗은" 상태로 부활할 것이라는 생각은 예상한 것처럼 영지주의적이다. 예수님의 살(그분의 말씀)을 먹고 그의 피(성령)를 마시는 누구든지 부활을 위해 "옷 입는다"라는 생각과 마찬가지로 말이다.[49]

우리가 앞에서 복음의 인도 전파와 관련해서 살펴보았던 도마행전도 또한 성만찬을 언급한다. 빌립복음처럼 도마행전도 저자는 가명이며, 3세기 초에, 아마도 시리아에서 기록되었을 가능성이 높다. 도마복음은 그럴듯한 내용, 그럴듯하지 않은 내용 그리고 불가능한 내용들을 모두 모아 놓은 작품으로 기억될 것이다.[50] 성찬은 악마들이 5년 동안 성적 환상으로 유혹하는 아름다운 여인에 관한 이야기가 나오는 맥락 가운데 위치한다. 도마가 그 악마들을 쫓아낸 뒤 개종시키고 다음과 같은 축도로 돌려보낸다. "주 예수 그리스도의 은혜가 너희에게 영원할지어다." 악마들은 "아멘"으로 답한다. 이어서 도마는 여인에게 삼위일체 하나님의 이름으로 손을 올리고, 성만찬을 준비해 "[그의] 거룩한 몸과 피의 성만찬에 참여할 자격을 주신 예수님"을 초대해 그들과 교제하시게 한다. 마지막 축도에서 도마는 성만찬을 "애찬"으로 명명한다. "감춰진 어머니"인 성령이 애찬에서 "남성의 교제"를 온전하게 하실 것이다.[51] 이 마지막 언급은 예수님에 대한 영지주의적 해석

---

47 NTApoc 1:189-190에서 Gos. Phil. 15.
48 NTApoc 1:191에서 Gos. Phil. 23b.
49 NTApoc 1:190-191에서 Gos. Phil. 22-23b.
50 도마행전에 관해서는 3장, pp. 130-132를 보라.
51 NTApoc 2:357-360에서 Acts Thom. 42-49.

을 반영한다. 이 해석에 따르면, 둘째 아담으로서 예수님은 그리스도와 영원히 함께 거하기에 적합한 하나의 새로운 영적 남성으로서 아담과 하와를 다시 하나로 연합하신다고 믿었다.[52]

빌립복음과 도마행전은 성만찬을 정통의 범위에서 경계가 없는 이단의 공간으로 이동시켰다. 이 문헌들에서 성만찬은 기독교 공동체 안의 도덕적이고 윤리적인 책임에서 벗어나고 유대인의 유월절에서도 벗어난다. 그리고 분리 자체가 더 완전해진다. 왜냐하면 영지주의에서 성찬의 대상은 신자 공동체가 아니라 개별 신자이기 때문이다. 가장 중요한 점은 성만찬이 더 이상 신자들의 구원을 위해 십자가상에서 이루어진 예수님의 자기희생을 기념하는 것이 아니고 그들이 그리스도의 형상을 닮게 하는 변화의 수단도 아니라는 것이다. 오히려 성만찬은 인간의 본성을 부정하는 의미를 띤다. 성육신하신 그리스도에 대한 부정도 동반된다. 이 때문에 창조된 세상에서 분리되어 "모든 것" 혹은 "플레로마"와의 순수하고 영적인 연합을 추구하는 것이다.

세례에 대한 결론의 말

지금까지 우리의 논의에서는 세례를 살펴보지 않았다. 거의 모든 기독교 전통에서 세례는 두 개의 주요 성례 가운데 하나를 구성한다. 사실 신약과 다른 초기 기독교 문헌에서 세례는 성만찬보다 더 자주 언급된다. 그리고 두 전례 가운데 더 중요한 의식이다. 세례가 에베소서 4:5-6과 니케아신조에서

---

52 여기서 Wesley W. Isenberg, "The Gospel of Philip," *NHL* p. 131를 보라. 영지주의에서 말하는 여성이 남성이 되어야 할 필요성에 대해서는 Gos. Thom. 114도 보라. "시몬 베드로는 그들에게 말했다. 마리아가 우리를 떠나게 하라. 여자들은 생명을 누릴 자격이 없다. 예수님이 말했다. 아, 내가 그녀를 인도하여 남성으로 만들어, 그녀도 너희 남성을 닮은 생령이 되게 하리라. 왜냐하면 남성이 된 모든 여성은 천국에 들어갈 것이기 때문이다."

언급되는 "유일한 것들"(solas)에 속하기 때문이다. 에베소서 4:5-6에 따르면 "주도 한 분이시요 믿음도 하나요 세례도 하나요 하나님도 한 분이시니 곧 만유의 아버지시라." 니케아신조에 따르면, "나는 죄 사함을 위한 하나의 세례를 인정한다." 세례가 우리의 논의에서 지금까지 제외된 이유는 중요하지 않기 때문이 아니라 이 책에서 다룬 초기 기독교의 다른 요소들과 다르게 예수님의 사역과 이그나티오스의 사역 사이에 형식적 변화가 없었기 때문이다. 세례 요한이 제정하고 예수님이 명하시고(행 1:5) 기독교 운동이 퍼져 나가던 최초의 시기부터 시행했던(행 2:38) 세례 의식은 초기 기독교 전통에서 본질적으로 변화되지 않았다.

하지만 기독교에서 세례의 핵심적 중요성을 고려할 때, 세례의 역할을 간략하게 논의하고 이번 장을 마치는 편이 좋겠다.[53] 그리스-로마 세계의 신비주의에서는 종종 그 종교에 가입할 자들을 "씻기" 혹은 "뿌리기"라고 불리는 '히드라노스'(hydranos) 의식으로 준비시켰다. 유대교도 이와 비슷하게 성전과 회당 예배를 위해 정결하게 하는 물세례 의식을 제정했다("담금욕"을 뜻하는 미크바옷).[54] 세례 요한이 유대 지방 사람들을 요단강으로 불러 회개와 도덕적 갱신을 위한 물세례 의식을 행했을 때, 그것은 완전히 새로운 의식은 아니었지만 구체적으로 유대교나 이교도의 관습을 본뜬 의식도 아니었다.[55] 네 개의 복음서 모두 요한의 세례를 예수님이 하나님의 아들로 선포되고 성령을 받으심으로써 그분의 구원 사역이 시작되었음을 알린 사건으로 기록한다. 요한복음은 예수님 자신이 세례를 베푸셨는지 여부에 대해서는 모호

---

53 Harnack, *Mission and Expansion*, p. 228를 보라. "기독교 종교의 아주 처음부터 설교에 동반되는 두 가지 외적 의식이 있었는데, 한 개도 세 개도 아닌 두 개였다. 바로 세례와 주의 만찬이다."
54 Meeks, *First Urban Christians*, pp. 152-153를 보라.
55 기독교 세례에 미친 세례 요한의 영향은 Schweizer, *Lord's Supper*, pp. 26-27를 보라. "세례는 우리의 모든 [신약] 문헌에 단순히 전제되어 있는데, 요한의 제자들이 행했던 세례를 모방해 원시 교회가 채택한 것이다."

하지만 예수님의 사역에서 그분의 제자들이 세례를 베풀었다고 분명히 말한다(요 3:22; 4:1-2). 부활 이후 예수님은 요한의 세례가 오순절에 일어날 영적 세례의 전조임을 확증하셨다(행 1:5). 그리고 사도행전의 첫 번째 주요 설교 이후 베드로는 개종할 자들을 불러 "예수 그리스도의 이름으로 죄 사함과 성령을 받는" 세례를 받게 했다(2:38). 세례는 기독교의 최초의 개념과 발달에 뿌리를 둔 것이다.

신약에서 세례에 관한 논쟁은 찾을 수 없다. 예를 들어, 사도직 계승과 이방 선교에 대한 논쟁이 존재하는 것과는 대조적이다. 우리의 최초 문헌들에는 믿음에서 세례의 핵심 역할이 전제되어 있다. 이것은 세례가 예수 추종자들 사이에서 초기부터 폭넓게 수용되었음을 입증한다. 신약과 속사도 교부들 모두 세례 의식의 순서를 보존하지 않는다. 세례에서 물은 성스러운 요소였다. 하지만 세례자가 물에 완전히 잠기는지(이것은 그리스도와 함께 죽고 살아난다는 롬 6:3-4의 이미지가 암시한다) 물이 서 있는 세례자 위에 부어지는지(카타콤과 초기 기독교 벽화에 묘사된 가장 일반적인 세례 방식)는 불투명하다. 디다케는 물에 잠기는 것이나 물을 뿌리는 것 모두 세례의 요구를 충족한다고 말한다.[56] 어떤 식으로 물이 주어질지는 재량에 따라[헬라어. '아디아포라' (adiaphora)] 결정되지만 두 번 언급된 핵심 요소[헬라어. '디아페론'(diapheron)]는 삼위일체의 공식 문구다. "아버지와 아들과 성령의 이름으로"의 형태로 쓰인다.[57] 기독교 개종자들은 분명히 알몸으로 세례를 받았다. 이것은 가장 처음으로 알려진 히폴리투스의 세례 안내문에 명시적으로 지시되어 있다.[58] 최

---

56 "이제 세례에 관해서는 다음과 같이 세례하라. 이 모든 것들을 다시 살펴본 후, 아버지와 아들과 성령의 이름으로, 흐르는 [살아 있는] 물로 세례를 주라. 하지만 흐르는 물이 없다면, 다른 물로 주라. 그리고 차가운 물로 세례를 줄 수 없다면, 따뜻한 물로 하라. 하지만 아무것도 없다면, 아버지와 아들과 성령의 이름으로 머리 위에 물을 세 번 부으라"(Did. 7.1-3, Holmes의 번역).

57 Did. 7.1, 3.

58 Trad. ap. 21.

초의 예술적 묘사들은 알몸으로 서 계시는 예수님의 머리에 물을 붓는 요한의 모습을 보여 준다.[59] 세례의 맥락에서 바울은 옷을 벗고 입는다고 표현하고 옛사람을 벗고 새 사람을 입는다고 말하는데 두 표현 모두 알몸을 암시한다.

세례의 **수단**보다는 세례의 **의미**가 신약에 풍부한 이미지들을 만들어 냈다. 마태복음은 세례식을 개종과 동일시하며 "아버지와 아들과 성령의 이름으로 세례를 베풀[라]"라고 말한다(28:19). 베드로전서는 세례를 노아 때의 홍수와 비교하며, 이것이 새 생명을 위한 보존뿐 아니라 죽음과 멸망으로부터의 구조를 의미한다고 말한다(3:20-22). 세례와 성령 받음(행 1:5)의 연결성은 바울의 세례(행 9:17-18)에 대한 묘사에서, 그리고 고린도후서 1:21-22에서는 성령의 은사와 연결되어 반복적으로 등장한다. 신약에서 이 주제에 대해 가장 신학적으로 중대하게 다룬 곳은 바울이 세례를 그리스도가 죽고 부활하는 사건과 연관 짓는 부분이다. 물에 잠기는 것은 죄인인 옛 자아의 죽음과 매장을 의미하고 물에서 일어나는 것은 그리스도 안에서 영원히 거듭나는 것을 상징한다.[60] 거듭난 신자는 새로운 신자 공동체에서 그리스도의 몸에 연합된다. 앞에서 보았듯이, 새 생명은 예수 그리스도 자체를 새 옷으로 "입는" 것처럼 그린다(골 2:11; 3:10).[61] 비슷하게, 요한복음은 세례를 위로부터 난, 물로 난 "새 탄생"으로 비유한다(요 3:3-5). 세례를 받은 신자는 진정한 도덕적 권면을 들을 수 있고 받을 수 있다.[62] 이것은 주의 만찬의 본래 맥락처럼 세례를 교회적이고 도덕적인 권면의 맥락 안에 결정적으로 위치시

---

59 Meeks, *First Urban Christians*, p. 151.
60 롬 6:1-4; 엡 2:5(아마도); 골 2:12.
61 Harnack, *Mission and Expansion*, p. 389를 보라. "[고대 교회]의 일반적 확신은 세례가 세례받은 자의 모든 과거의 죄를 효과적으로 탕감해 준다는 것이었다.…물에 잠겼다가 완전히 정결하고 완전히 거룩한 사람으로 일어난 것이다."
62 롬 6; 8:12-17; 고전 1-4장; 12장; 갈 3:26-4:6.

킨다. 오로지 이 땅에서 빛 가운데 걷는 자들만 그리스도와 함께 하늘에 앉게 될 것이라고 바울서신은 훈계한다.[63]

초기 교회가 유아들에게도 세례를 주었는지 아니면 성인들에게만 주었는지는 확실히 답할 수 없다. 신약성경이 성인 신자들에게 베푼 세례만 기록한다는 점은 이 질문에 대한 결론적인 답이 되지 못한다. 왜냐하면 기독교 운동은 성인 신자들에게 세례를 줘서 시작할 수밖에 없었기 때문이다. 아이들에게도 세례를 주어야 하는지의 질문은 첫 세대 사람들에게는 생기지 않았을지 모른다. 하지만 아이들은 초기 기독교에서 두드러지게 등장한다. 구원의 선물은 성인들뿐 아니라 아이들에게도 주어진다(행 2:39). 유대교에 있었던 두 선례가 아마도 초기 기독교에서 유아세례의 문을 연 것 같다. 첫 번째는 유월절 때 유대인 아이들이 함께 있다는 것이고, 두 번째는 유대 남자아이들의 할례 의식이다. 골로새서는 유대인의 할례와 기독교 세례 사이의 직접적인 평행 관계를 말한다(2:11-13). 할례 유비는 특별히 관련이 깊다. 이스라엘 가정에서는 어리거나 나이가 많거나 **모든** 남성들이 할례를 받았기 때문이다(창 17:23-27). 신약에는 "집안"이 세례를 받은 다섯 이야기가 나온다.[64] 추정컨대 이 집안들 중 어떤 경우는 아이들을 포함했을 것이다. 따라서 위에 언급된 집안들이 아이들과 유아들까지도 포함한다고 가정하면, 신약과 1세기 기독교에서 아이들에게 세례를 준 선례는 한 번 이상인 것 같다.[65]

---

63 엡 2:4-7; 골 2:12, 20; 3:1-4.
64 행 11:14-16; 16:15, 33; 18:8; 고전 1:16.
65 초기 기독교의 세례에 대한 철저한 조사는 Hellholm et al., *Ablution, Initiation, and Baptism*을 보라. 더 짧지만 정보가 많고 균형 잡힌 연구는 Beasley-Murray의 *Baptism in the New Testament* 이다. Jeremias는 *Infant Baptism in the First Four Centuries*에서 초기 교회가 유아세례를 주었을 가능성을 논증한다. 이와 다르게 3세기까지는 유아세례가 없었을 것이라는 주장은 Aland, *Did the Early Church Baptize Infants?*가 제시한다.

11
사도에서 주교로

열둘과 사도들

복음서에 따르면 예수 추종자들의 핵심 집단을 가리키는 공식 명칭은 "열둘"이었고 개별 일원들은 "사도"라고 불렸다. 네 복음서에서 "열둘"은 마흔다섯 번 나오며 예수님의 무리를 가리키는 가장 일반적인 호칭이다. "사도"는 복음서에 열 번 등장하는데 보통 "열둘"과 함께 쓰인다.[1]

내 판단으로는 열둘을 모으는 예수님에 대한 최초의 이야기는 마가복음에 나온다. "또 산에 오르사 자기가 원하는 자들을 부르시니 나아온지라. 이에 열둘을 세우셨으니 이는 자기와 함께 있게 하시고 또 보내사 전도도 하며 귀신을 내쫓는 권능도 가지게 하려 하심이라"(3:13-15). 이 본문은 모든 면이 열둘에 대한 예수님의 의도, 그리고 확장하면 교회에 대한 예수님의 의도를 이해하는 데 중요하다. 첫째, 여기서나 앞서 제자들을 부르셨을

---

1 "사도"는 마 10:2; 막 3:14(아마도); 6:30; 눅 6:13; 9:10; 11:49; 17:5; 22:14; 24:10; 요 13:16을 보라. "열둘"은 위의 구절과 본문들에 함께 등장한다. 다음의 구절들은 예외다. 눅 11:49; 17:5; 24:10; 요 13:16.

때도 예수님은 제자에 대한 어떤 기준도 언급하지 않으신다.[2] 이것 자체만으로도 놀랍지만, 한 세대가 지난 후 주교의 자격에 대해서는 긴 기준이 적용된다는 사실을 고려하면 더욱더 놀랍다.[3] 그 대신 강조되는 것은 예수 추종자들의 핵심 집단을 결정하는 데 예수님이 보이신 결단성이다. 두드러진 장소인 "산"이 언급된다는 점과 예수님 자신이 원하는 자를 "부르신다"라는 묘사는 마가복음에서 예수님의 결단성을 나타낸다. 누가는 예수님이 열두 사도들을 "택하시기"[헬라어. '에클레고마이'(eklegomai)] 전에 밤새 기도하셨다고 기록함으로써 같은 요지를 전달한다(눅 6:12-16).

둘째, 비록 우리는 왜 예수님이 열둘을 택하셨는지에 대한 정확한 설명을 듣지 못하지만, 그들에 대해 어느 정도는 안다. 이들 중 아무도 유대 지도자 계층에 속하지 않았다. 제사장도 서기관도 산헤드린의 일원도 아니었다. 그리고 아무도 유대 분파의 일원이 아니었다. 바리새인도 사두개인도 헤롯 당원도 에세네파 일원도(열심당원들과 관련이 있는 한 명의 제자를 제외하고) 아니었다. 다른 한편으로 그들 중 어느 누구도 노예, 나병 환자, 사마리아인, 빈민과 같이 버림받고 억압당한 자가 아니었다. 모두가 암 하아레츠, "땅의 사람들"이었다. 최소한 절반은 가버나움과 벳새다의 어부였는데, 자신들이 잡은 물고기를 그곳보다 훨씬 먼 지역까지 거래했던 경쟁적 상인 계층의 소속이었다.[4] 열두 사람 중 한 사람은 벤처 투자자(세리)였고 또 한 사람은 정치 혁명가(열심당원)였다. 그러므로 우리는 예수님이 부르신 자들에 대해 어

---

2 마 4:18-22; 막 1:16-20; 눅 5:1-11; 요 1:35-51.
3 딤전 3:1-7; 딛 1:5-9을 보라.
4 예수님 당시 갈릴리 바다의 해안을 따라 열여섯 개에 달하는 고기잡이 항구와 거의 그만큼 많은 마을이 분포되어 있었다. 배가 너무 많아서 요세푸스는 68년에 이들 중 200개를 지휘해 로마와 싸웠다(*J. W.* 2.635). 그리스-로마 세계에서는 육상동물의 고기가 아니라 생선이 동물로부터 얻는 일차적 주요 산물이었다. 갈릴리 바다의 생선은 남쪽으로는 이집트까지, 북쪽으로는 안디옥까지 수출되었다. Murphy-O'Connor, "Fishers of Fish," 그리고 Nun, "Ports of Galilee"를 보라.

느 정도 안다. 하지만 그들이 부름받은 이유에 해당하는 자격과 장점에 대해서는 사실상 아무것도 언급되지 않는다.

셋째, 예수님이 사역을 시작할 때 열둘을 부르고 함께하셨다는 것은 예수님의 의도가 혼자만의 공연이 아니라 공동의 사역이었다는 사실을 알려준다. 우리는 예수님이 왜 정확히 이 사람들을 부르셨는지에 대해서는 알지 못하지만, 그분이 이들을 부르신 목적은 안다. 마가의 말을 빌리자면, 예수님은 이들이 그분과 함께 있고, (복음을) 선포하고, 귀신을 쫓아내게(즉 악을 대항하도록) 하고자 열두 명을 **부르셨다**. 강조점은 그들이 **누구**였는지가 아니라 예수님이 그들을 **무엇으로** 만들 것인가에 있다. 존재와 말과 행동으로 수행하는 이 삼중의 사명은 관계와 말과 행동을 포괄하는 그들의 삶 전부를 요구했다.

마지막으로 "사도"와 "열둘"이라는 호칭들 자체가 중요하다. "사도"는 그리스-로마 세계에서는 알려지지 않았고, 유대교에서는 히브리어 '실로아크'(*shiloach*, "확립된 공동체에서 공식적으로 승인된 일원")가 "사도"로 번역될 수 있었다.[5] 하지만 이 용법들 가운데 어느 것도 신약성경에 나오는 사도의 전형은 아니었다. 왜냐하면 그리스-로마 세계에서 "사도"는 임무를 위해 보내심을 받은 사람이라기보다 보통 관료 공무원(예, 재정 관리자)이나 서류(예, 이력서 첨부 편지, 여권, 혹은 화물 상환증)를 지칭하는 말이었다. 그리고 유대교에서 실로악은 70년도에 예루살렘 성전이 함락된 이후에만 등장한다.[6] 신약에서 "사

---

[5] 요 9:7에서 실로암[히브리어. '살루아크'(*Shaluach*)]는 "보내심을 받은"의 의미로 설명된다. 살루아크는 "보내다"라는 뜻의 동사 '실로아크'(*shiloach*)의 분사형이다. Str-B 2:530을 보라.

[6] Wolfgang A. Bienert, "The Picture of the Apostle in Early Christian Tradition," *NTApoc* 2:5-8. *Mission and Expansion*, pp. 327-333에서 Harnack는 "사도"가 기독교적 용법에 대한 유대적 전형이라고 주장하는데, 이 주장을 납득시킬 만한 확실한 증거가 없다. "사도"는 칠십인역에서는 쓰이지 않으며(왕상 14:6의 불확실한 본문은 제외하고) Str-B 3:2-4에는 예루살렘 함락 이전에 이 단어가 사용된 본문이 없다.

도"의 의미는 이 두 가지 용례와 다르다. "사도"에 대한 헬라어 단어['아포스톨로스'(*apostolos*)]는 "보내다"['아포스텔로'(*apostellō*)]라는 동사에서 파생되었다. 그리고 신약의 사도들에게 사도직은 예수님의 인격과 사명으로 규정된다.

"사도"와 대조적으로 "열둘"이라는 호칭의 확고한 뿌리는 구약이고 구약에 의해 정의된다. 시내산 기슭에 제사를 위한 열두 개의 기둥이 있었고(출 24:4), 제사장의 옷에는 열두 개의 보석이 박혀 있었으며(출 28:21), 제단에 바쳐진 식탁용 기구가 열두 쌍이었다(민 7:84). 그리고 제단 봉헌 때 제물들을 열두 마리씩 바쳤고(민 7:87), 거대한 물두멍 아래에 소 열두 마리가 있었으며(왕상 7:44), 솔로몬의 보좌에는 열두 사자가 있었다(왕상 10:20). 여호수아는 요단강을 건너 약속의 땅으로 들어가 열두 돌로 기념비를 만들었다(수 4:8). 이스마엘의 아들들(창 25:13-15)과 야곱의 아들들(창 49:28) 모두 각자 열두 부족을 형성했다. 에스겔 야곱의 열두 지파에 따라 이스라엘의 회복을 상상했고(겔 47:13), 이것이 예수님의 열두 사도들의 원형이 되었다.[7] 마가복음은 예수님이 열둘을 **부르셨다**고 강조하는데, 이것은 예수님이 이들의 숫자를 의도하셨음을 나타낸다. 신약에서 사도들의 목록이 네 번 열거되는데 이름과 순서에서 약간 차이가 나지만 숫자는 결코 변하지 않는다. 항상 오로지 열두 명의 사도들이다.[8] 야고보서의 인사에 나오는 "흩어져 있는 열두 지파" (1:1)는 교회(5:14)를 이스라엘의 분파나 대적이 아닌 이스라엘이 발전해 생긴 직접적인 자손으로 규정한다. 우리가 보았다시피, 야고보 사도는 초기 교회에서 예루살렘과 교제를 유지하는 독특한 역할을 감당했으며 결국 예루살렘에서 순교했다. 이것은 이스라엘의 구원 역사가 예수 그리스도의 교회에서 성취된다는 그의 확신을 증거해 준다. 야고보서의 인사가 이 확신을 입

---

7 마 19:28; 눅 22:30; 계 21:12-14.
8 마 10:2-4; 막 3:16-19; 눅 6:14-16; 행 1:13. 행 1:26을 증거하는 두 문서에서는 유다의 죽음 이후 열한 명이 된 사도들도 "열둘"이라고 칭한다(Codex Bezae; Eusebius).

증한다.[9] 속사도 교부들 또한 열두 지파와 열두 사도들을 연관시킨다.[10]

초기 기독교의 사도들

열두 회원직은 비혈통적이었고 양도할 수 없는 직이었다. 유다는 예수님을 배신해 회원 자격을 잃고 다른 사도로 대체되었지만(행 1:15-26) 삶과 죽음으로 신앙을 증거한 남아 있는 열한 명은 대체되지 않았다. 삶과 죽음을 통한 그들의 신실함이 사도적 부르심을 **성취했기** 때문이다. 초기 교회 열두 사도들만이 가졌던 유일한 권세가 마지막으로 언급되는 곳은 사도행전 6:1-6인데 여기서는 사도적 권세가 집사직 형성과 연결되어 언급된다. 그때쯤에는 사도직이 더 이상 한정적이지 않았다. 원래의 열둘에 속하지 않았던 몇몇 사람들을 포함할 정도로 범위가 확장되었다. 첫 번째는 유다의 후임자인 맛디아(행 1:26)였다. 그 뒤를 이어 바나바(행 4:36), 야고보,[11] 바울(롬 1:1), 안드로니고와 유니아(롬 16:7) 그리고 에바브로디도(빌 2:25)가 추가되었다.[12] 왜 이 직위의 범위가 확장되어 추가 사도들이 포함되었는지에 대해서는 설명이 없다. 바울은 자신의 사도직이 부활하신 그리스도에게 임명받은

---

9   예수님의 동생인 야고보의 사명에 관해서는 Evans, *From Jesus to the Church*, pp. 25-32를 보라. 베드로전서 또한 비록 열두 지파를 언급하진 않지만, 흩어진 나그네(1:1)가 수신자다. 야고보서 1:1에서와 같이 베드로전서도 이 표현을 사용해 그리스도인 공동체가 헬라적 유대교에 뿌리를 두고 있음을 암시한다.

10 "[예수님은] 지파들에 대한 증거로 복음을 열두 제자에게 선포할 권세를 주셨는데 이스라엘에 열두 지파가 있기 때문이다"(Barn. 8.3); "이 열두 산들은 온 세계에 거주하는 열두 지파들이다. 사도들이 하나님의 아들을 이들에게 선포했다"(Herm. Sim. 9.17.1). 어느 지파가 가장 큰가에 대한 열두 지파 사이의 다툼을 모세가 해결했던 것처럼(민 17장), 사도들도, 주 예수 그리스도에게 개인적인 가르침을 받았기 때문에, 주교의 지위를 세움으로써 계승의 문제를 해결했다 (1 Clem. 43-44).

11 고전 15:7; 갈 2:9.

12 "유니아"는 거의 확실히 여성이다. 그렇다면 롬 16:7에서 사도라고 불리는 유니아는 안드로니고의 부인이나 여동생이다. Edwards, *Romans*, p. 355; Moo, *Epistle to the Romans*, pp. 921-923를 보라.

것이라고 정당화했는데, 사도의 호칭도 이와 같은 방식으로 부활하신 그리스도를 특별하게 만났다고 주장하는 자들에게 확장되었다.[13] 볼프강 비네르트(Wolfgang Bienert)는 "예수 그리스도의 사도는 우선적으로 그리고 무엇보다도, 예수님이 죽은 자 가운데서 살아나신 것을 목격한 자다"라고 선언한다.[14]

예수님이 부활하신 이후에 사도들은 더 이상 유일한 부류의 기독교 지도자로 여겨지지 않게 된다. 사도들은 형제들(행 11:1), 장로들[15] 그리고 선지자들[16]과 함께 언급된다. 사도직이 약화되지는 않지만, 점차 다른 직위들과 공유된다. 예수 그리스도를 믿는 신앙고백을 근거로 이방인도 온전한 회원으로 받아들이자는 초기 교회의 획기적인 결정은 "사도들과 장로들"(행 15장)이 한 결정이었다. 그리고 이것이 사도행전에서 "사도들"에 대한 마지막 언급이다. 물론 바울은 자신의 사명과 관련해서 계속 이 단어를 사용하는데, 특히 자신이 쓴 서신서의 인사말에서 그렇게 한다.[17] 사도적 권위는 계속해서 교회의 일차적 권위로 남으며(고전 12:28), 바울은 갈라디아에서 "다른 복음"을 전하는 거짓 사도들에게 대응하기 위해 자신에게 사도적 권위가 있음을 강조한다(갈 1:6-9). 바울은 자신의 사도직을 베드로, 요한 그리고 주님의 형제 야고보의 사도직과 동등하게 여긴다.[18] "사도"라는 직함은 "열둘"보다 더 많은 사람에게 더 오랜 기간 적용되었지만, 후자와 마찬가지로 1세기에 한정되었다. 현직 사도들을 가리키는 마지막 언급은 디다케에서 나오는, 교회를 순회하는 "사도들과 선지자들"인 듯하다. 하지만 견줄 수 없는 권위를 지

---

13 무엇보다도 바울은 고전 9:1; 15:1-11; 갈 1:15-2:10에서 부활하신 그리스도를 보았다는 사실을 근거로 사도직을 주장한다.
14 "The Picture of the Apostle in Early Christian Tradition," *NTApoc* 2:9.
15 행 15:2, 4, 6, 22, 23; 16:4.
16 엡 2:20; 3:5; 계 18:20.
17 롬 1:1; 고전 1:1; 고후 1:1; 갈 1:1; 엡 1:1; 골 1:1; 딤전 1:1; 딤후 1:1; 딛 1:1.
18 고후 11:5; 12:11-12.

닌 이들은 선지자들이 아닌 사도들이었다. "너희에게 가는 모든 사도를 주님으로 받아들이라."[19]

사도적 권위와 직분은 초기 교회에서 계속해서 높이 존경받으며(예, 계 2:2), 그래서 사도들 자신들보다 더 오래 지속되었다. 베드로후서 3:2은 "곧 거룩한 선지자들이 예언한 말씀과 주 되신 구주께서 너희의 사도들로 말미암아 명하신 것을 기억하게 하려 하노라"라고 말하면서 존경받는 사도들 집단에 바울도 포함한다(3:15-16).[20] 속사도 교부들과 2세기 기독교 저자들은 교회 지도자로서 그들의 권위의 근거를 사도적 기원에 둔다. "사도들이 **우리를 위해** 복음의 좋은 소식을 주 그리스도로부터 받았다"라고 클레멘스1서는 선언한다. "그러므로 메시아는 하나님이 보내시고, 사도들은 메시아가 보내신다. 따라서 둘 모두 하나님의 뜻에 대한 올바른 질서를 계시한다."[21]

교사들

1세기의 끝에 클레멘스는 아론의 지팡이가 구약에서 꽃을 피워(민 17장) 레위 지파가 하나님의 택함받은 제사장과 사역자들로 임명되었듯이, 사도들도 그리스도의 보내심을 받았고 그들의 설교의 첫 열매로 교회에서 주교들과 집사들이 임명되었다. 클레멘스에게 교회의 권위는 하나님에서 그리스도로, 그리스도에서 사도들로 그리고 사도들에게서 주교들과 집사들에게

---

19 Did. 11.3-6. Lake, *Apostolic Fathers*, 1:307의 각주 1에서 Lake는 디다케에서 "사도"를 "열둘"과 잘 구별한다. "디다케에서 '사도'는 '열둘'의 일원을 뜻하지 않고 그저 설교의 직무를 감당하는 영감받은 교사이며…오늘날 선교사라 불리는 자들과 아주 [비슷]하다." 하지만 Lake는 사도의 역할을 오판한다. 왜냐하면 선지자들과 다르게 사도들은 주님 자신으로부터 독특한 임무를 받은 자들이기 때문이다.
20 또한 유 17절도 보라.
21 1 Clem. 42.1-2.

전달된다.[22] 이것이 교회의 권위가 표현되는 "공식적" 길일지 모르지만, 여기에는 초기 기독교에서 의심할 바 없는 권위를 누렸던 두 직위가 간과되어 있다. 하나는 우리가 여기서 다룰 선생, 설교자와 선지자의 직위인데, 이 직위를 통해 케리그마가 계속해서 교회와 기독교 선교지에 전해졌다. 또 다른 하나는 우리가 다음 부분에서 다룰 텐데, 사제 혹은 장로의 직함이다. 교회의 권위로 임명되는 주교, 장로, 집사들과는 다르게 신약에서 교사의 직위는 하나님의 부르심과 비범한 통솔력에 따라 결정되었다.[23] 케리그마를 선포하는 사도적 직위를 물려받은 이들은 주교, 장로, 집사들보다는 교사들이었다. 디다케는 "내 자녀들아, 주의 말씀을 너희에게 가르치는 이들을 밤낮으로 기억하고 그들을 주님으로 여기라"라고 권고한다.[24]

선지자, 대제사장, 메시아, 인자, 주님, 말씀, 하나님의 아들을 포함해 신약에서 예수님께 부여된 모든 호칭 중에서 "선생"만큼 자주 사용되는 호칭은 없으며, "가르침"보다 그분의 사역을 더 일반적으로 묘사하는 표현은 없다. 요한복음은 예수님을 "영생의 말씀"(6:68)을 가르치는 "하나님의 말씀"(1:1)이라고 부른다. 그분은 진리를 선포하는(17:17) 진리(14:6)다. 예수님의 **존재**로 표현된 것을 그분은 또한 **행하신다**.[25] 특히 공관복음서는 예수님이 사도들에게 가르치고 선포하며 치유하고 축귀하는 임무를 주어 보내시는 내용을 기록한다.[26] 앞에서 보았다시피, 마가복음에 따르면, 제자도의 일차적 책임은 "예수님과 함께 있는 것"이지만 이차적인 책임은 말로 증거해 복음을 선포하는 것이다(막 3:14). 사도들의 중심적인 메시지는 하나님 나라가 임

22　1 Clem. 42-43.
23　초기 기독교에서 그러한 교사들과 가르침의 중요성에 관해서는 Harnack, *Mission and Expansion*, pp. 333-346를 보라.
24　Did. 4.1.
25　하나님의 말씀이신 예수님에 대해서는 Cullmann, *Christology*, pp. 247-269를 보라.
26　마 9:35-10:11; 막 6:6-13; 눅 9:1-6; 10:1-12를 보라.

했다는 것이다. 예루살렘에 모인 기독교 공동체에 대한 첫 번째 묘사는 "사도의 가르침을 받[는]" 것이었다(행 2:42). 초기 교회의 사역 임무가 요약된 내용들을 보면 가르침이 가장 높거나 그에 근접한 위치를 차지한다.[27] 특별히 목회서신에서는 "바른 교훈"이 올바로 복음을 증거하는 교회의 특징이다.[28] 로마서 10장에서 바울은 성육신을 "우리가 전파하는 믿음의 말씀[헬라어. '레마'(rhēma)]"(10:8)의 역사로 말한다. "믿음은 들음에서 나며 들음은 그리스도의 말씀으로 말미암았[기]" 때문이다(10:17).

사도직과 말을 통한 믿음의 전달은 초기 교회에서 계속 이루어졌으며, 교사들과 선지자들은 이 말을 통한 전달을 모방했다. 구체적인 맥락을 위해 임명되었고 그 맥락 안에서만 유효한 주교, 장로 그리고 집사의 직위와 달리, 사도적 선포는 보편적(카톨리코스)이어서, 온 교회에 유효했다. 아돌프 하르나크는 "하나님의 말씀을 가르치는 자들"(Did. 4.1.을 인용하며)을 "보편적 교사들"['디다스칼로이 카톨리코이'(διδάσκαλοι καθολικοί, didaskaloi katholikoi)]로 올바로 이해한다.[29] 제1차 유대 반란 이후, 바나바서신은 사도직을 가르치는 직분으로 정의한다. "[예수 그리스도는] 자신의 복음을 선포할 운명을 감당할 자신의 사도들을 택하셨다."[30] 2세기에 디오그네투스서신의 저자도 같은 말을 반복한다. "나는 사도들의 제자가 된 이후로 이방인의 교사가 되었다. 진리의 제자가 된 이들에게, 나는 물려받은 가르침에 대하여 합당한 종이 되고자 한다."[31] 초기 교회의 사도들을 계승한 교사들과 선지자들은 자신들이 "신성한 권위로 신성한 사명을 받아 말하고 행한다고" 이해했다.[32] 에우세비

---

27 행 13:1; 고전 12:28; 딤전 2:7; 딤후 1:11; 딛 2:7을 보라.
28 딤전 1:10; 6:3; 딤후 1:13; 4:3; 딛 1:9, 13; 2:1-2을 보라.
29 Harnack, *Mission and Expansion*, p. 343. 교사들의 "보편성"에 대해서는 히 13:7, 17, 24; 1 Clem. 1.3; 21.6; Did. 4.1; 11.3-5; 13; 15.1-2을 보라.
30 Barn. 5.9.
31 Diogn. 11.1.

오스도 비슷하게 사도들과 그들의 후계자인 교사들과 선지자들을 이해했다. "교회는 구주에 대해 '부패하지 않은' 설교와 가르침을 보존하고 전파했기 때문에, 그리고 교회의 가르침과 교리를 거짓으로부터 보호했기 때문에 순결하고 부패하지 않은 처녀로 남았다."[33]

교회의 행정 직위들

사도, 교사, 선지자들은 하나님의 명령으로 임명된 증인들로 받아들여졌다. 예수님이 왜 그 열둘을 부르셨는지 그 이유를 설명할 분명한 자격 요건은 없다. 그리고 비록 이후의 교사들은 확실히 "성도에게 단번에 주신 믿음의 도"(유 3)에 대한 신실함에 따라 인정받았지만, 그들의 부르심의 근원은 인간이 아니었고 수량화할 수도 없었다. 유다가 사도직을 버린 후 그를 대체하기 위해 제비를 뽑은 것은—신약에서 이런 선택 방법이 사용된 유일한 경우다—인간적인 요소를 제거하고 최초의 사도들이 부르심을 받았을 때처럼 하나님의 이끄심이 드러나게 하려는 사도들의 시도로 보인다.[34] 하지만 교회들이 수적으로 자라고 여러 지역으로 확대되면서, 더 실제적이고 전달할 계승 방법이 필요했다. 최초의 예수 추종자들은 유대인 그리스도인들이었고 그들은 자신의 이스라엘 조상들이 공직자를 선발한 선례를 따랐다. "네 하나님 여호와께서 네게 주시는 각 성에서 네 지파를 따라 재판장들과 지도자들을 둘 것이요, 그들은 공의로 백성을 재판할 것이니라"(신 16:18). 하지만 최초의 예수 추종자들은 로마 세계에서도 살았고, 로마의 법과 행정 또한 그들의

---

32 Wolfgang A. Bienert, "The Picture of the Apostle in Early Christian Tradition," *NTApoc* 2:9.
33 *Hist. eccl.* 3.32.7-8 (LCL).
34 이스라엘의 첫 번째 왕을 뽑을 때(삼상 10:20-21)를 포함해 이스라엘의 역사에 나오는 제비뽑기에 관해서는 F. D. Gealy, "Lots," *IDB* 3:163-164를 보라.

공동체 조직 기준에 영향을 주었다. 결과적으로 나타난 주교, 장로, 집사 같은 교회의 직분들은 아마도 로마보다는 유대교를 반영했겠지만, 이전에 존재했던 직분들을 정확히 복제한 것은 아니었다. 초기 교회는 교회 공동생활의 가치와 필요에 따라 그들에게 익숙한 공동체의 조직 방식을 채택했다.

장로들

장로직[헬라어. '프레스비테로스'(presbyteros)]은 영향력 있는 직분 가운데 하나로서 우리가 앞에서 주목했던 클레멘스1서의 계승 체계에서 빠져 있다. 장로들의 의회 혹은 "장로회"는 초기 교회의 첫 번째 행정 기구였던 것 같다. 사도행전은 예루살렘 교회의 첫 번째 관리들이 장로들(행 11:30)이라 밝힌다. 바울과 바나바는 황제의 통치 시기에 모았던 기근 모금액을 이들에게 전달했다. 요세푸스의 보고에 따르면 44년과 48년 사이 클라우디우스가 통치할 때 기근이 팔레스타인 땅을 "붙들었다"[헬라어. '카탈람바네인'(katalambanein)].[35] 그때 장로직은 예루살렘 교회에 존재했고 더 일찍부터 존재했을 가능성도 있다. 물론 장로직은 초기 그리스도인들에게 새로운 직분은 아니었다. 서기관, 바리새인, 사두개인들로 구성된 산헤드린 공회의 회원들도 장로들(Presbyters)이라고 불렸고, 산헤드린 공회 전체가 전부 결합된 조직도 '프레스비테리온'(presbyterion), 즉 장로들의 위원회로 알려졌다.[36] 사도행전 11:30은 예루살렘에 있는 유대인 그리스도인들이 회중(들)을 위한 산헤드린에 비견

---

[35] Ant. 3,320-322.
[36] 신약은 보통 유대 장로들로 구성된 통치기관을 '시네드리온'(synedrion, 산헤드린, 스물두 번)이라고 부르지만, 종종 '프레스비테리온'(presbyterion, 장로들의 의회, 눅 22:66; 행 22:5) 그리고 '게로우시아'(gerousia, 장로들의 의회, 행 5:21)라고도 한다. 이 이름들은 똑같은 기관들을 가리키는 말들로서, 이 기관은 예루살렘에서 일흔 명의 장로들로 이루어진 위원회이고 사법(대법원을 포함해서), 행정 그리고 통치를 담당한다. Schurer, History of the Jewish People, 2:206-208를 보라.

하는 통치 기구를 만들었음을 암시한다. 요한계시록 4장에서 하나님의 보좌를 둘러싸고 있는 스물네 장로들에 관한 묘사는 천상의 산헤드린을 어느 정도 닮았다. 이와 비슷하게 바울과 바나바도 첫 번째 선교 여행에서 설립한 교회들 가운데 장로들을 세웠다(행 14:23). 40년대 말에 열린 예루살렘 공회 때는 장로들이 교회의 기본 지도자들로 등장한다.[37] 이때에는 주교들[헬라어. '에피스코포이'(*episkopoi*)]에 대해 언급하지 않는다. 다른 말로, 50년대 무렵에는 지역 교회에서 장로회가 행정적인 수고를 감당했기 때문에 사도들의 권위가 강화되었다는 뜻이다.

주교와 집사들

장로들의 의회는 협회 혹은 집합체로서 이 안에서 개별 회원들을 뽑아 교회의 특정한 책임들을 감독하게 했다. 케리그마를 "말과 가르침으로" 선포한 장도들은 "배나 존경할" 대상이었다(딤전 5:17). 집사들은 뒤에서 논의하겠지만, 집사들은 거의 확실히 장로회에서 선발되었고 각 회중의 감독 혹은 담당자[헬라어. '에피스코포이'(*episkopoi*)]인 "주교"도 마찬가지였다. 바울은 디도에게 신자들이 있는 도시에 장로 위원회를 만들어 그들 중에서 주교를 뽑으라고 지시한다(딛 1:5). 주교와 장로들과의 관계는 대제사장과 산헤드린과의 관계와 비견되는데, 산헤드린이 다시 한번 모범의 역할을 하는 것으로 보인다. 주교와 대제사장 모두 그들의 소속 기관에서 '프리무스 인테르 파레스'(*primus inter pares*), 즉 "동등한 자들 중 첫 번째"였기 때문이다.[38] 교회 의

---

37 예루살렘 공회에 대한 묘사에서 장로들은 항상 사도들과 함께 언급된다(행 15:2, 4, 6, 22, 23; 16:4).
38 대제사장과 산헤드린 장로들 사이의 밀접한 관련성에 대해서는 요 11:49, 특히 행 23:1-5을 보라. 여기서 바울은 대제사장을 일반 장로로 오해한다. *Church in the Romans Empire*에서 Ramsay는 초기 교회의 주교를 행정적인 의무를 담당하는 개별 장로로 본다. "'에피스코포스'(*episkopos*)라는 단어는 감독을 의미한다. 원래는 장로회가 일부러 모여 어떤 일을 하기로 결정했을 때, 보통

회에 대해서 이그나티오스는 '의회'라는 단어를 쓸 때 유대 공회를 말할 때와 똑같은 단어를 사용해 "주교들의 시네드리온"['산헤드린/의회'(*synedrion*)]이라고 부른다.³⁹ 따라서 장로회의 한 일원이 장로이면서 주교일 수도 있고, 장로이면서 교사일 수도 있으며, 장로이면서 집사일 수도 있다. 이렇게 보면 신약에서 직분들을 가리키는 용어들이 초래하는 혼란을 약간 설명할 수 있다. 예를 들어, 빌립은 사도행전 6:5에서 집사로 불리지만, 사도행전 21:8에서는 똑같은 빌립이 (추정컨대) 전도자라고 불린다."⁴⁰ 베드로전서는 주교(2:25)와 장로(5:1-5)에게 정확히 똑같은 기능, 즉 "하나님의 무리를 목양하는" 기능을 부여한다.

1세기 말에 사도직이 쇠퇴했을 때, 부상하는 직분들 사이의 경계선이 다소 유동적이었던 것 같다. 물론 장로회가 최고 권력기관이었다. 한편으로 장로회는 사도들의 권위를 영속화했고, 따라서 동등한 영예와 권위를 받을 만했다. 이그나티오스는 사도들의 직위가 "교회의 장로들" 가운데 성취된다고 보았다.⁴¹ 또 다른 한편으로는 장로회의 권위가 주교 한 사람에게 집중되

그들 중 한 명에게 그 일을 감독하게 했다. 이렇게 정해진 장로가 그 일에 대한 에피스코포스가 되는 셈이다. 어떤 장로든 에피스코포스가 될 수 있었고, 따라서 같은 사람이 장로이면서 에피스코포스일 수 있었지만, 기본적으로 두 호칭의 의미는 달랐다.…어떤 장로는 특정 일에 대한 에피스코포스가 될 수 있었지만, 후자는 전자에는 없는 특정한 한 사람이라는 의미와 행정적인 권위를 지녔다"(p. 367). 더 나아가, 주교는 "어떤 의무들이 부과된 장로에만 해당하는 직책이었다.…에피스코포스는 주후 170년의 군주적 주교와는 거리가 멀다. 에피스코포스가 공동체 내에서 직분(*ex officio*) 외에 어떤 권위를 행사했음을 암시하는 흔적을 찾을 수 없다(pp. 368-369). Stewart는 *Original Bishops*, p. 48에서 장로회가 주교들의 조직체라고 제안했다. '프레스비테로스'와 '에피스코포스' 사이의 관계는 개별 '에피스코포이'(*episkopoi*)가 함께 모여 하나의 집합으로 묶은 단어가 '프레스비테로스'라고 이해하면 쉽게 설명이 된다." 내가 알기로는 우리 시대의 어떤 문헌도 Stewart가 제안하는 '프레스비테로스'와 '에피스코포이'의 방식을 사용하지 않는다.

39 Ign. *Phld.* 8.
40 하지만 행 6:5과 21:8의 빌립은 아마도 사도 빌립은 아니었을 것이다(행 1:13). 왜냐하면 열둘 중 어느 누구도 헬라파 유대인이 아닌 것으로 보이기 때문이다. 빌립의 정체성에 대해서는 Hengel, *Saint Peter*, pp. 116-120를 보라.
41 Ign. *Phld.* 5.1; Ign. *Trall.* 2.2; Ign. *Smyrn.* 8.1.

었으므로 이제 주교의 지위는 일반 장로의 지위를 능가했다.[42] 이그나티오스는 주옥같은 자신의 많은 작품에서 에베소의 교회를 향해 이렇게 말한다. "따라서 너희의 하는 일에서 주교의 생각과 조화를 이루는 것이 합당하다. 왜냐하면 그 이름에 합당하고 하나님께 합당한 장로회가 마치 수금의 줄들이 수금에 맞춰져 있듯이 주교에 맞춰져 있기 때문이다."[43]

1세기 교회에서 집사와 장로회의 관계는 주교와 장로회의 관계만큼 명확하지 않다. 하지만 비슷한 관계인 것 같다. 앞서 "주교와 집사들"에 대한 가장 최초의 언급은 50년대 초에 기록된 빌립보서 1:11에 나온다. 디모데전서 3장에 나오는 주교와 집사에 대한 논의는 초기 교회에서 이 두 직책이 대략적으로 동등함을 암시한다. 이와 같이 디다케도 주교와 집사들을 함께 언급하고 같은 자격 요건을 요구한다. 두 직분 모두 "겸손하고 탐욕이 없으며 참되고 인정받은" 자여야 하는데, 주교와 집사 모두 "선지자와 교사의 사역을 수행"해야 하기 때문이다.[44] 이그나티오스는 정기적으로 주교와 집사를 함께 언급한다.[45]

함께 식사하는 것은 초기 기독교의 특징이었는데 첫 집사들이 그런 맥락에서 음식을 제공했던 것 같다(행 6장). 집사들의 의무에는 "강력한 경제적 요소"가 포함되었을 가능성이 높다.[46] 집사의 역할과 기능에 대한 중요한 통찰은 "집사"(디아코노스)라는 단어의 역사를 살펴보면 얻을 수 있다. 이 단어는 신약성경에 사용되기 전까지 성경적이고 종교적인 맥락에서 사용되지 않았다. 예수님이 이 단어에 새로운 의미를 입힌 첫 본보기셨는데, 예수

---

42 Ign. *Eph.* 2.2; 20.2; Ign. *Magn.* 2; Ign. *Trall.* 7.2.
43 Ign. *Eph.* 4.1.
44 Did. 15.1.
45 Ign. *Magn.* 13.1; Ign. *Trall.* 7.2; Ign. *Phld.* 4; 7.1; Ign. *Smyrn.* 12.2.
46 집사들에 관한 논의는 Stewart, *Original Bishops*, pp. 113-119를 보라. 인용문은 p. 119에서 가져왔다.

님이 자신을 "집사"로 여기심으로써 교회에 새로운 단어를 만들어 내셨다. "앉아서 먹는 자가 크냐, **섬기는 자가** 크냐? 앉아서 먹는 자가 아니냐? 그러나 나는 **섬기는 자**[헬라어. '호 디아코논'(*ho diakonōn*)]로 너희 중에 있노라"(눅 22:27). "섬기다"라는 동사의 두 용례 뒤에 숨어 있는 헬라어 단어는 '디아코네오'(*diakoneō*)로, 여기서 "집사"라는 단어가 파생되었다. 성만찬 식탁에서 예수님은 떡과 포도주를 세상을 구원하기 위한 자신의 몸과 피라고 거룩하게 구별하셨다. 에두아르트 슈바이처는 이렇게 결론짓는다. "하나님은 정확히 낮아진 상태의 하나님으로 자기 자신을 드러내시며, 이것은 그분의 공동체도 기꺼이 낮아짐을 통해 세상에서 차별화되어야 한다는 뜻이다."[47]

장로, 집사 그리고 주교의 직분을 사도, 교사 그리고 선지자의 직분과 비교해서 이 내용을 요약해 보자. 이 직분들은 예수님과 이그나티오스 시대 사이에 있었던 것으로 보인다. 마지막 세 직분의 자격 요건은 신약과 속사도 교부들의 문헌 어디에도 나오지 않는데, 이들과 달리 장로,[48] 집사[49] 그리

---

[47] 기독교에서 사용되기 전에 디아코니아가 세속적인 의미로 쓰인 경우들은 Schweizer, *Gemeinde und Gemeindeordnung*, pp. 154-164를 보라. 인용문은 p. 161에서 가져왔다(저자 사역).

[48] 장로들은 각 교회(행 14:23) 혹은 각 도시(딛 1:5)에서 뽑혔다. 딛 1:5-6에 따르면 장로는 책망할 것이 없고 무절제하거나 방탕하다는 평을 받지 않으며, 한 아내의 남편으로 신실한 자녀들을 두어야 한다. 장로직에 대해 폴리카르포스가 제시한 자격 요건은 더 광범위하다. 자비로움, 고집스러운 자들로부터 돌아설 것, 병자들을 방문할 것, 과부와 고아와 빈곤한 자들을 방치하지 않을 것, 하나님의 눈에 고귀한 것을 구할 것, 화와 편견과 불의한 판단을 피할 것, 탐욕스럽지 않을 것, 다른 이들에 대한 비판의 말을 쉽게 믿지 않을 것, 가혹한 판단을 내리지 않을 것. 왜냐하면 모두가 죄인이고 따라서 빚진 자들이기 때문이다(Pol. *Phil.* 6.1).

[49] 딤전 3:8-13에서 집사직의 자격 요건에는 다음 사항들이 포함된다. 진지함, 일구이언하지 않을 것, 포도주를 탐닉하지 않을 것, 돈에 대해 탐욕스럽지 않을 것, 흠이 없을 것, 깨끗한 양심으로 믿음을 고수할 것. 폴리카르포스에 따르면, 집사들은 흠잡을 데가 없어야 하고, 사람이 아닌 하나님의 종이어야 하며, 중상모략과 불성실과 탐욕과 돈에 대한 사랑에서 자유로워야 하고, 모든 일에 절제하며, 연민이 있고, 부지런하고, 주님의 진리에 따라 살아야 하며, 모든 이의 종이어야 한다(Pol. *Phil.* 5.1-2).

여성 집사에 관해서 살펴보자면, '디아코니사'의 여성형은 3세기 전에는 등장하지 않는다(*PGL* p. 352를 보라). 하지만 디아코니사의 남성형은 집사 역할을 하는 여성들을 가리키는 데 사용되었다(예, 롬 16:1의 뵈뵈는 "교회의 디아코노스"라고 불린다). 하지만 공식적인 지도

고 주교⁵⁰의 자격 요건은 다양하다. 이것으로 보아 초기 교회에서 장로, 집사, 주교와 교사의 직분 사이의 관계에 대한 몇 가지 사항을 명확히 알 수 있다. 교사, 설교자, 선지자들의 부르심은 인간의 임명에 의해서가 아니라 하나님이 주신 비범한 통솔력으로 결정되었고, 그들의 관할 영역은 지역적이지 않고 "보편적"이었다. 하지만 이들과 다르게 장로, 집사 그리고 주교는 교회에서 권위 있는 자리에 임명되기 전에 그 자리에 적합하다는 사실을 입증해 보여야만 했다. 필요 요건은 어떤 능력들을 갖추었느냐가 아니라 어떤 성품의 자질들을 가졌느냐였다. 자격 요건 목록들에는 구체적인 의무들보다는 다양한 직책에서 책임을 감당할 수 있는 윤리적 자질 그리고 성품과 기질의 특성들을 수록한다. 이 목록들은 직분자가 **무엇**을 해야 하는지가 아니라 **어떤 사람**이 되어야 하는지를 말해 준다.⁵¹

자의 위치에 여성이 있었다는 증거는 1세대 그리스도인들 이후에 감소한다. Stewart, *Original Bishops*, pp. 290-291를 보라. "첫 번째 그리스도인 세대 이외에는 여성이 그리스도인들의 모임에서 지도자 역할을 했다는 증거가 거의 없다. 아마도 가정을 기반으로 한 교회가 여전히 두드러진 상황에서 단독 가구가 있는 환경에서는 예외적으로 여성 지도자가 가능했을 수도 있다." 신약 교회의 삶에서 여성을 주제로 한 전반적인 논의는 8장 pp. 252-255를 보라.

50 주교의 자격 요건은 더 자주 그리고 더 온전히 주목받는다. 먼저 딤전 3:1-7은 주교직이 "선한 일"이라고 선언한다. 주교는 책망할 것이 없어야 하고, 한 아내의 남편이어야 하며, (술에 관해) 절제하고, 신중하고, 단정하고, 고귀하고, 나그네를 대접하고, 잘 교육받고, 남을 괴롭히지 않고, 관용하고, 다투지 않고, 돈과 불의한 이익을 좋아하지 않고, 순종적인 자녀를 둔 존경받는 가장이며, 경험이 부족하지 않고, 교회 **바깥**의 사람들에게 좋은 평판을 받는 사람이어야 한다. 디도서에 나오는 자격 요건은 더 짧지만 추가 사항이 있다. 주교는 거만하거나 쉽게 화내면 안 된다(1:5-7). 신약은 주교의 역할을 요약해 "하나님의 청지기"(딛 1:7)요 "양 떼들의 목자"(행 20:28; 벧전 2:25)라고 칭한다. Did. 15.1에 따르면 주교는 겸손해야 하고, 탐욕이 없고, 진실하고 인정받은 자여야 한다. Herm. Sim. 9.27.1-2에 따르면, 주교들은 나그네를 대접하고, 하나님의 종을 기쁘게 받아들일 준비가 되어 있으며, 과부와 고아들을 보호하고, 거룩한 대화를 도모한다.

Breytenbach and Zimmermann, *Early Christianity in Lycaonia and Adjacent Areas*에 따르면, 갈라디아의 "도시에서 주교의 직책은 교회의 행정적이고 신학적인 발전에 영향을 준, 교육을 잘 받은 사람들에게 주어졌다"(p. 596). 장로들은 존경받는 사회적 지위도 누렸고(p. 628), 집사들은 도시와 시골 모두에 있었지만 "직책 자체에 대해 비문들이 드러내는 바는 거의 없다(p. 647). 세 직분 모두 지역 공동체에서 세워지고 승인되었던 것 같다(p. 677).

51 이와 대조적으로 Herm. Sim. 9.27.2-3에서는 **의무들**이 나온다. 주교는 "멈추지 않는 사역으로 빈곤한 자들과 과부들을 보호해야 한다."

장로, 집사, 주교에 대한 **모든** 자격 요건 목록에서 빠진 것은 가르침, 설교, 혹은 예언 직책에 속한 특성들이다. 예를 들어 바울은 몇 번에 걸쳐 자신을 복음 선포(즉 케리그마)의 선포자[헬라어, '케럭스'(kēryx)]로 묘사한다.[52] 하지만 케럭스가 되는 것은 장로, 집사 혹은 주교가 되는 자격 요건 목록의 어디에도 등장하지 않는다. 바꿔 말하면, 장로, 집사, 주교의 직책은 교사, 설교자, 선지자 직책과 분명히 다르다는 것이다. 전자는 일차적으로 행정과 목양으로 규정되었던 반면, 후자는 일차적으로 설교, 전도, 선교로 규정되었다. 이 두 부류의 직책들은 겹치지 않고 경쟁 관계에 있지도 않으며, 서로를 대체하지도 않았다. 이들은 서로 보완하는 관계였다. 사도와 교사의 책임은 하나의 교회를 돌보는 것이 아니었으며 (주교의 경우와 같이) 여러 특정 교회들을 돌보는 것도 아니었다. 오히려 헤르마스의 목자가 주장하듯, "전 세계에 설교하며 주님의 말씀을 경외심을 가지고 순결하게 가르치는 것"이었다.[53] 거짓 교사들에 대한 경고와 가르침은 신약의 서신서들과 속사도 교부들의 문헌에 반복적으로 등장한다. "단번에 주신 믿음의 도를 위하여 힘써 싸우라"라면서 건전하고 참된 선포를 요청한다(유 3절). 이와는 대조적으로 거짓 주교, 장로, 집사들에 대해 비슷하게 경고하는 경우는 거의 없다. 물론 이 운영 직책들은 중요했다. 하지만 디다케는 복음을 선포해 믿음을 통한 구원의 신비를 알리는 선지자와 교사들의 사역[54]에서 이들은 "예배 담당자"의 역할을 한다고 통찰력 있게 언급한다.[55] 교회의 성례 그리고 통치 직분자의 주목적은 과거나 현재나 교회가 케리그마를 제대로 듣고 받아들이도록 교회의 질서를 유지해 보존하는 것이다.

---

52 고전 1:17-21; 딤전 2:7; 딤후 1:11; 4:17; 딛 1:3.
53 Herm. Sim. 9.24.1; Herm. Sim. 9.15.4에서도 비슷하다.
54 Did. 15.1.
55 롬 3:21-28; 14:8-9; 고전 15장; 고후 5장; 갈 2:20; 빌 3:9-11을 보라.

군주적 주교

2세기로 접어들던 이그나티오스와 폴리카르포스의 시대에는 주교의 권위가 집사의 권위를 능가했고 범위도 개별 교회를 넘어 교회의 무리를 포괄할 정도까지 확장되었다. 군주적 주교 혹은 "군주 주교"(monepiscopacy)는 한 회중에서 서너 회중까지 주교의 권위가 확장된 경우를 가리킨다. 본 교회를 넘어서 주교의 권위를 확장한 것으로 알려진 최초의 두 주교들은 이그나티오스와 폴리카르포스다.[56] 대부분의 경우, 주교의 권위는 더욱 높아졌다. 또한 거짓 가르침과 거짓 교사들로부터 신앙과 교회를 수호할 수 있었기 때문에 그들의 확대된 권위는 환영받았다.[57] 확대된 주교의 이력은 이그나티오스의 경우에 확연히 드러난다. 그는 서머나 교회에 이렇게 훈계한다. "악의 시작인 분열을 피하라. 예수 그리스도가 아버지를 따랐듯이 너희 모두 주교를 따르라. 그리고 사도들을 따르듯이 장로회를 따르라. 또한 하나님이 명령하시는 것처럼 집사를 존중하라."[58] 여기서 권위의 사슬이 바뀐 것에 주목하라. 권위는 먼저 아버지에서 예수 그리스도로, 예수 그리스도에서 사도들로, 사도들에서 장로들로, 장로들에서 주교들과 집사들로 확장되었다. 이그나티오스에 와서는 주교직과 사도직이 뒤바뀌어, 주교가 성부와 예수 그리스도의 직접적인 계승자가 되고 사도가 장로회와 상관관계에 놓인다. 권위의 사슬에서 주교의 지위가 상승해 더 이상 사도에게 종속되지 않고 오

---

56 2세기 중반에는 고린도, 아테네, 크레테 그리고 아마도 총독 치하의 아시아 지역에 군주적 주교가 있었다는 기록이 있다. Eusebius, *Hist. eccl.* 4.23; Lightfoot, *Philippians*, pp. 214-217; Duchesne, *Early History*, p. 67. Stewart, *Original Bishops*, pp. 290-295에서는 이그나티오스가 군주적 주교직을 수행하지 않았으며 그는 바울의 로마 여행을 모방해 로마로 가는 길에 있는 교회들에게 주교의 권위가 아닌 복음의 영향력을 확장한 것뿐이라고 흥미로운 제안을 한다.
57 주교의 권위는 2세기에 새로운 수준의 중요성을 확보하는데, 악명 높은 지도자들이 선전한 다양한 종류의 영지주의에 저항하는 수단으로 작용했기 때문이다.
58 Ign. *Smyrn*. 8.1. 똑같은 계승적 연결성이 Ign. *Trall*. 3.1과 Ign. *Magn*. 6.1에도 반복된다.

직 예수 그리스도에게만 종속된다.[59] 이그나티오스는 높아진 주교직에 대한 개념을 소개한다.[60]

이그나티오스는 주교가 이전에 사도들이 했던 역할을 맡은 것으로 본다.[61] 이그나티오스가 제시한 새로운 계승의 사슬에 따르면, 회중은 그들이 주님을 대하듯이 주교를 대해야 한다.[62] 왜냐하면 "주교가 하나님의 자리에 앉았기 때문이다."[63] 결과적으로, 주교에 복종하는 것은 예수 그리스도께 복종하는 것이다.[64] 이그나티오스는 주교를 그리스도인 회중을 대표하는 한 사람으로 언급한다.[65] 이와 비슷하게 주교와의 교제는 회중과의 교제다.[66] 이그나티오스는 이 요지를 폴리카르포스에게 보내는 편지에서 설명한다. 표면상으로는 폴리카르포스에게 보내는 사적인 편지이지만, 편지 중반에 이그나티오스는 회중 전체를 대상으로 말한다.[67] 주교는 당연히 자신의 허영심을 위해서가 아니라 회중 전체를 "경건한 정중함"으로 섬기도록 임명되었다.[68] 이그나티오스가 권위의 계급에 변화를 준 것, 특히 주교직을 강조한

---

59 Ign. *Trall.* 2.2; 7.1; 12.2; Ign. *Magn.* 6.1. Holmes는 *Apostolic Fathers*, p. 168에서 이 요지에 주목한다. 반면, Herm. Vis. 3.5.1는 주교, 교사, 집사를 사도의 보조자로 본다.
60 Koch에 따르면 "이그나티오스서신에서 이그나티오스라는 인물은 교회 전통에 견고하게 서 있으며 직분에 대한 높은 견해를 가진 신학자라는 사실을 보여 준다. 그는 특히 성육신에 관한 기독론에서 한 치라도 벗어나면 날카롭게 반대하며, 상당히 수사적이고 효과적인 비유로 말한다" (*Geschichte des Urchristentums*, p. 440, 저자 사역). Koch는 이그나티오스의 "직분에 대한 높은 견해"가 교회 전통에 대한 그의 이해와 참여에 부합한다고 여긴다.
61 Igna. *Trall.* 7.2; Ign. *Pol.* 6.1.
62 Ign. *Eph.* 6.1, "따라서 우리가 주님 자신을 대하듯이 주교를 대해야 한다는 점이 분명하다." 그는 다른 방식으로 더 강력하게 이렇게 말한다. "하나님과 주교를 인정하는 편이 좋다. 주교를 존중하는 사람은 하나님의 존중을 받은 사람이다. 주교 몰래 비밀스럽게 행하는 자는 악마를 섬기는 것이다"(Ign. *Smyrn.* 9.1).
63 Ign. *Magn.* 6.1; Ign. *Trall.* 3.1도 비슷하다.
64 Ign. *Trall.* 2.1; Ign. *Magn.* 13.2.
65 Ign. *Eph.* 1.3; Ign. *Trall.* 1.1.
66 Ign. *Eph.* 5.
67 Ramsay, *Church in the Roman Empire*, p. 369에서 주목한 요지다.
68 Ign. *Phld.* 1.1-2.

것은 기독교 교회론에서 중대한 분기점을 마련했다. 사도, 교사, 설교자들의 설교와 선교에 대한 강조점은 교회의 **하나 됨**을 보증하는 주교직으로 대체되었다.[69] 이그나티오스의 하나 됨에 대한 강조는 다시 한번 분열과 이단을 반대하는 주교의 역할을 가리킨다.[70] 이후에 변증가들의 글에서, 특히 이레나이우스의 글에서 주교의 책임은 교회의 하나 됨을 보존하는 것에서 복음의 순수성을 보존하고 복음의 충실한 전달을 보증하는 일로 전환된다.[71]

마지막으로 군주적 주교에 관해, 로마 주교가 수위권을 가진다는 교리(즉 교황의 수위권)가 어떻게 형성되는지 살펴보자. 속사도 교부의 두 본문이 이 교리에 대한 증거로 종종 인용되는데 이들은 배제해야 한다.[72] 우리가 보았듯이 이그나티오스는 주교의 권위를 격상시킨 것으로 유명하지만 로마 주교의 탁월성을 주장하지는 않는다. 로마에 있는 교회에 편지를 쓸 때조차 그렇게 하지 않는다. 사실 그가 로마에 보낸 편지는 주교보다는 공동체를 향해 쓴 것이며 감독 제도가 아닌 순교를 주제로 쓴 편지였다. 2세기 후반기에 이레나이우스가 처음으로 사도 베드로와 바울이 로마에서 순교한

---

69 Ign. *Eph.* 2-5, 20; Ign. *Magn.* 6, 13; Ign. *Trall.* 7; Ign. *Smyrn.* 8-9, Ign. *Phld.*
70 Moffett은 동방 주교들의 역할을 더욱 보충적 역할로 묘사한다. "최초의 시리아 교회의 역사와 순교의 역사는 아다이로부터 바르다이산의 시기까지 이르고, 그 너머까지 지속되었던 주교의 계승을 재구성한다. 이 주교들은 타지역 선교를 장려하고, 참된 교회를 조직하고, 이단에 대항해 신앙을 보호했다." *Christianity in Asia*, 1:59.
71 Lightfoot, *Apostolic Fathers*, p. 1:396; Ramsay, *Church in the Roman Empire*, p. 370를 보라.
72 첫 번째 본문은 다음과 같다. "친구여, 잘 확립되고 오래된 고린도의 교회가 한두 사람 때문에 주교에게 반역하고 있다는 보고가 있는데, 이것은 수치스러운 일이다. 완전히 수치스러운 일이며 그리스도 안에서 너희가 해야 할 행실에 합당하지도 않다. 이 소식이 우리에게 전달되었을 뿐만 아니라 우리와 다른 자들에게도 전달되었다. 너희는 너희의 어리석음으로 주님의 이름을 모독했으며 너희 자신에게도 위험을 초래했다"(1 Clem. 47.6-7, Holmes 번역). 로마에서 클레멘스가 로마 교회의 탁월한 지위에 힘입어 고린도인들을 책망하고 있다는 주장은 이 본문에서 주장되지도 않고 전제되지도 않는다. 두 번째 본문은 로마인들에게 보낸 이그나티오스의 편지에 나오는 인사 부분으로 "로마인들의 구역을 관장하는 교회"가 수신자다. 이 본문은 주교의 지위가 아니라 교회가 자리한 도시에 대한 교회의 지위를 말한다. 이그나티오스는 "로마인들의 구역"에서 발휘되는 교회의 권위를 인정하는 것이지, '에클레시아 카톨리케'(*ekklēsia katholikē*, 보편적 교회)로서의 권위를 말하는 것이 아니다(Holmes, *Apostolic Fathers*, p. 225의 주를 보라).

점을 근거로 로마 교회의 "탁월한 권위"를 주장한다.[73] 따라서 베드로는 그리스도가 그 위에 교회를 지으실 것이라고 약속하신 "바위"로 기억된다(마 16:18). 이것이 로마 주교의 탁월성을 정당화하는 데 사용할 수 있는 유일한 1세기 본문이다. 로마가톨릭은 로마 주교를 베드로의 사도권 계승자로 여긴다. 하지만 난 주후 처음 200년 동안 로마 주교의 탁월성을 정당화하기 위해 마태복음 16:18을 언급한 경우를 찾지 못했다.[74] 로마 주교는 (라틴어를 구사하는) 서양 교회에서 확실히 우월한 위치에 올라섰지만, 그 우월성은 우리가 연구하는 기간이 이후에 인정되었고, 우리가 연구하는 기간에서 생겨난 선례나 법령과는 상관없는 근거에 기초해 인정되었다. 로마제국 자체 내부에서 발전한 요소들이 교황의 우월성에 대한 일차적 선례로 작용했다. 만약 로마 황제가 제국에 대한 폰티펙스 막시무스라면 로마의 주교는 교회에 대한 폰티펙스 막시무스이기 때문이다. 콘스탄티누스가 4세기에 제국의 수도를 로마에서 콘스탄티노플로 옮겼을 때, 그리고 무엇보다도 로마제국이 5세기에 무너졌을 때, 로마 황제의 망토가 로마 주교의 어깨 위에 떨어졌다. 로마가 처음 네 번의 세계 공의회에서 "정통"으로 드러난 입장들을 지지했다는 사실도 로마의 우월성을 더욱 강화해 주었다.[75] 로마 주교의 탁월성은, 비록 동방(정통)교회에서는 결코 받아들여지지 않았고 16세기에는 개신교 교회들에서도 거부당했지만, 수 세기에 걸쳐 진화했다. 교황의 무오성은 첫 바티칸공의회(1870년)에서 최초로 공식적으로 공포되었으나 제2차 바티칸

---

73 Irenaeus, *Haer.* 3.3.2. 이 구절의 라틴어 본문은 손상되어서 번역자가 다음의 경고문을 추가한다. "우리의 번역이 옳은지 전혀 확신할 수 없다"(*ANF* 1:415).
74 속사도 교부들, 순교자 유스티누스, 이레나이우스, 타티아노스, 알렉산드리아의 클레멘스, 데오빌로, 혹은 아테나고라스에서 마 16:18을 언급하는 곳은 없다. 이 구절을 사용해 로마 교회와 로마 주교의 탁월성을 정당화한 첫 번째 경우는 테르툴리아누스의 문헌(*Pud.* 21; *ANF* 4:99)과 히폴리투스(*Holy Theoph.* 9; *ANF* 5:237)의 문헌에서 발견되는데, 두 문헌 모두 200년 이후에 기록된 것으로 추정된다.
75 니케아, 325년; 콘스탄티노플, 381년; 에베소, 431년; 칼케돈, 451년.

공의회(1963년)에서는 상당히 완화되어서, 교회를 통치하는 데 주교와 교황의 "권위 공유"(collegiality)가 선포되었다.[76]

임명

임명의 개념을 살펴보며 초기 교회 직분에 대한 우리의 조사를 마무리하자. 예수님이 열두 제자를 자신과의 교제로 부르시는 데 아무런 선례를 따르지 않았음을 살펴보았다. 이스라엘과 유대교의 어떤 지도자도 예수님이 하신 것같이 자신과 동행하고 자신을 계승할 열두 명의 조력자들을 모으지 않았다. 열두 제자는 오로지 예수님의 개인적 권위를 근거로 그분을 따르고 섬겼다. 우리는 또한 초기 교회가 유다를 대신해 맛디아를 뽑은 경우를 제외하고는 지도자를 선택하는 데 자신의 카리스마를 이용한 예수님의 방법을 사용하지 않았음을 보았다. 예수님이 직분의 승계에 대한 기준을 세우지 않으셨기 때문에 초기 교회는 제도를 만드는 데 유대와 그리스-로마의 모델을 따라 새로운 방법을 고안했다. 로마제국에서 행정관들과 제사장들은 거수로[헬라어, '케이로토네오'(cheirotoneō)], 혹은 제비뽑기로, 혹은 이 둘을 적절하게 조합한 방법으로 공직에 선출되었다. 쿰란의 에세네 공동체는 "많은 이들의 목소리"로 공직자들을 선출했다.[77] 구약에서 종교적 권위는 어떤 경우에는 예언으로 전달되었지만, 더 많은 경우는 인간을 통해 전달되었다. 예를 들어 올리브기름을 제사장(레 21:10) 혹은 왕(삼상 10:1)의 머리에 부었다. 안수는 공식 임명의 또 다른 방법이었는데, 본래는 희생 제물인 동물의 머리에 손을 얹어(레 3:2) 그 동물의 죽음을 통해 제사를 드리는 사람에게

---

76 로마의 탁월성에 대해서는, Kidd, *Roman Primacy*; Lightfoot, *Apostolic Fathers*, 1:201-345; Pelikan, *Melody of Theology*, pp. 209-212를 보라.
77 CD 10.4-6. 1QSa 1.13-17.

대신 유익을 얻게 해 주는 행위였다.[78] 손을 올리는 관행은 레위인들을 임명하고(민 8:5-13) 계승자를 지명하는 방법으로 확장되었는데, 여호수아가 모세의 후계자로 지명된 경우가 가장 유명하다.[79] 이 마지막 예가 초기 기독교의 임명법에 영향을 주었다.[80]

구약에서 손은 종종 하나님의 임재와 능력을 상징하고, 이따금 신약에서도 똑같은 의미를 지닌다.[81] 신약은 치유와 기적을 베풀고 사람을 축복하며, 하나님의 영을 주고 죄인을 회복하기 위해 손을 얹는 수많은 경우를 기록한다. 초기 교회는 손을 얹는 행위를 교회의 공직에 임명하는 공식적인 방법으로 확장했다. 그리스-로마 세계에서 거수로 선출한다는 의미의 헬라 단어(케이로토네오)는 신약에서 두 번 등장하는데, 모두 교회의 직분자 임명과 관련 있다.[82] 신약에서 손을 얹어 임명하는 가장 좋은 예는 사도행전 6:1-7에서 나오는데 예루살렘에서 집사 직분이 확립되는 이야기다.

안디옥 교회는 기도와 금식을 하고 손을 얹음으로써 바울과 바나바를 임명해 첫 선교 여행을 떠나도록 파송했다(행 13:1-3). 바울과 바나바 또한 1차 선교 여행에서 세운 교회들의 장로들을 똑같은 방식으로 세웠다(행 14:23). 신자들에게 손을 얹는 이 초기의 사례들은 그들을 특정한 섬김을 위해 따로 구별하는 역할을 했다. 강조점은 주로 직분 자체에 있기보다 수행해야 할 섬김이나 임무에 있었다. 임명을 위해 안수하는 행위에 대한 언급이 가장 많이 집중된 부분은 목회서신이다. 여기서 안수는 교회의 사역을

---

78 동물 제사(*m*. Meg. 9:7-8; *m*. Kelim 1:8)의 경우뿐만 아니라, 미쉬나는 화목 제물(*m*. Betzah 2:4; *m*. Hag. 2:2)과 낙헌 제물(*m*. Tem. 3:4)에도 손을 올리라고 규정한다.
79 민 27:22-23; 신 34:8.
80 구약에 나오는 손을 얹는 관행에 대해서는 Ferguson, "Ordain, Ordination," *ABD* 5:37-40를 보라.
81 눅 1:66; 행 11:21.
82 행 14:23; 고후 8:19.

이어 나가기 위한 교회의 의식이 된다. 사도 바울은 사역에 대한 디모데의 은사[헬라어. '카리스마'(*charisma*)]를 인정하는데, 디모데는 장로회, 즉 프레스비테리온(딤전 4:14)의 예언과 안수를 통해 그 은사를 받았다. 여기서 신약에서 처음으로 장로회가 과거 사도들이 했던 역할을 맡는다. 이후에 바울은 디모데에게 안수함으로써 승인되었던 사역의 은사를 "다시 불일 듯하게" 하라고 권면한다(딤후 1:6). 디모데의 사역을 '카리스마'로 묘사한 것은 임무나 섬김에서 직책 자체로 강조점이 이동하기 시작했다는 뜻이다. '카리스마'는 또한 직책의 임명과 실행에서 성령의 역할이 있음을 인정하는 표현이다. 하지만 "전해 받은" 것은 직책이 아니라 직책의 존재 목적인 사역이며, 사역의 최대 목적은 복음의 충실한 전파다.[83]

우리는 열두 사도들을 제외하고 교회의 직분들이 그리스도에 의해 세워지지 않았고 교회와 교회의 사명에 관련된 실제적인 필요들을 채우기 위해 **생겨났음**을 보았다. 1세기에 그런 직책들은 열둘, 사도들, 교사들 그리고 선지자들과 같은 은사적 직책들보다 이차적이었다. 2세기에도 주교, 장로, 집사 사이에 상당한 유동성이 존재했으며, 장로와 집사보다 주교의 권위와 특별함이 꾸준히 늘어났다. 공식 임명식에 대한 첫 묘사는 3세기 초 헬라어로 쓴 마지막 서양 교회의 교부인 로마의 히폴리투스의 문헌에서 발견된다. 히폴리투스에 따르면 주교들은 그들의 회중에 의해 선출되며, 이들은 장로들의 도움을 받아 안수[헬라어. '케이로토니아'(*cheirotonia*)]로 공동체 회원들을

---

83 Schweizer, *Gemeinde und Gemeindeordnung*, pp. 192-200를 보라. Schweizer는 임명의 목적이 공직 구조 확립보다 **신앙**의 증진임을 강조한다. Schweizer에 따르면, 사도적 권위는 전파될 수 없다. 그것은 사도적 권위가 그리스도와의 개인적 관계에 기초한 것이고 그러한 관계에 권위가 좌우되었기 때문이다. "예수 공동체에서 연속성은 핵심적인 염려였다. 하지만 그것은 복음의 메시지가 한 세대에서 다음 세대로 전파되게 하는 **신실한 자들**의 계승에 달려 있다. 자신의 말과 존재를 통해 복음의 메시지를 전하는 살아 있는 증인들 없이 믿음을 갖는 경우는 거의 없다. 성령이 계속해서 그 증인들을 신약의 사도적 증거로 다시 돌려보내지 않는 한 복음 선포의 진실성은 보증될 수 없다"(p. 200, 저자 사역).

임명해 교회의 사역들을 감당하게 했다. 주교로 임명된 자는 임명식 직후에 성만찬에 참여했다. 교회 직분의 공식적 임명, 안수를 통한 임명 방식, 다른 어떤 이의 임명도 무효이고 주교만이 가진 임명 권한처럼, 히폴리투스의 설명에서 언급된 이런 핵심적인 요소들은 3세기부터 시작해 임명식과 관련해서 다시 등장한다.[84]

---

84 "*cheirotoneō*," *PGL* pp. 1522-1523를 보라.

12

안식일에서 일요일로

고대 이스라엘의 안식일

하루를 성스럽게 지정하는 것은 세계 종교에서 독특한 일이다. 거의 모든 종교가 성스러운 장소와 성스러운 물건을 숭배하지만, 유대교 이전에는 다른 어느 종교도 시간을 성스럽게 구별하지는 않았다. 유대인들은 일주일의 하루를 떼어 놓아 "쉼"이라는 뜻을 가진 "안식일"이라 명명하고 그 목적을 규정한다. 유대인들은 금요일 일몰부터 토요일 일몰까지 안식일을 기념한다. 이슬람은 유대교를 따라 예배를 위해 특별한 날을 지정하지만(토요일보다 금요일) 무슬림들은 금요일에 일을 멈추지 않는다. 안식일을 지키라는 명령은 유대교의 근본적인 특성으로서, 유대인들을 다른 사람들과 구별하고 정체성을 규정해 준다. 유대인의 또 다른 이름은 "안식일주의자"라고 해도 될 것이다.

구약에서 안식일에 대한 가장 오래된 언급은 아마도 출애굽기 16장일 것이다. 여기서 모세는 사람들에게 이렇게 설명한다. "내일은 휴일이니 여호와께 거룩한 안식일이라.…엿새 동안은 너희가 [만나를] 거두되 일곱째 날은 안식일인즉…아무도 그의 처소에서 나오지 말지니라. 그러므로 백성이 일곱째 날에 안식하니라"(출 16:23-30 곳곳에 나옴). 안식일의 핵심 요소들이 이미 여기에 나온다. "안식일"[히브리어. '샤밧'(shabbat)]과 "안식일 잔치"[히브리어. '샤바톤'(shabbaton)]에 대한 언급, 준비의 날인 "여섯째 날," 그리고 주의 명령에 따라 쉬고 축제하는 날인 "일곱째(안식일) 날."[1] 이 요소들은 출애굽기 20:8-11과 신명기 5:12-15에 네 번째 계명의 두 가지 버전으로 공식적으로 성문화되었다.

안식일을 기억하여 거룩하게 지키라. 엿새 동안은 힘써 네 모든 일을 행할 것이나, 일곱째 날은 네 하나님 여호와의 안식일인즉 너나 네 아들이나 네 딸이나 네 남종이나 네 여종이나 네 가축이나 네 문안에 머무는 객이라도 아무 일도 하지 말라. 이는 엿새 동안에 나 여호와가 하늘과 땅과 바다와 그 가운데 모든 것을 만들고 일곱째 날에 쉬었음이라. 그러므로 나 여호와가 안식일을 복되게 하여 그날을 거룩하게 하였느니라. (출 20:8-11)

네 번째 계명은 십계명 중 가장 길며, 시내산에서 모세를 통해 주신 법령(출 20:11) 이전에 하나님이 제정하셨던 유일한 "말씀"이다. 유대인들은 각 계명을 "말씀"이라고 칭한다. 창세기 2:2-4에 따르면, 하나님은 창조의 일을 마치고, 일곱째 날에 "쉬셨고"[히브리어. 샤밧(shabbat)], 그날에 복을 내리고 거룩하다고 선포하셨다.[2] 네 번째 계명은 안식일을 노동으로부터 휴식과 복을 누리는 날로 규정하며 직계가족뿐 아니라 고용된 일꾼과 종들도 이날을 누릴 수 있다고 말한다. 가축 또한 쉼을 얻는다. 사실, 소와 나귀와 역축 들이

---

1 구약의 안식일에 관해서는 Gerhard F. Hasel, "Sabbath," *ABD* 5:849-856를 보라.
2 비록 정경의 기록 중 출 16장보다 창 2:2-4에서 안식일에 관해 먼저 언급되지만, 창세기 본문이 출애굽기 본문 이후에 쓰였다는 것은 거의 확실하다.

인간인 "나그네"보다 **먼저** 명명된다. 땅조차도 매 안식년에는 휴경지가 되어 쉼을 얻는다(출 23:10-11). 안식일에 하나님이 **모든 피조물**에 내리시는 복은 네 번째 계명을 창세기의 첫 번째 창조 기사와 연결한다. 그것은 인간이 하나님의 형상, 곧 '이마고 데이'(창 1:26)로 지어졌다는 뜻이다. 그리고 네 번째 계명은 그들에게 일곱째 날에 노동에서 쉼으로써 하나님을 모방하라고 요구한다. 즉 '이미타티오 데이'(imitatio Dei)의 실천을 요청한다.

이스라엘에게 안식일 휴식은 너무 중요해서 이것을 어기면 어떤 경우에는 죽임을 당한다.[3] 하지만 네 번째 계명의 목표는 두려움을 심는 것이 아니라 안식일의 복과 기쁨을 보증하는 것이다. 이사야는 안식일이 시내산 언약의 표지로서 주 하나님께 속했으며, 안식일을 굳건히 지키는 것이 하나님의 언약 전부를 굳건히 지키는 것이라고 가르친다(사 56:4-6). 안식일 준수자들은, 내시와 외국인들을 포함해서 매주 일상적인 일들로부터 자유를 누리고 하나님의 복을 받는다(사 56:2-8). "만일 [네가] 안식일을 일컬어 즐거운 날이라[하면]…네가 여호와 안에서 즐거움을 얻을 것이라"(사 58:13-14).

제2성전 유대교의 안식일

주전 6세기에서 시작해 주후 초반 몇 세기까지 이어지는 여러 요소가 맞물려 돌아가 안식일에 대한 대체로 긍정적인 이러한 인식을 바꾸어 버렸다. 첫째로 가장 중요한 점은 주전 586년 느부갓네살에 의한 예루살렘 함락과 그 이후에 이어진 50년 동안의 바빌로니아 포로기였다. 주전 536년에 첫 귀환자의 물결이 스룹바벨과 함께 돌아왔고, 이어서 75년 후인 주전 458년에 더 큰 귀환자의 물결이 에스라와 함께 돌아왔으며, 세 번째 남은 자들이 느

---

3 출 35:2; 민 15:32-36.

헤미야와 함께 주전 438년에 돌아왔다. 이렇게 귀환한 이들은 곧 벅찬 과업에 직면했다. 옛 이스라엘을 재구성하는 것은 더 이상 가능하지 않았다. 이스라엘인에게 삶의 중심이었던 예루살렘성전이 파괴되었고 성전 제사장들도 제거되었기 때문이다. 이스라엘의 군주정은 바빌로니아 사람들이 끝장내 버렸으며 아브라함 시대 이후로 이스라엘의 정체성을 정한 땅, 즉 '에레츠 이스라엘'(eretz Israel)은 이제 페르시아의 소유가 되었다. 어떤 점에서 포로 귀환자들은 더 이상 "이스라엘인"조차 아니었다. 이스라엘의 구성 요소들, 즉 성전, 제사장, 왕, 나라, 땅이 없어졌기 때문이다. 귀환자들은 단순히 유대인 포로들로서, 토라라는 책과 토라를 해석하는 계층인 서기관들이 그들의 존재를 결정했다. 매주 모임에서 가졌던 서기관들의 토라 해석은 포로기 이후 이스라엘의 세 번째 특성을 형성했는데 그것은 바로 회당이다. 토라, 서기관 그리고 회당이 토대가 되어 포로 귀환자들은 이스라엘에서 새로운 종교적인 합성을 이루었다.

 4세기의 이후에 발생한 예수님의 유대교 경험은 주로 이 요소들, 즉 토라, 서기관, 회당으로 구성되었다. 포로기 이후의 유대인들은 그들이 주위 나라들에 동화되었기 때문에 이스라엘이 파괴되었고 느부갓네살 치하에서 포로기를 겪었다는 점에 대체로 동의했다. 그들은 또한 예루살렘에서 회복한 그들의 미약한 발판을 지키고 50제곱킬로미터가량의 예루살렘 주변 땅을 유지하는 길은 주위 나라들과 동화되는 과거와 똑같은 실수를 반복하지 않는 것이라고 생각했다. 외국과 이교도의 영향, 특히 외국인 아내들과 한 결혼에서 **분리**되어야 한다는 생각이 이들의 인종적 인식의 전두엽을 차지했다.[4] 느헤미야가 예루살렘 성벽을 재건하고 성전 문을 단 것은 실제적이고 상징적인 행위였다. 예루살렘을 외부 침략자들로부터 보호하고 포로기 이후의 유

---

4 스 9:1-4; 10:9-11.

대교를 다원주의적인 환경에서 차단한 것이다(느 13:19).

주전 515년에 성전을 재건(즉 제2성전)하고 제사장 제도를 재구성했음에도 앞에서 이야기한 혼합주의적 경향을 근본적으로 바꾸지 못했다. 특히 예루살렘 밖에 있는 대부분의 유대인들의 경우, 더욱 그랬다. 이들이 경험하는 유대교는 계속해서 토라, 서기관, 회당의 트라이앵글로 규정되었기 때문이다. 이 트라이앵글은 주전 167년 유대교를 말살해 예루살렘을 그리스의 도시국가로 다시 만들려는 셀레우코스의 왕 안티오코스 에피파네스 4세의 시도를 저지할 만큼 강력했다. 온갖 악조건들에도 불구하고 마카베오 가문의 사람들은 셀레우코스의 맹공격을 막아 내어 통치권을 회복했고, 주전 63년 폼페이우스가 팔레스타인을 합병해 로마제국의 최동단 국경으로 삼을 때까지 팔레스타인을 다스렸다. 예수님과 그분의 추종자들에 대한 유대인의 경험은 대부분 이 트라이앵글의 윤곽에 따라 결정되었으며, 이 트라이앵글의 요소들(토라, 서기관, 회당)은 주후 70년 예루살렘 함락이라는 대참사를 겪고도 살아남은 유대교의 유일한 흔적들이었다. 제1차 유대 반란이 일으킨 신들의 황혼 이후에 세포리스와 디베랴에서 확립된 랍비 학파들은 회당과 서기관 그리고 무엇보다도 토라를 유대교의 정체성을 판단하는 세계적 기준으로 부상시켰다. 그 결과 안식일의 역할이 유대인의 삶에서 이전보다 훨씬 큰 역할을 차지하게 되었다.

구약 율법은 일반적으로 원리와 도덕적 가치를 제시한다. 하지만 구체적인 행동을 규정하려면 원리가 해석되어야 한다. 모세율법은 도덕적 이상향이 아니라 실제적이고 성취할 수 있는 행동들을 요약한 것이다. 주어진 원리에 부합하는 행동을 생각할 수 있는 모든 환경에서 결정하는 일은 갈릴리에 있는 랍비 학자들의 몫이었다. 히브리어로 "[율법의] 반복"을 의미하는 미쉬나 편찬은 이 엄청난 프로젝트의 결과였다. 미쉬나는 주후 200년경 랍비 유다 왕자의 지휘하에 갈릴리 랍비 학교에서 출판되었다.

미쉬나는 63장 혹은 "소책자들(분책들)"로 구성되어 있으며, 이 중 "샤밧"(Shabbat)이 가장 길고 자세한 논문 중 하나다. 샤밧의 기본 원리는 안식일에 유대인들은 모든 불필요한 일을 하지 말아야 한다는 것이다. 하지만 "불필요한 일"을 구성하는 것이 무엇인가? "불필요한" 것은 일반적으로 응급하지 않고 생명 보존에 필요하지 않는 일을 포함한다. 미리 예견할 수 있는 모든 필수적인 일과 노동은(예를 들어, 요리, 심부름, 수작업, 오고 가는 행위, 가서 가져오는 행위, 모으는 행위) 예상하고 미리 준비해 두어야 한다. 무엇이든 하지 못한 일은 안식일의 일몰이 지날 때까지 그냥 놔두어야 한다. 다시 말하지만 생명을 구하고 보존하는 데 필요한 일은 예외다. 미쉬나는 안식일 위반에 대해 서른아홉 개의 폭넓은 범주를 규정한다. 예를 들어 씨뿌리기, 밭갈이, 양치기, 뜨개질 같은 어떤 행위들은 분명하다. 매듭을 묶고 풀기, 두 개의 편지를 쓰기, 두 번 꿰매기, 혹은 불붙이기 같은 다른 행위들은 덜 분명하다.[5] 안식일에 이동은 2,000걸음으로 제한된다. 이보다 한 걸음 더 걸으면 여행이 된다.[6] 안식일 전에 끝낼 수 없는 일들은 시작하지 말아야 한다. 만약 못 끝내면 안식일이 끝날 때까지 놓아둬야 한다. 안식일이 시작되는 일몰까지 머리카락을 다 자를 수 없다면 금요일 오후에 이발관에 가면 안 된다.[7] 안식일에 머리를 빗고 싶은 유혹을 받지 않으려면 거울을 보지 말아야 한다. 서기관은 안식일에 펜을 들지 않아야 점이나 제목을 글에 첨가하는 일을 막을 수 있다. 재봉사가 안식일에 단추를 달지 않으려면 바늘을 아예 들지 말아야 한다.[8]

만약 그냥 놔둘 경우 고통을 초래하는 일이라면 허가된다. 안식일에 소에게 젖을 줄 수 있고 아기들에게 수유할 수 있다. 예견되는 위험을 막는 일

---

5   *m*. Shabb. 7:2.
6   *m*. Eruv. 4:5.
7   *m*. Shabb. 1:2.
8   *m*. Shabb. 1:3.

도 허용된다. 만약 서까래를 그을리거나 집을 태울 것 같을 때는 기름램프 등을 접시로 덮어도 된다. 아이들이 더러워지지 않도록 동물의 배설물을 덮어 놓는 것도 괜찮다.[9] 만약 안식일에 불이 나면, 토라의 두루마리를 불길에서 구할 수 있고 세 끼 정도의 음식을 챙겨도 된다.[10] 문제를 미연에 방지하는 것도 허용된다. 예를 들어, 만약 집의 서까래가 망가지면, 문제가 악화하지 않도록 서까래를 지탱하도록 할 수 있다.[11] 하지만 문제를 해결하는 것은 허용되지 않는다. 망가진 서까래는 수리하면 안 되고, 부러진 다리도 세울 수 없다.[12] 지붕이나 벽이 무너져 사람을 덮치면, 그 사람은 더미에서 끌어내도 되고, 살아 있다면 돌봐 줄 수 있지만, 만약 죽었다면, 일몰까지 시신을 그대로 놔두어야 한다. 눈을 감기는 행위조차 허용되지 않는다.[13]

제1차 유대 반란에서 발생한 한 일화는 유대인들이 그런 규정들을 얼마나 심각하게 고수했는지를 잘 보여 준다. 『유대 전쟁사』에서 요세푸스는 헤롯 아그립바 2세의 연설을 기록하는데, 연설에서 그는 예루살렘을 점령하고 있는 반란군들에게 이스라엘을 로마와의 전쟁에 끌어들이지 말라고 요청한다.[14] 아그립바는 반란군들에게 1세기 전쯤 폼페이우스가 팔레스타인을 침략했을 때, 예루살렘을 지키는 유대의 방어군이 안식일에 싸우지 않기로 결정했기 때문에 포위 공격을 감행한 폼페이우스가 승리할 수 있었다는 점을 상기시킨다.[15] 이번에도 마찬가지 결과가 일어날 것이라고 아그립바는 주장한다. 만약 반란군들이 안식일에 싸우기를 거부하면, 베스파시아누스는

---

9   *m*. Shabb. 16:7.
10   *m*. Shabb. 16:1-2.
11   *m*. Shabb. 23:5.
12   *m*. Shabb. 22:6.
13   *m*. Shabb. 23:5.
14   *J. W.* 2.345-402.
15   *J. W.* 1.146; *Ant.* 14.64-65.

예루살렘을 살육할 것이다. 하지만 그들이 싸우면, 네 번째 계명을 어겨 그들을 구할 능력을 가진 유일한 하나님으로부터 멀어질 것이다.[16] 처음부터 끝까지, 아그립바는 안식일의 불가침성을 고수한다. 국가의 운명이 위태로울 때조차 안식일을 지켜야 한다는 것이다.[17]

예수님과 안식일

예수님의 사역은 이 엄중한 토라 해석의 시대에 발생했다. 앞서 언급한 대부분의 예들은 미쉬나에서 왔는데, 미쉬나는 토라의 **원리**에 기초한 랍비 **규정**들을 모아 놓은 백과사전이다. 미쉬나는 예수님 이후 1세기 반 정도가 지날 때까지 성문법으로 제정되지는 않았다. 그래서 미쉬나의 엄청난 세부 사항들이 예수님의 사역 기간에 온전히 발전되었거나 준수되었다고 가정할 수는 없다. 하지만 이 과정은 예수님이 지상에서 계시는 동안 진행되었다. 그러나 예수님과 종교 지도자들 사이에 벌어진 논쟁 중 어떤 것들은 그 주제와 방법이 미쉬나에 반영되어 있기 때문이다.

예수님은 율법을 준수하는 유대인이셨다. 그분은 신앙과 삶에 대한 권위로 구약성경을 인용하셨다(눅 4:17-21). 그분의 옷 밑단에는 랍비들의 술이 달려 있었다(막 5:27). 그분은 선지자 역할을 맡았고(눅 4:24) 자신이 예언을 성취한다고 말씀하셨다(눅 4:21). 예수님은 자신의 사역을 거의 유대 갈릴리와 예루살렘으로 한정했고 주변의 이방 지역들로 확장하지 않으셨다. 사복음서는 예수님이 예루살렘에서 참여하셨던 유대 주요 절기의 사건들을 기록한다. 이것은 그분이 갈릴리에 있는 모든 유대인 순례자들과 마찬가지로

16　*J. W.* 2.390-394.
17　예수님의 여성 제자들이 안식일이 지날 때까지 예수님의 몸에 기름을 붓지 않은 것을 보면 이들도 비슷하게 안식일을 준수했다(막 16:1; 눅 23:56).

거의 300킬로미터 가까운 거리를 걸어서 예루살렘에 다녀오셨다는 뜻이다. 무엇보다도, 예수님은 정기적으로 안식일에 회당에 참석하셨고(눅 4:16) 유대 지역 곳곳에 있는 회당에서 설교하셨다(눅 4:44). 회당은 유대 공동체의 중심이었고 예수님이 정기적으로 가르치셨던 장소였다.[18] 예수님은 의식적으로 유대교와 동질감을 표하셨고 유대교를 기본적으로 따르는 것을 인정하셨다.

복음서에 따르면, 할례, 십일조, 이질적 물질들의 혼합, 우상숭배, 성전의 제물처럼 나중에 결국 미쉬나에서 다루는 많은 범주의 주제는 랍비와 예수님 사이에 벌어지는 논쟁에서 아무 역할을 하지 않았다. 혹은 뭔가 역할을 하더라도 흔히 랍비들 사이에서 벌어지는 논쟁보다 더 큰 역할을 하지는 않았다. 하지만 "장로의 전통"(막 7:5)을 구성하는 요소들을 포함해 어떤 주제들에 관해서는, 예수님과 랍비들 사이에 훨씬 더 첨예한 대립이 벌어졌다. 금식과 이혼 문서가 그런 주제들이며, 깨끗함과 더러움, 음식법과 관련된 수많은 문제도 첨예한 대립이 벌어진 주제들이다.

하지만 예수님과 랍비들 사이에 벌어진 안식일에 관한 갈등은 가장 첨예하고 도저히 화해하기 어려운 지점까지 다다랐다. 랍비의 안식일 규정에 대해 예수님은 반복해서 도전하셨다. 이것은 랍비를 통한 전체 운영 계획에 대한 예수님의 판단을 들여다볼 수 있는 통찰의 창을 제시한다. 예수님은 랍비의 규정들이 하나님에서 선행이라는 미로로 사람들의 관심을 돌리게 했다며 비판했다. 특히, 네 번째 계명에 대한 랍비의 해석은 법의 문제를 도덕의 문제로 대체하는 결과를 낳았다. 혹은 예수님의 말을 빌리자면, "하나님의 계명은 버리고 사람의 전통을 지키[는]" 것이다(막 7:8). 예수님은 때때로 구약의 본문을 인용해 자신의 판단을 뒷받침하지만 랍비들의 규범과

---

18 막 1:21; 6:2; 눅 4:16; 6:6; 13:10; 요 6:59.

는 다르게 결코 랍비의 권위를 인용하지 않는다. 그 대신 그분은 자신 안에 있는 하나님의 권위를 근거로 랍비의 규정들에 도전한다. "내가 너희에게 이르노니 성전보다 더 큰 이가 여기 있느니라"(마 12:6).

예수님은 안식일에 이삭을 줍는다(수확한다)고 서기관과 바리새인들에게 비판을 받았는데, 안식일에 금지된 일이었기 때문이다.[19] 하지만 더 전형적인 것은 예수님이 치유하느라 안식일을 어기신 경우다. 그분은 손 마른 자,[20] 더러운 귀신 들린 자,[21] 꼬부라진 여성(눅 13:10-17), 베데스다 못의 병자,[22] 그리고 실로암 못의 맹인(요 9:1-34)을 고치셨다. 예수님이 **안식일에 바리새인의 집에서** 수종을 앓는 사람을 고친 사건(눅 14:1-6)은 예수님의 안식일 위반이 의도적인 행위였음을 반박의 여지없이 분명하게 나타낸다.[23] 이 치유 사역들 중 어떤 것도 생명을 구하거나 보존하는 데 필수적인 일이 아니었다. 이 모든 치유 사역들은 안식일이 끝난 후에 했어도, 최소한 육체적인 점에서는 똑같은 효과를 발휘했을 터이다. 사실, 만약 예수님이 그렇게 하셨다면, 랍비들은 그분을 칭송했을 것이다. 하지만 이들은 예수님의 치유 사건이 안식일 준수에서 예외로 허용될 수 없는 경우라고 보았다.[24]

하지만 예수님은 안식일 치유가 예외 규정을 적용할 수 없는 경우라고 여기지 않으셨다. 반대로 그분은 치유 사건들이 안식일에 대한 하나님의 뜻에 온전히 부합한다고 여기셨다. 예수님은 회당장에게 이렇게 물으셨다. "그러면 열여덟 해 동안 사탄에게 매인 바 된 이 아브라함의 딸을 안식일에 이

---

[19] 마 12:1-8; 막 2:23-28; 눅 6:1-5.
[20] 마 12:9-14; 막 3:1-6; 눅 6:6-11.
[21] 막 1:21-28; 눅 4:31-37.
[22] 요 5:2-9; 또한 7:23을 보라.
[23] 예수님의 안식일 위반에 대한 눅 6:1-11의 설명은 분명 도발적이다. 그리고 요 5:16은 유대인이 예수님을 핍박한 이유가 예수님의 안식일 치유 사역 때문이라고 명시적으로 밝힌다.
[24] 안식일 위반의 중대성에 대해서는 Eduard Lohse, "sabbaton," *TWNT* 7:5를 보라.

매임에서 푸는 것이 합당하지 아니하냐?"(눅 13:16) "안식일에 선을 행하는 것과 악을 행하는 것, 어느 것이 옳으냐?"(막 3:4)라고 예수님은 물으신다.[25] "안식일이 사람을 위하여 있는 것이요, 사람이 안식일을 위하여 있는 것이 아니"(막 2:27)라는 예수님의 부연 설명은 안식일의 원래 의도를 회복하시는 말씀이다. 곧 인간의 생명을 긍정하는 말씀이다. 안식일은 **재-창조**를 위한 시간의 섬으로서, 인간의 온전함과 번영을 도모한다. **치유**는 따라서 안식일을 온전히 성취하는 행위다. 예수님은 안식일의 치유를 정당화하기 위해 다른 외부적 권위가 필요하지 않았다. 안식일을 올바로 판단할 수 있는 권위는 "안식일에도 주인"인 인자에게 있었다(막 2:28). 이 선언은 자신이 하나님의 아들이라는 예수님의 명확한 자의식을 볼 수 있는 맑은 창이다. 왜냐하면 이 선언을 한다는 것은 예수님이 안식일을 제정하신 하나님의 위치에 있음을 가정한다는 뜻이기 때문이다. 예수님이 안식일의 주인이시기 때문에 그분이 안식일에 대한 올바른 해석자인 셈이다.

초기 교회

안식일이라는 주요 도로를 달리면 구약, 중간기 그리고 이후의 랍비 전통까지 굉장한 볼거리를 볼 수 있다. 하지만 예수님에게는 이 주요 도로가 길로 좁혀지고, 그분의 추종자들에게 가면 완전히 사라진다. 참고 문헌을 보면 이 혁명적인 변화가 즉각적으로 보인다. 사복음서에는 안식일이 쉰다섯 번 언급되고 사도행전에서 열 번 언급되어, 신약의 처음 다섯 책에서 총 예순다섯 번 언급된다. 신약의 나머지 부분에서는 안식일이 세 번밖에 언급되

---

25 안식일에 "선"을 행한다는 말은 창세기 시작 부분을 상기시킨다. 여기서 하나님의 창조 세계의 선함이 일곱 번 반복된 후(1:4, 10, 12, 18, 21, 25, 31) 하나님의 안식이 일곱째 날에 나온다 (2:2-3).

지 않는다.[26] 사도행전의 증거가 특히 이를 잘 드러낸다. 사도행전의 앞 장들에서는 예수 추종자들이 성전과 밀접하게 연관되었다. 사도행전의 중반에서도 바울은 최소한 처음에는, 회당과 계속 연계해 선교를 펼쳐 간다. 바울은 정기적으로 회당 안식일 예배에 참여해 회당을 복음 선포와 기독교 선교의 출발점으로 삼는다. 그는 심지어 편의에 따라 할례도 준수한다(행 16:3). 예수님의 형제 야고보는 예루살렘 공회의 최종 진술에서 그리스도인들이 "안식일마다 회당에" 있었다고 생각하는 듯하다(15:21). 바울(과 실라와 디모데)의 2차 선교 여행 때, 빌립보(16:12-13), 데살로니가(17:1-2), 고린도(18:1-4)에서 회당 안식일에 복음 증거가 계속 이루어진다. 따라서 사도행전에서 묘사하는 바울의 디아스포라 회당 증거는 복음서에서 묘사하는 예수님의 갈릴리 회당 증거와 대략 평행을 이룬다.

하지만 사도행전은 예수 추종자들이 대안적 예배를 실험하고 아마 실천도 하고 있으리라는 힌트를 준다. 세 번째 선교 여행의 거의 마지막 지점에서, 아마도 57년도에 누가는 드로아에서 이루어진 바울과 일곱 동료 일꾼들의 회합을 기록한다. 드로아는 속주 아시아(현대의 튀르키예) 서쪽 연안에 고대 트로이가 있었던 곳에서 별로 멀지 않다. 누가는 그 일곱 명이 베뢰아 사람 소바더, 데살로니가 사람 아리스다고와 세군도, 더베 사람 가이오와 디모데 그리고 아시아 사람 두기고와 드로비모라고 밝힌다(행 20:4-5). 바울도 아마 이들을 이전의 선교 여행에서 알았을 가능성이 크다. 왜냐하면 이들 모두가 바울이 전도했던 지역에서 왔기 때문이다. 이들 가운데 여섯 명이 헬라인 이름이고, 일곱 번째 세군도는 라틴어(로마) 이름이다. 물론 유대인들도 헬라어나 라틴어식 이름을 가질수 있었다. 아리스다고와 디모데는 유대인으로 보이지만[27] 나머지는 아마도 이방인 이름이었을 것이다. 누가는 "그

---

26   고전 16:2; 골 2:16; 히 4:9.

주간의 첫날에 우리가 떡을 떼려 하여 [드로아에] 모였더니"(행 20:7). 신약에서 "그 주간의 첫날"은 안식일이 아닌 일요일을 가리킨다.[28] 떡을 떼는 행위는 구체적으로 기독교적 행위로, '아가페'(*agapē*) 식사 혹은 성만찬을 암시한다. 이 절제된 설명은 기독교 전통에서 첫 번째 일요일 예배로 알려진 사건을 묘사한다. 그것은 50년대 후반 드로아에서 헬라-이방인 신자들과 헬라-유대인 신자들이 드린 예배였다.[29] 그들은 일요일에 예배를 드린다. 예배는 최후의 만찬을 회상시키는 방식으로 묘사된다. 하지만 예배의 어떤 요소도 안식일을 상기시키지 않는다. 누가가 이 일을 보고하며 새로운 사건이었다는 표시를 전혀 하지 않았다는 점은 이 예배가 예수 추종자들이 경험한 첫 번째 예배가 아니었다는 사실을 나타낼 가능성이 있다.

초기 교회가 토요일에서 일요일 예배로 전환한 정확한 과정은 신약이나 다른 초기 기독교 자료에 보존되어 있지 않다. 이 과정에 있었던 단절된 발자국들만 감지할 수 있다. 우선 일주일 가운데 하루를 예배를 위한 정기적인 날로 정하는 것은, 그날이 안식일이든 일요일이든, 1세기에서 독특한 현상이었음을 기억할 필요가 있다. 그리스-로마의 판테온에서는 제사, 숭배, 기도가 가끔씩만 드려졌다. 예수 추종자들이 일요일 예배를 잠정적으로 여겼다는 점은 신약에서 가끔 등장하는 "날"(days)이라는 표현에서 알 수 있다. 50년경에 바울은 "너희가 날과 달과 절기와 해를 삼가 지키니"(갈 4:10)라고

---

27 아리스다고에 관해서는 골 4:10-11을 보라. 디모데는 행 16:1-3을 보라.
28 "그 주간의 첫날"[헬라어. '미아 사바톤/사바토우'(*mia sabbatōn/sabbatou*)]은 신약에서 여덟 번 등장한다(마 28:1; 막 16:2, 9; 눅 24:1; 요 20:1, 19; 행 20:7; 고전 16:2). 처음 여섯 구절은 예수님이 일요일에 부활하셨음을 명시적으로 가리키고, 마지막 두 구절도 일요일을 염두에 둔 표현이다.
29 Williams, *Acts of the Apostles*, p. 140; Larkin, *Acts*, 288-289; Hengel, *Four Gospels and the One Gospel*, pp. 119, 281를 보라. Keener, *Acts*, 3:2964-2968에서 행 20:7이 일요일 예배를 묘사하는 것이 아니라는 Keener의 판단은 "그 주간의 첫날"이라는 표현과 떡을 떼는 행위의 의미를 무시하는 것이다. 이 두 요소는 전형적으로 초기 그리스도인들의 일요일 예배 모임을 가리킨다.

말한다. 이후에, 아마도 57년도에 그는 다시 말한다. "어떤 사람은 이 날을 저 날보다 낫게 여기고 어떤 사람은 모든 날을 같게 여기나니, 각각 자기 마음으로 확정할지니라. 날을 중히 여기는 자도 주를 위하여 중히 여기고"(롬 14:5-6). 60년도 무렵에 바울은 명시적으로 훈계한다. "그러므로 먹고 마시는 것과 절기나 초하루나 안식일을 이유로 누구든지 너희를 비판하지 못하게 하라. 이것들은 장래 일의 그림자이나 몸은 그리스도의 것이니라"(골 2:16-17). 이 본문은 안식일이 "몸"이라는 실체에 대한 "그림자"라고 말한다. 그리스도와의 관계를 떠나서는 독립적인 의미가 없다는 뜻이다. "날"에 대한 산발적인 언급들은 예수 추종자들 가운데 있었던 예배에 적합한 날에 대한 논란을 암시하는 것일지 모른다. 언급의 모호성과 수용적인 어조는 그리스도인 공동체들이 문제에 대해 독립적으로 판단하도록 교회 지도자들이 허용했음을 암시한다. 예수님의 사후 20년도 채 지나지 않은 이 초기 기간에 예배를 안식일에 드려야 할지 혹은 주의 날에 드려야 할지에 관한 질문은 '디아페론타'(diapheronta, 신앙적 교제를 끊어야만 서로 다른 입장을 취할 수 있는 상태)의 문제라기보다 '아디아포라'(adiaphora, 신앙적 교제를 끊지 않고도 서로 다른 입장을 취할 수 있는 상태)의 문제였던 것 같다.

하지만 일요일 예배를 드리는 쪽의 비중이 계속 높아졌고 추종자들도 많아졌다. 50년대 중반에는 바울이 고린도인들에게 개별적 헌금을 "매주 첫날"에 모아 두라고 지시한다(고전 16:2).[30] 앞에서 주목했듯이, "매주 첫날"은 일요일을 가리킨다. 안식일을 자신의 인격과 사명을 중심으로 재해석하겠다는 예수님의 결심은 그분의 추종자들에게 전달되었다. 예를 들어, 예언자 요한은 묵시적 비전이 "주의 날에" 주어졌다(계 1:10)고 보고한다. "주의" 혹은

---

30 위의 논의에 비추어 보면, 고전 16:2의 지시가 모임도 "매주 첫날"에 있었다는 증거가 되지 못한다는 Meeks, *First Urban Christians*, p. 143의 회의론은 근거가 부족하다.

"주께 속한"이라는 뜻의 헬라어 단어 '퀴리아코스'(kyriakos)는 신약에서 드물게 쓰인다. 요한계시록 1:10에서 주님의 날(일요일)을 가리킬 때와 고린도전서 11:20에서 주님의 성만찬을 가리킬 때에만 등장한다. 두 언급 모두 "예수님이 주님이다"[31]라는 가장 초기의 기독론적 신앙고백을 각색한 것으로 보이고, 그렇기에 예수님께 "속한" 날과 잔치를 뜻한다.[32] 일요일을 "주의 **안식일**"이 아니라 "주의 날"이라고 언급한 점이 특히 중요하다. 왜냐하면 이것은 그리스도인의 거룩한 날을 더 이상 네 번째 계명과 같이 일을 중단하는 조건이 아니라 오로지 예수님을 중심으로 정의하기 때문이다.

안식일의 문제에 관해서는 다시 한번 예루살렘 공회가 중요한 결정을 한다. 40년대 말에 모인 예루살렘 공회는 이방인 그리스도인 개종자들과 유대인 그리스도인들이 깨어지기 쉬운 연약한 연합을 위태롭게 하지 않고 보존하기 위해 지켜야 하는 핵심적인 요소들을 다루었다. 결과적으로 새 개종자들에게 우상에 바쳐진 고기를 먹지 말고, 도살하지 않고 목매달아 죽인 동물의 피나 살을 먹지 말고, 음행을 멀리하라는 요구 사항을 내놓았다(행 15:20, 29). 이방 그리스도인들에게 부과된 요구 사항 중 세 가지는 불결한 음식에 관한 것이고 네 번째는 불결한 성관계에 관한 것이다. 놀랍게도, 유대교를 규정하는 가장 큰 두 요소, 즉 할례와 안식일이 요구 사항에 포함되지 않았다. 이 두 요소가 초기 교회의 바리새인 계열 그리스도인들에게는 중요했지만, 공회는 할례나 안식일 준수를 이방인에게 부과하지 않았다. 대신 이방인 신자들의 행동 가운데 교회 안에서 유대인들과 이방인들의 교제를 훼손할 수 있는 가장 모욕적인 행동들을 제거하는 최소한의 실용적인

---

[31] "예수님이 주님이다"[헬라어. '퀴리오스 예수스'(Kyrios Iēsous)]라는 표현에 대해선 막 16:19; 고전 8:6; 11:23; 12:3; 빌 2:11; 살후 2:8을 보라.
[32] "주(예수)의"라는 표현의 동의어로 쓰이는 '퀴리아코스'에 대해서는, Bauckham, *Christian World*, p. 358를 보라. Bauckham은 두 표현이 동의어라기보다 "간접적으로 연관되어 있다"라는 Werner Foerster, "*kyriakos*," *TWNT* 3:1095-1096의 주장을 제대로 거부한다.

방안을 제시했다.

정확히 얼마나 오래 그리고 어떤 지역에서 예수 추종자들이 그들이 물려받은 안식일 준수를 지속했는지는 알 수 없다. 하지만 마치 온도가 올라가면 얼음이 작아지고 결국 사라지듯이, 예수 추종자들 사이에서 안식일 준수도 감소하다가 일요일 예배로 완전히 대체되었다. 이 전환은 놀랍게도 절정에 도달해 이루어진 것 같지는 않다. 이 결정을 내리는 데 어떤 공회도 소집되지 않았다. 일요일 예배에 대한 저항으로 주류 교회에서 떨어져 나간 "안식일파"가 있었는지도 알려진 바가 없다. 보존된 초기 기독교 문헌 어디에서도 이 문제에 대한 공식적인 논의가 이루어지지 않았다.[33] 에비온파(주류 그리스도인들보다 유대교 전통에 더 강한 충성을 보인 유대 신자들)조차도 안식일 준수를 버리고 대신 일요일에 "구주의 부활을 함께 기념"했다.[34]

초기 기독교 공동체 가운데 일요일 예배에서 안식일 준수로 돌아간 증거가 나온다 해도 놀랍지 않다. 히브리서는 그런 증거를 찾을 만한 본문이다. 왜냐하면 히브리서는 유대인에게만 면제해 준 로마의 질책을 피하고자 그리스도인들이 유대교로 돌아가는 상황을 만류하기 위해 기록되었기 때문이다. 하지만 히브리서에서 안식일을 언급한 유일한 본문(4:9)에는 이 편지가 다루는 곤경에 안식일이 한몫을 했다는 증거가 없다. 그리스도인의 삶에 대해 유대교의 영향을 강하게 받아 작성된 초기 지침서인 디다케도 이

---

33 안식일을 무효화하는 것을 경고하는 유일한 초기 "기독교" 문헌은 도마복음이다. "안식일을 안식일로 지키지 않는다면, 아버지를 보지 못할 것이다"(*log.* 27). 하지만 에우세비오스는 당시 사람들에게 도마복음을 "정통 신앙을 계승한" 어느 누구에게도 인정받지 못했으며 초기 그리스도인들에게 아무 권위가 없다는 점을 엄중하게 상기시킨다. 오리게네스(254년 사망)와 그의 스승 암모니우스 사카스(242년 사망)로 거슬러 올라가는 정경의 전통은 도마복음을 이단으로 간주한다(*Hist. eccl.* 3.25.6).

34 Eusebius, *Hist. eccl.* 3.27.4-5. 여러 유대-기독교 분파들의 안식일 예배에 대한 생각을 더 알려면 Dunn, *Neither Jew nor Greek*, pp. 578-580. Eduard Lohse, "*sabbaton*," *TWNT* 7:33-34를 보라.

문제에 대해 마찬가지로 침묵한다. 초기 교회가 예배의 날을 토요일에서 일요일로 어떻게 그리고 언제 바꿨든지 간에, 우리가 가진 문헌적 증거는 이 전환이 기정사실로 받아들여지고 있음을 나타낸다. 디다케는 사도행전 20:7을 회상시키는 말로 신자들에게 명한다. "주의 날에 함께 오라. 먼저 너의 죄를 고백한 후 떡을 떼고 감사를 드리라."[35] "주의 날"에서 "주의"에 해당하는 헬라어 단어는 고린도전서 11:20과 요한계시록 1:10에서 일요일 예배를 가리킬 때 사용되었던 단어와 똑같은 '퀴리아코스'다. 주의 날에는 신자들이 공적으로 모여, 떡을 떼고 감사를 드리며, 그들의 죄를 고백한다. "떡을 떼는 것과 감사를 드리는 것"은 헬라어에서 구문론적으로 연결되는데, 이것은 하나의 사건이 묘사되고 있음을 암시한다. "감사를 드린다"[헬라어. '에우카리스테오'(eucharisteō)]라는 뜻의 단어는 주의 만찬을 가리키는 호칭이 되어 주의 만찬은 "에우카리스트"(Eucharist)로 불렸다. 속사도 교부들의 문헌 가운데 가장 초기의 문헌으로 추정되는 디다케는 그리스도인들의 일요일 예배를 유대인의 안식일에 매이지 않는 것으로 묘사한다.[36]

"주의 날"은 또한 이그나티오스서신에서도 흔하게 나온다. 마그네시아인들에게 쓴 편지에서 이그나티오스는 그리스도인들이 "새로운 소망"에 도달해 "더 이상 안식일주의에 빠지지 않고 주의 날에 따라 산다"라고 묘사하며 "그날에 우리의 생명 또한 그와 그의 죽음을 통해 생겨난 것이다"라고 말한다.[37] 이그나티오스는 주의 날과 안식일을 뚜렷하게 구별해 후자를 "**안식일주의에 빠지는 것**"(sabbatizing)이라고 경멸적으로 표현한다. 기독교의 일요일 예배는 단순히 유대인의 안식일을 24시간 늦춘 것이 아니다. 그것은 근본적으로 다른 사건이기 때문에 더 이상 금지 사항으로 일차적 정의를 내릴 수

35　Did. 14.1.
36　Did. 14.1.
37　Ign. *Magn.* 9.1.

없으며 예수 그리스도의 부활로 규정되어야 한다. "그날에 우리의 생명 또한 그와 그의 죽음을 통해 생겨"났기 때문이다.[38] 바나바서신에서 안식일에 대한 평가는 더 날카롭고 훨씬 논쟁적이다. 바나바서에서 안식일은 옛 언약에 대한 실패한 유대주의적 해석으로서, 옛 언약은 죄로 인해 유대인들이 저버린 언약이다. 십계명의 돌판을 깨뜨린 모세의 행동은 하나님이 유대인들과의 언약을 파기했다는 것을 상징한다. 이 언약은 이제 그리스도인들에게만 배타적으로 속한다.[39] "나는 너희의 월삭과 안식일을 참을 수 없다"라고 한 이사야 1:13을 인용하며, 바나바서는 예수 그리스도의 부활에서 하나님이 "여덟 번째 날을 창조하심으로써 유대인의 안식일을 무효화하고 대체하심으로써, 예수께서 죽은 자 가운데서 일어나사 우리에게 나타나시고, 하늘에 오르셨다"라고 선언한다."[40]

"여덟 번째 날"에 대한 언급은 추가 논의를 할 만한 내용이다. 3, 7, 12라는 숫자와 다르게 8은 성경에서 상징적으로 잘 쓰이지 않는다. 하지만 8에 대한 언급은 때때로 예수님의 부활과 관련이 있다. 요한복음에서 세 차례 언급되었는데 예수님이 여덟 번째 날에 부활하셨음을 암시한다.[41] 누가복음 9:28은 여덟 번째 날을 예수님의 부활을 예시하는 예수님의 변화와 연결한다. 홍수에서 구조된 노아의 여덟 가족 일원들은(창 7:13) 베드로전서 3:20-21에서 세례를 통한 새 새명으로의 구원을 나타내는 전형으로 제시된다.[42] 여덟을 부활과 새 창조와 신학적으로 연결한 것이 초기 기독교의 물질문화

---

38 Ign. *Magn.* 9.1에 대한 충분한 보충 설명은 Bauckham, *Christian World*, pp. 363-364를 보라.
39 Barn. 4.6-8; 6.19; 14.5. Barn. 14.6-9는 하나님이 사 42:6-7; 49:6-7 그리고 61:1-2에서 하신 약속들이 예수 그리스도 안에서 성취되었다고 본다.
40 Barn. 15.8-9.
41 요 20:1, 19, 26.
42 이후에 교부들이 여덟째 날을 예수 그리스도의 부활과 연결하는 경우들에 관해서는 Justin, *Dial.* 41.4; 138.1; Origen, *Sel. Ps.* 118.1; Gregory of Nyssa, *Ep.* 25 (*To Amphilochius*) 3.6을 보라.

에 영향을 주었을지 모른다. 성스러운 구조물을 팔각형으로 짓는 것은 고대 기독교 고유의 건축적 특징이었다. 가버나움에는 베드로의 집으로 여겨진 장소가 있는데 이곳은 1세기 말부터 거룩한 장소로 숭배되었다. 이 건물 위에 늦어도 5세기 전에 두 개의 동심원 구조의 팔각 성소가 건축되었다. 콘스탄티누스 시대에는 기독교에서 가장 유명한 교회 가운데 일부의 구조를 팔각형으로 지었다.[43] 세례반, 제단 그리고 제단머리는 훨씬 더 흔하게 팔각형 구조로 제작되었다. 이슬람에서 두 번째로 성스러운 장소인 예루살렘의 바위사원(691-692년 완공)의 팔각형 모양도 성묘교회의 팔각 홀 모양을 본뜬 것이다.[44]

에우세비오스는 사도 이후 시대의 일요일 예배를 '퀴리아코스'라는 단어를 사용해 요약한다. 이 단어는 우리가 이미 보았듯이 "주의 날"에 사용되었다. 한 본문에서 그는 주의 날을 "거룩하게" 여기며 그날 모인 자들에게 로마의 주교 클레멘스가 보낸 편지들을 읽어 주어야 한다고 생각했다.[45] 두 개의 다른 본문에서 그는 주의 날을 죽은 자 가운데서 구주의 부활이라는 신비와 명시적으로 연결한다.[46]

초기 일요일 예배에 대해 그리스도인이 아니라 로마의 그리스도인 박해자인 소플리니우스가 독특한 통찰을 제시한다.[47] 플리니우스는 비두니아(현

---

[43] 예루살렘에 있는 성묘교회의 둥근 홀은 팔각형이며, 베들레헴에 있는 예수탄생교회 제단 뒤쪽의 둥근 지붕도 마찬가지다. 가이사랴와 안디옥에 있는 교회들도 또한 팔각형이다.

[44] Everett Ferguson, "Octagon," *EEECAA* 2:241-242; Murphy-O'Connor, *Holy Land*, pp. 198-205, 217-221를 보라.

[45] *Hist. eccl.* 4.23.11.

[46] *Hist. eccl.* 3.27.5; 5.23.2.

[47] *Ep. Tra.* 10.96. 트라야누스에게 보낸 플리니우스의 편지는 Eusebius, *Hist. eccl.* 3.33.1에도 언급된다. 플리니우스의 편지에 대한 온전한 주해는 Koch, *Geschichte des Urchristentums*, pp. 521-528에 나온다. 플리니우스의 편지에 대한 라틴어와 영어 번역본은 Gwatkin, *Selections from Early Writers*, pp. 26-31를 보라. 편지에 대한 탁월한 논의는 Hurtado, *Destroyer of the Gods*, pp. 22-26를 보라. 『처음으로 기독교인이라 불렸던 사람들』(이와우); Fox, *Classical World*, pp. 547-554; and esp. Wilken, *Christians as the Romans Saw Them*, pp. 1-30.

대의 북중앙 튀르키예)의 로마 총독이었는데, 이곳은 베드로전서의 수신 지역 중 한 군데였다(벧전 1:1). 대략 113년에 라틴어로 쓴 편지에서, 플리니우스는 "그리스도인들"이라고 확인된 종교 분파를 다루는 방법에 대해 트라야누스 황제에게 조언을 구한다. 플리니우스에 따르면 그가 총독으로 부임하기 전 최소한 20년간 그리스도인들은 그곳에 존재했다. 그가 부임했을 때 "나이와 지위 그리고 남녀를 모두 막론하고" 그리스도인들이 존재했으며, "여집사"라는 여성 공직자도 있었다. 비두니아의 그리스도인 공동체는 분명히 인원이 많고, 다양하고, 잘 조직되었다. 도시 지역과 시골 지역에 있는 이들의 영향력은 상당했다. 사실, 로마의 관점에서 그리스도인의 영향은 해로웠다. 로마 신전들이 "버려지고" 종교적 제사를 통한 수입이 줄어들었기 때문이다. 플리니우스는 자기가 직접 그리스도인들을 심문한 내용과 무명의 제보자에게 들은 내용에 기초해서 트라야누스에게 보고한다. 사실 그런 정보원의 존재는 기독교가 그 지역에 상당히 뿌리를 내렸다는 추가 증거다. 플리니우스는 그리스도인들을 "정해진 날 ['스타토 디에'(*stato die*)] 해뜨기 전에 정기적으로 모여 하나님께 하듯이 그리스도에게 찬송을 부르며" 훔치지 않고, 강도짓을 저지르지 않고, 간음하지 않고, 약속을 어기지 않고, 맡긴 돈을 떼어먹지 않기로 "맹세['사크라멘툼'(*sacramentum*)]로 서로 다짐한다." "맹세"에 대한 언급과 금지 사항 목록이 있었다는 사실은 비두니아 기독교 공동체의 삶에 미친 십계명의 영향을 암시한다. 하지만 우리의 목적에는 플리니우스의 첫 번째 세부 내용이 중요하다. 그리스도인들이 매주 정해진 날 일찍 만나는 습관이 있다고 묘사하고 있기 때문이다. 그는 그날이 일요일이라고 말하지는 않았지만 매주 정해진 날에 만나는 유일한 다른 "관련" 집단은 유대인들인데 이들은 토요일에 만났다. 유대인들은 예수 그리스도에게 하나님께 드렸듯이 찬송을 부르지는 않았을 터이고, 자기 자신들을 그리스도인이라 부르지도 않았을 터이다. 플리니우스의 언급은 그리스도인의 일요일 예배를 가리킬 수밖에 없다. 사실, 그의 관점에서 볼 때, 일요일 예배는 그리스도인들의 정체성이 공적으로 드러나는 주요한 표시였다.

2세기 초쯤에는 일요일이 그리스도인들 사이에서 거룩한 예배의 날로 확립되었다.[48] "안식일" 대신 "주의 날"이 일요일에 대한 합당한 호칭이 되었다. 그리스도인들은 유월절과 오순절을 계속 언급했으나 이 절기들의 내용과 날짜는 별로 변하지 않은 채 구약에서 물려받았다. 이와는 대조적으로 일요일은 완전히 새로 정해진 것이라서 새 이름과 날짜가 있어야 했다.[49] 일요일이 교회의 거룩한 날이라는 최초의 공식적 선언은 교황 식스투스(Sixtus, 대략 116년-126년 재위)의 법령에 등장한다.[50] 하지만 우리가 살펴본 바에 따르면 식스투스의 법령은 분명 일요일이 그리스도인의 거룩한 날임을 소개한 것이 아니라 그저 확증한 것이다.[51]

---

48 Zahn, *Skizzen*, p. 180는 일요일이 얼마나 일찍 그리고 얼마나 철저하게 교회에서 자리 잡았는지를 강조한다. "일요일 예배는 상당히 일찍 일반적으로 받아들여졌음에 틀림없다. 2세기부터 시작해서 그리스도인 작가들은 [일요일 예배라는] 기독교 관습이 공통적 관습"이라고 말한다(저자 사역). Bauckham은 속주 아시아(오늘날의 튀르키예)에 있는 그리스도인들이 일요일 예배를 우선순위에 놓은 시점을 더 일찍으로 본다. "1세기 말 아시아 교회에 매주 첫째 날은 그리스도인들이 정기적으로 공동 예배를 드리는 날이었다"(*Christian World*, p. 370).

49 Zahn, *Skizzen*, p. 183.

50 Bacchiocchi, *From Sabbath to Sunday*, pp. 49-53. 『안식일에서 일요일로』(감은사).

51 이 시대(아마도 이 장에서 인용된 다른 경우들보다 약간 이후의)에서 "안식일"에 대한 마지막 언급은 폴리카르포스의 순교에 나온다(8.1; 21). 이 문헌은 폴리카르포스가 "큰 안식일"에 순교했음을 두 번이나 언급한다. 폴리카르포스가 순교한 달과 날은 2월 22일(혹은 아마 23일)이고 (언급되지는 않지만) 해는 아마 156년이었을 것이다(Holmes, *Apostolic Fathers*, pp. 301-302를 보라). 폴리카르포스의 순교에는 그의 순교를 예수님의 수난(예, 요 19:31)과 비교하는 많은 암시들이 나오는데 "큰 안식일"이 그중 하나이다. Lightfoot, *Apostolic Fathers*, 1:709-713의 주장에 따르면, "큰 안식일"은 유대 절기 부림절을 가리키는 환유어인데, 부림절이 마침 156년에 속주 아시아의 카이사르 숭배 대기념일과 겹쳤다. 폴리카르포스의 순교는 따라서 유대인들과 이교도들에게 두 개의 상관없는 기념 행사를 동시에 참여하는 기회를 준 것이다. Lightfoot의 결론을 Fox, *Pagans and Christians*, pp. 486-487도 따른다.

초기 교회는 왜 일요일을 채택했는가

구약과 그 이후의 유대교에서 안식일이 차지했던 탁월한 역할 때문에 안식일과 비슷한 역할이 기독교에서 생긴 것 같다. 예수님은 자신의 추종자들에게 안식일을 버리라고 명하지 않으셨으며, 그분의 사역에서도 초기 교회가 그렇게 해야 할 만한 분명한 선례나 이유가 제시되지 않았다. 초기 교회는 주중 다른 날들에 대해서는 이교도 이름을 유지했는데 이에 비춰 보면 "안식일"이라는 이름을 버린 것이 더욱 놀랍다. 마찬가지로 놀라운 점은 이름, 날, 준수 방식에 변화가 생겼을 때 교회에 큰 붕괴나 분열이 없었다는 사실이다. 예를 들어 4세기에 부활절을 기념하는 날에 대한 논란이 일어났을 때는 분열이 생겼기 때문이다.[52] 이 요인들 중 어느 하나만으로도, 그리고 이 요인들 모두 다 작용했다면 확실하게 초기 교회가 안식일을 그대로 유지할 강한 근거가 되었을 것이다.

그렇다면 초기 교회는 그들이 유대교로부터 집단적으로 물려받은 유산의 그토록 핵심적인 요소를 왜 버렸을까? 사회학적 요인들이 교회의 일부에서 작용했을 수 있다. 우리가 주목했듯이, 이방인 그리스도인들은 제1차 유대 반란 이후 유대인 세(fiscus Judaicus)를 피하고자 유대 회당에서 분리되어 나왔을 가능성이 있다.[53] 이뿐 아니라 이방인 그리스도인들이 헬라주의

---

52 Zahn은 다음과 같은 관찰을 제시한다. "안식일이 유대인의 삶에서 차지하는 중요성을 고려하면, 최소한 초기 그리스도인들이 한 주의 다른 날보다 안식일 준수를 강조했을 것이라고 가정할 수 있다. 안식일은 초기 그리스도인들과 하나님이 이스라엘 안에 모으신 자들을 연합하는 강한 교제의 결속을 제공했다. 안식일을 거룩하게 지키며 그리스도인들은 하나님 백성이 보인 모범뿐 아니라 예수님 자신이 보이신 모범도 고수했다." *Skizzen*, p. 169(저자 사역).

53 유대인 세(fiscus Judaicus)에 대해서는 6장 pp. 195-197를 보라. Zahn, *Skizzen*, p. 169와 Geraty, "From Sabbath to Sunday," p. 257에서 두 사람 모두 70년도에 로마가 예루살렘을 함락시키기 이전에 초기 교회가 새로운 예배의 날을 소개했다고 보기 어렵다는 주장을 한다. 하지만 우리는 행 20장에서 특히 디아스포라 신자들 가운데, 첫 번째 반란이 일어나기 전에, 일요일 예배로 이동한 증거를 보았다(앞의 pp. 355-357를 보라).

맥락에 적응하기 위해 안식일을 버렸다는 의견이 제시되기도 했다. 순교자 유스티누스가 일요일을 "태양의 날"이라고 말한 것이 바로 그런 적응의 증거로 제시되었다.[54] 나는 유스티누스나 전반적인 초기 기독교가 태양을 숭배하는 이방 종교에 맞추기 위해 안식일을 버렸다는 주장은 완전히 불가능하다고 생각한다.[55] 이런 요인들은, 각각이든 함께 결합되어서든, 교회가 토라와 회당에서 물려받은 깊은 안식일 선례를 뿌리 뽑을 수 없었다.

하지만 안식일을 지지하는 전통의 무게에도 불구하고 초기 교회는 가 보지 않은 길로 갔다. 안식일을 버리고 일요일을 품은 것이다. 임의로 한 일도 아니고 사회적인 수용 때문도 아니었다. 바로 신학적인 확신 때문에 그렇게 한 것이다. 안식일이라는 옛 부대는 일요일이라는 새 포도주를 수용할 수 없었다. 일단 일요일은 창조의 완성을 기념하는 것으로 여겨졌다(창 2:2-3).[56] 하지만 가장 중요한 이유는 일요일이 예수님이 죽은 자 가운데서 다시 살아나신 날이었다는 사실이다. 일요일은 따라서 특히 성만찬을 통해[57] 부활을 기념하는 기능을 했고, 매주 반복적으로 부활절을 기념하는 날로 확립되었다. 부활절과 마찬가지로, 일요일은 금식, 금지와 절제의 날이 아니고, 증거, 기념과 축하의 날이었으며, 이것을 나타내는 주된 방식은 주의 만찬과 기도였다.[58]

주의 날을 기념하는 모습에 대한 최초의 온전한 묘사는 2세기 변증가이며 순교자인 유스티누스가 로마 황제 안토니누스 피우스(138-161년 재위)에

---

54 Justin, *1 Apol. 67*: "on the Sun's day."
55 초기 기독교가 안식일을 버리고 일요일을 택하는 데 영향을 준 다양한 사회학적 요인들에 대해서는 Geraty, "From Sabbath to Sunday," pp. 258-259를 보라.
56 막 2:27-28; Barn. 15.3; Justin, *1 Apol. 67*.
57 Ign. *Magn.* 9.1; Barn. 15.9; Eusebius, *Hist. eccl.* 3.27.5; 5.23.2.
58 아마도 일요일이 기념의 날이었기 때문에 기도는 서서 했다. 초기 그리스도인의 일요일 예배에 대해서는 Zahn, *Skizzen*, pp. 184-185를 보라.

게 쓴 글에서 등장한다.[59] 유스티누스에 따르면, 도시나 시골에서 사는 자들이 한 장소에 모여 사도들이나 선지자들의 회고록을 읽는다. 그 후 지도자가 모인 자들에게 들은 내용 중 선한 것을 모방하라고 가르치고 권면한다. 설교가 끝나면, 회중은 일어나서 기도하고, 떡과 포도주와 물에 대해 감사를 드리고 함께 나누어 먹는다. 집사들은 참석하지 못하는 자들에게 "감사 예물"을 나누어 준다. 재정적으로 여유가 있고 자원하는 마음이 있는 자들은 적절하다고 생각되는 만큼 헌금을 내고, 헌금을 모아 공동체의 지도자에게 맡겨서 그들 가운데 있는 고아, 과부, 환자, 가난한 자, 갇힌 자, 여행객들에게 나누어 주게 한다. 유스티누스는 이 모든 일이 일요일에 일어난다고 말하며 이렇게 이유를 설명한다. "왜냐하면 그날이 하나님이 어둠과 물질에 변화를 일으켜, 세상을 만드신 첫째 날이고, 우리 구주 예수 그리스도께서 그날에 죽은 자 가운데서 살아나셨기 때문이다."[60] 유스티누스의 묘사는 초기 기독교에서 줄곧 일요일 예배를 규정하는 두 요소로 마무리된다. 바로 세상의 창조와 예수 그리스도의 부활에 대한 기념이다.

안식일의 관점에서 볼 때 유스티누스의 일요일에 관한 묘사에서 가장 놀라운 점은 일을 중단하는 것에 대한 아무런 언급이 없다는 사실이다. 사실, 일을 중단하는 것은 일요일 예배를 가리키는 신약과 속사도 교부의 어떤 문헌에서도 언급되지 않는다. 그렇다고 이것을 기초로 쉼과 일을 중단하는 것이 초기 기독교의 일요일 준수에서 아무런 역할을 하지 않았다고 결론지을 필요는 없다. 유대교에서 안식일의 중요성 그리고 초기 교회와 유대교의

---

59 안토니누스 피우스에게 글을 바친 것은 전략적 행위였는데 왜냐하면 에우세비오스 *Hist. eccl.* 5.1-4에서 상기시켜 주듯이, 그리스도인의 순교가 안토니누스의 통치 시기에 급증했기 때문이다(가장 많이 기념되는 초기 교회의 순교자 폴리카르포스도 이때 죽임을 당했다). 주의 날에 대한 유스티누스의 포괄적인 묘사가 의도한 한 가지 목적은 일요일 모임이 로마제국에 위협이 된다는 의혹을 진정시키는 것이었다.

60 *1 Apol.* 67 (*ANF* 1:186).

밀접한 관계를 고려할 때, 초기의 일요일 준수에서 일을 중단하는 것이 사라진다면 놀라운 일이다.[61] 사실, 고대 후기쯤에는 휴식의 주제가 기독교의 일요일 준수에서 다시 강조되었고 현대에 이르기까지 그 강조점이 다양한 정도와 형태로 이어졌다.[62]

휴식과 노동의 중단이 초기 교회의 일요일 준수에서 어느 정도로 유지되었는지를 확실하게 말하기는 불가능하다. 확실히 말할 수 있는 것은 신약이나 속사도 교부의 어떤 본문도 일요일을 네 번째 계명이나 일의 중단으로 규정하지 않는다는 사실이다. 일요일은 결코 "기독교 안식일"이라고 불리지 않는다. 대신 일요일은 한 주의 첫째 날로서 예수님이 죽은 자 가운데서 다시 사신 날로 준수되고 기념된다. 참으로 그리고 전적으로 "주의 날"인 셈이다. 한 주의 첫째 날이 너무 중요해서 "여덟 번째 날"의 피조 세상 갱신과 연관되었다. 교회의 거룩한 날을 안식일에서 일요일로 옮기는 데 결정적으로 영향을 준 것은 기독론이다. 죽은 자 가운데서 예수 그리스도의 부활이 너무 중대한 사건이라 교회는 시간에 대해 새롭게 이해해야 했다. 교회는 이제 새로운 종말론적인 시대에 진입했다. 사망이 아닌 생명의 시대요, 썩어짐이 아닌 부활의 시대다. 예수님의 부활이 "마지막 날"을 시작했고, 모든 역사가 최종적으로 완성되기 바로 전의 시대인 "마지막 날"을 시작했다. 최종 완성은 예수님이 심판과 영광 중에 돌아오실 때 이루어질 것이다. 이 새로운 시대의 동이 텄다는 사실을 기념하는 것이 바로 일요일 예배다. 예수님

---

61 히 4:1-11에서 신자들에게 명하는 "안식일 휴식"은 일의 중단을 가리키는 것이 아니라 구원에 대한 비유다. 히브리서 저자에게 유대교로 돌아가기 위해 기독교를 버리는 행위는 "안식일 휴식", 즉 구원을 박탈당하는 "불순종"이다. "그런즉 안식할 때가 하나님의 백성에게 남아 있도다. 이미 그의 안식에 들어간 자는 하나님이 자기의 일을 쉬심과 같이 그도 자기의 일을 쉬느니라. 그러므로 우리가 저 안식에 들어가기를 힘쓸지니 이는 누구든지 저 순종하지 아니하는 본에 빠지지 않게 하려 함이라"(4:9-11).
62 2, 3, 4세기에 있었던 안식일과 일요일에 대한 논의는 Bauckham, *Christian World*, pp. 385-433를 보라.

의 부활을 증거하는 일요일 예배는 사실상 그리스도인들에게 어길 수 없는 것이 되었다. 플리니우스가 트라야누스에게 말했듯, 그리스도인들은 일요일 예배를 신앙의 **공적인** 표현으로 여겼다. 그들은 제국에 사형을 당할 수 있는 상황에 노출되었을 때도 일요일 예배에 헌신했다. 일요일은 "주님의 날"이다. 예수님의 죽음과 부활이 주는 유익과 그리스도인의 교제를 통해 얻는 축복(특히 공동 식사) 그리고 그분의 이름을 통한 구원이 출범시킨 새로운 세상을 기념하는 날이다.

13
"그 길"에서 "그리스도인"으로

첫 이름들

기독교 운동에 이름을 붙이고자 했던 초기의 시도는 그다지 발견되지 않는다. 이것은 예수님의 후기 추종자들뿐만 아니라 예수님의 사역에서도 마찬가지였다. 복음서에 따르면, 예수님의 정체성에 대한 가장 일반적인 추측은 그분이 과거에서 온 인물이라는 것이다. 세례 요한 혹은 엘리야 혹은 선지자 가운데 하나라는 것이다. 제자들과 제자가 아닌 이들이 모두 똑같이 이런 의견들을 공유했고 예수님의 주적인 헤롯 안디바도 마찬가지였다.[1] 반대자들과 옹호자들 모두 이 판단을 공유한다는 사실은 아마도 놀랍게도 예수님을 따르는 자라고 해서 그분의 정체성을 이해하는 데 유리한 위치에 있었던 것은 아님을 알려 준다.

예수님이 자신을 가리키는 데 사용한 용어들도 더 이해하기 쉬운 것은 아니다. 그분은 "왕"이나 "메시아"같이 구약의 주요 호칭들을 사용하기를 거

---

1   마 16:14; 막 6:14-15; 8:28; 눅 9:7-8; 9:19.

부하셨다.² "선지자"라는 호칭은 허용하셨다.³ 그분이 선호한 "인자"(Son of Man)라는 호칭은 흔하지 않고 제대로 이해되지 못한 구약의 호칭이었다. 예수님이 종종 자기 자신을 가리켜 부르신 "인자"라는 호칭은 세상에 대한 통치권을 받기 위해 하늘의 구름을 타고 오는 신적인 인물을 염두에 둔 것이었다. 바로 이런 의미로 이 단어가 구약에서 사용된 경우는 오로지 한 번뿐이다(단 7:13-14). 군중이 당신이 약속대로 오신 이스라엘의 메시아가 맞냐고 예수님을 추궁했을 때, 그분은 인자라는 호칭을 사용해 대답한다. "인자가 들려야 하리라." 이에 대해 군중은 당혹스러워하며 묻는다. "이 인자는 누구냐?"(요 12:34)

20세기의 탁월한 학자 에두아르트 슈바이처는 1세기 유대교의 일반적인 메시아에 대한 이미지와 호칭을 예수님이 피하고 심지어 전복시켰다는 사실이 그분의 인격과 사명을 이해하는 데 가장 중요한 첫걸음이라고 믿었다. 슈바이처는 예수님을 "어떤 공식에도 들어맞지 않는 사람"이라고 부른다.⁴ 제자들도 자신들의 주인과 다르지 않았다. 1세대 예수 추종자들도 그들만의 독특한 공동생활과 선교 계획을 발전시켰지만 이를 칭하는 이름이 없었기 때문이다. 초기 신자들은 결과적으로 자유와 독창성을 발휘해 자신을 명명했다. 가장 최초의 명칭은 "제자들"이었을 텐데, 이것은 예수님을 "선생"이라고 부른 것에 대한 필연적인 귀결이다. "나사렛인", "갈릴리인" 또한 초기의 이름으로서 예수 추종자들의 지리적 위치를 밝혀 준다. 다른 묘사들도 종종 비유와 유비로 등장한다. "하나님의 사람", "성령의 이스라엘", "아브

---

2   마 26:63-64; 막 15:2; 요 6:15.
3   눅 4:24; 11:32.
4   Schweizer, *Jesus*, 2장. 그가 쓴 지적인 자서전 *Jesus Christ: The Man from Nazareth and the Exalted Lord*에서 Schweizer는 이렇게 말한다. "예수: 어떤 공식에도 들어맞지 않는 사람'이라는 칭호는 내가 예수님을 이해하는 데 그리고 더 깊이 이해하는 데 아마도 [이 책에서] 가장 중요한 부분이 된 것 같다"(p. 86).

라함의 씨", "택정된 사람들", 혹은 "택하신 자", "열두 지파" 그리고 "하나님의 종들"이다. 이들 중 많은 이름이 살아남지 못했지만, 예수 추종자들이 자기를 이해하는 방식에 이스라엘의 이야기가 차지하는 중요성을 입증해 준다.[5]

신약에서 등장해 점점 사용 빈도수가 높아지는 네 개의 호칭은 "제자"[헬라어. '마테타이'(*mathētai*)], "신자"[헬라어. '피스테우온테스'(*pisteuontes*)], "형제"[헬라어. '아델포이'(*adelphoi*)] 그리고 "성도"[헬라어. '하기오이'(*hagioi*)]다. 첫 번째 두 호칭은 예수님의 지상 사역에서 그분을 추종한 이들을 가리킨다. "제자"는 "배우는 자", "학생" 혹은 "견습생"을 뜻하는 헬라어 단어에서 파생된 단어로, 사복음서 모두와 사도행전에서 자주 사용되지만 신약의 다른 본문에서는 전혀 사용되지 않는다. 복음서에서는 제자들이 예수님을 선택하지 않고 예수님이 그들을 선택하신다. 이 용어는 이들을 예수님의 부르심과 사명에 밀접하게 결속시킨다. 사도행전에서 "제자"는 예수님의 사도들과 첫 옹호자들에게서 파생된 공동체를 가리킨다. "신자"는 이따금 신약 전반에 걸쳐 사용되지만 요한복음과 요한1서에서 예수 추종자들이 선호하는 이름이다. 신앙, 믿음을 뜻하는 헬라어 명사 '피스티스'(*pistis*), 요한복음에 전혀 나오지 않지만, '믿다'를 뜻하는 동사 '피스테우오'(*pisteuō*)는 거의 100번이나 나와 예수님의 인격과 선포에 대한 적극적인 헌신의 중요성을 강조한다.

"형제"와 "성도"는 신약에서 부활 후 예수 추종자들의 공동체를 가리켜 사용된다. "형제"는 유대인의 삶을 구성하는 가족 단위에서 파생된 용어로, 그리스도인 공동체에 소속되는 것을 유전적으로 결속된 형제 관계로 정의한다. 문법적으로 남성형인 "형제"는 특정 성(gender-specific)을 가리키는 것이 아니며, 남성, 여성과 아이들까지 포함한다. 복음서는 예수님의 제자들을

---

5 이 초기의 이름들에 대해서는 Harnack, *Mission and Expansion*, pp. 399-418를 보라. 그가 언급한 내용도 보라. "[그 이름들은] 어떻게 새로운 공동체가 스스로를 유대 국가의 약속과 특권의 상속자로 느꼈는지 보여 준다"(p. 403).

형제라고 부르지 않는다. 사도행전에서만, 그리고 특히 130회 이상 사용된 바울서신에서 "형제"는 예수 추종자들을 가리키는 표준 용어가 된다. 하지만 이 개념은 예수님에게서 비롯되었다. 예수님은 제자들에게 누구든지 아버지나 어머니, 아들이나 딸을 그보다 더 사랑하면 그의 제자가 될 자격이 없다고 가르치신다(마 10:37). 사실, 누구든지 하나님의 뜻을 행하는 자가 그의 형제, 자매 그리고 어머니다(막 3:35).

이와 대조적으로 "성도"(saints)는 이스라엘의 제사 생활에서 왔다. 거룩한 하나님이 성전에 있는 하나님의 처소를 거룩하게 하셨다. 그리고 무엇보다도 하나님의 이름으로 일컬음을 받는 사람들 안에 있는 하나님의 처소를 거룩하게 하셨다. "나는 여호와 너희의 하나님이라. 내가 거룩하니 너희도 몸을 구별하여 거룩하게 하[라]"(레 11:44). 초기 교회는 이 명령을 따라 예수 그리스도 안에 있는 신자들에게 적용했다(벧전 1:16). 예수님이 "교회를 사랑하시고 그 교회를 위하여 자신을 주"셨고 "물로 씻어 말씀으로 깨끗하게 하사 거룩하게 하"셨기 때문이다(엡 5:25-26). "거룩한", "신성한"을 뜻하는 헬라어 단어 '하기오스'(*hagios*)가 그리스도인 자신들에 대한 호칭 '하기오이' (*hagioi*)의 어근인데, "성도", "거룩한 자들"을 뜻한다. 이 용어는 신약에서 내내 등장하는데 바울서신과 요한계시록에서 사용 빈도수가 급증한다. 복음은 인간 공동체 개념에 지각변동을 일으킨다. 그리스도의 몸은 가족, 지리, 인종, 성, 민족, 혹은 언어의 경계에 따라 정의되지 않기 때문이다. 나라, 부족, 백성 그리고 언어와 상관없이 누구나 "성도"가 될 수 있다. "각처에서 우리의 주 곧 그들과 우리의 주 되신 예수 그리스도의 이름을 부르는 모든 자들"이 성도로 여겨진다(고전 1:2).[6]

---

6   계 5:9; 7:9; 10:11; 11:9; 13:7; 14:6; 17:15. 또한 Otto Procksch, "*hagios*," *TWNT* 1:107-109를 보라.

그 길

"그 길"[헬라어. '호 호도스'(ho hodos)]은 예수 추종자를 가리키는 거의 공식적 호칭에 가까운 최초의 용어였다. 신자들과 비신자들 모두 사용한 "그 길"이라는 표현은 신약에서 다마스쿠스로 가는 사울의 여행에서 처음 등장한다. 이 여행에서 사울은 "그 도를 따르는 사람을 만나면 남녀를 막론하고 결박하여 예루살렘으로 잡아오려" 했다(행 9:2). 멀리 있는 고린도에서 아볼로는 "주의 도"를 선포한다(18:25, 26). 그리고 에베소의 유대 회당에서는 "그 길"을 비난한다. 그러자 바울은 물러나서 자신의 공동체를 따로 세우고 두란노 서원에서 이들을 가르친다(19:9). 이후에 데메드리오라는 은장색이 그 길 때문에 에베소에서 폭동을 일으킨다(19:23-41). 또한 사도행전에서 바울은 예루살렘성전에서 붙잡혔을 때, 군중에게 히브리어로 자기 자신도 한때 그 길의 회원들을 박해했었다고 고백한다(22:4). 바울이 붙잡힌 이후, 로마 총독 벨릭스는 그 도에 대해 흥미를 보이며 더 알고 싶어 한다(24:22, 24). 이런 언급들은 1세기 중엽 예수 추종자들을 가리키는 말로 "그 길"이 사용된 범위와 다양한 방법을 보여 준다.

아이러니하게도, 예수 추종자들을 집단적으로 "그 길"이라고 가리키는 신약의 유일한 문서인 사도행전은 이 칭호의 뜻을 설명하지 않는다. 우리는 왜 초기 교회가 이 호칭을 택했는지 확실히 알 수 없지만, 유대 전통에서 파생된 것 같다. 선지자 예레미야에 따르면, 하나님은 자신의 백성을 "한마음과 한길"로 만들겠다고 약속하셨다.[7] 요한복음은 예수님이 "그 길"을 자기를 가리키는 호칭으로 삼으신다고 기록한다. "내가 길이요 진리요 생명이라"(요 14:6). 예수의 추종자들은 그분의 왕국을 "진리의 도"(벧후 2:2), "의의 도"

---

[7] 렘 32:38-39. 칠십인역은 "또 하나의 마음과 또 하나의 길"이라고 번역한다.

(벧후 2:21), "구원의 길"(행 16:17), 혹은 모두를 다 포함하는 "주의 바른길"(행 13:10; 18:25)로 다양하게 묘사한다. "그 길"은 그리스도와 복음을 모두 포괄하는 비유다.[8] 길은 생각과 말보다 큰 의미가 있다. 목적을 향해 행하고 움직이는 것을 포함한다. 유대 율법 전체를 가리켜 '할라카'[히브리어, '할라크'(*halak*), '걷다'에서 파생됨]라고 하는데 윤리적 행동, 즉 '삶의 방식'과 '생활양식'을 규정한다. 시편과 잠언은 어리석은 길이 아닌 지혜의 경건한 길을 강조하는데, 이것은 사해사본의 관심사이기도 하다.[9] 바울이 사랑을 "가장 좋은 길"로 말할 때(고전 12:31), 그가 한 말은 그의 생각과 비슷하다. 예수 추종자들은 따라서 자기 자신들을 이스라엘 백성이 되는 **길**을 보여 주는 살아 있는 모범으로 제시한다.[10]

"그 길"은 초기 예수 추종자들의 가장 중요한 이름이었지만 유일한 이름은 아니었다. 덜 쓰이는 또 다른 이름은 "분파"다. "분파"[헬라어, '하이레시스'(*hairesis*)]라는 단어는 사도행전 24:14에서 그 길에 적용되고, 예수 추종자들은 다른 곳에서 "나사렛 이단"(행 24:5)으로, 혹은 단순히 "**이 파**"(행 28:22)로 불린다. 1세기에 사용된 "분파"라는 말은 현대의 표현보다 덜 경멸적인 의미가 담겼다. 요세푸스는 폄하의 의도 없이 이 단어를 사용해 사두개인, 바리새인, 에세네파를 세 개의 유대 학파 혹은 갈래로 표현한다.[11] 사도행전은 사두개인(5:17)과 바리새인(15:5)을 분파로 칭한다. 사도 바울에 따르면 바리새인은 "우리 종교의 가장 엄한 파"다(26:5). 예수 추종자들을 "분파"라고 칭하는 것 또한 경멸적인 표현이 아니다.[12] 사도 바울이 사슬에 매여 로마에 도착해서 유대 지도자들을 만날 때, 그들은 그에 관해 "유대에서 어떤 편지

---

8 Wilhelm Michaelis, "*hodos*," *TWNT* 5:93-94.
9 1QS 9.17-18, 21; 10.21; CD 1.13; 2.6를 보라.
10 Dunn, "From the Crucifixion," pp. 27-29도 그렇게 생각한다.
11 *J.W.* 2.119-166; *Ant.* 18.11-15.
12 행 24:5, 14; 28:22.

도 받지 못했으며" 그들의 백성 중 아무도 그에 대해 "나쁜 점을 보고하거나 말한 적이 없다"라고 알려 준다. 하지만 그들은 바울의 견해가 무엇인지 듣기를 원한다. "왜냐하면" 그들은 이렇게 말한다. "이 파에 대하여는 어디서든지 반대를 받는 줄 알기 때문이라"(28:21-22). 여기서 "분파"는 제2성전 세대의 유대인들이 여러 다른 "학파" 혹은 "집단"을 가리키는 방식과 비슷하게 사용된다. 하지만 이 호칭은 경멸적으로 사용될 수도 있었다. 산헤드린에서 바울의 적대자가 그를 "나사렛 [분파]의 우두머리"라고 고발할 때(24:5), 사용한 "분파"와 "우두머리" 모두 공공에 위협을 가하고 반란을 조장한다는 뜻을 내포한다.

예수 추종자들을 가리키는 덜 흔한 호칭은 방금 ""나사렛 [분파]의 우두머리"라는 표현에서 주목했듯이 "나사렛인"이다(행 24:5). 예수님은 사복음서에서 열두 번 정도 나사렛인으로 인식되며[13] 이 횟수의 절반 정도가 또다시 사도행전에서 발견된다.[14] "나사렛인"은 기독론적인 주요 호칭이 아니지만 예수님이 나사렛 출신의 갈릴리인이며, 그분의 제자들도 예수님과 같이 갈릴리에 뿌리를 둔 자들임을 나타낸다.[15] 예수 추종자들에 대한 마지막 호칭은 헬라어로 '데이시다이모니아'(*deisidaimonia*)인데, "존경받을 만한 종교"로 번역될 수 있으며, 신약에서 오직 한 번 사용된다(행 25:19).[16] 데이시다이모니아

---

13 *Nazarēnos*: 막 1:24; 10:47; 14:67; 16:6; 눅 4:34; 24:19. *Nazōraios*: 마 2:23; 26:71; 눅 18:37; 요 18:5, 7; 19:19.
14 *Nazōraios*: 행 2:22; 3:6; 4:10; 6:14; 22:8; 26:9.
15 "나사렛인"이 삼손과 연관성이 있다는 주장은 가능하다. 삼손은 칠십인역 알렉산드리아 사본 (Codex Alexandrinus)의 삿 16:17에서 "나지라이오스 테우"(*naziraios theou*)로 불린다. 즉 하나님께 봉헌되거나 헌신된 자라는 뜻의 "하나님의 나실인"(Nazirite of God)으로 불린다. 반면, 바티칸(Vaticanus) 사본의 똑같은 구절에는 호칭이 "하기오스 테우"(*hagios theou*), 즉 "하나님의 거룩한 자"(holy one of God)로 표기된다. 만약 "나사렛인"이 나실인 서원 및 삼손과 연관된다면, 예수님과 그분의 추종자들에게 이 단어는 나사렛이라는 마을을 가리킬 뿐 아니라 예수님이 하나님과 맺은 특별한 관계도 의미할 것이다. Schweizer, *Neotestamentica*, pp. 51-55를 보라.
16 BDAG p. 216을 보라.

는 공공의 질서라는 로마의 이상과 중용이라는 그리스의 이상을 포용할 수 있는 범위 안에 있는 종교를 가리키는 말로서, '수페르스티티오'(*superstitio*)가 아닌 균형 있고 절제된 종교를 가리킨다.

초기 호칭들과 별칭들에 관해 두 요약 진술을 제시하고자 한다. 첫째, 앞서 나온 용어들 모두 1세기 후반부에 쇠퇴하기 시작하고 어떤 경우는 사라지기도 한다. 이미 신약의 서신서와 속사도 교부들의 문헌에서 "분파"는 더 이상 학파를 지칭하지 않고 기독교 가르침에 반대하는 이단을 가리킨다.[17] "나사렛인"은 초기 교부 시대에 "그리스도인"에 대한 완곡한 호칭으로 가끔씩 등장하지만, 보통은 기독교 운동을 가리키는 더 익숙하고 심지어 훨씬 친밀한 표현으로 사용된다.[18] "그 길" 또한 사용이 줄어들기는 하지만 사라지지는 않는다. 디다케는 이 단어를 기독교 신앙에 대한 첫 묘사에서 "죽음의 길"과 대조되는 "생명의 길"로 표현한다. 생명의 길은 두 개의 가장 큰 계명인 하나님을 사랑하는 것과 이웃을 사랑하는 것, 그리고 남이 자신에게 하지 않았으면 하는 일을 남에게 하지 말라는 "은율"(silver rule)로 요약된다. 대체로 디다케는 윤리적 행동으로 그 길을 정의하며, "이끌다" 혹은 "인도하다"라는 뜻의 헬라어 동사 '호데게오'(*hodēgeō*)를 자주 사용해 이 행동들을 강화한다. 바나바서의 끝에 나오는 "두 길"에 대한 권면도 똑같은 주제를 반복한다. 사도 이후의 시대에서 "길"은 기독교 신앙 자체보다는 다양한 미덕과 악덕을 더 자주 지칭한다.[19] "그 길"은 따라서 초기 기독교에서 묘사의 기

---

17 고전 11:19; 갈 5:20; 벧후 2:1을 보라.
18 *PGL* pp. 896-897를 보라.
19 따라서 Herm. Vis. 3.7.1의 알레고리는 옳은 길에서 벗어나 거칠고 발자국이 없는 길로 굴러가는 돌을 모티브로 만들어졌다. 여기서 "그 길"은 더 이상 신앙, 바로 "그 길"이 아닌, 견고함이라는 미덕을 지칭한다. 이와 비슷하게 "의의 길"은 주님께 이르게 하는 올바르고 경건한 길(Herm. Mand. 6.1.4-5)이다. 이것은 "진리의 길"(1 Clem. 35.5), "의의 길"(Barn. 1.4), "정의로운 자의 길"(2 Clem. 5.7), "곧은 길"(2 Clem. 7.3)이다. 이그나티오스는 사랑이 하나님께로 이끄는 길이며 이 길에서 신자들은 "동료 여행자"라고 말한다(Ign. *Rom* 9.1-2). 이 용례들에서 "길"은 기독교 전부를 가리

능은 유지하지만, 사도행전에서처럼 기독교 운동에 대한 이름으로는 더 이상 기능하지 않는다.

두 번째가 더 중요한데, 공식적 이름이 존재하지 않는 상황이 기독교의 성장과 발전을 방해하지는 않았다. 앞에서 말한 용어들이 가리켰던 믿음의 체계와 신자들은 기독교가 적절한 이름으로 알려지기도 전에 점점 더 정체성이 뚜렷해지고 구별이 가능해졌다. 예수님의 이름과 인격에 동감하는 것, 예수님을 증거하는 것, 정기적인 모임, 공동 식사 나누기, 구제 행위, 선교적 설교와 가르침 그리고 박해를 기꺼이 견디고자 하는 마음을 포함한 넓은 범위의 핵심적인 신조들이 "그리스도인"이라는 이름으로 알려지기도 전에 초기 교회의 특징을 이루었다.[20]

그리스도인

스데반의 박해 이후, 예루살렘의 예수 추종자들은 북쪽의 베니게와 구브로 그리고 마지막으로 안디옥으로 도망쳤고 여기서 처음으로 "그리스도인"이라고 불렸다(행 11:26). 스데반이 순교한 시점이 33년이었을 테고, 예수 추종자들이 안디옥으로 흩어져 그리스도인이라고 불린 시점도 30년대 중반을 지나지 않았을 것이다. 누가는 신자들을 처음으로 "그리스도인"이라고 부른 것

키는 호칭이 아니라 구약의 지혜문학, 특히 잠언에서 열거하는 특정한 미덕들과 악덕들을 가리키는 방법일 뿐이다(예, 잠 15:10, 24). "그 길"에 대한 비슷한 용례들은 *PGL* p. 936를 보라.

20 "Beyond the Jewish People," pp. 183-203에서 Dunn은 초기 기독교 운동을 지칭하는 용어들이 만족스럽지 않다고 말한다. 왜냐하면 "묘사된 상황이 너무 다양하고 유동적"이기 때문이고 또한 "[우리가 기독교로 알고 있는] 운동의 정체성을 결정하는 특징들이 여전히 형성 중이였던 점을 고려할 때 그 운동이 아직 실질적으로 태어나지 않았기 때문이다"(p. 185). 나는 이 문제에 대한 Dunn의 판단에 동의하지 않는다. 초기 교회의 케리그마는 예수님이 선포하신 복음과 신실한 연속선상에 있다. "배아기 기독교"에 대한 Dunn의 묘사는 사실상 연속성을 증거하는 것 같다. 왜냐하면 배아의 DNA는 변하지 않기 때문이다. 기독교 신앙도 예수 운동에서 기독교 교회로 전환되면서 그 신학적 DNA는 변하지 않았다.

이 누구였는지 말하지 않는다.²¹ 물론 안디옥에서 바울과 바나바가 1년간 사역을 한 끝에 얻은 "그리스도인"이라는 새 이름을 소개하기 때문에, 이 이름이 두 사도들의 영향과 연관되어 있음을 암시하기는 한다. 하지만 어찌 되었든 "그리스도인"은 안디옥에서 복음이 전파된 이야기의 절정을 이룬다. 누가는 이 절정을 준비하기 위해 안디옥의 그리스도인 전도자들이 복음을 유대인에게만 전하는 관습을 깨고 "헬라주의자"에게도 복음을 전했다고 독자들에게 알려 준다(행 11:20). 누가가 말하는 "헬라주의자"는 사도행전 6:1과 9:29에서 헬라어를 구사하는 **유대인들**을 가리키지만, 11:20에서는 **이방인**을 지칭하는 것이 틀림없다. 왜냐하면 헬라어를 구사하는 유대인들을 향한 복음 선포는 이미 예루살렘에서 받아들여졌으며 안디옥에서도 놀랄 만한 일이 아니었을 것이기 때문이다. 그곳에 사는 대부분의 유대인들이 헬라어를 구사했다.²² 안디옥 사역에서 "주의 손이 그들과 함께하[셔서]"(행 11:21), 많은 이들이 그리스도인이 되었다. 예루살렘의 교회 지도자들은 바나바를 보내서 안디옥의 상황을 조사하게 했다. 바나바는 다소에서 사울을 불러들였고, 두 사람은 함께 안디옥으로 가서 1년 동안 사역했다. 안디옥 교회는 이방인들이 유입되면서 성장했고 마침내 예수 추종자들이 "그리스도인"이라 일컬어지게 되었다는 누가의 선언이 등장한다.

    새 이름이 소개되었다고 해서 즉시 다른 이름이 사라지지는 않았다. 특히 공동체 안에서는 그랬다. "그리스도인"이라는 이름이 점점 더 대중적으

---

21 Harnack, *Mission and Expansion*, p. 411. Harnack는 안디옥에 있는 로마의 치안판사들이 이 용어를 사용했고 누가가 이 주제에 대해 얼버무리고 있다고 주장한다. 왜냐하면 "이 이름의 이교도적인 기원을 그가 이미 약점으로 느꼈기" 때문이다. Harnack의 가설은 가능하지만, 본문에 있는 증거가 아닌 추측에 기반한다. 다음의 경우도 동등한 가능성을 지닌다. 알려지지 않은 무명의 전도자들이 안디옥에 몰려들면서 그리스도인이라는 이름의 기원을 알 수 없게 되었다. 혹은 내가 제안한 것처럼, 이 이름은 안디옥에서 바울과 바나바의 선교와 관련해서 생겨났다.

22 Hengel, *Between Jesus and Paul*, pp. 8-9; Keener, *Acts*, 2:1840-1842를 보라.

로 사용되었지만 "제자", "신자", "형제", "성도", "길", "분파", "나사렛인"도 꾸준히 초기 교회에 관한 소통에서 거론되었다. 그러나 예루살렘과 유대 밖에서 이루어지는 의사소통 과정에서 "그리스도인"은 점점 더 새로운 신앙을 가리키는 이전의 용어들을 대체했다. 현존하는 이 당시의 문헌들, 즉 신약성경, 속사도 교부들의 문헌과 그리스-로마 시대의 문헌을 보면 "그리스도인"은 새로운 운동을 지칭하는 기본 용어로 정착한다. 이것은 (종종 그렇게 묘사되듯이) "세 번째 길" 혹은 "세 번째 인종"으로서 그리스-로마의 종교와 관습뿐 아니라 유대교와도 구별되는, 독립적으로 존재하는 공동체와 신념 체계임을 의미한다.[23]

우리가 가진 관련 자료에서 "그리스도인"이 등장하는 사실상 모든 경우를 보면 이 점이 부각된다. 사도행전 11장에서 이 이름을 소개한 후, "그리스도인"은 사도행전에서 단 한 번만 다시 등장하는데 불신자의 입에서 언급된다. 바울이 헤롯 아그립바 2세에게 (가이사랴에서 58년도에) 재판받을 때, 아그립바는 바울이 그를 그리스도인으로 만들려고 시도한다며 책망한다 (행 26:28). 아그립바가 바울의 증언을 "그리스도인"의 증거로 이해했다는 점은 그 이름이 안디옥에서 처음으로 소개된 지 20년이 지난 후에도 통용되고 있음을 입증한다. 타키투스와 수에토니우스도 로마에서 64년에 일어난 네로의 박해를 받은 피해자들을 "그리스도인"이라 칭하며, 그 이름이 지중해 동부에서뿐 아니라 그 당시 로마에서도 통용되고 있음을 알렸다. 신약에서 "그리스도인"이 사용되는 세 번째이자 마지막 경우는 고난과 관련이 있다. 기독교 신앙이 생겨난 초기의 여러 해 동안 기독교를 증거할 때 고난은 흔히 일어났다. "만일 그리스도인으로 고난을 받으면 부끄러워하지 말고, 도리어 그 이름으로 하나님께 영광을 돌리라"라고 베드로전서 4:16은 권면한

---

23 "세 번째 길" 혹은 "세 번째 인종"에 대해서는 8장 pp. 265-267를 보라.

다. 이런 여러 갈래의 증거들은 기독교나 비기독교 자료들에서 발견되며, 예루살렘과 로마처럼 서로 멀리 떨어져 있는 장소들에서도 나온다. 이것은 40년대 초부터 "그리스도인"이 예수 추종자들을 가리키는 이름으로 쓰였음을 입증한다.

속사도 교부들은 독자들에게 "그리스도인"이라는 이름으로 그리스도인의 행동을 대체하지 말라고 훈계한다. 이 훈계는 1세기 말쯤에 "그리스도인"이라는 명칭이 많이 통용되어 오용되는 경우도 많았음을 암시한다. 디다케도 순회 전도자들에게 비슷하게 훈계한다. 다른 교회에 너무 오래 머물지 말아야 하며, 2-3일 이상 머무를 때는 가만히 있으며 교회의 호의를 당연하게 여기지 말고 물건을 팔 것을 권면한다. 아무 일도 하지 않는 것은 그리스도인이 살아가는 방식이 아니다. 디다케는 언어유희로 무임승차자가 아니라 '크리스템포로스'(*Christemporos*), 즉 "그리스도 안에서 밀매하는 자(trafficker in Christ)"가 그리스도인답다고 말한다.[24] 이그나티오스는 현대의 서부 튀르키예인 마그네시아에 있는 독자들에게 비슷한 경고를 한다. "우리는 그리스도인으로 단순히 알려져서는 안 되며 정말로 그리스도인이 **되어야** 한다."[25] 사실, 그리고 더 개인적으로 이그나티오스는 로마인들에게 순교가 임박했으니 자신이 "그리스도인으로 단순히 불리지 않고 그리스도인임을 실제로 입증할 수 있도록" 기도해 달라고 권면한다.[26]

2세기가 시작될 무렵, 세 명의 로마 역사가들이 "그리스도인"이라는 용어를 사용했는데 이들 모두의 활동 기간은 서로 10년 이내였다. 소플리니우스는 대략 110년쯤 현대의 튀르키예 중앙 지역인 비두니아 지방에서 로마 황제 트라야누스에게 쓴 편지에서 "타락하고 억제되지 않은 미신"(*superstitionem*

---

24 Did. 12.3-5.
25 Ign. *Magn.* 4.
26 Ign. *Rom.* 3.2.

pravam et immodicam)에 대한 조언을 구하는데, 그는 반복적으로 이 미신을 "기독교"라고 부른다.[27] 이에 대한 응답으로 트라야누스는, 예수 추종자들을 "그리스도인"이라 부르며 플리니우스에게 온건한 방식으로 대처하라고 조언한다. 그리스도인으로 입증된 자들은 처벌하되 그리스도인들을 집단적으로 박해하지는 말라는 조언이다.[28] 115년경 저술했던 로마 역사가 타키투스도 예수 추종자들을 "그리스도인"이라 부른다. 타키투스는 64년에 일어난 네로의 박해에 대해 기록하며 네로가 "[자신이 로마에 불을 질렀다는 소문을 없애기 위해 범인을 다른 이들에게 뒤집어씌워 극악하고 잔인한 방식으로 처벌했다. 부도덕하다는 이유로 사람들에게 혐오의 대상이 되었던 계층의 사람, 군중이 '그리스도인'이라고 불렀던 사람들이 바로 네로가 범인으로 누명을 씌운 사람들이었다."[29] 플리니우스처럼, 타키투스도 그리스도인의 신앙을 "해로운 미신"(*exitiabilis superstitio*)으로 생각한다. 120년경 수에토니우스는 바로 그 네로의 박해에 관해 이렇게 말했다. "새롭고 악한 미신을 추구하는 계층의 사람들인 그리스도인들에게 처벌이 내려졌다"(*genus hominum superstitionis novae ac maleficae*).[30] 이 세 작가들은 기독교 운동을 미신으로 보았는데, 기독교 추종자들은 "계층" 혹은 "인종"이라 불릴 만큼 많았다.

미신(*superstitio*)이라는 꼬리표에 대해 생각해 볼 필요가 있다. 로마 세계는 태생적으로 보수적이었다. 국가가 허가하지 않은 종교를 구실 삼아 벌어지는 선동의 조짐들은 로마 권력자들에게는 위험 신호였다. 기존의 경계선 밖에 존재해도 괜찮다고 로마 정부가 허용해 준 유일한 종교가 바로 유대교였다. 예수 추종자들이 유대교의 분파로 남아 있는 동안은, 로마의 국교에 양

---

27 Pliny, *Ep. Tra.* 10.96.
28 Pliny, *Ep. Tra.* 10.97.
29 Tacitus, *Ann.* 15.44 (LCL).
30 Suetonius, *Nero* 16.

심적으로 거부할 수 있는 특권을 누렸다. 하지만 64년쯤에는 "그리스도인"이라는 말은 로마에서 유대교가 아닌 다른 것을 의미했다. 그것은 바로 **미신**이었다. 로마의 질서와 예의 그리고 중용이라는 헬라적 이상에 위협을 가하는 신념이었다. 고대인들은 오늘날 "광신도들" 혹은 "테러주의자들"에게 느낄 만한 의심과 불신의 감정을 그리스도인들에게서 느꼈다. 미신은 정치적으로 전복적이고, 국가에 위협이 된다고 여겨졌다. 따라서 단순히 그리스도인이라는 이유만으로도, 그리스도인으로서 무슨 일을 **행했는지**는 상관없이 처벌받기에 충분했고, 사형까지도 당할 수 있었다.[31] 그리스도인들이 종(*genus*), 즉 (플리니우스, 타키투스, 수에토니우스의 말을 빌리면) 전체 "계층" 혹은 "인종"을 형성했을 때, 그들은 로마 당국자들에게 두려운 존재가 되었다. 유대인 역사가 요세푸스는 (플리니우스, 타키투스, 수에토니우스처럼) 예수 추종자들을 위협으로 여기지 않았음을 기억할 필요가 있다. 이 세 역사학자들보다 겨우 10년 정도 앞선 요세푸스는 예수 운동을 주도한 세 인물들, 즉 예수님 자신, 세례 요한 그리고 주의 형제 야고보를 언급하며 "인종" 혹은 "미신"이라고 칭하지 않는다.[32] 이와 대조적으로, 로마인들에게는 기독교 미신의 파도가 높아지다가 2세기 중반에 폴리카르포스가 재판을 받을 무렵 정점에 도달했다. 이때 기독교 미신에 대해 품은 로마의 두려움이 이 "재판"의 결과를 처음부터 결정했다. 여든여섯 살의 서머나 주교가 "나는 그리스도인입니다"[33]라고 고백했을 때, 그는 "그리스도인 인종"[헬라어. '게노스'(*genos*)]과 같은 취급을 당했다.[34] 사실 그는 "그리스도인들의 아버지"로 선포되었다.[35]

---

31 기독교의 부상에 대한 로마의 염려는 Nock, *Conversion*, pp. 227-228를 보라.
32 예수님은 Josephus, *Ant.* 18.63-64를 보라. 세례 요한은 *Ant.* 18.116-119, 그리고 주님의 형제 야고보는 *Ant.* 20.200를 보라.
33 Mart. Pol. 10.1; 12.1.
34 Mart. Pol. 3.2.
35 Mart. Pol. 12.2.

군중은 "무신론자들을 없애라"라고 외쳤다.³⁶ "무신론자"는 국가가 승인한 신들과 종교들을 숭배하지 않는 자들을 가리키는 말이었다. 폴리카르포스는 첫 번째로 화형에 처해졌는데, 화형 후에도 살아 있어서 칼로 찔려 죽임을 당했다.³⁷

기독교

우리가 보았듯이 예수 추종자들은 안디옥에서 처음으로 그리스도인이라고 불렸다. 안디옥은 또한 안디옥의 두 번째 혹은 세 번째 주교³⁸인 이그나티오스가 처음으로 예수 운동을 "기독교"라고 명명한 곳이기도 하다. 트랄레스인들에게 쓴 편지에서 이그나티오스는 주교로서 자신의 역할과 로마에서 곧 맞게 될 순교에 대해 심사숙고하며 기독교 운동의 본질에 대해 생각한다. 그는 기독교 운동에 대해 "오직 기독교 음식만 먹으라"라고 비유적으로 표현한다. "그리고 외부의 모든 식물, 즉 이단을 피하라"라고 말한다.³⁹ 우리는 일찍이 헬라어 '하이레시스'(분파)가 원래 유대교 내의 다양한 학파를 지칭했다는 점에 주목했다. 하지만 여기서 이그나티오스는 '하이레시스'(*hairesis*)를 건강한 생명체에 퍼진 암이라는 추가된 부정적 의미로 사용한다. 이 뜻에서 파생된 영어 단어가 "이단"(heresy)이다. 이그나티오스에게 건강한

36　Mart. Pol. 32.
37　2세기 혹은 3세기에 쓰인 외경 바울과 테클라행전은 폴리카르포스의 순교(2세기 중반부터 널리 읽히고 추앙받았다)를 본으로 삼아 이고니온에서 열린 것으로 추정된 바울의 재판을 묘사한다. "마술사들을 없애라"라고 바울의 박해자들은 외쳤다. 마치 폴리카르포스 때 군중이 외쳤던 것과 비슷하다. 바울에게 적용된 혐의, 즉 사회를 "타락시키고" "그리스도인"이라고 주장했다는 것도 폴리카르포스에게 적용된 혐의를 연상시킨다. *NTApoc* 2:241에서 Acts Paul Thec. 15-16.
38　오리게네스에 따르면 두 번째고, 에우세비오스에 따르면 세 번째다.
39　Ign. *Trall*. 6,1.

생명체란 "식물"이고, 이 건강한 식물을 가리키는 그의 단어가 "기독교"다.

이그나티오스는 마그네시아인들에게 보내는 편지에서 생명체 전부를 가리키는 단어를 처음 소개한다. "그러므로 우리가 [그리스도의] 제자가 되었으니, 기독교에 합당하게 사는 법을 배우자. 이는 기독교가 아닌 다른 이름으로 일컬음을 받는 자는 누구든지 하나님께 속한 것이 아니기 때문이다."[40] 이그나티오스는 똑같은 호칭으로 예수 추종자들을 유대교와 구별했다. "예수 그리스도를 고백하고 유대교를 따르는 것은 적절하지 않다"라고 그는 말한다. "왜냐하면 기독교는 유대교를 믿지 않았지만 유대교는 기독교를 믿었기 때문이다."[41] 그리고 다시 한번 그는 빌라델비아인들에게 보내는 편지에서 이렇게 말한다. "할례받은 이에게 기독교에 대해 듣는 것이 할례받지 않은 이에게 유대교에 대해 듣는 것보다 더 낫다."[42] 이그나티오스에 따르면, 기독교로 개종한 유대인은 기독교를 유대교의 성취라고 적절하게 선포할 수 있다. 하지만 반대로, 예를 들어, 할례받지 않은, 하나님을 경외하는 자가 유대교를 하나님의 궁극적인 계시로 선포한다면, 그것은 반박받아 마땅하다.[43] 여기서 이그나티오스는 "총괄 갱신"(recapitulation)이라는 개념을 소개한다. 이 개념은 이후에 변증론자들과 교부들이 공식적으로 소개하는데 오늘날까지도 계속해서 기독교 신학에서 역할을 담당한다. 이 개념의 요지는 유대교의 핵심이, 그리고 실로 모든 인간의 영적인 갈망이 예수 그리스

---

40 Ign. *Magn.* 10.1.
41 Ign. *Magn.* 10.3.
42 Ign. *Phil.* 6.1. 똑같은 논증이 Ign. *Magn.* 10.2-3에 나온다.
43 기독교를 선포하는 할례받은 자에 대한 언급은 유대교가 기독교에서 성취된다는 선포가 적합하다는 사실을 말해 준다. 유대교를 전하는 할례받지 않은 자는, 많은 유대인 그리스도인들처럼 음식법과 안식일에 대한 유대교 규정은 준수하고 싶지만 할례는 거부하는 이방인 출신의 "하나님을 경외하는 자"를 가리킬 수 있다. 여기서 그리고 유대인에 대한 모든 언급에서 이그나티오스는 기독교가 유대교를 대체했다고 여긴다. 이에 대한 추가 논의는 Lightfoot, *Apostolic Fathers*, 2:263-264; Reed and Vuong, "Christianity in Antioch," pp. 118-119를 보라.

도의 복음 안에서 성취되었거나 "압축되었다"라는 것이다.[44] 이그나티오스가 기독교의 독특성이나 탁월성을 윤리적인 말로 주장하지 않는다는 점은 주목할 만하다. 유대교와 기독교의 핵심적 차이점은 유대적인 것과 이방인적인 것이 아니라 옛것과 새것이다(즉 "[기독교라는] 새 누룩, 곧 예수 그리스도").[45] 이그나티오스가 믿기에, 유대교에서 시작된 궤도는 예수 그리스도의 인격과 사역에서 그 목적을 이루었고 성취했으며, 이 궤도에서 기독교는 종착점에 해당한다.

"길"에서 "그리스도인"에 도달한 우리의 순례를 이그나티오스가 이해한 기독교의 본질에 대한 두 개의 진술로 마무리 짓자. 첫째, 이그나티오스의 생각에 기독교는 이스라엘의 모태에서 태어났다. 그렇기에 유대인들은 기독교를 이해하는 데 특권을 갖는다. 유대교는 구원 역사의 궤적에서 두 번째의 위치를 차지한다. 따라서 유대인의 역사는 유대인들이 기독교를 받아들이도록 준비시키고 그들의 마음을 기울게 한다. 둘째, 이그나티오스는 기독교가 성숙해 유대교로부터 독립된 상태에 있는 것으로 이해한다. "기독교"라는 단어를 만들어 낸 것 자체가 더 이상 기독교 운동의 특정 추종자들에 집중하지 않고 운동 자체에 초점을 둔다는 뜻이다. "기독교"는 "인종"(초기 그리스도인들 자신이 소개한 범주를 사용하자면)에 대한 자기반성적인 통칭이다. "인종"은 기독교 운동이 독립적인 성격과 교리들 때문에 유대교와 그리스-로마적 문화로부터 구별됨을 나타내는 표현이다. 이그나티오스는 이 두 "인종들"과 구별된 독특한 대안으로 기독교를 소개하는 셈이다. 기독교는 너무

---

[44] 헬라어 '아나케팔라이오오'(*anakephalaioō*)에서 유래한 "총괄 갱신"이라는 말은 신약에서 롬 13:9과 엡 1:10에서만 등장한다. 하지만 인간 역사에서, 특히 유대교의 역사에서 그리고 다른 종교의 역사에서도 하나님이 이전까지 주도해 오신 일들을 예수 그리스도가 "압축"하거나 완성하신다는 교리를 처음으로 주장한 사람은 이레나이우스(*Haer*. 3.21.10; 3.22.3; 4.40.3)였고, 이후에는 아우구스티누스(*Civ*. 7.32-33)가 더욱 발전시켰다.

[45] Ign. *Magn*. 10.2.

나 독특해서 인종들을 평가하는 가치 기준을 전복시킨다. 이그나티오스는 로마에서 순교하기 바로 전에 "기독교는 세상에 미움받을 때 가장 위대하다"라고 증언한다.[46] 폴리카르포스는 이 말에 동의한다. 순교하기 바로 전에, 그는 자신을 고발한 자들에게 새 신앙의 교리를 자발적으로 설명한다. "나는 그리스도인입니다. 만약 기독교의 교리['로고스'(logos)]를 알고 싶다면, 내게 하루만 시간을 주십시오. 그리고 내가 하는 말을 들어보십시오."[47] 이그나티오스와 폴리카르포스 모두 기독교가 새로운 신앙이고, 세 번째 인종임을 명확히 알았다. 이것을 제대로 이해하려면 선포와 설득만으로는 부족하다. 진정한 증언이 있어야 한다. "증언"을 뜻하는 헬라어 단어는 '마르튀레오'(martyreō)로, 영어 단어 '순교'(martyr)의 어근이다. 이그나티오스와 폴리카르포스 두 사람은 모두 기독교를 증언하는 일로 결국 순교했다.

---

46 Ign. *Rom.* 3.3.
47 Mart. Pol. 10.1.

14
두루마리에서 코덱스로

중대한 변화

베를린 대성당에 있는 모자이크는 이 장의 적절한 서론이 된다. 이 건물의 엄청난 실내 중간 지점, 아마도 45미터 정도 되는 지점에 있는 대성당의 삼각 궁륭은 네 전도자들의 모자이크로 장식되어 있다. 이 전도자들은 교회 도상학에서 일반적인 모티브지만 베를린 대성당의 두 번째 전도자의 모습은 꽤 이례적이다. 여기서 전도자는 두루마리에 있는 글을 책의 형태로 묶은 코덱스에 옮겨 적고 있다. 이 마지막 장은 두루마리에서 책으로 전환되는 과정을 다룬다. 왜냐하면 코덱스라는 매체가 고대 지중해 문화에서 정보 기술의 "중대한 변화"를 이루었을 뿐만 아니라 신약 정경의 형성에도 독특한 역할을 했기 때문이다.[1]

인간 역사에서 유대-기독교는 다른 어느 종교 전통보다 말을 크게 강조

---

1 Parker, *New Testament Manuscript*, p. 13는 두루마리에서 책으로의 전환이 지중해 세계에 가져다준 "중대한 변화"를 언급한다. Reynolds and Wilson, *Scribes and Scholars*, p. 34는 이 전환이 "가장 중요한" 변화 중 하나라고 말한다.

한 종교 전통이다. 히브리 전통은 우주와 그 안의 모든 것이 하나님의 말씀으로 창조되었다고 믿는다(창 1장). 그리고 유대인들이 "십계명"이라고 칭하는 "열 가지 말씀"은 인간의 삶에 신적인 질서를 부여한다.[2] 말은 심지어 기독교에서는 더욱 중요하다. 기독교는 예수 그리스도가 바로 "육신이 되신" 하나님의 말씀이기 때문이다(요 1:14). 초기 기독교에서 말의 실제적 중요성이 더욱 강화된다. (그 당시) 유대인들과는 다르게 첫 번째 예수 추종자들은 어떤 제단이나 제사장, 혹은 희생 제물을 통해 자신들의 신앙을 상징하려 하지 않았고 종교를 따르는 신실한 자들에게 그 신앙을 전수시키지 않았기 때문이다. 기독교 정체성이 표현되고 전파되는 데 사용된, 주요하고 사실상 유일한 매체는 바로 말씀이었다.[3] 골로새서는 신자들을 이렇게 권면한다. "그리스도의 말씀이 너희 속에 풍성히 거하여 모든 지혜로 피차 가르치며 권면하고 시와 찬송과 신령한 노래를 부르며 감사하는 마음으로 하나님을 찬양하고"(3:16). 우리는 어떻게 복음이 케리그마, 다시 말해, 말로 선포된 요약된 복음으로 고대 세계에 소개되었는지 살펴보았다. 그 후 얼마 지나지 않아서 케리그마는 초기 그리스도인들이 가끔씩 쓴 편지들을 통해서도 전파되었다. 이들 중에는 무엇보다 사도 바울의 편지들이 많지만, 베드로, 요한, 야고보, 클레멘스, 이그나티오스의 편지들도 있으며, 알려지지 않은 저자들이 쓴 히브리서, 디다케, 클레멘스2서, 디오그네투스서신 그리고 많은 다른 편지들이 존재한다. 1세기 후반부에는 케리그마가 그리스도인들에게 독특하고 새로운 문학 장르로 전파되었다는 사실은 널리 알려졌다. 그것이 바로 복음서다. 요한계시록에 담긴 예언자 요한의 최종 환상에는 **말씀**에 대한 지속적인 중요성이 잘 표현되어 있다. 여기서 어린양이 곧 하나님의 말씀

---

2   출 20:1-17; 신 5:1-21.
3   Barclay, *Pauline Churches*, pp. 25-26.

인데, 새 예루살렘의 성전을 대체한다(계 21:22).

베를린 대성당에 있는 두 번째 전도자의 모자이크같이, 초기 교회는 유대교에서 두루마리 형태로 경전을 물려받았지만, 책의 형태로 자신만의 경전을 만들어 전파했다. 초기의 책 원고는 각각 페이지의 양쪽에 글이 쓰여 있고 한쪽 가장자리를 따라 모든 페이지가 한 데로 엮인 책의 형태로서 "코덱스"(복수. codices)로 알려졌다. 두루마리에서 코덱스로 전환되었다는 점은 헬라어 신약성경에서 입증된다. 여기에 두 개의 다른 단어가 대략 같은 횟수로 사용되는데 하나는 코덱스 혹은 책을 뜻하는 '비블로스'(biblos)[4]이고 다른 하나는 두루마리를 가리키는 '비블리온'(bilblion)[5]이다. 하지만 많은 단어들과 마찬가지로, 초기의 저자들은 '비블로스'와 '비블리온'을 공식 사전에서 암시하는 정의보다 훨씬 더 폭넓고 더 상호 교환이 가능하도록 사용한다. 이것은 두루마리에서 코덱스로의 전환을 추적하는 작업을 명확하게 해주기보다 더 복잡하게 만든다. 예를 들어, 요세푸스와 필론 모두 '비블로스'를 사용해 토라와 구약의 다양한 다른 책들을 수없이 언급한다. 그런데 이 책들은 오직 두루마리의 형태로만 유통된 것으로 알려졌다.[6] 초기 교부 시대의 저자들도 '비블로스'와 '비블리온'을 상호 교환적으로 사용한다.[7] 따라서 이들의 의미를 결정하는 데는 사전적 의미보다 사용되는 맥락이 종종 더 중요하게 작용한다.

하지만 맥락에서도 의미가 항상 확실한 것은 아니다. 오직 몇몇의 경우에만 의미 결정에 도움이 되는 충분한 세부 사항이 주어지기 때문이다. 다

---

[4] 마 1:1; 막 12:26; 눅 3:4; 20:42; 행 1:20; 7:42; 19:19; 빌 4:3; 계 3:5; 20:15.
[5] 마 19:7; 막 10:4; 눅 4:17, 20; 요 20:30; 21:25; 갈 3:10; 딤후 4:13; 히 9:19; 10:7. 비블리온(Biblion)은 요한계시록에서 스물세 번 나온다(6:14, "하늘은 두루마리가 말리는 것같이"를 보라). 두 단어의 사전적 정의는 BDAG p. 176를 보라.
[6] Gottlob Schrenk, "biblos, biblion," TWNT 1:614-615.
[7] PGL pp. 296-297.

행스럽게도 누가복음 4장은 명시적 의미와 암시적 의미가 일치한다. 예수님은 나사렛의 회당에서 설교하기 위해 선지자 이사야의 "비블리온을 펼쳤다"(17절). 그리고 다 읽은 후 "그는 비블리온을 다시 말아 그 맡은 자에게 주시고 앉으셨다"(20절). 여기서 비블리온은 사전적 의미에 따라 "두루마리"를 의미한다. 요한계시록 5:1도 두루마리를 가리키는 것 같다. "내가 보매 보좌에 앉으신 이의 오른손에 두루마리가 있으니 안팎으로 썼고 일곱 인으로 봉하였더라." 두루마리는 보통 독자를 바라보는 앞면에 글이 쓰여 있지만, 가끔씩 앞면과 뒷면 모두에 글이 있기도 했다(예, 겔 2:10). 양면에 기록된 두루마리를 가리키는 헬라어 전문용어는 "뒤에 쓰여 있는"이라는 뜻의 '오피스토그라포스'(*opisthographos*)다.[8] 만약 두루마리가 중요하거나 공식적인 정보를 담고 있다면, 이 구절처럼 종종 "봉하여"졌다(예, 왕상 21:8). 코덱스를 이렇게 봉하는 것은 어려운 일이었다. 그래서 코덱스가 두루마리를 대체한 사도 시대에는 이렇게 "봉인"을 사용하는 일이 거의 없었다.[9] 따라서 요한계시록 5:1은 앞뒤에 기록된 두루마리, 즉 '오피스토그라포스'를 말하는 것이다.

신약 시대와 신약 이후 시대에 쓰인 다른 경우들은 코덱스로 이해하는 편이 가장 좋다. 디모데후서 4:13에서 감옥에 있는 바울은 디모데에게 겨울이 오기 전에 그에게 오기를 간청하며 ['비블리온'의 복수인] "'비블리아'(*biblia*), 특히 '멤브라나스'(*membranas*)"를 가져오라고 말한다. 여기서 '멤브라나스'는 책들을 언급하는 것 같다. 다시 말해, 바울은 두루마리와 책을 모두 부탁하고 있는 셈이다.[10] '멤브라나스'는 두루마리에 대한 초기의 대안이

---

8   *LSJ* p. 1238; Lohmeyer, *Offenbarung*, p. 53; Caird, *Revelation*, p. 72.
9   고대 시대와 유대교에서 두루마리 봉인 사용에 대해서는 Gottfried Fitzer, "*sphragis, sphragizō*," *TWNT* 7:939-954를 보라.
10 하지만 이 구절을 헬라어로 보면 '멤브라나스'(*membranas*)는 구체적인 종류의 두루마리로 이해할 수도 있다(예, 가죽으로 만들어진 종류). 멤브라나스가 책을 의미한다는 주장을 온전히 담고 있는 각주는 Hengel, *Four Gospels and the One Gospel*, pp. 281-282, 각주 484을 보라.

었다. 밀랍을 입힌 판들을 가죽끈이나 걸쇠로 고정했다. 후세대인 '멤브라나스'는 판을 양피지 낱장으로 대체해 이 낱장들을 함께 꿰맸다. 1세기와 2세기에는 이러한 양피지 노트가 편지, 학교 수업의 필기, 다양한 종류의 노트 그리고 더 짧은 일상적 서류의 용도로 널리 사용되었다.[11] 이들은 단순히 "멤브라나스", "양피지"라고 불렸는데, 더 싸고 내구성이 떨어지는 오늘날의 '페이퍼백'(paperbacks) 책과 비슷하다. 바울은 디모데에게 "특히 양피지"를 가져오라고 부탁한다. 양피지를 원한다는 것은 그가 글로 의사소통할 때 양피지의 형태를 선호한다는 점을 알려 주는 것일지 모른다.[12]

코덱스에 대한 추가 언급이 속사도 교부들의 문헌에도 나온다. 아마도 2세기 초에 활동했던 폴리카르포스는 빌립보 교인들에게 "거룩한 경전"으로 잘 훈련받으라고 명한다.[13] 이 지시에서 그는 우리가 에베소서 4:26으로 알고 있는 구절을 두 번 인용한다. 그가 언급하는 "거룩한 경전"은 이후에 신약성경에 포함되었다. 신약성경 문헌이 두루마리 형태로 유통되었다는 증거가 없으므로 폴리카르포스가 말하는 경전은 코덱스 형태였다고 가정할 수 있다. 폴리카르포스는 또한 독자들에게 그가 보내는 편지에 이그나티오스의 편지와 그가 소유한 다른 문서들도 첨부해서 보낸다고 말한다(빌립보인들에게 보내는 편지 13). 첨부된 이 문서들은 거의 확실히 코덱스를 암시한다. 두루마리는 파피루스[14] 혹은 양피지[15]의 길이였고 양 끝에 막대기가 붙어 있었다. 양손으로 막대기를 들고 두루마리를 수평으로 펼치게 되어 있다. 두

---

11 Reynolds and Wilson, *Scribes and Scholars*, p. 34를 보라.
12 McCormick, "Birth of the Codex," p. 155는 "디모데후서의 저자는 자신의 독자들이 소설 형태(멤브라나스)의 글을 바울과 동일시하기를 기대했다"라는 점을 암시한다.
13 Pol. *Phil*. 12.1 이 편지의 기록 시기에 관해서는 Holmes, *Apostolic Fathers*, pp. 275-276와 거기에 인용된 자료들을 보라.
14 파피루스를 만들려면 파피루스 식물의 줄기를 펼쳐 평행으로 음영을 넣고 젖은 쪽을 모두 눌러야 한다. 이렇게 말리면 오랫동안 종이같이 쓸 수 있다.
15 양피지는 털을 긁어낸 동물 가죽(주로 양이나 염소)으로 만든 질 좋은 필기구다.

루마리는 보통 높이가 25센티미터 정도였다. 어떤 크기로도 존재할 수 있었지만 대략 9미터 이상 되는 긴 두루마리는 사용하기에 너무 무겁고 다루기 힘들었다. 파피루스나 양피지를 일단 잘라서 막대기에 붙이면, 길이를 더 늘릴 수 없었다. 두루마리 맨 끝의 여백에 글을 적어 넣을 수는 있었지만, 두루마리에 편지를 첨부할 수는 없었다. 반면에 코덱스는 파피루스나 양피지로 만든 낱장을 한쪽 가장자리로 붙인 형태로 낱장을 추가해 크기를 늘릴 수 있었다. 폴리카르포스가 이그나티오스의 편지와 자신이 소장한 다른 문서들을 자신의 편지에 첨부한다고 했을 때, 그는 코덱스를 가리킨 것이다.[16]

비슷한 그림이 헤르마스의 목자에도 등장한다. 헤르마스의 목자는 속사도 교부들의 문헌 중 가장 긴 문서로 2세기 초 로마에서 기독교의 상황을 반영하는 일련의 알레고리적 환상들을 이야기한다. 글의 앞부분에서 교회를 상징하는 여인이 "작은 책"['비블리디온'(*biblidion*)]을 헤르마스에게 준다. 이 여인은 "그의 손에서 책을 잡아챘는데" 말씀을 더 추가하기 위함이었다.[17] 한 손으로 들 수 있을 정도로 작고 추가 내용을 첨부할 수 있으며 교회가 물려준 책이라면(2세기에는 교회가 코덱스의 형태로만 성경을 회람했다), 두루마리가 아니라 코덱스를 암시한다.

왜 초기 그리스도인들은 코덱스를 선호했는가

앞선 조사에서 우리는 초기 기독교에서 사용된 두루마리와 코덱스에 관해 신약과 속사도 교부들의 문헌이 제공하는 모든 증거를 살펴보았다. 결정적인 증거는 아니었지만, 이 초기 기독교 문헌들에 따르면, 두루마리보다 코덱

---

16 두루마리를 만드는 작업과 재료에 관해서는 Parker, *New Testament Manuscripts*, pp. 13-14를 보라.
17 Herm. Vis. 2.1.4; 2.4.1-3.

스가 선호되었다는 사실이 분명해 보인다. 하지만 우리가 범위를 확장해서 현존하는 모든 히브리어와 헬라어 사본들까지 조사해 보면, 결정적인 그림이 나타난다. 우리가 다루는 시대에 기록된 사실상 현존하는 모든 고대 유대 문헌들은 두루마리 형태로 존재하며, 똑같은 시대에 기록된 사실상 현존하는 모든 기독교 문헌들은 코덱스 형태로 존재한다. 래리 허타도(Larry Hurtado)의 말을 빌리면, 사실 "주후 2세기에 기록된 현존하는 대략 95퍼센트의 비기독교 문헌들의 사본은 두루마리 책이고, 대략 5퍼센트가 코덱스다. 하지만 주후 2세기에 기록된 모든 기독교 사본들은, 어느 문헌의 사본이든 최소한 75퍼센트가 코덱스로 되어 있다."[18]

이 독특한 차이를 이해하려면 유대인들이 두루마리를 선호한 이유를 먼저 살펴보자. 쿰란의 사해사본 두루마리는 구약과 다른 고대 유대 문헌들이 두루마리의 형태로 기록되고 유통되었다는 사실을 논란의 여지없이 확증해 준다. 에세네 공동체는 사해의 북서 해안에 있는 쿰란 고원지대에서 대략 2세기 동안(주전 130년 무렵부터 주후 70년까지) 거주했다. 이 기간에 에세네 공동체는 수백 개의 유대 문헌을 만들고 필사했다. 이들은 "고대 문헌들에 비상한 흥미를 보[였]고, 특히 영혼과 몸의 번영에 기여하는 문헌들을 추렸다"라고 요세푸스는 전한다.[19] 제1차 유대 반란에서 예루살렘이 함락된 이후 로마가 쿰란도 공격할 것을 예상한 에세네 공동체는 서고에 보관된 두루마리들을 그들의 거주지 근처에 숨겼다.[20] 누구의 손도 타지 않은 채 그곳에 보존되어 있던 두루마리는 1940년대 말에 발견되었다. 그때 쿰란 주변에 있던 열한 개의 동굴에서 900개의 각기 다른 히브리어 문헌들이 발굴되었

---

18 Hurtado, *Destroyer of the Gods*, p. 134. Hurtado의 판단은 루뱅 고대 문서 데이터베이스를 조사한 결과에 기초했다.
19 *J.W.* 2.136 (LCL).
20 제1차 유대 반란에 대해서는 6장 pp. 193-197를 보라.

다. 그중 200개는 구약 문서들이었고 나머지 문헌들은 에세네 공동체 분파의 관심사와 삶의 방식들을 다룬 문서들이었다. 네 번째 동굴에서 가장 많은 문서가 발굴되었는데 그곳에서 40,000여 개의 두루마리 조각들이 출토되었다. 모든 문헌은 구약에 관한 내용이거나 유대 분파인 에세네 공동체 사람들의 관습과 규정에 관련된 내용이었다. 이 두루마리 중에서 신약의 필사본은 하나도 없으며 예수님과 신약성경의 다른 어떤 인물을 언급하거나 구체적으로 기독교 교리를 언급하는 문헌도 없다. 하지만 우리의 목적에 비추어 볼 때 가장 중요한 점은 모든 사해사본 두루마리가 두루마리의 형태로 기록되어 보존되었다는 사실이다.

두루마리는 유대 문헌을 보존하는 데 선호된 방식이라는 점 이상의 의미가 있다. 우리가 4장에서 논의했듯이, 두루마리는 정통의 지위를 누렸다. 거룩한 히브리어 문헌들을 만들고 보존하고 전파하기 위한 **올바른** 형식으로 간주되었다.[21] 유대교에서 합법적인 예배 문서가 되려면, 토라 본문이 히브리어로 두루마리 위에 잉크로 쓰여야만 했다.[22] 유대교 성경의 히브리어 본문이 두루마리의 형식과 깊이 결합되어 있어서 히브리어 문헌은 주후 7세기까지는 일반적으로 코덱스의 형태로 만들어지지 않았다.[23]

이와 대조적으로 신약과 그 이후의 기독교 문헌들 중 현존하는 사본들은 거의 예외 없이 책의 형태로 보존되었다. 코덱스가 언제 발명되었는지는 알 수 없지만, 유대-기독교 문헌에서 가장 이른 시기에 코덱스와 비슷한 형태로 언급된 것이 히브리어 단어 '이게렛'('*iggeret*)이다. '이게렛'은 역대하, 느

---

21   4장 pp. 145-148를 보라.
22   "[거룩한 경전(두루마리)]은 오직 앗시리아[히브리어] 문자로 가죽 위에 잉크로 쓸 경우에만 손을 더럽힌다"(*m. Yad.* 4:5). 종교적 맥락에서 공개적인 낭독을 위한 유대 문헌으로 자격을 갖추려면 히브리어 원고, 가죽 필기구과 잉크가 필수 요소였다. 이러한 가르침에 대한 논의는 Alexander, "Parting of the Ways," pp. 12 13를 보라.
23   2016년 영국박물관의 히브리어 두루마리 전시회에서.

느헤미야, 에스더에서 여섯 차례 등장한다.[24] '이게렛'은 유대인들이 포로기에 얻은 것으로 여겨지는 "특별한 종류의 평판"[25]에 적힌 글씨다. '이게렛'이 나오는 구약의 문헌들 각각이 포로기 이후(즉 주전 500년 이후)에 만들어졌기 때문이다. 코덱스가 '이게렛'에서 유래했는지는 확실하지 않지만, 그리스도인들 사이에서 이루어진 글을 통한 소통 방식에서 대다수를 차지한 형태임은 확실하다.

고대 헬라 사본들을 조사해 보면 그리스도인의 신앙이 얼마나 강하게 코덱스와 매여 있는지를 보여 준다. 헬라어 신약성경을 증거하는 대략 7,000개의 헬라어 사본들이 존재한다. 이 사본들 중 어떤 것들은, 예를 들어 시내산 코덱스 혹은 알렉산드리아 코덱스는 신약성경 전체를 보존하지만, 대다수의 사본들은 신약의 일부나 단편들만 보존한다. 최초의 신약정경 조각은 요한복음 18:31-33과 35-38을 보존하는 $\mathfrak{P}^{52}$인데, 대략 135년대에 기록된 것으로 추정된다. 가장 늦은 시기의 사본들과 단편들은 르네상스 시기에 제작된 것으로 추정된다. 이런 신약성경 본문들은 "거의 예외 없이 코덱스라고 불리는 사본 형태로 보존된다"라고 사본학자 파커(D. C. Parker)는 말한다.[26] 사실, 신약성경 본문에 대한 수천 개의 현존하는 증거들 가운데 세 개를 제외한 모든 사본이 코덱스 형태로 되어 있다.[27] 헬라어 신약성경의 첫 번째 단어인 '비블로스'(마 1:1)는 코덱스를 지칭한다. 초기 교회는 코덱스 형식을 완전히 채택해 칠십인역, 요세푸스 그리고 필론을 포함해(이 세 문헌들 모두 그리스도인 필사자들이 필사해서 퍼뜨렸다) 교회의 모든 문서를 책의 형태로 전파했다.[28]

24　대하 30:1; 느 2:7-9; 6:17, 19; 에 9:29.
25　*HALOT* 1:11.
26　Parker, New Testament Manuscripts, p. 13.
27　Nestle-Aland[28]의 25쪽 길이의 부록 1(pp. 792-819)에는 신약 본문에 대한 헬라어와 라틴어 사본적 증거들의 온전한 목록이 보존되어 있다. 이 사본들 모두 코덱스 형태다. 또한 "$\mathfrak{P}^{13}$, $\mathfrak{P}^{18}$와 $\mathfrak{P}^{43}$(?)을 제외한 모든 파피루스들이 코덱스의 형태로 되어 있다." Metzger, Text of the New Testament, p. 247.
28　Kraft and Luijendijk, "Christianity's Rise," p. 183.

코덱스는 이질적이고 이단적인 형태의 기독교가 선택한 방식이기도 하다. 사해사본 두루마리가 발견되기 2년 전인 1945년에 열두 개로 분리된 책으로 묶인 쉰두 개의 콥틱 문헌들이(그리고 열세 번째 책에서 나온 여덟 개의 낱장들도) 이집트의 나일강 골짜기에 있는 나그 함마디(Nag Hammadi)의 동굴들에서 발견되었다. 나그 함마디 코덱스가 정확히 언제 만들어졌는지는 알 수 없지만 그들이 사해사본들과 마찬가지로 400년경에 묻혀서 거의 2,000년 동안 잘 보존되었다는 사실은 우리가 안다. 나그 함마디 문서들은 뚜렷하게 영지주의 성격을 띤다. 따라서 신약과 속사도 교부들의 문헌에 보존된 기독교 전통이 받아들이지 않는 기독교의 이질적인 표현을 담고 있다. 우리가 논의하는 내용에 나그 함마디의 발견이 특별한 의미가 있는 이유는 이곳에서 발견된 모든 쉰두 개의 논문들이 코덱스의 형태로 제본되었기 때문이다. 나그 함마디의 자료들이 책의 형태로 만들어졌다는 사실은 의미심장하다. 왜냐하면 우리가 보았듯이 2세기에 들어설 때까지 코덱스로 만들어진 문서들은 사실상 기독교 문서들이 유일했기 때문이다. 나그 함마디 공동체는 기독교의 이단적인 형태로 이루어진 공동체였다. 그들의 핵심적인 신념은 신약보다는 신플라톤주의(Neoplatonism)의 영향을 받았다. 이 공동체는 정통 기독교에 순응해 그 안으로 받아들여지기 위해 코덱스 형태로 자신들의 글을 필사해 퍼뜨렸던 것 같다.[29]

코덱스는 그때까지 세상에 나왔던 것 중 가장 혁명적인 정보 기술이었다. 주후 1세기의 80년대에 '에피그람스'(*Epigrams*)의 저자인 라틴 시인 마르티알(Martial)은 두루마리가 크고 다루기 힘든 것에 반해 코덱스의 크기가 "소형"이라는 점을 칭송했다. 토라의 두루마리는 갈릴리 바다 서해안의 막달라 회당에서 최근에 발견된 육중한 토라 석상 같은 강대상이 있어야 그 위에

---

[29] 나그 함마디 도서관의 내용과 발견에 대한 논의는 *NHL* pp. 1-25를 보라.

올려놓을 수 있었다. 하지만 두루마리와는 다르게 코덱스는 "한 손으로" 잡을 수 있었다고 마르티알은 칭송했다.[30] 그 외에 추가적인 이점들도 있었다. 셈족어로 기록된 두루마리를 읽을 때는, 오른쪽으로 감기기 때문에 점점 더 많이 감긴 두루마리를 오른손으로 들고 있어야 했고 두루마리를 다시 읽기 위해선 감긴 종이를 반대 방향으로 풀어야 했다. 하지만 코덱스는 어디서든 펴고 접을 수 있었고, 각 장에 쪽수가 있었기 때문에 더 쉽게 원하는 정보를 찾을 수 있었다. 코덱스는 앞면과 뒷면 모두에 쓸 수 있기 때문에 두루마리보다 정보도 더 많이 담을 수 있었다. 더 작은 크기와 더 가벼운 무게 때문에 코덱스가 두루마리보다 더 휴대하기 좋았다. 앞에서 주목했듯이, 코덱스는 종이를 추가로 더 붙여서 크기를 확장할 수 있었고, 새로운 자료와 더불어 목차도 첨가할 수 있었기 때문에 불법적인 삽입이나 첨가로부터 내용을 보호할 수 있었다. 후자의 기능은 특히 유용했는데 코덱스가 권위적이고 성스러운 내용을 담고 있는 경우에 그랬다. "당시의 다른 어떤 철학 단체나 종교 단체도 고대의 기독교 저자들만큼 진지하게 편지의 형태를 취해 소통하지 않는다"라고 래리 허타도는 말한다.[31] 이러한 편지가 하나의 문서든 여러 문서를 묶은 것이든, 코덱스는 이 편지들을 퍼뜨리는 데 특별히 중요한 역할을 했다. 종종 신약성경의 모든 문서를 하나의 코덱스로 묶는 것은 매우 용도가 다양했다. 신약의 모든 내용을 수용하려면 많은 두루마리가 필요하지만, 코덱스는 하나만 있으면, 신약 전체를 두 표지 사이에 담아낼 수 있었다. 시내산 코덱스와 알렉산드리아 코덱스의 경우가 보여 주듯이 말이다. 요약하면, 코덱스는 두루마리보다 더 다루기 좋은 형태로 (그리고 아마도 더 저렴하게) 정보를 수용했다. 따라서 기독교 선교사들은 이처럼 더 쉽게 접근

---

30 마르티알에 대해서는 Reynolds and Wilson, *Scribes and Scholars*, pp. 34-35; Parker, *New Testament Manuscripts*, pp. 14-15를 보라.
31 Hurtado, *Destroyer of the Gods*, p. 121.

할 수 있고, 오래가고, 휴대하기 편한 정보 이동 수단에 기록된 복음을 담을 수 있었다.[32]

고대 문서 연구에서 가장 탁월한 성과를 거둔 영국의 고문서 학자 스키트(T. C. Skeat)는 "아주 짧은 기간에 [파피루스 코덱스가] 기독교 경전을 담는 유일한 형식으로 인정받았다"라고 말한다.[33] 로버츠(C. H. Roberts)는 스키트의 결론에 대한 확증으로 200년이 되기 전에는 비기독교 문헌이 코덱스 형태로 나오는 경우가 아주 드물었고, 200년 이후에서야 점차로 나타난다고 말한다. 이에 반해 200년 이전에 이집트에서 기록된 기독교의 성경 단편들은 99퍼센트가 코덱스다.[34] 이것은 그리스도인들이 책의 형태를 선호한 이유가 단순히 편의 때문이 아님을 암시한다. 래리 허타도는 그리스도인들이 로마 세계에서 자신들의 문헌들을 구별하는 방법으로 코덱스를 선택한 것이라고 올바른 관점을 제시한다.

일반적으로 로마 시대에 두루마리 책 형태의 문헌들이 두드러지게 많았음을 고려할 때, 초기 그리스도인들은 코덱스를 선호하는 자신들의 기호가 당시의 책 문화에 대체로 맞지 않음을 틀림없이 아주 잘 알았을 것이다. 두루마리 책은 당시에 품격 있는 책의 형태였다. 그래서 만약 그리스도인들이 자신들의 문헌을 더 광범위한 문화에 추천하기를 원했다면, 특히 자신들이 경전으로 읽는 문서들을 추천하고 싶었다면, 코덱스의 책 형태를 선호하는 현상이 이상하고 반직관적 선택으로 보였을 것이다. 사실, 이들의 선택은 의도적인 반문화적 결정으로 보인다.…이것은 확실히 초기 그리스도인들의 책을, 특히 그들의 성경 사본들을 물리적으로 구별하는 효과를 낳았다.[35]

---

32 Reynolds and Wilson, *Scribes and Scholars*, p. 35를 보라.
33 Skeat, "Early Christian Book-Production," p. 72.
34 Skeat, "Early Christian Book-Production," p. 69.
35 Hurtado, *Destroyer of the Gods*, pp. 135-136. 초기 기독교의 두루마리와 코덱스에 대한 Hurtado의

코덱스는 기독교의 가르침과 설교에 도움이 되는 문학적 혁신을 일으켰다. 초기 기독교의 사본들은 독창적인 시스템을 보이는데, 알렉산드리아 코덱스(5세기)에 사복음서의 비교 분석을 위해 처음으로 그 시스템이 소개된다. 3세기 초에 암모니우스 사카스(Ammonius Saccas, 175-242년)는 각각의 복음서를 번호를 매겨 개별적인 단위로(마태복음 355개, 마가복음 233개, 누가복음 342개, 요한복음 232개) 나누었다. 그리고 이것을 기초로, 한 복음서에 번호를 매긴 단위들과 다른 하나의 복음서 혹은 두 개의 복음서 혹은 세 개의 복음서 모두에 상응하는 비슷한 단위들을 비교하는 열 개의 표 혹은 "표준"(canons)을 만들었다. 4세기에 에우세비오스는 이 시스템에 더 정밀성을 부여했고, 이 시스템은 "에우세비오스 표준"으로 알려졌다. 만약 복음서들이 두루마리의 형태로 기록되었다면 이 표준들을 적용하기는 사실상 불가능했을 것이다. 하지만 코덱스 형식에서 이 표준들은 초기 그리스도인들과 오늘날의 학자들에게까지 복음서들을 정교하고 효과적으로 비교하는 수단을 제공했다.[36]

초기 기독교 코덱스가 이룬 두 번째 혁신은 유대교 정경의 영감을 받은 것일지 모른다. 히브리어 구약성경에서 하나님의 이름은 테트라그람마톤(tetragrammaton)이라 불리는, 모음이 없는 네 개의 자음 YHWH로만 이루어져 있어서 발음이 불가능하다. 이것은 의도적이었다. 만약 단어를 발음하지 못한다면 그 단어를 망령되게 말하지 못할 테고, 그러면 세 번째 계명을 어기지 못할 테니 말이다.[37] 이미 가장 이른 시기의 헬라어 기독교 사본에서 하나님의 이름에 대해 비슷한 현상을 발견할 수 있다. 이런 현상은 유대인(혹은 이교도)의 문헌에서는 축약되지 않은 이름과 용어들 중에 선별된 어휘에 추가로 확대 적용된다. '노미나 사크라'(*nomina sacra*)라고 불리는 기독교의

논의를 압축한 내용은 Hurtado, "Early Christian Dilemma," pp. 54, 56, 66를 보라.
36 Edwards, "Hermeneutical Significance of Chapter Divisions"를 보라.
37 출 20:7; 신 5:11.

"거룩한 이름들" 가운데 가장 일반적으로 사용되는 네 이름은 "하나님", "주님", "그리스도", "예수"를 가리키는 헬라어 단어들이다. 이 각 단어는 첫 글자와 마지막 글자로 축약되어 가로선 밑에 놓는다. 비잔틴 시대에는 '노미나 사크라'의 수가 스무 단어에 이를 정도로 늘어났다.[38] 머지않아 유대인들도 '노미나 사크라'의 관습을 그리스도인들에게서 받아들였는데 덜 자주 사용했고 더 적은 수의 단어들에 적용했다.[39] 하지만 네 자음이 통상적이지 않은 방식으로 표기된 이유가 그 이름이 너무 거룩해 발음하지 못하게 하기 위함인 데 반해, '노미나 사크라'가 통상적이지 않은 방식으로 표기된 이유는 발음을 강조하기 위해서였다. '노미나 사크라'는 이 새로운 기독교 신앙에서 경건하고 신학적인 의미가 깊은 단어들을 선별해 그 어휘들의 독특한 종말론적인 성격을 나타내는 방법이었다. 기독교의 거룩한 날이 안식일에서 일요일로 이동한 전례 없는 전환과 두루마리 대신 코덱스를 사용하는 변화가 이루어지는 가운데, '노미나 사크라' 역시 유대교 회당으로부터 구별되는 신생 교회의 독특성과 자주성을 증거했다.[40]

코덱스와 신약 정경

순교자 유스티누스는 일요일 예배가 "사도들의 회고록과 선지자들의 글을 읽는 것", 기도 그리고 떡과 포도주로 감사 예배를 드리는 성만찬으로 이루어진다고 묘사한다.[41] 히브리어와 헬라어 버전의 구약과 같이, 유스티누스는

---

38 예를 들어, 성령, 어머니, 구주, 천국, 아들, 아버지, 남자, 십자가, 다윗, 이스라엘, 예루살렘, 데오토코스 그리고 사도들의 이름(특히, 요한, 베드로와 바울)이 있다.
39 Edwards, "*Nomen Sacrum* in the Sardis Synagogue"; Hengel, *Four Gospels and the One Gospel*, p. 280, 각주 479을 보라.
40 Hengel, *Four Gospels and the One Gospel*, p. 119.
41 Justin, *1 Apol.* 67 (*ANF* 1:186). 또한 앞의 12장 p. 368를 보라.

"선지자들의 글"을 역사서(여호수아-열왕기하)와 함께 묶는다. 구약성경이 초기 기독교 예배에서 계속 주요 주제로 남는 점은 놀랍지 않다. 신약(특히 복음서, 로마서, 갈라디아서, 히브리서)과 속사도 교부들의 문헌(특히 클레멘스1-2서와 바나바서)이 광범위하게 구약을 인용하기 때문이다. 구약이 예배에서 정기적으로 읽히지 않았다면 초기 그리스도인들은 복음을 제대로 이해하지 못했을 것이다. 복음은 구약을 철저히 전제하고 있기 때문이다. 공적 예배에서 정기적으로 읽히는 "사도들의 회고록과 선지자들의 글"을 위해서 책 저장소가 필요했다. 이탈리아의 라벤나시에 있는 5세기의 갈라 플라키디아 묘당을 장식한 모자이크에는 바로 이런 책 저장소가 자세히 묘사되어 있다. 전문용어로 '스크리니움'(scrinium)으로 알려진 저장소는 회당의 토라 제단을 본뜬 초기 기독교의 책장이었다. 갈라 플라키디아 모자이크는 열린 책장에 네 개의 두꺼운 코덱스가 들어 있는 모습을 보여 준다. 마가복음과 누가복음이 위쪽 선반에 있고 마태복음과 요한복음이 아래쪽 선반에 있다.[42]

100년까지 초기 교회의 문학적 생산력을 간략하게 살펴보면 이러한 책장의 중요성을 이해하는 데 도움이 된다. 1세기 말에, 랍비 학자들은 유대교 성경의 주요한 세 부분, 즉 토라, 선지서, 시가서의 내용과 한계를 결정하는 과정에 있었다. 그 과정을 거치는 목적은 유대교 사본의 전통에 대한 통일성을 수호함으로써 랍비들이 이단으로 여기는 기독교 문서들이 포함되는 상황을 막기 위함이었다. 대략 같은 시기에 비슷한 과정을 겪은 흔적들이 기독교에도 분명히 드러난다. 바울의 편지 묶음에 대해 언급한 베드로후서 3:15-16 내용은 이 편지들이 그리스도인들 가운데 받아들여졌음을 전제한다. 이와 비슷하게 2세기 초에 폴리카르포스가 "거룩한 성경"을 언급하고,[43] 2세기

---

42 책 상자 모자이크의 사진과 묘사는 Lowden, *Early Christian and Byzantine Art*, p. 109를 보라. 또한 Helmut Buschhausen, "Box," *EEECAA* 1:210; *EEECAA* vol. 3, plate 13을 보라.
43 Pol. *Phil.* 12.1.

중반에는 유스티누스가 "사도들의 회고록과 선지자들의 글"을 언급한다. 그것은 예루살렘과 소아시아 그리고 로마에서 핵심 문서들의 권위가 커지고 있었다는 증거다. 이러한 키질의 과정은 공식적이지도 않았고 최종적이지도 않았으며 교회 공직자들의 감독하에 이루어지지도 않았다. 대신 이것은 기독교 운동의 시작부터 작용해 왔던 똑같은 근본적 기준, 즉 예수님의 말씀과 사도들의 증언에 우선순위를 둔다는 결정에 영향을 받은 결과였다. 유스티누스가 "사도들의 회고록"에 대해 한 언급은 이 기준을 전제한 주장이다. "회고록"에 대한 헬라어 단어는 "회상" 혹은 "증언"의 뜻을 가진 '히폼네마타'(*hypomnēmata*)로 예수님의 가르침과 행적에 대해 사도들의 증언이 지니는 기능적 권위에서 지침을 찾는다.[44]

유스티누스는 이 기능적 권위를 만들어 낸 사람이라기보다 그것을 증언한 사람이다. 결국 신약성경에 포함된 문서들은 그들 이전의 유대교 성경 전통에서 작용했던 것과 비슷한 권위를 전제한다. 신약에 등장하는 대부분의 인용문은 구약성경을 구성하는 서른아홉 권의 책에서 가져왔다(이 인용문들은 보통 히브리어 성경보다 칠십인역을 더 면밀히 따른다). 제2경전들(외경)은 훨씬 덜 자주 인용되며 위경들은 그보다도 덜 인용된다.[45] 이것은 구약의 기능적 권위가 (특히 칠십인역 번역에서) 신약의 저자들에게 작용했으며, 이들이 구약에 대해 깊은 지식을 갖췄고 또한 구약에 헌신되어 있었다는 명확한 증거다. 이와 비슷하게 속사도 교부들의 문헌에 나오는 엄청나게 많은 구절들이 나중에 신약 정경을 구성하게 될 문헌들에서 인용되었다. 하지만 이것은 신약의 저자들이 칠십인역에 밀접하게 관련되었다기보다 교부들이 신약의 문헌들에 더 긴밀하게 연결되어 있었다는 말이다. 속사도 교부들의 문헌을 구

---

44 Hurtado, *Destroyer of the Gods*, p. 115.
45 *Nestle-Aland*[28]의 부록 III은 헬라어 신약성경에서 등장하는 인용문과 암시들을 포괄적으로 열거한 목록이다. 이 부록은 구약 정경 서른아홉 권에서 가져온 인용문들을 예순세 개의 세로 단으로 정리했다. 이것을 외경의 일곱 개의 세로 단과 위경의 열한 개의 세로 단과 비교하라.

성하는 대략 열다섯 개의 문헌들은(75년에서 150년 사이에 지어진) 이후에 신약 정경에 포함될 거의 모든 문서를 권위 있게 여긴다(오직 빌레몬서와 요한2서만 등장하지 않는다). 속사도 교부들의 문헌 전체에서 칠십인역에도 속하지 않고 결국 신약을 구성할 문헌에도 속하지 않는 다른 문서들을 언급한 경우는 단지 여섯 번뿐이다.[46] 이것은 4세기에 교회가 정경이라고 선포할 대부분의 문서가 이미 2세기 초에 권위 있는 전통으로 널리 받아들여졌음을 의미한다. 유스티누스는 이 권위 있는 전통을 가리켜 "사도들과 선지자들의 회고록"이라고 말한다. 다른 말로 하자면, 2세기 중반쯤에 속사도 교부들은 소수의 경우를 제외하고 4세기에 "정경적"이라고 인정받을 문헌들, 그리고 우리가 오늘날 구약과 신약으로 인식하는 문헌들을 사용하고 있었다.

이것을 기억하면서 '스크리니움', 즉 갈라 플라키디아의 모자이크에 묘사된 책장으로 돌아가 보자. (책상과 촛대가 갖춰진) 성전의 성소와 비슷하게, 그리고 회당의 토라 제단과 비슷하게, 초기 교회들은 말씀 낭독자와 설교자를 돕기 위해 "사도들의 회고록과 선지자들의 글"을 담는 책 상자를 비치해 두었다. 갈라 플라키디아의 모자이크에 나오는 복음서들은 기독교에서 정경으로 승인된 것과 똑같은 사복음서다. 요한계시록 4:7의 사자, 송아지, 사람, 독수리는 갈라 플라키디아의 '스크리니움' 모자이크의 해당 복음서와 똑같은 순서와 수로 등장한다. 즉 마가, 누가, 마태, 요한복음이 나온다. 주위에 눈들이 가득한 이 네 생물들은 1세기 말 소아시아에 있는 요한의 공동체에서 성육신하신 말씀을 증거하는, 모든 것을 보는 증언자들이다. 초기 교회의 '스크리니움'은 따라서 교회에서 사복음서의 권위가 인정되고 궁극적으로 정경이 되는 과정에서 중요한 역할을 했던 초기의 발걸음이었다.[47]

---

[46] 에녹1서가 두 번, 바룩2서가 한 번, 에스라4서가 두 번 그리고 도마복음이 한 번 인용된다. 속사도 교부들의 문헌에서 인용되거나 암시된 문헌들의 온전한 목록은 Holmes, *Apostolic Fathers*, pp. 791-798를 보라.

[47] 기독교 책장의 중요성에 대해서는 Hengel, *Four Gospels and the One Gospel*, pp. 116-118를 보라.

결론적으로, 두루마리라는 물질적 형태가 유대의 종교적이고 전례적인 문헌에 근본적으로 중요했던 것처럼, 코덱스라는 물질적 형태는 기독교 문헌들에 근본적으로 중요했다. 코덱스가 두루마리보다 실용성 면에서 더 탁월하다는 사실이 입증되었으나 이것만으로는 교회가 코덱스를 거의 독점적으로 선호한 이유를 설명할 수 없다. 코덱스는 그리스도인들이 자신의 정체성을 표현하기 위해 선택한 기독교의 고유한 물질 형태가 되었다. 코덱스 덕분에 교회는 독특한 형식으로 사복음서를 비교 분석할 수 있는 (에우세비오스 표준이라고 알려진) 체계를 사용할 수 있었다. 그리고 교회의 코덱스는 스무 개가량의 '노미나 사크라'가 사용된다는 독특한 특징이 있는데, 그리스도인들에게 성스러운 단어들을 독특하게 축약해서 표현한 것을 말한다. 마지막으로 예배에서 사용할 기독교 코덱스를 모아서 보존하는 책장은 초기 교회가 공동체의 삶에 핵심이라고 여겼던 문서들을 구별해 줄 뿐만 아니라 기독교 교회가 정경을 결정하는 과정에서 내딛었던 초기의 발걸음을 입증해 준다.

결론

새 포도주는 새 부대에

이 책에서 우리는 예수 운동에서 기독교 교회로 전환이 이루어진 과정을 추적했다. 이런 전환은 대체로 예수님이 돌아가신 시기와 안디옥의 이그나티오스가 죽음을 맞은 시기 사이에 이루어졌다. 이 75년의 기간은 기독교 역사에서 가장 크고 기독교 형성에 가장 결정적이었던 변화들을 보여 준다. 변화는 동시적으로 발생하거나 순차적으로 발생하지 않았다. 초기 교회의 어떤 인물이나 분파를 중심으로 계획된 변화도 아니었다. 수원지 근처에 생성되어 영양분을 공급받는 다양한 동물과 식물들처럼, 초기 교회가 겪은 변화들도 예수님의 탁월함에 대한 확신과 복음을 모든 나라에 선포해야 한다는 선교 의식(이것은 필연적으로 예수 그리스도의 탁월함에서 비롯되었다)에 유기적으로 반응한 결과였다.[1] 이런 변화들은 놀랄 만큼 짧은 기간에 발생했고 또한 다음의 상황들에서 발생했기 때문에 더욱더 대단했다.

1　마 28:19-20; 행 1:8.

- 교회가 권력을 누렸을 시기가 아니었고 전체적으로 힘이 없고 다방면에서 장애물과 반대에 시달렸을 무렵이다.
- 교회가 잘 계획된 조직을 갖추고 지배적이고 단일한 비전을 바탕으로 움직였을 시기가 아니었고 고대 시대의 다양한 지역과 언어들 속에서 개별적인 운동으로 나타나던 시기다.
- 교회가 한 명의 지도자가 보인 영향력에 움직이지 않고 통솔력 있는 순회 선교사, 설교자, 목회자 들이 이끈 풀뿌리 운동으로 전개되던 시기다.

기독교는 두 개의 큰 발광체가 이 고대 시대를 지배했던 시기에 태어났다. 바로 로마제국과 유대의 종교적이고 문화적인 전통이다. 두 발광체는 교회의 발전에 영향을 미쳤는데, 최초의 기독교가 나아갈 길을 후자가 전자보다 훨씬 밝게 비추었다. 예수님은 이스라엘의 아들로 태어나 자랐고, 그분의 초기 제자들과 추종자들 그리고 갈릴리와 예루살렘에서 그분이 사역한 사람들도 마찬가지였다. 생수와 같은 예수님의 사역은 이스라엘에 대한 구약의 증거가 그 원천이었다. 지극히 중요했던 그분의 이방 사역도 마찬가지였는데, 이 사역 때문에 예수 추종자들은 결국 유대교와 분리된다. 예수 추종자들은 이방인을 온전히 포함할지의 문제를 두고 회당과 갈라졌고 예수님이 이스라엘이 오랫동안 기다려 온 메시아라고 고백함으로써 더욱 자신들을 부각했다. 그럼에도 그들은 자신들이 이스라엘을 향한 하나님의 약속을 물려받은 적법한 상속자라는 생각을 버리지 않았다. 초기 교회는 유대교와 결별했지만 구약의 신학적 유전자를 결정하는 구약의 근본적인 이야기를 버리지는 않았다. 기독교 운동이 시작된 지 1세기가 완전히 지났을 때 순교자 유스티누스는 그리스도인들을 박해한 유대인들을 꾸짖었고, 바로 이어서 "우리의 그리스도"의 길을 준비시킨 유대교 성경을 극찬했다.[2] 제1차 유대 반란 이후 갈릴리의 유대교 학교에서는 구약 율법의 세심한 해석에 근거해 유대교를 재건하려고 했다. 이와 동시에 초기 기독교는 점점 자신의 이야기를 구약 선지자들과 연관시켰다. 무엇보다도 메시아에 대한 소망과 새 언약의 시작과 연관 지었다. 그리고 이런 것이 예수님의 삶, 죽음과 부활 가운데 성취되었다고 여겼다.

따라서 기독교가 성공한 이유는 이스라엘 안에서 물려받은 유산으로부터 거리를 두었기 때문이 아니다. 오히려 물려받은 유산을 확장해 이방 세계까지 포함했기 때문이다. 이러한 성공을 이루는 데는 많은 요인이 작용했다. 가장 중요한 (하지만 가장 덜 알려진) 이유 중 하나는 그것을 이루기까지 기간이 얼마나 걸렸는가 정도였다. 우리가 기독교의 "성공"과 보통 연관 짓는 결정적인 사건은 4세기 로마제국이 기독교를 받아들인 사건이다. 하지만 예수님의 죽음과 부활로부터 그 사건이 일어나기까지 3세기가 온전히 지났다. 이 긴 막간의 기간에 기독교는 더 큰 로마와 유대교의 그늘에 대체로 가려진 가운데 성장하며 생존을 위해 준비하고 있었다. 이 그늘의 기간에 기독교가 거의 아무런 관심을 받지 못했다는 사실은 로마와 유대교 모두 기독교를 의미 있게 여기지 않았고 생존할 것이라고 생각하지도 않았음을 증명한다.

기독교가 생존했다는 사실은 물론 놀랍다. 하지만 기독교는 생존만 한 것이 아니다. 적응도 했다. 적응은 기독교의 핵심과 본질에서 필요한 요소였다. 그렇지 않았으면 기독교가 기독교로 살아남지 못했을 것이다. 바로 첫 시작부터 "그 길"은 그 자체의 보편적인 사명을 성취하기 위해 점점 더 많은 수의 신자들을 끌어들이는 다양한 형태의 기관에 자신을 **접목하는** 매우 특별한 능력을 보였다. 처음 75년 동안 교회는 유대교나 로마보다 너

---

2   1 Apol. 31.5-6.

큰 변화를 감당할 수 있음을 보였다. 하지만 변화 기간 내내 복음이라는 불변의 요소가 기독교의 특징으로 남았다. 복음은 다른 어떤 단체나 종교, 심지어는 로마제국의 정치 자체보다 더 다양한 종류의 1세기 사회로 뻗어 나갔고 더 다양한 사회 계층 안으로 들어갔다. 기독교의 본질을 타협하거나 희생하지 않고 그런 성과를 거둔 것이다. 이 점에서 초기 기독교의 뛰어난 점은 사로잡히지 않고 적응할 수 있는 능력이었다. "교회가 계속 똑같이 존재하기 위해서는 변해야 한다"라는 말을 자주 들어 왔다.[3] 비록 교회를 변치 않는 상수로 만드는 잘못을 저지르기도 했지만, 이것은 중요한 통찰이다. 참으로 변치 않는 요소는 교회라기보다는 복음, 즉 케리그마다.[4] 우리의 연구를 통해서 보았듯이 이방인 문제를 제외하고 초기 자료들은 기독교가 처음 75년 동안 겪은 격변을 거의 제대로 반영하지 않는다. 이 이유는 초기 그리스도인들에게는 **보이지 않는** 실체, 즉 "성도에게 단번에 주신 믿음의 도"(유 3절)가 이들을 형성한 실체였고, 따라서 궁극적으로 중요한 실체였기 때문이다. 에우세비오스는 이들을 형성한 실체에 대해 이렇게 말한다. 교회가 번영한 이유는 "언제나 똑같은 방식으로 똑같은 지점들을 붙들었기 때문이다."[5]

케리그마는 이해하기 쉬운 구원의 이야기다. 이 이야기는 이스라엘에 대한 하나님의 구원 약속으로 시작해 예수님의 생애, 죽음, 부활에서 절정에 이른다. 그리스-로마 세계의 어떤 인물도 그리고 이스라엘의 어떤 인물도

---

[3] 교황 베네딕토 16세를 포함한 현대 신학자들이 자주 인용하는 이 말은 정교회 신학자 Alexander Schmemann, 혹은 더 일찍이는 가톨릭 신학자 John Henry Newman이 했던 말이라는 것이 여러 사람의 생각이다.

[4] Hengel은 이렇게 기록한다. "내 생각에 [최초 기독교 역사의] 길잡이는 **기독론의 발전**이고 교회 조직의 성장은 두 번째로만 여겨야 한다. 앞으로 나아가게 하는 힘은 사회구조가 아닌 믿음이었다." *Studien zum Urchristentum*, pp. 309-310(저자 사역, 원본 강조).

[5] *Hist. eccl.* 4.7.13-14 (LCL).

"세 번째 인종"이라는 그리스도인들에게 예수 그리스도보다 더 큰 영향을 미치지 못했다. 그분에게 약간이라도 비견될 만큼 온전하게 이교도 세계나 유대 세계에 영향을 끼친 인물은 없었다. 이 결론은 고대 이교도나 유대 지도자들에 대한 폄하가 아니다. 로마인들과 유대인들이 가장 존경하는 자신들의 지도자들에 대해서도 결코 하지 않았던 주장들을 그리스도인들이 예수님에 대해서 펼친다는 사실을 그저 인정했을 뿐이다. 사실 이들의 주장은 다른 어떤 종교에서도 그 종교의 설립자에 대해 하지 않았던 것이다. 케리그마 그 자체는 두 단어로 압축할 수 있다. "예수님이 주님이시다"(이 말은 알려진 말 중 가장 최초의 기독교 공식 진술이다)라는 뜻의 '퀴리오스 예수스'(kyrios Iēsous)다. 예수 그리스도 없이는 그리스도인들이라는 "세 번째 인종"은 없었을 것이다. '퀴리오스 예수스'가 아닌 어떤 다른 메시아를 따라 비슷한 "인종"이 생겨났다 하더라도, 그것은 유대교에 흡수되었거나 소멸되었을 것이다. 처음 몇 세기 동안 기독교의 많은 변종이 소멸되고 말았다. 예수 그리스도가 기독교이고, 기독교가 예수 그리스도다. 만약 기독교가 예수 그리스도가 아닌 다른 것이 되면, 존재가 사라지는 것이다. 이후의 세기들에는, 그리고 특히 오늘날에는, 기독교가 단순한 도덕적 원리나 도덕적 가치로 축소되었거나 축소되고 있다. 혹은 포괄적인 이데올로기나 정치적 계획의 "영적"인 부분이 되기도 한다. 또한 지배력을 확보하기 위한 강력력으로 사용될 때도 있다. 이렇게 기독교의 명예가 훼손되면 기독교의 존재가 부인되는 결과를 초래한다.

예수님의 사후 1세기가 지나고 그분의 추종자들은 파피아스와 이레나이우스를 포함해, 그들의 선생들과 그 선생들의 선생들의 계보를 사도들과 예수님 그분에게까지 추적해 올라갔다. 그 이후에 에우세비오스도 자신의 대작 『교회사』를 시작하며 다음과 같이 선포한다. 선재하시는 신적 존재인 로고스 예수 그리스도는 한 분이신 거룩하고 전능하신 이스라엘 하나님의 현현이다.[6] 여기서 또한 교회의 케리그마는 이스라엘의 이야기를 이스라엘 너머의 세상에까지 확장했다. "예수님이 주님이시다"라는 초기 그리스도인의 신앙고백으로 한 지역에 국한된 이스라엘의 유일신론이 전 세계에 퍼졌다. 사로잡히지 않고 적응한다는 기독교의 특출한 역설적 능력이 다시 한번 분명히 드러난다. 기독교는 모든 것이 되려 하지 않으면서도 모든 것을 흡수한다. 뿌리를 잃지 않으면서도 땅끝까지 간다. 기독교는 복잡성과 다양성 속에서 번성하지만, 핵심 메시지는 늘 간단하다. 예수 그리스도에 의해 모든 것이 만들어졌고 그 안에 모든 것이 존재하며, 그분을 위해 모든 것의 운명이 결정되었다. 그리고 그분의 이름은 모든 이름 위에 뛰어나다(빌 2:9). 모든 것이 그리스도 안에서 통일되었다(엡 1:10).

첫 예수 추종자들은 구원의 이야기를 명확하고 간결하게 요약하는 능력을 가졌다. 그 덕분에 복음은 고립된 유대교, 비밀스러운 신비주의 종교 그리고 예측한 대로 관습적인 로마 종교와 구별되는 공적인 얼굴을 가질 수 있었다. 복음의 공적인 얼굴은 교회였고, 교회의 특이성은 예수 그리스도의 특수성에서 비롯되었다. 예수 그리스도는 새 포도주이고, 교회는 새 부대다. 포도주가 포도주 부대에 맞추는 것이 아니라, 유연한 포도주 부대가 확장되어 새 포도주를 수용하는 것이다. 교회는 복음에 순응할 때만 복음을 구현할 수 있다. 회당처럼 초기 교회는 선포되는 신앙의 이동식 구현체가 되어서 신자들이 복음을 듣고 받아들이는 장소 어디에나 뿌리를 내렸다. 하지만 교회의 유연성은 회당의 성격을 넘어섰다. 교회는 회당에서 받아들이지 않는 자들을 동등한 자로 받아들였기 때문이다! 할례받지 못한 이방인들, "정결하지 못하고," "더러운" 여성들, 노예들 그리고 다른 버림받은 자들이다. 교회는 선포, 선교 그리고 교리문답을 통해서만이 아니라 그와 똑같

---

6   Hist. eccl. 1.1-4.

이 **삶**으로 **살아 낸 신앙**에 대한 헌신으로도 복음을 증거했다. 그리스-로마 종교들의 경우는 도덕성이 암시적이고 상대적이었으며, 숭배되는 다양한 예배 방식과 신들에 따라 달라졌다. 기독교에서 도덕적 진실성은 행동과 성품이 변화되어 그리스도의 형상을 닮는 것을 의미했다. 그리고 그러한 변화는 신앙 자체처럼, 무조건적이었다. 변화의 의미는 **개종**으로 표현되었다. 개종은 신자들에게 자신의 삶에서 기독교를 단지 많은 길 중 하나로 포함하라는 요청이 아니라 기독교를 온전히 끌어안고 또한 기독교에 온전히 받아들여져서 다른 모든 "길"을 버리라는 부름이었다.

삶으로 살아 낸 신앙이 예수님의 길을 가장 옳게 반영하는 방법이었다. 삶으로 살아 낸 신앙은 매주 일요일에 모여 예배를 드리는 부름받은 신자들의 공동체로 나타났다. 기독교 공동체의 특징은 남성, 여성, 아이, 노예들을 포괄하는 사회적 평등주의(갈 3:26), 외부인에 대한 환대(히 13:2) 그리고 성만찬을 포함한 공동 식사(행 2:42)였다. 복음은 생물학, 사회학이나 정치 조직에 의해 결정된 가족들을 대체하는 가족으로 신자들을 연합시켰다. 이 새로운 가족의 특징은 긍휼의 정서였는데, 구약, 특히 시편에서도 긍휼의 특징이 잘 드러난다. 그러나 이 정서는 그리스-로마 종교에서는 부재했다. 예수님 자신이 명하신 대로 과부와 고아, 궁핍하고 가난한 자를 돌볼 때 긍휼이 드러났다(마 25:31-46). 이와 마찬가지로 여성이 초기 교회에서 누렸던 예외적인 역할과 노예에게 베푼 긍휼(안타깝게도 해방은 아니었다)도 초기 기독교가 삶으로 신앙을 살아 낸 모습이었다.

초기 교회의 가장 특이한 면은 선교 의식이었다. 그리고 선교 의식의 독특한 점은 문학적 생산성이었다. 이 문학적 생산성 덕분에 한 세기도 지나기 전에 신약성경과 속사도 교부들의 글이 나왔다. 이 문헌들은 1세기의 세속적인 헬라 문학작품이 급격히 줄어들면서 생긴 공백을 채웠다. 그다음 세기들에는 변증가들과 교부들이 써낸 수천 페이지의 기독교 작품들이 당시에 활기를 되찾은 이교도 헬라 문학을 앞질렀다. 교회의 선교 의식이 이루어 낸 가장 독특한 성취는 물론 지리적인 팽창이었다. 1세기 이내에 이 선교 의식의 영향으로 복음이 "서쪽의 끝까지"(스페인일 가능성이 있다),[7] 지중해 남부 연안을 모두 지나 북아프리카까지, 동쪽으로 인도까지 그리고 아마도 더 멀리 뻗어 나갔다. 알렉산드로스대왕의 혜성 같은 정복조차도 초기 기독교가 이루어 낸 팽창에 미치지 못했으니, 고대 시대에서는 비할 데가 없었다.

예수 그리스도의 특수성과 기독교 교회의 특이성은 세상에서 새로운 일을 이루었고 그것은 오늘날에도 아직 유효하다. 1세기의 "세 번째 인종"은 21세기의 전 세계적인 예수 추종자 공동체로 성장했다. 하지만 아마도 그 어떤 중간 시대보다도 오늘날의 교회는(전 세계에서 놀랄 만큼 다양성을 띠고 있지만) 1세기의 교회와 유사한 입장에 서 있다. 1세기에는 예수 추종자들이 구경거리, 판테온 그리고 로마의 권력이 일차적으로 규정한 문화 안에서 복음을 정의하고 퍼뜨려야 했다. 21세기에는, 확실히 서양에서는 개인의 쾌락과 번영을 주요한 특징으로 삼는 팽배한 물질주의와 세속주의의 문화에서 복음을 정의하고 퍼뜨려야 한다.

모든 시대의 교회는 과거로부터 배워야 한다. 1세기 그리스도인들도, 자신들의 시대에 맞는 하나님의 말씀을 올바로 듣기 위해, 이스라엘에게 배웠다. 나는 흉내 낼 수 없는 과거의 증언으로 이 책을 마무리하고자 한다. 아리스티데스의 변증에서 인용한 이 증언은 이 책에서 살펴본 기독교의 주요한 발전 사항들을 증거해 주며 오늘날의 교회에 선지자적인 말씀이 될 수 있다. 2세기 초에 활동한 아테네 철학자 아리스티데스는 예수 추종자들이 우리의 시대에 기념하는 것, 곧 기독론의 특정성과 교회의 특이성을 자기

---

7 1 Clem. 5,7; 롬 15:24.

시대에 기념한다.

그리스도인들은 자신의 근원이 주 예수 그리스도로부터 시작되었다고 믿는다. 예수 그리스도는 가장 높은 하나님의 아들이며 성령이 인정하신 분으로 인류의 구원을 위해 하늘에서 내려오셨다. 순결한 처녀에게서 태어나고, 자존하며 흠 없으신 그리스도는 많은 신을 따라 방황하던 사람들을 자신에게로 부르기 위해 육체를 입고 사람들 가운데 자신을 나타내셨다. 그분은 이 새로운 질서를 성취한 후에 자발적으로 십자가에서 죽음을 맛보셨다. 사흘 후에 그분은 다시 살아나셨고 하늘로 올라가셨다.

그리스도에게는 열두 제자가 있었는데 이들은 그분이 승천하신 후 전 세계의 여러 지방으로 나아가 그분의 위대함을 선포했다. 그분의 추종자들은 자신의 마음에 주 예수 그리스도의 명령을 새겼다. 그분의 명령에 순종하고 다가올 세계에서 일어날 죽은 자와 산 자의 부활을 고대한다. 그들은 간음이나 음행을 저지르지 않고, 거짓 증언도 하지 않으며, 다른 이들의 것을 탐하지도 않는다. 그들은 부모를 공경하고 이웃을 사랑한다. 정의로운 판단을 내리고 자신들에게 일어나지 않기를 바라는 일은 결코 다른 사람에게도 저지르지 않는다. 그들은 자신을 상처 입히는 자들에게 호소하고 오히려 그 사람들의 친구가 되려 한다. 자신의 적에게 선을 행하려고 애쓴다. 온화하고 화해하기가 쉽다. 그들은 모든 불법적인 대화와 모든 부정한 행위를 삼간다. 과부를 업신여기지 않으며 고아를 탄압하지 않는다. 그리고 가진 자는 가지지 못한 자가 살아갈 수 있도록 아낌없이 베푼다. 낯선 자를 보면 자신의 집 안으로 들이고, 친형제에게 하듯 그를 기뻐한다. 왜냐하면 그들은 육신이 아닌 성령을 따라 형제가 되었다고 말하기 때문이다. 그들은 그리스도를 위해서 자신의 삶을 희생할 준비가 되었다. 그들은 치우치지 않고 그리스도의 계명을 지키고, 주 하나님이 그들에게 정해 주신 대로 거룩하고 의로운 삶을 살기 때문이다. 그렇다면 참으로 이것이야말로 진리의 길이다. 이 길은 내세에서 그리스도를 통해 이루어질 약속된 영원한 왕국으로 순례자들을 인도한다.[8]

---

8 Aristides, *Apol.* 15-16 (*ANF* alt.). D. M. Kay, "The Apology of Aristides the Philosopher," *ANF* 10:257-279를 보라. 1889년 성 카테리나 수도원에서 J. Rendel Harris가 이 변증문을 발견한 이야기는 Soskice, *Sisters of Sinai*, p. 101를 보라. 이 내용에 관한 논의는 Quasten, *Patrology*, 1:191-195를 보라. 기록 연대에 대해서는, 이 변증문은 하드리아누스 황제(117-138년 재위)(Eusebius, *Hist. eccl.* 4.3.3; Jerome, *Vir. ill.* 20; D. M. Kay, *ANF* 10:261의 견해) 혹은 안토니누스 피우스 황제의 초기 통치 기간(138-147년)에 황제에게 썼다는 주장이 좀 더 가능성이 높다 (Harnack, *Geschichte der altchristlichen Literatur*, vol. 1, part 1, pp. 96-99; Metzger, *Canon*, pp. 127-128의 견해도 마찬가지다).

참고 문헌

Aland, Kurt. *Did the Early Church Baptize Infants?* Translated by G. R. Beasley-Murray. Eugene, OR: Wipf & Stock, 2004.

Alexander, Philip S. "'The Parting of the Ways' from the Perspective of Rabbinic Judaism." In *Jews and Christians: The Parting of the Ways, A.D. 70 to 135*, edited by James D. G. Dunn, pp. 1-25. Grand Rapids: Eerdmans, 1999.

Bacchiocchi, Samuele. *From Sabbath to Sunday: A Historical Investigation of the Rise of Sunday Observance in Early Christianity.* Rome: Pontifical Gregorian University, 1977. 『안식일에서 일요일로』(감은사).

Bainton, Roland H., *Early Christianity.* New York: D. van Nostrand, 1960.

Barclay, John M. G. *Pauline Churches and Diaspora Jews.* Grand Rapids: Eerdmans, 2016.

Barrett, C. K. *The New Testament Background: Selected Documents.* New York: Harper & Row, 1961.

Bauckham, Richard. *The Christian World around the New Testament.* Grand Rapids: Baker Academic, 2017.

Bauer, Martin. *Anfänge der Christenheit: Von Jesus von Nazareth zur frühchristlichen Kirche.* 6th ed. Berlin: Evangelische Verlagsanstalt, 1981.

Bauer, Walter. *Orthodoxy and Heresy in Earliest Christianity.* 2nd ed. Edited by Robert A. Kraft and Gerhard Krodel. Philadelphia: Fortress, 1971.

_____. *Rechtgläubigkeit und Ketzerei im ältesten Christentum.* 2nd ed. Edited by Georg Strecker and Gerhard Ebeling. BHT 10. Tübingen: Mohr Siebeck, 1964.

Beard, Mary. *SPQR: A History of Ancient Rome.* New York: Liveright, 2015.

Beasley-Murray, G. R. *Baptism in the New Testament.* Grand Rapids: Eerdmans, 1962.

Berger, Klaus. *Die Urchristen: Gründerjahre einer Weltreligion.* Munich: Pattloch, 2008.

Berthelot, Katell. "The Paradoxical Similarities between the Jews and the Roman Other." In

Perceiving the Other in Ancient Judaism and Early Christianity, edited by M. Siegal, W. Grünstäudl, and M. Thiessen, pp. 95-109. WUNT 394. Tübingen: Mohr Siebeck, 2017.

Bickerman, Elias. *The Jews in the Greek Age*. Cambridge, MA: Harvard University Press, 1988.

Boatswain, Tim, and Colin Nicolson. *A Traveller's History of Greece*. 5th ed. New York: Interlink Books, 2004.

Bockmuehl, Markus. *Simon Peter in Scripture and Memory: The New Testament Apostle in the Early Church*. Grand Rapids: Baker Academic, 2012.

Boughton, L. C. "'Being Shed for You/Many': Time-Sense and Consequences in the Synoptic Cup Citations." *Tyndale Bulletin* 48 (1997): pp. 249-270.

Boulton, Matthew Meyer. "Supersession or Subsession? Exodus Typology, the Christian Eucharist and the Jewish Passover Meal." *SJT* 66, no. 1 (2013): pp. 18-29.

Bourke, Stephen. "The Christian Flight to Pella: True or Tale?" *BAR* 39, no. 3 (2013): pp. 30-39, 70-71.

Boyarin, Daniel. "The Parables of Enoch and the Foundation of the Rabbinic Sect: A Hypothesis." In *"The Words of a Wise Man's Mouth Are Gracious" (Qoh 10,12): Festschrift for Günter Stemberger on the Occasion of His 65th Birthday*, edited by Mauro Perani, pp. 53-72. Berlin: de Gruyter, 2005.

Breytenbach, Cilliers, and Christiane Zimmermann. *Early Christianity in Lycaonia and Adjacent Areas: From Paul to Amphilochius of Iconium*. Early Christianity in Asia Minor 2. Ancient Judaism and Early Christianity 101. Leiden and Boston: Brill, 2018.

Brock, Sebastian. *An Introduction to Syriac Studies*. 2nd ed. Gorgias Handbooks 4. Piscataway, NJ: Gorgias, 2006.

Brown, Peter. *The Body and Society: Men, Women, and Sexual Renunciation in Early Christianity*. New York: Columbia University Press, 1988.

Bruce, F. F. *Peter, Stephen, James, and John: Studies in Early Non-Pauline Christianity*. Grand Rapids: Eerdmans, 1979.

Burkitt, F. Crawford. *Early Eastern Christianity: St. Margaret's Lectures 1904 on the Syriac-Speaking Church*. London: John Murray, 1904.

Butterworth, G. W. "Appendix on the Greek Mysteries." In *Clement of Alexandria*, edited by G. W. Butterworth, pp. 379-390. LCL 92. Cambridge, MA: Harvard University Press. First published 1919.

Caird, G. B. A *Commentary on the Revelation of St. John the Divine*. HNTC. New York: Harper & Row, 1966.

Chadwick, Henry. *The Early Church*. Penguin History of the Church 1. Baltimore: Penguin Books, 1967.

Chester, Andrew. "The Parting of the Ways: Eschatology and Messianic Hope." In *Jews and Christians: The Parting of the Ways, A.D. 70 to 135*, edited by James D. G. Dunn, pp. 239-314. Grand Rapids: Eerdmans, 1999.

Chilton, Bruce. "The Godfearers: From the Gospels to Aphrodisias." In *Partings: How Judaism and Christianity Became Two*, edited by Hershel Shanks, pp. 55-71. Washington, DC: Biblical Archaeology Society, 2013.

Choat, Malcolm, Jitse Dijkstra, Christopher Haas, and William Tabbernee. "The World of the Nile." In *Early Christianity in Contexts: An Exploration across Cultures and Continents*, edited by William Tabbernee, pp. 181-222. Grand Rapids: Baker Academic, 2014.

Cochrane, Charles Norris. *Christianity and Classical Culture: A Study of Thought and Action from Augustus to Augustine*. New York: Oxford University Press, 1957.

Cohen, Shaye. "In Between: Jewish-Christians and the Curse of the Heretics." In *Partings: How Judaism and Christianity Became Two*, edited by Hershel Shanks, pp. 207-236. Washington, DC: Biblical Archaeology Society, 2013.

Cullmann, Oscar. *The Christology of the New Testament*. Translated by Shirley Guthrie and Charles Hall. Philadelphia: Westminster, 1963.

Cureton, William, trans. and ed. *Ancient Syriac Documents*. Amsterdam: Oriental Press, 1967. First published, London: Williams & Norgate, 1864.

Dalman, Gustaf. *Jesus Christ in the Talmud, Midrash, Zohar, and the Liturgy of the Synagogue*. Cambridge: Deighton, Bell, & Co., 1893.

Danby, Herbert. *The Mishnah*. Oxford: Oxford University Press, 1977.

Davies, J. G. *The Early Christian Church*. Garden City, NY: Doubleday Anchor Books, 1967.

Deissmann, Adolf. *Light from the Ancient East*. Translated by Lionel Strachen. Grand Rapids: Baker, 1978.

Doering, Lutz. *Ancient Jewish Letters and the Beginnings of Christian Epistolography*. WUNT 298. Tübingen: Mohr Siebeck, 2012.

Duchesne, Louis. *Early History of the Christian Church: From Its Foundations to the End of the Third Century*. Translated from the 4th French ed. New York: Longmans, Green, 1909.

Duff, Paul B. *Jesus Followers in the Roman Empire*. Grand Rapids: Eerdmans, 2017.

Dunn, James D. G. "From the Crucifixion to the End of the First Century." In *Partings: How Judaism and Christianity Became Two*, edited by Hershel Shanks, pp. 27-53. Washington, DC: Biblical Archaeology Society, 2013.

_____. *Neither Jew nor Greek: A Contested Identity*. Christianity in the Making 3. Grand Rapids: Eerdmans, 2015. 『형성기 기독교의 통일성과 다양성』(새물결플러스).

_____. "Why and How Did Embryonic Christianity Expand beyond the Jewish People?" In *The Rise and Expansion of Christianity in the First Three Centuries of the Common Era*, edited by Clare K. Rothschild and Jens Schroter, pp. 183-204. WUNT 301. Tübingen: Mohr Siebeck, 2013.

Edwards, James R. "Archaeology Gives New Reality to Paul's Ephesus Riot." *BAR* 42, no. 4 (2016): pp. 24-32, 62.

_____. *Between the Swastika and the Sickle: The Life, Disappearance, and Execution of Ernst Lohmeyer*. Grand Rapids: Eerdmans, 2019.

_____. "Galatians 5:12: Circumcision, the Mother Goddess, and the Scandal of the Cross." *Novum Testamentum* 53 (2011): pp. 319-337.

_____. *The Gospel according to Luke*. PNTC. Grand Rapids: Eerdmans, 2015.

_____. *The Hebrew Gospel and the Development of the Synoptic Tradition*. Grand Rapids: Eerdmans, 2009.

_____. "The Hermeneutical Significance of Chapter Divisions in Ancient Gospel Manuscripts." *NTS* 56, no. 3 (2010): pp. 413-426.

_____. *Is Jesus the Only Savior?* Grand Rapids: Eerdmans, 2005.

_____. "A *Nomen Sacrum* in the Sardis Synagogue." *JBL* 128, no. 4 (2009): pp. 813-821.

_____. "'Public Theology' in Luke-Acts: The Witness of the Gospel to Powers and Authorities." *New Testament Studies* 62, no. 2 (2016): pp. 227-252.

_____. "The Rider on the White Horse, the Thigh Inscription, and Apollo: Revelation 19:16." *JBL* 137, no. 2 (2018): pp. 519-536.

_____. *Romans*. NIBCNT 6. Peabody, MA: Hendrickson, 1992.

_____. "The Servant of the Lord and the Gospel of Mark." In *Biblical Interpretation in Early Christian Gospels*. Vol. 1, *The Gospel of Mark*, edited by Thomas R. Hatina, pp. 49-63. LNTS 304. London: T&T Clark, 2006.

_____. "The Son of God: Its Antecedents in Judaism and Hellenism and Its Use in the Earliest Gospel." PhD diss., Fuller Theological Seminary, 1978.

Ehrman, Bart D. *Jesus, Interrupted: Revealing the Hidden Contradictions in the Bible (and Why We Don't Know about Them)*. New York: HarperCollins, 2009. 『예수 왜곡의 역사』(청림출판).

Eusebius. *Ecclesiastical History*. Vol. 1, translated by Kirsopp Lake. LCL 153. Cambridge, MA: Harvard University Press, 1926.

Evans, Craig A. *From Jesus to the Church: The First Christian Generation*. Louisville: Westminster John Knox, 2014. 『예수와 교회』(기독교문서선교회).

Fox, Robin Lane. *The Classical World: An Epic History from Homer to Hadrian*. New York: Basic Books, 2006.

_____. *Pagans and Christians*. New York: Knopf, 1989.

Frankopan, Peter. *The Silk Roads: A New History of the World*. New York: Vintage Books, 2017.

Fredriksen, Paula. "Did Jesus Oppose the Purity Laws?" *BRev* 11, no. 3 (1995): pp. 18-25, 42-45.

_____. *When Christians Were Jews: The First Generation*. New Haven: Yale University Press, 2018.

Frend, W. H. C. *The Rise of Christianity*. Philadelphia: Fortress, 1984.

Freyne, Séan. *The Jesus Movement and Its Expansion: Meaning and Mission*. Grand Rapids: Eerdmans, 2014.

Froehlich, Karlfried, trans. and ed. *Biblical Interpretation in the Early Church*. Sources of Early Christian Thought. Philadelphia: Fortress, 1984.

García Martínez, F. "Messianische Erwartungen in den Qumranschriften." In *Der Messias*, pp. 171-208. *JBTh* 8. Gottingen: Vandenhoeck & Reprecht, 1993.

Geraty, Lawrence. "From Sabbath to Sunday: Why, How and When?" In *Partings: How Judaism and Christianity Became Two*, edited by Hershel Shanks, pp. 255-268. Washington, DC: Biblical Archaeology Society, 2013.

Gingras, George E. *Egeria: Diary of a Pilgrimage*. Ancient Christian Writers 38. New York: Newman, 1970.

Goguel, Maurice. *The Birth of Christianity*. Translated by H. C. Snape. London: George Allen & Unwin, 1953.

Goldsworthy, Adrian. *Pax Romana: War, Peace and Conquest in the Roman World*. New Haven: Yale University Press, 2016.

Goodman, Martin. "Diaspora Reactions to the Destruction of the Temple." In *Jews and Christians: The Parting of the Ways, A.D. 70 to 135*, edited by James D. G. Dunn, pp. 27-38. Grand Rapids: Eerdmans, 1999.

Goppelt, Leonard. *Apostolic and Post-Apostolic Times*. Translated by Robert A. Guelich. Grand Rapids: Baker, 1970.

Grant, Frederick C. *Roman Hellenism and the New Testament*. New York: Scribner's Sons, 1962.

Grant, Robert M. *After the New Testament*. Philadelphia: Fortress, 1967.

_____. *Gnosticism and Early Christianity*. New York: Columbia University Press, 1959.

Grillmeier, Aloys, SJ. *Christ in Christian Tradition: From the Apostolic Age to Chalcedon* (p. 451). New York: Sheed & Ward, 1965. 『교부들의 그리스도론』(가톨릭출판사).

Guder, Darrell L. *Be My Witnesses: The Church's Mission, Message, and Messengers*. Grand Rapids: Eerdmans, 1985.

_____. *The Incarnation and the Church's Witness*. Eugene, OR: Wipf & Stock, 1999.

Gwatkin, Henry Melvill. *Selections from Early Writers Illustrative of Church History to the Time of Constantine*. London: Macmillan, 1911.

Haas, Christopher. "The Caucasus." In *Early Christianity in Contexts: An Exploration across Cultures and Continents*, edited by William Tabbernee, pp. 111-144. Grand Rapids: Baker Academic, 2014.

Halton, Thomas P., trans. *Saint Jerome: On Illustrious Men*. Fathers of the Church 100. Washington, DC: Catholic University Press of America, 1999.

Harnack, Adolf. *Geschichte der altchristlichen Literatur bis Eusebius*. 2nd ed. 4 vols. Leipzig: Hinrichs, 1958.

_____. *The Mission and Expansion of Christianity in the First Three Centuries*. Translated by James Moffatt. New York: Harper Torchbooks, 1962.

_____. *Die Mission und Ausbreitung des Christentums in den ersten drei Jahrhunderten*. 4th ed. 2 vols. Leipzig: Hinrichs, 1924.

Hartog, Paul A., ed. *Orthodoxy and Heresy in Early Christian Contexts: Reconsidering the Bauer Thesis*. Eugene, OR: Pickwick, 2015.

Harvey, Paul, ed. *The Oxford Companion to Classical Literature*. Oxford: Clarendon, 1966.
Harvey, Susan Ashbrook. "Antioch and Christianity." In *Antioch: The Lost Ancient City*, edited by Christine Kondoleon, pp. 39–48. Princeton: Princeton University Press, 2000.
Hatch, Edwin. *The Influence of Greek Ideas on Christianity*. New York: Harper Torchbooks, 1957.
Hellholm, David, Tor Vegge, Øyvind Norderval, and Christer Hellholm, eds. *Ablution, Initiation, and Baptism: Late Antiquity, Early Judaism, and Early Christianity*. 3 vols. BZNW p. 176. Berlin: de Gruyter, 2011.
Hengel, Martin. *Acts and the History of Earliest Christianity*. Translated by John Bowden. Philadelphia: Fortress, 1979.
———. *Between Jesus and Paul*. London: SCM, 1983.
———. *The Four Gospels and the One Gospel of Jesus Christ*. Translated by John Bowden. Harrisburg, PA: Trinity Press International, 2000.
———. *Paulus und Jakobus*. Vol. 3 of Kleine Schriften. Tübingen: Mohr Siebeck, 2002.
———. *Saint Peter: The Underestimated Apostle*. Translated by Thomas Trapp. Grand Rapids: Eerdmans, 2010.
———. "The Septuagint as a Collection of Writings Claimed by Christians." In *Jews and Christians: The Parting of the Ways, A.D. 70 to 135*, edited by James D. G. Dunn, pp. 39–83. Grand Rapids: Eerdmans, 1999.
———. *The Septuagint as Christian Scripture: Its Prehistory and the Problem of Its Canon*. Translated by Mark E. Biddle. Grand Rapids: Baker Academic, 2002.
———. *Studien zum Urchristentum*. Vol. 6 of *Kleine Schriften*, edited by Claus-Jürgen Thornton. WUNT 234. Tubingen: Mohr Siebeck, 2008.
———. *Theologische, historische und biographische Skizzen*. Vol. 7 of *Kleine Schriften*, edited by Claus-Jürgen Thornton and Jörg Frey. WUNT 253. Tübingen: Mohr Siebeck, 2010.
Hertel, Katharina, and Martin-Luther-Gymnasium, eds. *Gratwanderungen—Das "Entjudungsinstitut" in Eisenach: Eine Dokumentation zur Ausstellung des Martin-Luther-Gymnasiums Eisenach*. Weimar/Eisenach: Wartburg Verlag, 2013.
Hock, Ronald F. *The Social Context of Paul's Ministry: Tentmaking and Apostleship*. Philadelphia: Fortress, 1980.
Hofius, Otfried. "Ist Jesus der Messias? Thesen." In *Der Messias*, pp. 103–129. *JBTh* 8. Göttingen: Vandenhoeck & Reprecht, 1993.
Holmes, Michael W., ed. and trans. *The Apostolic Fathers: Greek Texts and English Translations*. 3rd ed. Grand Rapids: Baker Academic, 2007.
Horbury, William. "Jewish-Christian Relations in Barnabas and Justin Martyr." In *Jews and Christians: The Parting of the Ways, A.D. 70 to 135*, edited by James D. G. Dunn, pp. 315–346. Grand Rapids: Eerdmans, 1999.
Horn, Cornelia, Samuel N. C. Lieu, and Robert R. Phenix Jr. "Beyond the Eastern Frontier." In *Early Christianity in Contexts: An Exploration across Cultures and Continents*, edited by William Tabbernee, pp. 63–109. Grand Rapids: Baker Academic, 2014.

Hurtado, Larry W. *Destroyer of the Gods: Early Christian Distinctiveness in the Roman World*. Waco: Baylor University Press, 2017. 『처음으로 기독교인이라 불렸던 사람들』(이와우).

_____. "Early Christian Dilemma: Codex or Scroll?" *BAR* 44, no. 6 (2018): pp. 54-56, 66.

Jeremias, Joachim. *The Eucharistic Words of Jesus*. Translated by Norman Perrin. Philadelphia: Fortress, 1977.

_____. *Infant Baptism in the First Four Centuries*. Translated by David Cairns. Eugene, OR: Wipf & Stock, 2004.

Johnson, Luke Timothy. *Among the Gentiles: Greco-Roman Religion and Christianity*. AYBRL. New Haven: Yale University Press, 2009.

Josephus, Flavius. *Jewish Antiquities*. Translated by H. St. J. Thackeray et al. 9 vols. LCL. Cambridge, MA: Harvard University Press, 1930-1965.

_____. *The Jewish War*. Translated by H. St. J. Thackeray. 3 vols. LCL. Cambridge: Harvard University Press, 1927-1928. 『유대전쟁사』(나남).

_____. *The Life. Against Apion*. Translated by H. St. J. Thackeray. LCL. Cambridge: Harvard University Press, 1926.

Karaman, Elif Hilal. *Ephesian Women in Greco-Roman and Early Christian Perspective*. WUNT 474. Tübingen: Mohr Siebeck, 2018.

Keener, Craig S. *Acts: An Exegetical Commentary*. 4 vols. Grand Rapids: Baker Academic, 2012-2015.

Kelly, J. N. D. *Early Christian Doctrines*. 2nd ed. New York: Harper & Row, 1960. 『고대 기독교 교리사』(CH북스).

Kidd, B. J. *The Roman Primacy to A.D. 461*. London: SPCK, 1936.

Klauck, Hans-Josef. *The Religious Context of Early Christianity: A Guide to Graeco-Roman Religions*. Translated by Brian McNeil. Minneapolis: Fortress, 2003.

Kleinknecht, Hermann. *Pantheion: Religiöse Texts des Griechentums*. Tübingen: Mohr Siebeck, 1959.

Koch, Dietrich-Alex. *Geschichte des Urchristentums: Ein Lehrbuch*. Göttingen: Vandenhoeck & Ruprecht, 2013.

Komroff, Manuel, ed. *The Travels of Marco Polo*. New York: Modern Library, 1953.

Kondoleon, Christine, ed. *Antioch: The Lost Ancient City*. Princeton: Princeton University Press, 2000.

Kraft, Robert A., and AnneMarie Luijendijk. "Christianity's Rise after Judaism's Demise in Early Egypt." In *Partings: How Judaism and Christianity Became Two*, edited by Hershel Shanks, pp. 179-185. Washington, DC: Biblical Archaeology Society, 2013.

Kruger, Michael. *The Question of Canon: Challenging the Status Quo in the New Testament Debate*. Downer's Grove, IL: InterVarsity Press, 2013.

Lake, Kirsopp, trans. *The Apostolic Fathers*. 2 vols. LCL. Cambridge: Harvard University Press, 1970-1975.

_____. "Introduction." In Eusebius, *Ecclesiastical History*. Vol. 1, translated by Kirsopp Lake.

LCL 153. Cambridge, MA: Harvard University Press, 1926.

Larkin, William J., Jr. *Acts*. IVPNTC 5. Downers Grove, IL: InterVarsity, 1995.

Lewis, Naphtali, Yigael Yadin, and Jonas C. Greenfield, eds. *Greek Papyri; Aramaic and Nabatean Signatures and Subscriptions*. Vol. 2 of *The Documents from the Bar Kokhba Period in the Cave of Letters*. Judean Desert Studies. Jerusalem: Israel Exploration Society, 1989.

Lietzmann, Hans. *Geschichte der Alten Kirche*. Foreword by Christoph Markschies. Berlin: Walter de Gruyter, 1999.

_____. *A History of the Early Church*. Translated by Bertram Lee Woolf. 4 vols. Cleveland: Meridian Books, 1961.

_____. *Mass and Lord's Supper: A Study in the History of the Liturgy*. Translated by Dorothea H. G. Reeve. Introduction and Supplementary Essay by Robert Douglas Richardson. Leiden: Brill, 1953-1979.

Lieu, Samuel N. C., and Ken Parry. "Deep into Asia." In *Early Christianity in Contexts: An Exploration across Cultures and Continents*, edited by William Tabbernee, pp. 143-180. Grand Rapids: Baker Academic, 2014.

Lightfoot, J. B. *The Apostolic Fathers*. 2nd ed. 5 vols. Grand Rapids: Baker, 1981.

_____. *Saint Paul's Epistle to the Philippians*. Rev. ed. Grand Rapids: Zondervan, 1953.

Lohmeyer, Ernst. *Die Briefe an die Philipper, Kolosser und an Philemon*. KEK. Göttingen: Vandenhoeck & Ruprecht, 1961.

_____. *Christuskult und Kaiserkult*. Tübingen: Mohr Siebeck, 1919.

_____. *Galiläa und Jerusalem*. FRLANT 52. Göttingen: Vandenhoeck & Ruprecht, 1936.

_____. *Die Offenbarung des Johannes*. 2nd ed. HNT 16. Tübingen: Mohr Siebeck, 1953.

_____. *Soziale Fragen im Urchristentum*. Darmstadt: Wissenschaftliche Buchgesellschaft, 1973.

Lowden, John. *Early Christian and Byzantine Art*. London: Phaidon, 2003. 『초기 그리스도교와 비잔틴 예술』(한길아트).

Luke, Trevor S. *Ushering in a New Republic: Theologies of Arrival at Rome in the First Century BCE*. Ann Arbor, MI: University of Michigan Press, 2014.

Maas, Michael. "People and Identity in Roman Antioch." In *Antioch: The Lost Ancient City*, edited by Christine Kondoleon, pp. 13-22. Princeton: Princeton University Press, 2000.

MacMullen, Ramsay. *Christianizing the Roman Empire (A.D. 100-400)*. New Haven: Yale University Press, 1984.

MacMullen, Ramsay, and Eugene N. Lane, eds. *Paganism and Christianity, 100-425 C.E.: A Sourcebook*. Minneapolis: Fortress, 1992.

Maier, Harry O. *New Testament Christianity in the Roman World*. Essentials of Biblical Studies. New York: Oxford University Press, 2019.

McCormick, Michael. "The Birth of the Codex and the Apostolic Life-Style." *Scriptorium* 39, no. 1 (1985): pp. 150-158.

McGinn, Sheila E. *The Jesus Movement and the World of the Early Church*. Winona, MN: Anselm

Academic, 2014.

McGowan, Andrew Brian. "'Is There a Liturgical Text in This Gospel?': The Institution Narratives and Their Early Interpretive Communities." *JBL* 118, no. 1 (1999): pp. 73-87.

Meeks, Wayne A. *The First Urban Christians: The Social World of the Apostle Paul*. 2nd ed. New Haven: Yale University Press, 2003. 『1세기 기독교와 도시 문화』(IVP).

Merdinger, Jane. "Roman North Africa." In *Early Christianity in Contexts: An Exploration across Cultures and Continents*, edited by William Tabbernee, pp. 223-260. Grand Rapids: Baker Academic, 2014.

Metzger, Bruce M. *The Canon of the New Testament: Its Origin, Development, and Significance*. Oxford: Clarendon, 1997.

_____. *The Early Versions of the New Testament: Their Origin, Transmission, and Limitations*. Oxford: Clarendon, 1977.

_____. *Historical and Literary Studies: Pagan, Jewish, and Christian*. Grand Rapids: Eerdmans, 1968.

_____. *The Text of the New Testament: Its Transmission, Corruption, and Restoration*. New York: Oxford University Press, 1964. 『사본학』(기독교문서선교회).

Meyers, Eric M. "Living Side by Side in Galilee." In *Partings: How Judaism and Christianity Became Two*, edited by Hershel Shanks, pp. 133-150. Washington, DC: Biblical Archaeology Society, 2013.

Meyers, Eric M., and Mark A. Chancey *Alexander to Constantine: Archaeology of the Land of the Bible*. AYBRL 3. New Haven: Yale University Press, 2012.

Milik, J. T. *Ten Years of Discovery in the Wilderness of Judea*. Translated by John Strugnell. SBT 26. Naperville, IL: Allenson, 1959.

Moffett, Samuel Hugh. *A History of Christianity in Asia*. Vol. 1, *Beginnings to 1500*. San Francisco: HarperSanFrancisco, 1992.

Moo, Douglas. *The Epistle to the Romans* NICNT. Grand Rapids: Eerdmans, 1996.

Moore, George Foot. *Judaism in the First Centuries of the Christian Era*. 2 vols. New York: Schocken Books, 1971.

Moussaieff, Shlomo. "The New Cleopatra and the Jewish Tax." *BAR* 36, no. 1 (2010). pp. 47-49.

Murphy-O'Connor, Jerome. "Fishers of Fish, Fishers of Men: What We Know of the First Disciples from Their Profession." *BRev* 15, no. 3 (1999): pp. 22-28.

_____. *The Holy Land: An Oxford Archaeological Guide from Earliest Times to 1700*. 4th ed. Oxford Archaeological Guides. New York: Oxford University Press, 1998.

Nock, Arthur Darby. *Conversion: The Old and New in Religion from Alexander the Great to Augustine of Hippo*. London: Oxford University Press, 1933.

_____. *Early Gentile Christianity and Its Hellenistic Background*. New York: Harper Torchbooks, 1964.

Nun, Mendel. "Ports of Galilee." *BAR* 25, no. 4 (1999): pp. 18-31.

Paget, James Carleton. "Hellenistic and Early Roman Period Jewish Missionary Efforts in the Diaspora." In *The Rise and Expansion of Christianity in the First Three Centuries of the Common Era*, edited by Clare K. Rothschild and Jens Schröter, pp. 11–60. WUNT 301. Tübingen: Mohr Siebeck, 2013.

Parker, D. C. *An Introduction to the New Testament Manuscripts and Their Texts*. Cambridge: Cambridge University Press, 2008.

Pelikan, Jaroslav. *The Christian Tradition: A History of the Development of Doctrine*. Vol. 1, *The Emergence of the Catholic Tradition (100–600)*. Chicago: University of Chicago Press, 1971.

———. *The Melody of Theology: A Philosophical Dictionary*. Cambridge, MA: Harvard University Press, 1988.

Poirier, John C. "Purity beyond the Temple in the Second Temple Era." *JBL* 122, no. 2 (2003): pp. 247–265.

Pratscher, William, ed. *The Apostolic Fathers: An Introduction*. Waco: Baylor University Press, 2010.

Quasten, Johannes. *Patrology*. 4 vols. Westminster, MD: Christian Classics, 1993–1994.

Rabenau, Konrad von, ed. *Latinitas christiana: Ein lateinisches Lesebuch mit Texten aus der Geschichte der christlichen Kirchen*. Vol. 1. Berlin: Evangelische Verlagsanstalt, 1978.

Rabin, Chaim. "Hebrew and Aramaic in the First Century." In *The Jewish People in the First Century: Historical Geography, Political History, Social, Cultural and Religious Life and Institutions*, edited by S. Safrai and M. Stern, pp. 1007–1039. Vol. 2. CRINT. Philadelphia: Fortress, 1976.

Rahlfs, Alfred. "History of the Septuagint Text." In *Septuaginta*, pp. xxii–xxxi. 8th ed. Stuttgart: Württembergische Bibelanstalt, 1965.

Ramsay, William M. *The Church in the Roman Empire before A.D. 170*. Grand Rapids: Baker, 1979. First published, London: Hodder & Stoughton, 1893.

Reed, Annette Yoshiko, and Lily Vuong. "Christianity in Antioch: Partings in Roman Syria." In *Partings: How Judaism and Christianity Became Two*, edited by Hershel Shanks, pp. 105–132. Washington, DC: Biblical Archaeology Society, 2013.

Reynolds, J. M., and R. F. Tannenbaum. *Jews and Godfearers at Aphrodisias*. Cambridge: Cambridge University Press, 1987.

Reynolds, L. D., and N. G. Wilson. *Scribes and Scholars: A Guide to the Transmission of Greek and Latin Literature*. 3rd ed. Oxford: Clarendon, 1991.

Richardson, Peter. *Herod: King of the Jews and Friend of the Romans*. Columbia, SC: University of South Carolina Press, 1996.

Robinson, Thomas A. *Who Were the First Urban Christians? Dismantling the Urban Thesis*. New York: Oxford University Press, 2017.

Sanders, E. P. *Judaism: Practice and Belief, 63 BCE–66 CE*. Philadelphia: Trinity Press International, 1992.

Sanneh, Lamin. *Translating the Message: The Missionary Impact on Culture*. 2nd ed. Maryknoll, NY: Orbis Books, 2009.

Schäfer, Peter. *The Jewish Jesus: How Judaism and Christianity Shaped Each Other*. Princeton: Princeton University Press, 2012.

Schlatter, Adolf. *Der Evangelist Matthäus: Seine Sprache, sein Ziel, seine Selbständigkeit*. Stuttgart: Calwer, 1948.

_____. *Die Kirche Jerusalems vom Jahre 70-130*. Gütersloh: G. Bertelsmann, 1898.

Schlichting, Gunter. *Ein jüdisches Leben Jesu*. WUNT 24. Tübingen: Mohr Siebeck, 1982.

Schröter, Jens. "'Harnack Revisited': Die Entstehung und Ausbreitung des Christentums in den ersten drei Jahrhunderten." In *The Rise and Expansion of Christianity in the First Three Centuries of the Common Era*, edited by Clare K. Rothschild and Jens Schröter, pp. 487-499. WUNT 301. Tübingen: Mohr Siebeck, 2013.

Schürer, Emil. *The History of the Jewish People in the Age of Jesus Christ (175 B.C.-A.D. 135)*. Translated, revised, and edited by Geza Vermes, Fergus Millar, Pamela Vermes, and Matthew Black. 4 vols. Edinburgh: T&T Clark, 1973.

Schweizer, Eduard. *Gemeinde und Gemeindeordnung im Neuen Testament*. 2nd ed. ATANT 35. Zurich: Zwingli, 1962.

_____. *The Good News according to Mark*. Translated by Donald H. Madvig. Atlanta: John Knox, 1970.

_____. *Jesus*. Translated by David Green. Atlanta: John Knox, 1971.

_____. *Jesus Christ: The Man from Nazareth and the Exalted Lord*. The 1984 Sizemore Lectures in Biblical Studies at Midwestern Baptist Theological Seminary. Edited by Hulitt Gloer. Macon, GA: Mercer University Press, 1987.

_____. *The Lord's Supper according to the New Testament*. Translated by James M. Davis. Philadelphia: Fortress, 1967.

_____. *Neotestamentica: Deutsche und Englische Aufsätze 1951-1963*. Zurich: Zwingli, 1963.

Segal, Alan F. *Rebecca's Children: Judaism and Christianity in the Roman World*. Cambridge, MA: Harvard University Press, 1986.

Sittser, Gerald L. *Resilient Faith: How the Early Christian "Third Way" Changed the World*. Grand Rapids: Brazos, 2019. 『회복력 있는 신앙』(성서유니온).

Skeat, T. C. "Early Christian Book-Production: Papyri and Manuscripts." In *The Cambridge History of the Bible*. Vol. 2, *The West from the Fathers to the Reformation*, edited by G. W. H. Lampe, pp. 54-79. Cambridge: Cambridge University Press, 1976.

Smith, Dennis. "Dinner with Jesus and Paul." *BRev* 20, no. 4 (2004): pp. 30-39.

Soskice, Janet. *The Sisters of Sinai: How Two Lady Adventurers Discovered the Hidden Gospels*. New York: Vintage, 2010.

Speake, Graham. *A History of the Athonite Commonwealth: The Spiritual and Cultural Diaspora of Mount Athos*. Cambridge: Cambridge University Press, 2018.

Stark, Rodney. *The Rise of Christianity: A Sociologist Reconsiders History*. Princeton: Princeton

University Press, 1996.

Stegemann, Ekkehard W., and Wolfgang Stegemann. *The Jesus Movemen: A Social History of Its First Century*. Translated by O. C. Dean Jr. Minneapolis: Fortress, 1999.

Stevenson, J. *A New Eusebius: Documents Illustrative of the History of the Church to A.D. 337*. London: SPCK, 1963.

Stewart, Alistair C. *The Original Bishops: Office and Order of the First Christian Communities*. Grand Rapids: Baker Academic, 2014.

Stuhlmacher, Peter. "The Understanding of Christ in the Pauline School: A Sketch." In *Jews and Christians: The Parting of the Ways, A.D. 70 to 135*, edited by James D. G. Dunn, pp. 159-176. Grand Rapids: Eerdmans, 1999.

Suetonius. *Lives of the Caesars. Vol. 1, Julius. Augustus. Tiberius. Gaius. Caligula*, translated by J. C. Rolfe. LCL 31. Cambridge, MA: Harvard University Press, 1914.

Tacitus. *Annals. Vol. 4, Books 4-6, 11-12*, translated by John Jackson. LCL 312. Cambridge, MA: Harvard University Press, 1937.

———. *Annals. Vol. 5, Books 13-16*, translated by John Jackson. LCL 322. Cambridge, MA: Harvard University Press, 1937.

Taylor, Joan. "Parting in Palestine." In *Partings: How Judaism and Christianity Became Two*, edited by Hershel Shanks, pp. 87-104. Washington, DC: Biblical Archaeology Society, 2013.

Tixeront, L. J. *Les origines de l'église d'Édesse et la légend d'Abgar*. Paris: Maisonneuve et Ch. Leclerc, 1888.

Treu, Kurt. "Die Bedeutung des Griechischen für die Juden im Römischen Reich." *Kairos* 15 (1973): pp. 123-144.

Trumler, Gerhard. *Athos: The Garden of the Virgin*. Athens: Adam Editions, 1999.

Tzaferis, Vassilios. "Inscribed 'To God Jesus Christ.'" *BAR* 33, no. 2 (2007): pp. 38-49.

van der Toorn, Karel. "Egyptian Papyrus Sheds New Light on Jewish History." *BAR* 44, no. 4 (2018): pp. 32-39, 66-70.

von Campenhausen, Hans Freiherr. *Aus der Frühzeit des Christentums: Studien zur Kirchengeschichte des ersten und zweiten Jahrhunderts*. Tübingen: Mohr Siebeck, 1963.

———. *Die Entstehung der christlichen Bibel*. BHT 39. Tübingen: Mohr Siebeck, 1968.

———. *Urchristliches und Altkirchliches: Vorträge und Aufsätze*. Tübingen: Mohr Siebeck, 1979.

Wander, Bernd. *Gottesfürchtige und Sympathisanten: Studien zum heidnischen Umfeld von Diasporasynagogen*. WUNT 104. Tübingen: Mohr Siebeck, 1998.

Wardle, Timothy. "Pillars, Foundations, and Stones: Individual Believers as Constituent Parts of the Early Christian Communal Temple." In *Sacrifice, Cult, and Atonement in Early Judaism and Christianity: Constituents and Critique*, ed. Henrietta L. Wiley and Christian A. Eberhardt, pp. 289-309. Resources for Biblical Study 85. Atlanta: SBL Press, 2017.

Watson, Pamela. "The Christian Flight to Pella? The Archaeological Picture." In *Partings: How Judaism and Christianity Became Two*, edited by Hershel Shanks, pp. 73-86.

Washington, DC: Biblical Archaeology Society, 2013.

Wehr, Lothar. *Arznei der Unsterblichkeit: Die Eucharistie bei Ignatius von Antiochien und im Johannesevangelium*. NTAbh 8. Münster: Aschendorff, 1987.

Wilken, Robert Louis. *The Christians as the Romans Saw Them*. 2nd ed. New Haven: Yale University Press, 2003. 『그리고 로마는 그들을 보았다』(비아).

Wilkinson, John, trans. *Egeria's Travels*. 3rd ed. Oxford: Aris & Phillips, 2006.

Williams, Margaret H. "Jews and Christians at Rome: An Early Parting of the Ways." In *Partings: How Judaism and Christianity Became Two*, edited by Hershel Shanks, pp. 151-178. Washington, DC: Biblical Archaeology Society, 2013.

Williams, R. R. *Acts of the Apostles: "Nothing Can Stop the Gospel."* TBC. London: SCM, 1965.

Wilson, Mark. *Biblical Turkey: A Guide to the Jewish and Christian Sites of Asia Minor*. Istanbul: Yayinlari, 2010.

Winter, Bruce W. *Divine Honours for the Caesars: The First Christians' Responses*. Grand Rapids: Eerdmans, 2015.

Wise, Michael O. *Language and Literacy in Roman Judaea: A Study of the Bar Kokhba Documents*. AYBRL. New Haven: Yale University Press, 2015.

Wright, N. T. *Paul and the Faithfulness of God*. Minneapolis: Fortress, 2013. 『바울과 하나님의 신실하심』(CH북스).

Zahn, Theodor. *Geschichte des Neutestamentlichen Kanons*. 3 vols. Erlangen: Deichert, 1888.

_____. *Ignatius von Antiochien*. Gotha: Perthes, 1873.

_____. *Skizzen aus dem Leben der Alten Kirche*. 2nd ed. Erlangen: Deichert, 1898.

성경 구절 찾아보기

구약성경

창세기
1장 390
1:4 355 각주 25
1:10 355 각주 25
1:12 355 각주 25
1:18 355 각주 25
1:21 355 각주 25
1:25 355 각주 25
1:26 347
1:31 355 각주 25
2:2-3 346, 355 각주 25, 367
2:7 155
7:13 362
10:21-32 116
12:2 69
12:3 167

12:10 134
14:18 161-162 각주 50, 303
17:13 276
17:23-27 318
22:2 224
22:12 224
25:13-15 322
42장 134
49:28 322

출애굽기
4:22-23 224, 248
9:16 158
16:4 312
16:15 312, 301
16:23-30 346
20:1-17 390 각주 2
20:7 401 각주 37

20:8-11　346

20:11　346

23:10-11　347

24:3-8　302, 306

24:4　322

24:8　272, 301

30:11-16　195

35:2　347 각주 3

40:18　171

40:34-38　52

레위기

3:2　340

7:19-27　272 각주 12

11:44　374

12:1-8　272 각주 13

13-14　272 각주 14

15:1-30　272 각주 13

16:29-30　270 각주 1

21:1-3　272 각주 14

21:10　340

민수기

7:84　322

7:87　322

8:5-13　341

15:32-36　347 각주 3

17장　323 각주 10, 325

19:11-16　44 각주 3

19:14　272

24:15-17　221 각주 29

24:17　206

27:22-23　341 각주 79

신명기

5:1-21　390 각주 2

5:11　401 각주 37

6:4　217

16:18　328

17:15　56

33:8-11　221 각주 29

34:8　341 각주 79

여호수아

4:8　322

사사기

16:17　377 각주 15

사무엘상

9:27-10:1　221 각주 27

10:1　340

10:20-21　328 각주 34

열왕기상

1:32-40　221 각주 27

7:44　322

10:20　322

14:6　321 각주 6

19:16　221 각주 27

21:8   392

열왕기하
18:26   146 각주 9
18:27   144
23:13-14   44 각주 3

역대상
29:22   221 각주 27

역대하
6:32-3   166
30:1   397 각주 24

에스라
4:7   146 각주 9
4:8-6:18   147 각주 15
7:11-26   147 각주 15
9:1-4   348 각주 4
10:9-11   348 각주 4

느헤미야
2:7-9   397 각주 24
6:17   397 각주 24
6:19   397 각주 24
13:19   349

에스더
1:1   168
9:29   397 각주 24

시편
2:7   224
74:2   245
78:24   312

잠언
15:10   378-379 각주 19
15:24   378-379 각주 19

이사야
1:13   362
4:2-6   52
7:14   161-162 각주 50
9:1   146 각주 8
9:1-6   221 각주 28
11:1-10   221 각주 28
24:11   111 각주 2
35:2   166
35:5-6   165-166
36:11   146 각주 9
40-66   127
42:1-4   166 각주 4
42:6   166 각주 3
42:6-7   362 각주 39
43:6   253 각주 32
45:1   223 각주 36
49:6   166 각주 3
49:6-7   362 각주 39
49:24-26   166 각주 4
51:4   166 각주 3

56:2-8   347
56:4-6   347
58:13-14   347
60:3   166 각주 3
61:1   166 각주 4, 221 각주 27
61:1-2   362 각주 39
66:17-23   166
66:24   292

예레미야
7:18   299-300 각주 6
10:11   147 각주 15
19:13   299-300 각주 6
23:5   221
30:8-11   221 각주 28
31장   304 각주 23
31:31-34   159, 248, 306
31:33   302 각주 13
32:38-39   375 각주 7
33:14-18   221 각주 28

에스겔
2:10   392
17:22-24   228 각주 28
34:23-31   228 각주 28
37:15-28   228 각주 28
47:13   322

다니엘
2:4   146 각주 9

2:4b-7:28   147 각주 15
7:9   251
7:13-14   372
9:26   221

아모스
6:6   299-300 각주 6
9:11-12   172

요나
3-4장   168

미가
5:1-5   221 각주 28

스가랴
9:9-13   221 각주 28

신약 성경

마태복음
1:1   391 각주 4, 397
1:1-6   163
2장   104 각주 78
2:1-12   129
2:13-23   134
2:22   104 각주 80
2:22-23   45
2:23   377 각주 13
3:6   298

3:17   248 각주 17

3:20-22   317

4:2   270

4:15   146 각주 8

4:18-22   320 각주 2

5:17-18   164

7:13-14   284

8:5-13   256 각주 42

8:28-34   43 각주 1

9:35-10:11   326 각주 26

10:1-4   164

10:2   319 각주 1

10:2-4   322 각주 8

10:3   131

10:5-6   164

10:17-18   164

10:37   374

11:21   47

12:1-8   354 각주 19

12:9-14   354 각주 20

12:6   354

12:18-20   166 각주 4

12:33   214

12:41   166 각주 5

12:43-45   287

14:1-6   104 각주 78

15:20   274 각주 20

15:32-39   43 각주 2

16:1-2   98 각주 62

16:14   371 각주 1

16:18   89, 244 각주 11, 339

17:24-27   195

18:17   244 각주 12

19:7   391 각주 5

19:28   322 각주 7

22:23-33   98 각주 62

23:15   257

24:4-5   207

25:1-33   231 각주 75

25:31-46   413

26:26-29   301 각주 9

26:32   49 각주 11

26:57-68   98 각주 62

26:63-64   372 각주 2

26:71   377 각주 13

26:73   47 각주 7

27:32   77 각주 12

27:43   218

27:46   144 각주 3

28:1   253 각주 31, 357 각주 28

28:7   49 각주 11, 51 각주 17

28:10   49 각주 11

28:16   49 각주 11

28:19   218 각주 20, 298, 317

28:19-20   407 각주 1

마가복음

1:11   224, 248 각주 17

1:16-20   320 각주 2

1:21   353 각주 18

1:21-28   354 각주 21

1:24   377 각주 13

1:41   274

2:15-17   299-300 각주 6

2:18-20   270

2:23-28   354 각주 19

2:27   355

2:27-28   367 각주 56

2:28   355

3:1-6   354 각주 20

3:4   213

3:13-15   319

3:14   319 각주 1, 326

3:16-19   322 각주 8

3:18   131

3:20-21   47

3:27   166 각주 4

3:35   374

5:1-20   43 각주 1

5:19   165

5:25-34   274

5:27   352

5:41   144 각주 3

6:2   353 각주 18

6:3   50

6:6-13   326 각주 26

6:13   298

6:14-15   371 각주 1

6:14-22   104 각주 78

6:30   319 각주 1

7-8장   165-166

7:2   274 각주 20

7:3-4   273

7:5   157 각주 20, 212

7:8   353

7:19   273

7:21-22   280 각주 35

7:21-23   282

7:24-30   164

7:32   165

7:34   144 각주 3

8:1-9   43 각주 2

8:14-21   294

8:28   371 각주 1

10:4   391 각주 5

10:45   256

10:47   377 각주 13

11장   273

11-15장   47

12:13-17   98 각주 62

12:18-27   98 각주 62

12:26   391 각주 4

12:28-30   163-164

12:34   47

12:40-42   257 각주 47

14:22   303

14:22-25   301 각주 9, 307

14:23-24   303

14:24   303

14:26   300 각주 8

14:28　49 각주 11
14:36　144 각주 3
14:53-65　98 각주 62
14:67　377 각주 13
14:70　47 각주 7
15장　202 각주 30
15:2　372 각주 2
15:21　77 각주 12
15:22　144 각주 3
15:34　144 각주 3
15:41　300 각주 8
16:1　352 각주 17
16:2　357 각주 28
16:6　377 각주 13
16:7　49 각주 11, 51 각주 17
16:9　253 각주 31
16:19　359 각주 31

누가복음

1:3　227 각주 56
1:5　104 각주 78
1:66　341 각주 81
2:1　228
2:11　228
2:32　166 각주 4
2:37　257 각주 47
2:41-42　163
3:1　104 각주 80, 163 각주 1
3:4　391 각주 4
3:19　104 각주 78
3:22　248 각주 17
3:23-38　163
4:5　111 각주 2
4:16　163, 353, 353 각주 18
4:17　391 각주 5, 392
4:17-21　352
4:18-19　166 각주 4
4:20　391 각주 5, 392
4:21　352
4:24　352, 372 각주 3
4:25-27　165
4:31-37　354 각주 21
4:34　377 각주 13
4:44　353
5:1-11　320 각주 2
6:1-5　354 각주 19
6:1-11　354 각주 23
6:6　353 각주 18
6:6-11　354 각주 20
6:12-16　320
6:13　319 각주 1
6:14-16　322 각주 8
6:16　130
6:45　282
7:12　287 각주 47
7:14　274
8:1-2　252
8:1-3　252
8:3　79
8:26-39　43 각주 1

9:1-6　326 각주 26
9:7-8　371 각주 1
9:7-9　79 각주 17, 104 각주 78
9:10　319 각주 1
9:19　371 각주 1
9:28　362
10:1　122 각주 21
10:1-12　326 각주 26
10:13　47
10:39　252
11:32　166 각주 5, 372 각주 3
11:49　319 각주 1
13:10　353 각주 18
13:10-17　354
13:16　355
13:20-21　252 각주 29
13:24　290
13:29　165
13:31　104 각주 78
13:31-33　79 각주 17
13:32　98
14:1　273
14:1-6　354
14:7-10　299-300 각주 6
15:1-2　274
15:8-10　252 각주 29
16:1-8　256 각주 42
16:13　284
16:21　299-300 각주 6
17:5　319 각주 1

18:1-8　252 각주 29, 257 각주 47
18:37　377 각주 13
20:27-40　98 각주 62
20:42　391 각주 4
22:14　319 각주 1
22:15　307
22:15-20　301 각주 9
22:19　307, 310-311
22:20　229 각주 6
22:25　227 각주 56
22:26　256 각주 42
22:27　333
22:30　322 각주 7
22:54　98 각주 62
22:59　47 각주 7
22:63-71　98 각주 62
22:66　329 각주 36
23:7-15　79 각주 17, 104 각주 78
23:26　77 각주 12
24:1　357 각주 28
24:10　253 각주 31
24:19　377 각주 13
24:27　223

요한복음

1:1　217 각주 15, 228 각주 60, 229 각주 69, 326
1:1-14　250
1:3　217 각주 19
1:10　228 각주 60

1:14   229 각주 67, 229 각주 69, 390
1:16-18   229 각주 69
1:18   217 각주 15, 229 각주 67
1:35-51   320 각주 2
1:42   144 각주 3
2:19-22   158-159
2:20   163 각주 1
3:2   163
3:3-5   305
3:16   229 각주 68
3:18   229 각주 67
3:22   316
4:1-2   316
4:22   164
4:27   164
4:42   228
5:1   163, 273
5:2-9   354 각주 22
5:18   216 각주 13
6:15   372 각주 2
6:31   312-313
6:51   305
6:51-58   307 각주 29
6:53   313
6:53-56   305
6:59   353 각주 18
6:68   326
7:10   273
7:22-23   276 각주 26
7:23   354 각주 22

7:25-31   178 각주 33
8:31-59   178 각주 33
9:1-34   354
9:7   321 각주 5
9:22   178, 178 각주 33
10:30   217 각주 16, 237
10:30-31   216 각주 13
10:31-42   178 각주 33
11:19   178 각주 33
11:45   178 각주 33
11:49   330 각주 38
12:9-11   178 각주 33
12:34   372
12:37-43   178 각주 33
12:42   178 각주 33
13:2   299 각주 6
13:4   299 각주 6
13:6-8   305
13:14   298
13:16   319 각주 1
13:17   214
13:23   93 각주 51
14:6   326, 375
14:15   214 각주 9
16:2   178 각주 33
17장   262
17:17   326
18:5   377 각주 13
18:7   377 각주 13
18:13-14   98 각주 62

18:19-24   98 각주 62

18:28   300 각주 8

18:31-33   397

18:35-38   397

19:19   377

19:19-20   146

19:20   146 각주 9

19:26   93 각주 51

19:31   365 각주 51

19:34   298 각주 3

19:35   93 각주 51

20:1   357 각주 28, 362 각주 41

20:1-18   253 각주 31

20:2   93 각주 51

20:19   357 각주 28, 362 각주 41

20:26   362 각주 41

20:30   391 각주 5

21:7   93 각주 51

21:20   93 각주 51, 299 각주 6

21:24   93 각주 50, 93 각주 51

21:25   391 각주 5

사도행전

1:5   315, 316, 317

1:6   164

1:8   69, 71, 111, 247, 407 각주 1

1:13   130, 322 각주 8, 331 각주 40

1:15   72 각주 5

1:15-26   323

1:20   380

1:26   323

2:1   71 각주 1

2:1-4   248

2:1-13   246 각주 15

2:9   86, 87, 112 각주 3

2:10   105 각주 80, 106, 112 각주 3, 173 각주 21

2:14-41   213 각주 2

2:22   377 각주 14

2:25   331

2:36   234

2:38   218 각주 20, 315, 316

2:39   318

2:41   72 각주 7, 218 각주 20

2:42   242, 299 각주 6, 327, 413

2:42-47   72 각주 2, 241

2:44   274 각주 20

3:1   71 각주 1

3:6   377 각주 14

3:15   72, 216

3:25-26   167

4:1-22   72 각주 6

4:2   72 각주 4, 241

4:4   72 각주 7

4:10   377 각주 14

4:11   216

4:23   242

4:27   104 각주 78

4:30   72 각주 5

4:32   274 각주 20

4:32-5:11　72 각주 2

4:33　72 각주 4, 241

4:36　77, 78, 323

5:1-5　331

5:11　72 각주 3, 244, 247

5:12　71 각주 1, 72 각주 5

5:13　72

5:14　72 각주 7, 253 각주 32

5:17　376

5:17-40　72 각주 6

5:20　72

5:21　329 각주 36

5:31　72 각주 4, 228 각주 58

5:42　71 각주 1

6장　332

6-7장　243

6:1　380

6:1-5　72

6:1-6　323

6:1-7　257 각주 47, 341

6:5　74, 167, 331, 331 각주 40

6:7　72

6:8　72 각주 5

6:9　77, 243 각주 8

6:14　253 각주 32

7장　202 각주 30, 207 각주 42, 290 각주 88

7:37　74

7:42　391 각주 4

7:48　73

7:52　233 각주 84

7:56　74, 231

7:58-59　207 각주 42

7:59　74

8:1　173

8:1-3　72 각주 3

8:1-4　207 각주 42

8:1-11:18　75

8:3　247 각주 16, 253 각주 33

8:4-25　52, 75, 168

8:5　74

8:12　218 각주 20, 253 각주 32

18:24-40　135

8:26-40　75, 76

9:1　75

9:1-2　207 각주 42, 233 각주 84

9:1-25　52

9:2　253 각주 32, 375

9:17-18　317

9:20　243

9:26　83 각주 25

9:29　380

9:31　49, 173

9:32-43　75

9:43　275

10:1-11:18　75, 76, 84, 175

10:2　173 각주 20

10:9-16　275

10:14　164, 274, 274 각주 20

10:14-15　274 각주 19

10:22　173 각주 20

10:28 274 각주 20, 275	13:5 243 각주 6
10:33 275	13:10 376
10:35 173 각주 20	13:14 243 각주 6
10:36 275	13:16 173 각주 20
10:40 72 각주 4	13:16-41 213 각주 2
10:48 218 각주 20	13:26 173 각주 20
11:1 324	13:38-39 158
11:8 274 각주 20	13:43 173 각주 21, 173 각주 22
11:14-16 318 각주 64	13:45 207 각주 42
11:17 190	13:50 173 각주 22, 255
11:19 76, 126	14장 270
11:19-21 150, 168	14:1 243 각주 6
11:19-26 150	14:5-6 207 각주 42
11:19-30 52	14:19 207 각주 42
11:20 76, 77, 85, 111, 138, 277	14:21-27 242
11:21 76, 341 각주 81, 380	14:23 330, 333 각주 48, 341, 341 각주 82
11:22 76	15장 85, 244, 275, 324
11:26 32, 244, 379	15:1 277
11:29-30 83 각주 25	15:1-35 264
11:30 329	15:2 83 각주 25, 324 각주 15, 330 각주 37
12장 81	15:4 324 각주 15, 330 각주 37
12:1-2 72	15:5 277, 374
12:1-5 207 각주 42	15:6 324 각주 15, 330 각주 37
12:12 254 각주 36	15:6-11 175
12:25 83 각주 25	15:10 277
13-14장 54	15:13-29 172
13-21장 79	15:20 359
13:1 78, 82 각주 24, 242, 327 각주 27	15:21 356
13:1-3 341	15:22 242, 244, 324 각주 15, 330 각주 37
13:4-12 101	15:23 324 각주 15, 330 각주 37

15:29 359
15:35 120
15:36-41 264
16:1-3 357 각주 27
16:3 278 각주 30, 356
16:4 324 각주 15, 330 각주 37
16:7 87
16:12-13 356
16:13 105 각주 81
16:14 173 각주 22, 253 각주 32, 254 각주 36
16:15 318 각주 64
16:16-18 256 각주 44
16:16-40 254
16:17 376
16:20-21 207 각주 42
16:22-23 207 각주 42
16:24 207 각주 42
16:33 318 각주 64
17:1 65, 105 각주 81, 243 각주 6
17:1-2 356
17:1-15 207 각주 42
17:3 213
17:4 173 각주 22
17:10 105 각주 105, 243 각주 6
17:12 173 각주 22
17:13-14 207 각주 42
17:17 105 각주 81, 173 각주 22, 243 각주 6
17:24 73 각주 9
18:1-3 82 각주 23

18:1-4 356
18:1-17 80
18:2 82 각주 24, 190, 253 각주 32
18:4 105 각주 81, 243 각주 6
18:6 207 각주 42
18:7 173 각주 22, 243 각주 6
18:8 318 각주 64
18:12-17 101, 207 각주 42
18:17 82 각주 24
18:18 254 각주 35
18:18-22 90
18:19 243 각주 6
18:22 83 각주 25
18:22-23 80
18:24-28 82 각주 24, 135, 254
18:24-19:1 77
18:25 375, 376
18:26 254 각주 35, 375
19:1-41 80
19:5 218 각주 20
19:8 243 각주 6
19:9 207 각주 42, 375
19:10 90
19:19 391 각주 4
19:21 109 각주 94
19:23-40 207 각주 42
19:23-41 374
19:32 244 각주 12
19:39 244 각주 12
20장 366 각주 53

20:2-3　80
20:3　207 각주 42
20:4　82 각주 24
20:4-5　356
20:7　357, 357 각주 28, 361
20:16　246 각주 15
20:17　244
20:19　207 각주 42
20:28　245, 334 각주 50
21장　80
21:5　253 각주 32
21:8　74 각주 10, 331, 331 각주 40
21:8-14　82 각주 24
21:16　82 각주 24
21:17　83 각주 25
21:30-36　207 각주 42
21:35-36　207 각주 42
21:37　207 각주 42
21:40　148 각주 18
22-28장　83
22:2　148 각주 18
22:3　78
22:4　253 각주 33, 375
22:5　329 각주 36
22:8　379 각주 14
23:1-5　330 각주 38
23:1-10　207 각주 42
23:10　207 각주 42
23:11　84 각주 27, 109 각주 94
23:20-35　207 각주 42

23:26　207 각주 42, 227 각주 56
24:3　227 각주 56
24:5　376, 376 각주 12, 377
24:14　376, 376 각주 12
24:22　375
24:24　375
24:27　81, 207 각주 42
25:13-26:32　104 각주 78
25:19　377
26:5　376
26:9　377 각주 14
26:11　207
26:25　227 각주 56
26:28　381
27:1　207 각주 42
27:1-2　135
27:24　84 각주 27, 109 각주 94
28:14　97, 109
28:14　207 각주 42
28:17-28　105 각주 80
28:21-22　377
28:22　376, 376 각주 12

로마서

1:1　84 각주 27, 256 각주 43, 256 각주 44, 323
1:7　262 각주 61, 263 각주 64
1:10　84 각주 27
1:16　232
1:29-32　280 각주 35

1:30　282

3:5　230 각주 74

3:21-28　335 각주 55

4:13　161

4:25　239

5:10　225 각주 37

5:12-21　228 각주 62

6장　317 각주 62

6:1-4　317 각주 60

6:3　218 각주 20

6:3-4　316

6:4　214

7:4　261 각주 56

8:2　159

8:3　225

8:4　159, 214

8:12-17　317 각주 62

8:32　225 각주 37

8:33　262 각주 62

9:5　217 각주 15

9:6-13　247

9:17　158

10:6　158

10:8　327

10:14-17　259

10:17　327

11:13-24　247

11:32　158

12:2　288 각주 72

12:4-5　175

12:4-8　261 각주 57

12:10　263 각주 67

13:1-7　101

13:4　199

14:1-12　191

14:5-6　358

14:8-9　335 각주 55

14:10　230 각주 74

14:14　274 각주 20

15:8　168 각주 9

15:15-16　183 각주 55

15:20　87

15:24　414 각주 7

15:26　83 각주 26

16:1　333 각주 49

16:1-2　253

16:1-3　82, 82 각주 24

16:1-16　82 각주 24

16:3　82 각주 23, 82 각주 24, 257 각주 35

16:4　191

16:7　82, 253, 323, 323 각주 12

16:21　82 각주 24

16:22　82 각주 24

16:23　82 각주 24

16:25　213

16:26　191

고린도전서

1-4장　317 각주 62

1:1　82 각주 24, 324 각주 17

1:2   262 각주 61, 265, 374

1:9   262 각주 63

1:10-17   259

1:12   86 각주 31, 182 각주 52

1:16   318 각주 64

1:21   213

1:22-24   175 각주 27

1:23   359 각주 31

1:26-28   294

2장   260 각주 54

2:2-4   213

3:22   86 각주 31

4:5   230 각주 74

4:14   263 각주 66

4:16   288 각주 73

4:17   263 각주 66

5:9   61 각주 32

5:10   280 각주 35

6:9-10   280 각주 35

6:19   182

7:15   262 각주 63

7:17-24   262 각주 63

7:19   278

8-10장   274 각주 22

8:1-12   278 각주 30

8:3   263 각주 65

8:6   359 각주 31

8:10-11   299-300 각수 6

9:1   324 각주 13

9:5   86, 182 각주 52

9:20-21   175 각주 27

9:24-27   292

10:1-4   217 각주 15, 299

10:6-13   299

10:11   261

10:16   261 각주 56

10:17   304

10:21   299-300 각주 6

10:23-33   278 각주 30

10:32   175 각주 27

11:1   288 각주 73

11:1-16   255

11:3   261 각주 56

11:17-22   306 각주 27

11:19   378 각주 17

11:20   359, 361

11:20-21   299 각주 6

11:21   299-300 각주 6

11:23   359 각주 31

11:23-26   239 각주 2, 301 각주 9, 306

11:25   298

11:27-33   306 각주 27

12장   261 각주 57, 317 각주 62

12:2   258

12:3   359 각주 31

12:12   261

12:12-27   175

12:13   218 각주 20, 298

12:27   261 각주 56

12:28   324, 327 각주 27

12:31   376

13:10   260 각주 54

15장   335 각주 55

15:1-11   83, 324 각주 13

15:5   85, 182 각주 52

15:7   171, 323 각주 11

15:8-9   94 각주 54

15:14   213

15:28   225, 237

15:32   290, 290 각주 88

15:58   287

16:1-4   83 각주 26

16:2   356, 357 각주 28, 358, 358 각주 30

16:8   246 각주 15

16:8-9   290 각주 88

16:22   144 각주 3, 220

고린도후서

1:1   262 각주 61, 324 각주 17

1:8-9   290 각주 88

1:20   159, 168 각주 9, 237

1:21-22   317

3:7-9   159

3:14-18   237 각주 100

4:4   228 각주 61

4:7   294

4:16   288 각주 72

5장   335 각주 55

5:10   230 각주 74

5:17   229 각주 63

6:6   281 각주 36

6:13   263 각주 66

6:18   253 각주 32

7:13-14   61 각주 32

8-9장   83 각주 26

8:18-24   81, 82 각주 24

8:19   341 각주 82

10-13장   61 각주 32

10:4   290 각주 87

11:2   261 각주 55

11:5   324 각주 18

11:22   181

11:22-23   86

11:23-33   207 각주 42

11:24-26   103

12:11-12   324 각주 18

12:14   263 각주 66

12:20   280 각주 35

갈라디아서

1:1   324 각주 17

1:6   262 각주 63

1:6-9   259, 324

1:10   256 각주 43

1:11-12   218 각주 22

1:15   262 각주 63

1:15-16   218 각주 22

1:15-2:10   324 각주 13

1:17-18   85

1:18-2:10   83 각주 25

2:1-10　85
2:9　74, 168, 323
2:11-14　77, 85, 264, 274 각주 19
2:11-21　175 각주 27
2:20　224, 335 각주 55
3:8　158
3:10　391 각주 5
3:22　158
3:24　237
3:26　413
3:26-4:6　317
3:27　218 각주 20, 288 각주 72
3:28　175, 256 각주 44
3:28-29　167
4:4　218, 225
4:4-6　225 각주 37, 250
4:9　263 각주 65
4:10　357
4:19　177, 263 각주 66
5:8　262 각주 63
5:11　2343
5:14　237
5:19-21　280 각주 35
5:20　378 각주 17
5:22-23　281 각주 36
6:2　237
6:15　229 각주 63

에베소서

1:1　262 각주 61

1:4　262 각주 62
1:9　298 각주 1
1:10　397 각주 44, 412
2:4-7　318 각주 63
2:5　317 각주 60
2:11-18　175
2:20　324 각주 16
3장　260 각주 54
3:5　324 각주 16
3:9　298 각주 1
3:14-19　175
4:5-6　314
4:12　261 각주 56
4:13　290
4:20　216
4:24　288 각주 72
4:26　393
4:31　280 각주 35
4:32　281 각주 36
5:1　288
5:3-5　280 각주 35
5:18-20　300 각주 6
5:25-26　374
5:29-32　261 각주 55

빌립보서

1:1　256 각주 43, 262 각주 61, 281 각주 36
1:11　281 각주 36
2:5-6　217 각주 15
2:5-11　127, 219, 219 각주 24, 224, 227, 231,

234
2:6　250
2:8　232
2:9　412
2:11　359 각주 31
2:22　263 각주 66
2:25　82 각주 24, 323
2:25-30　81 각주 21
3:4-6　181
3:9-11　335 각주 55
3:14　291
3:17　288 각주 73
3:20　175
4:2　82 각주 24, 253, 255
4:2-3　253
4:3　82 각주 24, 391 각주 4
4:18　81 각주 21, 82 각주 24

골로새서

1:1　324 각주 17
1:2　262 각주 61
1:7　82 각주 22, 82 각주 24
1:15　228 각주 61
1:15-16　250
1:15-20　219 각주 24, 226
1:16　228 각주 60, 217 각주 19
1:27　298 각주 1
2:8-9　236 각주 95
2:9　217 각주 15
2:11　317

2:11-13　318
2:12　317 각주 60, 318 각주 63
2:16　356 각주 26
2:16-17　358
2:17　261 각주 56
2:20　318 각주 63
3:1-4　318 각주 63
3:5　280 각주 35
3:9-10　288 각주 72
3:10　317
3:11　65, 256
3:12　262 각주 62, 263 각주 64
3:16　390
3:17　176
4:1　256 각주 44
4:9　82 각주 24, 256 각주 45
4:10　82, 82 각주 24
4:10-11　357 각주 27
4:11　82 각주 24
4:12　82 각주 22, 82 각주 24
4:14　82 각주 24
4:15　82 각주 24, 247
4:16　35

데살로니가전서

1:4　262 각주 62, 263 각주 64
1:6　288 각주 73
1:9-10　258
2:7　263
2:12　262 각주 63

2:14　288

2:17　263

3:13　230 각주 74

4:9　263 각주 67

데살로니가후서

2:3-12　101, 200

2:8　359 각주 31

2:13　263 각주 64

3:7　288 각주 73

3:9　288 각주 73

디모데전서

1:1　324 각주 17

1:9-10　280 각주 35

1:10　327 각주 28

1:18　290 각주 87

2:5　291 각주 90

2:7　327 각주 27, 335 각주 52

3장　332

3:1-7　320 각주 3, 334 각주 50

3:8-13　253, 333 각주 49

3:16　298 각주 1

4:7-8　290

4:12　281 각주 36

4:14　342

5:1-16　257 각주 47

5:3-16　255

5:17　330

6:3　327 각주 28

6:4　280 각주 35

6:12　290

디모데후서

1:1　324 각주 17

1:6　342

1:11　327 각주 27, 335 각주 52

1:13　327 각주 28

2:22　281 각주 36

3:2-4　280 각주 35

3:16　155

4:1　230 각주 74

4:3　327 각주 28

4:5　213 각주 3

4:7　213 각주 3

4:8　230 각주 74

4:13　391 각주 5

4:17　213 각주 3, 335 각주 52

4:19　82 각주 23, 82 각주 24, 254 각주 35

4:20　82 각주 24

4:21　82 각주 24

디도서

1:1　256 각주 43, 324 각주 17

1:3　335 각주 52

1:5　330, 333 각주 48

1:5-6　333 각주 48

1:5-7　334 각주 50

1:5-9　320 각주 3

1:7　334 각주 50

1:9　327 각주 28

1:13　327 각주 28

2:1-2　327 각주 28

2:7　327 각주 27

3장　213 각주 3

3:3　280 각주 35

3:12　82 각주 24

3:13　82 각주 24

빌레몬

1-2절　82 각주 24

10절　82 각주 24, 263 각주 66

16절　282 각주 38

23절　82, 82 각주 24

24절　82 각주 24

히브리서

1:1-3　219 각주 24

1:2　217 각주 19

1:2-3　228 각주 60

1:3　250

2:14　305 각주 25

3:6　244 각주 10, 261

3:14　244 각주 10, 261

3:16　135 각주 56

4:1-11　369 각주 61

4:9　356 각주 26, 360

4:9-11　369 각주 61

6:12　288

8-10장　304 각주 33

8:7-13　237 각주 100

8:8-12　302 각주 13

8:9　135 각주 56

8:11　298

9:19　391 각주 5

10:7　391 각주 5

10:32　175 각주 27, 290

11:17　299 각주 68

11:22-29　135 각주 56

13:1　263 각주 67

13:2　263 각주 67

13:7　288, 327 각주 29

13:17　327 각주 29

13:24　327 각주 29

야고보서

1:1　242, 242 각주 4, 248 각주 19, 322, 323
　　　각주 9

1:2　290

1:8　286 각주 65

1:26-27　242 각주 4

2:2　242

3:13-18　283

3:17　286

4:8　285, 286

5:14　242

5:16　298

베드로전서

1:1　86 각주 32, 87, 87 각주 35, 248 각주 19,

364
1:16　374
1:22　263 각주 67
2:4-6　183 각주 55
2:25　334 각주 50
3:20-21　362
4:3　280 각주 35
4:16　381
5:4　291 각주 90
5:13　87

베드로후서

1:5　281 각주 36
1:6　291
1:7　263 각주 67
2:1　378 각주 17
2:2　375
2:21　376
3:2　325
3:15-16　140 각주 70, 325, 403

요한1서

2:3　214 각주 9
4:1-3　236 각주 95
4:9　229 각주 68
5:6　298 각주 3
5:20　217 각주 15

요한2서

1절　92 각주 49, 254

1-5절　254 각주 36
7절　236 각주 95

요한3서

1절　92 각주 49, 93 각주 50
11절　288
12절　93 각주 50

요한계시록

1:10　358, 359
1:14　251
1:17　237
2-3장　90
2:2　325
2:10　291
3:5　391 각주 4
3:11　291 각주 90
4:7　405
5:1　392
5:8-13　264 각주 69
5:9　374 각주 6
6:14　391 각주 5
7:9　374 각주 6
7:9-17　264 각주 69
9:21　280
10:11　264, 각주 69, 374 각주 6
11:9　264, 각주 69, 374 각주 6
12:9　111 각주 2
13:7　264, 각주 69, 374 각주 6
14:6　264, 각주 69, 374 각주 6

15:3-4   264, 각주 69

17:5   109

17:15   374 각주 6

18:20   324 각주 16

19:7   261 각주 55

20:15   391 각주 4

21:2   261 각주 55

21:8   280 각주 35

21:9   261 각주 55

21:12-14   322 각주 7

21:22   391

22:15   280 각주 35

고전 문헌 찾아보기

속사도 교부

디다케

1-4   283 각주 40

1.1-2   283 각주 39

1.3   271 각주 3

2.3   285 각주 49

4.1   326 각주 24

4.4   286 각주 58

4.9-10   253 각주 32

6.2   283 각주 41

6.3   274 각주 22

7.1   316 각주 57

7.1-3   316 각주 56

7.3   226 각주 50, 316 각주 57

7.4   271 각주 4

8   270 각주 2

8.1   271 각주 5

9.2   308 각주 30

9.3-4   308 각주 30

9.5   308 각주 31, 308 각주 32

10.2-6   308 각주 31

11-13   259 각주 51

11.3-5   327 각주 29

11.3-6   325 각주 19

12.3-5   382 각주 24

13   327 각주 29

14.1   361 각주 35-36

15.1   332 각주 44

15.1-2   327 각주 29

16.4   178 각주 35

디오그네투스서신

1.1   266 각주 75

6.3   176 각주 30

7.4   226 각주 46

10.2   160 각주 48, 225 각주 40, 229 각주 68

10.4   289 각주 79

10.5-6   288 각주 75

11.1   327 각주 31

11.3-5   229 각주 70

11.5   225 각주 40

바나바서신

2.4-10   197 각주 14

3.1   271 각주 8

4.6-8   362 각주 39

4.7   271 각주 7

4.11   183 각주 59

5   227 각주 55

5.9   327 각주 30

5.11   225 각주 39

6.11   228 각주 62

6.12   225 각주 38

6.12-13   228 각주 61

6.15   183 각주 58

6.19   362 각주 39

7.2   225 각주 40, 231 각주 76

7.3-5   277 각주 9

7.9   225 각주 40

8.3   323 각주 10

9.4   279 각주 33

9.6   197 각주 14

10.8   274 각주 21

12.8   225 각주 43

12.9   226 각주 47

12.10   225 각주 43, 226 각주 46

12.11   225 각주 43

14.2   271 각주 7

14.6-9   362 각주 39

14.5   362 각주 39

15.5   225 각주 44

15.8-9   362 각주 39

15.9   367 각주 57

16   183 각주 64

18-20   284 각주 45

19   280 각주 35

19.2   281 각주 37

19.4   274 각주 21

19.5   286 각주 58

19.7   285 각주 49

20.1-2   280 각주 35, 281 각주 37

20.2   257 각주 47

아리스티데스의 변증

15-16   416 각주 8

이그나티오스, 로마 교회에 보내는 편지

인사   9 각주 69

1.1   226 각주 49

3.2   382 각주 26

3.3   217 각주 15, 236 각주 94, 388 각주 46

4.1   95 각주 56

5   95 각주 57, 203 각주 30

5.1   95 각주 58, 291 각주 89

6.3   289 각주 82

7.3   309 각주 38

9.1-2   378 각주 19

9.2   94 각주 54

이그나티오스, 마그네시아 교회에 보내는 편지

1.1   228 각주 57

2   332 각주 42

4   382 각주 25

4.1   236 각주 94

5   284 각주 43

6   338 각주 69

6.1   336 각주 58, 337 각주 59, 337 각주 63

7.2   183 각주 62, 217 각주 16

8.2   225 각주 41

9   236 각주 98

9.1   361 각주 37, 362 각주 38, 367 각주 57

10.1   386 각주 41

10.2   387 각주 45

10.2-3   386 각주 42

10.3   236 각주 94, 386 각주 41

11   236 각주 96, 236 각주 98

13   262 각주 59, 338 각주 69

13.1   332 각주 45, 213 각주 4

13.2   337 각주 64

15   287 각주 68

이그나티오스, 빌라델비아 교회에 보내는 편지

인사   287 각주 71

1.1-2   337 각주 68

3   236 각주 98

4   309 각주 34, 309 각주 35, 332 각주 45

5.1   331 각주 41

6.1   386 각주 42

7.1   332 각주 45

7.2   183 각주 57, 289 각주 76

8   331 각주 39

8.2   160 각주 47, 230 각주 72

이그나티오스, 서머나 교회에 보내는 편지

1   236 각주 96, 236 각주 98

1.1   217 각주 15, 225 각주 42

2   236 각주 96

3   236 각주 96, 236 각주 97

4.2   95 각주 57, 233 각주 82

5   236 각주 98

6   236 각주 98

6.2   214 각주 8, 257 각주 47

8-9   338 각주 69

8.1   309 각주 37, 331 각주 41, 336 각주 58

8.2   264 각주 70

9.1   337 각주 62

11.1   94 각주 54

12.1   289 각주 86

12.2   332 각주 45

13.1   253 각주 32, 257 각주 47

이그나티오스, 에베소 교회에 보내는 편지

1.1   228 각주 57, 288 각주 74

1.3   256 각주 45, 337 각주 65

2-5 338 각주 69

2.2 332 각주 42

3.2 287 각주 67

4.1 332 각주 43

4.2 226 각주 49

5 337 각주 66

5.2 309 각주 35, 309 각주 36

6.1 337 각주 62

6.2 256 각주 45

7.2 230 각주 73

9.1 183 각주 61

9.2 289 각주 81

10.3 289 각주 76

12.1 95 각주 56

13.1-2 309 각주 33

14.2 214 각주 8

15.3 183 각주 60

17.2 229 각주 64

18 236 각주 98

18.2 217 각주 15

20 226 각주 47, 338 각주 69

20.2 226 각주 46, 310 각주 30

21.2 94 각주 54

이그나티오스, 트랄레스 교회에 보내는 편지

1.1 287 각주 70, 288 각주 74, 337 각주 65

2 236 각주 98

2.1 337 각주 64

2.2 331, 각주 41, 337 각주 59

3.1 336 각주 58, 337 각주 63

3.3 95 각주 56

6.1 236 각주 94, 385 각주 39

7 338 각주 69

7.1 337 각주 59

7.2 309 각주 35, 332 각주 42, 332 각주 45, 337 각주 61

8 236 각주 98

9 232 각주 80, 236 각주 96

10 233 각주 82

12.2 337 각주 59

13.1 94 각주 54

이그나티오스, 폴리카르포스에게 보내는 편지

1.2-3 292 각주 92

2.3 292 각주 93

3.1 292 각주 94

4.1 257 각주 47

6.1 337 각주 61

클레멘스1서

1.1 248 각주 19

1.3 253 각주 32, 327 각주 29

5 202 각주 30

5.1-7 293 각주 95

5.7 414 각주 7

8.4 257 각주 47

11.2 285 각주 47

16.17 279 각주 34

17-19 289 각주 84

23.2-3 286 각주 63

35.5   378 각주 19

38.2   262 각주

40-41   183 각주 56

42-43   326 각주 22

45.2   155 각주 39

47.6-7   338 각주 72

57.2   36 각주 8

59.3-61.3   267 각주 79

60.4-61.3   109 각주 93

클레멘스2서

1.1   217 각주 17, 229 각주 66, 231 각주 76

3.4   214 각주 10

5.1   248 각주 19

5.7   378 각주 19

6   284 각주 46

7.3   378 각주 19

9.3   183 각주 57

11.2   286 각주 60

11.5   286 각주 59

13.3   215 각주 11

14.1   250 각주 22

14.2   262 각주 60

19.1   253 각주 32

19.2   286 각주 61

20.5   228 각주 57

파피아스의 단편

3.4   93 각주 50

6.1-2   92 각주 47

10   157 각주 43

폴리카르포스, 빌라델비아 교회에 보내는 편지

1.1   228 각주 57

2.1   231 각주 76

2.2   280 각주 35

2.3   281 각주 36, 281 각주 37

4.2   253 각주 31

4.3   257 각주 46

5.1-2   333 각주 49

6.1   333 각주 48

8.2   289 각주 78

10.1   289 각주 79

12.1   393 각주 13, 403 각주 43

14   254 각주 38

폴리카르포스의 순교

인사   263 각주 68

1.2   289 각주 85

3.2   266 각주 76, 374 각주 34

6.2   293 각주 96, 293 각주 97

8.1   263 각주 68, 365 각주 51

8.3   293 각주 96, 293 각주 98

9.1   293 각주 99

9.1-2   293 각주 96

10.1   384 각주 33, 388 각주 47

12.1   293 각주 96, 384 각주 33

12.2   207 각주 43, 266 각주 76, 384 각주 35

13.1   207 각주 43

16.2   263 각주 68

17.2   207 각주 43, 234 각주 88

17.3   226 각주 51, 289 각주 77

18.1   207 각주 43

18.3   293 각주 100

19.1   289 각주 85

19.2   228 각주 57, 263 각주 68

20.2   229 각주 67

21   365 각주 51

22.1   289 각주 83

32   385 각주 36

헤르마스의 목자, 명령

1.10   257 각주 47

5.1.3   274 각주 21

5.1.6   274 각주 21

5.2.1   286 각주 65

6.1-2   284 각주 44

6.1.4-5   378 각주 19

8.1-6   280 각주 35

8.9   281 각주 36

9   286 각주 66

9.9   285 각주 48

10.1.1   285 각주 50

11.1   285 각주 54

11.2   285 각주 53

11.4   285 각주 53

11.13   285 각주 54

12.4.2   286 각주 64

헤르마스의 목자, 비유

1.3   286 각주 55

1.8   257 각주 47

2.6   226 각주 49

2.11   226 각주 49

3.7   257 각주 47

5.1   271 각주 6

5.5-6   225 각주 43

6.1.2   286 각주 64

8.3.1   226 각주 45

8.3.2   213 각주 5

8.7.2   285 각주 52

8.8.3   286 각주 65

8.8.5   285 각주 51

8.9.4   285 각주 51, 286 각주 65

8.10.2   286 각주 65

8.11.1   225 각주 40

8.11.3   286 각주 65

9.12   225 각주 38

9.12.2   226 각주 45

9.13-14   226 각주 45

9.15.4   227 각주 53, 335 각주 53

9.16.5   227 각주 54

9.17.1   323 각주 10

9.17.4   227 각주 52

9.18.3   286 각주 56

9.21.2   286 각주 57

9.24.1   335 각주 53

9.27.1-2   334 각주 50

9.27.2-3   334 각주 51

18.10.2   285 각주 51

26.2   257 각주 47

27.2   257 각주 47

헤르마스의 목자, 환상

1.7   274 각주 21

2.1.4   394 각주 17

2.2.1   271 각주 6

2.2.4   286 각주 65

2.2.7   286 각주 63

2.2.8   225 각주 44

2.4.1   251 각주 23

2.4.1-3   394 각주 17

2.4.3   257 각주 47

3.1.2   271 각주 6

3.2.2   286 각주 65

3.2.4   251 각주 24

3.3.4   286 각주 62

3.4.3   286 각주 64

3.5.1   337 각주 59

3.7.1   286 각주 65, 378 각주 18

3.8   281 각주 36

3.10.6   271 각주 6

3.10.9   286 각주 62

3.11.2   286 각주 64

4.1.4   286 각주 62

4.1.7   286 각주 62

4.2.4   286 각주 62

4.2.6   286 각주 62

7.3   218 각주 20

고전, 유대인, 교부들의 문헌

니사의 그레고리우스

Ep. (*Epistles*) 『서신』

3.6   362 각주 42

디오 카시우스

Hist. rom. (*Roman History*) 『로마사』

69.14.3   206 각주 39

루피누스

Hist. (*Eusebii Historia ecclesiastica a Rufino translata et continuata*) 『루피누스가 번역하는 에우세비우스의 교회사』

1.10   128 각주 35

소플리니우스

Ep. Tra. (*Epistle to Trajan*) 『트라야누스에게 보내는 서신』

10.96   67 각주 47, 87 각주 34, 181 각주 49, 203 각주 30, 218 각주 21, 253 각주 33, 363 각주 47, 383 각주 27

10.97   383 각주 28

수에토니우스

Aug. (*Divine Augustus*) 『황제 열전 아우구스투스』

18.1   198 각주 16

52   198 각주 17

94   198 각주 16

Claud. (*Divine Claudius*) 『황제 열전 클라우디우스』

25.4 190 각주 1

Dom. (*Domitian*) 『도미티아누스』

12.1-2 195 각주 12

13 200 각주 25

Nero 『네로』

16 181 각주 48, 383 각주 30

Vesp. (*Vespasian*) 『베스파시아누스』

8 198 각주 20

10 198 각주 20

12 198 각주 20

순교자 유스티누스

Dial. (*Dialogue with Trypho*) 『트리폰과의 대화』

16.4 178 각주 35, 234 각주 89

35.8 178 각주 35

41.1 310 각주 41

41.4 362 각주 42

46.4 178 각주 35

67.2 222 각주 30

70.3-4 310 각주 41

96 233 각주 83

96.2 178 각주 35, 234 각주 89

97.4 178 각주 35

111.3 310 각주 41

137.2 178 각주 35

1 Apol. (*First Apology*) 『제1호교론』

12 108 각주 91

31.5-6 205 각주 35, 234 각주 87

65 311 각주 44

65-66 310 각주 42, 311 각주 46

66.2 311 각주 45

66.3 311 각주 43

67 16 각주 48, 221 각주 54, 221 각주 56, 222 각주 60, 246 각주 41

아우구스티누스

Civ. (*De civitate Dei*) 『신국론』

7.32-33 387 각주 44

알렉산드리아의 클레멘스

Strom. (*Stromateis*) 『스트로마타』

6.5.39 266 각주 77

에우세비오스

Hist. eccl. (*Ecclesiastical History*) 『교회사』

1.1-4 412 각주 6

1.4 35 각주 4

1.4.1 266 각주 77

1.4.1-15 246 각주 14, 251 각주 24

1.4.12-15 167 각주 7

1.4.14 251 각주 26

1.13 124 각주 24

1.13.5 125 각주 27

2.2.6 107 각주 87

2.3.1 107 각주 87

2.3.2　68 각주 51

2.14.3　107 각주 87

2.15.2　136 각주 64

2.16.1-2　136 각주 62

2.23　50 각주 14, 202 각주 30

2.23.2　172 각주 17, 233 각주 85

2.14.3　107 각주 87

2.15.2　136 각주 64

2.16.1-2　136 각주 62

2.23　50 각주 14, 202 각주 30

2.23.2　172 각주 17, 233 각주 85

2.23.6　171 각주 14

2.23.8-11　171 각주 15

2.23.10　233 각주 85

2.23.13-14　233 각주 85

2.23.18　50 각주 14

2.25.8　202 각주 30

2.32.2　173 각주 17

3.1.2　88 각주 36, 88 각주 38

3.3.1　88 각주 39

3.3.2-3　89 각주 39

3.4.2　86 각주 32

3.5.3　49 각주 12

3.12　202 각주 30, 234 각주 86

3.17　202-203 각주 30, 234 각주 86

3.23.4　90 각주 43

3.26.2　88 각주 37

3.27.4-5　360 각주 34

3.27.5　363 각주 46, 367 각주 57

3.32.7　214 각주 6

3.32.7-8　328 각주 33

3.33.1　363 각주 47

3.36.2　94 각주 53

3.36.5-9　95 각주 59

3.36.10　96 각주 60

4.2　136 각주 60

4.3.3　416 각주 8

4.5.1-2　184 각주 65

4.6.1-4　206 각주 41

4.6.4　184 각주 65

4.7.1　107 각주 86

4.7.13-14　410 각주 5

4.8.2　214 각주 7

4.8.4　205 각주 36

4.23　336 각주 56

4.23.11　363 각주 45

4.26.7　107 각주 87, 108 각주 91

5.1　293 각주 101

5.1-4　368 각주 59

5.1.19　294 각주 102

5.1.42　294 각주 102

5.8.10　155 각주 38

5.18.1-2　184 각주 67

5.23.2　363 각주 46, 367 각주 57

6.46.3　128 각주 34

13.17-18　91 각주 46

339.4　93 각주 50

에피파니우스

Pan. (*Panarion*) 『파나리온』

27.6.6　86 각주 33

29.7.7-8　49 각주 12

오리게네스

Cels. (Against Celsus) 『켈수스 논박』

1.32　164 각주 2, 235 각주 92

1.69　164 각주 2

2.30　108 각주 89

2.55　235 각주 92

4.2-3　232 각주 79

4.3　235 각주 92

Sel. Ps. (Selected Psalms) 『시편』

118.1　362 각주 42

요세푸스

Ag. Ap. (Against Apion) 『아피온 반박문』

1.42-43　157 각주 42

Ant. (Jewish Antiquities) 『유대 고대사』

1.180　303 각주 19

3.29　53 각주 21

11.278　227 각주 56

12.261　228 각주 56

14.64-65　351 각주 15

14.110　174 각주 24

14.119-122　104 각주 77

14.158-162　104 각주 77

14.324-326　104 각주 77

14.370-389　104 각주 77

15.268　291 각주 91

17.224-227　104 각주 80

18.11-15　376 각주 11

18.27　45 각주 5

18.36-38　44 각주 4

18.63-64　180 각주 46, 384 각주 32

18.116-119　94 각주 46, 384 각주 32

19.343-353　81 각주 19

20.200　50 각주 14, 180 각주 46, 384 각주 32

20.200-203　172 각주 17

J.W. (Jewish War) 『유대 전쟁사』

1.146　351 각주 15

1.282-289　104 각주 77

1.530　227 각주 56

2.20-22　104 각주 80

2.44　291 각주 91

2.119-166　376 각주 11

2.136　395 각주 19

2.204-213　105 각주 80

2.245-246　105 각주 80

2.345-402　351 각주 14

2.390-394　352 각주 16

2.559-561　75 각주 11

2.635　320 각주 4

3.459　227 각주 56

3.506-509　46 각주 6

4.146　227 각주 56

5.361　148 각주 19

5.362-374　109 각주 94

6.97　148 각주 20

6.438　303 각주 19

7.71　227 각주 56

7.216-218　195 각주 11

2.1-116　104 각주 80

20.17-53　122 각주 18

20.54-91　122 각주 19

20.95　122 각주 20

Vita (*The Life*) 『자서전』

244　228 각주 56

259　228 각주 56

요한 크리소스토무스

Hom. Matt. (*Homiliae in Matthaeum*) 『마태복음 강해』

66　55 각주 23

이레나이우스

Haer. (*Against Heresies*) 『이단에 반대하여』

1.10.1-2　108 각주 90

2.22.5　93 각주 50

3.3.2　339 각주 73

3.3.4　93 각주 50

3.18.4　222 각주 34

3.21.10　387 각주 44

3.22.3　387 각주 44

4.40.3　387 각주 44

5.30.3　91 각주 46

타키투스

Ann. (*Annals*) 『로마 편년사』

1.10　198 각주 19

1.59　198 각주 19

1.72　198 각주 20

2.87　198 각주 20

3.33-34　254 각주 36

3.36　201 각주 26

4.37　198 각주 17

5.2　201 각주 27

12.37　254 각주 37

12.69　198 각주 20

14.64　201 각주 28

15.23　201 각주 27

15.44　106 각주 83, 181 각주 48, 191 각주 2, 192 각주 3, 192 각주 4, 192 각주 6, 199 각주 21, 202 각주 30, 383 각주 29

15.74　199 각주 22

Hist. (*Histories*) 『역사』

5.1-13　94 각주 50

테르툴리아누스

Apol. (*Apology*) 『호교론』

3　191 각주 2

15　266 각주 77

34.1　203 각주 32

Nat. (*To the Heathen*) 『모든 이단에게』

1.8　266 각주 77

Pud. (Modesty) 『겸손』

21   339 각주 74

파우사니아스

Descr. (Description of Greece) 『그리스 안내』

8.16.5   122 각주 20

9.39   62 각주 37

필론

Alleg. Interp. (Allegorical Interpretation 1, 2, 3)
　『알레고리 성경 해석』 1, 2, 3

3.82   303 각주 18

Embassy (On the Embassy to Gaius) 『갈리굴라에게 가는 사절단』

22   203 각주 32

271   203 각주 32

276   203 각주 32

286   203 각주 32

291   203 각주 32

356   203 각주 32

히에로니무스

Vir. ill. (On Illustrious Men) 『명인록』

1.1   86 각주 32, 88 각주 37

1.2   88 각주 36

1.3   88 각주 39

8.1   136 각주 65

8.3   136 각주 63

9.6-7   91 각주 46

16   94 각주 55

16.1   94 각주 53

16.2   96 각주 60

16.10   94 각주 55

18.2-3   93 각주 50

20   416 각주 8

21.3   205 각주 37

히폴리투스

Holy Theoph. (Discourse on the Holy Theophany)
　『성신론에 관한 담론』

9   339 각주 74

Trad. ap. (The Apostolic Tradition) 『사도 전승』

4   311 각주 46

21   316 각주 58

사해사본

1QS (공동체 규칙서)

9.11   221 각주 29

9.17-18   376 각주 9

9.21   376 각주 9

10.21   376 각주 9

1QSa [회중 규칙서(1QS의 부록)]

1.13-17   340 각주 77

2.12   221

4QFlor (시편)

1.13a　221　각주 29

4QTest (증거)

5-10　221　각주 29

11QMelch (멜기세덱)

303　각주 20

CD [다마스쿠스 사본(카이로 서고에서)]

1.13　376　각주 9

2.6　376　각주 9

10.4-6　340　각주 77

구약 외경과 위경

마카베오1서

1:15　276

5:15　146　각주 8

솔로몬의 송가

17.6-16　127　각주 30

19.1-5　127　각주 31

23.22　127　각주 31

25.5　127　각주 30

28.9-20　127　각주 30

31.6-13　127　각주 30

32.2　127　각주 32

41.11-16　127　각주 32

솔로몬의 시편

17.23-30　222　각주 33

시빌의 신탁

3.286-294　222　각주 32

아리스테아스의 편지

13　134　각주 55

신약 외경

가클레멘스

강론

8.7.1-2　182　각주 54

도마복음

114　314　각주 52

도마행전

1　130　각주 41

1-2　116　각주 6

1-4　131　각주 42

5-8　131　각주 43

17-29　131　각주 44

30-158　131　각주 45

42-49　313　각주 51

159-170　131　각주 46

바울과 테클라행전

15-16　385　각주 37

베드로행전

38-39   88 각주 36, 88 각주 38

빌립복음

15   313 각주 47

22-23b   313 각주 49

23b   313 각주 48

랍비 문헌

Avot (선조들의 잠언)

2:6   273 각주 16

B. Bat. (세 번째 문)

2:9   275 각주 24

Ber. (축복 기도서)

3:25   177 각주 32

9:5   177 각주 32

18   180 각주 47

18a   179 각주 40

Betzah (Yom Tob, 축제의 날)

2:4   341 각주 78

Eruv. (제휴)

4:5   350 각주 6

Git. (이혼 증서)

9:6   146 각주 11

9:8   146 각주 11

Hag. (절기 제사)

2:2   341 각주 78

Hul. (비제사 도살)

2:9   177 각주 32

Kelim (용기)

1:8   341 각주 78

Ketub. (결혼 증서)

7:10   275 각주 24

Meg. (두루마리)

1:8   146 각주 11

4:8   177 각주 32

4:9   177 각주 32

9:7-8   341 각주 78

Miqv. (목욕탕)

272 각주 15

Parah (어린 암소)

3:3   177 각주 32

Rosh Hash. (신년)

2:1   177 각주 32

Sanh. (산헤드린)

4:5   177 각주 32

43a   179 각주 39, 180 각주 47

90a   179 각주 41

103a   179 각주 40, 180 각주 47

107   180 각주 47

Shabb. (안식일)

1:2   350 각주 7

1:3   350 각주 8

7:2   350 각주 5

12   180 각주 47

16:1-2   351 각주 10

16:7   351 각주 9

18:3-19:3   276 각주 26

22:6   351 각주 12

23:5   351 각주 11, 351 각주 13

116a-b   179 각주 37

Sotah (부정한 여자)

7:2   147 각주 13

9:15   177 각주 32

Ta'an. (금식)

12a   270 각주 2

65b   180 각주 47

Tehar. (정결)

272 각주 13

Tem. (희생 제물)

3:4   341 각주 78

Yad. (손)

4:5   147 각주 12, 396 각주 22

4:8   177 각주 32

Yoma (대속죄일)

8:1-2   270 각주 1

주제어 찾아보기

『바빌론 탈무드』 147, 147 각주 16, 179 각주 42, 180

『사도 교회 규범』 132

『아다이의 교리』 125-126

『아르벨라 연대기』 122

1세기 유대교에서 히브리어 143-148, 302

가버나움 46, 48, 110, 320, 363

가야바 47

가이사랴 마리티마 52, 75, 135, 193

가사 75

가현설 236 각주 95

갈라디아 87

갈릴리 146
　　갈릴리에 반대하는 46-49
　　예수님의 설교 장소로서 43-51

갈릴리 바다 43-46

갈바 198 각주 20

갑바도기아 86, 87

개신교 156 각주 41

개인적 삶의 변화 282-283

개종 64, 317, 413

게네로사 140 각주 69

겐그레아 58

고넬료 75, 76, 84, 175, 190, 275

고라신 47

고린도 58, 61, 80-82, 85-86, 87 각주 35, 105 각주 81, 294

골로새 57

공동체 생활 72-73

과부 255 각주 41

교통 시스템 102-104

교황의 수위권 338-340

교회, 초기 그리스도인. 기독교, 초기, 에클레시아 이도 보라

교회의 보편성 261-265

구레네 76, 77, 97, 258
구레네인 루기오 77, 78
구브로 57, 76-77, 85, 97, 168, 258, 379
구속 225
구약 155-156, 403-404
구원 212-213
군다포루스 131, 132
군주적 주교 336-340
그 길 375-379
그 길이라고 자신을 칭하는 376
그리스도, 예수 220-223
극동 기독교 선교 132-133
금식 270-271
금욕주의 272
기독교, 초기
    갈릴리의 49
    관리자로서 328-335
    규범적 실천과 특징들 279-294
    그 길 375-379
    그리고 로마제국 106
    그리스도인이라 불리는 추종자들 379-385
    금식 270-271
    기독교 활동 장소로서의 갈릴리 43-51
    기독론과 교회의 독특성 414-416
    기원 72
    동쪽과 남쪽의 115-120
    두 길 283-284
    모방 287-289
    미덕과 악덕 280-283
    불완전성과 결점 294-296

수십 년의 형성 기간 407-416
시골 운동에서 도시 운동으로의 변화 43-52
안식일 353-365
여성들 252-256
온전성과 경기자 이미지 290-294
용어 385-388
유대교와 다른 192
유대교와의 결별 184-187
유대교와의 결속력 170-177
유대교의 반발 177-181
유대교의 지속적 영향 181-184
유대교의 형제로서 169
일요일 366-370
전파 71-77
제1차 유대 반란 193-197
조건과 요구 62-64
초기 기독교 전통에서의 성찬 305-312
추종자들에 대한 명칭들 373-374
케리그마 211-216
펠라로 도망 49
할례 276-279
헬라화된 유대인 61-64
에클레시아이도 보라

나그 함마디 코덱스 398
나르트잘루스 140 각주 69
나사렛 45-46
나사렛인 377 각주 15
남아프리카 137-140

남쪽 기독교 선교
　　북아프리카 137-140
　　이에 관해 111-115
　　이집트로 향한 133-137
내시들 76
네로 91, 98, 138, 181, 191-192, 199 각주 21-23, 208, 383
네르바 91
네압볼리 58, 96
노동으로부터의 휴식 367-370
농업 62
느부갓네살 221
느헤미야 247
니게르 시므온 77, 78
니노 128, 255
니케아신조 245, 314-315

다대오(아다이) 113, 124-127
다메섹 52, 75, 85, 243, 385
대열주(안디옥) 55
더베 57, 79
데가볼리 38, 43, 164-165
데메드리오 137, 375
데살로니가 58, 65, 105 각주 81
도나타 140 각주 69
도래(adventus) 106
도마행전 131-132, 313-314
도마 113, 130-131
도미티아누스 50, 91, 98, 200, 200-203, 199 각주 21, 200 각주 25, 203, 203 각주 32

도시 58, 61-64
동방 기독교 선교
　　기독교의 특징 115-120
　　극동 132-133
　　메소포타미아 북쪽 128-129
　　이에 관해 111-115
　　인도 130-132
　　진출 120-128
　　페르시아 129-130
동정녀 탄생 235 각주 92
동튀르키스탄 133
두 가지 길 283-284
두 마음을 품는 것 285-287
두로 165
두루마리 389-392
두루마리의 정통성 394-397
두아디라 58, 60, 90
드로아 58, 79, 95
디다케 259, 307-308, 360-361
디도 60, 81, 82, 각주 24, 330
디모데 79, 81, 258, 278 각주 30, 342, 356, 392-393
디베랴 43-46, 49, 64
디오 크리소스토모스 154
디오클레티아누스 98

라오디게아 60, 90
라이탄티우스 140 각주 69
로마제국
　　기독교 확장의 목표로서 71-73, 83, 97

매력 59
　　　안디옥 53-59
　　　유대교와 기독교의 분열 191
　　　제국 98-110
　　　클라우디우스의 유대인 추방 190-191
　　　헬라어의 우월성 150-153
　　　황제 숭배 197-204, 227 각주 56
루스드라 57, 58, 79
리디아 254

마그나 마테르 105
마그네시아 58, 60
마나엔 77, 78, 79
마르쿠스 아우렐리우스 108, 200
마르키온주의 156 각주 41
마리 113
마리아(예수님의 어머니) 230, 232
마리아(요한 마가의 어머니) 253 각주 31, 254
마이어스, 에릭 48-49, 186
마카베오 혁명 70
마카베오1서 145 각주 7
마케도니아 58, 71, 79
막달라 48
막시밀라 255
맛디아 323
메대 112 각주 3
메소포타미아 112 각주 3, 115, 117, 120, 122
메시아 220-223
멜기세덱 303-304
멤브라나스 392

모방 287-289
물 의식 315-316
미쉬나 147, 177 각주 32, 179 각주 42, 272, 350-352, 353
미트라교 105
믿음과 행위 213-216, 281-283

바나바 77, 77 각주 13-14, 78-79, 81, 258, 264, 277
바나바서신 135, 196
바르 코크바 205-208, 222
바르트, 칼 239 각주 1
바리새인 88, 104, 154
바보 10
바빌로니아 57
바울
　　　사도직 323-324
　　　선교 58, 78-84, 258
　　　신실한 해석자로서 239 각주 2
　　　에베소 90
　　　이스라엘의 역사에 관해 247
버가 57
버가모 58, 60, 90
베니게 76, 168
베드로 57, 75, 76, 84-89, 181-182, 190, 275
베드로후서 88 각주 39
베뢰아 58, 79, 105 각주 81
베스티아 140 각주 69
베스파시아누스 193, 195, 198, 198 각주 20
베투리우스 140 각주 69

벳새다 4, 110
복음서들
　　예수님과 갈릴리 47
　　히브리어 149
본도 86, 87
본디오 빌라도 98
뵈뵈 82, 253, 254, 254 각주 37
분파 376-378
브리스길라 82, 90, 110, 112, 135, 190, 254 각주 37, 258
비두니아 68, 86, 87, 106
비르캇 하미님 177 각주 32
비블로스 391-393
비블리아 2391-393
비시디아 57, 79
비시디아 안디옥 53-59, 76, 78-79, 120-122, 385-387
비텔리우스 198 각주 20
빌라델비아 58, 60, 90, 91, 95
빌립 집사 74
빌립보 79, 89, 96, 105 각주 81, 181
빌립복음 313-314

사데 58, 60, 90
사도
　　관리자로서 328-335
　　교사로서 325-328
　　열둘의 기원 319-321
　　유대인으로서 164-165
　　초기 기독교에서 323-325

사도신경 109
사도직 256, 323-325
사두개인 97-98, 194
사마리아 49, 52, 69
사마리아인 104 각주 80
사울 75, 173, 380
사해사본 394-397
산헤드린 56, 74, 194, 307, 329, 329, 330 각주 38
살라미 57
서머나 60, 90, 95, 96, 207
선교와 확장(하르나크) 185 각주 68
교사들 325-328
선지자 324, 326-328
선행 214-215, 281-283
성 요한 성당 92-95
성경 402-406
성도 373, 373
성령 83, 155, 182, 183, 184, 226, 240, 246, 248, 299, 313, 315-317
성례 297, 298 각주 2
성만찬
　　유월절의 성취로서 297-305, 300 각주 8
　　이단의 전통에서 312-314
　　초기 기독교 전통에서 305-312
성육신 231-237, 235 각주 92, 303-305
성적 부도덕 281
세라피스교 105
세례 109, 299, 314-318
세례에서 벌거벗음 315-317

세바스테/사마리아 52
세속화 62
세쿤다 140 각주 69
세포리스 45-46, 64
셈족 115-118
셈족어. 1세기 유대교의 아람어와 1세기 유대교의
　히브리어를 보라
소그디아나 133
소스데네 258
소플리니우스 87, 181, 363-365, 382-383
속사도 교부들 159, 183
손을 얹는 안수 341-343
솔로몬의 송가 126-128
수에토니우스 181
순교, 그리스도인의 202 각주 30, 226, 240
슈바이처, 에두아르트 305
스데반 52, 73-75, 202 각주 30, 379
스룹바벨 247
스크리니움 402, 405
스킬리움 순교록 138-140
스킬리움 순교자 18-140, 255
스토아철학 64, 241
스페라투스 139-140, 140 각주 69
시리아 기독교 120-121, 144, 150, 150 각주 23
시리아 43
시리아인 에프렘 120 각주 11
시몬 마구스 88
신비주의 종교 61-63, 151, 218, 299
신약 정경 402-406

신약 155-157
신자들 373
신플라톤주의 260 각주 52, 398
실라 79
실루기아/셀레우코스 왕조 53, 122, 123
실크로드 123, 132, 133, 141
십계명 282, 283, 346, 362, 364, 390

아가야 58, 71
아개 113, 123-125
아굴라 82, 90, 110, 32, 135, 190, 258
아그리피나 254 각주 37
아길리누스 140 각주 69
아다이 122, 122 각주 21, 123-127
아디아베네 122
아람어, 1세기 유대교에서 143-148
아르메니아 117-118
아리스다고 82, 356
아리스테아스의 편지 134
아리스티데스의 변증 414-416
아볼로 77, 82, 86, 90, 112, 135, 212, 258, 375
아볼로니아 65, 105 각주 81
아브가르 우카마 123-125, 124 각주 25
아브라함 69
아소도 75
아시아 86
아우구스투스 54, 102, 197-198, 201
아켈라오 45
아테네 58, 103, 105 각주 81

아포시나고고스(aposynagōgos) 178
아프라핫 120 각주 11
아프로디시아스 174
악덕과 미덕 280-283
악티움해전 134, 137
안드레 128
안드로니고 82, 253, 323
안디바 44-46, 79, 98, 371
안식 367-370
안식일
    고대 이스라엘에서 345-347
    예수님 352-355
    제2성전 유대교에서 347-352
    준수 162
    초기 기독교에서 355-365
안토니누스 피우스 67, 205
안토니우스, 마르쿠스 134
안티고노스 왕조 97
알렉산드로스대왕 53, 76, 80, 97, 152, 197, 198 각주 16
알렉산드리아 드로아 58
알렉산드리아 83, 133-136
알렉산드리아의 클레멘스 33, 108, 135-137
암비볼리 65
암살자 50
야고보(예수님의 형제) 50, 83, 85, 171-172, 202 각주 30, 323 각주 9
야고보(요한의 형제) 202 각주 30
야고보 323
야누아리아 140 각주 69

야웨 217, 219, 219 각주 25, 245
언약 157-159
언어 146
에데사 116, 123, 124, 126, 127, 129 각주 38, 130, 132
에바브라 81, 82
에바브로디도 82 각주 24, 323
에베소 58, 60, 81, 90, 91, 243, 244, 245
에세네파 170, 194, 273, 320, 376
에스라 247, 347
에우세비우스 49, 50, 68, 86, 88, 106, 107, 113, 123-126, 125 각주 27, 136, 172, 184, 206, 214, 251, 294, 363, 401, 411
에클레시아이
    독특성 240-245
    세 번째 인종으로서의 그리스도인 265-267
    새로운 251-260
    오래된 246-251
    온전한 260-265
    기독교, 초기도 보라
에피스코포스 330 각주 38
에헤리아 121, 124
엘람 112 각주 3
엘레우시스 62
여덟 번째 날 362, 368-370
여성 252-256, 333 각주 49
열심당원 시몬 128
열심당원 50, 170, 194, 320
영감, 교리의 155-161
영지주의 121, 172, 303, 398

예루살렘
- 갈릴리에 반대하는 46-48
- 기독교의 발생 지점 69-71
- 기독교의 이동 51-52, 66
- 분산 83-84
- 사도적 공동체 143-144
- 야고보 171-172
- 언어 146-148
- 예수님에 대한 반대 47
- 예루살렘 공회 171-173, 276-277, 359
- 예루살렘성전 164, 172, 182, 195, 202, 242, 249, 348
- 예루살렘에 반대하는 46-48
- 제2차 유대 반란 205-208

예수님
- 갈릴리의 시골 설교자로서 43-51
- 구원자로서 227-228
- 그 길이라고 자신을 칭하는 375-376
- 그리스도로서 220-223
- 미덕과 성품의 281
- 반기독교적 랍비의 표적으로서 179
- 사역 163 각주 1
- 사역에서의 이방인 163-169
- 선생으로서 326
- 성육신 231-237
- 아브가르-예수 서신 123-125
- 안식일 352-355
- 유대인과 랍비로서 163-165
- 인자로서 371-372
- 정결 274
- 종의 심판관으로서 230-231
- 주님으로서 218-220
- 창조주로서 228
- 퀴리오스 예수 211, 212 각주 1, 411
- 특별함 415
- 하나님의 계시자로서 229-230
- 하나님의 아들로서 223-227
- 하나님으로서 216-218

예수님의 아들 됨 223-227, 226 각주 47
오네시모 256, 256 각주 45
오르페우스교 105
오리게네스 107-108, 137
오이쿠메네 111, 112
오토 198 각주 20
옥타비아 201
옥타비아누스 134
온전함과 경기자 이미지 290-294
외경 145 각주 5
요단강 너머 43
요세푸스 46, 53, 81, 104, 122, 148, 153-154, 157 각주 42, 180, 94, 194 각주 9, 351, 384
요셉 45
요안나(안디바 집안의) 79, 252
요한 크리소스토무스 55
요한 57, 75, 89-94, 92 각주 50, 93 각주 51
욥바 75
우상숭배 176
위경 145 각주 6
유니아 82, 253, 254 각주 37, 323

유다 도마 130-132
유다(예수님의 형제) 50
유다 323
유대 46-48, 56, 74
유대교
    1세기 히브리어와 아람어 143-148
    갈릴리에서 48-49
    금식 270-271
    기독교에 대한 지속적인 영향력 181-184
    기독교와의 분열 184-187, 234-235
    기독교와의 결속력 170-177
    두루마리의 정통성 394-402
    디아스포라 유대 공동체 73 각주 8, 78, 145, 116-117, 152, 241-242
    로마 55, 97, 104 각주 79
    바빌로니아 70, 97, 117, 147, 347, 348
    부흥의 중심으로서의 디베랴 44
    정결 272-275
    제2성전의 안식일 347-352
    초기 기독교에 대한 반발 177-181
    하나님의 섭리로 세워진 이스라엘의 도시로서 51-52, 69-71
    할례와 율법 276-279
    헬라화된 유대인과 초기 기독교 63
    형제로서의 기독교 170
유스티누스 순교자 67, 205, 310-312, 402
유스티니아누스 92
유아세례 318 각주 65
유월절 297-305
유일신주의 42, 175, 233, 234, 237, 249, 412

율리우스 카이사르 53-54, 100, 103
의 378 각주 19
의식 272-275
이고니온 57, 385 각주 37
이교도 신비주의 300 각주 7
이교도 62
이그나티오스 57, 60, 87, 94-97, 112, 159, 160, 183, 213-214, 226, 228, 336-338, 385-388
이두매 43
이레나이우스 33, 34, 108, 113
이마고 데이 228, 347
이미타티오 데이 347
이방인 사역
    기독교에 대한 유대교의 지속적 영향 181-184
    기독교와 유대교의 결별 184-187
    기독교와 유대교의 결속력 170-177
    예수님의 사역에서 163-169
    유대인 예수 추종자들의 반응 189-190
    초기 기독교에 대한 반발 177-181
이베리아 118, 128-129
이스라엘 223, 345-347
이시스 105, 241
이자테스 122
이집트 112 각주 3, 133-137
이피다마 255
인도 130-132
일요일 채택 366-370
일요일 366-370

임명 340-343

장로, 그 92-94, 92 각주 50, 254
장로들 324, 329-330, 331, 333 각주 48
전도자 마가 136-137
절대적 도덕성 249
정결 164, 270
정결/불결 272-275
정경 155-159
제2차 유대 반란 56, 184, 205-208
제자도 319-321, 261-262
제자들 373
조로아스터교 129
조지아 128-129
종교개혁 156 각주 41
종말론 51 각주 18, 230-231
주 218-220, 218-219 각주 23-25
주교(교회의) 330-335, 334 각주 50
    군주적 주교 336-340
    임명 340-343
주의 날 358-359, 361-362, 363, 365, 368, 369
주의 만찬. 성만찬도 보라
중국 116
지상명령 167
진리 378 각주 19
집사 253, 253 각주 33, 330-335, 333 각주 49

초기 기독교의 도시적 성격 65-68, 66 각주 43

초기 기독교의 시골적 성격 65-68, 66 각주 43
총괄 갱신 235 각주 44
칠십인역 117, 145 각주 4, 153-154, 155-157, 161 각주 50

카르타고 67, 106, 138-139
칸디다 130, 255
칼리굴라 44, 104 각주 80
칼케돈 신경 118, 119, 129
케리그마 212-216
코덱스
    두루마리에서 코덱스로 389-394
    신약성경 정경 402-406
    이점 394-402
콘스탄티누스 92, 98, 106, 117, 128, 208, 339
콜키스 128-129
쿠르시 48
쿰란 395-396
크레스투스 190-191
클라우디우스 104 각주 80, 122, 190-192, 198, 329
클라우디우스 칙령 190
클레오파트라 54, 137
키벨레 63 각주 38, 151, 241
키티누스 140 각주 69

타브가 48
타키투스 181, 191-192, 198, 201, 254 각주 37, 381-384
타티아노스 119, 339 각주 74

탈무드 147, 177 각주 32, 179 각주 42
테오도시우스 2세 92
테오프네우스토스 155-161
테클라 숭배 121
테트라그람마톤 217, 219, 219 각주 25, 401
텔레이오스 260, 290
토라 70, 159-161
토세프타 147, 177 각주 32, 179, 179 각주 42
트라야누스 54, 87, 122, 136, 200, 204, 218, 364, 383
트랄레스 58, 91, 95, 288
특성 대 행위 280-284
티베리우스 44, 54, 55, 198 각주 20

파르티아 54, 112 각주 3, 122
파피아스 91, 92, 92 각주 50
팍스 로마나 100-102, 108, 193
판테누스 113
팔레스타인 97, 104, 145-148
팔미라 122
페르시아 129-130
펠라 49, 196
펠릭스 140 각주 69
포르피리우스 154 각주 35, 302 각주 12
포파이아 201
폴리스 57-61, 62-63, 99, 244
폴리카르포스 60, 202, 207, 226, 234, 263, 266, 292-293, 333 각주 48, 336, 365 각주 51, 384
프레인, 숀 168

프톨레마이오스왕조 97
플라비우스 실바 194
플라톤주의 260, 260 각주 53
플루타르코스 154
필로테리아 48
필론 145, 154

하나님으로서의 예수님 216-218
하나님을 경외하는 자 173-175, 191, 386 각주 43
하나님의 말씀 229, 390
하드리아누스 54, 101, 184, 206
하란 123
하르나크, 아돌프 134, 185 각주 68, 215, 265-266, 327
    Mission and Expansion 185 각주 68
하스몬 45
할례와 율법 276-279, 386 각주 43
헤롯당원 194
헤롯대왕 44, 45, 54, 104, 104 각주 80
헤롯 아그립바 1세 72, 104, 104 각주 80
헤롯 아그립바 2세 104, 104 각주 80, 351, 381
헤롯 안디바 44-46, 78-79, 98, 104, 104 각주 80
헤르마스의 목자 133, 213, 227, 248, 250, 280, 284, 285, 335, 394
헬라어와 문화 98-100
    성경 영감 개념의 시작 155-161
    초기 기독교에서 149-154
    주의 만찬 298-300, 299 각주 6

헬라파 72-77

헬레나 122

헬레니즘 99-100, 99 각주 63, 152-153

형제들 324, 373, 374

확고함 286-287, 378 각주 19

황제 숭배 197-204, 227 각주 56

황제 101-110

회당 70, 241, 244, 248-249

회중 263

히에라볼리 57, 91, 92, 103

히에로니무스 86, 88, 94 각주 55, 131, 136

히포스 48

히폴리투스, 로마의 316, 339 각주 74, 342-343

옮긴이 박장훈은 캐나다 사이먼프레이저 대학교에서 철학을 공부하고, 리젠트 칼리지에서 신학 석사 학위를 받았다. 이후 영국 세인트앤드루스 대학교에서 신학 석사를 마친 후 톰 라이트의 지도 아래 바울신학으로 박사 학위를 받았다. 현재 백석대학교, 아신대학교, 숭실대학교에서 후학을 가르치고 있다. 옮긴 책으로는 『톰 라이트는 처음입니다만』, 『칭의를 다시 생각하다』(이상 IVP), 『성경과 하나님의 권위』(새물결플러스)가 있다.

그리스도에서 그리스도교까지

초판 발행_ 2023년 12월 28일

지은이_ 제임스 에드워즈
옮긴이_ 박장훈
펴낸이_ 정모세

펴낸곳_ 한국기독학생회출판부
등록번호_ 제2001-000198호(1978.6.1)
주소_ 04031 서울시 마포구 동교로 156-10
대표 전화_ (02) 337-2257 팩스_ (02) 337-2258
영업 전화_ (02) 338-2282 팩스_ 080-915-1515
홈페이지_ http://www.ivp.co.kr 이메일_ ivp@ivp.co.kr
ISBN 978-89-328-2214-3

ⓒ 한국기독학생회출판부 2023

책값은 뒤표지에 있습니다.
무단 전재와 복제를 금합니다.